Bagdá

Bagdá

Cidade da Paz, Cidade de Sangue

Justin Marozzi

Tradução de Laura Folgueira

Amarilys

Título original em inglês: *Baghdad - City of Peace, City of Blood*

Amarilys é um selo editorial Manole.

Este livro contempla as regras do Acordo Ortográfico da Língua Portuguesa, que entrou em vigor no Brasil.

Editor-gestor: Walter Luiz Coutinho
Editor: Enrico Giglio
Produção editorial: Luiz Pereira
Preparação: Renata Truyts
Revisão: Mônica Santos
Projeto gráfico e editoração eletrônica: Tkd Editoração
Capa: Axel Sande / Gabinete de Artes

Dados Internacionais de Catalogação na Publicação (CIP)
(Câmara Brasileira do Livro, SP, Brasil)

Marozzi, Justin
Bagdá / Justin Marozzi ; tradução de Laura Folgueira. -- Barueri, SP : Amarilys, 2014.

Título original: Baghdad : city of peace, city of blood.
Bibliografia.

1. Bagdá (Iraque) - História 2. Iraque (Bagdá) I. Título.

14-09351 CDD-956.74

Índices para catálogo sistemático:
1. Bagdá : Iraque : História 956.74

Edição brasileira – 2015

Editora Manole Ltda.
Av. Ceci – Tamboré
06460-120 – Barueri – SP – Brasil
Tel. (11) 4196-6000 – Fax (11) 4196-6021
www.manole.com.br / info@amarilyseditora.com.br

Impresso no Brasil / *Printed in Brazil*

Ao meu querido amigo Manaf al Damluji

A história da Cidade da Paz é, em grande medida, a história de uma guerra contínua; onde não há guerra, há peste, fome e perturbação civil.

– Richard Coke, *Baghdad: The City of Peace* [Bagdá: a Cidade da Paz], 1927

Sumário

Lista de ilustrações

ILUSTRAÇÕES INTEGRADAS

CADERNOS DE COR

5. Desenho anatômico do olho, Hunayn ibn Ishak, *Ten Treaties on the Eye* [Dez tratados sobre o olho], cópia feita na Síria em 1197, segundo o original de *c.* 860. Biblioteca Nacional do Cairo. (Fotografia: De Agostini Picture Library/G. Dagli Orti/The Bridgeman Art Library)

6. Universidade Mustansiriya, Bagdá. (Fotografia: Agefotostock)

7. Tropas de Tamerlão apresentam a ele cabeças decepadas, miniatura de um manuscrito do *Zafarnama* do século XVI. The British Library, Londres. (Fotografia: Robana/Getty Images)

8. Suleiman, o Magnífico, quando jovem, ilustração de Nakkas Osman, *Semailname*, 1579. Museu do Palácio Topkapi, Istambul. (Fotografia: The Bridgeman Art Library)

9. Genealogia otomana mostrando o profeta Maomé e os Rashidun, Bagdá, 1598. (Copyright © The Trustees of the Chester Beatty Library, Dublin (T 423.21b))

10. Ilustração de uma farmácia, de uma tradução árabe de Dioscorides, *De Materia Medica*, Bagdá, 1224. Metropolitan Museum of Art, Nova York. (Cora Timken Burnett Collection of Persian Miniatures and Other Persian Art Objects, herança de Cora Timken Burnett, 1956 (57.51.21). Fotografia: Scala, Florence)

11. Harun al Rashid e seu barbeiro, miniatura de Nizami, *Khamsa*, fim do século XV. The British Library, Londres. (Fotografia: Robana/Getty Images)

12. Hulagu força Mustasim a comer ouro, ilustração de *Books of the Marvels of the World* [Livro das maravilhas do mundo], de Rustichello da Pisa, pesquisador italiano, século XIII. Coleção particular. (Fotografia: The Bridgeman Art Library)

13. O cerco de Bagdá pelo exército mongol de Hulagu em 1258, ilustração de Rashid al Din, *Jami al Tawarikh*, Pérsia, *c.* 1430. Bibliothèque Nationale de France, Paris. (Fotografia: The Bridgeman Art Library)

14. Vista do rio Tigre, ilustração para um texto de Nasir Bukhara em uma antologia de poesia de vários autores publicada no século XV, norte do Irã, 1468. The British Library, Londres. (Fotografia: Robana/Getty Images)

15. Julius Köckert, *Harun al Rashid Receiving Envoys from Charlemagne, 786* [Harun al Rashid recebendo enviados de Carlos Magno], pintura a óleo, 1864. Coleção Maximilianeum, Munique. (Fotografia: akg-images)

30. Desfile de moda Red Crescent, Bagdá, início dos anos 1950. (Fotografia: cortesia de Tamara Daghestani)

31. Pôster do filme *Babes in Bagdad*, 1952.

32. Frank Lloyd Wright, projeto para a Bagdá central, 1957. (The Frank Lloyd Wright Foundation Archives (The Museum of Modern Art/Avery Architectural & Fine Arts Library, Universidade de Columbia, Nova York) copyright © ARS, NY and DACS, Londres, 2014)

33. Bagdá algumas horas após o golpe, 14 de julho de 1958. (Fotografia: PA Photos)

34. Abdul Karim Qasim liderando uma reunião de gabinete, 1958. (Fotografia: copyright © Burt Glinn/Magnum Photos)

35. Corpos de judeus enforcados na Praça da Libertação, 27 de janeiro de 1969. (Fotografia: Bettmann/Corbis)

36. Saddam Hussein, 1982. (Fotografia: Rex Features)

37. Soldados iraquianos carregando uma vítima durante a Guerra Irã-Iraque, Bagdá, 1981. (Fotografia: PA Photos)

38. Soldados norte-americanos entram no campo de paradas militares durante a batalha pelo centro de Bagdá, abril de 2003. (Fotografia: copyright © Christopher Anderson/Magnum Photos)

39. Fuzileiro naval norte-americano assiste à queda da estátua do presidente do Iraque Saddam Hussein no centro de Bagdá, 9 de abril de 2003. (Fotografia: copyright © Goran Tomasevic/Reuters/Corbis)

40. Cônego Andrew White. (Fotografia: Dawood Andrews)

41. Emad Levy, 2003. (Fotografia: Laurent van der Stockt/Gamma-Rapho/Getty Images)

42. Donny George no Museu do Iraque, Bagdá, 2003 (Fotografia: © Steve McCurry/Magnum Photos)

43. Remoção de uma estátua de al Mansur datada dos anos 1970, atingida pela explosão de uma bomba, Bagdá, outubro de 2005. (Fotografia: Reuters/Corbis)

44. Habitantes de Bagdá relaxando no parque Al Zawra, 2008. (Fotografia:© Jerome Sessini/Magnum)

45. Vendedores de livros na rua Mutanabbi, 2013. (Fotografia: Justin Marozzi)

Todos os esforços foram envidados para entrar em contato com os detentores dos direitos autorais. Os editores estão à disposição para corrigir, em futuras edições, quaisquer erros ou omissões dos quais forem avisados.

Lista de mapas

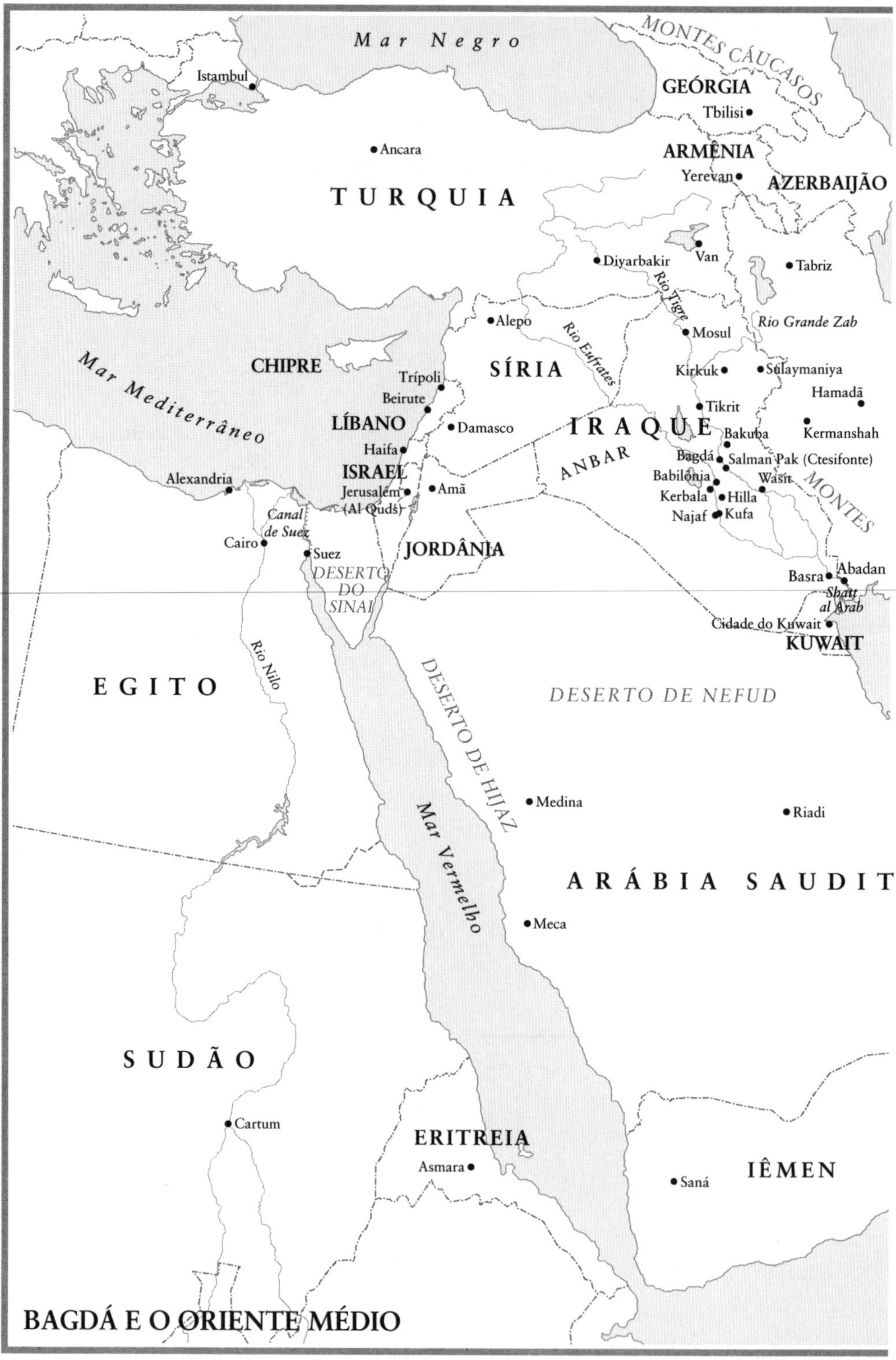
Mar Negro
MONTES CÁUCASOS
GEÓRGIA
Tbilisi
Istambul
Ancara
ARMÊNIA
Yerevan
AZERBAIJÃO
TURQUIA
Diyarbakir
Van
Tabriz
Rio Tigre
Alepo
Rio Grande Zab
Mosul
Rio Eufrates
Mar Mediterrâneo
CHIPRE
SÍRIA
Kirkuk
Sulaymaniya
Trípoli
Tikrit
Hamadã
Beirute
LÍBANO
Damasco
IRAQUE
Bakuba
Kermanshah
Haifa
ANBAR
Bagdá
Salman Pak (Ctesifonte)
ISRAEL
Babilônia
Wasit
Alexandria
Jerusalém
(Al Quds)
Amã
Kerbala
Hilla
MONTES
Najaf
Kufa
Canal de Suez
Cairo
Suez
JORDÂNIA
DESERTO DO SINAI
Basra
Abadan
Shatt al Arab
Cidade do Kuwait
KUWAIT
Rio Nilo
EGITO
DESERTO DE HIJAZ
DESERTO DE NEFUD
Mar Vermelho
Medina
Riadi
ARÁBIA SAUDITA
Meca
SUDÃO
Cartum
ERITREIA
Asmara
Saná
IÊMEN
BAGDÁ E O ORIENTE MÉDIO

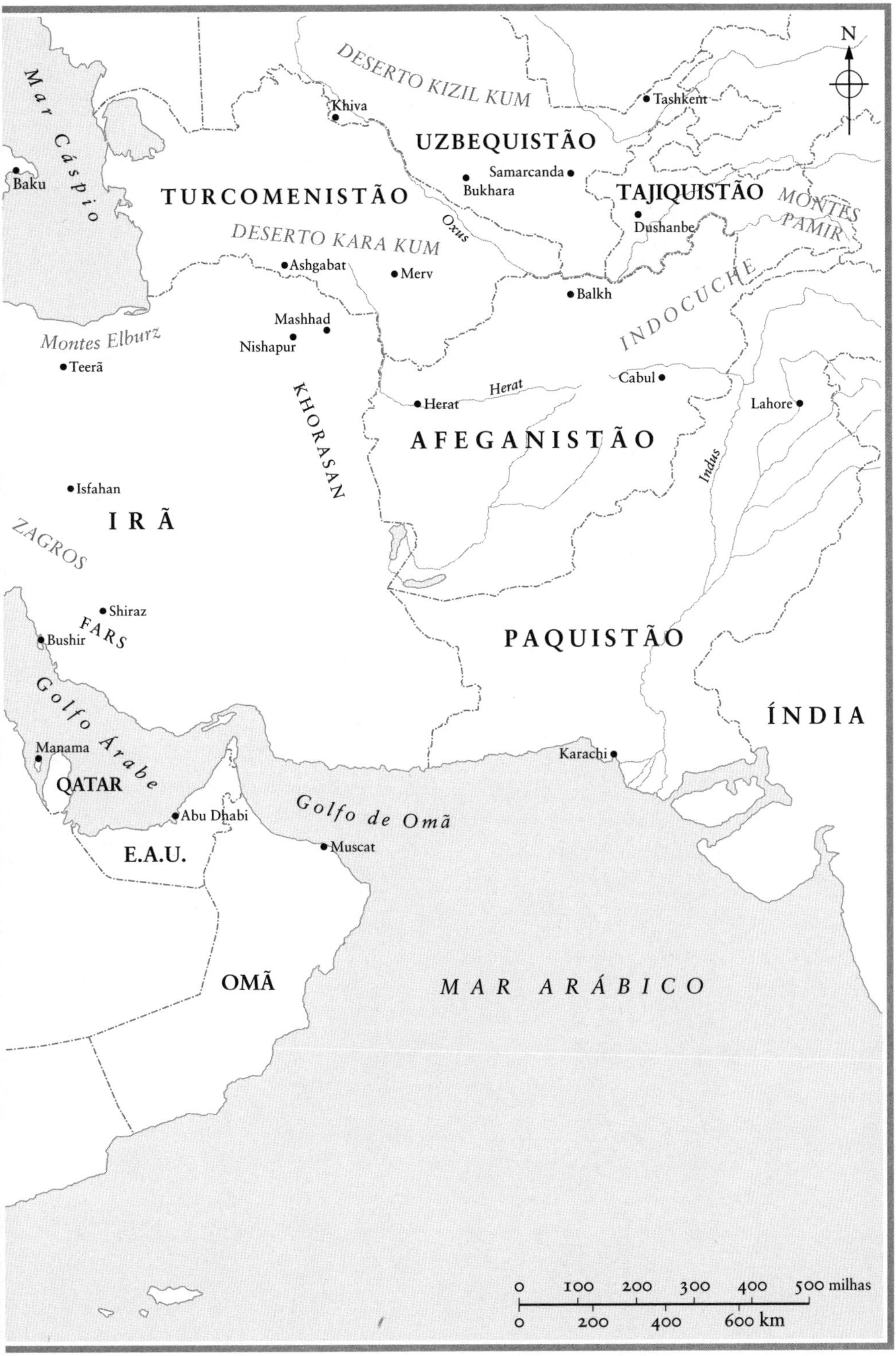

Mar Cáspio
Baku
DESERTO KIZIL KUM
Khiva
Tashkent
UZBEQUISTÃO
TURCOMENISTÃO
Samarcanda
Bukhara
TAJIQUISTÃO
MONTES PAMIR
Dushanbe
Oxus
DESERTO KARA KUM
Ashgabat
Merv
Balkh
INDOCUCHE
Mashhad
Nishapur
Montes Elburz
Teerã
KHORASAN
Herat
Herat
Cabul
Lahore
AFEGANISTÃO
Indus
Isfahan
IRÃ
ZAGROS
Shiraz
FARS
Bushir
PAQUISTÃO
ÍNDIA
Golfo Árabe
Manama
Karachi
QATAR
Golfo de Omã
Abu Dhabi
Muscat
E.A.U.
OMÃ
MAR ARÁBICO
N
0 100 200 300 400 500 milhas
0 200 400 600 km

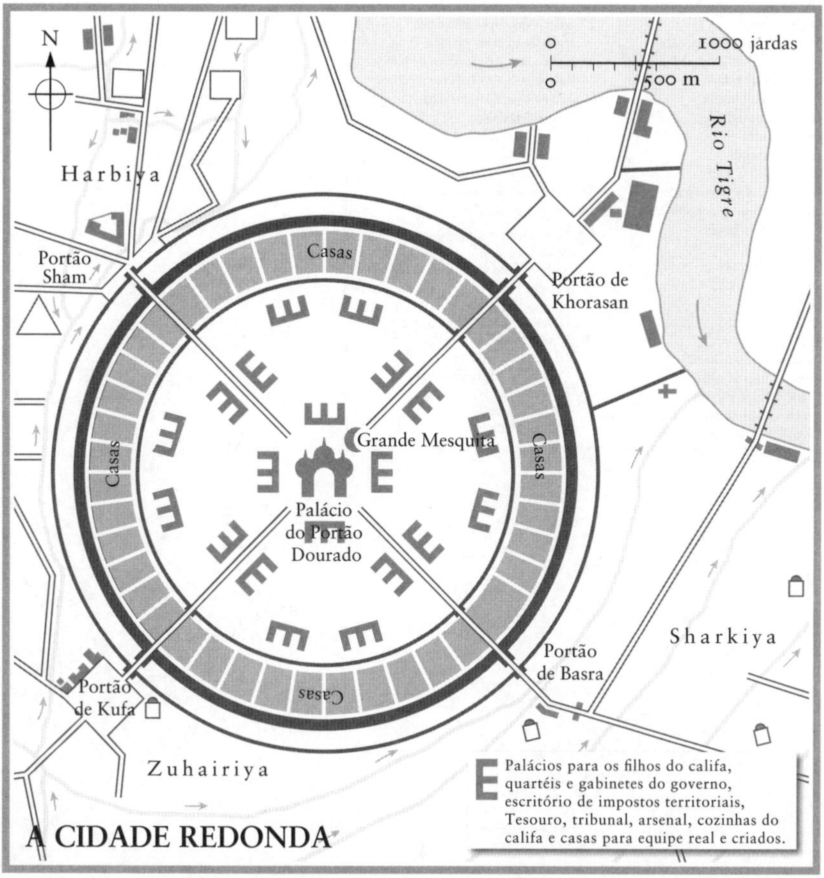
N
0 1000 jardas
0 500 m
Harbiya
Rio Tigre
Portão Sham
Casas
Portão de Khorasan
Grande Mesquita
Casas
Casas
Palácio do Portão Dourado
Portão de Basra
Sharkiya
Portão de Kufa
Casas
Zuhairiya
E Palácios para os filhos do califa, quartéis e gabinetes do governo, escritório de impostos territoriais, Tesouro, tribunal, arsenal, cozinhas do califa e casas para equipe real e criados.
A CIDADE REDONDA

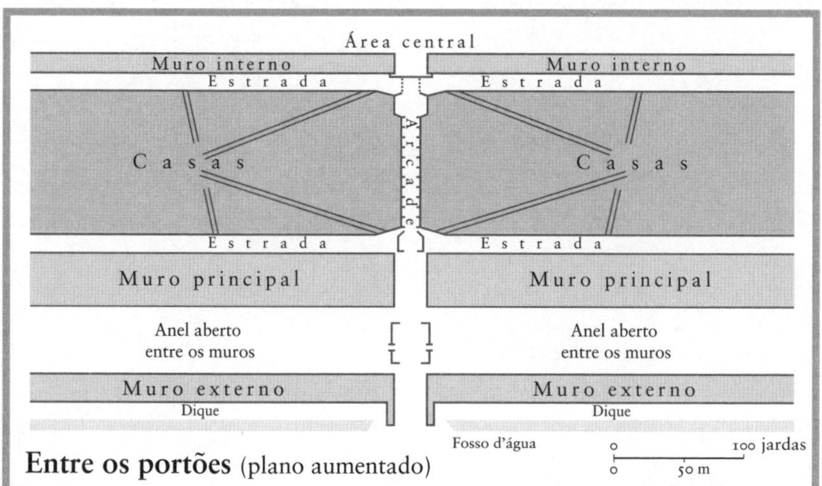
Área central
Muro interno
Muro interno
Estrada
Estrada
Casas
Arcade
Casas
Estrada
Estrada
Muro principal
Muro principal
Anel aberto entre os muros
Anel aberto entre os muros
Muro externo
Muro externo
Dique
Dique
Fosso d'água
0 100 jardas
0 50 m
Entre os portões (plano aumentado)

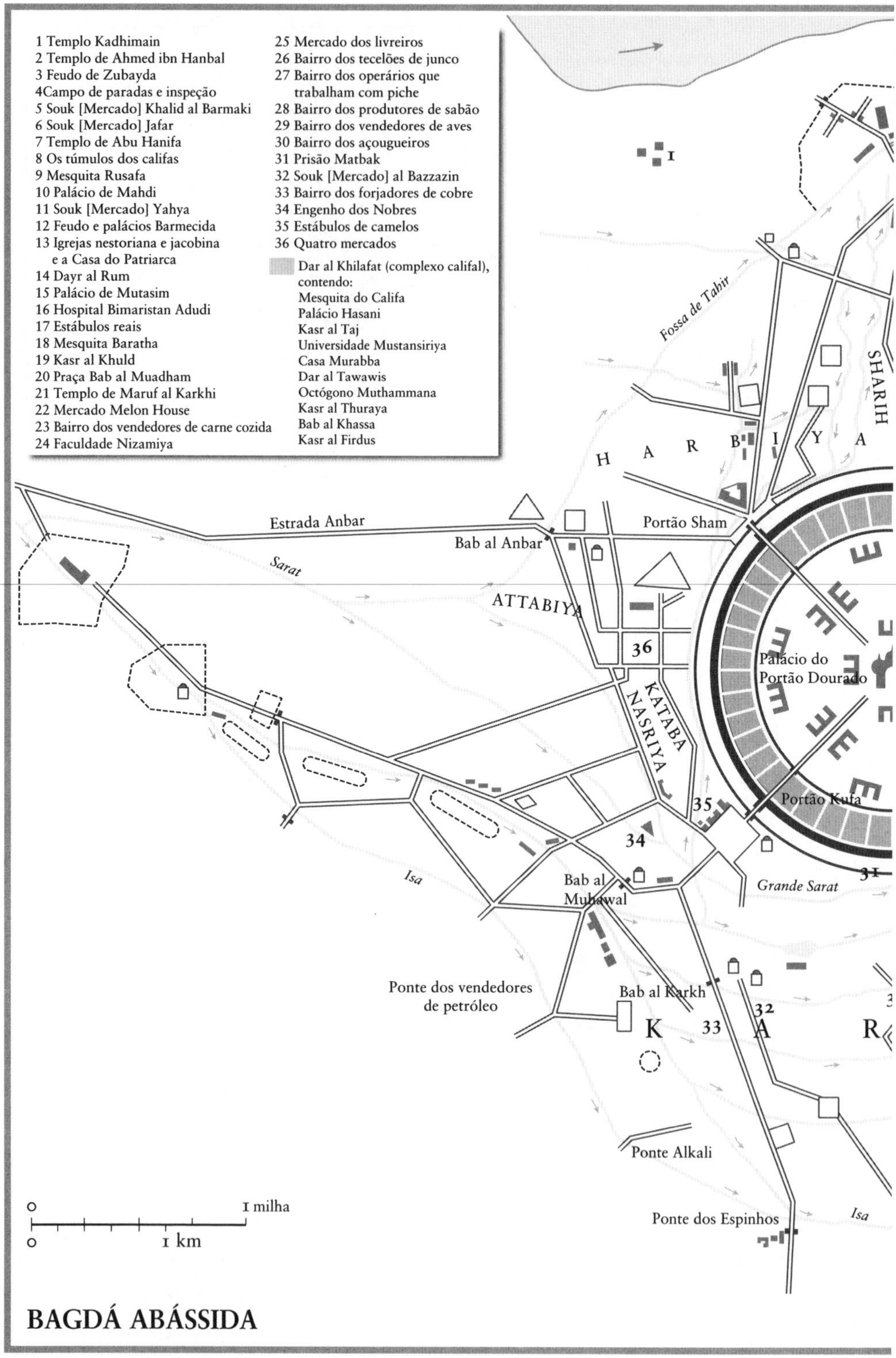
1 Templo Kadhimain
2 Templo de Ahmed ibn Hanbal
3 Feudo de Zubayda
4Campo de paradas e inspeção
5 Souk [Mercado] Khalid al Barmaki
6 Souk [Mercado] Jafar
7 Templo de Abu Hanifa
8 Os túmulos dos califas
9 Mesquita Rusafa
10 Palácio de Mahdi
11 Souk [Mercado] Yahya
12 Feudo e palácios Barmecida
13 Igrejas nestoriana e jacobina e a Casa do Patriarca
14 Dayr al Rum
15 Palácio de Mutasim
16 Hospital Bimaristan Adudi
17 Estábulos reais
18 Mesquita Baratha
19 Kasr al Khuld
20 Praça Bab al Muadham
21 Templo de Maruf al Karkhi
22 Mercado Melon House
23 Bairro dos vendedores de carne cozida
24 Faculdade Nizamiya
25 Mercado dos livreiros
26 Bairro dos tecelões de junco
27 Bairro dos operários que trabalham com piche
28 Bairro dos produtores de sabão
29 Bairro dos vendedores de aves
30 Bairro dos açougueiros
31 Prisão Matbak
32 Souk [Mercado] al Bazzazin
33 Bairro dos forjadores de cobre
34 Engenho dos Nobres
35 Estábulos de camelos
36 Quatro mercados
Dar al Khilafat (complexo califal), contendo:
Mesquita do Califa
Palácio Hasani
Kasr al Taj
Universidade Mustansiriya
Casa Murabba
Dar al Tawawis
Octógono Muthammana
Kasr al Thuraya
Bab al Khassa
Kasr al Firdus
Fossa de Tahir
SHARIH
H A R B I Y A
Estrada Anbar
Bab al Anbar
Portão Sham
Sarat
ATTABIYA
36
Palácio do Portão Dourado
KATABA NASRIYA
35
Portão Kufa
34
Isa
Bab al Muhawal
Grande Sarat
31
Ponte dos vendedores de petróleo
Bab al Karkh
32
K 33 A R
Ponte Alkali
Ponte dos Espinhos
Isa
1 milha
1 km
BAGDÁ ABÁSSIDA

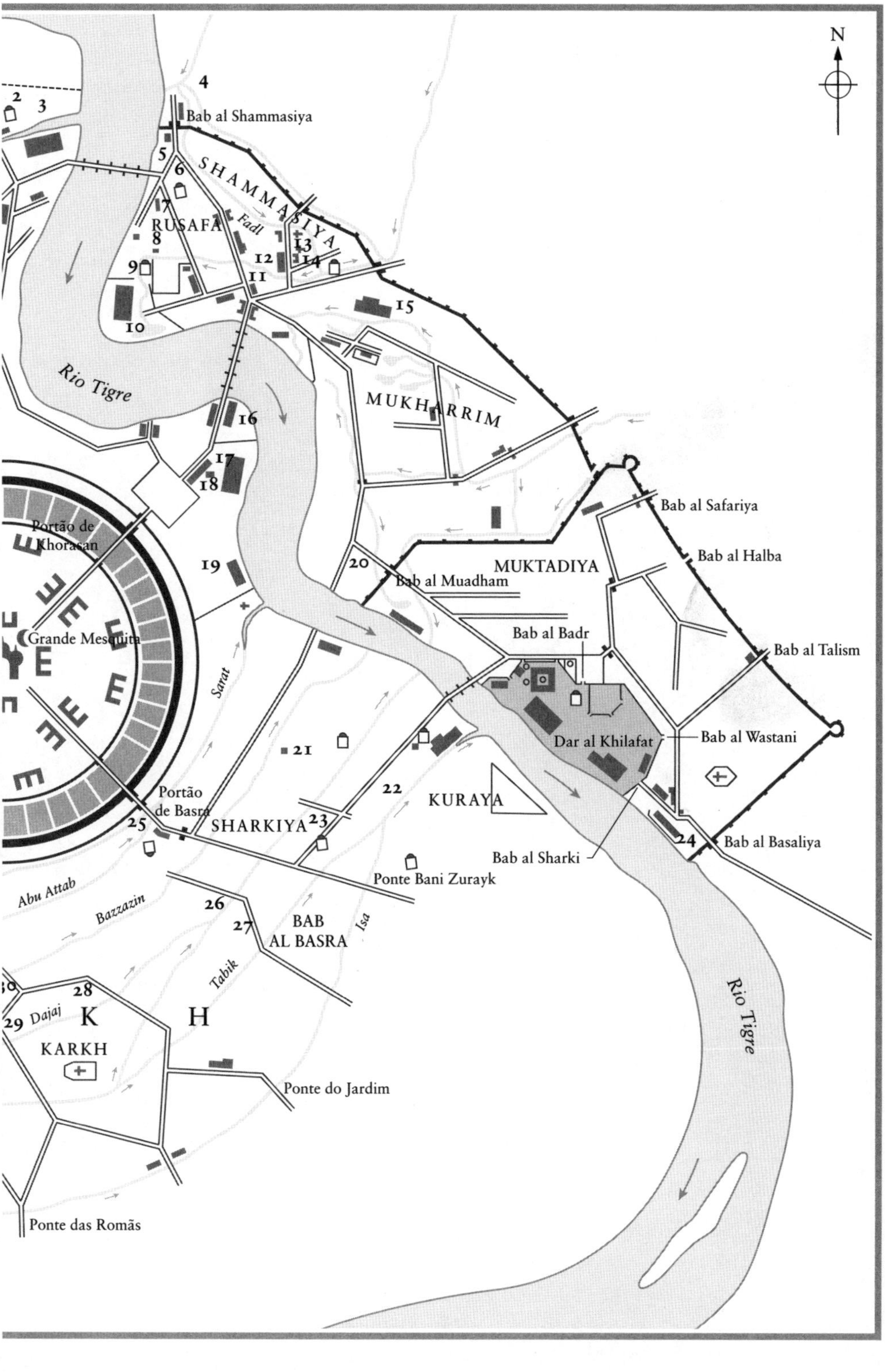

N
Bab al Shammasiya
SHAMMASIYA
RUSAFA
Fadl
Rio Tigre
MUKHARRIM
Bab al Safariya
Bab al Halba
Portão de Khorasan
MUKTADIYA
Bab al Muadham
Grande Mesquita
Bab al Badr
Bab al Talism
Sarat
Dar al Khilafat
Bab al Wastani
Portão de Basra
KURAYA
SHARKIYA
Bab al Basaliya
Bab al Sharki
Ponte Bani Zurayk
Abu Attab
Bazzazin
BAB AL BASRA
Isa
Tabik
Dajaj
K
H
KARKH
Ponte do Jardim
Rio Tigre
Ponte das Romãs

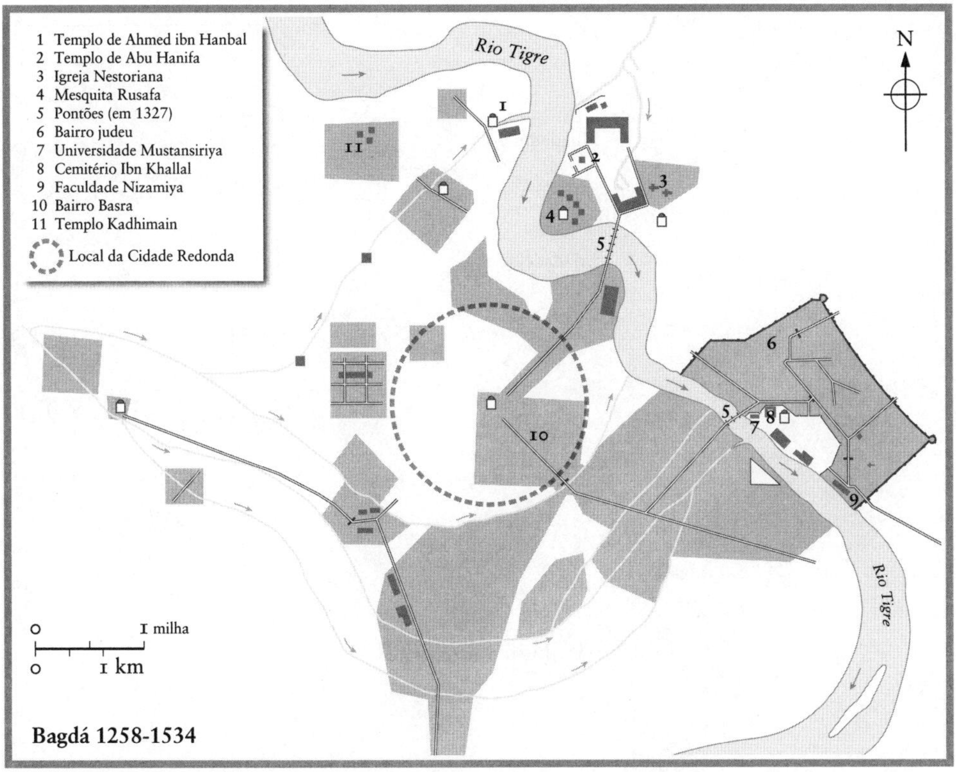

1 Templo de Ahmed ibn Hanbal
2 Templo de Abu Hanifa
3 Igreja Nestoriana
4 Mesquita Rusafa
5 Pontões (em 1327)
6 Bairro judeu
7 Universidade Mustansiriya
8 Cemitério Ibn Khallal
9 Faculdade Nizamiya
10 Bairro Basra
11 Templo Kadhimain
Local da Cidade Redonda
Rio Tigre
N
0 1 milha
0 1 km
Bagdá 1258-1534

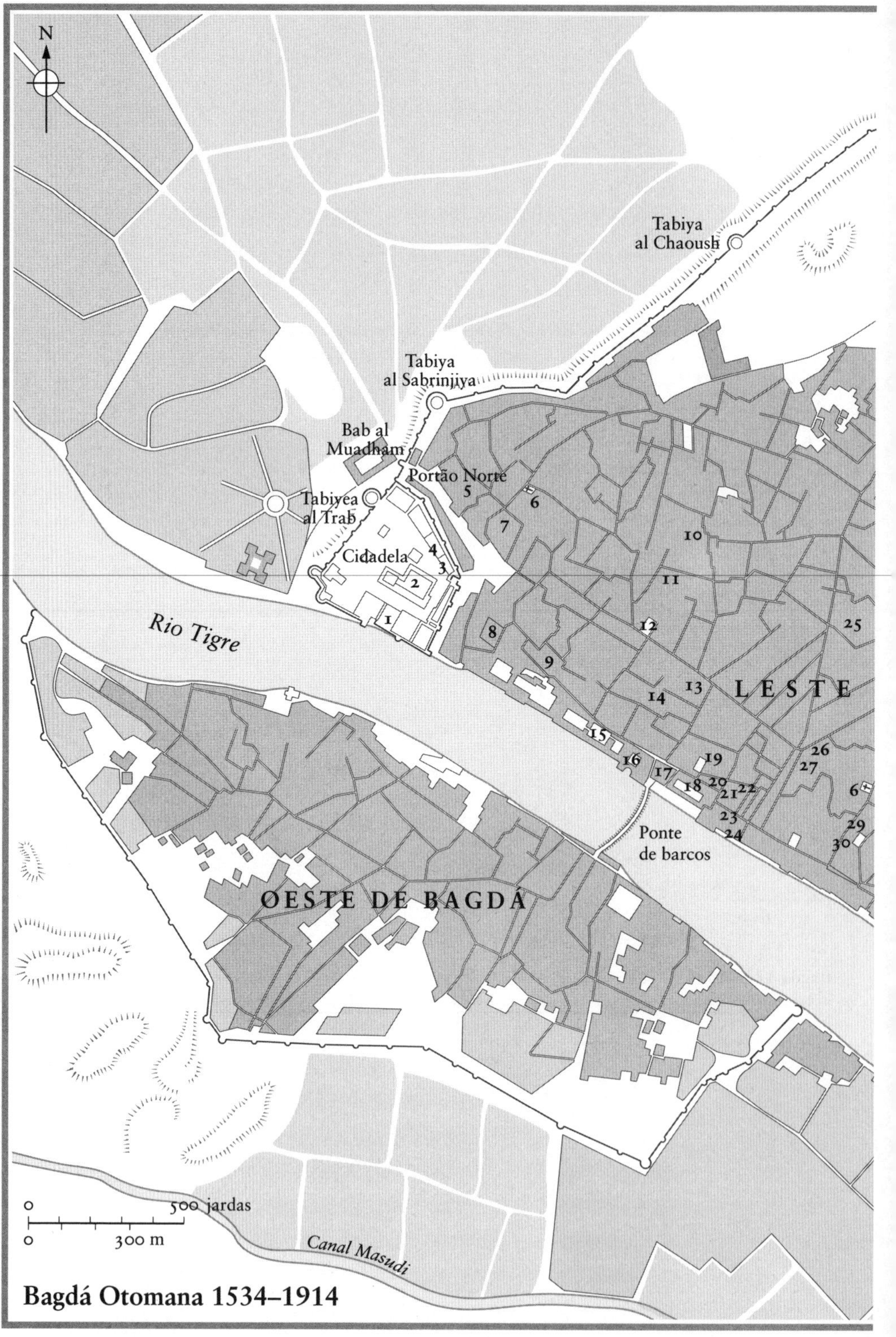

Bagdá Otomana 1534–1914

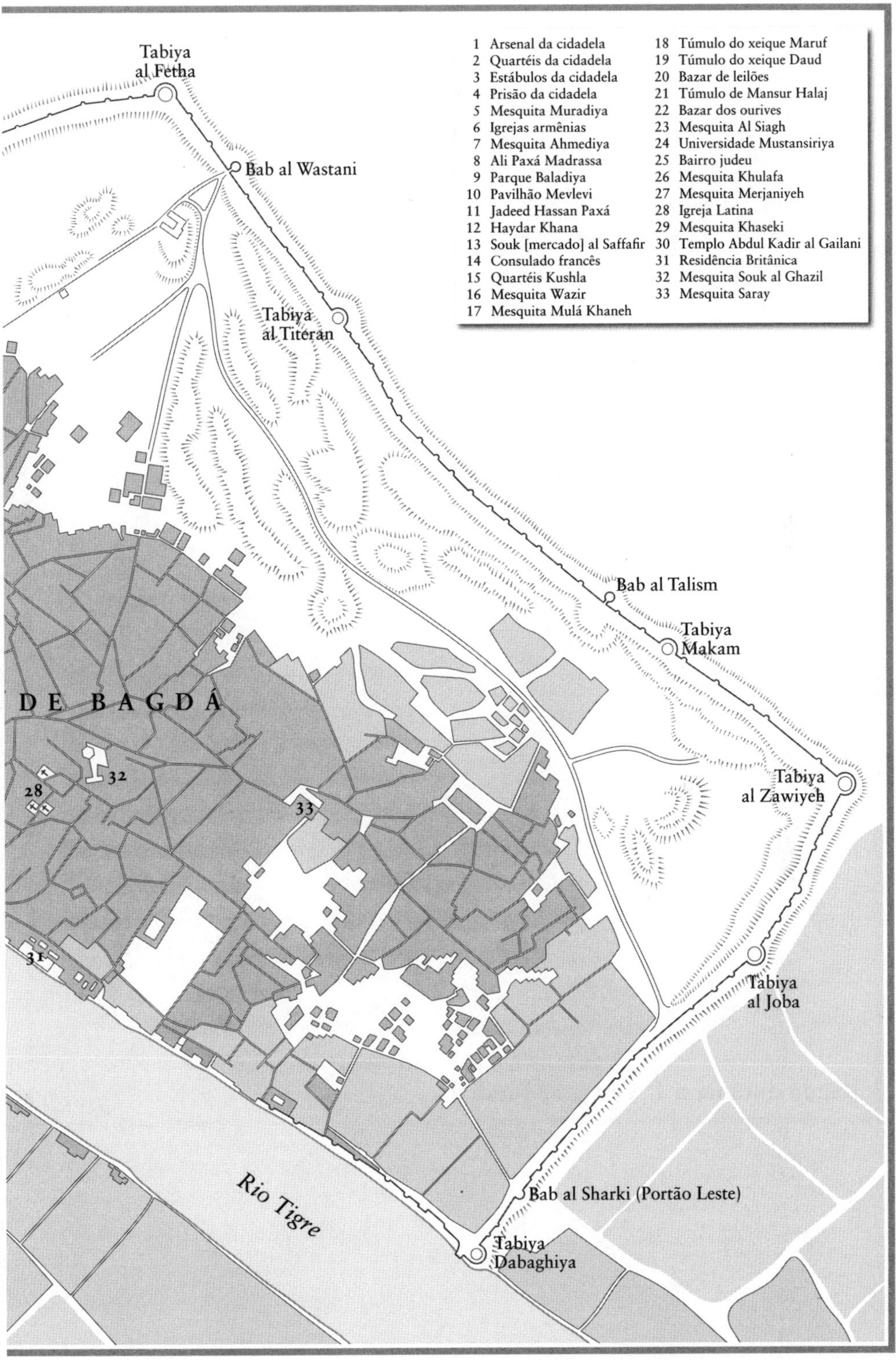
1 Arsenal da cidadela
2 Quartéis da cidadela
3 Estábulos da cidadela
4 Prisão da cidadela
5 Mesquita Muradiya
6 Igrejas armênias
7 Mesquita Ahmediya
8 Ali Paxá Madrassa
9 Parque Baladiya
10 Pavilhão Mevlevi
11 Jadeed Hassan Paxá
12 Haydar Khana
13 Souk [mercado] al Saffafir
14 Consulado francês
15 Quartéis Kushla
16 Mesquita Wazir
17 Mesquita Mulá Khaneh
18 Túmulo do xeique Maruf
19 Túmulo do xeique Daud
20 Bazar de leilões
21 Túmulo de Mansur Halaj
22 Bazar dos ourives
23 Mesquita Al Siagh
24 Universidade Mustansiriya
25 Bairro judeu
26 Mesquita Khulafa
27 Mesquita Merjaniyeh
28 Igreja Latina
29 Mesquita Khaseki
30 Templo Abdul Kadir al Gailani
31 Residência Britânica
32 Mesquita Souk al Ghazil
33 Mesquita Saray
Tabiya al Fetha
Bab al Wastani
Tabiya al Titeran
Bab al Talism
Tabiya Makam
Tabiya al Zawiyeh
Tabiya al Joba
Bab al Sharki (Portão Leste)
Tabiya Dabaghiya
DE BAGDÁ
Rio Tigre
32
28
33
31

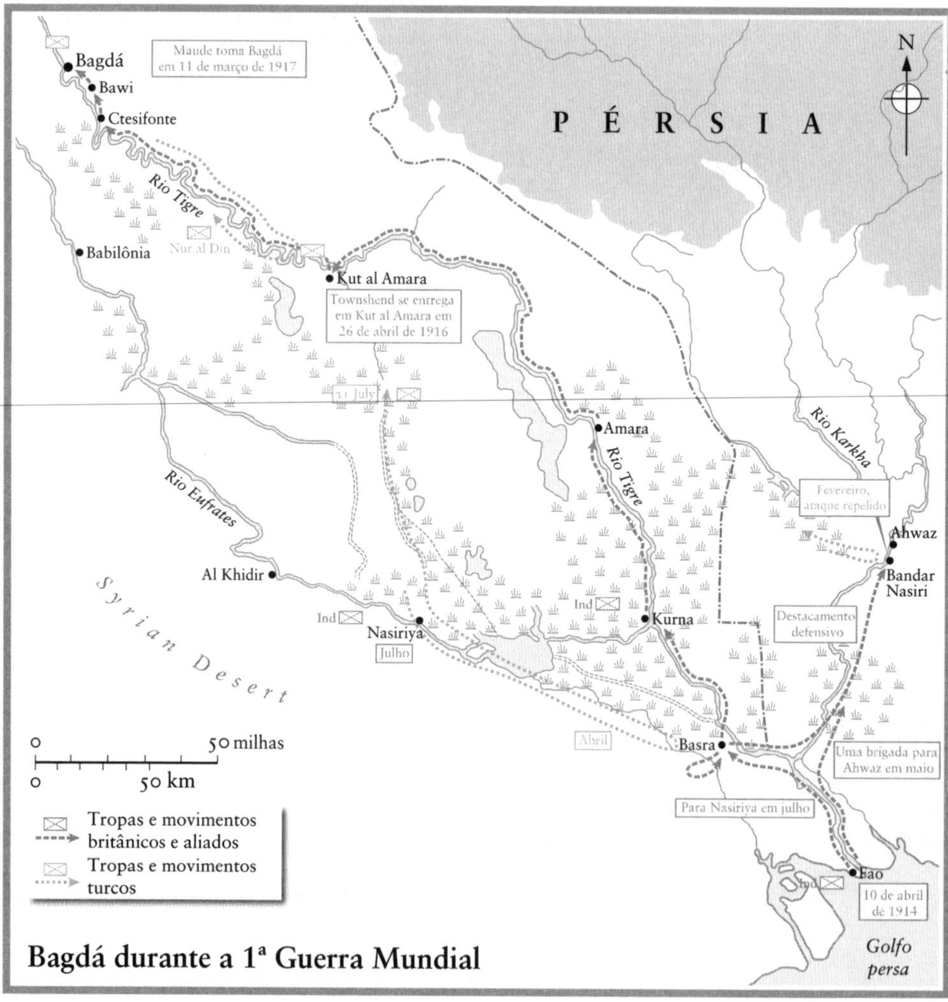

Bagdá durante a 1ª Guerra Mundial

Acordo Sykes-Picot de 1916

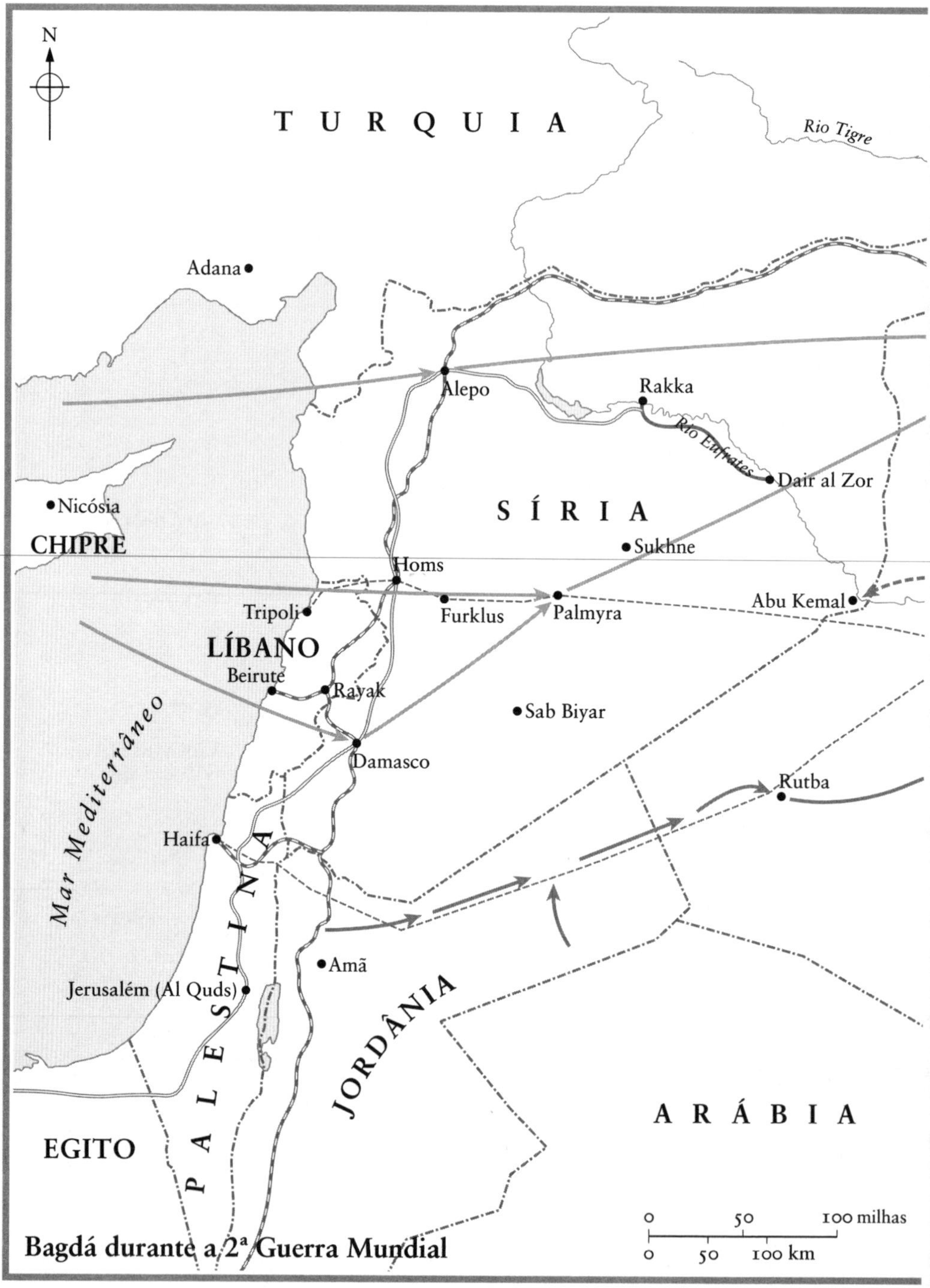

Bagdá durante a 2ª Guerra Mundial

HABFORCE e KINGDOL
10 Divisão indiana
Rotas de reforço da Força Aérea Alemã
Tel Kotchek
Mossul
Erbil
4 de junho
Kirkuk
Rio Tigre
Khanakin
16 de maio
I R Ã
Haditha
6 June
9 de junho
Mushada
Ramadi
Bagdá
Habaniya
Falluja
Campo Rashid
15 de maio
18 de maio
Pela estrada, 19 de junho
31 de maio
17 de junho
Kerbala
Kut al Amara
17 de junho
Amara
20
13 de junho
21
Ahwaz
I R A Q U E
Rio Eufrates
10 de junho
12 de junho
Basra
Shaibah
Golfo Persa
KUWAIT
Cidade do Kuwait

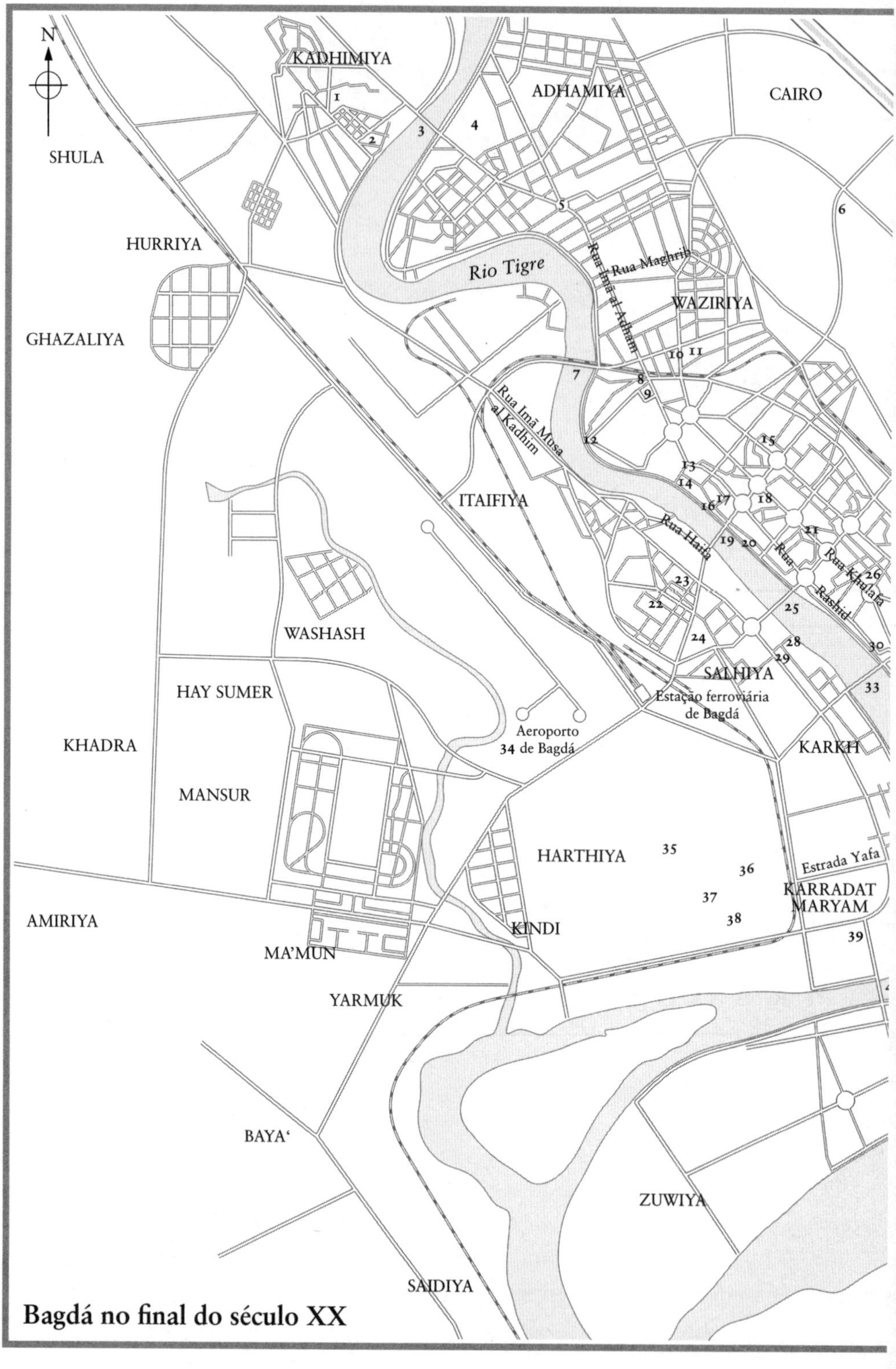

Bagdá no final do século XX

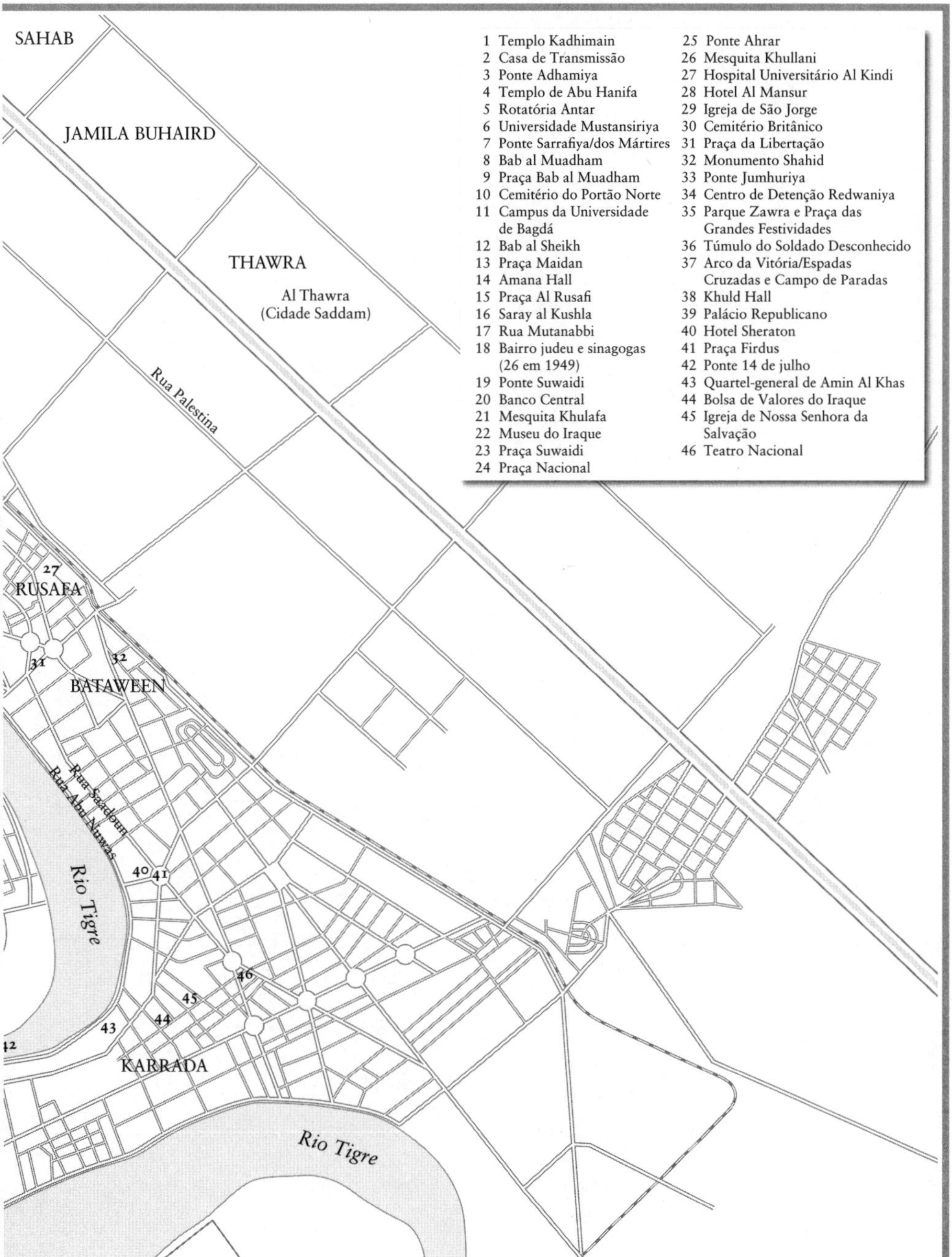
SAHAB
JAMILA BUHAIRD
THAWRA
Al Thawra
(Cidade Saddam)
Rua Palestina
RUSAFA
BATAWEEN
Rua Saadoun
Rua Abu Nuwas
Rio Tigre
KARRADA
Rio Tigre
DORA
MURADIYA
27
31
32
40
41
42
43
44
45
46
1 Templo Kadhimain
2 Casa de Transmissão
3 Ponte Adhamiya
4 Templo de Abu Hanifa
5 Rotatória Antar
6 Universidade Mustansiriya
7 Ponte Sarrafiya/dos Mártires
8 Bab al Muadham
9 Praça Bab al Muadham
10 Cemitério do Portão Norte
11 Campus da Universidade de Bagdá
12 Bab al Sheikh
13 Praça Maidan
14 Amana Hall
15 Praça Al Rusafi
16 Saray al Kushla
17 Rua Mutanabbi
18 Bairro judeu e sinagogas (26 em 1949)
19 Ponte Suwaidi
20 Banco Central
21 Mesquita Khulafa
22 Museu do Iraque
23 Praça Suwaidi
24 Praça Nacional
25 Ponte Ahrar
26 Mesquita Khullani
27 Hospital Universitário Al Kindi
28 Hotel Al Mansur
29 Igreja de São Jorge
30 Cemitério Britânico
31 Praça da Libertação
32 Monumento Shahid
33 Ponte Jumhuriya
34 Centro de Detenção Redwaniya
35 Parque Zawra e Praça das Grandes Festividades
36 Túmulo do Soldado Desconhecido
37 Arco da Vitória/Espadas Cruzadas e Campo de Paradas
38 Khuld Hall
39 Palácio Republicano
40 Hotel Sheraton
41 Praça Firdus
42 Ponte 14 de julho
43 Quartel-general de Amin Al Khas
44 Bolsa de Valores do Iraque
45 Igreja de Nossa Senhora da Salvação
46 Teatro Nacional
0 500 1000 1500 2000 2500 jardas
0 500 1000 1500 2000 2500 m

Limpeza étnica xiita/sunita de Bagdá 2003-2009

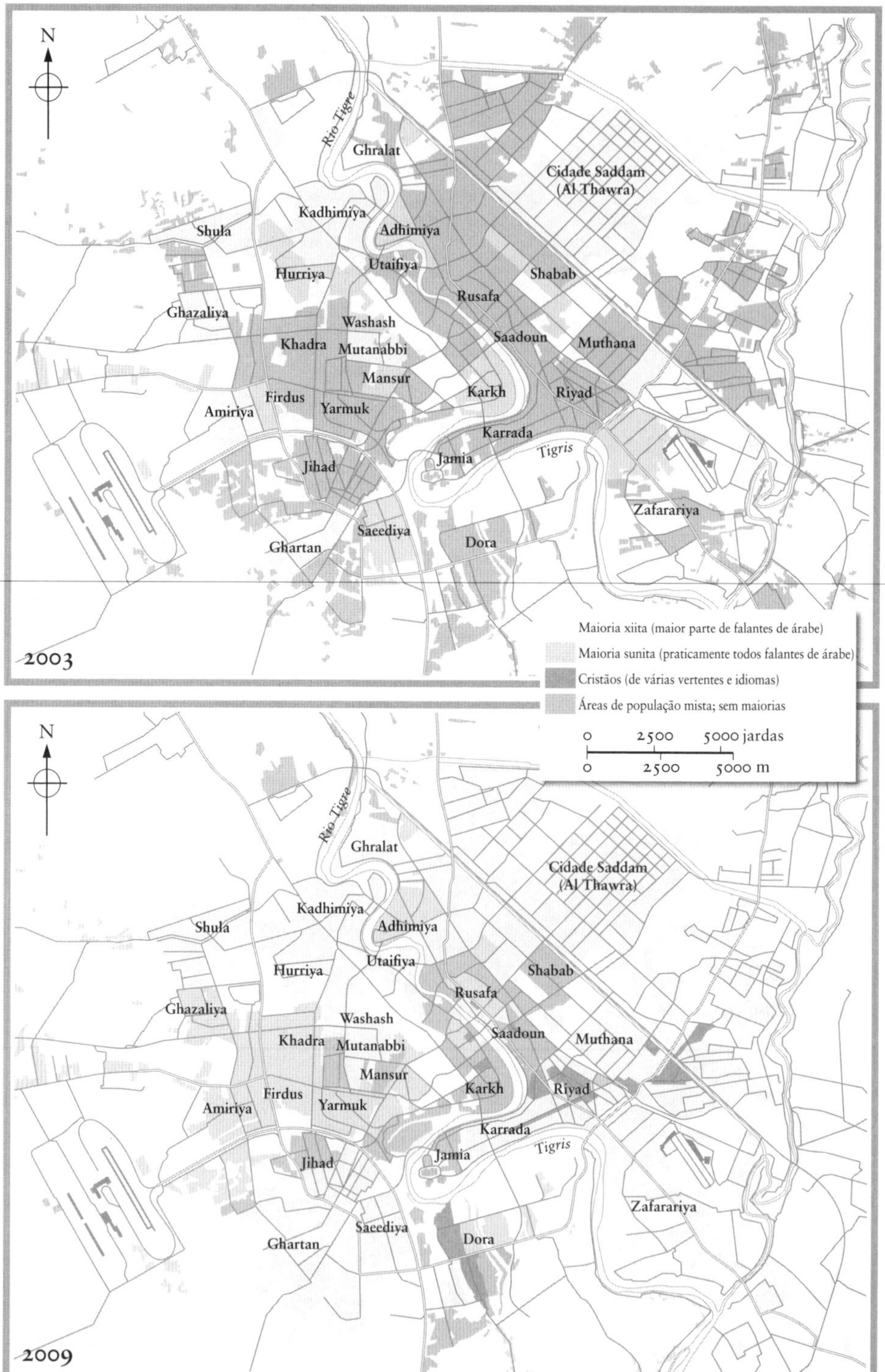

Agradecimentos

Bagdá não é o lugar mais fácil do mundo para se viver, trabalhar ou conduzir uma pesquisa histórica. Durante a maior parte da década passada, de meus primeiros passos na capital iraquiana no verão de 2004 até o presente, a Cidade da Paz foi um matadouro, um inferno de assassinatos. Sunitas, xiitas, judeus, cristãos, estrangeiros – todos foram alvos das ondas de violência que inundaram o Iraque como consequência da guerra de 2003. Como mostro neste livro, essa é apenas a última iteração de um padrão de derramamento de sangue que pode ser percebido ao longo dos séculos, às vezes de forma quase indistinta e abaixo da superfície, frequentemente vívido demais, remontando até o reinado do califa Abássida sunita Mansur, que fundou a cidade em 762 e deixou uma cripta repleta de cadáveres xiitas – de homens, mulheres e crianças – quando morreu. Rixas e instabilidade em grande escala são inseparáveis da história de Bagdá, a capital de um país que é o fulcro da divisão sunita-xiita, e o local onde a ruptura sectária que atualmente faz convulsionar o Oriente Médio se enraizou após a Batalha de Kerbala, em 680.

Tendo em mente essa nota sobre a insegurança milenar, devo agradecer antes de qualquer coisa ao tenente-coronel Tim Spicer, condecorado como oficial pela Ordem do Império Britânico, por me dar a oportunidade de morar e trabalhar em Bagdá por boa parte da última década, estabelecendo uma fundação para financiar pequenos projetos de saúde e educação em todo o Iraque. Ao brigadeiro James Ellery, condecorado comandante pela Ordem do Império Britânico, ao falecido brigadeiro Tony Hunter-Choat, coronel honorável. Alastair Campbell, coronel Andrew Joscelyne, Catriona Laing e muitos outros colegas também foram amigos importantes em tempos difíceis. Tenente-general *Sir* John Kiszely, condecorado com a medalha da Cruz Militar, segundo em comando na Força Multinacional do Iraque (2004-5), honorável. *Sir* Dominic Asquith, embaixador britânico em Bagdá entre 2006 e 2007, e Jon Wilks, vice-chefe de missão entre 2009 e 2010, mantiveram a longa tradição britânica de enviar seus melhores soldados e arabistas a Bagdá. Agradeço a eles pela amizade e pelo apoio da Embaixada Britânica. Meu ex-colega e querido amigo dr. Thair Ali, da Universidade de Bagdá, arriscou a vida repetidamente na linha de batalha facilitando toda a espécie de pesquisa na cidade. Ele foi muito além para me ajudar a visitar alguns dos locais históricos mais importantes de Bagdá, em uma época em que até expedições simples podiam ser uma questão de vida ou morte. Sou profundamente grato a ele. Obrigado, acima de tudo, aos meus muitos colegas não nomeados, que me mantiveram fora de perigo durante o tempo que passei no Iraque. Entre eles, um número além da conta perdeu a vida na última década.

O Iraque não é apenas um canto violento do Oriente Médio: é, também, o berço da civilização. Desde os tempos sumérios no sexto milênio a.C., passando pelos períodos babilônio, assírio, aquemênida, selêucida, parta, romano e sassânida, sucessivas civilizações prosperaram na Mesopotâmia, a terra fértil e irrigada entre os rios Tigre e Eufrates. Durante a maior parte dos cinco séculos de governo Abássida em Bagdá, de 762 a 1258, a cidade representou o ápice das conquistas intelectuais, artísticas, científicas e tecnológicas, atraindo acadêmicos e imigrantes de todo o mundo, da Ásia Central às orlas do Atlântico. Os iraquianos têm orgulho, com razão, desse legado. Tive a sorte de conhecer muitos homens e mulheres civilizados que colaboraram com este livro de maneiras diferentes e importantes. Alguns fizeram observações críticas sobre a história, a cultura, a religião e a política do Iraque; outros compartilharam memórias de infância de Bagdá em épocas mais pacíficas. Muitos voltaram da oposição no exílio para ajudar a reconstruir o Iraque após a queda de Saddam Hussein. Vários deles se tornaram amigos.

Pelas inúmeras entrevistas e conversas, agradeço ao ex-primeiro-ministro Ayad Allawi, ao antigo vice-primeiro-ministro Barham Salih, a Samir Sumaidaie, embaixador iraquiano em Washington de 2006 a 2011, a Mowaffak al Rubaie, conselheiro de segurança nacional de 2004 a 2009, que entrará para a história como o homem que enforcou Saddam, ao ministro da Defesa Saadoun al Dulaimi, a Fareed Yasseen, embaixador iraquiano na França, a Saad Yusef, conselheiro do primeiro-ministro Nouri al Maliki, ao dr. Abdul Aziz Hamid, ex-presidente do Conselho Estatal de Antiguidades, ao general Nabil Said, ao professor Eyad Shamseldeen, a Sarmad Allawi e a Hadi Allawi. Beneficiei-me das conversas com o polêmico político iraquiano Ahmed Chalabi, menos conhecido como entusiástico historiador do Iraque, e com sua filha Tamara Chalabi, autora do vivaz livro de memórias *Late for Tea at the Deer Palace: The Lost Dreams of My Iraqi Family* [Atrasada para o chá no Palácio dos Cervos: sonhos perdidos de minha família iraquiana]. Tamara Daghestani ofereceu melancólicas lembranças de tempos mais felizes em Bagdá. Seu extenso acervo fotográfico no Facebook é um antídoto poderoso contra aqueles que temem o pior para o Iraque. Fatima Fleifel foi uma professora adorável, que sofreu durante muito tempo para ajudar a aprimorar meu árabe.

No universo acadêmico sou especialmente grato aos historiadores dos Abássida Hugh Kennedy, professor de árabe na School of Oriental and African Studies (SOAS), e dra. Amira Bennison, palestrante-sênior em Estudos do Oriente Médio e Islâmicos na Universidade de Cambridge, que me orientaram pessoalmente e por meio de seus trabalhos, listados na bibliografia. Obrigado também aos renomados historiadores do Iraque professor Charles Tripp, da SOAS, e dr. Toby Dodge, da London School of Economics, Khaled Al Rouayheb, professor-associado de História Intelectual Islâmica no Departamento de Línguas e Civilizações Orientais da Universidade de Harvard, professora Amélie Kuhrt, Fellow of the British Academy (FBA) na University College London, e dra. Lamia al Gailani e Joan Porter MacIver, ambas da Escola Britânica de Arqueologia, no Iraque. Por jogar uma luz muito necessária sobre o por vezes nebuloso período otomano em Bagdá, agradeço ao professor Norman Stone, da Universidade Bilkent em Ancara, ao dr. Rhoads Murphey, do Centro para Estudos Bizantinos, Otomanos e Gregos Modernos da Universidade de Birmingham, aos escritores e historiadores do período otomano dr. Ebubekir Ceylan, Caroline Finkel,

Jason Goodwin e Sibel Yildiz. Sou extremamente grato a Ali Erken por sua ajuda nos arquivos otomanos em Istambul. O historiador e orientalista dr. Robert Irwin, editor para o Oriente Médio do *Times Literary Supplement*, muito gentilmente leu meu texto na fase final e me salvou de uma série de erros. Todos os erros que sobraram são, claro, meus próprios. Meus agradecimentos a Sua Excelência o Duque de Wellington por me conceder acesso a seu diário particular da guerra e por uma entrevista fascinante sobre suas experiências no Iraque em 1940. Zaab Sethna e Bartle Bull têm sido companhias frequentes e guias argutos dos eventos e das pessoas em Bagdá desde minha primeira viagem para a cidade. Inspiração, incentivo e conhecimento vieram dos escritores e jornalistas Con Coughlin, Jon Lee Anderson e Harry Mount, dos parlamentares Kwasi Kwarteng e Rory Stewart, de Sarah Hildersley, da Embaixada Britânica em Amã, do coronel Robert Bateman, historiador militar do Exército dos Estados Unidos, de Peter Francis, da Comissão de Sepulturas de Guerra da Comunidade Britânica, do editor Barnaby Rogerson e do jornalista holandês Aernout van Lynden, que testemunhou os primeiros minutos da guerra Irã-Iraque a partir da varanda de um hotel de Bagdá na madrugada de 23 de setembro de 1980. O Arquivo Gertrude Bell na Universidade de Newcastle e os arquivos fotográficos da Real Sociedade Geográfica e da National Geographic foram minas de informações úteis. Boa parte da pesquisa em Londres foi possibilitada pela equipe da muito amada sala de livros e música raros da British Library.

Os judeus de Bagdá, que chegavam a 40 mil até não muito tempo atrás, em 1904 – um terço da população da cidade –, haviam sido reduzidos a apenas sete quando eu cheguei na cidade pela primeira vez exatos cem anos depois. Hoje esse número é ainda menor, e uma das mais antigas comunidades judaicas, que precede em longa data os muçulmanos no Iraque, está praticamente extinta. Entre a comunidade judaica que consultei fora do Iraque, gostaria de agradecer a Cordia Ezekiel, que ajudou seu pai Max Sawdayee a publicar *All Waiting to Be Hanged* [Todos esperando para ser enforcados], um arrepiante livro de memórias sobre a vida na Bagdá baathista dos anos 1960. Como muitas famílias judaicas que viviam no Iraque do presidente Ahmed Hassan al Bakr e do vice-presidente Saddam Hussein, as opções deles eram execução ou fuga. A família Sawdayee fugiu do Iraque em 1970. Sandra e Edward Graham, Edward Dallal, dr. Eliyah Shahrabani e George Abda foram generosos ao compartilhar seu tempo e seus pensamentos. Karen Fredman me apontou a direção certa no mundo dos judeus iraquianos em Londres e ajudou ainda mais a escrita deste livro passeando regularmente com nosso exuberante cachorro sem muito aviso prévio.

Durante o tumulto dos anos recentes, a antiga comunidade cristã de Bagdá também foi dizimada pela violência e levada ao exílio. O falecido dr. Donny George, ex-diretor do Museu Nacional em Bagdá, concedeu-me uma visita privativa a uma das maiores coleções de antiguidades do mundo, que à época se encontrava fechada ao público. A fundação Aegis fez uma doação para ajudar a restaurar o prédio que abriga os arquivos do museu. George e sua família depois foram ameaçados de morte e acossados de Bagdá. Ele foi nomeado professor-visitante da Universidade de Stony Brook, nos Estados Unidos, em 2006, onde morreu cinco anos mais tarde com sessenta anos. Georges Sada, antigo vice-marechal da Força Aérea do Iraque e autor de *Saddam's Secrets: How an Iraqi General Defied and Survived Saddam Hussein* [Segredos de Saddam: como um general iraquiano desafiou e sobreviveu a Saddam Hussein], foi um companheiro irrepreensível, bem como o cônego Andrew White, o carismático "Vigário de Bagdá", que viu muitos de seu rebanho abatidos nos últimos anos e cujo trabalho edificante em prol da reconciliação inter-religiosa no Iraque é repleto de perigos.

Meus sinceros agradecimentos, como sempre, à minha esplêndida agente, Georgina Capel, uma verdadeira fábrica de ideias que incentivou este livro desde o início. A formidável equipe da editora Penguin merece uma homenagem especial: Phillip Birch foi o primeiro a encomendar esta obra, Stuart Proffitt, Donna Poppy e David Watson foram editores incrivelmente rigorosos e sensíveis e Cecilia Mackay foi incansável na procura das imagens mais alusivas para ilustrar este volume de forma tão bela. Obrigado também a Richard Duguid, Isabelle de Cat, Penelope Vogler, Shan Vahidy, Donald Futers e Kathleen McCulloch.

Minha querida Julia merece bem mais que um agradecimento por aguentar seu marido morando em Bagdá por períodos extensos, incluindo um de mais de um ano no auge da violência pós-guerra, com muitas visitas subsequentes durante os anos seguintes, quando a capital do Iraque era tudo, menos a Cidade da Paz. Conversas ao telefone tinham frequentemente de ser abandonadas quando a sirene da Zona Internacional anunciava morteiros ou mísseis chegando, um prelúdio a múltiplas explosões que se sentia na boca do estômago. Agradeço a ela e à nossa filha Clemmie pelo amor, pela paciência e pelo incentivo.

Finalmente, este livro não teria sido possível sem o apoio constante de Manaf al Damluji, um cavalheiro, diplomata e acadêmico de Bagdá cuja família sofreu, como tantas outras, com a chocante violência que afligiu a cidade nos últimos anos. Manaf foi um erudito e um guia infatigável a muitas das fontes árabes consultadas aqui, além de fonte de sabedoria em relação a tudo o que diz respeito à cidade que ama. Em 2012, após oito anos vivendo como refugiados em Amã, ele e sua esposa conseguiram asilo nos Estados Unidos, onde hoje vivem juntos. É a ele que dedico *Bagdá: Cidade da Paz, cidade de sangue.*

Uma observação sobre grafia

É Maomé, Mohammed ou Muhammad? Devemos escrever Alcorão, Corão ou Qur'an? Transliterar o árabe é uma tarefa perigosa e pode ser o paraíso dos pedantes. Há vários sistemas para a transliteração "precisa", mas eles costumam ser muito complicados e têm poucas recomendações estéticas. Meu objetivo foi fazer as coisas o mais simples e compreensíveis possível para leitores em geral. Não desejo jogar marcas diacríticas por todo o texto como se fossem confete, um ponto abaixo de um "s" e um "h" aqui, uma linha sobre um "i" ou um "a" ali, apóstrofes e hífenes se amontoando como visitantes indesejados. Se me pedem para escolher entre *Tārīkh al-'Irāq bayna Iḥtilālayn* (*História do Iraque entre duas ocupações*, de Abbas al Azzawi) e *Tarikh al Iraq bayn al Ihtilayn*, escolho o último sem pestanejar.

Na maior parte dos casos, não transliterei a letra árabe gutural qaf ou ق como "q", e preferi "k", sob o argumento de que isso seria mais familiar para os leitores. O califa que alguns chamam de Qaim assim vira Kaim. Mas em casos em que o uso é extremamente familiar aos leitores, como Al Qaeda, mantive a transliteração "q", de modo que já sou culpado de inconsistência. Escolhi ignorar por completo a problemática letra 'ayn ou ع – praticamente impronunciável para quem não sabe árabe, e que tende a ser traduzida de formas variadas como "a", "aa" ou até "3" – afinal, o que significa uma apóstrofe, ou, da mesma forma, "3", para o leitor que não conhece o árabe ou as complexidades de sua pronúncia? Especialistas no idioma certamente saberão o que se quer dizer e outros quase não notarão sua ausência. Assim, o califa Ma'mun vira simplesmente Mamun e 'Iraque vira Iraque. Preferi não hifenizar o artigo definido, então deixo Al Mansur e Al Amin em vez de Al-Mansur e Al-Amin na primeira menção, e Mansur e Amin daí em diante.

Sei que há aqui muitos outros desvios da rigorosa prática acadêmica moderna. T. W. Lawrence respondeu de forma amarga a um pedido por clareza feito pelo muito maltratado editor de *Os sete pilares da sabedoria*: "Há alguns 'sistemas científicos' de transliteração, úteis às pessoas que conhecem árabe o suficiente para não precisar de ajuda, mas falhos para o resto do mundo. Grafo meus nomes de qualquer forma, para mostrar a bobagem que são os sistemas". Eu nem sonharia em sugerir que esses sistemas são bobagens, mas segui o exemplo de forma menos ousada. E, para responder às perguntas do início, o profeta é Maomé, e o livro sagrado revelado a ele por Alá é o Alcorão.

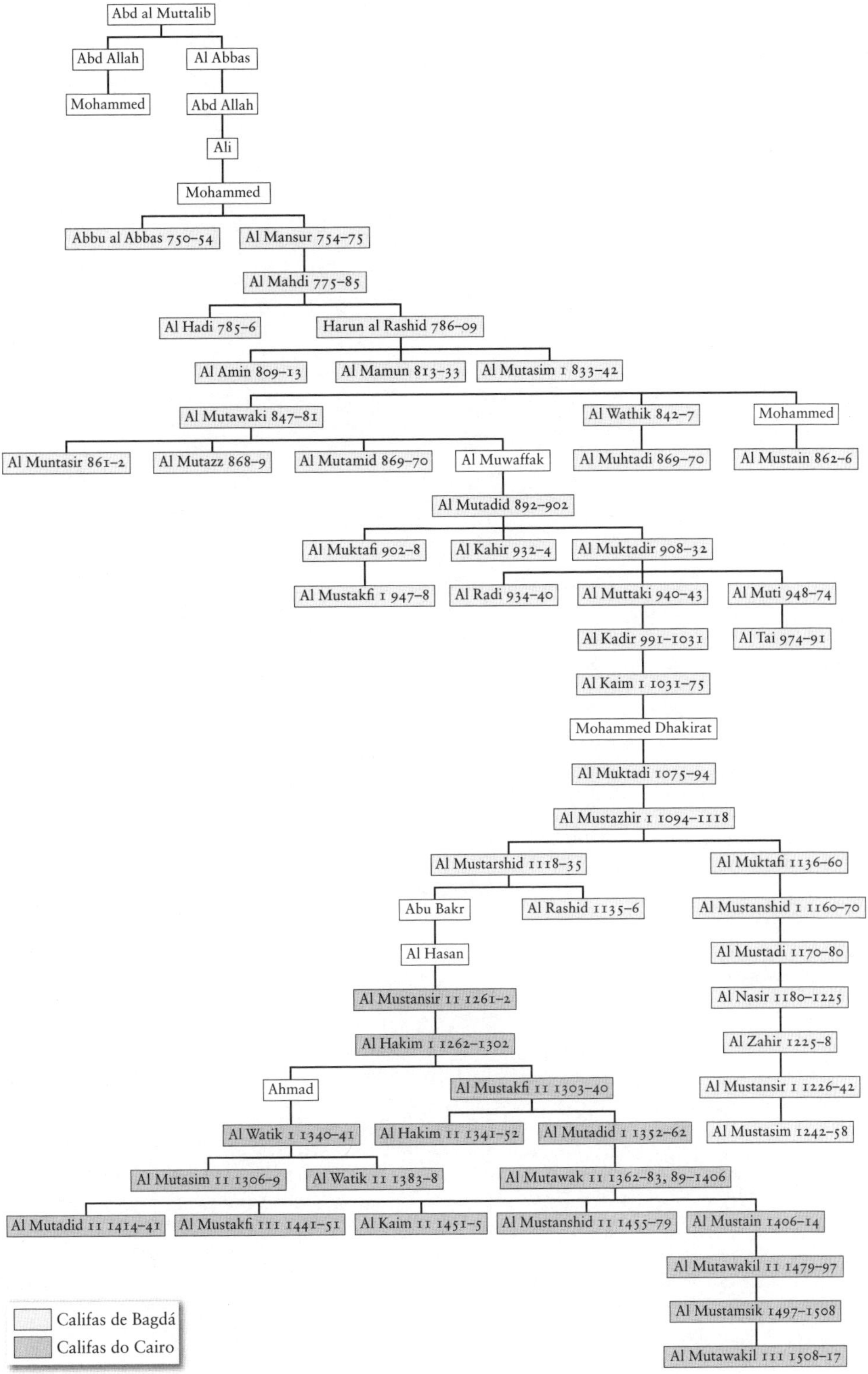

A dinastia Abássida

Prefácio

O velho acaricia a barba e balança a cabeça. Ele vende livros na rua Mutanabbi, no poeirento coração da antiga Bagdá, a poucos metros do rio Tigre. "Os iranianos estão nos controlando de novo", diz, espantando moscas de sua pilha de livros. "Nos livramos dos turcos e dos ingleses, nos livramos do ditador Saddam, nos livramos dos americanos e agora são os iranianos. Eles estão no comando do Iraque,* criando problemas para nós e causando divisões entre os sunitas e os xiitas. Por Deus, algumas coisas nunca mudam."

A hostilidade do velho em relação ao vizinho Irã reflete o antagonismo histórico entre os árabes majoritariamente sunitas e os iranianos xiitas. Conspirações originadas em Teerã são moeda corrente nessa cidade

---

* Pensa-se que a palavra "Iraque" tenha suas origens mais antigas na cidade suméria de Uruk, datando a cerca de 4.000 a.C., vinda de "Erech", do aramaico, e possivelmente "Eragh", do persa ("O nome *al Iraq*, apesar de toda sua aparência árabe, é derivado do persa médio *eragh*, 'terras baixas'", segundo o *The Cambridge History of Iran*). A Baixa Mesopotâmia, como os gregos antigos se referiam à terra entre os rios, tem sido chamada de Iraque – do árabe para "veia" ou "raiz" – desde a Antiguidade. Durante o período medieval, os termos Iraq Arabi (Iraque árabe) e Iraq Ajemi (Iraque iraniano) designavam a Baixa Mesopotâmia e o Irã central e ocidental, respectivamente. Em 1921, os três *vilaietes*, ou províncias, otomanos de Bagdá, Basra e Mossul foram unificados para formar o Estado moderno do Iraque. (N.A.)

de sete milhões de habitantes. Mas o que ele não diz durante seu áspero e longo discurso contra o velho inimigo é que, se não fosse por alguns iranianos determinados se intrometendo e causando intriga no Iraque há 1.300 anos, Bagdá, a glória do Império Islâmico, antes a estrela-guia do mundo e o centro da maior civilização da Terra – para não dizer o lar do livreiro há oito décadas –, talvez não existisse.

*

A revolução estava em lenta combustão desde 719, quando conspiradores na cidade sagrada muçulmana de Kufa, às margens do rio Eufrates, no que é hoje o sul do Iraque – o que é o Iraque atual havia sido dividido entre as províncias orientais de Jazira, Jibal, Azerbaijão, Armênia e Iraque –, acenderam as primeiras fagulhas ao enviar uma missão clandestina para Humayma, uma pequena vila sem nada de interessante ao sul do Mar Morto, na Jordânia. Aqui, entre orquidários e bosques de oliveiras, um mensageiro disfarçado de vendedor de perfumes, sussurrando a rebelião nos ouvidos de um descendente distante da família do profeta Maomé, abanou as pequenas chamas da oposição à dinastia Umayyad, que governava o Império Islâmico a partir de sua capital, Damasco.

Com o tempo, outras missões secretas foram enviadas de Kufa a Khorasan, depois ao canto mais oriental do mundo islâmico, uma ampla região que atravessa hoje o Irã oriental e chega ao Afeganistão, ao Uzbequistão e ao Turcomenistão. Khorasan, cuja metade ocidental fora a antiga região de Pártia, primeira sede do Império Parta (247 a.C-24 d.C.) e depois uma província persa, era um vasto mundo de estepe pontuado pelas ricas e históricas cidades-oásis de Samarcanda, Bukhara, Nishapur, Herat, Balkh e Merv, sua capital de muros altos. Aqui também estavam os vales de montanhas cobertas de neve e as águas dos rios Oxo e Herat, que desciam com força das cordilheiras de Pamirs e Hindu Kush (mais tarde conhecida pelos geógrafos árabes como "Cinturão Pedregoso da Terra") para desaguar nos desertos de Kizil Kum (Terra Vermelha) e Kara Kum (Terra Preta). Capturada por Alexandre, o Grande, durante a Antiguidade, Khorasan caiu em 650 por força dos exércitos árabes da Península Arábica, inflamando um rastro de conquistas islâmicas. Durante as décadas seguintes o local se tornou um caldeirão, com os conquistadores árabes se assentando ao lado de recém-convertidos nômades turcos, príncipes iranianos, camponeses pobres, prósperos mercadores sogdianos e mestres do comércio caravaneiro da Rota da Seda. Todos eram governados pelos califas Umayyad a partir da distante Damasco.

Após a morte do profeta Maomé, em 632, uma sucessão de quatro califas – Abu Bakr, Omar, Othman e Ali – liderou o mundo islâmico emergente até 661, quando Muawia, governador da Síria e cunhado do profeta, tomou o poder e estabeleceu a dinastia hereditária Umayyad, cujas origens remontam a Meca. Expandindo os domínios islâmicos a partir da capital, Damasco, a dinastia governou um dos maiores impérios já vistos pelo mundo, que se estendia do norte da África e Península Ibérica, a oeste, à Ásia Central e fronteiras da China e da Índia, a leste, numa procissão implacável de conquistas militares. Mas, com o tempo, a oposição aos cada vez mais autocráticos Umayyad cresceu em Khorasan, encorajada por relatos de seu estilo de vida espantosamente luxuoso e sua desatenção à fé, trazidos pelas missões secretas de Kufa, onde a dissidência crescente levou a uma série de revoltas armadas, rapidamente debeladas pelas tropas da Síria. Os rebeldes apoiavam um homem descrito de forma calculadamente vaga como membro da família do profeta Maomé. Foram feitos juramentos de lealdade a Al Rida min al Mohammed (Membro Aceitável da Casa do Profeta). Esse estratagema, central para "o primeiro e mais sutil movimento propagandista no Islã político", foi criado para aumentar o apelo da rebelião aos Partidários de Ali – do árabe "Shiat Ali", ou xiitas, para usar sua denominação mais comum –, seguidores do primo e genro de Maomé e quarto califa, assassinado em 661.[1]

Os xiitas consideravam Ali o primeiro califa e seus descendentes destituídos do trono os sucessores legítimos de Maomé; enquanto os muçulmanos ortodoxos, ou sunitas – Ahl al Sunnah wal Jamaah (O Povo das Tradições do Profeta e do Consenso da Comunidade) – viam Ali como o quarto califa e último dos Rashidun, ou "Califas Bem Guiados". Essa diferença era a verdadeira raiz do cisma sunita-xiita. Os xiitas, tanto em Kufa quanto em Khorasan, consideravam a si mesmos como os verdadeiros herdeiros do poder político e espiritual de Maomé. Em outras palavras, eles eram, pelo menos em suas próprias cabeças, aqueles que mais provavelmente seriam beneficiados com a queda dos Umayyad.

Os xiitas, particularmente numerosos na província iraquiana de Umayyad, viam a dinastia de Damasco, sunita, como usurpadora de um califado que devia ser governado pelos descendentes de Ali. Mas, na verdade, a lealdade dos revolucionários nômades, embora não declarada publicamente naquele momento, era aos Abássida, descendentes de Abbas, tio do profeta. Apesar de as ligações sanguíneas dos Abássida com o profeta serem frágeis em comparação com as da Casa de Ali, seu poder de organização era sem igual.

Sussurrando, os agentes iraquianos prometiam um renascimento islâmico, uma nova era em que árabes e não árabes seriam iguais e unidos como semelhantes muçulmanos, e não divididos de acordo com a tendência Umayyad de favorecer as tribos árabes em relação a todas as outras raças, independentemente de estas terem se convertido à fé verdadeira. A mensagem caiu em solo fértil. As divisões entre as tribos árabes Kalb e as tribos árabes Kays, do norte, rivalidades que complicavam as sucessões e causavam derramamentos de sangue em todo o mundo islâmico, já consumiam o interior da dinastia Umayyad.

O movimento Abássida espalhou sua mensagem de revolução pelas rotas de comércio e peregrinação a Khorasan por meio de uma rede discreta de apoiadores, que adotavam papéis que lhes permitiam viajar sem atrair suspeitas indesejadas: a maioria era de comerciantes e mercadores, ou assim o diziam, viajando pelas antigas rotas caravaneiras. Eram vendedores de perfume e ambulantes, artesãos, fabricantes de sela, farmacêuticos e fabricantes de flechas. Entre eles, os cerca de setenta missionários Abássida conhecidos hoje representavam 25 tribos, o espectro completo das tribos árabes baseadas em Khorasan.

Durante as décadas seguintes o ódio pelos Umayyad e por seu governo visto como injusto cresceu em Khorasan e no Iraque. Nos anos 740, a dinastia que orgulhosamente reconstruíra a Mesquita Umayyad de Damasco e a Cúpula da Rocha[†] em Jerusalém e que levara a cabo as guerras islâmicas contra os infiéis bizantinos enfrentava uma rebelião generalizada no leste. Em 744, três califas vieram e se foram e um quarto, Marwan II, foi nomeado em meio ao caos. Sua parcialidade em favor das tribos Kays alienou ainda mais as tribos Kalb de Khorasan, levando-as em grandes números para o lado dos conspiradores Abássida, para alarme de Nasr, o governador Umayyad de Khorasan. "Vejo brasas brilhando entre as cinzas, elas querem nada menos do que explodir em chamas", escreveu ele a Marwan, como aviso do desastre iminente. "O fogo nasce da fricção de paus e a guerra da agitação das línguas."[2] Em 15 de junho de 747, os insurgentes Abássida, até então disfarçados, revelaram suas reais intenções ao desfraldar suas bandeiras negras pela primeira vez nos arredores de Merv. Milhares se juntaram para pegar em armas.

O líder moral dessa coalisão de forças xiitas, de Khorasan e Abássida, era Abu al Abbas, tetraneto de Abbas, o tio do profeta. O chefe militar era Abu Muslim, uma figura sombria de ascendência desconhecida, que ganhou fama no campo de batalha em uma emocionante série de vitórias sobre os Umayyad, tendo supostamente assassinado 60 mil pessoas a sangue frio[3] e sem infâmia. Abu Muslim se estabeleceu primeiro como o eixo de apoio entre Kufa e Khorasan, depois como o líder militar preeminente do movimento Abássida e, no começo de 748, tornou-se mestre de Merv e enviou seus exércitos para o oeste.

Um ano mais tarde, um golpe foi engendrado em Kufa, permitindo que os revolucionários Abássida entrassem na cidade e a controlassem. Mesmo nesse estágio não havia sinal dos membros da família Abássida, que tinham sido obrigados a se esconder por Abu Salama, o conciliador líder dos conspiradores de Kufa. Por fim, quando começaram a aparecer os rumores de que um membro da Casa de Ali estava prestes a ser nomeado califa, o povo local mandou os mesmos soldados ao esconderijo Abássida, onde foi encontrado Abu al Abbas. No outono de 749, apesar de os Umayyad

---

† Nome pelo qual é conhecida a Mesquita de Omar, na Cidade Velha, considerada o terceiro lugar mais sagrado para muçulmanos, após Meca e Medina. (N.T.)

não terem sido ainda finalmente derrotados, ele foi declarado califa, o Amir al Muminin, ou Comandante dos Fiéis.

Em janeiro de 750, o exército Umayyad de Marwan II encontrou as forças Abássida às margens do rio Grande Zab, um afluente do Tigre no norte do Iraque. Com um exército de 300 mil, segundo o relato do século X feito pelo monge bizantino e cronista Teófanes, o Confessor, os Umayyad superavam enormemente os Abássida em número. Tomando emprestada uma tática de batalha que haviam observado em uso pelas forças Umayyad, os Abássida, apoiados em um joelho, formaram uma parede de lanças com as pontas voltadas diretamente para os inimigos. A cavalaria de Marwan atacou confiante, mas a parede se manteve e inúmeros cavaleiros foram empalados pelas lanças Abássida. Dos que sobraram, muitos desertaram e muitos mais fugiram. "Um homem foi visto perseguindo mil, e dois fazendo dez mil correrem", escreveu Teófanes.[4] Marwan havia destruído o pontão que cruzava o rio para evitar que seus soldados fugissem da batalha, uma decisão que condenou um número enorme deles à morte por afogamento nas águas do Zab. A derrota logo estava completa.

Marwan fugiu pelo Iraque para a Síria e, finalmente, para o Egito. Damasco caiu em abril de 750, e o califa Umayyad, fugitivo, foi enfim encontrado na cidade egípcia de Busir, em agosto. Sua cabeça foi enviada de volta a Abu al Abbas, cujo epíteto de califa, ou título real, era Al Saffa, Derramador de Sangue. De acordo com o historiador do século IX Mohammed ibn Jarir al Tabari, a queda da dinastia Umayyad foi anunciada na escadaria da mesquita de Kufa. As palavras foram proferidas por Daud, irmão de Abu al Abbas:

> Louvado seja Deus, com gratidão, gratidão e ainda mais gratidão! Louvado seja Ele que fez nossos inimigos perecerem e nos trouxe nossa herança de Maomé, nosso profeta, que a benção e a paz de Deus estejam com ele! Ó, vós, povo, estão agora as escuras noites do mundo derrotadas, sua coberta levantada, agora a luz surge na terra e nos céus e o sol se levanta nas nascentes do dia enquanto a lua sobe de seu lugar... Deus permitiu que vós contemplásseis o que aguardáveis e esperáveis. Ele manifestou entre vós um califa do clã de

Hashim, iluminando assim vossas faces e fazendo-vos prevalecer sobre o exército da Síria, e transferindo a vós a soberania e a glória do Islã.[5]

Em outra versão de um discurso cuja autenticidade é difícil de estabelecer, o califa, assolado pela febre, esforça-se para fazer seu primeiro pronunciamento após receber o juramento de lealdade e conclui com o aviso: "Estejam prontos, pois eu sou o derramador de sangue sem piedade e o vingador destruidor".[6]

O antes poderoso califado Umayyad, que estendera as fronteiras do Império Muçulmano às orlas do Atlântico no ocidente e às montanhas do Afeganistão no oriente, fora completamente extinto, e o mundo islâmico tinha um novo líder.

Saffa pôs em prática seu nome de forma admirável. Ele dedicou a maior parte de seu breve califado a caçar e assassinar os homens sobreviventes da família Umayyad com uma dedicação nunca menos que obcecada. Apenas um deles conseguiu escapar do massacre e desapareceu para o oeste a fim de fundar o emirado Umayyad de Córdoba, na Península Ibérica, uma minúscula fatia do mundo muçulmano. Al Makrizi, um historiador egípcio do século XV, oferece alguns detalhes macabros dessa campanha de vingança. Saffa ordenou que as tumbas Umayyad fossem abertas e destruídas; corpos exumados eram "torturados com chicotes e depois crucificados"; crânios eram usados como alvos até serem feitos em pedaços antes que as outras partes dos corpos da família Umayyad fossem recolhidas e queimadas até as cinzas.[7]

Em 754, quatro anos após seu triunfo e ainda no início de sua terceira década de vida, o Derramador de Sangue sucumbiu à varíola. Com sua morte, seu irmão Abu Jafar, que adotou o título de Al Mansur (O Vitorioso), foi proclamado califa. A brevidade do reinado intensamente violento de Saffa destacou-se sobre seu excepcionalmente longo e glorioso legado, que durou mais de 500 anos. A dinastia Abássida, que mudaria o mundo com conquistas extraordinárias, celebradas nos volumes desgastados do mal-humorado livreiro da rua Mutanabbi, acabara de nascer.

CAPÍTULO I

O califa e sua capital: Mansur e a fundação de Bagdá (750-775)

Bagdá, no coração do Islã, é a cidade do bem-estar; nela estão os talentos de que falam os homens, a elegância e a cortesia. Seus ventos são aprazíveis, e sua ciência, sagaz. Nela é encontrado o melhor de todas as coisas e tudo o que é belo. Dela vem tudo que merece ser levado em consideração e toda elegância é atraída para lá. Todos os corações pertencem a ela, todas as guerras são contra ela e todas as mãos se levantam para defendê-la. É conhecida demais para precisar de descrição, mais gloriosa do que seríamos capazes de retratar e, de fato, está além de todo elogio.[1]

– Mukaddasi, *Melhor classificação para o conhecimento dos climas (ou regiões)*, século X

O califa precisava de uma capital – uma nova cidade para se tornar a casa permanente do Império Abássida e a sede do Dar al Islam, o mundo muçulmano, um domínio de mais de 12 milhões de metros quadrados que se estendia do Marrocos e da Península Ibérica até a Ásia Central.

Até 762, assim como as tribos árabes originais que saíram da Arábia durante as grandes conquistas do século VII, os Abássida pularam de base em base como nômades do deserto. No curto tempo em que haviam tomado o lugar dos Umayyad como líderes do mundo islâmico, em 750, já haviam usado quatro capitais. Após uma residência breve e insatisfatória em Kasr ibn Hubayra, no Eufrates, a meio caminho entre Kufa e Bagdá, Saffa, predecessor de Mansur, construíra para si um *hashimiya*, ou sede palaciana, ao lado da antiga cidade persa de Anbar, no lado oriental do Eufrates, que hoje é o oeste do Iraque. A população local não gostara do nome *hashimiya*, uma referência aos ancestrais da família Abássida, e, em desafio, continuava a se referir ao local pelo nome antigo, Ibn Hubayra, vindo de Yazid ibn Umar ibn Hubayra, o último governador Umayyad do Iraque. Saffa logo se mudou para um novo local do lado oposto do castelo.

Mansur, o Vitorioso, construiu Madinat al Mansur, a Cidade de Mansur, em Madinat ibn Hubayra, próxima – até demais, na verdade – ao bastião xiita rebelde e extremista de Kufa. Uma revolta sangrenta dentro do palácio em 758, disparada por fanáticos persas que insistiam em adorar Mansur como seu deus e depois se levantaram contra ele ao serem rejeitados pelo próprio como heréticos, deve ter contribuído muito para persuadi-lo de que a busca por uma base mais apropriada deveria continuar.

A oeste, a poderosa lealdade residual de Damasco à desalojada dinastia Umayyad deixava a cidade fora de questão como possível capital. Além disso, era longe demais da Pérsia, onde estava o baluarte do poder militar Abássida, e próxima demais da fronteira com a Grécia, como haviam provado as repetidas incursões bizantinas que desafiaram o poder Umayyad durante seus anos finais. Depois do auge da expansão árabe nos séculos VII e VIII, principalmente – mas não apenas – no Ocidente, as futuras conquistas islâmicas aconteceriam provavelmente no Oriente, bem como a assimilação de terras já conquistadas além do rio Oxo; por isso, o segundo califa Abássida direcionou sua busca para a Mesopotâmia mais central, a Terra Entre Rios. Para preservar sua independência, a nova capital precisava ser suficientemente distante tanto de Basra quanto de Kufa, as duas cidades árabes que haviam sido fundadas na Mesopotâmia como fortalezas para as tropas durante o primeiro século das conquistas árabes.

Mansur não era homem de delegar uma tarefa tão importante a seus oficiais. Ele mesmo liderou o reconhecimento militar de sua nova capital, navegando o Tigre de cima a baixo, de Jarjarya a Mossul, procurando o local mais adequado com sua característica atenção a detalhes. Não havia nada de muito original na busca em si: o povoamento ao longo desse rio, que junto com o Eufrates havia fornecido água à antiga Mesopotâmia, acontecia desde os primórdios. A Mesopotâmia só conseguira sustentar seus impérios graças à prodigiosa fertilidade, comentada com admiração no século V a.C. pelo historiador grego Heródoto, que também mencionou a rede de canais de irrigação de que dependia a Mesopotâmia.* Esse sistema de canais aquíferos, extenso e altamente sofisticado, exigia manutenção regular.

Na verdade, apesar de Mansur ter fundado a cidade, o povoamento de Bagdá precedeu em muito o califa Abássida. Há muitos indícios de que uma comunidade tenha existido ali na Antiguidade, como seria de se esperar em uma localização tão favorável no Tigre, em meio a terras produtivas. O poderoso rei assírio Tiglath-Pileser I, um conquistador do tipo que matava e queimava, mencionado no Livro dos Reis e no Livro das Crônicas do Velho Testamento (ele se autodenominava "rei poderoso, rei das multidões, sem rival, rei dos quatro cantos do mundo"), certamente conduziu campanhas militares na área em algum momento por volta de 1100 a.C., e diz-se que seu filho subjugou um lugar chamado Bagdá, então de pouca importância.[2] Um nome muito similar a Bagdá também aparece nos catálogos geográficos do rei assírio Sardanapalo em torno do século VII a.C. Em 1848, o respeitado orientalista *Sir* Henry Rawlinson, então agente político britânico na Arábia Otomana e mais tarde presidente da Royal Geographical Society, descobriu tijolos da Babilônia ao longo da margem oeste do Tigre em Bagdá: eles tinham o selo real de outro anti-herói do Velho Testamento, Nabucodonosor, o déspota assassino de judeus, destruidor de templos e adorador de ouro do século VI a.C. Não está claro, porém, se tais tijolos teriam sido levados para Bagdá após o reinado do babilônio – talvez pelo próprio Mansur.

Cerca de 30 quilômetros ao sul da futura localização de Bagdá (e próximas o suficiente para serem atrativa fonte de materiais de construção para a nova cidade de Mansur) ficavam as evocativas ruínas de Ctesifonte, a então magnífica capital imperial do Império Parta e, mais tarde, do Império Sassânida – uma cidade importante desde o século I a.C., cujos antigos reis persas mantinham grandes parques e jardins reais a curta distância de bar-

* "Como terra produtora de grãos, a Assíria é a mais rica do mundo. Não há tentativa, ali, de se plantar figos, uvas, oliveiras ou quaisquer outras árvores frutíferas, mas tão incrível é a fertilidade dos campos de grãos que eles normalmente produzem colheitas de duas centenas para cada semente e, em um ano excepcional, até três centenas. As folhas do trigo e da cevada têm pelo menos sete centímetros de largura." *Histórias*, 1.193. (N.A.)

co ao norte, na área que se tornou Bagdá. Ctesifonte fora construída na margem do rio oposta à mais antiga Selêucia, fundada no fim do século IV a.C., que havia sido uma das grandes cidades do mundo em tempos românicos e helênicos. Os árabes se referiam à conurbação Selêucia-Ctesifonte como Al Madain (As Cidades). A quase contínua série de cidades e vilas ao longo do Tigre deu origem, muitos séculos mais tarde, à típica expressão de Bagdá que diz que "um galo pode pular de casa em casa até chegar a Basra".[3]

Um milênio após Nabucodonosor, viviam no local comunidades de monges nestorianos, que aparecem em inúmeras lendas sobre a fundação de Bagdá.[†] Durante o século VII, no finado Império Sassânida, a região foi uma próspera comunidade com um mercado mensal, entrando para os anais da história árabe de forma inglória em 634, quando um exército do primeiro califa, Abu Bakr, entrou de assalto no Souk Bagdá (Mercado de Bagdá), como era conhecido, e saqueou todo o ouro e a prata que podia encontrar antes de fugir galopando pelo deserto, deixando a comunidade devastada afundar de volta na obscuridade até a chegada épica de Mansur em 762. Foi o primeiro exemplo de violência, derramamento de sangue e massacre, que se tornariam as características tragicamente dominantes da vida da cidade nos séculos seguintes.

Ao escolher o Tigre em vez do Eufrates, Mansur provou ser um astuto estudante de geografia. Em primeiro lugar, o Eufrates era o limite mais ocidental daquela terra espetacularmente fértil. Ao contrário do que acontecia no Tigre, margeado por terras produtivas e irrigadas, as terras infrutíferas da Arábia chegavam até sua margem oeste. Eram as águas do Eufrates, por meio de uma rede de canais – alguns dos quais datavam de tempos sumérios, cerca de 4.000 anos a.C. – que irrigava a terra agrícola entre os dois grandes rios, deixando que as águas do Tigre fossem usadas pelo país a leste, ao longo da extensão do Iraque moderno a partir do Deserto da Arábia

† A Igreja Nestoriana, nomeada em homenagem ao patriarca de Constantinopla do século V, também é conhecida como Igreja do Leste, o braço siríaco do cristianismo oriental. Comunidades cristãs na Mesopotâmia, que datam do século I, estabeleceram-se de modo mais formal em 410, quando o Conselho de Selêucia-Ctesifonte concedeu reconhecimento oficial à Igreja do Oriente e a seu próprio bispo, conhecido como patriarca ou *catholicos* (do grego, significando Arcebispo Geral). (N.A.)

e dos portões do Golfo Pérsico no sul até os picos nevados do Curdistão no norte. Havia mais uma desvantagem do Eufrates que teria causado uma firme impressão na mente do califa Abássida: como o Tigre, seu curso mudara ao longo dos séculos e, naquele momento, desaguava nos baixios turvos conhecidos como "Grande Pântano", um pouco ao norte da Babilônia; como consequência, era impossível navegar até o Golfo Pérsico (apesar de hoje a confluência dos dois rios em Kurna, a noroeste de Basra, formar o Shatt al Arab, que deságua no golfo). Ainda que desaguasse no mesmo pântano, o Tigre era navegável até a costa sul por meio de uma série de canais. Os benefícios para o comércio e as comunicações eram evidentes.

O geógrafo e historiador árabe do século IX Yakubi, que compilou *The Book of Countries* [O livro dos países], destacou as ligações de Bagdá com o mundo exterior em comentários apropriadamente proféticos atribuídos a Mansur:

> Certamente, essa ilha [de terra entre os rios], delimitada a leste pelo Tigre e a oeste pelo Eufrates, provará ser o centro do universo. Navios no Tigre, vindos de Wasit, Basra, Obolla, Ahwaz, Fars, Omã, Yamama, Bahrein e países vizinhos, aportarão e ancorarão ali. Ali chegarão as mercadorias vindas pelo Tigre de Mossul, do Azerbaijão e da Armênia; também será o destino de produtos transportados por navios no Eufrates vindos de Rakkah, da Síria, das fronteiras da Ásia Menor, do Egito e de Magreb. Essa cidade também estará na rota dos povos de Jebel, Isfahan e das províncias de Khorasan. Por Deus construirei essa capital e nela viverei toda a minha vida. Será a residência de meus descendentes. Será certamente a cidade mais próspera do mundo.[4]

Mukaddasi, geógrafo árabe do século X e autor do livro com o charmoso título *Melhor classificação para o conhecimento dos climas (ou regiões)*, ofereceu outro aval retrospectivo do local, relatando uma recomendação entusiasmada de uma das eminências do distrito a Mansur:

> Consideramos aconselhável que se estabeleça [aqui]... Assim estará rodeado de palmeiras e próximo à água. Se, então, um dos distritos sofrer com a seca, ou sua colheita se atrasar, outro poderá aliviar a situação. Além disso, estará

às margens do Al Sarat [um famoso canal datado dos tempos persas, parte do sistema de hidrovias que ligava os dois grandes rios], de modo que os suprimentos podem chegar por meio de embarcações que viajam regularmente pelo Eufrates; as caravanas do Egito e da Síria virão pelo deserto, mercadorias chinesas de todo tipo chegarão pelo oceano, e as dos bizantinos e de Mossul, pelo Tigre. Novamente estará em um local entre os rios, de modo que o inimigo não consiga alcançá-lo a não ser com navios ou através de pontes, pelo Tigre ou pelo Eufrates.[5]

Os monges nestorianos supostamente confirmaram a Mansur que a área desfrutava de um clima favorável. À diferença de grande parte da região, seus verões eram ao mesmo tempo relativamente frescos (algo difícil de imaginar hoje, com as temperaturas chegando a enlouquecedores 50°C em agosto) e secos, poupando o distrito das devastações causadas pela febre e da malária trazida pelos mosquitos, problemas muito comuns em Basra e ao longo do Eufrates. As noites eram agradáveis. A tradição das famílias de Bagdá de subir aos telhados para dormir sob as estrelas durante os meses quentes de verão, que continua até hoje, é tão antiga quanto a cidade em si.

*

O nome Bagdá provavelmente tem origem persa. Yakut, autor do século XIII de *Geographical Dictionary* [Dicionário geográfico] e talvez o maior geógrafo da Idade Média, especula que seja derivado de *bagh*, que significa jardim, e *Dad*, o nome do proprietário do jardim. Outra alternativa é que *Bagh* tenha sido o nome de um ídolo e *dad* significasse presente, de modo que o nome fosse referência ao "Presente do Ídolo Bagh". Em 1900, o orientalista Guy Le Strange, autor de um detalhado estudo sobre a Bagdá dos Abássida, chegou a uma conclusão definitiva. "A verdadeira etimologia (...) do nome parece vir de duas palavras do persa antigo, *Bagh*, 'Deus', e *Dadh*, 'fundado' ou 'fundação' – assim, Bagdá significaria cidade 'fundada por Deus'."[6]

Não é surpresa que Mansur tivesse sua própria ideia muito particular de como a cidade deveria se chamar: Madinat al Mansur, como havia sido também nomeada sua predecessora, próxima a Kufa. Mas, apesar do fato de que a cidade fundada por Mansur seria realmente o lar de seus descendentes e, por muitos séculos, "a cidade mais próspera do mundo", o título grandiloquente criado por ele visivelmente não pegou. A cidade, ou as pessoas que lá se estabeleceram, em uma das urbanizações mais rápidas e impressionantes já vistas, preferiam o nome Madinat al Salam, Cidade da Paz, ou Dar al Salam, Casa da Paz, uma referência à descrição do paraíso no Alcorão: "Deus te convida para a Casa da Paz. Ele guia a quem deseja por um caminho reto. Aqueles que fazem o bem deverão ter uma boa recompensa, e mais. Nem a escuridão, nem a miséria deverão nublar suas faces. Eles são os herdeiros do Paraíso, onde deverão habitar para sempre".[7]

A fundação de Bagdá, como a de muitas grandes cidades, é tornada sagrada pelas lendas. Uma das histórias é contada pelo prolífico historiador do século IX Mohammed ibn Jarir al Tabari, autor do monumental *History of Prophets and Kings* [História dos profetas e reis] (cuja tradução para o inglês chega a vertiginosos 38 volumes, ou cerca de 10 mil páginas). Nela, um médico cristão na região de Sarat, em Bagdá, conta a Mansur uma tradição local: um homem chamado Miklas fundaria uma cidade entre o Tigre e o Canal de Sarat, chamado Al Zawra, ou O Torto. Esse era um dos apelidos de Bagdá, e tinha a ver com a curva no rio onde a cidade estava localizada, com seus muros arredondados, com seus portões de conjunto irregular, com o fato de sua principal mesquita não estar corretamente alinhada a Meca ou uma combinação dos anteriores. "Por Deus, sou esse homem!", exclamou Mansur, com propriedade. "Eu era chamado de Miklas quando menino, mas depois o nome caiu em desuso!"[8]

No começo do diário de viagem do século XVII *Purchas His Pilgrimage* [A peregrinação de Purchas], Samuel Purchas inclui um conto medieval que – em um sinal dos tempos – faz alusão a uma origem cristã para o nome da cidade: "Bagdá, também chamada de Dar al Salam, isto é, Cidade da Paz, recebeu o nome de um monge chamado Bagdá, que (...) serviu a uma igreja construída naqueles prados". Purchas, um homem do clero cristão temente a Deus, se referia à Bagdá muçulmana como "a Jerusalém do Diabo".[9] Vale notar que os preconceitos de Purchas teriam pouca ou nenhuma relevância cerca de um milênio depois, quando o cristianismo já estava profundamente enraizado no mundo ocidental e o Islã era apenas uma religião emergente. O crescimento do cristianismo no Oriente a partir de sua terra natal no Oriente Médio tem sido frequentemente minimizado por historiadores, que favorecem sua expansão no Ocidente. Mas, se não fosse pela trágica destruição de Jerusalém, Roma talvez nem tivesse emergido como capital do cristianismo ocidental. Como Diarmaid MacCulloch argumentou de modo convincente, "ainda no século VIII da era cristã, a grande nova cidade de Bagdá teria sido um símbolo mais provável do cristianismo mundial do que Roma".[10]

*

É preciso fazer uma advertência ao navegar por essas primeiras crônicas, histórias e geografias. A antiga divisão sunita-xiita, tão central para a história de Bagdá, pode tingir tanto as histórias como o modo como elas têm sido recebidas ao longo dos séculos. A obra de Tabari, que cobre o período da criação até o ano 915, é de longe a fonte mais magistral sobre os Abássida, a fundação da história remota do Islã. Independentemente de quão árido seja seu texto (e deve-se dizer que ele raramente é lido por prazer), todos os historiadores do califado de Abássida devem muito a esse acadêmico independente e incansável desde sua primeira publicação. O leitor moderno não pode deixar de se maravilhar com a amplitude de suas fontes e a extensão de sua pesquisa. Muitos concordariam que a história dele era, nas palavras de um estudo recente, "tradicionalista, moderada e católica"; era também altamente favorável ao califado Abássida, sem as manchas dos habituais panegíricos de um historiador da corte. Ainda assim, alguns detectam um viés extremista em várias das histórias mais pitorescas de Tabari a respeito dos califas, em especial as que envolvem sexo, álcool e assassinato.[11] Ao considerar a confiabilidade dessas primeiras crônicas, vale mencionar, por exemplo, que a história de Yakubi apresenta uma perspectiva marcadamente xiita sobre o califado, enquanto o historiador do século X Masudi (*c.* 896-*c.* 956), popularmente conhecido como o Heródoto dos Árabes, o mais espirituoso e anedótico dos historiadores árabes medievais, adorava uma história exagerada.

Pelo que as histórias nos contam sobre ele, o califa Mansur tinha muitas qualidades que viriam a ser associadas também à cidade por ele fundada. Havia, por um lado, refinamento extremo, um intelecto inquestionável, visão, generosidade de espírito, espírito de organização, tino comercial, riqueza prodigiosa e verdadeira devoção religiosa. Por outro lado, ele tinha tendência para eventual violência explosiva e crueldade extrema, além de um temperamento assassino e uma profunda veia de intolerância religiosa. Nas evidentes virtudes e fraquezas da personalidade de Mansur escondia-se um microcosmo do futuro destino de Bagdá.

Alto e esguio, com barba rala, Mansur era um muçulmano devoto e bom orador, pregando em sua própria mesquita nas preces de sexta-feira, encorajando os fiéis a viver em suas vidas de acordo com o Islã. Ao contrário de seus sucessores mais animados, ele não bebia vinho e não aprovava músicas vibrantes. Certa vez, diz-se, tendo ouvido música em seu palácio, descobriu um eunuco tocando o *tunbur*, ou bandolim. Imediatamente ordenou que o instrumento fosse quebrado na cabeça do eunuco e, depois, o descrente foi enviado para ser vendido no mercado de escravos. Diligente, dado a longos períodos de reflexão e implacavelmente determinado, Mansur começava seu dia bem antes do nascer do sol, com preces íntimas e depois coletivas, após as quais ele se dirigia a seu *iwan* (sala de audiências abobadada) para cuidar dos assuntos de Estado. Depois de uma *siesta*, ele passava as tardes relaxando com a família antes das preces noturnas, das correspondências e do trato de assuntos governamentais, indo para a cama às dez da noite.

A guerra e a matança estavam no sangue de Mansur. Boa parte de seu reinado de 21 anos foi dedicada a consolidar o poder da nova dinastia e a suprimir rebeliões, duas das quais irromperam e foram rapidamente contidas durante a construção de Bagdá. Na história de Tabari, a seção sobre Mansur é um turbilhão de execuções sumárias. "'Corte a cabeça!', gritou [Mansur], e o homem foi levado e decapitado" é uma frase comum. "[Mansur] deu a ordem e a cabeça do homem foi cortada" é outra. Quando se tratava de matar inimigos declarados ou aqueles que o apoiavam com mais lealdade, como o general Abu Muslim, que ajudara a colocar os Abássida no poder, Mansur não tinha nada de sentimental ou escrupuloso. As execuções do califa eram realmente tão numerosas que algumas vezes os historiadores se perguntavam como ele tinha tempo de cuidar de outras questões de Estado.

Tabari nos oferece o exemplo mais apavorante do lado obscuro de Mansur em uma história memoravelmente sinistra relatada pela perfumista do califa, Jamra. Ela conta que, antes de sair para aquela que seria sua última peregrinação a Meca, Mansur entregou as chaves de seu depósito à nora Rita, esposa de seu filho herdeiro Al Mahdi, que à época estava no Irã, com instruções específicas de deixar os cômodos completamente esquecidos a não ser que tivesse absoluta certeza de que ele estava morto. Mais tarde, quando as notícias da morte subsequente do califa foram confirmadas, em 775, Mahdi e Rita correram ao depósito, esperando que aquele canto obscuro do palácio estivesse cheio de tesouros escondidos. Em vez disso, encontraram a visão nauseante de uma vasta câmara cheia de cadáveres, de crianças pequenas a velhos. Todos eram membros da Família de Ali, evidência arrepiante da política de perseguição de Mansur contra os descendentes xiitas de Ali e de sua esposa Fátima, filha do profeta Maomé. Havia uma identificação na orelha de cada cadáver, detalhando o nome e a genealogia da vítima: uma combinação de violência implacável e organização meticulosa.

A metódica perseguição de Mansur aos Ali era um dos primeiros indicadores das tensões destrutivas entre os sunitas e os xiitas em Bagdá e além. Durante os treze séculos seguintes, essa divisão extremista periodicamente entraria em ebulição na forma de violência e derramamento de sangue nas ruas de Bagdá.

A avareza de Mansur era lendária. Ele era apelidado de Abul Dawanik, Pai de Tostões, uma referência à sua incansável frugalidade e economia. Masudi registrou alguns episódios significativos sobre Mansur em seu maravilhoso livro *The Meadows of Gold and Mines of Gems* [Os prados de ouro e minas de pedras preciosas], uma história envolvente sobre o mundo desde Adão e Eva até o califado Abássida. "A prudência de Mansur, a retidão de seu julgamento e a excelência de suas políticas estão além de qualquer descrição", admite. "Ele não evitava a mais extravagante generosidade quando havia algo a ser ganho em troca, mas recusava o menor favor se concedê-lo significasse alguma perda."[12]

À época de sua morte, escreveu Masudi, Mansur deixou 14 milhões de dinares e 600 milhões de dirhams no Tesouro (um único dinar de ouro valia cerca de 20 dirhams de prata e cada dirham pesava cerca de 3 gramas). Mesmo assim, "essa grande fortuna não impedia que ele fosse avarento ou que entrasse em detalhes ignorados mesmo por um plebeu. Dessa forma, ele combinou com seu cozinheiro que este não deveria descartar cabeças, pés e peles, em troca do fornecimento de lenha e temperos".[13] Uma abordagem tão mesquinha e prática na contabilidade tinha suas vantagens, principalmente para seu filho e sucessor imediato, Mahdi.

*

Em 762, Mansur tinha os planos do que seria sua Cidade Redonda desenhados no chão em traços de carvão. O círculo perfeito era uma homenagem aos ensinamentos geométricos de Euclides, que Mansur havia estudado e a quem admirava. Depois de o califa ter andado por esses planos bidimensionais e dado sua aprovação, bolas de algodão embebidas em nafta (petróleo líquido) foram colocadas ao longo do contorno e incendiadas para marcar de forma mais permanente a posição dos muros duplos externos. Milhares de arquitetos e engenheiros, especialistas legais, inspetores e carpinteiros, ferreiros, escavadores e operários comuns foram recrutados em todo o Império Abássida. Era de longe o maior projeto de construção no mundo islâmico: Yakubi estimou os trabalhadores em 100 mil, uma provável extrapolação que mesmo assim indica sua vasta escala. Tabari registrou que cada mestre-construtor recebia um quilate de prata por dia, correspondendo a 1/24 de um dirham, e um operário, de dois a três grãos de prata. Considerando que um carneiro inteiro custava um quarto de dirham e que um dirham comprava 30 quilos de tâmaras ou 8 litros de óleo, o pagamento era bastante atraente.[14]

Os astrólogos reais Nawbakht, um ex-zoroastrista, e Mashallah, um judeu convertido ao Islamismo, declararam que 30 de julho de 762 era a data mais auspiciosa para o início dos trabalhos de construção.[15] Foi Mansur quem, depois de fazer uma prece a Alá, colocou o primeiro tijolo cerimonial. "Agora, com as bênçãos de Deus, construam", ordenou aos operários reunidos.[16] Como Tamerlão, o conquistador turco que desceu sobre a cidade de Samarcanda como uma tempestade seis séculos antes e passou décadas decorando sua amada capital com glórias arquitetônicas, Mansur deleitava-se com sua supervisão pessoal e o controle direto do processo de construção. Sob seu comando, o inchado exército de operários topografava, media e escavava as fundações; assava ao sol e queimava nas fornalhas os tijolos que, na falta de pedreiras locais, eram o principal material de construção; e levantava os muros da cidade-fortaleza exaustivamente, tijolo a tijolo. Um fosso profundo circundava o perímetro do muro externo, para o interior do qual um muro principal e um terceiro, interior, ofereciam camadas extra de defesa.

O projeto era surpreendentemente inovador. "Dizem que não se conhece nenhuma outra cidade redonda em qualquer outra região do mundo", escreveu Al Khatib al Baghdadi, acadêmico do século XI cujo livro *History of Baghdad* [História de Bagdá] é uma mina de informações sobre a construção da cidade.[17‡] Quatro portões equidistantes estavam cravados nos muros externos e, a partir de cada um deles, estradas retas levavam ao centro da cidade. O Portão de Kufa a sudoeste e o Portão de Basra a sudeste se abriam para o Canal de Sarat, parte-chave da rede de hidrovias que escoava as águas do Eufrates para o Tigre e tornava essa localização tão atraente. O Portão Sham (Sírio), a noroeste, apontava para a principal estrada para Anbar, que através dos desertos alcançava a Síria. A nordeste, o Portão de Khorasan ficava próximo ao Tigre, levando à ponte-de-barcos que atravessava o rio.[§] Durante a maior parte da vida da cidade, um número

‡ Khatib acreditava que o mundo era dividido em sete regiões. Todas, exceto uma, eram inerentemente imperfeitas, diversamente habitadas por bizantinos, turcos, sírios, eslavos, chineses e negros. No centro desta configuração pouco satisfatória estaria a serena terra do Iraque, "o umbigo do universo", e em seu centro ficava Bagdá, capital do império, lar da dinastia governante e estrela guia do Dar al Islam. (N.A.)

§ Acompanhar as mudanças dos nomes dos portões de Bagdá durante os séculos é um exercício à parte. Algumas vezes, o mesmo portão era conhecido por nomes diferentes. O Portão de Kufa, por exemplo, também era conhecido como Portão de Anbar, já que tanto Anbar quanto Kufa eram municípios a sudoeste de Bagdá. À medida que a Cidade Redonda entrava em declínio e outras partes de Bagdá se expandiam, novos portões surgiam em ambas as margens da cidade. Eles iam a vinham durante o longo ciclo de conflito e destruição, às vezes reutilizando nomes antigos (como o Portão de Khorasan da Bagdá oriental), flutuante dessas pontes, que consistiam em vários esquifes amarrados um ao outro e atracados às margens, foram as características mais vívidas de Bagdá; não seriam mais vistas estruturas permanentes até a chegada dos ingleses no século XX, colocando pontes de ferro atravessando o Tigre.

Mansur encomendou portões de ferro à cidade vizinha de Wasit (os quais Tabari diz terem sido originalmente feitos por demônios para o rei Salomão), com portões adicionais tendo sido fornecidos por Kufa e Damasco. Tais eram seu tamanho e peso que era preciso um grupo de homens para abrir e fechá-los. As passagens que protegiam eram igualmente imponentes. "Um cavaleiro com seu estandarte ou um lanceiro com sua lança podiam entrar por eles livremente, sem abaixar o estandarte ou descansar a lança", registrou Yakubi.[18]

Uma guarda ficava acima de cada um dos quatro portões externos. As localizadas nas entradas da parede principal, mais alta, ofereciam as vistas mais imponentes da cidade e dos muitos quilômetros de exuberantes alamedas de palmeiras e campos esmeralda que margeavam as águas do Tigre. Sabemos de Masudi que a grande sala de audiências no topo da guarda, acima do Portão de Khorasan, era um dos refúgios favoritos de Mansur para se proteger durante as tardes de calor extremo.

Os enormes muros de tijolo, vistos a partir das margens do Tigre, tornariam-se a característica definitiva da Cidade Redonda de Mansur. Sua circunferência era de 6 quilômetros. Khatib registrou um comentário do arqui-

---

outras vezes inventando novos títulos. O Bab al Sultan, nomeado em homenagem ao sultão otomano Murad IV, que libertou Bagdá dos persas em 1638, também era conhecido como Bab al Muadham (O Portão Glorificado), que por sua vez emprestava seu nome para um distrito da Bagdá oriental que existe ainda hoje. O Bab al Halaba (Portão Arena, nomeado pelo campo de polo ao qual costumava dar vista), também na Bagdá oriental, ficou mais tarde conhecido como Bab al Wastani (Portão do Meio), único sobrevivente dos portões medievais da cidade nos dias de hoje. Os portões também eram renomeados. Assim, o Bab al Khassah (Portão Particular), no complexo palaciano do califa na margem leste, foi renomeado Portão Badr, em homenagem a um escravo transformado em ministro que era o favorito do califa Al Mutadid. O Portão Kulwatha, nomeado por causa de uma aldeia na Bagdá oriental, também era conhecido como Bab al Basaliya (Porão das Cebolas), em razão das fazendas em seu redor. Hoje, apesar de o nome correto ser Portão Sul, há o Bab al Sharki (Portão Leste), em razão do hábito coloquial dos habitantes de Bagdá de pensar em tudo que vem do sul – incluindo o famoso vento sul quente e poeirento – como leste. (N.A.)

teto Raba, dizendo que cada porção consistia em 162 mil tijolos para o primeiro terço da altura do muro, 150 mil para o segundo terço e 140 mil para a seção final, unidos por feixes de junco. Consta que alguns desses tijolos tinham 116 centímetros quadrados e pesavam 90 quilos. Em uma das várias estimativas de tamanho e altura registradas por historiadores medievais, o muro exterior tinha 24 metros, sendo coroado por parapeitos e flanqueados por baluartes; mesmo assim, era mais baixo que seu correspondente interno, o muro principal, que media prodigiosos 35 metros desde a fundação.[19]

De acordo com Tabari, Mansur perguntou a seu famoso vizir Khalid ibn Barmak, que tinha origens na aristocracia persa, se deveria demolir as antigas ruínas de Ctesifonte para usar os materiais na construção de sua nova cidade. Não, respondeu Khalid: ela era um monumento permanente ao triunfo árabe sobre a dinastia Sassânida pré-islâmica. Mansur ignorou o conselho e a demolição começou, logo se provando mais difícil e cara do que ele imaginara. Ele convocou Khalid e pediu mais uma vez seu conselho. Agora que o califa começara, respondeu o vizir, era melhor "destruir tudo até as fundações, pois, se não o fizer, será dito que não foi capaz de demoli-la".[20] Com o capricho que era a marca do poder do califa, Mansur ignorou a sugestão de Khalid e o resultado foi que as ruínas do famoso palácio abobadado de Ctesifonte testemunharam uma batalha acirrada entre forças turcas e britânicas em novembro de 1915 e ainda estão de pé, único monumento sobrevivente na cidade.

Com Mansur em sua cola, os supervisores levavam a sério as pesagens e medidas. Como exemplo da precisão com que esse experimento urbano foi empreendido, Tabari conta a história de um homem que, anos mais tarde, demoliu um muro perto de Bab al Muhawal, um bairro só de sunitas nos subúrbios sudoestes. Ele encontrou ali um tijolo com seu peso de 117 ratls (cerca de 52 quilos) claramente marcado em ocre. "Pesamos e descobrimos que tinha o peso escrito", declarou o homem, evidentemente impressionado.[21]

Tendo recusado a posição de cádi, ou juiz, Imam Abu Hanifa, ilustre fundador da escolha Hanafi de lei islâmica, a maior das quatro principais escolas sunitas, foi nomeado um dos quatro fiscais-chefe da construção da cidade, com responsabilidade particular pela feitura dos tijolos e o recrutamento dos operários.¶ Ele inventou uma forma de economizar tempo na medida dos tijolos, empilhando-os com uma vara reguada, grande avanço da prática então existente. Com o tempo, passou a fazer oposição ao governo de Mansur e pagou duramente o preço: foi jogado na prisão e provavelmente torturado, tendo morrido sob custódia em 767, um ano depois de a Cidade Redonda ser finalizada.

As quatro estradas que chegavam até o centro da cidade a partir dos portões externos eram margeadas por arcadas abobadadas onde ficavam as lojas e os bazares dos mercadores. Ruas menores saíam dessas quatro artérias principais, dando acesso a uma série de praças e às poucas casas que havia para a população; o espaço limitado entre o muro principal e o muro interno atendia ao desejo de Mansur de manter o coração da cidade como um setor real. Continuando em direção ao centro de Bagdá, as estradas levavam ao muro interno e a outro conjunto de portões que protegiam o acesso ao imenso claustro central – com talvez 1.900 metros de diâmetro – com a jurisdição real em seu coração. Um círculo do lado de fora desse claustro central era reservado para os palácios dos filhos do califa, para as casas das equipes reais e dos servos, para as cozinhas do califa, para os quartéis da cavalaria e para os escritórios do Tesouro, arsenal e chancelaria, além de uma padaria pública e, para ajudar a sustentar as enormes despesas do Estado imperial Abássida, um departamento de impostos sobre terra. O centro desse espaço era vazio, exceto pelos dois mais belos prédios da cidade: a Grande Mesquita e o Palácio do Portão Dourado do califa, uma expressão classicamente islâmica da união entre autoridade temporal e espiritual. Ninguém a não ser Mansur – nem mesmo um tio do califa que sofria de gota e solicitou o privilégio com base em sua saúde debilitada – podia andar a cavalo nessa delimitação central.[22]**

¶ Nomeadas em homenagem a seus fundadores, as quatro escolas do *fikh* islâmico sunita, baseado no Alcorão, no *hadith* e nas interpretações do clero, são Hanbali, Hanafi, Shafi e Maliki. (N.A.)

** É de se solidarizar com este tio idoso do califa. Insensível às alegações de que seus membros inferiores eram decrépitos, Mansur disse ao tio que ele poderia ser carregado pela área central em uma liteira, meio de transporte geralmente reservado às mulheres. "Eu serei alvo de chacota pelo povo", disse Isa. "Resta alguém que não lhe possa fazer chacota?", respondeu o califa, causticamente. (N.A.)

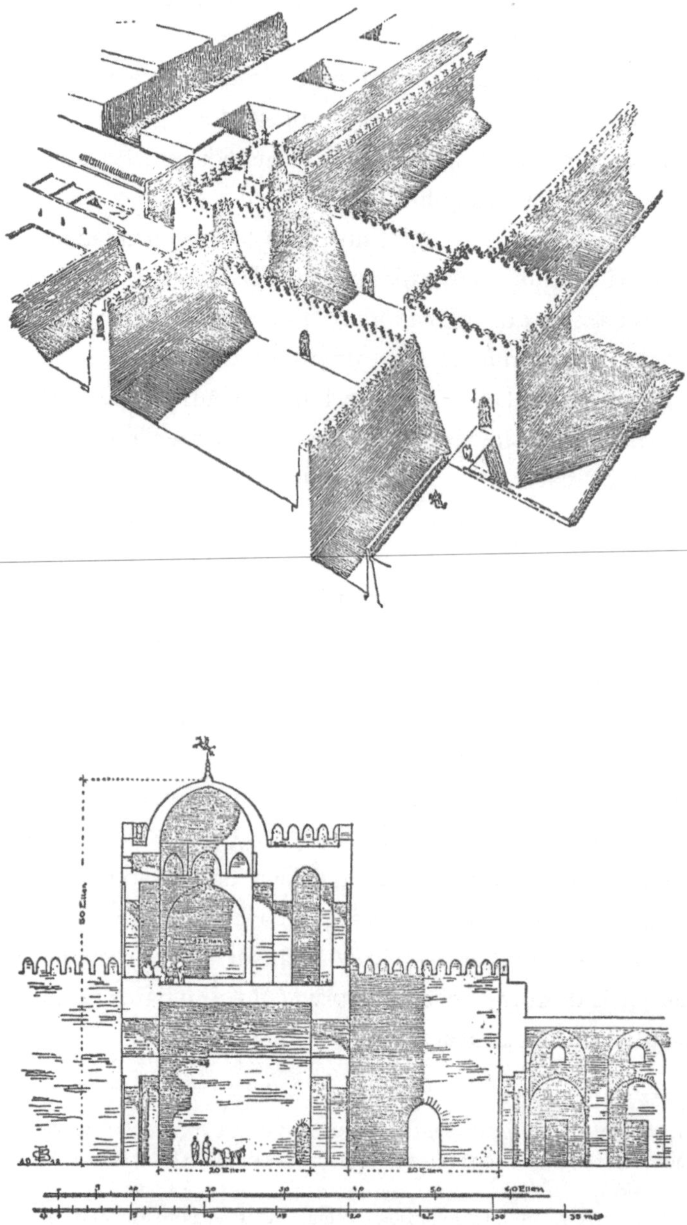

Reconstituição dos portões e dos muros da cidade de Bagdá, feita pelo arqueólogo alemão Ernst Herzfeld, que em 1907 realizou diversas escavações na Síria e no Iraque junto a Friedrich Sarre, diretor do Museu Islâmico em Berlim.

O palácio de Mansur era um prédio extraordinário de cerca de 33 mil metros quadrados, cuja característica mais impressionante era um domo verde de 37 metros de altura acima da sala de audiências principal, visível a quilômetros de distância e em cujo topo ficava a figura de um cavaleiro com uma lança na mão. Khatib sustentava que a figura rodava como um cata-vento, apontando sua lança na direção em que apareceriam os próximos inimigos do califa. Yakut, o idealista geógrafo sírio, declarou que isso era "um truque e uma mentira evidente", argumentando que "a religião islâmica não se glorifica com tais fábulas".[23]

A grande mesquita de Mansur sobreviveu por várias encarnações. Foi a primeira mesquita construída em Bagdá e, com prodigiosos 8 mil metros quadrados, prestava os devidos respeitos a Alá ao mesmo tempo que passava a mensagem de que os Abássida eram seus servidores mais poderosos e ilustres na Terra.[††] Construída com tijolos assados ao sol e assentados com argila, com um teto apoiado sobre colunas de madeira, a mesquita foi reconstruída pelo neto de Mansur, Harun, que erigiu uma substituta mais robusta, feita de tijolos assados em fornalha e assentados com cimento. Restaurações e extensões futuras a mantiveram em boa forma: quando o viajante e geógrafo persa Ibn Rusta visitou Bagdá por volta de 903, ele admirou uma "bela estrutura de tijolos assados em fornalha e bem cimentados, coberta por um telhado de madeira de teca apoiado em colunas do mesmo material, o conjunto todo ornamentado com lápis-lazúli".[24] De forma quase inacreditável, a mesquita parece ter sobrevivido à devastação promovida pelo comandante militar mongol Hulagu, neto de Genghis Khan, em 1258, pois não é mencionada na lista de mesquitas e templos que ele ordenou que fossem reconstruídos; em 1327, um orgulhoso viajante marroquino chamado Ibn Battuta, passando por Bagdá no início do que se provaria uma odisseia de 120 mil quilômetros e 29 anos, diz que ela ainda está de pé. Assim, a mesquita de Mansur, tendo sido reconstruída por Harun, ocupou o coração de Bagdá por mais de quinhentos anos. A data de seu

†† Apesar de toda a grandiosidade, a mesquista apresentava um evidente erro crasso de arquitetura, que resultava no nicho do *mihrab* dirigindo as preces dos fieis para o sudoeste, em vez do correto sul-sudoeste, para Meca. (N.A.)

fim é desconhecida. Pode ser que tenha sido destruída por Tamerlão, o autointitulado Braço Armado do Islã e Guerreiro da Fé, que conquistou a cidade em 1393 e voltou para saqueá-la completamente e sem piedade em 1401, a data mais sombria para a Cidade da Paz. Até os dias de hoje os nomes de Tamerlão e Hulagu são motivos de infâmia em Bagdá.

A ameaça constante de rebelião durante a maior parte do reinado de 21 anos de Mansur determinou que segurança, lei e ordem fossem as prioridades máximas. Cada um dos quatro portões principais da Cidade Redonda tinha um destacamento de 1.000 soldados. Fora do claustro dos prédios governamentais no círculo externo da cidade em si, nas quadras de casas entre os portões de Kufa e Basra, Mansur construiu a Prisão de Matbak, com "paredes bem construídas e fundações sólidas" para manter firmes lá dentro aqueles que faziam oposição a ele.[25] Não era uma medida infalível: em 919 uma multidão escapou e começou uma onda de violência antes de ser recapturada e presa novamente atrás dos portões de ferro da cidade. Na maior parte das vezes, governar Bagdá exigia mão de ferro.

Prisão, multidões e rebeliões são lembretes de que, apesar de toda a extravagância e a ostentação dos Abássida, o esplendor da corte, a grandeza da arquitetura real e a sofisticação cultural e científica que rapidamente fizeram de Bagdá a capital do mundo, como veremos nos próximos capítulos, a vida das massas tendia a ser tudo, menos glamorosa. Na maioria dos casos era uma implacável luta pela sobrevivência, tentando evitar doenças, fome e violência em escala épica. Ao descrever sua visita à cidade, Ibn Battuta lembrou um verso "recitado [pelo meu pai] para mim muitas vezes":

> Para homens de riqueza, Bagdá tem porta aberta
> Porém, para os pobres, desatenção é só o que resta.[26]

Enquanto príncipes e poetas desfrutavam de opulentos banquetes em palácios, com vinho servido em taças de cristal e pratos de ouro empilhados com frango, carne vermelha e iguarias exóticas – os artesãos, comerciantes, vendedores, servos, soldados, cantores, dançarinos, charlatões, assassinos, mendigos e as prostitutas – resumindo, as massas – se viravam com jantares frugais de cebola, feijões e rabanetes, talvez um ou dois vegetais e uma casca de pão, em uma minúscula, fedorenta e enlameada cabana de um cômodo. A abundância de peixe e frutas satisfazia razoavelmente os estômagos dos pobres, mas a vida em Bagdá para as classes mais baixas era – como ainda hoje – uma dura baralha travada sob temperaturas escaldantes. Os vastos, violentos e agitados cortiços de Cidade Sadr, no nordeste de Bagdá, têm sua origem nos primórdios da capital de Mansur.

*

Qual foi a conta final dos colossais trabalhos de construções de prédios públicos realizados por Mansur, essa poderosa mostra de despesas? Não há consenso nas crônicas. O geralmente escrupuloso Khatib menciona dois relatórios, o primeiro dos quais diz simplesmente que o gasto final foi 18 milhões de dirhams de prata; o segundo argumenta que o custo da cidade, da mesquita, do palácio do califa e dos mercados somou precisamente 4.000.833 dirhams. "Portanto, observo uma larga discrepância entre os dois relatos, e só Deus sabe a verdade", conclui com sabedoria.[27] Mesmo que os dígitos maiores sejam os verdadeiros, os fundos cofres do notoriamente avarento Mansur quase não foram afetados, como podemos notar pelo enorme legado deixado após sua morte, apenas treze anos após a conclusão da Cidade Redonda.

E não importava quão grande era sua fortuna: se Mansur desconfiasse que alguém estivesse desviando fundos ou simplesmente deixando de dar conta de cada dirham, a desgraça caía sobre o suspeito. Um oficial chamado Khalid ibn al Salt, encarregado das despesas de um bairro da cidade, refletiu sobre isso com remorso após a conclusão. "Quando terminei de construir aquele bairro, levei todas as despesas a ele, que as somou com suas próprias mãos. Faltavam quinze dirhams, então, por causa disso, ele me deteve na prisão por alguns dias, até que eu pagasse."[28]

Em outra ocasião, o califa, preocupado com os custos, ordenou que um oficial chamado Musayab trouxesse até ele o capataz chefe dos construtores. Perguntou-se ao nervoso homem quanto ele havia cobrado por cada mil tijolos, mas ele permaneceu em silêncio. O califa então ordenou que ele construísse um arco em uma das salas de assembleia, o que levou pouco mais de um dia, tempo durante o qual Mansur cuidadosamente registrou o número exato de tijolos e a quantidade de gesso usada. Intimado a pagar o apavorado construtor ao fim do trabalho, Musayab deu ao homem cinco dirhams, que Mansur imediatamente declarou ser uma quantidade excessiva, tomando um de volta. Os capatazes e arquitetos, então, foram ordenados a enviar todas as suas prestações de contas a Mansur, que as checou "item por item" contra a prestação de contas do arco. "Musayab teve de se desfazer de 600 mil dirhams do dinheiro que tinha em mãos, pois [Mansur] impôs isso a ele e arrancou à força o dinheiro, de modo que [Musayab] não pudesse deixar o palácio até que o tivesse entregado."[29]

Feudos em toda a cidade foram dados a membros da família Abássida, nobres persas, generais árabes, chefes de polícia, juízes, escrivães chefes e favoritos dos tribunais, que com orgulho viram seus nomes conferidos a vielas e ruas e, no caso dos mais ilustres, como o jurista Abu Hanifa, bairros inteiros. Yakubi registrou como Mansur concedeu a seus clientes e comandantes mais fiéis terras dentro da Cidade Redonda. Soldados receberam campos em torno da cidade e familiares, incluindo seu filho Mahdi, foram alocados com terras nas periferias.[30]

Em 766 a Cidade Redonda de Mansur estava finalizada. O veredito geral é que era um triunfo. O ensaísta do século IX Jahiz, sábio polemista que escreveu com muito estilo sobre uma impressionante variedade de assuntos (história natural, evolução, psicologia islâmica, teologia e crítica literária, corrida de pombos, escravas, beleza, amor), foi generoso em seus elogios: "Já vi grandes cidades, incluindo aquelas conhecidas por sua construção duradoura", escreveu. "Já vi cidades assim nos distritos da Síria, no território bizantino e em outras províncias, mas nunca vi uma cidade de maior altura, mais perfeita circularidade, mais dotada de méritos superiores ou possuidora de portões mais espaçosos ou defesas mais perfeitas que Al Zawra, quer dizer, a cidade de Abu Jafar al Mansur." O que ele mais admirava era a circularidade da cidade. "É como se tivesse sido derramada em um molde e fundida."[31]

Quando um patriarca de Bizâncio visitou a cidade como embaixador, logo após sua finalização, Mansur destacou o vizir Rabi para mostrá-la. "O que acha de minha cidade?", perguntou o pomposo califa a seu visitante infiel quando acabou o passeio. "Achei a construção boa, mas vi seus inimigos com você em sua residência", respondeu o patriarca de forma sincera.[32] Ele se referia aos bazares, que abrigavam uma população temporária de mercadores e comerciantes dentro dos muros da cidade. Mansur respondeu friamente, mas, assim que o patriarca foi embora, deu ordens para que os bazares fossem removidos da cidade e reconstruídos no subúrbio de Karkh, ao sul. Com o tempo, Karkh, que fora fundada pelo rei sassânida Shapur II, no século IV, superou a população do resto de Bagdá e se tornou o centro comercial da cidade mais próspera da Terra, uma posição da qual desfrutou por muitos séculos. Até hoje, os habitantes ainda se referem à margem oeste de Bagdá como Karkh.

*

A mudança para Karkh foi o primeiro afastamento significativo da Cidade Redonda de Mansur, um reconhecimento de que Bagdá precisava se expandir para além de seus muros circulares. Em sua configuração original, os mercados principais de Karkh margeavam a estrada ao sul da cidade. Ruas, mercados e bairros no novo distrito foram organizados por profissão ou mercadoria (uma tradição que se mantém em grande parte do mundo árabe atual). Os bairros de forjadores de cobre, vendedores de galinhas, tecelões de junco, produtores de sabão e vendedores de carnes cozidas ficavam congregados nos cais e pontos de descarga nas margens do canal Dajaj (Aves), um braço do canal Karkhaya, por sua vez uma via do canal Isa, que fazia uma volta para proteger o sul da Cidade Redonda, para além dos canais de Sarat, Abu Attab, Bazzazin (vendedores de roupas) e Tabik, e marcava os limites do sul de Karkh.

O Isa, aberto originalmente em tempos sassânidas, era comumente elogiado por escritores medievais por nunca se obstruir com sedimentos; ele também nunca falhava em fornecer água. O canal trazia as águas do Eufrates para leste até o Tigre, provendo Bagdá com os produtos agrícolas do oeste. Mercadorias como milho egípcio e sedas damascenas, transportadas pelo deserto por cansadas caravanas, eram carregadas em navios e barcas no porto hidroviário de Rakka, no Eufrates, e então navegavam, pelo canal Isa, até as margens de Bagdá, onde eram descarregadas em meio ao tumulto de vendedores gritando e marinheiros xingando no porto baixo de Karkh, do lado oposto da ponte-de-barcos mais ao sul. Escavadores de canal suados e operários que trabalhavam com piche sentavam-se ao longo do atacadista de frutas Melon House no canal Tabik, outro braço do Isa, e os vendedores de óleo ficavam no próprio Isa. Espaçados de forma regular ao longo desse canal ficavam seus vários pontos de travessia, todos com nomes curiosos: Ponte Alkali, em homenagem ao detergente usado para lavar roupas vendido em um mercado próximo; Ponte da Romã; Ponte do Espinho; e Ponte do Jardim. A mais decorada era a Ponte Bani Zurayk, de mármore, assim chamada em razão de uma família de arquitetos de origem persa.

No norte de Karh, entre o canal de Sarat e os muros externos da Cidade Redonda, no quadrante entre os portões Kufa e Basra, bem-alimentados e ostensivamente perfumados mercadores de Khorasan comercializavam finos tecidos bazzazin ou roupas. Ao sul estava o canal Bazzazin, que fluía ao longo do Canal das Aves, servindo o bairro dos vendedores de galinhas. A oeste dali, a um mundo de distância das delícias táteis e olfativas, ficava o mercado de escravos, pululando com nubianos, etíopes, takurianos do Sudão, somalis, povos tatáricos, berberes, khirgiz, bantos, senegaleses, chadianeses, francos e maraghianos do Azerbaijão. Eunucos brancos, castrados no Egito, eram os mais preciosos de todos, vendidos a preços exorbitantes para serem usados como servos domésticos e mestres de harém. Servindo a outras necessidades havia grupos de mulheres ricamente vestidas e suntuosamente perfumadas, amontoadas e em pânico, trazidas de toda a Arábia e do Império Abássida e além; as gregas de pele pálida eram especialmente valiosas. Se a população livre de Bagdá era notável pela variedade multicultural, seus homens e mulheres acorrentados não eram menos cosmopolitas. As meninas e jovens mulheres eram selecionadas por sua aparência e constituição física, a qualidade da voz ao cantar, a vastidão de seu repertório musical e a habilidade de cozinhar pratos deliciosos para seu mestre e os outros moradores da casa. Jahiz descreveu o ideal masculino de beleza feminina no século IX:

> A maior parte daqueles que entendem de mulheres, muitos especialistas no assunto, concordam na preferência pelas *majdula*, isto é, o tipo de mulher en-

tre gorda e magra. Seu corpo deve ser elegante e formoso, seus ombros simétricos e suas costas retas; seus ossos devem ser bem cobertos e ela não deve ser nem muito roliça e nem magra demais. A palavra *majdula* dá o sentido de tensão, de pele firme sem gorduras supérfluas. Um andar gracioso é a coisa mais bela em uma mulher e ela não pode andar graciosamente se for corpulenta, gorda e sobrecarregada de carnes. De fato, uma *majdula* é em geral esbelta, e ser esguia é sua característica mais reconhecida; isso é considerado preferível tanto à mulher corpulenta e gorda quanto à mulher magra demais... Uma *majdula* é descrita em prosa pelas palavras: a parte superior de seu corpo é um caule, e a parte inferior, uma duna de areia.[33]

Novamente a oeste do mercado de escravos estavam os estábulos de camelos, outro tipo de experiência olfativa. A leste, nos limites de Karkh, por razões de higiene e segurança, ficava o bairro dos açougueiros; nos diz Khatib: "Eles são derramadores de sangue e sempre têm ferro afiado em suas mãos."[34]

Escravos, cavalos e camelos, seda, algodão e lã, tapetes e quadros, livros e papel, cobre, ouro e prata, joias, pedras preciosas, carpintaria e artigos de metal, carne, peixe e aves, pão, pudins, frutas e vegetais, ervas e temperos – tudo estava disponível e tudo tinha seu lugar adequado. Escrevendo no século IX, o auge de Karkh, Yakubi lançou um olhar de aprovação sobre uma cena que conseguia combinar ordem e agitação comercial: "Aqui, cada vendedor, bem como cada mercadoria, tinha uma rua designada e havia fileiras de lojas e barracas, além de pátios, em cada uma dessas ruas; mas homens de um negócio não se misturavam com os de outro, nem uma mercadoria com outro tipo de mercadoria. Bens de um tipo só eram vendidos com seus afins e não se via um tipo de comerciante que não estivesse apenas com companheiros da mesma categoria".[35]

*

Até então, a jovem cidade de Bagdá só ocupava terras na margem oeste do Tigre. Em 768, dois anos após a finalização da Cidade Redonda, Mansur começou a construir na margem leste, numa dobra do rio a nordeste. Sua intenção ao desenvolver aquela terra alagadiça era simples. Rusafa (estrada em Dique, também traduzida como Construção Compacta), como era conhecida, seria o quartel de seu exército. Tabari explicou essa decisão de povoar a Bagdá Oriental, do outro lado do Tigre, como uma política de dividir para governar. Um velho chamado Kutham ibn Abbas, tido em alta conta por Mansur, teria dito ao califa: "Atravesse o rio com seu filho e fixe-o ali em um castelo. Mande parte de seu exército com ele, para que se torne uma área separada desta. Se o povo desse lado for corrompido, você pode usar o povo do outro lado contra ele, e vice-versa."[36]

A segunda farra construtiva de Mansur também nasceu de considerações em relação à dinastia e à necessidade de estabelecer Mahdi, seu filho e herdeiro, como uma figura poderosa em si mesmo. Em pouco tempo uma nova cidade nasceu do outro lado do Tigre, com uma mesquita e um palácio real em seu coração, como na margem oeste. As duas cidades eram ligadas por uma ponte-de-barcos fixada no Tigre a nordeste do Portão de Khorasan, para além de um imenso terreno. Mahdi proporcionou o patrocínio real para uma nova onda de povoamento da Bagdá Oriental, concedendo vários feudos a seus oficiais-chefes. O ímpeto de expandir só era rivalizado pela fabulosa riqueza do clã Barmecida, mestres do consumismo extravagante e da construção de palácios ostentativos, que investiram milhares de dinares para satisfazer um aparentemente ilimitado apetite pelo luxo. (Harun faria o mesmo nos anos finais do século VIII e começo do século IX.) Da mesma forma que a Bagdá Ocidental ainda é conhecida como Karkh, também a Bagdá Oriental, treze séculos após a espalhafatosa chegada de Mahdi, é popularmente chamada de Rusafa.

Dentro de doze anos, impulsionada por níveis extraordinários de imigração, a população de Bagdá explodiu, criando o cenário para um extensivo *boom* imobiliário. Tabari relata que ondas de colonos, somadas às dezenas de milhares já envolvidas na construção da cidade, chegaram em grandes números de Khorasan, Iêmen, dos desertos de Hijaz, Wasit, Kufa e de todo o mundo islâmico. O Oriente Médio nunca vira algo assim. Bagdá se tornou um dos lugares mais multiculturais do mundo, um caldeirão de raças, tribos e línguas, unidas – com poucas exceções – sob o estandarte do Islã.

Em pouquíssimo tempo Rusafa havia gerado os distritos vizinhos de Shammasiya, ao norte (da palavra árabe *shammas*, ou diácono, para descrever um bairro que abrigava monastérios e igrejas) e Mukharrim, ao sudeste (nomeado em homenagem a Al Mukharrim ibn Yazeed ibn Shuraih, um líder militar árabe que tinha sido dono daquelas terras antes da fundação de Bagdá). Rusafa e Shammasiya eram os distritos mais reluzentes da margem leste e talvez de toda Bagdá, repletos de palácios do califa e da família Barmecida, e ainda de belos jardins, largos portões, estábulos reais, mercados fervilhantes, pontes bonitas, banhos públicos, templos e cemitérios espalhados entre os vários canais que traziam água a todos os bairros. As mesquitas se multiplicavam, e uma profusão de minaretes levava os olhos dos fiéis aos céus. Para acomodar os crescentes níveis de tráfego fluvial, foram acrescentados mais dois pontões, um indo rio acima até a Cidade Redonda e o outro rio abaixo, na ponta sul de Mukharrim, oferecendo ligação direta com Karkh. Igrejas nestorianas e jacobitas disputavam espaço em meio às muitas mesquitas. Os nestorianos tinham muito que agradecer aos Abássida. Com a derrota dos Umayyad em 750 e a mudança subsequente para a Bagdá Oriental, a igreja siríaca se encontrou em posição favorável na hierarquia das facções cristãs. Os Abássida confirmaram essa preeminência ao conceder ao patriarca nestoriano jurisdição oficial sobre todos os cristãos no califado, que se estendia do Egito à Ásia Central.[37] Para os califas, a famosa habilidade dos médicos cristãos em geral, que será abordada no Capítulo 3, era um ponto substancial em seu favor. Desde o tempo de Mansur, a família Bakhtishu, uma distinta linhagem de cristãos siríacos treinada originalmente na universidade persa de Gundeshapur, abasteceu a corte com médicos por mais de 250 anos.

Nobres, juízes, oficiais de tribunais e mercadores ricos rivalizavam uns com os outros para construir as mansões mais fabulosas. Em uma cidade obcecada pelo *status*, Karkh se tornou um dos bairros mais procurados – como ainda é hoje, nos 15 quilômetros quadrados que formam o quarteirão do governo, brevemente conhecido como Zona Verde após 2003 –, sua supremacia sendo desafiada apenas por Rusafa e Shammasiya, na margem oposta do Tigre. Fontes de mármore jorravam nos pátios e jardins margeados de árvores dos aristocratas; seus palácios eram decorados com tapetes cravados de joias, colunas incrustradas com marfim e ouro e versos do Alcorão traçados elegantemente em dourado nas paredes.

Da mesma forma que Rusafa crescera e criara novos bairros, também a Bagdá Ocidental se expandia em velocidade vertiginosa. A leste da Cidade Redonda, no espaço entre o Portão de Basra e o Tigre, ficava o bairro de Sharkiya, literalmente o "Bairro Oriental", no local de um antigo povoamento famoso por suas uvas negras. Nos tempos dos Abássida, o distrito, reconhecido mais pelos prazeres da mente, era lar de livreiros e vendedores de papel, cujas miríades de volumes ofereciam lastro intelectual ao extraordinário renascimento cultural, literário, científico e filosófico presidido pelos Abássida durante os séculos seguintes. Apenas o Souk al Warrakin continha mais de uma centena de livrarias.

Sharkiya também se beneficiou da atenção real. Fora do Portão de Khorasan, a dobra do rio abaixo de Rusafa, a sul dos estábulos reais e de áreas para exercício, Mansur construiu seu segundo grande palácio, o Kasr al Khuld, ou Palácio da Eternidade, com magníficos jardins, uma alusão ao Jardim da Eternidade prometido aos fiéis como sua recompensa final no Alcorão (Sura 25:15). Posicionado em um terreno mais alto, supostamente livre de mosquitos, este se tornou o palácio favorito de Mansur, convenientemente próximo à ponte-de-barcos que conectava a Bagdá Ocidental ao enclave real de seu filho em Rusafa. Kathib nos conta que o palácio "tinha uma vista incrível e revelava superioridade no planejamento e uma construção arquitetônica magnífica".[38] Durante a guerra civil entre Al Amin e Al Mamun, entre 811 e 813, o Kasr al Khuld, junto ao palácio vizinho de Zubayda ("Pequena bolinha", apelido dado à mulher de Harun e mãe de Amin), foi severamente danificado por mísseis lançados por aríetes durante o cerco. Ele permaneceu como uma ruína desocupada até 979, quando Adud al Dawla, governador de Bagdá da dinastia Buyida, derrubou-o e se apropriou do terreno para construir seu celebrado hospital Bimaristan.

Ao norte da Cidade Redonda, para além do Portão da Síria, ficava Harbiya, um bairro assim chamado em homenagem a certo Harb, cuja ascendência era de Balkh, antiga cidade da Ásia Central, e que foi nomeado chefe da polícia de Bagdá por Mansur. Notável por suas largas ruas e prósperos mercados, era um dos distritos mais populares para os turcos e persas – de Balkh e Burkhara, Kabul, Khiva e Merva – que tinham chegado a Bagdá na cola nos Abássida e recebido feudos como recompensa. O bairro ficava do outro lado do Tigre, oposto a Shammasiya, e se esticava a oeste até a Estrada de Anbar, com seu limite ao norte definido pela fossa de Tahir, o braço norte do canal de Sarat, que era cruzado por uma série de pontes e portões de cantaria. Um deles, o Portão de Ferro, serviu como cadafalso onde a ensanguentada cabeça do califa Amin foi exposta para a cidade após suas forças terem se entregado ao exército de seu irmão.

As primeiras comunidades cristãs também deixaram sua marca arquitetônica nesse bairro da cidade. Mais ao norte, um pouco além de Harbiya e do feudo de Zubayda, ficava o monumental Monastério Durta, um marco grande o suficiente para ser considerado digno de abrigar a residência do califa Mustakfi no século X. Próximo ficava outro local de adoração cristão, o Monastério das Cúpulas.

Seguindo em direção anti-horária desde Harbiya, encontramos Attabiya, onde as mundialmente famosas sedas listradas e algodões Attabi eram produzidos, em uma variedade estonteante de cores. O distrito fora nomeado em homenagem aos Attabiyin, descendentes do honorável Attab, bisneto de Umayya, ancestral da deposta dinastia Umayyad que se estabelecera nesse distrito de Bagdá durante a era Abássida. Mais tarde, o nome passou para a Europa de várias maneiras – *tabis* em francês, *tabi* em italiano e espanhol, *attabi* em latim medieval e *tabby* em inglês.[‡‡ §§] Até pelo menos 1184, quando o viajante andaluz Ibn Jubayr passou por Bagdá, Attabiya era um dos distritos mais prósperos da cidade. A vida comercial continuava imediatamente em sua direção sul, com o empório dos Quatro Mercados, uma rede de ruas lotadas, vielas barulhentas e armazéns cheios de mercadoria.

‡‡ Guy Le Strange relata a rainha Elizabeth usando "um vestido de prata e *taby*" ao se encontrar com o enviado veneziano Scaramelli em 1603, e Samuel Pepys usando seu muito valioso "colete de falso *taby* com renda dourada" em 13 de outubro de 1661. À época em que Samuel Johnson publicou seu *Dictionary of the English Language*, em 1755, *taby* se tornara *tabby*, referindo-se tanto a "um tipo de seda ondulada" quanto a um gato listrado. "É certamente curioso", escreveu Le Strange, "que o epíteto comum aplicado a um gato no inglês moderno derive do nome de um homem que foi da companhia do profeta Maomé e governador de Meca no século VII d.C." (N.A.)

§§ Também para o português veio a palavra "tabi", que se refere a um tipo de tafetá ondulado, cuja etimologia remonta ao bairro de Bagdá onde esse tecido era fabricado. (N.T.)

Novamente ao sul, passando pelos esparramados bairros de Kataba e Nasriya e ligeiramente a oeste do Portão de Kufa da Cidade Redonda, na junção dos canais Pequeno e Grande Sarat, ficava um popular marco de Bagdá conhecido como Engenho dos Nobres, que abrigava cem moinhos e supostamente produzia uma renda anual enorme de 100 milhões de dirhams (em 1900, Le Strange estimou que isso valesse 4 milhões de libras, uma soma pouco crível de 405 milhões de libras correntes). Se acreditarmos nas várias versões da história oferecidas por Yakub, Yakut e Khatib, parece que um enviado grego chamado Tarath fora a Bagdá em 775 para expressar congratulações do imperador bizantino pela ascensão do filho de Mansur, Mahdi, o califa. O embaixador, que tinha um conhecimento razoável de engenharia, ficara tão impressionado com a hospitalidade recebida que se oferecera para construir um engenho que geraria receitas anuais equivalentes ao custo de sua construção, meio milhão de dirhams, em aluguel recebido dos moleiros. O novo califa entregou essa soma para a construção e, uma vez que o engenho tinha sido finalizado, a previsão do enviado se provou completamente precisa. Isso naturalmente deleitou Mahdi, que, em uma amostra bastante pública da generosidade real, ordenou que todos os lucros fossem doados ao grego, mesmo depois de ele ter deixado Bagdá – um presente anual que, segundo se conta, continuou até sua morte, em 780. Grego ou não, o engenho marcava o ponto sul da ilha de Abbasiya, nomeada em homenagem ao irmão de Mansur, para quem ela tinha sido concedida. Era uma vasta extensão de terra circunscrita pelos dois canais Sarat, famosa pela fertilidade de seu solo, com plantações de milho e decorada com jardins esplêndidos e alamedas perfumadas, o lugar favorito dos que gostavam de passear nas tardes mais frescas.

*

Essa era, então, a Cidade da Paz no fim do século VIII, no começo das grandes conquistas do Império Abássida. Era, nas palavras de Yakubi, "o centro do universo", uma capital inigualável tanto no Oriente quanto no Ocidente, uma cidade que atraía superlativos tão facilmente quanto as águas do Tigre fluíam.

Mansur morreu em 775, durante sua peregrinação para Meca, e o trono passou, como ele havia planejado, a seu herdeiro escolhido, Mahdi. Foi, a julgar pelos padrões das futuras sucessões sangrentas do califado Abássida, um modelo de ordem e decoro. Mansur morreu bem, como tinha vivido. Apesar de seu nome ter sido eclipsado em muito pelo de seu neto Harun al Rashid, Mansur foi provavelmente o mais visionário e talentoso dos 37 califas Abássida que governaram a partir de Bagdá. O maior tributo a seu reinado foi a história do que se seguiu. Mansur legou uma dinastia que perduraria por cinco séculos na capital construída por ele, e um tesouro que a sustentaria. O palco estava montado para um dos períodos mais extraordinários da história da civilização.

CAPÍTULO 2

Harun al Rashid e *As mil e uma noites* em Bagdá (775-809)

A história e as lendas concordam que o período mais brilhante de Bagdá foi o califado de Harun al Rashid (786-809). Apesar de ter então menos de um século de idade, a cidade já crescera do nada a um centro mundial de prodigiosa riqueza e importância internacional, sendo a única a rivalizar com Bizâncio. Seu esplendor acompanhava a prosperidade do império do qual era capital. Foi naquela época que Bagdá se tornou "uma cidade sem par em todo o mundo".

– P. K. Hitti, *History of the Arabs* (1937)

Adentrou meu escritório outro dia um inocente chamado, se me recordo bem, Frewen, um major recentemente adicionado à Seção I. Ele declarou ter recebido a tarefa de compilar um Dicionário de Termos Geográficos da Mesopotâmia e, como só estava há três meses no país, vinha a mim para pedir informações. Em seguida, pegou e leu em voz alta uma série de perguntas que ninguém neste universo teria conseguido responder. Ou eram pura tolice ou coisas que não se pode saber. Como, disse ele, era Bagdá na época de Harun al Rashid? Eu não sei – ninguém sabe. Pessoas têm passado vidas inteiras pesquisando para tentar formar uma vaga imagem, mas não chegaram a nenhuma conclusão real.

– Gertrude Bell, carta ao pai, de Bagdá, 3 de janeiro de 1921

Espremendo os olhos sob o sol de inverno, um homem de meia idade com óculos e barba branca está do lado de fora de uma minúscula livraria na rua Al Rashid, debruçado sobre uma biografia de Saddam Hussein. Um terno marrom que já viu dias melhores, um gorro de lã azul e uma aparência ligeiramente caótica sugerem se tratar de um intelectual. Ele passa as páginas do livro, aparentemente incrédulo, fecha-o e vira-se ao seu companheiro, um homem com o mesmo aspecto professoral. "Acredita nisso,

Abdullah?", diz, estalando a língua nos dentes e balançando a cabeça. "Tivemos de olhar para a cara desse canalha todos os dias durante trinta anos e agora que ele está morto e a gente está no meio do caos, ainda temos que vê-lo na capa de todos os livros e jornais. Meu Deus, a corda ainda está sendo arrastada. Que Alá nos preserve!"

A rua Rashid é um dos grandes marcos de Bagdá, indo de Bab al Muadham (Portão do Sultão), no norte da cidade, a Bab al Sharki (Portão Leste), no sul; fica na margem oriental do Tigre, a 350 metros do rio em seu ponto mais ocidental. Construída às pressas pelo governador otomano e comandante militar Khalil Paxá, em comemoração à derrota das forças britânicas em Kut al Amara, em 1916 – descrita pelo historiador James Morris como "a capitulação mais abjeta da história militar da Grã-Bretanha" –, com 15 metros de largura, servia ao propósito de facilitar o movimento das tropas e carruagens diretamente através de Bagdá, evitando que tivessem de pegar a rota bem mais longa ao redor da cidade.

A obra foi concluída em dois meses; o expediente simples, ainda que brutal, de esticar duas cordas paralelas na direção desejada e demolir tudo o que havia entre elas se mostrou um sucesso notável – ainda que controverso. A expressão "a corda ainda está sendo arrastada", usada para descrever algo que continua acontecendo de forma implacável, é usada por uma geração de habitantes da cidade até hoje, como prova o irado bibliófilo da rua Rashid. Como se trata de Bagdá, porém, quando a corda alcançava o teto de uma casa pertencente a um homem rico ou influente, os engenheiros e capatazes eram persuadidos a entortar a linha – e a casa de algum vizinho menos sortudo é que era achatada. Quando de sua inauguração em 23 de julho de 1916, a rua Rashid era menos reta do que o planejado. As curvas e dobras em sua rota, suavizadas com a passagem das décadas, ainda podem ser vistas.

A antes graciosa rua colunada na qual os intelectuais locais lamentam a ubiquidade de Saddam Hussein foi concebida para oferecer sombra no inflamado calor do verão de Bagdá e representava nada menos que uma revolução em desenho urbano para a cidade. Com exceção da Shari al Nahr (rua do Rio) – uma via estreita que corria ao longo da margem oriental do Tigre, ligando o porto fluvial da cidade no Distrito de Masbagha aos depósitos de grãos, ou *khans*, vizinhos – esta era a primeira grande via moderna em Bagdá.

Voltando ao mapa da cidade desenhado pelo comandante F. Jones e W. Collingwood, da Marinha indiana, em 1853-54, Bagdá é uma rede intrincada de ruas tortas, vielas e becos sem saída (ver Figura 20). Não há sinal de grandes avenidas ou ruas principais. Diferentemente de Damasco, sua vizinha e predecessora capital do Império Islâmico, Bagdá não tem uma rua chamada "Direita". Em um ensaio sobre Bagdá para a *Enciclopédia Britânica* de 1902, o general de divisão *Sir* Henry Rawlinson, ex-agente político britânico na Arábia otomana, fez as seguintes observações:

> A cidade foi construída sem a menor consideração à regularidade. As ruas são ainda mais intrincadas e sinuosas que as da maioria das outras cidades orientais e, com exceção dos bazares e de algumas praças abertas, seu interior não vai muito além de um labirinto de vielas e passagens. As ruas não são pavimentadas e em muitos pontos são tão estreitas que dois homens a cavalo mal podem passar um ao lado do outro; e, como é frequente que as casas tenham janelas que se abrem para as grandes vias públicas e que as portas sejam pequenas e rudimentares, apresentam de ambos os lados a aparência sombria de paredes mortas.

Esse desenho urbano, apesar de incompreensível para estrangeiros, servia a dois propósitos distintos. Os verões torturantes de Bagdá, que duram quase metade do ano, exigiam que as casas fossem construídas próximas umas das outras, separadas apenas pela mais estreita viela. Assim, as construções eram poupadas do vento forte e do sol escaldante, enquanto os pedestres e o ocasional burro de carga conseguiam ir e vir por passagens frescas na sombra. Do ponto de vista defensivo, a rede labiríntica de vielas e minúsculas ruas era uma excelente proteção contra estranhos não familiarizados com o terreno.

Apesar de a rua Rashid ter começado sua vida como comemoração da vitória otomana sobre os britânicos e de ser conhecida oficialmente como rua Khalil Paxá (os habitantes de Bagdá preferem o mais prosaico Al Jada al Umomiya, ou Rua Principal), tais celebrações duraram pouco. Em 11 de março de 1917, menos de oito meses depois da abertura oficial da rua, tropas britânicas vitoriosas, tendo expulsado os otomanos, marcharam pelo Bab al Muadham, passando por cima do local do antigo Portão do Sultão que, nos tempos dos Abássida, formava parte do muro de defesa que contornava Bagdá.

É frequente que as histórias dos monumentos de Bagdá reflitam a história sangrenta da cidade à qual pertencem. Do lado direito da praça Bab al Muadham, em direção ao sul, ficava a *kala*, ou fortaleza, que abrigava os quartéis e campos de treinamento militares. Mais tarde, em 1921, quando o Exército iraquiano se estabeleceu, instalou-se ali o Ministério da Defesa. Hoje, o imponente portão do Ministério é lembrado como o local onde, em 1945, foi enforcado o coronel Salahadin al Sabbagh, líder do fracassado golpe de 1941 contra a monarquia. A vingança não demorou. Durante o golpe de 14 de julho de 1958, que fez ruir o governo iraquiano e acabou de vez com a monarquia, o cadáver do príncipe herdeiro Abdullah – que sancionara pessoalmente a execução do coronel e agora havia sido morto junto a seu sobrinho de 23 anos, o rei Faisal II, e o resto da família real – foi arrastado pela rua Rashid, cortado em pedaços e pendurado no portão em frente.

O complexo do Ministério da Defesa ia até a praça Maidan, no extremo norte da rua Rashid, onde um massacre infinitamente mais sangrento acontecera seis séculos antes. Em 1401, o comandante militar turco Tamerlão, Conquistador do Mundo, irrompeu na cidade e ordenou que cada soldado de seu exército trouxesse a cabeça de um cidadão de Bagdá – ou de dois. E eles obedeceram: 90 mil cabeças decepadas foram empilhadas em 120 torres, compondo a assustadora assinatura deixada por Tamerlão em seus campos de batalha. Com o tempo, o local passou a ser chamado Kala Chiya, Lugar das Cabeças, em turco. A dúbia reputação da área permaneceu até os anos 1920 e 1930, quando passou a abrigar o bordel público, uma instalação cuidadosamente monitorada pelas autoridades britânicas, que, com sua mania de ordem e decoro, introduziram *check-ups* médicos, emitiram licenças e cercaram o prédio com um muro acessível por um único portão, claramente marcado "Bordel Público". Os habitantes de Bagdá passaram a identificar visitantes frequentes e ladrões na rua Rashid, bem como as prostitutas, cobertas por *abayas* pretos e identificadas pelas meias azuis que o governo as obrigava a usar. Quando as águas de uma enchente ameaçaram Bagdá numa noite de primavera nos anos 1930, exigindo todos os braços disponíveis para ajudar a fortificar a barragem de areia, o chefe da polícia no distrito vizinho de Saray (Seraglio) ordenou que seus oficiais capturassem todos os homens que estavam no bordel e os colocassem na equipe de resgate. Na manhã seguinte, notavelmente menos oficiais do governo apareceram para o trabalho. O bordel foi demolido em 1957.

Uma década depois, uma das figuras mais conhecidas e populares na rua Rashid era o cocheiro Sheykhan, que no fim da tarde costumava levar uma famosa prostituta para procurar clientes da praça Maidan ao Bab al Sharki. Os cidadãos comuns gostavam dele por sua habilidade de produzir com a boca um som de flatulência* lendariamente alto e longo – quando Sheykhan e sua passageira passavam pela rua, o povo os saudava com barulhos recíprocos.

Entre os prazeres da noite não figuravam, de forma alguma, apenas os ilícitos. Na era de ouro do cinema, durante os anos 1930 e 1940, havia mais de vinte salas de exibição em toda a rua Rashid. Havia cinemas fechados para o inverno e cinemas ao ar-livre para os longos meses de verão das eras pré-ar-condicionado. Uma noite em frente à telona era a maior forma de entretenimento das famílias de Bagdá antes da chegada da televisão em meados dos anos 1950. Amantes da sétima arte podiam escolher entre meia dúzia de cinemas na rua Rashid e na vizinha Saadoun: Roxy, Rex, Watani, Aladdin e Sindbad. Para quem estivesse preparado para tomar um barco, o Khayyam era o cinema mais luxuoso do Oriente Médio.

A rua Rashid sempre foi famosa por suas casas de chá e cafeterias, frequentadas por artistas e intelectuais. Caminhando em frente ao Al Zahawi, um decadente café batizado em homenagem ao poeta iraquiano do início do século XX Jamil Sidki al Zahawi, editor de jornal, filósofo e reformista social que defendeu os direitos das mulheres, ouve-se o ruído das mesas e os gritos triunfantes de homens que movimentam vigorosamente suas peças de gamão. Em um canto pode haver uma ou duas partidas de xadrez ou um estudante de ar perturbado estudando um texto. Há um

* Trata-se de uma tradição de Bagdá que remonta ao tempo dos Abássida e perdura até hoje, com a intenção de fazer troça de algo ou de alguém. (N.A.)

século, essas casas de chá e café eram decoradas com enormes samovares de metal e caros tapetes persas eram colocados sobre longos bancos de madeira para ajudar os clientes a se esquentar durante o inverno. Algumas recebiam tradicionais cantores *makam*†; outras atraíam os clientes pagando um contador de histórias (*kasakhoon* ou *hakawati*) que, encarapitado em uma cadeira alta e com uma espada de madeira, lia antigas fábulas de heróis árabes como Antar bin Shadad e Abuzaid al Hillali ou histórias picantes de *As mil e uma noites*. Como sua famosa narradora Sheherazade, que desenrola a contação diária de histórias em 1001 noites para evitar que o rei Shahryar, assassino em série de esposas, a mate, esses contadores alongavam suas histórias, parando sempre logo antes do clímax para garantir que os clientes voltassem na noite seguinte, quando então mergulhariam numa nova aventura. Durante o mês sagrado de jejum do Ramadã, quando as casas de chá e café da rua Rashid ficavam abertas muito depois da meia-noite, um jogo popular era o *Muhaybis*, ou Passa-Anel, em que dois times competem para descobrir um anel escondido discretamente na mão de um dos jogadores. O time que perdesse pagava aos vencedores um prato gigante de doces locais.

Se a rua Rashid fornecia os prazeres da noite, ela oferecia também possibilidades mais espirituais. O trio de mesquitas Muradiya, Ahmediya e Haydar Khana, construídas durante o regime otomano nos séculos XVI, XVIII e XIX, respectivamente, emprestava charme arquitetônico a uma rua vibrantemente comercial. Acima e atrás de um portal bege, a Mesquita Haydar Khana ainda oferece um *flash* de azul iridescente no meio da rua Rashid, com sua larga cúpula esculpida em turquesa, azul-marinho e amarelo visível ao longe, brilhando sob a luz do sol. A histórica Mesquita Mirjan e sua hospedaria (*khan*) homônima datam de 1358, um século depois da catastrófica pilhagem de Bagdá pelos mongóis. Apesar de a mesquita ter

† *Makam* é um dos gêneros mais influentes na música árabe clássica, e calcula-se que date do tempo dos Abássida. No *makam* iraquiano um cantor ou recitador é geralmente acompanhado de um conjunto de quatro peças, o chamado Chalghi Baghdadi, que consiste de um dulcimer, um rebab e dois tipos de baterias pequenas, às vezes também com um tamborim. A essência do *makam* é a recitação musical semi-improvisada de poesia, dentro de uma elaborada estrutura formal. Até hoje existe um instituto de *makam* em Bagdá. (N.A.)

sido uma das vítimas de uma iniciativa do prefeito Arshad al Omari de alinhar a rua Rashid durante os anos 1930 (a corda mais uma vez sendo arrastada), a magnífica Khan Mirjan – um prédio cavernoso de 32 por 45 metros com espetaculares arcos – sobreviveu intacta. As fotografias mostram o armazém com galerias sendo usado para guardar grãos durante boa parte do século XX. Em sua encarnação mais recente, o local abriga um dos maiores restaurantes da cidade.

Passando pela Mesquita Hayder Khana na direção sudoeste na rua Rashid, uma rua estreita, anunciada por um portal esguio, sai à direita em direção ao Tigre. A rua Mutanabbi, batizada em homenagem ao lendário poeta do século X, é o paraíso dos amantes dos livros, com quase 200 metros de lojas e bancas que quase não vendem outra coisa. Nas manhãs de sexta-feira os intelectuais bagdalis formam fila e fica impossível passar reto pela entrada da rua, bloqueada por uma multidão de homens que amigavelmente se empurram, ávidos por conseguir sua dose literária semanal. O lugar é um turbilhão de atividade, com livreiros espalhando milhares de volumes novos e usados pelo chão, sobre folhas de papelão ou paletes de madeira. Bibliófilos enterram seus narizes em edições raras e desgastadas capas-duras, vistosos volumes do Alcorão, dicionários e cartilhas de inglês, histórias iraquianas, revistas – alguém quer uma edição de *Cigar Aficionado* ou *Bowhunting* deixada por soldados norte-americanos? –, memórias em árabe e em inglês, obras de sucesso, o ocasional romance água-com-açúcar, títulos acadêmicos sérios – há algo para todos os gostos. Os visitantes são recebidos afetuosamente. Em uma cidade tão frequentemente desfigurada por aterradores atos de violência e derramamento de sangue, a cortesia e as boas maneiras de seus habitantes são lendárias e uma fonte de orgulho.

O tradicional ditado árabe que diz: "Cairo escreve, Beirute imprime e Bagdá lê" homenageia o voraz apetite literário da cidade, ao mesmo tempo escondendo o fato de que, hoje em dia, os bagdalis fazem as três coisas. Escrevendo no exílio, autores aclamados pela crítica como o premiado Fouad al Tikerly, Mahmoud Saeed e Sinan Antoon jogaram luz sobre o Iraque de Saddam Hussein de forma desconcertante, e serão lidos por gerações. A cidade manteve seu caso de amor literário mesmo na tenebrosa década de 1990, quando as paralisantes sanções das Nações Unidas falharam em frustrar os ratos de biblioteca mais fervorosos. Os lançamentos mundiais mais recentes, além do alcance da vasta maioria dos habitantes de Bagdá, eram xerocados e vendidos com grandes descontos.

Ao meio-dia das sextas-feiras, a maior parte dos compradores já se dirigiu para casa ou se acomodou com um café ou chá no Shahbandar, onde escritores, artistas e intelectuais há muito passam as tardes baforando narguilés, discutindo sobre política enquanto jogam gamão e bebericando infinitos *istikans*, pequenos copos de chá.‡

Ao meio-dia de 5 de março de 2007, essas pacíficas cenas foram destruídas quando um carro-bomba suicida despedaçou a rua Mutanabbi, matando pelo menos 30 pessoas e ferindo mais de 65. Entre os mortos estavam os três filhos do proprietário do Shahbandar. Com o tempo, ele restaurou a antiga glória do café, um tributo à resiliência dos bagdalis, demonstrada com trágica regularidade ao longo dos séculos. Fotografias históricas de Bagdá mais uma vez enfeitam as paredes: a coroação do rei Faisal I em 1921, sugestivamente ladeado por militares e autoridades britânicas, que aconteceu a não mais de 100 metros dali; fotos em sépia do Tigre em seus dias mais graciosos antes da chegada dos arranha-céus; cenas de ruas e mercados lotados; retratos do rei Faisal II e de Gertrude Bell, a corajosa exploradora, escritora, oficial e coroadora de reis que teve papel tão importante na história do Iraque no século XX. O local foi rebatizado como Café dos Mártires após a explosão, mas seus antigos clientes sempre o chamarão de Shahbandar. A rua reconstruída foi reaberta pelo primeiro-ministro em dezembro de 2008, uma medida bem-recebida por toda a cidade. "Qualquer intelectual, qualquer homem esclarecido, considera a rua Mutanabbi parte de sua educação", disse o vendedor de livros Salam Mohammed Abud.[1]

Desde o começo, os negócios foram a alma da rua Rashid. Era natural que a primeira rua propriamente dita em Bagdá abrigasse suas maiores lojas e se tornasse o ápice da moda, como os itens que oferecia. Dentro de alguns anos da construção da via, as mulheres de Bagdá foram apresenta-

‡ Diz-se que a palavra *istikan* vem dos ingleses do século XIX observando indianos bebendo chá em pequenos recipientes: East Tea Can [lata de chá oriental] se tornou, em iraquiano, *istikan*. (N.A.)

das a novas roupas extravagantes, vestidos glamorosos, trajes e acessórios importados de Paris e Londres. Os homens vestiam ternos e roupas caras ("estritamente britânicas e feitas da lã mais finamente tecida", lembra-se com aprovação um veterano da cidade), junto com gravatas de seda e água-de-colônia. A partir dos anos 1920, a loja de departamentos Orosdi-Back passou a competir com a Hasso Brothers para oferecer aos consumidores os últimos artigos eletrodomésticos e eletrônicos. Um porteiro de uniforme imaculado abria as portas claras com maçanetas de metal e o cliente era recebido com um borrifo de perfume francês para aguçar o apetite consumista. Uma caverna dos tesouros de mercadorias elegantes e exóticas, de sapatos Bally a macacões de cashmere, de louças de porcelana fina a talheres de prata, edredons de seda e roupas de criança feitas pela sofisticada marca francesa Petit Bateau, a loja foi dos anos 1940 aos 1970, como recorda com carinho um comprador, "a Harrods daquela época".[2]

Logo antes do Bab al Sharki ficava uma butique chamada Vogue, que vendia a última moda francesa, bem ao lado de três pequenas lojas administradas por armênios de Bagdá: uma barbearia à moda antiga, uma venda de café e um vendedor de pastrami. "Eu amava ir passear na butique Vogue e ver as três lojinhas curiosas e reluzentes do lado, com seus proprietários ocupados servindo os clientes, enquanto o cheiro do café moído na hora e o apimentado do pastrami enchiam o ar, entremeados pelos cliques ritmados da tesoura do barbeiro", diz Manafi, um badgali de sessenta anos. "Uma vez cortei o cabelo lá só para aproveitar o ambiente. Era muito charmoso."

Além de comida e moda, a partir de 1940 a rua Rashid passou a ser também o lugar para se comprar os mais novos carros importados. Revendedoras como a Lawee House, de propriedade da homônima e poderosa família iraquiana de judeus, vendiam carros Chevrolet e Buick, enquanto a Obaida House oferecia Mercedes. Outro vendedor rico, Hafidh al Kadi, representante de Ford, Lincoln e Mercury, era tão conhecido que a praça na rua Rashid onde ele vendia esses carros – originalmente batizada Rei Faisal II – era comumente chamada pelo seu nome. Garotos boquiabertos e homens esperançosos fitavam longamente as fileiras de carros brilhando nos *showrooms* com vitrines envidraçadas aqui e ali por toda a rua. Uma compra tão grande geralmente exigia a ajuda de um dos muitos bancos cujas agências ocupavam metade da rua Rashid. O diretor de um banco britânico, que trabalhava na praça Ameen – hoje conhecida como praça Al Rusafi, em homenagem a um famoso poeta do começo do século XX – tinha um Rolls-Royce *vintage* de que os antigos moradores da cidade se recordam com carinho até hoje. Os bancos ainda hoje continuam nessa mesma parte da rua.

Para lá das agências, passando o Agd al Nasara (Beco dos Cristãos), que abrigava vários mosteiros, igrejas e as casas de cristãos influentes no século XIX e início do XX, ficavam os estúdios dos dois fotógrafos mais famosos da cidade, Arshak e Aboash. Arshak era, como proclamava com orgulho em seu logo, o "fotógrafo real da Família Real Iraquiana, por nomeação especial". Bagdalis ricos sabiam que tinham chegado ao estúdio quando viam, junto ao prédio, um chamativo painel anunciando um óleo de cozinha local – o primeiro neon usado em Bagdá – e um semáforo, o primeiro da cidade, instalado em 1956. "Levou um tempo e algum encorajamento por parte dos policiais para os motoristas se acostumarem a usá-lo", conta um idoso local a respeito dos anos 1950.

Quase no fim da rua Rashid, no Bab al Sharki, havia um último prédio a ser notado. Uma das grandes casas com vista para o Tigre pertencera ao marechal Colmar Freiherr von der Goltz, comandante alemão da Campanha da Mesopotâmia[§] que morreu ali de tifo, no dia 19 de abril de 1916, duas semanas antes da rendição britânica em Kut. Em uma dessas curiosas viradas da história, o tenente-general *Sir* Stanley Maude, equivalente britânico de Goltz, morreu de cólera na mesma casa no dia 18 de novembro de 1917. Na sequência, Gertrude Bell viveu lá até sua morte, em 1926. Bagdá pode ser um lugar fatal.

Um lugar de alto estilo e grandes riquezas, onde os negócios se esbarravam com a religião e os prazeres da carne se misturavam com diversões mais inocentes e relatos de histórias fantásticas. Um lugar onde os luxos mais desejados do mundo estavam disponíveis a quem pagasse o preço; onde poetas eram premiados, e a literatura, adorada; em que se coroavam

---

§ Realizada durante a Primeira Guerra Mundial, foi composta por várias batalhas entre as forças aliadas britânicas e as tropas do Império Indiano e do Império Otomano. (N.T.)

reis, desembolsavam-se patrocínios e elaboravam-se grandes estratégias imperiais. Quem, em toda a longa e rica história de Bagdá, poderia ser mais adequado para dar nome a essa rua que o califa Harun al Rashid?

*

Em pelo menos um sentido importante, os reinados de seus dois predecessores imediatos – Al Madhi (775-785) e Al Hadi (785-786) – prepararam o terreno para as mais extraordinárias conquistas de Harun. Após a morte do notoriamente austero Mansur, seu filho e sucessor, Mahdi, tão generoso quanto seu pai fora cruel, mostrou um interesse muito maior na vida literária, com amor especial à poesia e ao canto. As duas coisas combinavam-se com frequência em salões noturnos privados com seus cortesãos favoritos, lubrificados com quantidades liberais de vinho. Ibn Khallikan, biógrafo do século XIII das figuras mais proeminentes da era Abássida, conta uma história sobre o famoso poeta Abu al Atahiya, que, em uma das grandes audiências públicas de Mahdi, começou a recitar o que parecia ser um verso inapropriadamente obsceno sobre uma amante. Dois outros poetas, Ashja al Sulami e Bashar ibn Burd, presentes na ocasião solene, mal puderam acreditar no que ouviam, pois esperavam que o colega desfiasse o costumeiro panegírico enaltecendo as muitas virtudes do califa. Bem quando achavam que a ira do califa fosse cair sobre o presunçoso poeta – imoralidades podiam ser questão de vida ou morte –, o poema de Abu al Atahiya habilmente se transformou em uma alegoria saudando Mahdi como único homem no mundo adequado para o cargo de califa. Naquele dia, como recordou Ashja, Abu al Atahiya foi "o único homem que saiu da solenidade com uma recompensa".[3]

O filho e herdeiro de Mahdi, o califa de vida curta Hadi (grosseiramente apelidado de "Musa Fecha Essa Boca" por causa do lábio leporino que o desfigurava), mostrou respeito considerável pelo aprendizado durante seu reinado de um ano, de 785 a 786. Masudi o descreve como "de coração duro, cruel, inacessível, mas ainda assim culto, com paixão pela literatura. Ele era forte, corajoso, enérgico, liberal e generoso".[4] Hadi presenteou o historiador Isa ibn Daab com uma almofada, como sinal de que este era bem-vindo a sentar-se com ele à noite – foi o único de seus cortesãos a receber tal mostra de generosidade. Dizia-se que Isa era um dos homens mais bem versados e cultos de seu tempo, com domínio sem igual da "história e das batalhas dos árabes". Em *The Meadows of Gold* [Os prados de ouro], sua história dos califas, Masudi conta uma comovente anedota sobre a amizade entre Hadi e seu favorito. Em uma ocasião, o califa teria dito: "Isa, quando você se atrasa durante o dia ou quando, à noite, não aparece, fico procurando apenas por você".[5]

Em outra história de Masudi vemos Hadi oferecendo um prêmio para o melhor verso sobre a famosa espada Samsama, que pertencera ao guerreiro-poeta árabe Amr ibn Madikarib. O poeta Ibn Yamin, de Basra, venceu e levou uma cesta cheia de dinares, dividindo o conteúdo com seus colegas poetas e ficando com a espada para si. Mais tarde, Hadi comprou a espada de volta pela magnífica soma de 50 mil dinares.

Nascido em (ou cerca de) 766, Harun al Rashid (O Bem-Guiado) reinou por 23 anos (786-809). Considerando os cinco séculos de domínio Abássida na Cidade da Paz, entre 762 e 1258, não foi mais que um momento fugidio em um grande desfile. A Dinastia Abássida se estendeu pelos reinados de 37 califas, vários dos quais governaram por períodos muito mais longos, mas a fama de Harun eclipsa facilmente a de todos os outros. Seu reinado foi o auge da força e do esplendor islâmicos. No frágil Ocidente, seu contemporâneo Carlos Magno, rei dos francos, foi o líder mais poderoso, mas de um povo não civilizado e recém-unificado. Harun, ao contrário, podia se considerar monarca inconteste de um poderoso império.

Já foi dito que, em certos aspectos, Harun lembrava Henrique VIII. Ambos tinham talento para liderar e eram homens carismáticos e inescrupulosos, brilhantes em arquitetar a queda daqueles que ficavam em seus caminhos. Mas enquanto Henrique VIII era senhor de um pequeno reino e igual a seus colegas monarcas na Europa, Harun era líder de seu tempo e um participante incrivelmente confiante no palco mundial, temido e reverenciado em igual medida.

Para Bagdá, o califado de Harun foi o apogeu da glória. "Tão grandes eram os esplendores e as riquezas de seu reinado, tal era sua prosperidade, que esse período foi chamado de 'lua-de-mel'", escreveu Masudi em *The*

Meadows of Gold. Em uma dessas clássicas histórias que têm o objetivo de mostrar a glória predestinada de um monarca, ele descreve o médico da corte interpretando um dos perturbadores sonhos de Mahdi sobre Harun e seu irmão mais velho, Hadi. O último, teria dito o médico, gozaria de apenas um curto reinado. Em oposição, o futuro mais auspicioso aguardava Harun. "Seus dias serão os melhores dos dias e seu tempo, o melhor dos tempos", previu.[6]

De fato, o ápice de Bagdá foi de sua fundação por Mansur, em 762, a 833, com a morte do filho de Harun, Mamun. Foi o zênite do poder Abássida. Durante essas sete décadas, Amin foi o único califa a morrer em Bagdá, prova do olhar para o exterior – e do simples tamanho – do império. Os califas eram enterrados no local em que morriam, fosse na estrada dos peregrinos nos desertos da Arábia (caso de Mansur), na cidade histórica de Tarsus, antiga capital da província romana de Cilícia, hoje sul da Turquia (Mamun) ou na antiga Tus, na província persa de Khorasan (Harun). As exigências de *jihad* [guerra santa] e *haj* [peregrinação a Meca], obrigações santas para todos os Comandantes dos Fiéis, garantiam que não houvesse procrastinações na sede do império.

Harun, imortalizado como o califa boêmio que vagava pelas ruas em *As mil e uma noites*, continuou a tradição emergente de sua família como mecenas cultural, levando-a a novas e superlativas alturas. Entre os que se juntavam a ele estavam os advogados religiosos Malik ibn Anas e Al Shafi, os historiadores Wakidi e Ibn Kutayba, os poetas Abu al Atahiya e Abu Nuwas (que conheceremos em breve), o músico Abu Ishak al Mosuli, o gramático Ali ibn Hamza (tutor dos filhos de Harun) e os rebeldes humanistas Asmai e Abu Obayda. Mais próximo a ele era o incrivelmente rico clã Barmecida, também pródigo benfeitor das artes e da ciência.

Harun foi apelidado de Comandante dos Infiéis, uma inversão do título tradicional do califa, Amir al Muminin, ou Comandante dos Fiéis, por causa de suas abrangentes discussões filosóficas e religiosas semanais. Mas, como dizia-se ser ele o único califa, com exceção de Uthman, que era um *hafiz* – ou seja, que sabia recitar o Alcorão inteiro de cor –, certamente o apelido era injusto. Antes de subir ao trono, Harun começara um clube para discussões científicas, e como califa manteve seu interesse na medicina.

Ele também incentivou um nascente movimento de tradução, com algumas das grandes obras do grego clássico, hindu e persa traduzidas para o árabe, revisadas e em muitos casos melhoradas, para circular por todo o Império Islâmico e além. Enviados Abássida voltavam de missões a Bizâncio munidos de obras importantes de Platão, Aristóteles, Euclides, Hipócrates, Galeno e outros. Além de haver coleções literárias monumentais em instituições reais e oficiais em Bagdá, mecenas ricos também construíam vastas bibliotecas que podiam chegar às dezenas de milhares de volumes, oferecendo encorajamento adicional aos tradutores. Assim, o conhecimento era transmitido do Ocidente ao Oriente, garantindo que sobrevivesse para voltar, séculos mais tarde, à civilização ocidental, um enorme serviço intelectual ao qual ainda devemos muito. A primeira tradução para o árabe de Euclides foi dedicada a Harun.

Em *Declínio e queda do império romano*, Gibbon homenageia, com seu estilo inimitável, a grandiosidade de Harun, descrevendo-o como:

> o mais poderoso e vigoroso monarca de sua raça, ilustre no Ocidente como aliado de Carlos Magno e conhecido dos leitores mais juvenis como o herói perpétuo de fábulas árabes. Seu direito ao nome Al Rashid (O Justo) foi maculado pela extirpação dos generosos, e talvez inocentes, Barmecidas; mas ele era capaz de ouvir a reclamação de uma pobre viúva que tinha sido saqueada por suas tropas e que ousava usar uma passagem do Alcorão para ameaçar o déspota desatento com o julgamento de Deus e da posteridade. Sua corte era enfeitada pelo luxo e pela ciência; mas, em um reinado de 23 anos, Harun visitou repetidamente suas províncias, de Khorasan ao Egito; nove vezes ele fez a peregrinação a Meca; oito vezes invadiu os territórios romanos e, sempre que se recusaram a pagar impostos, eles aprenderam a sentir que um mês de depredação custava mais que um ano de submissão.

A carreira de Harun foi impressionante: um turbilhão contínuo de derramamento de sangue e conquistas, peregrinação e procriação, ciência e erudição, construções de palácios em Bagdá e gastos em uma escala imperial que nunca mais se repetiria. Da mesma forma como Tamerlão enfeitara sua capital de Samarcanda com os frutos de suas conquistas, também

Harun gastava dinheiro em abundância para aumentar a glória da Cidade da Paz. Suas fantásticas extravagâncias são bem-conhecidas e documentadas. Mas ele não era um governante perdulário sem preocupações com o futuro de Bagdá e de seu império. Quando morreu, em 809, de acordo com Tabari, deixou o Tesouro com 900 milhões de dinares.

Pelos padrões atuais, Harun aprendia rápido. Quando tinha apenas onze anos, fez sua primeira *haj* a Meca e Medina, uma árdua viagem de ida e volta de bem mais de 3 mil quilômetros que levava dois meses atravessando os desertos de Nefud e Hijaz, na companhia de seu pai, Mahdi, com quem aprendeu as vantagens políticas de uma generosidade quase irresponsável. Em 780, já com a experiência dos catorze anos, foi nomeado para liderar uma expedição contra a infiel Bizâncio, acrescentando a *jihad* às suas credenciais cada vez mais extensas. Como califa, Harun mostrou um entendimento arguto sobre simbologia e relações públicas, encomendando um *kalansuwa* especial – um chapéu de seda em formato de cone com a inscrição "Ghazi wa Haji", ou seja, Guerreiro do Islã e Peregrino.

Para Bagdá houve ao menos uma consequência da campanha adolescente de Harun contra os gregos. Quando as forças militares do castelo de Samalu, na fronteira com a Armênia, se renderam a Harun após um cerco de 38 dias, fizeram-no sob a condição de que o califa poupasse as vidas dos cristãos e permitisse que eles permanecessem juntos. Harun os trouxe de volta a sua capital, onde formaram uma pequena comunidade cristã no leste de Bagdá, em torno de uma igreja conhecida como Dayr al Rum, o Monastério dos Gregos. Ela se tornou um centro importante para a comunidade cristã, ativa até a chegada das hordas mongóis em 1258. Em 1300, como grande parte de Bagdá, o monastério já estava em ruínas.

À época da morte de Mahdi, em 785, o jovem Harun, mal saído da adolescência, já tinha experimentado o fardo de governar um império, ou ao menos parte dele, como vice-rei do oeste, da província oriental iraquiana de Anbar até a distante Tunísia, para onde se estendiam as leis Abássida. Suas prodigiosas conquistas precoces deviam muito aos serviços do fiel Yahya, filho do vizir de Mansur, Khalid ibn Barmak, que foi premiado com quantias fabulosas de dinheiro e outros presentes. Quando o filho e herdeiro de Mahdi e irmão de Harun, Hadi, morreu repentinamente após um ano de reinado (houve rumores sobre traição, incluindo um dando conta que a mãe que ele publicamente esnobara contratara uma escrava para sufocá-lo enquanto dormia), Harun se viu califa. Ele teria cerca de 21 anos.

Harun tinha sentimentos contraditórios em relação a Bagdá. Ouvimos de Tabari que ele se referia à cidade como *bukhar*, ou "sauna", nada surpreendente considerando seu clima selvagem. Houve tentativas de encontrar um local alternativo para uma capital no verão às margens do Tigre, em Bazabda, onde uma fortaleza romana tinha sido construída no distrito de Bakirda, e um palácio real foi erguido ali, imortalizado em versos burlescos:

> Bakirda e Bazabda na primavera e no verão
> Em Bakirda e Bazabda as fontes doces e frescas cantarão.
> E Bagdá, o que é Bagdá? Sua poeira
> É uma porcaria, o calor é absurdo.[7]

Mas Tabari também atribui o seguinte discurso a Harun, em 805, quando estava a caminho de mais uma campanha contra os bizantinos:

> Por Deus, estou passando por uma cidade, e cidade mais segura ou com vida melhor jamais foi construída no Oriente ou no Ocidente. Pois este é, de fato, meu lar, o lar de meus antepassados e o centro do poder Abássida enquanto resistirem e mantiverem o controle. Nenhum de meus antepassados jamais experimentou ali qualquer mal ou infortúnio, e nenhum deles foi ferido ou prejudicado nela. Que excelente sede do poder![8]

A Cidade Redonda de Mansur ocupava quase exclusivamente a margem oeste. Sob o governo de Mahdi, Rusafa começou a emergir como uma séria e magnífica rival na margem leste do Tigre, uma cidade de esplêndidos palácios reais agrupados em torno do palácio do califa e da mesquita, em um terreno recebido como feudo por uma nova geração de cortesãos. Até o início do reinado de Harun, os bairros ao leste de Rusafa, Shammasiya e Mukharrim, juntos, quase se comparavam à cidade de Mansur e aos subúrbios para além do rio. Harun e a leal família Barmecida, liderada pelo ancião Yahya como vizir, deram ainda mais ímpeto ao crescimento irresistível da margem leste. Os Barmecidas se mudaram para a moderna e elegante Rusafa, satisfazendo suas compulsivas ambições por construir palácios com uma audácia espetacular que ameaçava o vizir e sua família ao fazer o califa levantar as sobrancelhas de tempos em tempos. Jafar, filho de Yahya, querido amigo de Harun e mais tarde vizir, gastou a fabulosa soma de 20 milhões de dirhams construindo um único palácio no distrito, e mais 20 milhões mobiliando-o de acordo com seu gosto extravagante. Ele foi sabiamente convencido a dar o palácio de presente ao filho de Harun, Mamun, e com o tempo o local tornou-se sua residência oficial e peça de destaque do Dar al Khilafat, o complexo califal que foi sede dos futuros Comandantes dos Fiéis. (Nos anos seguintes, passou a ser conhecido como Palácio Hasani, depois de Mamun dá-lo como presente de casamento a sua esposa, Buran, e nomeá-lo em homenagem a seu sogro e vizir, Hassan ibn Sahl, seguindo a tradição bagdali de dar nome dos donos aos locais, que segue em voga ainda hoje.) Dizia-se que estava no local a grande Mesquita dos Califas, cujo minarete em ruínas ainda era visível em meados do século XX. Em troca de seus serviços à família real, os Barmecidas receberam generosos feudos na margem leste até Shammasiya, marcados por nomes como Souk Jafar, Jafar Market, Nahr Fadl, Fadl Canal, Souk Yahya, Souk Khalid al Barmaki etc.

O reinado de Harun incluiu uma série de destaques arquitetônicos, sendo os principais a reconstrução da então dilapidada Grande Mesquita de Mansur na Cidade Redonda, a ampliação do Palácio Khuld de Mansur e a criação do Palácio de Jafar na margem leste. O longo vizirado de Jafar, sediado nessa magnífica construção, iniciou a longa e contínua mudança de prédios governamentais para a margem leste, que permaneceu sendo política e comercialmente preeminente durante a Idade Média e até o século XX.

Havia outro monumento de mais importância arquitetônica e valor para Bagdá, do outro lado do Tigre, cuja origem remonta ao reinado de Harun – apesar de ter sido um projeto concebido em meio ao derramamento de sangue, sem o apoio do califa e para homenagear a vida de um homem que ele teria envenenado. Em 799, o imã Musa al Kadhim ("aquele que pode controlar sua ira"), sétimo dos doze imãs xiitas, descendente direto de Hussain e martirizado na cidade de Kerbala em 680, morreu enquanto estava preso por mando de Harun. Ele foi enterrado em Makaber Kuraish, o cemitério dos coraixitas (a principal tribo do profeta Maomé e de seus descendentes) no noroeste de Bagdá, originalmente projetado por Mansur. Três décadas mais tarde, o neto do imã, Mohammed al Jawad, outra provável vítima de envenenamento, dessa vez sob o califado de Al Mutasim, foi enterrado no mesmo local, dando origem ao nome Kadhimain, que significa literalmente "Os dois Kadhims". O complexo da mesquita tornou-se templo sagrado para os xiitas, um ponto de encontro espiritual cada vez mais importante para os heterodoxos em Bagdá, tanto que, com o tempo, cresceu e se tornou um distrito em si, Kadhimiya, delimitado por uma volta do Tigre no noroeste de Bagdá. O magnífico templo no centro é uma das maiores atrações da cidade até hoje. Bagdá pode agradecer à perseguição religiosa de Harun.

*

Harun se recusou a ficar desnecessariamente sobrecarregado pelos problemas do cargo. Tabari descreve como, ao nomear o incrivelmente experiente Yahya como vizir, Harun o investiu de total autoridade executiva, dando carta branca para que ele conduzisse os assuntos governamentais como achasse melhor. Quando não estava dirigindo suas campanhas contra os infiéis ou liderando peregrinos em *haj* a Meca (como fez em 787, 790, 791, 794, 796, 798, 802 e 804), o califa ficava livre para se concentrar nos frutos mais agradáveis do ofício.

Noite após noite, Harun e sua corte, junto a acadêmicos, poetas, diplomatas, generais, músicos, juízes, atletas e os mais recentes favoritos, se reuniam nos palácios para fazer banquetes e devastar as adegas reais, entregando-se a vinhos vermelho-rubi de Shiraz, enfeitiçados por graciosas jovens do harém, selecionadas tanto por seu talento musical quanto pela beleza. Como o poeta Muslim ibn Walid escreveria em seus versos caracteristicamente provocativos. "O que é a vida senão amar e se render à embriaguez do vinho e de belos olhos?"[9]

Ouvimos falar sobre banquetes reais com pratos de ouro e prata encrustados de pedras preciosas, lotados das mais finas iguarias, "berinjelas e abóboras, folhas de uva recheadas e temperadas com limão, bolos feitos com trigo e carne moída, filé de carneiro fatiado, cozido em arroz de tomate, um ensopado de pequenas cebolas... dez galinhas e uma ovelha assada e dois grandes pratos, um de *kunafa*¶ e um folhado feito com queijo adoçado e mel; frutas de todos os tipos: melões, pepinos, limões e tâmaras frescas".[10]

Enquanto admiravam os corpos flexíveis que balançavam à sua frente, os convidados de Harun enfiavam as mãos em tigelas de porcelana de *halvah* perfumadas com suco de laranja e salpicadas com canela e nozes moídas. Depois havia passas amassadas com infusão de essência de rosas, *baklavas* em forma de losango e cobertas de açúcar, figos enrugados, uvas salientes, bananas e toranjas e, escondidos entre vasos de rosas, jasmins e tulipas, montanhas de bolos de amêndoa cobertos com um xarope que pingava pelos queixos e deixava os sorrisos melecados.

Empregados traziam aos homens jarros dourados e bacias cheias de água perfumada para lavar as mãos, que eram enxaguadas em vasos encrustados com rubis e diamantes antes de receber fragrância de aloé em pequenos potes de ouro. O vinho era servido em cálices de ouro, prata ou cristal. Eunucos refrescavam os convidados com almíscar e água-de-rosas em vaporizadores de ouro e pedras. Enquanto duravam as sessões de bebedeira, até o nascer do dia, as garotas cantavam e acariciavam as cordas do alaúde, entretendo a embriagada plateia com a maliciosa dança do lenço e a lânguida dança dos sabres.

Durante certo tempo esteve em voga homens bem-nascidos terem casos com eunucos. Esses gostos incomuns eram favorecidos na corte e nos mais altos cargos de Estado. Amin, filho de Harun com Zubayda, a ilustre neta do califa Mansur, desenvolveu uma obsessão por eunucos. Tabari escreveu que "ele não desejava ver mulher alguma" e tinha apelidos para eunucos brancos (gafanhotos) e negros (corvos). Uma envergonhada Zubayda recorreu a vestir as mais belas concubinas em roupas masculinas justas, cortando os cabelos delas e as enviando ao filho, para afastá-lo de sua prática pecaminosa. A estratégia funcionou. Amin ficou, contam as crônicas, totalmente encantado.

¶ Um tipo de doce tradicional de queijo mergulhado em melaço. (N.A.)

Desde sua fundação, Bagdá era um local distintamente patriarcal, como ainda é hoje. As mulheres tradicionalmente eram confinadas à esfera privada e geralmente ocupavam cargos menores. Mas junto aos califas Abássida e aos poetas, aos matemáticos e músicos, havia, é claro, mulheres notáveis. Filha do herdeiro de Mansur, Jafar, culta em religião, poesia e literatura, Zubayda era uma das mulheres mais incomuns de seu tempo, famosa por seus extraordinários gostos opulentos por um lado e, por outro, por seus sobrepostos interesses religiosos e de caridade e um imaginativo ato de filantropia que sobrevive, em parte, até hoje. Rica desde seu nascimento, aumentou imensamente suas posses após casar-se com seu primo Harun, e usou muito de sua fortuna como filantropa. Sua corte, de acordo com o biógrafo dos Abássida, Ibn Khallikan, soava como uma colmeia, de tantas criadas recitando o Alcorão dia e noite. Como principal esposa do califa, Zubayda naturalmente tinha as melhores joias e roupas entre todas as mulheres. A extravagância Abássida não conhecia limites: diz-se que, durante as cerimônias mais importantes da corte, ela usava tanto ouro e pedras preciosas que eram precisos dois servos só para ajudá-la a ficar de pé. Sua conquista mais duradoura, porém, que auxiliou milhões de peregrinos durante os séculos seguintes, foi a criação do Darb Zubayda, ou o Caminho de Zubayda, uma rota segura de cerca de 1.500 quilômetros pelo deserto, saindo de Kufa, no sul de Bagdá, até a cidade sagrada de Meca. Tendo observado as dificuldades dessa jornada árdua durante suas próprias peregrinações – em especial a falta de água potável – Zubayda liderou um vasto projeto de engenharia para torná-las mais suportáveis. Poços foram perfurados e reservas cavadas por toda a rota, junto a cisternas e modernas represas com tanques filtradores para superar os problemas de sedimento. A rota era geologicamente complexa e apresentava desafios formidáveis. Ela precisava passar no meio das montanhas, de modo que pedras e rochas enormes tiveram de ser tiradas do caminho e alguns locais precisaram de pavimentação. Vários postos de trânsito foram construídos para que os peregrinos e seus animais pudessem descansar. Havia supostamente 54 principais estações de descanso pelo caminho, construídas a cada 25 quilômetros (um dia de caminhada), aproximadamente, com paradas menores entre elas. Zubayda supervisionou diretamente a construção e os engenheiros receberam ordens para não economizar. Em Meca, ela construiu o primeiro canal para fornecer água de fonte para os peregrinos no templo, que até então dependiam totalmente do poço de Zamzam. Até hoje a fonte das montanhas é conhecida como Ain Zubayda, o Poço de Zubayda. A conta final teria ficado em milhões de dinares, pagos de seu próprio bolso.[11]

Dananis, uma das mulheres mais famosas do harém de Harun, levou a envelhecida Zubayda ao ápice do ciúme depois que o animado califa deu à escrava-cantora presentes extravagantes, incluindo um colar que valia 30 mil dirhams, teoricamente em reconhecimento a seus talentos artísticos. A sempre sobrevivente e ardilosa Zubayda depois pediu perdão ao marido após ouvir a garota cantar e se desculpou presenteando-o com dez outras escravas excepcionalmente belas (que produziram mais filhos, como esperado). A mais conhecida das rainhas Abássida, Zubayda defendeu incansavelmente os direitos de Amin, único califa nascido de sangue real dos dois lados, como favorito ao califado em relação a seu irmão mais velho, Mamun. Após a luta dos dois por supremacia, que será descrita no Capítulo 3, ela terminou seus dias rezando solitariamente e morreu em 831.

O harém – e o recrutamento para fazer parte dele – era uma indústria em si mesma, que mantinha Harun infinitamente ocupado com cerca de duzentas das mais lindas jovens, além de suas quatro esposas. O número parece ascético em comparação com o harém de 4 mil mulheres que Al Mutawakil (847-61) manteve em meados do século IX, tendo supostamente dormido com cada uma delas. Alguns de seus nomes ainda são conhecidos: Diya (Esplendor), Sihr (Charme), Dhat al Khal (Nódoa da Beleza) e Hailana (vindo de Helena, provavelmente ela era grega). Personalidades fortes do harém que não podiam exercer papéis públicos na vida do califado, como Arib, apelidada de rouxinol da corte pela doçura de sua voz e as milhares de canções e poemas que compôs, se tornavam verdadeiras lendas. Comprada originalmente por Amin, mais tarde Arib entrou para o harém de Mamun, mas não teve escrúpulos em traí-lo dentro de seu próprio palácio, levando seu amante para encontros amorosos na madrugada, num desafio aos costumes locais incrivelmente perigoso. Diz-se que os cabelos de Arib eram massageados com ricas pomadas de âmbar e almíscar e mais tarde vendidos por um bom preço por suas criadas. Muito do que sabemos sobre ela vem do historiador do século X Abu al Faraj al Isfahani, ávido colecionador de poemas e canções. Já velha, ela foi visitada por dois homens que ousaram perguntar se ainda desejava sexo. "Ah, meus filhos, o desejo está presente, mas os membros estão fracos", teria sido a resposta. Ela morreu em Samarra com mais de 90 anos, tendo fascinado uma sucessão de califas.[12]

O harém não era lugar para modéstia. Os poetas contam sobre rixas recorrentes entre mulheres que competiam ferozmente umas com as outras pela popularidade junto ao califa e por sua atenção, e com as esposas reais para produzir o filho e herdeiro do califa. Em um dos encontros mais violentos, Nódoa da Beleza cortou a ponta do nariz de outra garota. Em retaliação, a rival arrancou a pinta decorativa responsável por seu apelido.

Brigas entre as mulheres não eram nada em comparação com outros perigos da vida no harém. Muitas delas sem dúvida teriam achado esse elegante cativeiro angustiante. Talvez por causa disso, muitas experimentaram casos lésbicos. Se fossem descobertos, a punição era rápida e brutal. Tabari relata uma história arrepiante nas palavras de Ali ibn Yaktin, um cortesão de Hadi, irmão de Harun:

> Uma noite, eu estava com Musa, na companhia de um grupo de seus acompanhantes, quando de repente veio a ele um eunuco, que sussurrou algo em seu ouvido secretamente. Em seguida, o Califa levantou-se prontamente, dizendo: "Não vão embora", e saiu. Ele ficou fora por um tempo considerável, mas depois voltou, respirando pesadamente. Ele se jogou no sofá, ainda respirando pesadamente por um tempo até se acalmar novamente. Tinha com ele um eunuco carregando um prato coberto por um guardanapo. O eunuco se postou em frente ao Califa e caminhou em sua direção tremendo. Ficamos estupefatos. Então o Califa sentou-se e disse ao eunuco: "Descanse o que está carregando", então o eunuco fez isso. Ele disse ao eunuco: "Remova o guardanapo", então o eunuco fez isso e, pasmem, o prato continha as cabeças de duas escravas, com os rostos e cabelos mais belos, por Deus, que eu já vira; havia joias em suas cabeças, enfeitando os cabelos, e um perfume doce se desprendia delas. Achamos que era uma visão horrenda. O Califa disse: "Vocês sabem o que essas duas estavam fazendo?" Respondemos negativamente. Ele disse: "Recebemos a informação de que estavam apaixonadas uma pela outra

> e tinham se juntado para um propósito imoral. Então mandei este eunuco para observá-las e relatar a mim o que estavam fazendo. Em tempo, ele veio a mim e informou que elas haviam se encontrado, então eu fui e as encontrei embaixo de uma única colcha cometendo um ato imoral. Então eu as matei". Após dizer isso, ele ordenou que o escravo levasse embora as duas cabeças... O Califa retomou sua conversa anterior como se não tivesse feito nada de incomum no meio tempo.[13]

Patrocinado pelo califa e seus cortesãos, os homens com os bolsos mais fundos – e os egos mais largos – em Bagdá, o mercado de mulheres atraentes podia às vezes ser frenético. Hugh Kennedy o compara às transferências no futebol americano, com os jogadores mais desejados sendo vendidos e ganhando valor a cada transação, até atingir somas exorbitantes e extraordinárias.[14] Assim, o pai de Harun, Mahdi, comprou uma garota chamada Maknuna, "que tinha orgulho de seus quadris esguios e seios altos", por 100 mil dirhams de prata. Basbas (Carícia), evidentemente em alta demanda, custou emocionantes 17 mil dinares. Esse também não era um mercado que necessariamente se rendia aos impulsos do califa. Inan, uma beleza vinda do leste da Arábia que chamou a atenção de Harun e roubou seu coração por um tempo, era altamente educada e paqueradora, e dizia-se que era capaz de competir de igual para igual em poesia com o lendário Abu Nuwas. Mas seu mestre, um homem chamado Natifi, se recusou firmemente a vendê-la, mesmo para o califa, exigindo 100 mil dinares de ouro e rejeitando quaisquer tentativas de negociação. Mais tarde, quando o homem morreu e Inan foi posta à venda no mercado de escravos no Portão Karkh, Harun tentou a sorte novamente. Ele enviou seu eunuco-chefe, Masrur, ao mercado, com instruções de dar lances de até 200 mil dirhams. De maneira impressionante, Harun perdeu o leilão, mesmo quando Masrur deu uma surra em seu rival, lembrando-o de que estava competindo com o califa. Inan mudou de mãos por 250 mil dirhams e foi levada a Khorasan pelo desconhecido. Foi a última vez que Harun a viu.

Ninguém menos que Tabari, uma autoridade, escreveu sobre como, durante os dias mais abrasadores do verão, quando Harun tirava uma sesta em seu pavilhão, era levada a ele uma urna de prata em que o perfumista real misturara uma fragrância, açafrão, substâncias aromáticas e água-de-rosas. Sete túnicas de linho Rashidi, em corte feminino, eram então mergulhadas na mistura, um prelúdio das delícias que viriam. Todos os dias, sete garotas eram trazidas aos aposentos do califa, onde observavam um protocolo meticulosamente arquitetado. Primeiro, removiam suas roupas e eram vestidas com as perfumadas vestes folgadas de linho. Então, tomavam seu lugar em assentos furados e colocados acima de pilhas de incenso aceso, até que suas roupas estivessem secas e seus corpos perfumados de acordo com o gosto do califa. O ato sexual só podia começar quando esse processo estivesse completo.

*

No maravilhoso mundo de *As mil e uma noites*, uma obra-prima das narrativas árabe, persa e indiana que remonta, em sua forma mais precoce, aos séculos VIII e IX, a libido de Harun não é menos extravagante. Na noite 387, por exemplo, descobrimos o califa Abássida se divertindo primeiro com duas garotas, depois com três. Em "Harun al Rashid e as duas escravas", suas companhias são concubinas de Medina e Kufa. A árabe está massageando as pernas dele e a iraquiana, os braços. Compreensivelmente, tanta atenção faz com que Harun tenha uma ereção, que as garotas competem para controlar. A garota de Kufan diz para a de Medina: "Vejo que você está tentando monopolizar nosso capital e pegá-lo para você. Me dê minha parte". Ao que a de Medina responde com um comentário do profeta: "Se alguém traz à vida o solo não cultivado, este pertence a ele e a seus descendentes". Rápida como um raio, a de Kufan empurra sua rival para o lado, "toma o membro de Harun com as duas mãos" e, para não ser vencida em questões de teologia islâmica, rebate com outra observação do profeta: "A caça pertence ao caçador, não ao espancador".[15] Como na real Bagdá dos Abássida, as escravas mais desejadas eram apreciadas por seu visual e por seus talentos musicais, mas igualmente por sua sagacidade e suas respostas inteligentes.

Na história seguinte, Harun evidentemente decidiu que, no que diz respeito a receber prazer de escravas, três é melhor do que duas. Dessa vez elas vêm de Meca, Medina e Iraque. "A de Medina esticou a mão e estimulou o membro dele, provocando uma ereção, mas a de Meca pulou para o outro lado e puxou-o em direção a ela". A moça de Medina reclama que isso é injusto, citando novamente o comentário do profeta sobre trazer à vida o solo não cultivado. Impassível, a de Meca diz que não é verdade, que a caça pertence ao caçador. A garota iraquiana, então, empurra ambas as rivais para o lado e declara, confiante: "Até vocês resolverem sua briga, isso me pertence".[16]

Harun merece seu lugar na posteridade por méritos próprios, mas sua fama incomparável entre os califas Abássida, como admite Gibbon, deve-se em larga medida ao mundo fantástico de *As mil e uma noites*. O título refere-se ao tempo em que a infatigável narradora Sheherazade conta suas histórias a cada noite ao rei Shahryar, um monarca libidinoso e assassino cujo hábito de decapitar as noivas virgens com quem se deita ela está determinada a quebrar (apesar de as probabilidades definitivamente estarem contra ela, já que Shahryar deflorou e matou uma garota por dia durante os últimos três anos). O casal é celebrado nas chamativas estátuas de bronze do escultor leste do Tigre. Shahryar se reclina languidamente em seu pedestal, enquanto uma esguia Sheherazade, a sua frente, desfia suas histórias salvadoras.

Dizer que Harun tem papel central em *As mil e uma noites* seria pouco. Ele é o protagonista de uma dúzia de histórias e desfila com ousadia por várias outras, perambulando como o califa noturno e insone, rondando as ruas de Bagdá com seus leais companheiros – Jafar, o vizir Barmecida, e Masrur, seu carrasco –, colhendo informações sobre sua cidade e seu povo, sempre pronto para uma aventura e frequentemente terminando por cair em desgraça. Harun é um dos heróis carismáticos desse épico exuberante, com sua capital imperial de Bagdá como glamorosa coadjuvante.

Noite após noite, como em "Harun al Rashid e a arca dos pescadores", o incansável califa deseja explorar as ruas de sua capital. "Uma noite, o califa Harun al Rashid convocou seu vizir Jafar e disse: 'Quero ir até a cidade para perguntar ao povo sobre os governadores que tomam conta deles, para depor aqueles sobre quem eles reclamarem e promover aqueles a quem são gratos'. 'Ouvir é obedecer', respondeu Jafar."[17] O vizir, frequentemente aquele que estava às vias de ser executado pelo irascível califa, podia até não sofrer dos episódios de insônia que afligem Harun, mas não tinha escolha a não ser fazer companhia.

Apesar de não se tratar de um documento histórico confiável, *As mil e uma noites* ainda assim oferece uma imagem convincente sobre a vida na Bagdá medieval, com seus mercadores incrivelmente ricos, mercados lotados cheios de produtos, ruas e becos estreitos contendo casas com balcões que se projetavam para a rua e altas janelas *mashrabiya* que permitiam que a pessoa de dentro olhasse para fora sem ser vista, suas magníficas mesquitas, *hammams* luxuosos e cavernosas hospedarias – como a Khan Mirjan – onde comerciantes e viajantes cansados podiam descansar, armazenar seus bens e aproveitar as delícias providenciadas por seu anfitrião hospitaleiro. Antoine Galland, orientalista francês e tradutor de *As mil e uma noites*, escreveu sobre as histórias no começo do século XVIII, dizendo que "elas deviam agradar também pelo que revelam sobre os costumes e hábitos dos orientais, suas cerimônias religiosas, tanto as pagãs quanto as muçulmanas; e esses assuntos são trazidos de forma melhor do que pelos autores que escreveram sobre eles ou pelas narrativas de viagem".[18]

As mil e uma noites é um tesouro narrativo que tem de tudo: sexo e amor, intriga e aventura, perigo e morte; opulentos banquetes e farras imorais; um elenco exótico dos totalmente estranhos e dos maravilhosos, desde corcundas de um olho só e assustadores *jinns* a sublimemente belas garotas de olhos brilhantes e lindos príncipes. Vizires esnobes dividem as páginas com ladrões sem escrúpulos e confiantes charlatões, concubinas sedutoras, marinheiros infiéis, mendigos viciados em haxixe e cortesãos exuberantemente vestidos bêbados de vinho. Histórias que ironizam policiais corruptos e juízes lascivos, bruxas lésbicas e assassinos ninfomaníacos. É um mundo altamente urbano de mercadores e cambistas, alfaiates e barbeiros, poetas e dervixes, cantores, professores e navegadores, nenhum deles mais famoso que Sinbad, uma celebridade de *As mil e uma noites* ao lado de Ali Baba e os quarenta ladrões, Aladdin e o próprio Harun. Como acontecia na Bagdá dos Abássida, há um capricho sobre a vida nesse mundo ficcional, de modo que um homem aparecendo em frente ao poderoso califa nunca sabe se está prestes a ser recompensado com uma gorda bolsa de dinares de ouro ou forçado a ajoelhar na esteira de couro do carrasco para ser decapitado por uma espada afiada.

A épica paisagem de sonhos de *As mil e uma noites* inspirou gerações de escritores, artistas, poetas e cineastas, cujas recriações imaginadas do mundo encantado de Bagdá atravessaram os séculos até penetrar as culturas ocidentais. Em *Recollections of the Arabian Nights* [Lembranças das mil e uma noites], originalmente publicado em 1830, um jovem Tennyson evoca um sensual e sonhador panorama da cidade, deslizando pelo Tigre iluminado pelo luar em meio à agradável brisa, "Pelos templos de ouro corroído de Bagdá,/ Jardins murados verdes e dourados", passando por fragrantes arvoredos e limoeiros, velejando em frente a templos de ouro sob um céu índigo coberto de estrelas. Ele entra por um jardim exótico,

> Cheio do som calmo da cidade,
> E de bosques de mirra profundos de verdade
> O grandioso cedro, os tamariscos,
> Densos rosários de espinhos fragrantes,
> Altos arbustos e obeliscos (...)

"Com a visão turva", ele chega ao pavilhão do califa, uma cintilante câmara imperial com degraus de mármore e balaustradas folheadas de ouro atrás de portas esculpidas em cedro. As janelas refletem a luz de um milhão de finas velas colocadas sobre candelabros trançados em prata. Talvez inevitavelmente, o poeta espia uma bela garota persa,

> Serena com olhos prateados
> Amorosa, seus cílios como raios
> Escuros e a fronte perolada
> Cachos de ébano perfumado,
> Em muitas deliciosas voltas,
> Fluem ao redor de sua rósea
> A moça mais bela da época (...)

Finalmente, ele chega até um largo trono colocado entre seis colunas de prata pura, coberto com um luxuoso brocado de ouro, e lá, enfim, está o grande califa Abássida,

Estrela única no tempo e no espaço,
Eu o vi na aurora dourada
O bom Haroun Alraschid.

Quase um século depois, em 1923, ano em que recebeu o Prêmio Nobel de Literatura, William Butler Yeats publicou "The Gift of Harun Al-Rashid" [O presente de Harun Al-Rashid], poema de êxtase Coleridgiano, inspirado novamente por *As mil e uma noites*, um mundo com aroma de jasmim e visões de Harun em missões diplomáticas à Pérsia e em guerra com os bizantinos. O poeta se assombra com a beleza de "uma esguia noiva":

Agora, meu mistério final é descoberto.
A beleza de uma mulher é uma bandeira desfraldada;
Sobre ela, apenas sabedoria, e só eu –
De todos os amantes da Arábia, só eu –
Nem deslumbrado pelo bordado, nem perdido
Na confusão de suas dobras cor de noite,
Posso ouvir o homem armado falar.

Talvez Gertrude Bell tenha acreditado que ninguém podia saber como era Bagdá na época de Harun al Rashid, como declarou arrogantemente numa carta a seu pai em 1921, mas *As mil e uma noites*, além de muitas outras crônicas da época dos Abássida, sugere uma ampla gama de possibilidades pitorescas.[19] Na história "O carregador e as três damas", por exemplo, temos um irresistível vislumbre de uma expedição de compras aos bem-abastecidos mercados da Bagdá de Harun. Uma mulher de olhos escuros usando véu contrata os serviços de um suscetível carregador solteiro.[20] Após comprar uma jarra para vinho, ela visita um fruteiro, onde compra "maçãs sírias, marmelos otomanos, pêssegos de Omã, jasmins e nenúfares da Síria, pepinos de outono, limões, laranjas *sultani*, murta perfumada, flores de alfena, botões de camomila, anêmonas vermelhas, violetas, flores de romã e rosas-amarelas". Após comprar carne no açougueiro, ela se dirige ao merceeiro para sementes de pistache, passas de Tihama e amêndoas sem casca para a sobremesa. No vendedor de doces ela faz a

Ilustração de uma edição francesa de *As mil e uma noites* do século XVIII. Bagdá e o califa Harun al Rashid têm destaque em diversos contos espirituosos dessa coleção de histórias árabes, persas e indianas que remonta aos séculos VIII e IX.

festa: bolos açucarados, rosquinhas recheadas com almíscar, bolos "sabão", tortas de limão, tortas Maimuni, "favos de mel de Zainab", dedos de açúcar e guloseimas "muçulmanas". Sem se preocupar com os gastos, seu assalto aos lotados mercados de Bagdá continua no vendedor de perfumes, onde ela compra dez variedades de água-de-cheiro, incluindo algumas perfumadas com nenúfares e flores de salgueiro.

Não se trata de uma ida comum ao mercado. Como geralmente é o caso em *As mil e uma noites*, essa história é sobre muito mais do que a busca de uma dona de casa por frutas e verduras. Eles voltam à casa da mulher, um belo prédio com pilares cuja porta é aberta por outra bela moça com sobrancelhas "como a lua crescente no mês de Sha'ban", bochechas como anêmonas vermelhas, "uma boca como o selo de Salomão, lábios vermelho-coral, dentes como botões de camomila ou um cordão de pérolas e o pescoço de uma gazela. Seu peito era como uma fonte ornamentada, com seios como duas romãs idênticas; ela tinha uma barriga elegante e um umbigo que podia conter um grama de bálsamo". Uma terceira mulher, igualmente atraente, completa o conjunto. A casa em si é uma maravilha, com um pátio extenso, câmaras abobadadas, alcovas e belos entalhes; é decorada com cortinas brocadas e sofás caros espalhados em torno de uma vasta piscina onde está flutuando um esquife luxuosamente decorado. Na proa do barco está um sofá de madeira de zimbro adornada com pedras preciosas, coberto por uma rede antimosquitos feita de cetim vermelho com botões de pérola maiores que uma avelã.

Antes mesmo que você consiga dizer as palavras "fantasia erótica", começa uma orgia regada a vinho. Uma das garotas tira a roupa, mergulha na piscina e, ao sair, pula no colo do carregador. "Meu mestre, meu querido, qual é o nome disso?", pergunta ela, apontando para sua vagina. A cada palavra que ele oferece – útero, vagina, vulva, bainha, periquita –, recebe um sonoro tapa. Finalmente ela diz chamá-la de "a menta dos diques". O processo se repete com a segunda garota e o carregador apanha bastante até que ela diz chamar sua vagina de "sésamo sem casca"; e depois com a terceira, que usa a frase "o *khan* de Abu Mansur". Nesse ponto o carregador tira suas roupas, pula na piscina e depois se joga no colo das garotas.

> Então ele apontou para seu pênis e disse: "Moças, como é o nome disso?", antes de morder e beijá-las a cada resposta errada. "Qual é o nome, então?", elas finalmente perguntam. "É a mula que quebra barreiras, pasta a menta dos diques, come o sésamo sem casa e passa a noite no *khan* de Abu Mansur". As garotas riram até caírem de costas, e então continuaram sua festa regada a bebidas até o cair da noite.

Mesmo que as histórias de *As mil e uma noites* sejam profundamente fantásticas, algumas vezes elas meramente refletem a realidade histórica. Assim, em "Harun al Rashid e a jovem beduína", o califa, sempre acompanhado por Jafar, se apaixona por uma garota tanto, se não mais, por seu talento poético quanto por sua beleza. Impressionado com suas habilidades de improvisar versos e transformá-los em deleitosas músicas, ele se casa com ela, que se torna uma firme favorita.

Na mesma linha, o audacioso poeta Abu Nuwas aparece de tempos em tempos para entreter Harun. A história "Harun al Rashid e a senhora Zubayda na piscina" encontra o califa andando pelos jardins de seu palácio em um dia escaldante de Bagdá. Ele vê sua esposa se refrescando nua em uma piscina no jardim dos prazeres que construiu para ela, ladeado por árvores cuja densa folhagem geralmente protege a privacidade dos banhistas. Sem saber que ele a observa, ela está de pé, jogando água sobre seu corpo com uma jarra de prata. "A modéstia a levou a cobrir suas partes com a mão, mas elas eram roliças demais para serem totalmente escondidas", conta-nos Sheherazade. Tocado pela inocência da cena e pela beleza de sua esposa, Harun compõe um dístico:

> Meus olhos viram a causa de minha ruína
> E a separação fez o fogo da paixão queimar.

Paralisado por um bloqueio criativo, ele não consegue finalizar o verso, então chama Abu Nuwas para fazê-lo. Afinal, para que serve um poeta doméstico? Após a mais breve pausa, Abu Nuwas, que nunca ficava sem palavras, improvisa o verso.

Meus olhos viram a causa de minha ruína
E a separação fez o fogo da paixão queimar
Pelo amor por uma gazela que me cativou
Debaixo da sombra de duas árvores de lote.
A água fluía de jarras de prata.
Ela me viu e tentou esconder,
Mas era grande demais para suas mãos.
Desejava deitar-me ali por uma ou duas horas.[21]

E Harun, encantado com o poema finalizado, dá a Abu Nuwas a generosa recompensa pela qual ele esperava. Da mesma forma como, sabemos, esse poeta em busca do prazer flertava com o perigo na vida real, também em *As mil e uma noites* ele continuamente o faz. Em "Harun al Rashid e os três poetas", que mostra o califa acariciando uma concubina embriagada no palácio uma noite, Abu Nuwas evita por pouco ser executado por Harun, sendo salvo apenas – mais uma vez – por sua esperteza, quando cita um verso do Alcorão no último minuto. Em "Abu Nuwas e os três garotos", o poeta está decidido a seduzir jovens meninos (como costumava fazer na vida real). Ele espia três possíveis vítimas:

Passei por dois garotos sem barba e disse:
"Eu te amo". Eles responderam:
"És um homem rico?"
"Sim", eu disse, "e generoso".
Os dois garotos então disseram: "Feito".

Tendo encontrado seu trio, uma longa noite de cantorias e bebedeiras começa, e os quatro "enroscam pernas sobre pernas, sem preocupação com pecado ou desgraça".

O prazer perfeito só vem quando um homem bebe vinho
Com belos garotos como companhia...
Tomamos nosso vinho puro ou misturado
E saciamos nossa luxúria naqueles que dormem.

A cena tórrida é interrompida por um chocado Harun, cuja ira é redobrada pela reação petulante e embriagada de Abu Nuwa. O califa ordena que o poeta vá vê-lo em seu palácio na manhã seguinte e que o carrasco Masrur o dispa de todas as roupas, amarre uma sela de burro em suas costas, ate uma correia entre suas coxas, coloque um cabresto sobre sua cabeça e o leve aos aposentos das escravas de Harun para ser ridicularizado antes de ter a cabeça cortada. Encontrando o poeta passando por esse ultraje, um perplexo Jafar pergunta o que aconteceu. "Apresentei ao nosso mestre o melhor de minha poesia e ele me apresentou o melhor de seus mantos", ironiza o poeta.[22] Harun acha a piada engraçada o suficiente para poupá-lo.

As mil e uma noites dá uma noção impressionante da ostentação exibida pelos muito ricos na Bagdá dos Abássida. Quando ficamos sabendo que Zubayda, famosa por seus chinelos encrustados de joias, só comia em pratos de metal precioso e taças e colheres de ouro ou cristal, sobre mesas folhadas a ouro e prata, as histórias de Sheherazade começam a parecer menos excêntricas e exageradas.

Usando um humor desbocado e frequentemente vulgar, *As mil e uma noites* certamente reflete pelo menos alguns dos gostos prevalentes na Bagdá dos Abássida, mais frequentemente nos mais altos níveis imperiais. Na história "Jafar, o Barmecida, e o velho beduíno", Harun, Jafar e Abu Nuwas estão no deserto quando encontram um velho viajando com seu burro para Bagdá, onde espera encontrar remédio para tratar seus olhos. Harun encoraja seu vizir a fazer troça do beduíno, e então Jafar prescreve um absurdo remédio de vento, luz do sol, luz de lampião e luar, misturados e aplicados durante doze meses. "Quando o velho ouviu o que Jafar disse, se esticou sobre seu burro e soltou um pum nojento. 'Tome isso em troca do remédio que você prescreveu', disse. 'Se eu tomar e Deus me curar, vou te dar uma escrava que te servirá até o fim de seus dias, e quando você tiver morrido e Deus tiver levado sua alma para o fogo dos infernos, ela vai espalhar excremento na sua cara.'"[23] Harun, que em *As mil e uma noites* se diverte facilmente, cai para trás de tanto rir e dá ao beduíno 3 mil dirhams como compensação.

Se esse exercício de humor escatológico soa pouco plausível, considere a história real, contada por Tabari, em que um serviçal da corte presenteia Harun com uma rara mistura de perfumes que consiste em almíscar retirado da barriga de bois-almiscarados, âmbar do Golfo de Áden, olíbano e outros ingredientes, criada por um mestre-perfumeiro de Basra. Outro cortesão, chocado com tal pretensão, pede o perfume, vangloriando-se: "Que minha mãe seja uma prostituta se eu passar isso em qualquer parte do meu corpo que não meu ânus!". Harun, contam-nos, acha hilário. Esse segundo cortesão joga sua túnica sobre a cabeça, molha as mãos na garrafa e passa o caríssimo perfume em seu ânus, virilha e axilas. Nesse momento o califa "mal consegue pensar direito, de tanto rir". Como se não fosse suficiente, o cortesão patife ainda chama um escravo para que este dê o que sobrou do perfume a sua esposa, que deveria seguir as seguintes instruções vindas do marido: "Espalhe isso na sua vulva até que eu volte para casa e te foda". Harun "riu até quase engasgar" e, para botar mais lenha na fogueira, deu ao cortesão a quase inacreditável soma de 100 mil dinares como recompensa pela diversão.[24] Tabari não menciona mais o cortesão bajulador, que provavelmente saiu com um sério prejuízo.

*

Em uma manhã clara e fria de janeiro de 803, Bagdá acordou com a notícia mais inacreditável. Nas casas dos bons e dos melhores, cortesãos surpresos mal podiam acreditar no que ouviam. Nos mercados, carregadores e mercadores chocados trocavam em voz baixa versões da história que se espalhava como fogo pela Cidade da Paz. Certamente não era verdade. O Comandante dos Fiéis, que acabara de voltar de sua última *haj* a Meca, tinha executado seu querido amigo e vizir Jafar, o Barmecida, e colocado o pai ancião do vizir, Yahya, e seu filho Fadl, irmão de Jafar, em prisão domiciliar. Bagdá tinha virado de ponta-cabeça da noite para o dia.

Quando chegou, o fim dos dias gloriosos dos Barmecidas foi rápido e brutal. Tabari conta a história de Harun enviando Masrur ao palácio de Jafar com ordens de voltar com a cabeça do vizir. O estupefato carrasco, velho amigo e companheiro íntimo do vizir, voltou ao califa depois de Jafar implorar que ele se certificasse de que Harun não estivera bebendo e que a instrução era realmente séria. "Traga-me a cabeça de Jafar, seu filho de uma puta", gritou o califa. Três vezes Masrur questionou a ordem, até que finalmente Harun não aguentou mais e bateu na cabeça do miserável servente. "Se você voltar a mim e não trouxer a cabeça de Jafar, vou encontrar alguém que primeiro me traga a sua cabeça e depois a de Jafar", rosnou.[25] Masrur não teve opção a não ser executar a ordem extraordinária.

Um dia, Jafar era o segundo homem mais poderoso do Império Abássida; no outro, seu corpo foi cortado em três partes, cada uma das quais exposta publicamente nos pontões que cruzavam o Tigre.

O motivo pelo qual as pessoas de Bagdá mal podiam acreditar na notícia – a visão da cabeça do vizir em um pau de forca logo acabou com quaisquer dúvidas restantes – era que Jafar, junto com Yahya, tinha sido o braço direito de Harun, o pilar de um brilhante reinado de 17 anos cujo marco tinha sido a paz e a prosperidade por todo o Império Abássida, no auge de seu poder. Yahya tinha defendido Harun quando a sucessão fora posta em dúvida e servido como figura paterna para o jovem califa; Jafar tinha sido o amigo mais próximo, conselheiro e *nadim*, veterano de algumas lendárias festas em seus respectivos palácios. Mais de 1.200 anos depois, ainda não sabemos por que Harun tomou essa decisão. Já foi sugerido que Harun estava bravo com Jafar por libertar um rebelde que o califa ordenara que fosse mantido sob custódia.

Tabari diz que Harun encorajara Jafar a casar-se com sua irmã Abbasa, para que ela – como mulher casada – pudesse respeitavelmente festejar e beber com eles à noite (uma princesa real, sem ligação sanguínea com Jafar, nunca poderia se associar a ele nas festas particulares do califa). Segundo esse relato, Jafar não deveria de forma alguma consumar o casamento, mas as leis da atração física, inflamadas pelas uvas, tomaram o rumo inevitável. "Eles ficavam inebriados com o vinho e, estando ambos no vigor da juventude, Jafar a tomava e copulava com ela", diz Tabari em uma história que muitos acham completamente implausível.[26] Masudi conta uma versão parecida, introduzindo uma reviravolta de que teria sido a mãe de Jafar que, quando ele voltou uma noite de uma sessão pesada de bebedeira com Harun, enganou o filho embriagado a fazer amor com a apaixonada Abbasa descrevendo-a como uma escrava altamente culta e voluptuosa. Só depois de terem feito sexo Abbasa revelou sua verdadeira identidade, para desespero de Jafar. "Você me jogou fora por nada e me levou à beira de um abismo", disse o vizir horrorizado a sua mãe.[27] Abbasa, diz Masudi, engravidou. O bebê foi levado a tempo para Meca mas, por causa de tensões ferventes entre a primeira esposa de Harun, Zubayda, e Yahya, o segredo foi revelado, e Harun secretamente jurou vingança.

Por mais que essas histórias sejam sem dúvida pitorescas e convincentes, é muito mais provável, dado o que sabemos sobre a corte de Harun, que com o passar dos anos o califa simplesmente tenha ficado ressentido com o poder enorme e sem precedentes dos Barmecidas e com sua deslumbrante riqueza, que os rumores diziam rivalizar ou até mesmo superar a sua própria. Havia histórias de Harun infligindo humilhações bobas mas altamente simbólicas aos membros do clã, como repreender Yahya severamente em uma ocasião por aparecer em sua presença sem permissão, apesar de ter sido essa a prática aceita entre eles; ordenar que seus pajens não se levantassem quando Yahya entrava e fazê-lo pedir várias vezes por um copo d'água. No cruel mundo das políticas da corte, os Barmecidas tinham diversos inimigos jogando veneno nos ouvidos do invejoso califa. Há relatos sobre uma expedição de caça em que, voltando-se para inspecionar sua vasta comitiva, um pomposo Harun pergunta a um cortesão: "Já houve uma caravana tão suntuosa?". "Nada se compara à de Jafar", foi a resposta sem nenhum tato. A popular expressão bagdali "tão rico quanto Jafar", que certamente era conhecida pelo califa, também deve tê-lo irritado. Na esteira da contínua deterioração das relações entre Harun e os Barmecidas, é provável que a maré simplesmente tenha virado de repente.

Após a impiedosa execução de Jafar, seus restos apodreceram à mostra para as pessoas de Bagdá por dois anos, até que Harun ordenou que fossem retirados e queimados em 805. Os meticulosos registros do califa mostram uma entrada para "10 kirat de nafta e reboque", que se relaciona à cremação do corpo de Jafar. Yahya morreu falido com cerca de 70 anos, sob custódia, em 805, seguido três anos mais tarde por seu filho Fadl, irmão adotivo de Harun que o califa torturou na prisão.

Qualquer que tenha sido a razão para a queda dos Barmecidas, ela marcou uma virada decisiva na história de Bagdá. Com um golpe, os patrocínios culturais foram cortados, causando, no mínimo, uma perda literária duradoura. Os poetas, entre os grandes beneficiários das benesses do clã, lamentaram suas mortes em versos apocalípticos. Eles sentiram a perda de forma mais aguda – se não nos corações, ao menos nos bolsos. Até em forma editada, as elegias sortidas de Masudi sobre os Barmecidas chegam a cinco páginas. As seguintes linhas, típicas da reação no círculo dos poetas, foram compostas por Salm al Khasir:

> As estrelas da generosidade se apagaram;
> A mão da benevolência se fechou.
> As marés de abundância baixaram
> Agora que os Barmecidas se foram.
> As estrelas dos filhos de Barmak
> Que mostraram ao guia o verdadeiro caminho
> Caíram.[28]

Sem aviso, os dias de fartura acabaram, disse o poeta Ashja al Sulami, que havia presenciado ao lado de Bashar ibn Burd quando Abu al Atahiya roubou a cena em uma das audiências públicas de Mahdi:

> Os Filhos de Barmak se foram deste mundo,
> Mas se continuassem no poder, os homens
> Não poderiam ter lucrado mais.
> Os dias de sua supremacia foram
> Um banquete eterno para toda a humanidade.[29]

Foi um evento tão monumental que acabou até nas páginas de *As mil e uma noites*, que homenageia os Barmecidas na seguinte passagem:

> os Barmecidas eram um enfeite na fronte de seu século e uma coroa em sua cabeça. O destino os banhou com os melhores presentes, de modo que Yahya e seus filhos se tornaram estrelas brilhantes, vastos oceanos de generosidade, correntes impetuosas de bondade, chuvas beneficentes. O mundo viveu a seus pés, e sob suas mãos o império alcançou o ápice de seu esplendor. Eles eram o refúgio dos aflitos, o último recurso dos desconfortáveis. O poeta Abu Nuwas disse sobre eles:

Desde que a terra os colocou de lado, ó filhos de Barmak,
As estradas do crepúsculo e do poente
Estão vazias. Meu coração está vazio, ó filhos de Barmak.

Eles eram vizires admiráveis, administradores sábios, enchiam o Tesouro público. Eram fortes, eloquentes e davam bons conselhos; superavam qualquer um em aprendizado; sua generosidade igualava a generosidade de Hatim Taiy. Eles eram rios de felicidade, bons ventos trazendo nuvens férteis; foi por meio deles que o nome e a glória de Harun al Rashid ressoou das planícies da Ásia Central às florestas do norte, do Marrocos à Andaluzia e às fronteiras mais longínquas da China e da Tartária.[30]

Esse "tempo dos Barmecidas", uma expressão que tem sido usada há séculos no Oriente Médio para denotar grande fortuna e abundância, logo foi visto como a era de ouro dos Abássida, apesar de, com o tempo, essa era ter passado a ser identificada como o reinado de Harun. Duas gerações de Barmecidas serviram a Mansur, Mahdi, Hadi e Harun fielmente e de forma eficaz nas posições mais seniores do Estado. Talvez não seja injusto sugerir que, se não fosse por *As mil e uma noites* e a efusão de obras que glorificavam Harun inspiradas pelo livro nos séculos seguintes, a estrela do califa teria sido muito menos brilhante no firmamento Abássida depois de sua morte.

Tabari certamente criticava a destruição dos Barmecidas por Harun. "A conduta de Harun provocou desaprovação geral", escreveu. "A memória dela viverá até o dia do julgamento, quando não passará despercebido que a punição infligida aos Barmecidas não foi um ato de sabedoria política."[31]

Muito do que sobrou do califado de Harun foi dedicado à *jihad*, com vitórias violentas contra Bizâncio em 803 e 806. Mais perturbadora foi uma rebelião em Samarcanda, liderada por Rafi ibn Layth, neto do último governador Umayyad da província de Khorasan, a nordeste. No verão de 808, Harun liderou um exército ao norte de Bagdá com seu filho, Mamun, que tinha sido nomeado vice-rei da província. Na primavera de 809 ele tinha chegado até a cidade de Tus, onde adoeceu.

O irmão do rebelde Rafi foi capturado e trazido até o enfermo califa. Harun convocou um açougueiro, proibiu que o homem afiasse suas facas e o ordenou a desmembrar o desafortunado prisioneiro – "filho de uma puta podre e não circuncisada", nas palavras de Harun –, desossando-o como a um frango, membro por membro. "Então, o açougueiro o desmembrou até sobrar uma pilha de membros cortados", lembra Tabari, saboreando os detalhes. "O Califa disse: 'Contem os pedaços do corpo'. Eu contei os pedaços e, pasmem, chegavam a catorze."[32]

Foi um dos últimos atos de Harun. Em 24 de março de 809, dentro de um ano da morte de seu irmão adotivo Fadl, o Barmecida, sob custódia, Harun faleceu. Ele tinha cerca de 47 anos. Muitos esperavam que seu reinado durasse mais várias décadas. Mas, para aqueles que acreditam na antiga ideia grega de que o excesso de húbris inevitavelmente acarreta a nêmesis, há algo de terrivelmente inevitável no que aconteceu depois.

CAPÍTULO 3

"A nascente de eruditos", centro do mundo (809-892)

Abençoado seja o terreno de Bagdá, local de aprendizagem e arte;
Ninguém pode apontar no mundo uma cidade igual;
Seus subúrbios rivalizam em beleza com o azul do céu;
A qualidade de seu clima se iguala às vitais brisas do paraíso;
O brilho de suas pedras compete com joias e rubis;
A beneficência de seu solo tem a fragrância do âmbar;
As margens do Tigre, com suas belas donzelas, superam a cidade de Khullakh;
Os jardins, cheios de lindas ninfas, não ficam atrás dos de Cashmere;
E milhares de gôndolas na água,
Dançam e brilham como raios de sol.

– Anwari[1]

Deleitando-se com o patrocínio califal, a Cidade da Paz foi, desde sua fundação, fabulosamente rica. A soma astronômica deixada por Mansur no Tesouro à época de sua morte, em 775 – 14 milhões de dinares e 600 milhões de dirhams, algo como 2.640 toneladas de prata –, revela tanto a rapidez com que a cidade prosperou quanto com que a Dinastia Abássida consolidou sua posição no coração do Império Islâmico, no rastro da derrota dos Umayyad em 750.

Passeando por seus enfeitados palácios vestindo sedas bordadas, a família real ficava no topo da hierarquia, aproveitando as vantagens do poder, mas não era a única a possuir uma enorme fortuna. Cortesãos e favorecidos pelos Abássida, cantores famosos, belas escravas e poetas bebedores de vinho ficaram ricos com as vastas sobras disponíveis na corte do califa, onde fortunas que mudavam vidas podiam ser conquistadas em um segundo de acordo com os caprichos do califa (e às vezes perdidas de maneira tanto rápida quanto fatal).

Para além do brilhante e imprevisível mundo das benesses imperiais, o crescimento de Bagdá também era alimentado pelo comércio. As previsões da eminência distrital que, de acordo com o geógrafo Mukaddasi, elogiara para Mansur a boa localização para os negócios da futura capital no Tigre logo se provariam visionárias. Navios viajavam por toda a extensão do Eufrates e do Tigre, dois dos quatro antigos rios do Paraíso; caravanas andavam com dificuldade em meio a tempestades de areia vindas do Egito e da Síria; barcos e animais de carga respectivamente traziam seus artigos à nova cidade cuja população rapidamente aprendia as delícias do consumo extravagante. Dentro de alguns anos de sua fundação, os mercados da cidade estavam repletos de mercadores vendendo produtos do mundo todo, de sedas, ouro, joias e pedras preciosas a livros, temperos, frutas exóticas, maravilhosos tapetes e camelos sofridos. Em doze anos já estava no auge uma bolha imobiliária, com milhares de pessoas chegando para especular e fazer fortuna. A jovem capital de Mansur cresceu e se tornou uma poderosa metrópole e um centro comercial sem rival, uma Roma do Oriente. A paz trazia abundância. Com Bagdá no centro, a província do Iraque tinha uma receita quatro vezes maior que o Tesouro do Egito, a segunda província mais rica do Império Abássida. A cada ano, pagava ao erário impressionantes 160 milhões de dirhams – ou 480 toneladas de prata.[2]

Uma série de impostos imperiais cobrados meticulosamente servia como base dessa prosperidade. O imposto *kharaj* era cobrado de propriedades, terras agrícolas e mercadorias. A coleta era supervisionada pelo *wali* ou governador da província, então responsável por enviar a receita final a Bagdá. O imposto *jizya* (capitulação) era cobrado, com taxas variadas, dos *dhimmis*, cidadãos protegidos que não eram muçulmanos e por isso não eram obrigados a servir no Exército, em troca de pagamentos de impostos regulares. E havia também o imposto *ushr* (dízimo), que tomava 10% de produtos agrícolas e comércio exterior. Essas receitas eram transferidas ao Diwan al Kharaj, o "Tesouro de impostos", para serem contabilizadas, e para o Bait al Mal, ou "Erário Público". Dentro do Bait al Mal ficavam o Tesouro particular do califa e o escritório responsável pelos gastos públicos. De longe, a forma mais arbitrária de tributação era a apropriação rotineira de propriedades pelos califas, que desviavam os fundos arrecadados para seus erários público e particular.

Bagdá estava então incrivelmente bem colocada para presidir uma revolução cultural tão notável quanto seu superior poder político e comercial e, em alguns sentidos, ainda mais impressionante. Poetas e escritores, cientistas e matemáticos, músicos e médicos, historiadores, juristas e lexicógrafos, teólogos, filósofos e astrônomos, até escritores de livros de culinária – juntos, eles fizeram dessa uma era de ouro, criando um legado que perdurou por muito mais tempo do que qualquer herança deixada por aqueles que brilhavam no sol político e comercial da cidade. "Muçulmanos árabes agora estudavam astronomia, alquimia, medicina e matemática com tanto sucesso que, durante os séculos IX e X, mais descobertas científicas foram feitas no Império Abássida do que em qualquer outro período anterior da história."[3] Por mais de dois séculos desde o tempo de Mansur, a cidade fundada por ele foi o zênite do mundo islâmico e a capital intelectual do planeta. Em seu estudo de 1927 sobre a cidade, Richard Coke escreveu: "Bagdá nasceu num momento auspicioso, que predestinou a cidade a tornar-se não simplesmente a capital administrativa de um poderoso império, não apenas o maior centro de comércio do início da Idade Média, mas um foco de cultura mundial e de refinamento, destino de todos os homens de talento da Ásia Central ao Atlântico".[4]

A ida de grandes mentes a Bagdá foi um fenômeno tão extraordinário quanto a passagem de cavaleiros árabes pelo deserto durante as conquistas que transformariam o mundo durante o século VII. A cultura exigia lazer, o lazer exigia riqueza, a riqueza fluía por meio do mecenato e de uma economia próspera. Com um orgulho nascido do vasto poder político e econômico, Bagdá evoluiu a centro cultural sem igual, condizente com a sede de um brilhante império.

A atitude da época de olhar para fora de forma intelectualmente questionadora – uma versão medieval árabe da era de ouro da Grécia no século V a.C. – estava bem resumida em um dos famosos *hadith*, ou ditos, do profeta Maomé: "Procure conhecimento até na China". Essa aparentemente insaciável busca de conhecimento foi uma das marcas da era Abássida. Durante o declínio do poder Umayyad, o conhecimento local estava basicamente confinado à poética e à gramática árabes; exegeses do Alcorão; coleção de informações orais sobre a *sunna*, as práticas e tradições religiosas do profeta e da ainda inexperiente comunidade islâmica; guias que ditavam o comportamento apropriado para os muçulmanos-modelo; e um misticismo moral e ascético. Em comparação com esse território intelectual delimitado de forma tão estreita, as conquistas dos Abássida na geração de conhecimento duradouro em disciplinas variadas – de ciência e direito a poesia e matemática – representavam um novo universo quase sem fronteiras.[5]

O clima distintamente intelectual do Iraque foi tema de comentários de nosso geógrafo itinerante Mukaddasi, que o considerava "região de homens refinados, uma nascente de eruditos", notando que o local havia produzido "Abu Hanifa, o jurista dos jurisprudentes; e Sufyan, o melhor dos leitores do Alcorão", bem como "Abu Amr, autor de um sistema de leitura do Alcorão". Era, além disso, "terra natal de Hamza e de al Kisai; de praticamente todos os juristas, leitores e literatos; de notáveis, sábios, pensadores, ascetas, pessoas de distinção; de pessoas de charme e sagacidade", sem falar no próprio Abraão, "o companheiro de Deus".[6] Apesar de preferir Basra, que considerava ser mais religiosa e próspera no século X, Mukaddasi dedicou bem mais atenção à Cidade da Paz. Said al Andalusi, historiador árabe do século XI, deu crédito a Mansur por cultivar uma nova atmosfera para pesquisas científicas. Houve, escreveu, "uma agitação no espírito e um despertar de inteligência".[7]

Garantir um mecenato do califa era a forma mais rápida para um poeta ou acadêmico avançar financeira e socialmente em Bagdá. Os registros dos primeiros califas Abássida apoiando esforços intelectuais são, com poucas interrupções, excepcionais. De fato, foi o próprio Mansur, nunca o mais generoso doador, o culpado da maior transgressão, quando executou Ibn Mukaffa, pai da prosa árabe secular, provavelmente por razões políticas, em 756. Assim terminou a carreira do tradutor de 36 anos de *Kalila wa Dimna*, uma coletânea de fábulas indianas que se tornou um dos mais amados livros do mundo árabe, além de *best-seller* internacional por quase 2 mil anos na maravilhosa tradução de Ibn Mukaffa.

*

Ao fim de 810, as espadas foram lançadas entre os irmãos Amin e Mamun. Apesar de ter se esforçado para garantir uma sucessão suave, Harun estragou tudo: primeiro, ao dividir o império entre Mamun no Oeste e Amin em Bagdá; depois, especificando Mamun como primeiro herdeiro de Amin. O último tinha um filho, Musa, que desejava que fosse seu sucessor. Em um ambiente já altamente carregado, onde ambos tinham cortes – e esposas – rivais, que os empurravam para o confronto, a futura discórdia estava praticamente garantida. Um poeta citado por Tabari previu a calamidade:

> Ele semeou entre os dois a guerra recorrente
> E tornou fácil que um pudesse evitar o outro
> Para infelicidade de seus súditos num futuro próximo.[8]

E assim foi. Após um endurecimento das posições, intensas manobras dos lados opostos e uma troca de cartas cada vez mais frias ("Filho do meu pai, não me faça entrar em conflito com você quando eu, de bom grado, te concedo a obediência", escreveu Mamun em uma missiva típica), em 811 a guerra ficou declarada de vez. Um ano depois, Bagdá se encontrava afundada em um cerco destruidor que durou dois anos e acabou com grandes faixas da magnífica cidade que Mansur e seus descendentes tanto trabalharam para construir.

Cercado pelas forças de seu irmão, que circundavam Bagdá (dois exércitos sob os comandantes de Mamun, Harthama ibn Ayan e Musayab ibn Zuhayr, guardavam os acessos nordeste e sudeste, respectivamente; outro, sob comando do aristocrata de Khorasan Tahir ib Hussain, montou base junto ao Portão Anbar na periferia ocidental da cidade), Amin se encontrava governante de um espaço cada vez menor. Ele bateu em retirada para o Palácio da Eternidade, de seu bisavô Mansur, onde sofreu constantes ataques das catapultas de Mamun. O bombardeamento de pedras e mísseis tornou-se tão intenso que Amin foi forçado a abandonar o vasto prédio, não sem antes ordenar que seus servos incendiassem o salão de audiências e as tapeçarias. Foi o fim do amado palácio de Mansur, tão admirado por Khatib por sua majestade e grandeza arquitetônica. Amin fugiu para a Cidade Redonda numa última tentativa de resistência.

É importante enfatizar que o bombardeio fratricida que agora despedaçava Bagdá vinha dos dois lados. Os danos à cidade, em outras palavras, foram muito mais extensos que os causados apenas pela cortina de fogo de Mamun. Um frenético Amin – Tabari diz que ele estava "aflito e com o coração em chamas" – ordenou que recipientes de ouro e prata fossem derretidos e cunhados em dinares e dirhams para garantir a lealdade de seu exército e acabar com a onda de deserções. Foram dadas instruções para que bombardeassem o bairro de Harbiya, ao norte da Cidade Redonda, com nafta e fogo. Civis inocentes foram mortos no fogo cruzado, o que os comandantes militares de hoje chamam de "efeito colateral". O poeta al Khuraymi, citado por Tabari, foi mais expressivo:

Em cada rua fechada e a todo lado
há uma catapulta cuja viga levanta a voz
Usando projéteis como cabeças de homens tiradas
de pedaços de pedra, o homem mau carrega o arremesso
É como se sobre as cabeças houvesse revoadas
de escuros pombos voando em motim.
Os gritos dos homens vêm de baixo
enquanto as vigas balançam para arremessar seus mísseis.
Já viste as espadas desembainhadas
que os homens agitam nos mercados?
Cavalos empinam nas vielas,
carregando turcos com adagas afiadas.
Há nafta e fogo nas estradas;
os habitantes estão fugindo por causa da fumaça.[9]

O "paraíso na Terra" do poeta, uma "morada da felicidade", com palácios brilhantes, jardins férteis e tocadoras de alaúde de corpo esguio tornara-se "tão vazio quanto a barriga de um asno selvagem", um inferno desolado e queimado pelo fogo, onde viúvas fugiam aos gritos pelas ruas tomadas por cães comendo cadáveres sem cabeça. Até o Tigre perdera a beleza. Os corpos de homens, mulheres e crianças afogados balançavam em suas águas cheias de sangue. Ninguém foi poupado da devastação:

Já vi os jovens no campo
de batalha, com narizes sujos de poeira.
Cada um era um jovem defendendo aqueles que jurou por sua honra proteger:
Por causa dele, atiçadores de rixas experimentaram apuros.
Os cães passaram a noite ao lado dele, mutilando-o,
suas patas manchadas de sangue.
Não viste os cavalos andando por aí
com os homens, as ancas feridas?
Os cavalos tropeçam nos bonitos rostos
dos mortos, e a pele ao redor de suas ferraduras fica suja de sangue.
Eles atropelam os fígados de jovens corajosos
e as ferraduras quebram seus crânios.[10]

O cerco a Amin gradualmente se fechava. Tahir cortou todo o fornecimento à cidade por estrada ou rio. Os preços dispararam. Os mercados ficaram vazios. Frustrado com o lento progresso, ele marcou as áreas que lhe faziam oposição como Dar al Nakth, ou "Morada dos que Quebram Promessas" – Tabari particularmente menciona a Cidade Redonda e os mercados de Karkh e Khuld ao sudeste e leste, respectivamente. Era uma licença para tomar os bens e as propriedades comerciais que pertenciam à família Hashimi, comandantes militares e oficiais sêniores que não declararam obediência a Mamun de pronto. O exército regular de Amin estava rapidamente perdendo a vontade de lutar e a defesa da cidade cada vez mais dependia de uma força irregular que Tabari e Masudi disseram ser composta de ralé, vagabundos, ladrões, prisioneiros, errantes, vendedores ambulantes e homens "nus" (referindo-se à falta de armadura). Tahir demoliu completamente bairros ao sudoeste da Cidade Redonda que resistiram ao cerco. A maior parte do norte de Bagdá foi destruída.

Temendo a captura iminente, Amin arriscou tudo numa última artimanha. Ele tentou escapar no escuro, mas foi rapidamente sobrepujado por homens de Tahir, que o jogaram na água. Ele foi colocado em um cômodo vazio com esteiras de junco e almofadas junto a um de seus comandantes, que mais tarde descreveu o pânico cego que dominou Amin, reduzido a uma ruína desgrenhada e seminua em farrapos, atormentado pelo pensamento de sua provável execução. À meia-noite chegou o ruído das ferraduras de cavalos. Um destacamento de soldados persas entrou, com ordens para matar Amin. O patético califa resistiu, jogando uma almofada nos carrascos que avançavam com espadas em punho. Masudi cita suas últimas e histéricas palavras: "Pertencemos a Deus e a Deus retornamos! Sou primo do Mensageiro de Deus! Sou o irmão de Mamun!". O grupo de assassinos cortou sua garganta, retalhou-o "até que seu cadáver estivesse frio" e decepou sua cabeça.[11] Amin foi o primeiro califa Abássida a morrer em Bagdá.

*

O reinado de Mamun, de 813 a 833, pode ter começado com um massacre, mas mesmo assim representou um ponto alto para os esforços de pesquisa nas ciências e para o mecenato relacionado ao movimento de tradução, algo que nenhum outro califa conseguiu igualar. A criação em Bagdá da renomada Bait al Hikma, a Casa da Sabedoria, tem sido tradicionalmente creditada a Mamun, apesar de provavelmente remontar à era de Mansur. Apesar de nenhum resquício dela ter sobrevivido e de muito sobre sua atividade original permanecer envolto em mistério, sabemos que o local se tornou o centro da atividade intelectual Abássida, uma espécie de combinação de arquivo real com doações generosas, academia de ensino, biblioteca e agência de tradução, com uma equipe dedicada de acadêmicos, copistas e encadernadores fazendo avançar as fronteiras do conhecimento. Até meados do século IX, eles haviam construído o maior repositório de livros do mundo, escreve o físico teórico e autor iraquiano-britânico Jim al Khalili, "a semente que fez germinar todas as conquistas subsequentes da era de ouro das ciências árabes, do Uzbequistão, no Oriente, à Espanha, no Ocidente".[12]

A chegada em Bagdá da nova invenção da China, o papel, o que ocorreu em torno da época da fundação da cidade, permitiu que a tradução prosperasse e pavimentou o caminho para a criação de livros, bibliotecas, salões de leitura, livrarias e exércitos de copistas. Lei romana, medicina grega, matemática e filosofia, misticismo indiano e conhecimentos persas – tudo isso era canalizado no afã de compreender o mundo e ampliar as grandes obras da Antiguidade. A avançada ciência da astronomia, vital para funções cotidianas como determinar os horários das rezas e a direção exata de Meca, fornecia novo estímulo aos cartógrafos que, com o tempo, criaram um pioneiro mapa-múndi para Mamun. Em 828, o califa encomendou um novo observatório astronômico, o primeiro no mundo islâmico, para verificar as observações feitas pelo astrônomo e geógrafo do século II, Ptolomeu, em seu grande tratado *Almagesto*. Alguns dos grandes cientistas da época foram convidados para se estabelecer em Bagdá durante o califado de Mamun, atraídos por salários generosos e pelo prestígio da pesquisa de vanguarda na principal cidade do mundo. O observatório foi chamado de "primeiro projeto científico em larga escala a ser financiado por um governo" e gozou de sucesso espetacular, como veremos.[13] A grande e muitíssimo reverenciada poesia árabe de Jahiliya, a era pré-islâmica da ignorância, foi colocada no papel e registrada para a história. Toda terça-feira, Mamun presidia debates sobre jurisprudência. A era Umayyad havia sido marcada por uma atmosfera isolada de exclusividade árabe, mas a prosperidade intelectual da era Abássida foi altamente cosmopolita, com a corte e a elite cultural que esta patrocinava estando abertas a mentes de todo o império.

Um historiador árabe descreveu Mamun da seguinte forma:

> Ele procurava por conhecimento onde este estava evidente e, graças à amplidão de seus conceitos e o poder de sua inteligência, tirava-o dos locais onde estava escondido. Ele mantinha relações com imperadores de Bizâncio, dava a eles ricos presentes e pedia que eles doassem livros de filosofia que estivessem em sua posse. Esses imperadores enviavam a ele obras de Platão, Aristóteles, Hipócrates, Galeno, Euclides e Ptolomeu. Mamun então escolhia os tradutores mais experientes e encomendava a eles a tradução dessas obras de acordo com sua capacidade. Após a tradução estar completa, o califa pedia a seus súditos que lessem as traduções e encorajava que as estudassem. Consequentemente, o movimento científico se fortaleceu sob o reinado desse príncipe. Os acadêmicos tinham altos postos e o califa rodeava-se de homens cultos, juristas, tradicionalistas, teólogos racionalistas, lexicógrafos, analistas, versificadores e genealogistas.[14]

*

Apesar de a ciência e a tradução terem dominado o cenário cultural de Bagdá desde o começo do reinado de Mamun em 813, a poesia prevalecera nos primórdios da era Abássida. Poetas eram as celebridades de então. Ao contrário do atual arquétipo do poeta "sem um tostão furado" de hoje em dia, um poeta de sucesso na Bagdá dos Abássida podia conseguir grandes riquezas se encontrasse um patrocinador – idealmente o próprio califa. Hugh Kennedy comparou os poetas dessa época a astros do *rock*, figuras públicas que tinham permissão – e, até certo ponto, era isso que se esperava delas – para se comportar de formas que teriam sido imperdoáveis para indivíduos dotados de menos destreza verbal.[15] Abu Nuwas, talvez o mais ousado e brilhante dos poetas Abássida, como veremos, celebrava o sexo ilícito com uma coragem que em algumas partes do mundo árabe atual seria respondida com a forca. Mais de 1.200 anos após esses tempos áureos da poética, uma incrível quantidade de versos Abássida ainda sobrevive, mostrando como o meio tornara-se popular. Grande parte deles é muito boa, alternadamente trágica, romântica, fantástica, fatalista, lasciva e ocasionalmente hilária, uma homenagem à arraigada reverência árabe à riqueza de sua língua.

O repertório dos poetas Abássida consistia em boa medida de panegíricos; versos sobre os amores fúnebres, não correspondidos, exaltados ou depravados; reflexões melancólicas sobre a condição humana e a transitoriedade da vida; e elogios animados às uvas.

Um dos poetas mais populares – e certamente o mais controverso – de seu tempo foi Abu Nuwas, "aquele dos cachos que balançam", um escritor muito admirado por bagdalis até os dias de hoje. Seu nome foi dado a uma estrada ao longo do Tigre, uma graciosa rua sombreada por árvores e repleta de restaurantes que servem *masgouf*, uma especialidade iraquiana feita com peixe de rio grelhado. Uma estátua de Abu Nuwas coloca-se orgulhosamente no fim da rua Mutanabbi, onde ficam os livreiros (o nome é uma homenagem a outro grande poeta Abássida, do século X); seu braço direito para o alto indica que ele está recitando seus versos para além da água, para a cidade que se espalha a seu redor. Muitos o consideram o melhor poeta báquico em língua árabe. Tendo saído de sua cidade-natal de Basra precocemente, como muitos outros homens talentosos de sua época, Abu Nuwas se mudou para Bagdá, chegando em torno da época da ascensão de Harun al Rashid ao trono, em 786. Apesar de ele ser prodigiosamente culto e ter se tornado *hafiz* após dominar o Alcorão muito jovem, o escândalo e a blasfêmia o seguiam por onde fosse. Quando era adolescente, tornou-se protegido de um poeta de Kufa abertamente gay, Waliba ibn Hubab, que se deleitava com versos homoeróticos e ficou claramente animado em ter conquistado o jovem Abu Nuwas.

Segundo uma das histórias, depois de os dois terem jantado e bebido vinho juntos na noite de seu primeiro encontro, Abu Nuwas tirou a roupa. Maravilhado com sua beleza física, Waliba deu um passo à frente e beijou o traseiro de Nuwas, fazendo com o que o indignado ou apenas travesso jovem peidasse em sua cara. Waliba o xingou violentamente por sua vulgaridade. Sempre disposto a perder o amigo antes da piada, Abu Nuwas revidou: "Que recompensa pode haver para um homem que beija traseiros a não ser um peido?!"[16]

Em um poema, Abu Nuwas parece se referir a uma afeição profundamente perigosa por seu mecenas e amigo, o califa Amin.

> Estou apaixonado, mas não posso dizer por quem; temo aquele que
> não teme ninguém!
> Quando penso em meu amor por ele, tenho pena de minha cabeça
> e imagino se ela ainda estará grudada ao meu corpo![17]

Em outro, ele começa descrevendo o sofrimento que experimenta nas mãos daquele que gostaria que fosse seu amante:

> Ó, olhos encantadores, sempre lânguidos
> Teu olhar descobre segredos guardados no fundo do coração!
> Considere nós dois: alugas pedaços meus, apesar
> De estar despido das vestes em que o Destino me colocou.
> Trabalhas para matar-me sem chance de vingança,
> Como se matar-me fosse uma oferenda ritual a Deus.

Ele oferece vinho ao objeto de seus desejos, para ajudar na conquista.

Então beba o vinho, apesar de ser proibido,
Pois Deus perdoa até os pecados graves.
Um vinho branco formando bolhas quando mexido – pérolas no ouro;
Ela estava na Arca no tempo de Noé –
A mais nobre de seu carregamento enquanto a Terra inundava...

Depois da bebida, vem a consumação, seguida por uma nota final de vingança triunfante e até brutal pelo sofrimento anterior. Apenas nas últimas linhas ficamos sabendo que esse desafortunado alvo é um jovem homem.

Estrelas auspiciosas levantaram-se nesta noite
Quando um bêbado atacou outro bêbado
Passamos o tempo prostrando-nos ao Diabo
Até os monges soarem os sinos do alvorecer
E um jovem adolescente se foi, arrastando encantadoras vestes
Que eu manchara com meu comportamento iníquo,
Dizendo "Ó, desgraça" ele se desfazia em lágrimas,
"Destruíste a última dignidade que eu preservara".
Repliquei: "Um leão viu uma gazela e deu o bote;
É essa a natureza das vicissitudes do Destino!"

A poesia de Abu Nuwas é especialmente interessante pela tensão entre os desejos e as transgressões do vinho, da libertinagem com jovens e das reflexões religiosas e contritas do mesmo homem quando está sóbrio. Entre seus amigos e aqueles com quem ele duelava estavam alguns dos mais brilhantes poetas e escritores de então: Hussain ibn al Dahak, outro escriba da linha de Baco; Muslim ibn al Walid, que celebrava o amor e as uvas; Abbas ibn al Ahnaf, um dos favoritos de Harun al Rashid e mestre no gênero do amor cortês. O incomparável Jahiz, dono do melhor estilo em prosa de sua geração, era supostamente um pupilo de Abu Nuwas, como o grandioso jurista Al Shafi, fundador de uma das quatro escolas de jurisprudência sunita.

Nesse círculo de poetas e escritores, um verdadeiro diretório dos homens de letras de Bagdá, Abu al Atahiya (748-825) foi uma das vozes mais transcendentes da era Abássida. Um homem de origens extremamente modestas em Kufa, em certo ponto da vida trabalhou como vendedor de panelas e, sem ter dinheiro, sobrevivia usando de sua inteligência. Ele fez parte da grande "fuga de cérebros" para Bagdá, onde seu feliz faro para línguas chamou a atenção do califa Mahdi. De alguma forma, apesar de se envolver em inúmeras desgraças, sofrendo espancamentos, exílio e prisões, ele conseguiu conservar a cabeça durante o reinado de meia dúzia de califas.

Durante o reinado de Mahdi, Abu al Atahiya apaixonou-se perdidamente por uma bela escrava chamada Utba, que pertencia a uma das esposas do califa e que o levou a escrever às pressas alguns versos ousados, apesar de nada memoráveis. Esse amor não correspondido se transformou em um escândalo; a desonra levou a garota às lágrimas em frente ao califa. Atahiya foi chamado na presença de Mahdi, interrogado e recebeu o castigo de ser violentamente espancado. Isso não foi suficiente para esfriar o ardor do rebelde poeta. Em duas ocasiões ele recebeu 50 mil dirhams do califa como prêmio de consolação, o que convenceria a maioria dos homens a desistir da história. Mas não Abu al Atahiya. Uma vez, no Noruz, ano-novo persa, ele presenteou Mahdi com um jarro contendo um pedaço de tecido perfumado com almíscar. No tecido estavam escrito versos implorando que o califa desse a ele a mulher que tão ardentemente desejava. Mahdi estava a ponto de aceitar quando Utba gritou: "Comandante dos Fiéis, trate-me como se deve tratar uma mulher e um membro de seu lar. Você me daria para um homem feio que vende jarros e mal consegue sobreviver vendendo versos?". Mahdi voltou atrás, abrandando a recusa com uma ordem para que o jarro do poeta fosse preenchido com moedas. O rejeitado Abu al Atahiya marchou até o Tesouro e arrumou uma briga com os secretários, exigindo que enchessem o jarro com dinares de ouro, e não com dirhams de prata. Utba encontrou o infeliz poeta-amante no meio dessa conversa, nos diz Masudi, e ficou compreensivelmente decepcionada. "Se você realmente amasse Utba", disse, "não estaria pensando na diferença entre ouro e prata!".[18]

Talvez levado por esses infortúnios, o temperamental poeta chegou a tomar a decisão de renunciar à poesia e foi prontamente jogado na prisão por causa disso. Mais tarde, foi chamado à presença do califa e obrigado a assistir a um homem ser decapitado. Mahdi disse a Abu al Atahiya: "Escolha entre fazer versos ou ser o próximo". "Farei versos", respondeu, sabiamente, o poeta.[19]

Mais tarde, ele se tornou um grande favorito de Harun, acompanhando-o em uma de suas peregrinações a Meca e, como todos os poetas da corte, providenciando panegíricos sob encomenda. Grandes vitórias no campo de batalha tornavam-se ainda maiores em versos. As repetidas campanhas de Harun contra a infiel Bizâncio culminaram na expedição de 806, na qual o califa liderou pessoalmente um exército de 135 mil homens contra seu inimigo e conquistou e saqueou a antiga cidade de Heracleia nas orlas do sul do Mar Negro, uma vitória rapidamente comemorada pelo fiel Abu al Atahiya:

> Então Heracleia não entoou sua marcha fúnebre ao ser atacada pelo rei cujos intentos são favorecidos pelos Céus?
> As ameaças de Harun descem como trovões. Suas punições são terríveis e vêm rápidas como um raio.
> Seus estandartes, que viram tantas vitórias, flutuam como nuvens na brisa.
> Triunfaste, Ó Emir dos Fiéis; veja e saboreie seu triunfo: aqui estão os espólios; aqui, a estrada para casa.[20]

Mais para o fim da vida, Abu al Atahiya teve o bom senso de se afastar dos versos românticos e dos panegíricos, explorando uma rica veia de poesia mais permanente, que se debruçava sobre a fugidia natureza da vida e do poder. Poesias que falavam sobre vinho nem sempre significavam um espírito feliz e comemorações desenfreadamente alegres; abaixo da superfície havia gostos mais amargos.

> Os homens sentam-se exultantes com seus copos e bebem,
> Da mão deste mundo, o vinho cíclico da morte.

Masudi recorda a tarde em que um cortesão descobriu Harun sentado no palácio às lágrimas, com um pedaço de papel nas mãos. Após recompor-se, o califa explicou que não estava chorando por assuntos banais e jogou o pedaço de papel para o homem. Nele, estavam as seguintes linhas escritas por Abu al Atahiya em um belo manuscrito:

> Aceitarás como aviso o exemplo daquele que deixou
> Seus palácios vazios na manhã de sua morte?
> Aquele a quem a morte cortou e que mente
> Abandonado por parentes e amigos?
> Aquele cujos tronos permanecem desocupados?
> Aquele cujos púlpitos estão vazios?
> Onde estão agora os reis e onde
> Estão os homens que passaram por aqui antes de ti?
> Ó, tu, que escolheste o mundo e suas delícias,
> Tens ouvido sempre os bajuladores.
> Tires o que puder dos prazeres do mundo,
> Pois a morte é o final.

"Por Deus", disse Harun. "É como se essas palavras fossem dirigidas a mim entre todos os homens."[21]

O triunvirato de grandes poetas Abássida se completava com Bashar ibn Burd (morto por volta de 784), uma figura jovial cuja carreira ilustra o tipo de mobilidade social e geográfica que se abria aos homens de letras mais brilhantes e ambiciosos no Império Abássida – além de jogar luz sob os perigos de se subir a tais alturas.

Pelo lado de seu avô, a família de Bashar procedia do Afeganistão. Ele fez questão de, em seus versos, contrastar sua ancestralidade supostamente nobre e a sofisticação persa com os beduínos do deserto não civilizados que seguiam camelos e comiam lagartos. Por mais que tenha feito escárnio da cultura árabe, ele mesmo representava uma típica mistura Abássida entre o árabe e o persa e era mais um notável exemplo de quão cosmopolita o novo império se tornara com Bagdá no leme.

À primeira vista, pode ter parecido que Bashar era um candidato improvável para chegar ao topo em um ambiente tão competitivo. Cego desde o nascimento, ele era gordo, feio e grosseiro, com o rosto desfigurado pela varíola. Muito de sua poesia falava sobre seu amor pela sempre esquiva Abda.

Longa ficou minha noite pelo amor dela que penso não estar junto a mim.
Nunca, enquanto a luz das estrelas aparecer a seus olhos,
Ou cantoras entoarem uma ode na presença de um bêbado,
Encontrarei consolo, pois o amor por Abda me domina.
Se o amor dela estivesse à venda, eu o compraria com muitas propriedades
E se eu pudesse fazê-lo de bom grado nas vicissitudes dos negócios,
Resgatá-la-ia da morte usando tudo o que possuo.
Minha amada me repreende – e o amante está repleto de reprimendas –
Por causa de uma história levada pelas palavras de um mentiroso.
Então revirei-me sem dormir, meus cachos desarrumados,
Maravilhado com sua reprimenda a mim – e a paixão está repleta de maravilhas –
E disse, com lágrimas cobrindo meu peito,
Se o desespero por Abda chegar, meu lamentador já terá surgido.
Ó, Abda, por amor de Deus, liberte deste constante tormento
Um homem que, antes de você aparecer, era um monge, ou como um,
Fazendo vigília a noite toda, pesando as consequências,
Até que a paixão por uma rapariga perfeita o desviou da devoção,
Uma mulher por quem o amor o fazia preocupar-se com o Acerto de Contas
Um amante cujo coração nunca deixará de ansiar por ela,
O sofrimento em seu coração é como a mordida de escorpiões.
Mas o amante avança na menção de seus bem-amados.
E temo que para que meus parentes não precisem tão cedo
Carregar meu ataúde, logo devo vê-la amigavelmente.
Então, quando ouvir as mulheres de minha família chorando,
Lamentando e usando vestes negras por alguém que foi assassinado por perfeitas raparigas,
Saiba que foi o amor por você que levou a minha destruição.[22]

Porém, a destruição final de Bashar parece não ter vindo pelas mãos de sua amante Abda, mas sim, como era muitas vezes o caso com os favoritos em Bagdá, ter resultado de prosaicas intrigas e revanches da corte. Sabemos que, às vezes, ele deixava que sua eloquência o dominasse, e que tendia a colocar em versos pensamentos que teria sido mais sábio manter para si mesmo. Assim, era suficientemente corajoso e inocente para criticar o próprio califa Mahdi em versos que sugeriam que o Comandante dos Fiéis e líder do mundo muçulmano tinha se tornado um perdulário à busca de prazeres:

> Acordem, Umayyads! Já dormem há tempo demais!
> Seu califado está em ruínas, Ó povo! Procure
> Pelo califa de Deus entre tamborins e alaúdes![23]

Seus inimigos também o acusaram de heresia, um crime cuja pena era a morte. No fim, contudo, se acreditarmos no relato do historiador Tabari, não foram nem o califa nem os inimigos religiosos de Bashar que causaram sua destruição. Na verdade, todo o lamentável episódio parece uma execução cuidadosamente planejada. Tabari conta como Bashar insultara o irmão do ministro de Madhi, Yakub ibn Daud. Sedento por vingança, o furioso ministro jogou palavras ao ouvido do califa, recitando propositalmente alguns versos de Bashar que acusavam Mahdi de fazer sexo com suas próprias tias, clamando por sua derrubada e exigindo que o filho de Mahdi, Musa, fosse "empurrado de volta pela boceta de Khaizuran", uma referência à bela esposa do califa.[24] O poeta foi chamado para se explicar imediatamente. Yakub, talvez com medo de que sua tramoia fosse revelada e Bashar conseguisse se safar do problema com algumas quadras de versos, tomou as rédeas do assunto e silenciosamente assassinou o poeta nos pântanos ao sul de Bagdá.

Os poetas sabiam quem pagava suas contas; por isso a abundância de panegíricos. Esses frequentemente exaustivos cantos de glória, porém, não se limitavam a elogiar o califa. Os grandes e os bons da sociedade de Bagdá também gostavam de ser celebrados em verso. A queda dramática do prodigiosamente rico clã Barmecida pelas mãos de Harun em 803 ocasionou um derramamento de poesias apocalípticas, como vimos.

*

A poesia pode ter dominado os primórdios da cultura Abássida em Bagdá, mas a música não ficava muito atrás. As duas frequentemente eram unidas pelos célebres poetas-cantores; os mais famosos entre eles eram Ibrahim al Mosuli, seu filho Ishak e o príncipe Ibrahim ibn al Mahdi, filho do terceiro califa Abássida Mahdi, cujo reinado foi curto (817-819). Escrevendo no século XIV, meio milênio depois desse apogeu cultural, o magistral historiador Ibn Khaldun saudosamente lembrou: "Os belos concertos realizados em Bagdá deixaram memórias que duram até hoje."[25] Não há dúvidas de que as cortes de Mahdi, Harun, Amin e em menor medida, Mamun, foram "o ponto alto da antiga cultura musical árabe".[26]

A música na corte dos califas Abássida atendia tanto aos gostos mais refinados quando aos mais grosseiros. Havia uma pronunciada ambivalência à arte, nascida da condenação das instituições religiosas à depravação moral com a qual ela era associada. O califa Mahdi, apesar de ser ele mesmo um entusiasta musical, proibiu seus jovens filhos Hadi e Harun de conviver com cantores, uma ordem mais violada que obedecida.

Para obter pistas de por que isso aconteceu, podemos consultar o grande Jahiz, que oferece uma janela ao atraente mundo da música em Bagdá. Ele nos legou um convincente retrato da escrava-cantora cujos sedutores talentos iam muito além da música. "A escrava-cantora provavelmente não era fiel e leal no amor; tanto por temperamento quanto por treinamento ela está predisposta a criar armadilhas e jogar redes para capturar amantes em suas labutas", Jahiz advertia seus leitores.[27] Essa garota flertava com seu admirador, olhando com desejo a ele, bebia junto a ele "com prazer", fingia tristeza ao vê-lo ir embora, escrevia versos românticos, dava-lhe uma mecha de cabelo, presenteava-o com um cinturão e alguns doces no Noruz ou com um anel e algumas maçãs no festival persa de Mihrajan. Algumas vezes isso tudo era verdadeiro, porém, continua Jahiz, "na maior parte do tempo ela não é sincera, mas usa traições e truques para tirar tudo de sua vítima e depois abandoná-la". A escrava-cantora rotineiramente joga amantes rivais uns contra os outros. "Se o diabo não tivesse outros truques fatais, outra insígnia e outros charmes sedutores, escravas-cantoras certamente serviriam ao mesmo propósito."

Jahiz continua a explicar por que essas cantoras eram tão valorizadas:

> [O que] faz escravas-cantoras alcançaram preços tão extraordinários é simplesmente o desejo que estimulam (...) três sentidos estão envolvidos, sem falar

> no coração, que é o quarto: visão, na contemplação de uma bela e apetitosa escrava – pois habilidade e beleza raramente são achadas juntas para o deleite dos fregueses em seu relaxamento; audição, para a porção dos homens que simplesmente apreciam o prazer de ouvir um instrumento musical; e toque, na luxúria e no impulso da gratificação sexual (...) Assim, o tempo gasto na companhia das escravas-cantoras carrega em si a mais perigosa tentação.

Apenas a mais fina linha imaginável, portanto – e muitos milhares de dinares –, separava a escrava-cantora da concubina. Segundo Jahiz, as garotas mais inteligentes sabiam 4 mil músicas, cada uma com dois a quatro versos, e nenhuma delas mencionava Deus a não ser de forma não intencional. "Todas são objetos de adultério, conquista, amor, flertes juvenis, desejo ardente e paixão amorosa." Do ponto de vista de um monarca, certamente não faziam parte da educação de um príncipe. Hadin e Harun deveriam estar adquirindo conhecimentos em religião, língua árabe, poesia, filosofia, tradições de justiça e boas maneiras – não entornando vinho e desfrutando da música com essas sedutoras.

Nem todas as músicas, é claro, se destinavam a atiçar paixões tão perigosas. O grande cantor Ibrahim al Mosuli contava uma história exagerada sobre Harun al Rashid juntando cantores em seu palácio numa noite para uma apresentação especial para os membros mais antigos da corte. Tendo bebido sua cota de vinho, ordenou que fosse cantada certa ária. O cantor Ibn Jami se ofereceu e apresentou sua versão, mas Harun não ficou satisfeito. Um por um os cantores se apresentaram, mas ainda assim Harun não estava contente. O cantor Miskin, de Medina, foi então convidado a tentar a sorte e impressionou Harun com a beleza de sua canção de tal forma que foi ordenado a cantá-la de novo. Encorajado pela reação do califa, Miskin contou sobre como tinha sido um escravo e alfaiate apaixonado pelo canto, forçado a pagar diariamente a seu mestre uma taxa de dois dirhams, e depois disso ficava liberado para ir fazer o que quisesse. Um dia, ouvira uma negra cantando uma canção tão hipnotizante que implorara que ela ensinasse a ele, o que a mulher concordou em fazer por dois dirhams, fazendo com que ele não conseguisse pagar sua taxa. "Filho da puta!", gritou seu dono, dando a ele cinquenta chibatadas e raspando sua cabeça e sua barba, uma punição tão severa que o fez esquecer a música. No dia seguinte ele deu mais dois dirhams à mulher para que o relembrasse, mas depois, desesperado, pediu que ela os devolvesse. Ela se recusou, dizendo que os quatro dirhams que ele gastara valeriam 4 mil dinares do califa. Para evitar outra surra, o amedrontado escravo confessou tudo ao mestre e cantou a música, numa atuação tão tocante que não precisou pagar mais taxas até que seu cabelo tivesse crescido de novo.

"Não sei se gosto mais da sua história ou da sua música", riu Harun, "mas quero garantir que a promessa da negra seja cumprida". E lá se foi Miskin com 4 mil dinares do califa.[28]

Como os grandes poetas da época, os principais cantores e músicos eram celebridades, alguns deles espetacularmente ricos. A vida de Ibrahim al Mosuli, como contada por Abu al Faraj al Isfahani, autor do monumental *Kitab al Aghani,* ou *Livro de canções* (com mais de 10 mil páginas), é uma verdadeira história de patinho feio transformado em cisne. Ibrahim, que também é mencionado o tempo todo por Masudi, veio da obscuridade provinciana e de uma vida na estrada cantando com músicos viajantes para conseguir sobreviver (uma das histórias o coloca como um ladrão de beira de estrada) para o auge da fama e fortuna em Bagdá ao ter seus talentos descobertos por oficiais do governo que estavam de passagem pela cidade persa de Ray e a cidade de Basra, no sul do Iraque. Arrancados de lá para integrar a corte de Mahdi, ele e seu filho Ishak tornaram-se notáveis líderes da cena cultural de Bagdá. Mahdi pode não ter apreciado o comportamento vulgar de Ibrahim – o cantor era notadamente um amante do vinho e o califa, um dedicado abstêmio –, mas teve o bom senso de mesmo assim reconhecer, conservar e recompensar um talento tão incomum. O mesmo fizeram seus filhos e sucessores, Hadi e Harun, que mantiveram o mecenato.

Ishak estima que, até o momento da morte, seu pai tenha gasto 24 milhões de dirhams durante toda a vida, além de seu salário mensal de 10 mil dirhams. Diferentemente do parcimonioso fundador de Bagdá, Ibrahim era quase irresponsavelmente generoso e frequentemente recebia grandes multidões para banquetes regados a vinho. Não é de se espantar que, quando morreu, ele valesse pouco mais de 2 mil dinares. Mas Ishak também prosperou. Al Isfahani menciona como a princesa Ulaya, meia-irmã de Harun, comprou dele poemas por 40 mil dirhams, para fingir que eram dela. Como qualquer membro da família governante Abássida, ela ameaçou matá-lo se a verdade fosse um dia revelada.

Os cantores eram acompanhados por diminutos conjuntos compostos por não mais que meia dúzia de músicos, e ficavam separados do califa por uma cortina para preservar a dignidade e a privacidade do monarca. Tal polidez, porém, não era sempre observada, em especial quando o califa e seus cortesãos estavam bebendo e as cantoras eram garotas de olhos escuros balançando sedutoramente sob a luz de velas. Essa antiga combinação de vinho, mulheres e música foi uma das características marcantes dos Abássida.

Em primeiro lugar num grupo desse tipo vinha o *oud* de quatro cordas (de onde deriva a palavra *lute*, em inglês*). Depois estava o *tunbur* ou bandolim, instrumento de cordas que, como podemos lembrar, Mansur ordenou que fosse quebrado na cabeça de um pobre eunuco. Os instrumentos de sopro vinham na forma do carismático *mizmar*, uma flauta de madeira que, como o alaúde, ainda é um instrumento muito usado na música árabe hoje em dia. Se fosse preciso, a percussão vinha do tambor *tabl* e do tamborim *duff*.

Ouvimos falar sobre uma ocasião em que a famosa jovem cantora Arib cantou com a princesa Ulaya, o príncipe-poeta Ibrahim ibn al Mahdi e o irmão deles, Yakub, que os acompanhou num instrumento de sopro. Arib ficou muito impressionada com a habilidade de seus companheiros. "Nunca ouvi nada como a voz deles antes e sei que nunca ouvirei novamente", lembrou a garota.[29] Hoje, apesar de muitas das letras das músicas terem sobrevivido, junto com boa parte de informações biográficas sobre os poetas e cantores, não há um repositório de música Abássida, porque nunca foi criado um sistema de notação.

*

Ainda que a poesia e a música fossem as mais valorizadas e recebessem as maiores láureas durante o florescimento da cultura Abássida em Bagdá nos

* No português existe a palavra "lude", sinônimo da mais comum "alaúde", também de etimologia árabe. (N.T.)

séculos VIII, IX e X, com o tempo a prosa também emergiu, principalmente por ser o meio mais apropriado para criar e registrar as grandes conquistas das artes e das ciências. Tanto dentro quanto fora do movimento de traduções houve uma explosão de filosofia, história, geografia, teologia, direito, matemática, medicina e astronomia. Já vimos como a chegada do papel estimulou um afeto renovado pela palavra escrita. Ela também ofereceu estímulo à arte da caligrafia, na qual Bagdá se tornou, mais uma vez, pioneira. Entre os melhores praticantes estavam Ibn al Bawab, Ibn Mukla (um vizir que foi recompensado por seu serviço a três califas tendo seu braço direito amputado por conspirar contra as autoridades) e Yakut al Mustasimi, que criou suas próprias escolas de caligrafia.

O crescimento da prosa recebeu um eletrizante incremento com o prolífico sábio Jahiz ("O Vesgo", *c.* 776-*c.* 868), um incrivelmente talentoso acadêmico de origens modestas em Basra, que se dirigiu para Bagdá no começo do século IX sob o intelectualmente cativante califado de Mamun. Para Gaston Wiet, o finado estudioso francês da civilização islâmica, Jahiz foi "provavelmente o maior mestre de prosa em toda a literatura árabe", possuidor de "talento excepcional".[30] Sua obra mais conhecida entre os 231 títulos registrados na catalogação mais recente de seus livros foi *Kitab al Hayawan*, o enciclopédico *Livro dos animais*, com sete volumes, que derivava bastante dos trabalhos de Aristóteles.[31] Alguns dos mais inteligentes de seus seguidores atuais argumentam que a obra contém o que, um milênio depois, viria a ser a teoria da seleção natural de Darwin. A amplitude de seus escritos era típica da época Abássida, indo da superioridade dos homens negros sobre os brancos, corridas de pombos e teologia islâmica até a avareza, a visão aristotélica sobre os peixes e se às mulheres deveria ou não ser permitido gemer de prazer durante o sexo. Sua reação a algumas críticas duras a um de seus livros toca num ponto sensível para muitos escritores: "Um grupo de acadêmicos imediatamente se reuniu para desmerecê-la, motivados por sua voraz energia, ainda que soubessem que o livro era de primeira classe e tinha valor excepcional. Eles faziam isso especialmente quando um livro era dedicado a um príncipe com o poder de promover ou demover, de humilhar ou exaltar, de inspirar ambição ou medo: aí eles realmente se soltavam, como camelos no cio".[32] Altamente discursivo, anedótico e abusando de paradoxos, Jahiz nunca foi menos que divertido. Vizires, juízes e outros membros da corte de Bagdá competiam para pagar a ele gordos valores por dedicatórias em suas muitas obras. Se não fosse por sua notável feiura e seus olhos esbugalhados, ele poderia ter garantido patrocínios mais extravagantes do califa Mutawakil, que considerara fazê-lo tutor de um de seus filhos. Mas Masudi registrou a seguinte fala de Jahiz: "Quando o Califa me viu, ele achou minha aparência física tão repulsiva que me deu 10 mil dirhams e me mandou embora".[33]

A Bagdá dos Abássida não era só poesia, prosa e música. No século IX a cidade emergiu como potência intelectual e científica. Já mencionamos a Casa da Sabedoria. Mas, fora desse santuário consagrado, outros indivíduos também fizeram contribuições profundamente importantes: a família nobre de astrônomos e astrólogos Banu Munajim abriu o Khizanat al Hikma, ou Tesouro da Sabedoria, uma biblioteca-hospedaria para estudiosos. Yahya, um dos cientistas mais brilhantes da família, escreveu o primeiro manual astronômico de autoria de um muçulmano de que se tem notícia.

O trio de irmãos Banu Musa – Mohammed, Ahmed e Hassan – ampliou as fronteiras da ciência no século IX, construindo sobre as fundações deixadas pelo mundo clássico em seus trabalhos sobre geometria, astronomia e engenharia. Eles eram também mecenas científicos de bolsos fundos, encomendando expedições de Bagdá a Bizâncio para trazer novos manuscritos para serem traduzidos e empregando equipes de tradutores que recebiam atraentes salários de 500 dinares – algo como 15 mil libras hoje em dia – por mês, o mesmo de um burocrata sênior. As traduções tornaram-se em si mesmas símbolos de avanço social, sendo encomendadas por califas e vizires ambiciosos, cortesões, oficiais militares e administradores cristãos.

No círculo dos Banu Musa estava Thabit ibn Kura (*c.* 836-901), que estudou com eles e se tornou um dos grandes matemáticos de seu tempo, autor de pelo menos trinta obras sobre matemática e astronomia, e tradutor de Arquimedes, Euclides, Ptolomeu, Diofanto e Nicômaco.

Sobressaindo-se no campo científico dentro da Casa da Sabedoria havia Mohammed ibn Musa al Khwarizmi (morto por volta de 850), um mestre em aritmética e astronomia. Sua pioneira obra, dedicada a Mamun, *Al Kitab al Mukhtasar fi Hisab al Jabr wal Mukabala* [Compêndio de cálculo por devolução e balanço] legou-nos o temido termo "álgebra", terror de crianças em idade escolar há mais de mil anos, e foi também um importante canal para a passagem dos numerais arábicos para o Ocidente medieval. Outra de suas obras, *O livro de adição e subtração segundo o cálculo hindu*, tirou vantagem do sistema mais avançado de cálculo indiano, tornado disponível para os tradutores de Bagdá e introduzindo pela primeira vez o sistema decimal de nove números e um zero, "a décima figura em forma de círculo".[34] Em um século isso levaria à descoberta das frações decimais, que então foram usadas para calcular a raiz dos números e o valor de pi até 16 casas decimais. Os leitores que preferem se esquecer dos terrores de equações quadráticas e lineares podem lembrar-se de Khwarizmi na palavra "algoritmo". As tabelas astronômicas compiladas por ele, conhecidas em árabe como *zij*, derivado da palavra persa *zik*, cujo significado é "fio de orientação", também foram conquistas científicas marcantes, usadas no mundo islâmico e depois no cristão por vários séculos, junto do seu trabalho no astrolábio. São as mais antigas tabelas islâmicas de estrelas ainda existentes, e permitem que quem as consulte defina a posição exata do sol, da lua e de cinco planetas visíveis, saiba o horário usando observações estelares ou solares e preveja a visão de uma lua crescente – uma rede de descobertas críticas para o calendário islâmico que inclui cinco preces diárias e meses lunares.[35]

O biógrafo Ibn Khallikan descreveu o meticuloso experimento assumido pelos Banu Musa por ordem de Mamun, que desejava testar a precisão das antigas medidas que colocavam a circunferência do mundo em 24 mil milhas (38.624 quilômetros). Lá foram eles à vasta e nivelada planície de Sinjar, ao noroeste de Bagdá, onde fincaram uma estaca amarrada a um cordão depois de medir a altitude da Estrela Polar e caminharam em direção ao norte em linha reta, fincando novas estacas e cordões até chegarem ao local onde a elevação da Estrela Polar havia subido um grau. A distância entre o primeiro e o último ponto era de 66⅔ milhas (aproximadamente 107 quilômetros), portanto, a circunferência do mundo era de 24 mil milhas, exatamente como os antigos haviam calculado (o número preciso, na verdade, é 24.902 milhas, ou 40.075 quilômetros). O exigente Mamun imediatamente os enviou às planícies próximas a Kufa para repetir o experimento. "Eles descobriram que os dois cálculos batiam e Mamun aceitou a verdade do que os antigos haviam escrito sobre o assunto", escreveu Ibn Khallikan.[36]

Com resultados científicos vindos de dois observatórios astronômicos, além da confirmação da circunferência da Terra e progressos contínuos em álgebra e geometria, o momento era propício para Mamun encomendar seu famoso mapa-múndi. Os oceanos Atlântico e Índico tornaram-se abertos, no lugar dos mares envoltos pelo continente de Ptolomeu. A longitude do mar Mediterrâneo foi refinada para 50 graus (Ptolomeu havia estimado 63 graus), muito mais fiel ao número real. *Surat al Ardh* [Imagem da Terra], um tratado da mesma época, detalhava as latitudes e longitudes de mais de 500 cidades, categorizando cidades, montanhas, rios, oceanos e ilhas em tabelas separadas, cada uma com coordenadas precisas em graus e minutos. Infelizmente, o mapa-múndi de Mamun não chegou até nós – apesar de ter havido provocadoras afirmações nunca confirmadas de que existe uma reprodução do século XIV no Museu Topkapi, em Istambul –, mas "é impossível superestimar as importantes contribuições dos cartógrafos de Mamun para o desenvolvimento da geografia matemática".[37]

Tomando como base os estudos de Filo e Hero sobre mecânica e pneumática, Ahmed, o irmão do meio da família Banu Musa, compôs *Kitab al Hiyal* [O livro dos aparelhos engenhosos], um guia divertido e mecanicamente sofisticado para a feitura de todo o tipo de máquinas, incluindo aquelas desenhadas para separar a água do vinho. O livro inclui o que talvez seja "o primeiro exemplo de uma máquina programável", um tocador de flauta robótico, que Ahmed chamou de "o instrumento que toca a si mesmo", uma complicada criação que usa variações na pressão do ar e da água através de válvulas reguladoras cônicas para produzir diferentes sons.[38]

No campo da medicina, a comunidade de cristãos nestorianos, junto a seus descendentes muçulmanos, estava na vanguarda – e ninguém era mais ilustre que Hunayn ibn Ishak (808-73), que vinha originalmente da antiga cidade cristã de Hira, no sul do Iraque. Depois de trabalhar para os Banu Musa como tradutor e passar um período estudando em Bizâncio, ele voltou a Bagdá, onde montou sua própria equipe de tradutores e conseguiu o mais alto selo de aprovação ao ser nomeado tradutor chefe da Casa da Sabedoria e médico principal do califa Mutawakil. Ele era precocemente talentoso. Com 17 anos, traduziu *Sobre as faculdades naturais*, um dos muitos títulos escritos no século II pelo médico grego-romano Galeno, cujas teorias científicas dominaram a medicina europeia por 1.500 anos. Hunayn veio a traduzir muitas outras obras de Galeno, incluindo *Sobre a anatomia das veias e artérias* e *Sobre a anatomia dos nervos*. Essas traduções altamente acessíveis de Galeno e Hipócrates estiveram entre suas contribuições mais duradouras à ciência da medicina, apesar de Hunayn ter sido ele próprio um notável cientista e autor, principalmente no campo da oftalmologia. Seus *Dez tratados sobre o olho*, escritos por volta de 860, incluem um dos primeiros desenhos anatômicos do olho humano e são considerados "o primeiro livro-texto sistemático em oftalmologia".[39]

O próspero acadêmico Hunayn parece ter seguido uma rotina invejavelmente hedonista, se pudermos acreditar nos registros de Ibn Khallikan. Um passeio diário a cavalo era seguido por uma visita ao *hammam*, onde era banhado com água quente. Após um doce e uma taça de vinho, ele se deitava para se secar e tirava uma soneca. Então vinham a fumigação com caros perfumes e uma refeição de frango ao molho, acompanhado por meio quilo de pão, hábito que levava a mais um agradável cochilo. Assim que acordava, Hunayn comia maçãs sírias e marmelos, aparentemente acompanhados de impressionantes dois litros de vinho envelhecido. Ibn Khallikan não chega a mencionar o tempo dedicado ao estudo.[40]

Outro gigante do mundo da medicina era Razi (*c*. 854-*c*. 935), grande médico praticante e filósofo, autor de vários tomos, incluindo estudos sobre varíola e sarampo. Conhecido mais amplamente no Ocidente como Rasis, ele é hoje considerado o maior médico da época medieval. Sua cuidadosa classificação das substâncias em quatro grupos de animais, vegetais, minerais e derivados dos três, descrita em seu *Kitab al Asrar* [Livro dos segredos], representou uma quebra dos mistérios da alquimia pseudofilosófica, em favor dos experimentos de laboratório e das deduções científicas. Assim, ele preparou o caminho para a futura classificação científica das substâncias químicas. Em *Al Shukuk ala Jalinus* [Dúvidas sobre Galeno], Razi dá pouquíssima atenção à teoria grega dos quatro humores, que mais tarde voltou à corrente médica predominante por meio do trabalho de Ibn Sina (Avicena), no século X. Diz-se que, se estivesse vivo hoje, Razi ficaria "atônito" de ver que noções sobre os quatro humores persistem no campo da medicina alternativa, dada sua "apaixonada condenação desse charlatanismo médico e seus perigos".[41] Seu entendimento sobre a natureza do tempo como absoluto e infinito, não precisando de movimento ou matéria para existir, estava muito à frente de sua época, e foi comparado às teorias muito mais tardias de Newton. No que dizia respeito à religião e às possíveis contradições entre as duas coisas, Razi era radical. A seguinte passagem é um resumo sucinto de sua visão, mas muito relevante para a história de Bagdá:

> Se os religiosos são questionados para que provem o fundamento de sua religião, se agitam, ficam nervosos e derramam o sangue daqueles que os confrontam com tal questão. Eles proíbem a especulação racional e lutam para matar seus inimigos. É por isso que a verdade ficou completamente silenciada e escondida.[42]

Desde o fim do século X, a medicina de Bagdá contava com o Bimaristan Adudi, um hospital e escola de medicina inigualável construído nas ruínas do Palácio Khuld de Mansur, no oeste de Bagdá, famoso no mundo inteiro durante três séculos e nomeado em homenagem ao príncipe da dinastia Buyida e governador da cidade, Adud ad Dawla. Tanto era o sucesso do local que um novo bairro rapidamente surgiu a seu redor.

Em meio a essa fermentação intelectual em Bagdá, um mundo em que tanto as artes quanto as ciências prosperavam de forma espetacular, os árabes exploravam a filosofia pela primeira vez. Abu Yusef Yakub al Kindi (*c.* 800-*c.* 873), que ganhou fama como o primeiro "Filósofo dos Árabes", dominou a cena nesse campo pioneiro. Kindi, um nobre de origem iemenita que mais tarde foi tutor do filho do califa Mutasim, Ahmed, procurou canalizar o *corpus* do conhecimento grego, especialmente a filosofia aristotélica, para desenvolver a teologia islâmica. Apesar de ele mesmo não saber ler em grego, juntou ao seu redor vários outros acadêmicos que o sabiam; foi ele, mais do que qualquer outro acadêmico do século IX em Bagdá, o responsável por apresentar a filosofia grega ao mundo árabe. Sendo um pensador de mente aberta, ele adotou uma abordagem racional em relação à religião que o fez ganhar inimigos entre os acadêmicos *hadith* mais isolados e menos propensos a aventuras intelectuais. Eles estavam obstinados em sua oposição ao papel proeminente que Kindi atribuía ao intelecto na aproximação com Deus, e tinham profundas suspeitas sobre o fato de ele, como vários outros filósofos, manter cristãos em sua companhia por razões profissionais e pessoais. Kindi foi um prolífico autor de 250 obras, desde seu fundamental tratado *Sobre a primeira filosofia* até escritos sobre Arquimedes, Ptolomeu, Euclides, a medicina hipocrática e, como se tudo isso já não fosse eclético o suficiente, fabricação de vidro e espadas, além de criação musical. Seus estudos sobre as primeiras armas islâmicas são em si mesmos registros formidáveis.

Parecia não haver limite para os interesses e as conquistas intelectuais de Kindi. Ele foi também um criptógrafo pioneiro, tendo inventado novas maneiras de criar e desvendar códigos, e hoje é creditado por ter estabelecido o que ficou conhecido como método de análise de frequência, em que variações na frequência de letras ou grupos de letras podem ser analisadas para desvendar um código específico. Como primeiro teórico da música no mundo islâmico, ele adicionou uma corda a mais no alaúde árabe, conseguiu avanços pioneiros na notação musical e até tentou curar um garoto tetraplégico usando a terapia musical.[43] Nas palavras de Al Nadim, autor do século X de *Fihrist* [Catálogo], uma fascinante pesquisa sobre a elite literária, científica e intelectual, Kindi foi "o homem mais notável de seu tempo e único durante esse período em razão de seu conhecimento das ciências antigas".[44] Hoje, seu nome é celebrado em Bagdá no Hospital Universitário Al Kindi, em Rusafa, a nordeste da rua Al Rashid.

*

O reinado de Mamun, um ponto alto cultural e intelectualmente para Bagdá, também marcou o fim do capítulo mais glorioso do domínio Abássida. Após um tranquilo meio século desde a fundação de Bagdá em 762 até a morte de Harun em 809, a ruptura entre Amin e Mamun prenunciou um lento declínio. O conflito, que destruiu o tecido da cidade e marcou o fim do oeste de Bagdá como coração político e social da cidade, foi o primeiro episódio de violência explosiva e generalizada, estabelecendo um padrão de luta, derramamento de sangue e, em muitos casos, crueldade maníaca que se repetiria durante toda a história da Cidade da Paz.

Ao escolher o local de sua nova capital imperial, Mansur estivera determinado a evitar a praga de malária que era tão prevalente nos trechos de pântano do sul do Iraque. E, apesar de ele ter sido bem-sucedido nessa sua ambição, o vírus da violência foi o que se provou endêmico em Bagdá, e muito mais letal do que qualquer doença transmitida por mosquitos, tendo matado números incontáveis durante os catorze séculos de vida da cidade. Batalhas de dinastias, assassinatos políticos, conflitos sectários, tortura e execução – tudo isso floresceu na Bagdá dos Abássida, precursores do rio de sangue que correu até os tempos modernos. Tudo o que faltava, nesse primeiro estágio, eram as seguidas invasões estrangeiras e ocupações que abalariam – e, durante as visitas mais apocalípticas, arrasariam – as fundações da cidade do século XIII aos dias de hoje.

Depois de Mamun, os califas que se sucederam viram seu poder lentamente vazar para as mãos de comandantes militares turcos, originalmente recrutados como uma leal força pessoal de escravos-soldados pelo sucessor e meio-irmão de Mamun, Mutasim (833-42), filho de Harun e da escrava Marida. Como os mamelucos do Império Otomano de quem eram antecessores, esses *ghulams*, como eram conhecidos, conseguiram cada vez mais poder até serem eles, e não o califa, os detentores da verdadeira autoridade.

Para Bagdá, banhada pelo esplendor imperial desde os tempos de Mansur, os 60 anos seguintes à morte de Mamun foram uma afronta humilhante. Em 835, Mutasim mudou sua capital para 160 quilômetros ao norte ao longo do Tigre, construindo a nova cidade de Samarra, de onde ele e os sete califas seguintes governaram, até 892. Essa mudança dramática era, em parte, uma reação às crescentes tensões em Bagdá entre a população local – especialmente a elite militar, ou *abna* – e os milhares de *ghulams* turcos recrutados por Mutasim nas estepes da Ásia Central e reassentados na cidade. Os habitantes de Bagdá ficaram ressentidos com as hordas de intrusos asiáticos que entravam pelas ruas a cavalo e derrubavam qualquer um que estivesse em seu caminho, incluindo mulheres e crianças; os *ghulams* desafiaram a ordem com afobação, tirando todo mundo da frente, e conseguiram posições lucrativas na corte, apesar de não saberem falar árabe. Confrontos irromperam nas ruas e nos quartéis e houve uma série de assassinatos. E havia mais motivo para inveja: os talentos dos jovens *ghulams* não se restringiam de maneira alguma ao campo de batalha; eles atraíam os cortesãos Abássida de várias maneiras. "O mesmo garoto podia ser ao mesmo tempo escravo, guarda, inspiração e parceiro sexual de seu mestre."[45]

Ao contrário de Bagdá, então já uma cidade madura, o novo local em Samarra oferecia terra em quantidade ilimitada para acomodar as tropas. Com o tempo, isso se provaria muito mais vantajoso para elas do que para o califa, pois o líder do Império Abássida foi se tornando um prisioneiro em seu próprio palácio. Com a mudança da capital para Samarra, Bagdá, por sua vez, sofreu o ultraje de ser governada por uma série de comandantes. Essa perda dramática de prestígio e poder político poderia ter sido tolerada se houvesse trazido uma vida pacífica para o povo bagdali, mas não foi o caso. Em 865, apenas meio século depois do primeiro cerco devastador na guerra fratricida, a cidade mais uma vez se encontrava sob ataque. Na sequência de um motim em Samarra, o califa Mustain fugiu para Bagdá, deixando para trás uma corte que na mesma hora jurou obediência a seu primo Mutazz, filho do califa Mutawakil.

A guerra irrompeu novamente. Mohammed ibn Abdalla ibn Tahir, governador de Bagdá, proibiu o tráfego pelo rio saindo da cidade, de modo a cortar o abastecimento de alimentos a Samarra a partir do sul. As fortalezas começaram a subir e um enorme muro de proteção, finalizado em 22 de fevereiro, foi levantado em torno do leste e do oeste de Bagdá. Trincheiras foram cavadas e portões construídos para proteger a cavalaria. As ruas eram uma cacofonia de ordens gritadas, soldados armados chacoalhando para lá e para cá para montar defesas, famílias em pânico se preparando para fugir, mercadores e vendedores de livro, perfumes e cobre trancando suas lojas em meio ao ruído constante de marteladas dos carpinteiros e engenheiros que construíam catapultas para cerco, máquinas gigantes que seriam carregadas até seus lugares nos muros e torres que circundavam a cidade.

O Portão Shammasiya, no nordeste de Bagdá, estava coberto por um arsenal de catapultas, a maior delas conhecida como Al Ghadban, "a nervosa". Os cidadãos de Bagdá se prepararam para mais um confronto letal e financeiramente calamitoso. O custo dessas defesas iniciais foi 330 mil dinares, segundo Tabari, que oferece um registro quase diário do cerco, que durou dez meses. O custo de longo prazo, tanto para Bagdá quanto para o Iraque, foi o terrível dano causado à infraestrutura agrícola, devido à ordem do governador de destruir pontes e alagar canais no distrito de Al Anbar, para evitar um ataque turco vindo do noroeste. Impérios mesopotâmicos sempre foram calcados na fertilidade da Terra entre Rios, e isso, por sua vez, exigia uma rede de irrigação rigorosamente mantida.

Tahir ordenou um recrutamento especial para a defesa da cidade, do qual poucos foram poupados. Tabari registra o exemplo de um grupo de peregrinos de Khorasan que passava inocentemente em direção a Meca, surpresos e possivelmente muito nervosos ao serem capturados para o exército junto a "andarilhos" armados com farnéis cheios de pedras e escudos feitos de lona coberta com piche. As armas para essas forças irregulares foram depois aprimoradas para tacos com pregos de ferro – um páreo ainda deficiente para o exército turco profissional comandado pelo irmão de Mutazz, Abu Ahmed, que posicionou seus 12 mil homens do lado de fora do Portão Shammasiya no dia 10 de março. A maior parte do cerco ficou limitada a pequenas batalhas e contra-ataques, com robustas defesas montadas tanto por profissionais quanto por irregulares. Em 21 de março os bagdalis atacaram o campo turco, saqueando seus pertences e expulsando grande parte dos invasores para o Tigre, onde tropas em barcos os derrubaram. Esquifes com pilhas altas de cabeças decepadas descarregaram sua carga sangrenta, que foi então pendurada em pontes ou no topo dos muros do palácio de Tahir. Tabari diz que 2 mil homens da força turca de 4 mil foram mortos só nessa ação, uma vitória recompensada com pulseiras para os soldados que lutaram bravamente e caras vestes de seda bordada para seus comandantes. "Todos que chegassem ao palácio de Mohammed com a cabeça de um turco ou magrebino recebiam 50 dirhams", escreveu Tabari.[46]

Entre todos os intermináveis ataques e contra-ataques que registrou, Tabari também incluiu alguns aspectos mais bizarros ou tragicômicos do impasse. Descrevendo o conflito no Portão Shammasiya, por exemplo, local-chave que ficava na linha de frente da batalha, ele escreveu sobre o invasor que jogou um arpéu no muro e escalou por sobre a defesa, para então ter sua cabeça cortada e catapultada de volta ao campo turco, causando um apressado e enojado recuo. Em outra instância, um soldado do norte da África estava escalando os muros da cidade quando um defensor de Bagdá gritou erroneamente "Vitória a Al Mutazz!" em vez de Mustain, um erro perdoável, seria de se pensar, dada a frequência com que o califado mudara de mãos na década de 860. Infelizmente, o azarado homem foi morto na mesma hora pelos outros defensores, que o viram como um espião inimigo. Sua cabeça foi enviada a Tahir, que ordenou que fosse exibida em público sobre uma ponte, apesar dos apelos da mãe e do irmão que a queriam de volta. Mais estranho ainda foi o arqueiro do Portão Shammasiya que, para enfrentar um beligerante norte-africano que rotineiramente se aproximava do portão, abaixava as calças e peidava nos defensores enquanto gritava xingamentos. "Um dia", lembrou o bagdali, "eu separei uma flecha para ele e o atingi bem no ânus. A flecha saiu na garganta quando ele caiu morto".[47] O corpo foi levado e pendurado para exibição. Raramente nos anais de um conflito houve tanta necessidade de uma retaguarda.

Para o povo de Badgá, porém, a guerra que o atormentava não tinha nada de divertido. Em 8 de setembro, os turcos derrubaram as fortalezas do Portão Anbar, na margem oeste, e invadiram o antes próspero bairro de Harbiya, destruindo lojas e ateliês de rodas hidráulicas e incendiando tudo conforme passavam. Houve uma voraz luta corpo a corpo nas ruas, que mais uma vez ficaram encharcadas de sangue. Outro contra-ataque fez os turcos recuarem de volta a seu campo, deixando os corpos decapitados de seus companheiros por onde caíram. Tahir ordenou que o Portão Anbar fosse fechado com tijolos para evitar outra incursão. Em 24 de novembro, a população exausta de Bagdá disse chega e fez um protesto em frente ao palácio do governador, gritando: "Fome! Fome!" e exigindo comida, por conta dos preços cada vez mais altos. Um mês depois, multidões foram às ruas novamente, pedindo que Tahir lutasse contra os turcos ou fizesse um acordo de paz. Tumultos irromperam e multidões abriram a prisão feminina. Em 27 de dezembro, após a chegada de cinco barcos de Samarra carregando farinha e outros suprimentos, um rumor dominou a cidade, dizendo que Tahir expulsara Mustain como califa em Bagdá e transferira sua lealdade ao adversário Mutazz, o califa em Samarra. O povo não gostou nada desse oportunismo descarado e saiu em massa por Bagdá, quebrando os portões do palácio, sendo parado por 300 soldados do lado de fora do santuário do governador. Tahir, então, fez o que era preciso para demonstrar sua lealdade a Mustain. No que deve ter sido um momento extraordinariamente dramático, o califa apareceu no telhado de seu palácio, vestido com o santo manto negro do profeta Maomé e segurando a lança cerimonial do ofício, garantindo à multidão que não estava sendo intimidado, com Tahir bem visível a seu lado.

Ainda assim, o ardiloso governador continuou suas negociações secretas com Abu Ahmed. Em 7 de janeiro, as conversas já eram oficiais, realizadas em um suntuoso pavilhão vermelho armado do lado de fora dos muros da cidade. Nas preces de sexta-feira do dia 25 de janeiro, Mutazz foi anunciado novo califa. A Mustain foi concedido exílio em Hijaz, mas ele nunca pôde aceitá-lo. Em outubro, tendo sido mandado a Samarra com escolta militar, ele foi interceptado por um oficial conhecido como Said, o Porteiro, e degolado junto com sua antiga babá. Pelo assassinato, o porteiro recebeu 50 mil dirhams e foi promovido a chefe de segurança de Basra. A cabeça de Mustain foi enviada a Mutazz. "Coloque-a aí", ordenou o califa, se recusando a interromper um jogo de xadrez.[48] Depois que o jogo acabou, ele olhou para a cabeça para ter certeza de que era, de fato, Mustain, e ordenou que ela fosse enterrada. Mustain não foi o primeiro califa – ou, na verdade, ex-califa – a ser assassinado, e certamente não seria o último.

CAPÍTULO 4

Os últimos Abássida: adeus aos *Prados de ouro* (892-1258)

Não era Bagdá a mais adorável cidade,
Um espetáculo que fascinava os olhos?
Sim, era tudo isso. Mas agora sua beleza
Está gasta. O fatídico vento norte
Transformou-a em deserto.
Seu povo sofreu como tantos outros povos.
Ela tornou-se digna de pena para nômades e colonos.
Ó, Bagdá, cidade de reis, destino de todos os desejos,
Centro de todo o conhecimento do Islã,
Paraíso na terra, você que procurou riqueza e fez
Nascer esperança no peito de cada mercador
Diga-nos, onde estão aqueles que conhecemos
Entre as floridas estradas de prazer?
Onde estão os reis, brilhando em meio a suas caravanas
Como estrelas?
Onde estão os cádis, decifrando à luz da razão
Os enigmas da Lei?
Onde estão os pregadores e os poetas com sua sabedoria,
Falando palavras harmoniosas?
Onde estão seus jardins cheios de charme, os palácios
Às margens do rio, a terra fértil?
Onde estão os pavilhões reais que conheci,
Reluzentes como joias?

O poeta Ali ibn Abi Talib, citado em Masudi,
The Meadows of Gold [Os prados de ouro]

Em 892, tentando escapar do que se tornara o pesadelo de Samarra, onde os emires turcos rotineiramente coroavam, destronavam e despachavam califas, Mutadid (892-902) levou o califado de volta a Bagdá, onde permaneceu durante os 350 anos remanescentes do poder Abássida.* Mutadid, sobrinho de Mutazz, construía palácios compulsivamente, tendo capitaneado um prolífico esforço de reconstrução após os danos causados pelo segundo cerco. Ele escolheu morar no complexo de palácios de Jafar Dar al Khilafat, na margem leste, aumentando-o de forma monumental e projetando novos jardins em áreas que eram compulsoriamente compradas e esvaziadas. Um segundo palácio, o Kasr al Firdus, ou Castelo do Paraíso, foi construído com um parque para animais selvagens (sobre o qual falaremos mais tarde) e um lago artificial. Seu terceiro palácio, alguns quilômetros ao leste, no canal Musa, era o Kasr al Thuraya, Palácio das Plêiades, que, segundo Masudi, era conectado por uma passagem subterrânea de 3 quilômetros ao Palácio Hasani, originalmente construído por Jafar no coração do complexo califal, permitindo que as mulheres da família imperial pudessem ir e vir entre os palácios com total discrição, longe de olhares curiosos. O palácio final de Mutadid (ou pelo menos as fundações), foi o Kasr al Taj, Palácio da Coroa, que, com o tempo, tornou-se a residência oficial principal – uma gaiola dourada – dos califas Abássida.

Apesar de o poder dos califas Abássida estar pouco a pouco se esvaindo, com sua demoção de senhores do mundo civilizado a governantes-fantoche, mantidos luxuosamente isolados no complexo de palácios, praticamente em prisão domiciliar, seu declínio político não foi acompanhado por uma decadência arquitetônica equivalente em Bagdá. Pelo contrário: conforme avançava o século X, a diminuta influência dos califas fazia com que eles fossem senhores de pouco mais que seus próprios palácios e jardins, canalizando as energias reais exclusivamente para embelezá-los. A cidade continuou sendo uma visão e tanto.

---

* Os califas baseados em Samarra foram executados com níveis variados de desconforto. Os métodos de execução incluíam decapitação (Al Mustain); sangrar até a morte com uma lanceta envenenada (Al Muntasir); morrer de sede trancado em um pequeno cômodo sem comida nem água (Al Mutazz); e esmagamento testicular (Al Muhtadi). (N.A.)

Isso é evidenciado principalmente pelos relatos de viajantes em visita a Bagdá – um dos mais antigos e mais notáveis deles vem de John Radinos, O Aristocrata, e Michael Toxaras, embaixadores enviados por Zoe, imperadora de Bizâncio, para discutir termos de paz com o califa Muktadir em 917, após anos de conflito entre os impérios rivais. A anedota dessa missão diplomática é contada pelo historiador de Bagdá do século XI Khatib al Baghdadi.

Confinado por rebeliões domésticas de seus guardas estrangeiros, atormentado por bizantinos e províncias adjacentes que se libertavam da influência califal, de Mosul, ao norte, aos Karmatianos que se levantavam na Arábia, ao sul, para invadir Kufa e Basra, Muktadir (908-32) estava determinado a demonstrar força e glória para seus convidados gregos promotores da paz. Desde o Portão Shammasiya, no nordeste da cidade, até o complexo de palácios Dar al Khilafat, na margem leste, tropas armadas formadas em duas filas montavam cavalos de batalha suntuosamente adornados com selas de ouro e prata, atrás de filas de cavalos de parada. Atrás das tropas, conforme se ia chegando até o palácio do califa, vinham fileiras de criados do palácio e pajens dos aposentos privativos, elegantemente uniformizados com espadas e cinturões ornamentais. E cinco tipos de barcos do Tigre lindamente enfeitados – *shadha*, *tayara*, *zabzab*, *zallala* e *sumayriya* –, além de vários esquifes, barcas, barcaças e botes, estavam enfileirados no rio.[†]

† Desde o tempo dos sumérios, 4 mil anos antes, o Tigre conhecera uma série de barcos tradicionais, cujos desenhos pouco mudaram com a passagem dos milênios. Os mais populares em Bagdá eram os *guffas*, embarcações redondas como tigelas e cheias de personalidade, fabricadas com juncos trançados e impermeabilizados com betume por dentro e por fora, conduzidas com remos em forma de conchas, flutuando de uma margem a outra em um movimento contínuo. Vistos em massa, cada um carregando até meia dúzia de ovelhas, uma dúzia de habitantes de Bagdá, dois burros e os bens de uma família arrumados em várias trouxas ou empilhados e amarrados com feixes de junco eriçado, esses barcos eram uma visão impressionante, tendo sido comparados por um escritor a "mil enormes bolhas de piche invertidas". Havia também as *kalaks*, jangadas colocadas sobre uma plataforma de couro de cabra inflado – o tipo de artesanato considerado por Heródoto "a coisa mais maravilhosa do país" depois da Babilônia (*The Histories*, 1.194). Finalmente, mas não menos importante, havia as *bellum*, chalanas estreitas e compridas; os barcos de carga *mahayla*, esguios e de casco alto, com mastros inclinados; longas barcaças *shahtur* e uma pitoresca procissão de barcos à vela menores de formatos e tamanhos variados. (N.A.)

Era julho e as ondas de calor bruxuleavam sob um céu cerúleo. Os mercados e as ruas, as estradas, os telhados e as varandas do leste de Bagdá estavam lotados de pessoas desesperadas para conseguir ver os misteriosos infiéis de terras estrangeiras e a recepção que receberiam; lojas e cômodos com vista para a rota foram alugados por altos preços. Os embaixadores seriam respeitosamente cumprimentados e graciosamente entretidos antes de ir embora com bolsas recheadas de ouro e prata? Ou seriam forçados a ajoelhar-se numa esteira de couro em frente ao califa, esticar os pescoços e aguardar a lâmina do carrasco real? A vida de um diplomata internacional era feita de extremos imprevisíveis.

Conduzidos ao palácio do tesoureiro Nasr al Kushuri, os embaixadores gregos ficaram chocados com a majestade do local e o tamanho de seu séquito e foram "dominados por assombro e medo", pensando erroneamente que ele devia ser o califa. Então seguiram para o palácio do vizir, Ibn al Furat, um local de mais esplendor ainda, que outra vez pensaram que só podia pertencer ao califa. O vizir estava sentado em uma câmara de audiências entre o Tigre e os jardins do palácio, enfeitada com cortinas bordadas com fios de ouro e tapetes finos, rodeado por servos armados com bastões e espadas. Após um *tour* pelo palácio, os embaixadores, agora petrificados, mais aterrorizados a cada momento, foram levados à presença do califa. Muktadir estava sentado em seu trono, ladeado por seus filhos. Foi, diz Khatib, "uma visão que os paralisou de medo". Os diplomatas foram imediatamente dispensados.

Em outra versão da história, contada pelo historiador da corte Hillal al Sabi, do século XI, os enviados bizantinos foram detidos em Tikrit por dois meses, antes de terem permissão para prosseguir a Bagdá, onde passaram mais dois meses, esperando por uma audiência com o califa, enquanto ele enfeitava seu palácio e arrumava os móveis a seu gosto. Quando enfim foi dada a ordem para aparecerem em sua presença, 160 mil membros da infantaria e da cavalaria enfileiravam-se no caminho para os palácios. Após uma breve audiência, os enviados fizeram um *tour* pelo palácio com a equipe de eunucos, camareiros e pajens negros. Havia 7 mil eunucos (4 mil brancos e 3 mil negros, registra Khatib), 700 camareiros e mais 4 mil pajens negros. Os tecidos mais finos, coletados em todo o império, demonstravam a sofisticação e a opulência da corte Abássida:

> O número de cortinas penduradas nos palácios do Califa al Muktadir totalizava 38 mil. Eram cortinas bordadas com fios de ouro e magnificamente enfeitadas com representações de taças, elefantes, cavalos e camelos, leões e pássaros. As cortinas incluíam drapejados de cores únicas e variadas vindos de Basinna, Armênia, Wasit e Bahnasa, além de bordados de Dabiq (...). Havia 22 mil tapetes de Jahram, Darabjird e Dawrak. Eles foram colocados nos corredores e nos pátios por onde passariam os generais e os embaixadores do Império Bizantino.[1]

Esse total de 22 mil tapetes não incluía os mais finos, vindos do Tabaristão e de Dabik, pendurados em alcovas e salas de audiência porque eram valiosos demais para que se andasse sobre eles.

A seguir no itinerário estava Khan al Khayl, Khan da Cavalaria, um átrio adornado com colunas de mármore. Do lado direito ficavam 500 cavalos com selas de ouro e prata; do esquerdo, mais 500, com selas em tecido brocado e uma longa proteção para a cabeça; para cuidar de cada animal havia um cavalariço vestido de forma elegante. Caminhando por uma série de corredores, eles passaram pelo incrível Parque das Criaturas Selvagens, onde os animais se aproximaram, cheiraram os visitantes e comeram de suas mãos. Em um pátio próximo, eles foram apresentados ao espetáculo de quatro elefantes cobertos por bordados de seda. Em cada um estavam montados oito homens de Sind com lança-chamas, uma visão que "causou muito terror nos gregos". Outras surpresas zoológicas esperavam os apavorados embaixadores, que já estavam sofrendo com o calor. Primeiro, foram levados a um pátio com cem leões, cinquenta à direita, cinquenta à esquerda, cada um "encoleirado e amordaçado com correntes de ferro" e cuidado por um tratador.

Não havia sinal de que esse *tour* compulsório por Bagdá estivesse chegando ao fim, e os enviados trocavam discretos olhares inquisidores. Em seguida, foram levados ao Palácio Novo Quiosque, um pavilhão em meio a jardins bem-cuidados. No centro havia uma deslumbrante piscina feita em lata, "mais lustrosa que prata polida", medindo 30 por 20 cúbitos.[‡] Quatro resplendentes barcos flutuavam serenamente em suas águas, com assentos dourados adornados com brocados em ouro de Dabik. Em volta do lago havia jardins contendo 400 palmeiras, cada uma com 5 cúbitos de altura e troncos cobertos por madeira de teca envolta com anéis de cobre chapeado a ouro, os galhos com tâmaras em praticamente todas as estações. Para além do jardim ficavam plantações de limão, laranja e muitas outras frutas.

Apesar dos tecidos impressionantes, dos jardins esplêndidos e das exóticas criaturas selvagens, os gregos se impressionaram mais com outro objeto. Eles foram conduzidos ao Palácio da Árvore, assim chamado graças a uma árvore feita de prata e ouro maciços, pesando extraordinários 500 mil dirhams, ou mais de 1,5 tonelada. "A árvore tinha dezoito galhos, cada um contendo vários ramos nos quais se empoleiravam diversas espécies de pássaros esculpidos em ouro e prata. Os galhos, a maior parte deles feita de prata – apesar de alguns serem de ouro –, balançavam em horários determinados, fazendo farfalhar suas folhas multicoloridas, da mesma forma como o vento balança as folhas das árvores, e cada um dos pássaros mecânicos assoviava e cantava." Os diplomatas ficaram mais impressionados com essa preciosa maravilha do que com qualquer outra coisa que viram.

O animado passeio pelo palácio continuou com uma visita a outra residência real, na qual havia tapetes e enfeites sem conta, para além dos 10 mil peitorais de ouro registrados por Khatib. Lá foram eles, marchando por um corredor de 300 cúbitos de comprimento, com armaduras penduradas dos dois lados: escudos de couro, capacetes, broquéis, couraças, malhas, aljavas e arcos ornamentados. Posicionados em fileiras à direita e à esquerda estavam 2 mil eunucos brancos e negros.

No total, os cansados embaixadores foram forçados a visitar 23 palácios num calor de alto verão capaz de exaurir as forças de qualquer um. Mas, finalmente, depois de todos esses palácios e jardins banhados pelo sol, dos tecidos maravilhosos e dos animais selvagens, da inestimável árvore de metal, dos desfiles de cavalaria e soldados com seus cavalos de batalha bufan-

---

‡ Antiga medida de comprimento equivalente a cerca de 43 a 53 centímetros, ou o comprimento de um antebraço. (N.T.)

tes e suas armaduras extravagantes, depois, enfim, de toda a ostentação de que Bagdá era capaz, os exaustos e propriamente intimidados embaixadores foram levados até Muktadir para uma audiência no Kasr al Taj. Três filhos sentavam à direita do califa e dois à esquerda. "Ele vestia um chapéu *kalansuwa* e roupas de Dabik bordadas em ouro. Sentava-se em um trono de ébano coberto com tecido de Dabik também bordado em ouro." À direita do trono estavam pendurados nove colares de pedras preciosas, como rosários, e à esquerda, mais sete colares e pedras enormes, "a maior das quais eclipsava a luz do dia com seu brilho".

O enviado grego mais velho, colocando-se em frente ao califa com os braços cruzados em sinal de humildade, disse que beijaria o tapete de acordo com o costume local, se o califa assim o desejasse. (Quando os embaixadores iraquianos fizeram uma visita recíproca a Bizâncio, só lhes foi exigido que fizessem uma mesura de reverência à imperatriz.) A audiência durou uma hora. Então, Muktadir pessoalmente entregou sua "resposta longa e detalhada", tratando da questão do pagamento de resgate por muçulmanos prisioneiros de bizantinos, ao grego, que a beijou em demonstração de honra. Os embaixadores foram conduzidos do Bab al Khassa, o Portão Particular, diretamente para o rio, de onde partiram corrente acima para o palácio onde estavam hospedados. Ao chegar, receberam como presente cinquenta bolsas, cada uma contendo 5 mil dirhams – evidentemente, a ocasião não exigia a presença de um carrasco. O guia deles, Abu Omar, recebeu uma veste de honra e um cavalo. Munis, o eunuco responsável pelos exércitos do califa, recebeu 120 mil dinares para pagar os resgates e partiu com as bolsas tilintando junto aos gregos. A missão diplomática em Bagdá chegara ao fim.

Os embaixadores bizantinos viram Bagdá na véspera do colapso do califado como poder político. Apesar de os califas terem permanecido, ao menos fisicamente, no coração da vida da cidade, fazendo melhorias a seus palácios e projetando jardins, o poder real estava nas mãos dos emires turcos, que lutavam uns com os outros para controlar o Iraque central e as rendas provenientes da região, enquanto, mais longe, chefes locais e comandantes militares competiam pelo poder, reconhecendo a distante autoridade Abássida com, no máximo, polidas cartas de deferência.[2]

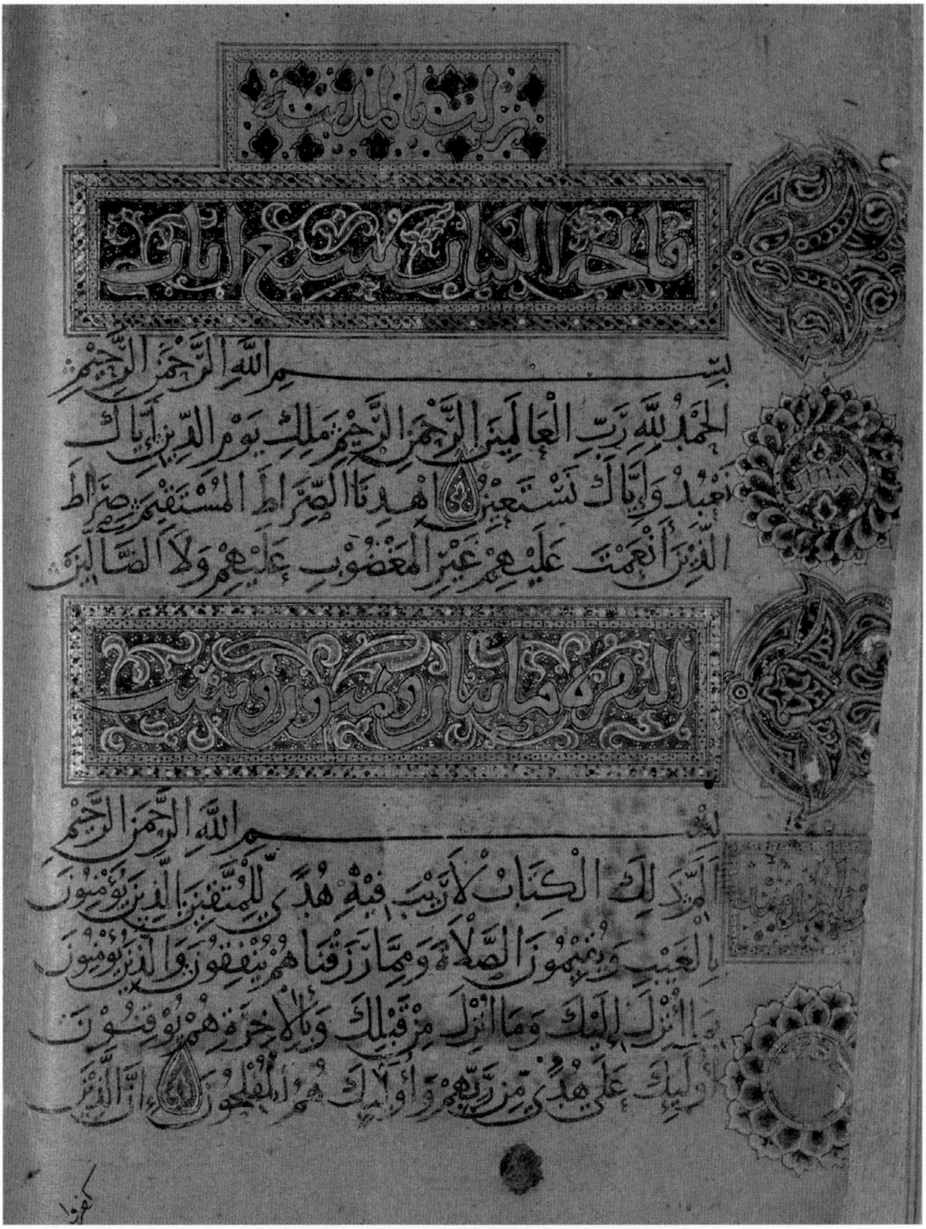

1. Detalhe de um Alcorão Abássida do grande calígrafo e iluminador Ibn al Bawab, Bagdá, *c.* 1000 d.C. Durante seu auge, Bagdá tornou-se um centro inigualável de caligrafia árabe. Ibn al Bawab, um dos mais ilustres calígrafos árabes, aperfeiçoou vários elegantes desenhos cursivos. Sua escola de caligrafia sobreviveu até Bagdá ser saqueada pelos mongóis em 1258.

2. "Sente-se às mesas de jantar pelo tempo que puder e converse com seu coração, pois estes são os tempos áureos de sua vida", escreveu o escritor de culinária do século X Ibn Sayyar al Warrak. Prato branco e azul Abássida do século IX com desenho de peixe e spray folheado.

3. Um astrolábio do século X, feito em Bagdá por Ahmad ibn Khalaf, exemplo de sofisticação e beleza da ciência Abássida. Entre seus muitos usos estava determinar a direção precisa de Meca, para a qual os fiéis dirigiam suas preces. No Império Abássida durante os séculos IX e X foram feitas mais descobertas em astronomia, matemática e medicina do que em qualquer período anterior.

4. A impressionante tumba de Zumurrud Khatun, esposa do califa Al Mustasid (reinou entre 1170-80) e mãe do califa Al Nasir (reinou entre 1180-1225). Pequenos buracos no domo produzem uma iluminação brilhante dentro da catacumba.

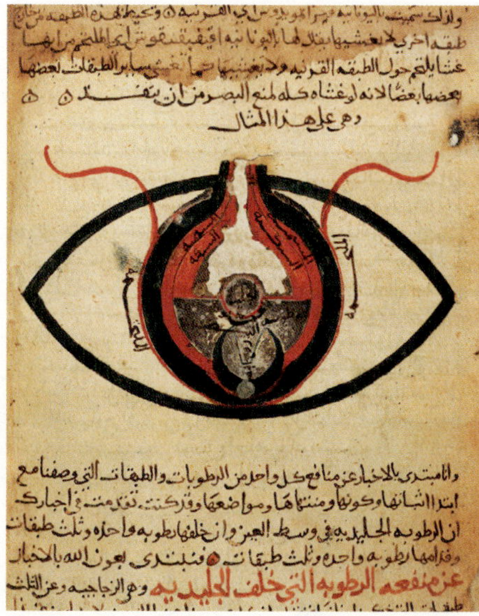

5. Um desenho anatômico do olho humano por Hunayn ibn Ishak (808-73), decano entre os cientistas Abássida e tradutor-chefe da Casa da Sabedoria.

6. O gracioso pátio interior da Universidade Mustansiriya, fundada em 1233 pelo penúltimo califa Abássida Al Mustansir (que reinou entre 1226-42) e um dos poucos monumentos Abássida sobreviventes em Bagdá. Como muitos prédios Abássidas foram construídos com tijolos de lama assados em fornos e no sol, e não com pedra, todos os que sobreviveram, incluindo este, puderam ser muito bem restaurados.

7. Soldados fazem fila diante do conquistador Tamerlão (1336-1405), apresentando a ele as cabeças cortadas de cidadãos de Bagdá. Segundo as crônicas, Tamerlão fez seu exército construir 120 torres contendo 90 mil crânios após a tomada de Bagdá em 1401. De uma edição do século XVI do Sharaf al Din Ali Yazdi's *Zafarnama* (Livro da vitória).

8. O sultão otomano Suleiman, o Magnífico, o Legislador, Sultão dos Sultões, Cã dos Cãs, Comandante dos Fiéis e Sucessor do Profeta do Senhor do Universo. Suleiman chegou a Bagdá à frente de seu exército no dia 4 de dezembro de 1534, iniciando quase quatro séculos de domínio otomano que duraram, com um breve intervalo persa (1623-38), até 1917.

9. Uma genealogia mostrando o profeta Maomé e Rashidun, os quatro "Califas Guiados Devidamente" (como os sunitas se referem aos quatro primeiros califas), produzida para patronos turcos na Bagdá do século XVI. Maomé, com o rosto velado, está cercado por Rashidun, abaixo de seu avô Abd al Mutalib. À esquerda está o rei persa pré-islâmico Anushirvan (reinou entre 531-79)

10. Uma página de uma tradução árabe de 1224 da obra do século X *De Materia Medica*, de Dioscórides. Uma série de textos médicos, científicos e filosóficos dos mundos grego antigo e romano foi traduzida para o árabe em Bagdá durante o apogeu do Império Abássida.

11. O califa do século VIII Harun al Rashid, uma das figuras centrais de *As mil e uma noites*, com seu barbeiro. Miniatura persa de um manuscrito do século XV do *Khamsa* (*Cinco poemas*) de Nizami. Em 1184, o viajante andaluz Ibn Jubayr recebeu a informação de que havia 2 mil banhos públicos em Bagdá. Em 1327 o grande marroquino Ibn Battuta comentou com aprovação sobre os banhos "numerosos e excelentemente construídos".

12. O conquistador mongol Hulagu (1218-65), neto de Gêngis Khan, força o último califa Abássida, Al Mustasim, a comer ouro. Esta ilustração do século XIII do *Book of the Marvels of the World* (Livro das maravilhas do mundo), de Rustichello da Pisa, é baseada na excêntrica história de Marco Polo sobre a execução de Mustasim.

13. A arrasadora pilhagem de Hulagu a Bagdá em 1258, golpe mais devastador já sofrido até então pelo mundo muçulmano, trouxe um fim sangrento a cinco séculos de domínio Abássida. Conta-se que as águas do Tigre ficaram negras com a tinta de todos os livros jogados no rio.

14. Uma miniatura persa do século XV do rio Tigre. As enchentes, invariavelmente seguidas pela peste, eram uma característica regular e destrutiva da vida em Bagdá, matando números incontáveis de habitantes ao longo dos séculos. Elas só foram controladas com a construção de diques e outras defesas na primeira metade do século XX.

Muktadir governou o último suspiro do califado como poder independente. Não era difícil ver os sinais da queda de autoridade. Um ano após ele chegar ao trono, um califado Fatímida xiita foi declarado na Tunísia; em 931, a dinastia Umayyad deposta em Damasco estabeleceu um califado rival na Espanha e em Portugal. Guerras civis e cercos destruíram muito da paisagem, acabando com o elaborado sistema de irrigação do qual a Terra entre Rios dependia para sustentar um império vasto e unificado. Rompido durante uma longa campanha militar, o enorme Canal Nahrawan, de 320 quilômetros de comprimento por 400 de largura, nunca foi adequadamente consertado.[3] Em 969, os Fatímidas, uma dinastia xiita que controlou o norte da África desde o Cairo até meados do século XII, havia tomado o Egito.

*

Assim como a inovação arquitetônica sobrevivera ao declínio político, também a vida literária conseguiu prosperar. Entre o escalão de escritores em prosa que deixaram sua marca naquela época, Masudi, historiador nascido em Bagdá, como vimos, deixou um retrato incrivelmente humano, tridimensional e bastante fofoqueiro da vida dos califas, suas cortes e a revolução cultural; seu *Prados de ouro* é um legado precioso deixado para as gerações futuras. Em "Uma conversa com o rei de Núbia", Masudi mostra os Abássida debatendo as qualidades de seus predecessores: "Em uma reunião com a presença de Mansur (...) a conversa se voltou aos califas Umayyad, sua conduta, as políticas que seguiam e o motivo para o poder ter sido tirado de suas mãos. Mansur disse: 'Abd al Malik era um tirano arrogante que não se importava com o que fazia. A única ambição de Sulayman estava em sua barriga e suas bolas. Omar ibn Abd al Aziz era um caolho entre os cegos. O único grande homem da dinastia foi Hisham... Mas aí o poder passou para seus filhos afeminados, cuja única ambição era satisfazer os próprios desejos e que perseguiam prazeres proibidos por Deus Todo-Poderoso'".[4]

E também havia Ibn Kutayba, filólogo, gramático, crítico literário e homem de letras do século IX; Ibn Durayd (837-933), carismático filólogo, gramático e crítico que gostava de beber vinho e ficou famoso por cair de seu telhado numa noite e quebrar a clavícula, provavelmente depois de uma taça a mais; Suli, memorialista, sumidade do xadrez e *nadim* de vários califas no século X; Yakubi, geógrafo do século IX que nos legou uma instigante impressão sobre a fundação de Bagdá.

A Bagdá dos Abássida não era lugar para puritanos. Poetas e escritores celebravam e se envolviam com o lado mais obsceno da vida com um prazer que faria muitos de seus semelhantes modernos se contorcer de vergonha: os títulos do autor aristocrático e cortesão Ibn al Shah al Tahiri incluíam *Histórias sobre jovens escravos*, *Adultério e seus deleites* e *Masturbação*.[5] Masudi conta a história do príncipe-poeta Ibrahim ibn al Mahdi em um barco em direção a Mosul com seu meio-irmão Harun. O califa pergunta a ele qual é o mais bonito dos nomes. Maomé, responde o irmão, acrescentando gentilmente que Harun é o segundo mais belo. Harun pergunta a ele qual nome é o mais odioso. Ibrahim, responde o irmão. Harun fica chocado. Além de Abraão, ele também divide o nome com o filho do profeta Maomé. É por isso que ele morreu cedo, devolve Ibrahim, passando a listar vários Ibrahims famosos, todos "mortos, açoitados ou exilados". Nesse momento um dos marinheiros do destacamento real grita: "Ei, Ibrahim, vai chupar a boceta da sua mãe! Reme!".[6] O irmão de Harun terminou o argumento. O califa riu, conta Masudi, e tremeu de alegria.

Al Tanukhi (*c. 939-c. 994*), um juiz aposentado que vivia em Bagdá, é autor do apimentado livro de memórias em vários volumes intitulado *Kitab Nishwar al Muhadara wa Akbar al Mudhakara* [Conversas de um juiz da Mesopotâmia], repleta de histórias supostamente verdadeiras de incesto clandestino, casos gays e lésbicos, cafetões e falsificadores empreendedores, ministros maliciosos e vendedores de gelo, torturas e execuções engenhosamente cruéis, califas extravagantes e concubinas e até uma ocasião de canibalismo durante uma onda de fome em Bagdá. "Anunciando a mercadoria", uma história clássica de Tanukhi, se delicia num humor desbocado:

> Um famoso e engraçado homem de Bagdá estava descendo o Tigre lentamente num barco, quando passou por um palácio com vista para o rio em cujo terraço sentavam-se belas concubinas. Elas começaram a provocá-lo e ele imediatamente teve uma ereção. Querendo devolver o elogio, levantou sua veste, expondo seu mastro exuberante, e gritou como um vendedor ambulante:

"Aspargos frescos!". Uma das garotas prontamente correspondeu levantando o vestido, expondo sua genitália e gritando da mesma forma: "Pão quentinho saindo do forno!" Todos os pescadores e espectadores próximos começaram a assoviar para elas de forma debochada.

A história seguinte, "Uma mulher infernal" é típica de Tanukhi. A horrivelmente irresistível história de uma mulher promíscua de Bagdá – com um apetite sexual insaciável que desenvolve uma obsessão por seu lindo filho e está determinada a agir – faz o mito do Édipo parecer absolutamente recatado.

A criada disse para a mulher ser temente a Deus em seu coração e se contentar com os outros homens que tinha, mas a mulher insistiu em realizar seu desejo. Quando a criada perguntou como o jovem poderia ser seduzido dessa forma sem criar um escândalo, a mulher ordenou que ela fosse a um escriba do bairro que compunha cartas de amor muito eloquentes e dissesse a ele para escrever uma carta ao filho, transbordando de emoção ardente e pedindo que ele a encontrasse. Ela disse à criada que a carta deveria mencionar o nome da linda filha do vizinho. A criada fez isso e entregou a carta ao jovem, cujo coração estava enamorado pela garota. Ele respondeu, pedindo que ela o encontrasse, mas dizendo que não tinha um lugar onde isso pudesse acontecer. A mulher instruiu a criada a responder a ele, dizendo que ela também não tinha um lugar de encontro e que deveria ir à casa dele. Então, ordenou que preparasse um quarto vazio, enchesse-o de frutas e o perfumasse e pediu para que ele fosse informado de que a filha do vizinho era uma garota tímida, que não suportaria ser vista à luz do dia e, portanto, viria à noite e ficaria com ele no quarto escuro, por medo de ser vista por algum passante. Esses arranjos foram feitos e a mulher, depois de colocar seu marido na cama, se banhou e perfumou, colocou suas melhores roupas e foi ao quarto à noite. O jovem chegou pouco depois e fez amor ardentemente com ela a noite toda até amanhecer, quando saiu de mansinho, e a criada acompanhou a mulher até seus aposentos. Um tempo depois, ela informou à criada que tinha ficado grávida do filho e pediu conselho, que esta não pôde dar. A mulher continuou fazendo sexo com o filho até a data do parto. En-

> tão, fingiu para o marido que estava doente e pediu permissão para ir à casa da mãe para ser cuidada. Ele consentiu e ela foi para lá e ficou com a criada num quarto separado; uma parteira veio e ajudou-a a dar à luz. Ela estrangulou seu recém nascido, livrou-se do corpo e voltou para casa alguns dias depois. A mulher queria retomar os encontros clandestinos com o filho, apesar dos protestos da criada. Repetiu a trama e, novamente, ficou grávida. Dessa vez ela deu à luz uma linda menina, que foi entregue à criada para ser liquidada. A criada não podia cometer um crime desses e deu a menina a uma família pobre, que a criou como filha, sendo remunerada de forma generosa regularmente, e a jovem foi educada em prosperidade. Sua verdadeira mãe a via às vezes, quando sentia saudade.
>
> O jovem casou-se, para desespero de sua ciumenta mãe, e o relacionamento acabou. Quando a jovem filha tinha nove anos, sua mãe tramou um novo plano diabólico, alegando ter "comprado" a menina como escrava para criá-la como sua serva. A garota cresceu em um ambiente luxuoso, aprendeu a cantar e se sobressaiu nessa arte. Quando chegou à puberdade, sua mãe teve medo de que a menina pudesse ir embora ao se casar com um estranho e pensou que a melhor forma de mantê-la embaixo de suas asas seria casá-la com o filho, pai da garota. Ela maquinou outro plano em que a sempre leal criada convencia a esposa do jovem que um belo soldado que morava ao lado estava apaixonado por ela e queria que ela respondesse às cartas de amor que enviava. No começo, a esposa riu da criada, mas depois de insistentes esforços cedeu e respondeu às cartas falsas. Essas respostas foram usadas como prova material de sua infidelidade e a mãe convenceu o filho a divorciar-se. Ela também o convenceu a casar com a jovem escrava e pagou o dote. Ele fez isso e eles tiveram filhos. Ela é sua atual esposa.[7]

Como se tudo isso já não fosse o suficiente, a história está sendo contada em frente ao jovem abusado, que, assombrosamente, ouve-a pela primeira vez. Não é preciso dizer que ele se divorcia de sua esposa-filha na mesma hora. "Ele amaldiçoou profundamente a mãe e sua criada alcoviteira, e foi embora envergonhado e muito angustiado", conta-nos Tanukhi.

*

A literatura, fosse ela sexualmente explícita ou não, era apenas uma das formas de entretenimento disponíveis. Homens e mulheres em Bagdá – como os de todo lugar – adoravam um espetáculo. Ouvimos falar sobre a ocasião em que o califa Mutawakil marcou 5 milhões de dirhams leves em vermelho, amarelo e preto para um festival. Ele vestiu 700 criados em cores contrastantes e, num dia de muito vento, eles se juntaram num pavilhão abaulado com quarenta portas abertas às intempéries. Quando os cortesãos se encontraram ao redor do califa, receberam a ordem de espalhar as moedas multicoloridas, criando uma bela e inesquecível cena.

A cultura popular atendia a esse desejo fundamental de ser entretido de todas as maneiras. Corridas de cavalo, patrocinadas generosamente pelos califas e seus cortesãos, eram incrivelmente populares entre o alto escalão da sociedade de Bagdá. O filho de Mansur, Mahdi, construiu o primeiro *maydan*, ou hipódromo, trinta anos após a fundação da cidade. Seus sucessores demonstraram o mesmo nível de apoio ao esporte. Amin construiu outro hipódromo dentro da área do palácio de Mansur e seu irmão, Mamun, fez um especificamente para polo dentro do complexo de palácios de Harun. Mutasin tinha uma pista de corrida em formato de garrafa no seu Palácio Jawsak, enquanto Mutawakil mandou construir uma cabine ricamente decorada com nove cômodos, de onde assistia às corridas com todo o conforto. Masudi registra um dia feliz para Harun, quando seu cavalo chegou em primeiro lugar e o de seu filho Mamun, em segundo: um clássico lucrativo para pai e filho. No século X, o governante Buyida Muizz al Dawla montou uma árvore na pista, com prêmios valiosos pendurados de forma tentadora nos galhos e bolsas com dirhams amarradas em torno do tronco. À tarde, reverberou o som pesado de tambores e o de flautas no momento em que Muizz entregava aos vitoriosos as vestes de honra. Enquanto os vencedores recebiam essas bonitas vestes, o cavalo que chegava em último lugar sofria a afronta de ter um macaco com o chicote colocado em suas costas; as chicotadas da infeliz criatura eram uma humilhação para todos: dono, jóquei e corcel.

Naquele tempo, como hoje, os cavalos gozavam de grande *status* no mundo árabe, o que se reflete num extenso corpo de literatura Abássida sobre genealogia, hipologia, corridas, ferraduras e outros assuntos afins.

O profeta Maomé, exímio montador, considerava os cavalos de seus inimigos como parte de seu espólio de batalha por direito, e a cavalaria foi fundamental para o sucesso rápido das conquistas árabes. Apesar de o Islã proibir jogos de azar, as apostas eram permitidas no caso de corridas de cavalo, arco e flecha e pedestrianismo.[§] As corridas de cavalo talvez fossem aristocráticas demais para as massas, mas os homens do povo podiam se contentar em apostar nas corridas de cachorros, mulas, burros e, inevitavelmente, camelos.

O polo, rei dos esportes e esporte dos reis, começou a se popularizar com Harun, bem como torneios de arco e flecha e jogos com bola e raquete. Harun foi também o primeiro dos califas Abássida a jogar xadrez – ou, pelo menos, o precursor do jogo, *shatranj*, que chegou aos árabes vindo da Índia via Pérsia – e gamão. Certa vez, foi forçado a tirar as roupas após perder uma aposta em um jogo de gamão com o músico Ibrahim al Mosuli. A popularidade do xadrez era tanta que mercadores treinavam as escravas a jogar para aumentar seu valor. Sabemos que Arib, a famosa escrava de Amin e depois de Mamun, era valorizada por sua habilidade no jogo tanto quanto por sua lendária beleza e seus talentos musicais.

Outro sucesso, mais uma vez liderado pelos califas, era a corrida de pombos. Mhadi, Harun, Wathik e Nasir eram columbófilos compulsivos e ajudaram a levar a alturas extraordinárias os preços dos pássaros mais especiais. "Pombos têm um valor intrínseco tão alto e tal superioridade que um único pássaro pode ser vendido por 500 dinares", escreveu Jahiz. "Nenhum outro animal pode alcançar esse preço, nem o milhafre, o falcão-peregrino, a águia, o faisão, o galo, o camelo, o asno ou a mula (...) Um par de pombos é tão produtivo quanto uma propriedade agrária; pode, aliás, cobrir as despesas de uma família e trazer receita suficiente para que ela pague suas dívidas, construa belas casas e compre lojas altamente lucrativas. Ao mesmo tempo, os pombos são um maravilhoso hobby, uma visão agradável, uma educação para homens pensadores e uma pista para aqueles que gostam de investigar."[8]

---

§ Prática esportiva comum até o século XIX, que consistia em grandes marchas feitas a pé e deu origem à atual marcha atlética. (N.T.)

Mas o esporte tinha suas controvérsias. De tempos em tempos o governo precisava ordenar a demolição de pombais nos telhados para proteger a modéstia das mulheres que moravam nos arredores contra espreitadores ou para acabar com o barulho de treinadores de pombos jogando pedras em seus protegidos nos tetos. Ladrões empreendedores passaram a usar os pombos como disfarce para seus roubos, soltando-os nos telhados e escalando pelas casas numa falsa perseguição aos bichos.

As brigas de animais perpassavam todas as classes sociais e também todo o mundo zoológico, de galos, perdizes e codornas aos mais violentos espetáculos com cães, carneiros, búfalos e até leões. Algumas ruas em Bagdá, como a rua dos Carneiros e Leões, são uma lembrança dessa forma de entretenimento. Ouvimos histórias sobre o califa Mutasim organizando uma competição sangrenta entre leões e búfalos, o que gerou uma quantidade considerável de críticas. Tabari nos conta que o reformador califa de vida curta Muhtadi (869-70) mandou matar todos os leões do palácio e remover todos os cachorros, um motivo entre muitos outros para seu rápido assassinato (diz-se que ele teve seus testículos esmagados, uma morte dolorosa ao extremo até para os padrões Abássida). Em outra ocasião, Mamun foi incapaz de conseguir a atenção dos seus criados do palácio, que estavam com a cabeça em algo muito mais importante que um califa mandão: uma briga de galos especialmente fascinante.

As lutas atraíam grandes multidões. Alguns dos califas mais aventurosos fisicamente davam o exemplo. Amin era um exímio lutador, superado apenas por Mutadid, que chegou a lutar com um leão (e matá-lo) – é bem verdade que usando uma espada para atravessar o animal.

Pregadores lutavam com mascates, contadores de histórias e comediantes pela atenção do público. Masudi escreveu sobre um famoso contador de histórias de rua chamado Ibn Maghazili, que com frequência entretinha multidões com divertidas histórias e imitações de beduínos, ciganos, turcos, eunucos e residentes de Meca, entre outros, temperadas com "toda sorte de piadas que fariam uma mãe em luto rir e divertiam tanto um homem sério quanto uma criança".[9]

O teólogo Ibn Akil descreveu a animação de Bagdá no século XI. "Os habitantes pareciam estar num estado de celebração permanente e não faltavam ocasiões festivas, como a circuncisão de um menino ou o casamento de uma mulher. E aos sábados havia as assembleias para recitações moduladas do Alcorão a partir dos púlpitos, apresentações de esgrima e de lutas e corridas de barco."[10]

Um dos espetáculos mais populares – e nojentos – da Bagdá dos Abássida acontecia nos três pontões que cruzavam o Tigre, palcos frequentes de execuções públicas. Rebeldes eram crucificados em frente a grandes multidões e suas cabeças eram fincadas em postes para dissuadir outros possíveis desafiadores do poder Abássida. Vimos como, em 803, Harun mandou cortar o corpo de Jafar em três pedaços e expor cada um deles em paus de forca nas três pontes da cidade. Em 902, Mutadid ordenou que o corpo de um rebelde conhecido como Wasif, o Eunuco, fosse parcialmente embalsamado com resina e pendurado ao lado de sua cabeça decepada em uma das pontes, onde ficou apodrecendo lentamente por mais de dez anos.¶

*

Problemas e complicações naturais às vezes se somavam às dificuldades de Bagdá. Em 940, a represa no Eufrates na nascente do canal Isa se rompeu, causando uma grande enchente que deixou os habitantes mais afetados sem teto por dois anos. Um ano depois, registrou Khatib, uma forte tempestade causou destruição na cidade e, durante uma noite de "chuva torrencial, trovões assombrosos e raios terríveis",[11] o velho palácio de Mansur na Cidade Redonda, um dos símbolos definidores da Bagdá dos Abássida, foi atingido por um raio e destruído na hora. A mesquita ao lado sofreu danos na mesma ocasião. Seu púlpito, que datava da época de Harun al Rashid, foi salvo e instalado em uma nova mesquita.

¶ As pontes também eram usadas por criminosos. Tanukhi registrou: "Um bem-conhecido falsificador de títulos, cartas e escrituras públicas foi visto em um dia de ventania no meio da ponte principal de Bagdá escrevendo em um pedaço de pergaminho. Quando perguntaram o que estava fazendo, ele respondeu que estava falsificando a carta de um homem paraplégico cuja letra tremia por causa de sua doença. Para aperfeiçoar a falsificação, ele escolheu a ponte onde batia o vento, de modo a dar ao documento um 'efeito tremido'". (N.A.)

O ano de 945 foi um marco nefasto para Bagdá. Ele marcou a primeira vez que a cidade foi ocupada por um forasteiro. Tirando vantagens da quebra do governo, Ahmed ibn Buya, filho de um líder militar que vencera com seus próprios esforços vindo das montanhas de Daylam próximas ao mar Cáspio, tomou o poder do califa Mustakfi e se autointitulou Emir al Umara, Chefe de Estado. Ele também era conhecido, sugestivamente, como Muizz al Dawla, o Apoiador do Império. Apesar de representar outra humilhação para a já desgastada família Abássida, a nova dinastia xiita Buyida, que durou um século, provou ser quase uma dádiva para Bagdá. O primeiro e mais importante de seus legados foi a construção de um grande dique, que evitou a enchente causada pelos canais que corriam para o Tigre na margem leste nos pântanos de Shammasiya, uma defesa que ainda era visível, em partes, 350 anos depois. Esse dique não era uma construção totalmente altruísta: ele permitiu que Muizz al Dawla começasse a construir um novo complexo de palácios na margem leste, passando pelos bairros de Shammasiya e Mukharin, que se tornou conhecido como Dar as Sultana, ou Casa do Sultanato. Seu primeiro palácio deve ter sido de uma opulência espetacular. Foi registrado que ele custou 13 milhões de dirhams, quantia calculada pelo historiador Guy Le Strange em cerca de 500 mil libras em 1900, ou 50 milhões de libras hoje.[12]

Com tempo e dinheiro nas mãos, os califas Abássida receberam permissão de seus novos mestres para desfrutar de sua própria paixão por construir castelos, com o califa Al Muti (946-74) tendo adicionado o Dar al Tawawis, ou Palácio dos Pavões, a praça Murabba e o Octógono Muthammana ao complexo califal. Nas últimas décadas do século X, esse enclave dos Abássida ocupava a mesma quantidade de terras que toda a cidade de Shiraz.[13]

Muti deixou uma ilustração que dá o que pensar – apesar de cheia de autocomiseração – sobre quanto o poder político Abássida decaíra, na forma da seguinte carta escrita para o príncipe Buyida Izzud al Dawla, na qual exige dinheiro para financiar mais uma *jihad* contra os gregos.

> A Guerra Sagrada seria incumbência minha se eu tivesse o mundo nas mãos e o domínio do dinheiro e das tropas. Mas da forma como as coisas estão, quando tudo o que tenho é uma ninharia insuficiente para o que quero e o

> mundo está em suas mãos e nas dos governantes de províncias, nem a guerra sagrada nem a peregrinação nem qualquer outro assunto que requeira a atenção do soberano é preocupação minha. Tudo o que pode exigir de mim é o nome para ser pronunciado na *khutba* [preces de sexta-feira] a partir de seu púlpito de forma a pacificar seus súditos; e, se quiser que eu renuncie também a esse privilégio, estou preparado para fazê-lo e deixá-lo com tudo.[14]

Entre os prédios mais celebrados da era Buyida estava o Hospital Bimaristan Adudi, construído por Adud al Dawla (governou aproximadamente entre 949 e 983) no oeste de Bagdá, próximo ou no mesmo local que as ruínas do Palácio da Eternidade de Mansur, às margens do Tigre.[15] O geógrafo, poeta e viajante andaluz Ibn Jubayr, que chegou a Bagdá em 1184, descreveu o hospital como uma prodigiosa instituição, com diversos quartos e alas e todos os serviços de uma residência real, onde os médicos visitavam os pacientes todas as segundas e quintas-feiras para avaliá-los e prescrever tratamentos. Foi um dos maiores hospitais e escolas de medicina, mesmo que não fosse o mais proeminente. Mas ainda que as barragens fossem eficazes, a natureza ainda conseguia o que queria, como em 1074 e 1159, quando o hospital inteiro foi inundado, e novamente em 1174, quando, após quarenta dias de chuva ininterrupta na região de Mosul, no norte do Iraque, as águas subiram tanto que barcos conseguiram entrar por portas e janelas. Apesar de os danos terem sido com certeza extensos, claramente não foram irreparáveis, dado o relato admirado de Ibn Jubayr uma década mais tarde. A observação feita por ele de que o hospital estava bem-suprido com água vinda do Tigre parece quase irônica.

Para um instantâneo de Bagdá na última metade do século X precisamos nos voltar a um trio de mentes brilhantes, os três primeiros geógrafos árabes da Idade Média: Istakhri, que escreveu em 951; Ibn Hawkal, que editou e expandiu o trabalho de Istakhri em 978; e Mukaddasi, cuja obra *Melhor classificação para o conhecimento dos climas (ou regiões)* foi escrita em 985. Istakhri e Ibn Hawkal contam que, durante suas vidas, a maior parte do leste de Bagdá consistia de palácios, aqueles do complexo califal Abássida e as adições Buyida ao norte. Juntos, esses dois conjuntos de palácios se espalhavam por 8 quilômetros na margem do Tigre, algo que devia ser uma visão impressionante. Pelo menos no que dizia respeito ao povo, o leste de Bagdá estava se mudando gradualmente rio abaixo, refletindo um movimento similar na margem oeste, onde bairros estavam se dissolvendo em vilas e cidadelas. A metrópole Abássida unitária, vasta em escala e imperial em pretensão, estava evoluindo para uma cidade muito mais compacta e menos poderosa. Istakhri contou três grandes mesquitas – duas no leste de Bagdá e uma na Cidade Redonda de Mansur no oeste – e Ibn Hawkal acrescentou uma quarta em Baratha, a oeste da Cidade Redonda. Apesar dos palácios, tanto Istakhri quanto Hawkal enfatizaram a ruína que predominava em bairros antes prósperos, em contraste com Karkh, que permaneceu sendo o distrito mais rico e bem-cuidado, onde trabalhavam muitos dos vendedores de maior sucesso da cidade. Istakhri estimou o comprimento da cidade de leste a oeste em 8 quilômetros.

Sem poupar elogios para a escolha de localização de Mansur para sua capital, Mukaddasi mesmo assim lamenta o declínio de Bagdá desde seu apogeu de esplendor imperial. Pouco tempo antes ela fora "a mais bela posse dos muçulmanos, a cidade mais esplêndida", mas "estava agora caindo em ruína e desordem, seu esplendor já acabado". Ele atribuía isso à clara perda do poder político: "a autoridade dos califas decaiu, a cidade se deteriorou e a população murchou. A Cidade da Paz agora está desolada: apenas a mesquita é frequentada às sextas-feiras e, no resto do tempo, todo o lugar fica deserto. As áreas mais populosas hoje são Katiat al Rabi e al Karkh, no lado oeste, e no leste o Bab al Tak e o bairro do palácio do Amir". Mukaddasi certamente não pintaria um quadro cor-de-rosa de Bagdá. "Não achei a cidade agradável, nem nada que se pudesse admirar ali; se a elogiei, foi apenas nos termos convencionais", desdenhou, notando que a cidade de Fustat, no Egito (fundada no século VII e mais tarde absorvida por Cairo) era então o que Bagdá havia sido em seu auge.

Apesar de sua desaprovação ao que a cidade se tornara, Mukaddasi ainda admirava a "esperteza, o charme, o refinamento e a educação correta" do povo, com exceção dos "vagabundos", em quem a "depravação prevalecia". Ele também ficou impressionado com a moda. "As pessoas aqui gostam de se vestir bem", escreveu, notando os "trajes elegantes e variados": roupas feitas de seda e fino morim, os imponentes turbantes e os *taylasan*, um capuz preto de ponta ou estola jogada sobre a cabeça e os ombros, usado por homens de distinção. Como tantos outros visitantes de Bagdá, ele se deixou levar pela beleza do vigoroso Tigre e por seu tráfego fluvial: "Os barcos navegam sem parar rio acima e abaixo, com considerável habilidade. Em Bagdá, as pessoas vêm e vão e cruzam o rio nessas embarcações: a agitação e o alvoroço são constantes. A verdade é que dois terços do charme de Bagdá vêm desse rio".

Ainda assim, a impressão arrebatadora dele foi negativa. Prova de que toda geração acredita que o país está afundando, Mukaddasi era da opinião de que "a cada dia a cidade vai de mal a pior: de verdade, temo que se torne como Samarra, com a corrupção, a ignorância e a imoralidade, além da ultrajante opressão do governante".[16]

A imagem da Bagdá do século XI desenhada por Khatib era mais mista:

> Não há no mundo cidade igual a Bagdá em sua abundância de riquezas, a importância de seus negócios, o seu número de acadêmicos e pessoas importantes, a distinção de seus líderes e de seu povo, a extensão de seus distritos, a largura de suas fronteiras, o grande número de seus palácios, habitantes, ruas, avenidas, vielas, mesquitas, casas de banho, docas e hospedarias, a pureza de seu ar, a doçura de sua água, a frescura de seu orvalho e de sua sombra, a moderação de seu verão e de seu inverno, a saúde de sua primavera e de seu outono e suas enormes multidões que pululam. Os prédios e os habitantes foram mais numerosos durante o tempo de Harun al Rashid, quando a cidade e seus entornos eram cheios de cômodos frescos, locais em expansão, pastos férteis, ricas águas para os navios. Então começaram as rebeliões, uma série ininterrupta de desgraças caiu sobre os habitantes, sua condição próspera foi arruinada de tal modo que, antes de nosso tempo e do século que nos precedeu, a cidade se encontrou, por causa da perturbação e da decadência que experimentava, em completa oposição a todas as capitais e em contradição com todos os países habitados.[17]

A essas perspectivas geográficas da Bagdá dos séculos X e XI devemos acrescentar as constatações gastronômicas muito diferentes do escritor de culinária Ibn Sayyar al Warrak, porque, apesar de as mentes Abássida mais elevadas certamente precisarem de alimento para a alma, elas também exigiam algo para o estômago. Não foi por acaso que Bagdá – além de ser Oum al Dunya, ou Mãe do Mundo – ganhou naquela época o apelido Surrat al Bilad, "Umbigo das Nações".

A culinária e a escrita sobre o assunto começaram a emergir no século IX. O maior tesouro culinário veio um século depois, entre os anos 940 e 950, na forma do livro *O livro de culinária: preparando comidas salubres e pratos deliciosos, extraídos dos livros de medicina e contados por cozinheiros proficientes e pelos sábios*, de Al Warrak. Os editores estrangeiros evidentemente acharam o título conciso demais, pois o manuscrito que sobreviveu em Istambul ainda traz o subtítulo adicional: *O livro para ganhar o coração do seu amante e evitar que ele precise de um médico*.

Al Warrak não era um amador insignificante. Seu livro é o registro culinário mais conhecido e mais importante de tempos medievais em qualquer lugar do mundo. O volume traz 615 receitas coletadas de mais de vinte livros de receita escritos por ou para califas, príncipes, médicos e nobres literários e políticos. Mais do que isso, fala sobre os melhores utensílios de cozinha e sobre que ingredientes usar; oferece um leque desconcertante de petiscos frios para comer antes da refeição, pratos assados e servidos com pão quente, mingaus e pratos feitos com feijão, ensopados de carne, pratos guisados, fritos e omeletes. Há ainda receitas para cozinhar ao ar livre no forno *tannur*, na grelha ou no espeto. O livro incluía também curas para ressaca – sem falar nos pratos para melhorar a performance sexual, como uma bebida de grão-de-bico que "esquenta o estômago e os rins, expele secreções densas e revigora o coito" e um prato de aspargos apreciado por Mamun e Ibrahim ibn al Mahdi para o mesmo propósito.[18] Al Warrak pensou até naqueles que sofrem com "gazes e flatulência", para quem ele recomenda uma pasta medicinal de gengibre, canela-do-Ceilão, cominho branco, nardo (da família da valeriana), mel e pétalas de rosa secas.[19]

Al Warrak compilou cinco receitas só de sal, incluindo um sal laxante que aparentemente também é bom para gota, paralisia facial, artrite e problemas relacionados à depressão (sal-gema misturado com pimenta preta, gengibre, hissopo seco, folhas de assa-fétida, sementes de aipo, folha indiana, cogumelos Agaricus, resina de escamônea, sementes de agrião e sementes de açafrão). Há também sobremesas fartas e refrescantes, receitas especiais para os doentes, uma variedade de bebidas – tanto não alcoólicas quanto as mais fortes, de vinho de passas fermentado ao sol, vinho de tâmaras e licor de mel a cerveja de arroz, cerveja de amêndoas e hidromel.

A comida era um dos pilares da cultura de Bagdá nas classes altas e baixas, sendo encontrada em sua forma mais exótica e opulenta nos banquetes do palácio do califa; mas os locais que vendiam comida para o povo na cidade eram às vezes tão populares que o próprio califa insistia em visitá-los para um jantar simples improvisado. Sabemos que Mamun ia disfarçado a um famoso local especializado em *judhaba*, carne assada no *tannur* servida em uma panela de pudim de pão. Seus cortesãos ficavam perplexos com tal vulgaridade e diziam ao califa que isso era comida das massas. "O povo bebe água gelada como nós. Deveríamos deixá-la só para eles?", respondeu o califa com frieza.[20]

Desfrutar da comida num ambiente festivo era considerado uma coisa boa por si só, abençoada por uma autoridade tão grande quanto o neto do profeta, Al Hasan bin Ali bin Abi Talib, cuja atraente prescrição é citada com aprovação por Al Warrak em seu livro de culinária: "Sente-se às mesas de jantar durante o tempo que puder e converse o quanto desejar, pois esses momentos são dádivas em suas vidas".[21]

Entre as receitas mais populares estavam as de frango nabateu, assim chamado em referência a um povo indígena do Iraque. Entre elas, estava esta, chamada Nibatiyya, de Ishak al Mosuli:

> Adicione dois frangos gordos desossados à panela com cebola, azeite de oliva doce e suave, grão-de-bico ensopado e amassado e um pau de canela. Deixe ferver duas vezes e junte um pedaço grande de queijo e sal. Tempere com sementes de coentro, pimenta preta, canela, galanga, nardo, cravos, noz-moscada e gengibre, todos moídos. Então, adicione fios de macarrão e água-de-rosas, junto a ovos cozidos. Mantenha em fogo brando até o macarrão cozinhar. Despeje em uma tigela. Remova o queijo e os ovos, corte-os em pedaços e arrume-os ao redor do frango desossado. Você pode adicionar um punhado de arroz e pedaços de carne defumada. Isso seria uma boa coisa a se fazer, apetitosa e deliciosa, se Deus quiser.[22]

Ishak al Mosuli apreciou tanto essa receita que compôs uma elegia em sua homenagem:

> Nibatiyya com frango, tão puro quanto parece o mármore.
> Comê-lo em um dia frio de inverno é bem mais saudável que comer sikbaja.
> Balançando como as ondas, a gordura nada na superfície,
> Como uma luminosa lua cheia que brilha por uma sublime mansão.
> Os ovos são estrelas cintilando à distância na escuridão.
> As gemas, postadas em meio ao branco, tão belas quanto khaluq puro em um copo de vidro.
> Os pedaços de queijo são como um rosário de pérolas encrustado numa coroa.[23]**

Os ensopados de carne eram muito populares. O *sikbaja* era servido tanto nas melhores mesas de Bagdá quanto nas mais humildes. Amin disse a seu tio Ibrahim ibn al Mahdi que ansiava pelo famoso *sikbaja* de carne feito pela escrava de Ibrahim, Bida, com muito carneiro, cabrito e aves. "Tudo o que ele desejava era comer aquele prato e beber até ficar intoxicado."[24] Bida obedeceu, fazendo um marcante *sikbaja* acompanhado de vários tipos de salsicha, sanduíches fatiados, finas tortinhas de carne, folhados recheados, vegetais, ervas e decorações. Amin ficou tão encantado que presenteou a garota com um colar no valor de 30 mil dirhams. Para seu tio, ele enviou três caixas dos mais finos perfumes, três barcos, três bolsas de dinheiro e os seguintes versos:

> Lá vem Bida com seu prato, parecendo um jardim na primavera.
> Aproximando-se, o prato parece coberto em vestes de luz.
> Explodindo cor e aroma, como se houvesse sido trazido por um perfumista
> Emitindo perfumadas fumaças e vapores, carregado por uma donzela que ofusca os olhos com seu brilho.
> Belíssima com cílios como facas de fogo no coração dos homens.[25]

** *Sikbaja* era um ensopado muito popular, especialmente quando feito de carne de boi avinagrada. *Khaluk* era um perfume feminino, amarelo por causa do açafrão. (N.A.)

Cozinhar não era, de forma alguma, uma atividade exclusivamente feminina. Na verdade, era uma realização essencial para o homem Abássida ideal. A habilidade na cozinha era tão valorizada que aquele que aspirasse a *nadim* precisava ser capaz de dominar ao menos dez pratos exóticos. Masudi conta que o califa Mutawakil certa vez sentiu o cheiro de um apetitoso *sikbaja* sendo feito por um marinheiro e pediu para experimentar: era o mais delicioso que já provara. Havia até mesmo precursores Abássida dos programas de competição culinárias de hoje em dia, concursos de cozinha julgados pela autoridade mais venerável: o próprio califa. Mamun e seu irmão Mutasim gostavam muito desses eventos. Masudi escreveu sobre uma competição durante o reinado de Mamun, quando um passante aleatório foi levado das ruas de Bagdá certa noite e convidado para ir ao palácio experimentar as receitas rivais. O homem "do povo" recebeu então pratos preparados por Mamun, Mutasim, um grego e o cádi chefe, Yahya ibn Aktham, sem saber quem tinha feito qual. Para sua sorte, ficou impressionado ao provar a receita do califa. "Parabéns!", gritou. "É de se imaginar que é tudo feito de almíscar. O homem que criou isso deve ser um cozinheiro muito inteligente – limpo, cheio de imaginação e elegante". Os pratos de Mutasim e do grego foram igualmente palatáveis. Quando chegou a vez do prato do cádi, o julgamento foi franco. "Ugh! Por Deus, quem cozinhou isso usou merda em vez de cebolas!"[26] O cádi pode não ter gostado muito, mas todos os outros acharam hilário. Masudi diz que o homem começou a contar piadas e Mamun achou tão divertido que o convidou para voltar ao palácio e fazer parte da equipe do califa.

A comida também podia ser usada para conseguir avançar na carreira, como no caso do frango grelhado no espeto enviado por um oficial ao governador Munis al Muzaffar. Ela também era demonstração de afeto e consideração, como quando Amin enviou uma fornada de biscoitos saídos do forno a seu tio Ibrahim. Não eram doces ordinários: preparados pelo famoso Nasir al Khabbaz (O Padeiro), eram feitos com mel, açafrão e óleo de amêndoas e luxuosamente confeitados com gergelim, pinhão e amêndoas. Ibrahim ficou, como era de se esperar, emocionado com o gesto e, seguindo o costume da época, respondeu com elegantes versos:

Tão gentil e generoso foi Al Amin em me enviar um presente de *khubz al fatit*,
uma prova de seu afeto.
Com a forma de perfeitos discos de igual tamanho, cada um lembra a
lua cheia.
Agradáveis como o mel, eles têm gosto de brisa, docemente perfumados.
Como prata e ouro, branco e amarelo sobrepostos [...]
Amin protegido por Deus. Que vivas mil anos, sempre feliz.
Que o mal não lhe toque.
Que meu agradecimento pelo presente, querido sobrinho, mantenha seu
nome vivo para sempre nas estepes.[27]

A comida naquela época – como ainda hoje – oferecia conforto também aos preguiçosos e desmotivados. O *gourmand* e autor de livros de culinária do século IX Ibn Dihkana (morto por volta de 891) ficou tão gordo que não conseguia levantar-se quando o califa chegava e saía. "Comi até contrair doenças crônicas. Agora, quero comer até morrer", gracejava.[28] O neto de Harun, Al Wathik, mais conhecido como Al Akul (O Glutão), era famoso por seu fraco em relação às comidas, especialmente berinjela, das quais era capaz de comer quarenta de uma só vez. Outro parente real de Harun, Isa ibn Jafar, ficou tão gordo que Harun começou a se preocupar. O médico diagnosticou um simples caso de autoindulgência, mas disse ao gordo Isa que escrevesse seu testamento, pois tinha uma doença incurável. O choque produziu os resultados desejados e Isa rapidamente diminuiu cinco furos no cinto. Os peixes eram muito populares e poetas escreviam longamente sobre como pescá-los e cozinhá-los. Ali bin Abbas bin al Rumi, celebrado poeta e glutão do século IX, compôs algumas linhas sobre um banquete de peixes:

Em seus pátios, filhas do Tigre, condenadas nas batalhas, para sempre
prisioneiras.
Serpenteando como brilhantes armaduras ou, às vezes, como moedas falsas.
Brancas e cintilantes como lingotes ou, melhor, cheias de gordura como
pequenos pedaços de manteiga.
Um prazer para os olhos. Seu tutano é tão sedutor quanto abrir o cordão de
uma calça.[29]

O amor desse poeta pela comida e seus versos nada diplomáticos acabaram sendo seu fim. Após comer um biscoito envenenado, seus dias haviam terminado. Foi o preço de fazer troça do vizir do califa Mutadid.

Uma das receitas favoritas dos Abássida era um peixe com a cabeça assada, o meio escaldado e a cauda frita. Nenhuma receita, porém, podia competir com o prato de peixe mais extravagante já preparado: línguas de peixe em gelatina, feito pelo irmão de Harun, Ibrahim, autor de um livro de culinária extremamente popular conhecido em grande parte do mundo islâmico. Harun, que inicialmente achou que o cozinheiro tinha cortado pedaços de peixe finos demais, pediu explicações ao irmão. Quando ouviu que o prato era na verdade feito de 150 línguas de carpa, a única parte do peixe que Ibrahim comia, e custava mil dirhams, ficou indignado. Ele ordenou que o eunuco de Ibrahim trouxesse mil dirhams na mesma hora, como pagamento pelo "insano desperdício", e distribuiu o dinheiro aos pobres. O prato foi dado a um mendigo e mais tarde comprado de volta por um impenitente Ibrahim por 200 dinares. "O prato de peixe que custou mil dirhams" virou uma lenda Abássida.[30]

Os doces eram uma forma de arte em si – como ainda hoje em Bagdá, onde as prateleiras de doçarias dobram-se sob pilhas de iguarias ensopadas de mel. Havia *muhallabiya* (espécie de arroz doce); *zalabiya* (massa frita mergulhada em mel fervido); *katayif* (delicados crepes recheados com nozes moídas e açúcar, perfumados com água de rosas, almíscar e cânfora); *mugharak* (ancestral da moderna *baklawa*); *khushkananaj* (folhados recheados moldados em formas de madeira em formas geométricas, especialmente de lua crescente). Açúcar colorido e nozes adornavam os doces, para fazê-los parecer um pomar colorido. Alguns pudins eram feitos com camadas de pão branco molhado em água até expandir e então submerso em açúcar e mel. Outros alternavam camadas de banana, melão, amoras e passas moídas entre o pão doce, e eram servidos como "caçarolas" de fruta.

Havia várias receitas de *bazmawarid*, ou sanduíches enrolados. Ibn Dihkana, *nadim* do califa Mutamid e de seu irmão, o príncipe Al Mowaffak, tinha um favorito: pão grosso e redondo cortado ao meio, com carne desfiada de *sikbaja*. Um lado do pão recebia folhas cortadas finamente e uma camada de carne, e então era salpicada com sal, queijo, azeitonas picadas, nozes, amêndoas, pistaches e pinhões. Mais uma camada de vegetais picados era coberta com a outra metade do pão. Uma vez pronto, o sanduíche era prensado por uma hora e cortado primeiro em quadrados e depois em triângulos, e então servido numa bandeja. Um sanduíche feito para um califa.

Os vários monastérios de Bagdá e de seu entorno, nos quais o vinho era servido a portas fechadas, eram fonte de entretenimento popular e de toda uma subcategoria culinária, desenvolvida para aplacar as bebedeiras da madrugada. *O livro dos monastérios*, do escritor do século XI Shabushti, uma ampla pesquisa sobre os primeiros tempos cristãos no Iraque, Síria, Egito e Arábia, servia basicamente como um guia de tavernas de Bagdá. "Em quantas tavernas fui parar durante a noite, coberto na total escuridão!", lembrou o irrefreável poeta Abu Nuwas. "O dono do cabaré continuava me servindo e eu continuava bebendo, com uma bela garota branca ao nosso lado."[31]

Os *nakl* eram petiscos criados para causar sede, matar a fome e evitar a intoxicação; entre eles estavam alimentos básicos nos dias de hoje, como nozes e passas salgadas e assadas, além de romãs, maçãs, *nabat al sukar*, ou açúcar cristalizado, cana-de-açúcar em infusão de água de rosas, pequenas salsichas, folhados recheados, andorinhas grelhadas e carnes defumadas. Muito mais sofisticado que amendoim e batata frita.

Al Warrak, defensor das boas maneiras, escreveu longamente sobre a etiqueta no jantar com amigos: ele aconselhava sobre a melhor maneira de se lavar as mãos e usar os palitos de dente; acreditava que uma soneca após o jantar era algo muito desejável. "Para o amigo educado ou íntimo com boa percepção, a limpeza das mãos e das unhas é da maior importância (...) Ele deve ter uma aparência agradável; a pele emanando fragrância; rosto, bigode e nariz limpos; testa imaculada." Os dentes devem estar limpos e as barbas bem penteadas. Era especialmente importante manter o turbante perfeito, "porque ele chama mais atenção dos observadores do que qualquer outra peça de roupa". O homem Abássida sofisticado "deve se perfumar com incenso, almíscar, perfume e borrifar pó aromatizado nos cabelos e nas roupas".[32]

Ninguém podia acusar Al Warrak de deixar a esmo algum aspecto da etiqueta à mesa:

> Sopas com grãos e ensopados devem ser comidos com moderação, para não pingarem nas roupas, o que pode ser tomado como sinal de gula. Ao comer frango, não se deve separar os pedaços com as mãos, para que a gordura que fica abaixo da pele ou entre as juntas não respingue nos convidados à sua frente ou a seu lado. Nesse caso, recomenda-se usar uma faca para cortar as juntas do frango. É impróprio encher a mão com sobremesa e a boca com comida quente, engolir com pressa, beber água demais, arrotar de forma audível, roer os ossos ou chupar o tutano.[33]

As mãos deviam ser lavadas após cada refeição, mas nunca em frente ao califa, pois isso era uma ofensa terrível. Al Warrak menciona o caso de Al Afshin, comandante militar do califa Mutasim, que pediu para colocarem uma bacia para as mãos num local visível ao califa. "Esse bode de barbas longas colocou a bacia onde posso ver!", gritou o califa. "Prendam-no!"[34] As "Maneiras a serem observadas quando plebeus partilham da mesa com seus superiores e com reis" eram um caso em que menos é mais. "Saiba que, enquanto estiver comendo à mesa, é educado falar o menos possível ou não falar nada." Havia boas razões práticas para isso, "pois falar enquanto come pode fazer com que partículas de comida se espalhem do meio dos dentes e da língua". Acima de tudo, "deve-se evitar informalidade no comportamento. Não se deve espichar-se, alongar-se, bocejar, bufar, cuspir, esfregar as mãos, estalar os dedos, brincar com o anel ou mexer na barba e no turbante". Entre as "Propriedades a serem observadas ao beber" estava a sugestão de bebericar em vez de tragar grandes goles livremente – e "quando sentir que está ficando ligeiramente embriagado, deve ir embora imediatamente, enquanto ainda está no controle de si".[35]

E quem poderia discordar do conselho de tirar quarenta pestanejadas após comer? "Tirar uma soneca regularmente melhora o temperamento de uma pessoa, e faz com que seu rosto fique radiantemente saudável. É particularmente bom para o cérebro e o coração e beneficia imensamente os joelhos e as juntas (...) Além disso, rejuvenesce o coração, pacifica a alma, melhora a digestão, fertiliza o esperma e sustenta o corpo."[36]

É de se imaginar o que diria Al Warrak sobre a história contada numa noite fria e nublada de inverno para animar o califa Al Radi (934-940). Radi oferecera a Al Arudi, tutor de vários califas e seus filhos, tudo o que estava vestindo e sobre o que se sentava se Arudi o fizesse rir. Seguiu-se a história de um homem que se hospedou na casa do primo. O anfitrião comentou com suas escravas sobre as boas maneiras do convidado, que não visitava o lavatório há dois dias. As garotas disseram que o fariam ir e secretamente colocaram um laxante na bebida do homem. O anfitrião fingiu estar dormindo quando o purgativo funcionou. O homem, desesperado, pediu que as garotas o levassem até o lavatório. Elas fingiram não entender e cantaram uma música. Cada vez que ele pedia, usando uma palavra árabe diferente para "lavatório", elas mantinham a farsa e começavam uma nova canção. Finalmente, sua barriga borbulhante não aguentou mais. Ele gritou:

> Estou doido para cagar
> E elas me torturam com essas músicas eternas!
> Mas minha paciência está acabando e vou
> Sujar as caras dessas putas!

Ao dizer isso, ele abriu suas calças e deixou sair, disse Masudi, cobrindo as garotas perversas de excremento dos pés à cabeça. O anfitrião fingiu acordar e, vendo suas garotas "naquele estado lamentável", interpelou seu convidado.

"Amigo, o que te deu na cabeça de fazer uma coisa dessa?"

"Filho de uma puta", respondeu o outro, "suas escravas aparentemente acham que o lavatório é uma ponte para o inferno, pois se recusaram a me levar até lá. Não consegui imaginar vingança melhor".

A história escatológica de Al Arudi funcionou. Radi caiu na risada e deu ao seu tutor belas roupas e tapetes, no valor de mil dinares.[37]

*

Em 1055, imediatamente após a revolta entre as multidões rivais sunitas e xiitas que culminou na pilhagem da grande Mesquita Kadhimiya e uma década antes da invasão normanda da Inglaterra, a dinastia Buyida, dilacerada por um conflito fratricida entre jovens príncipes rivais, enfraquecida por repetidas rebeliões tribais encorajadas pelos Fatímidas e ameaçada por uma Bizâncio que renascia, chegou a um fim abrupto. Tughril Beg, chefe dos turcos seljúcidas, uma confederação de tribos da Ásia Central cujas rápidas conquistas de outras dinastias guerreiras já incluíam o leste do Irã, tirou vantagem da bagunça e chegou a Bagdá convidado pelo califa Kaim. O líder Buyida do Iraque, Al Malik al Rahim, não foi capaz de se defender e, após apenas um fraco combate fora da cidade, Bagdá se encontrou de repente sob um nova autoridade estrangeira.[38]

Preocupado com a expansão imperial e as campanhas contra Bizâncio e os Fatímidas – o Império Seljúcida em seu auge, nos últimos anos do século XI, cobria territórios da Ásia Central à costa do mar Egeu – Tughril Beg e os sultões seljúcidas que o sucederam generosamente escolheram não morar perto da cidade durante o século em que exerceram seu domínio. Preferiram, em vez disso, nomear um governador iraquiano para agir por eles – uma indicação de quão pouco Bagdá significava para a nova dinastia no poder. A cidade não era mais proeminente no mundo islâmico; mas para os acadêmicos e cortesãos, em sua maioria sunitas, uma dinastia também sunita – ao contrário dos xiitas Buyida, que periodicamente lutavam com os califas por causa de questões religiosas – era a segunda melhor opção depois do próprio califa. Essa situação permitiu que se desenvolvesse uma nova instituição, o sultanato, que veio a complementar e apoiar o califado, se apresentando como vanguarda política e militar.[39] O método imperial Seljúcida de designar cidades e regiões a seus filhos, irmãos e tios sem dispor de um procedimento claro de sucessão dava margem a instabilidade. Era "um sistema de governo volátil, inerentemente destrutível, já que os membros da família forjavam e quebravam alianças, num leilão pela supremacia regional".[40] Divisões internas dentro do Império Seljúcida, cuja capital se revezou entre Nishapur, Ray e Isfahan durante o século XI, sendo então dividida em sedes ocidental (Hamadã) e oriental (Merv) durante a maior parte do século XII, além de vários pequenos estados controlados por príncipes *atabeg*, se provaram auspiciosas para a reafirmação do poder califal – ainda que limitado ao Iraque central.

Em meio à confusão, a vida cultural ainda conseguia se desenvolver. Em 1065 foi aberta o que viria a ser a famosa Academia Nizamiya, nas margens do rio ao sul do complexo califal, próximo ao atual distrito de Bab al Sharki. Batizada em homenagem ao vizir Nizam al Mulk (morto por volta de 1092), antigo governante do Império Seljúcida, ela contava diversas mentes brilhantes entre seus alunos e professores: Ghazali (1058-1111), grande teólogo, jurista e filósofo deu aulas ali; Imaduddin e Bahauddin, biógrafos de Saladino, estudaram lá, bem como o poeta persa Sadi e Abdullah ibn Tumart, fundador da dinastia Almóada, na Espanha. Foi também a época do teólogo e místico sunita xeique Abdul Kadir al Gailani, um pregador hanbalita do século XII cujos sermões públicos diz-se terem sido tão persuasivos que resultaram na conversão de hordas de judeus e cristãos ao Islã. Ele chegou a Bagdá com dezoito anos e morreu famoso e reverenciado. É considerado um dos grandes santos do Islã, e seu túmulo é um dos santuários mais visitados em Bagdá até hoje.[41]

Bagdá foi atingida por outra enchente desastrosa em 1074. A água rompeu o dique de Muizz al Dawla, danificou o túmulo do ilustre Ibn Hanbal, fundador da escola Hanbali de lei islâmica, derrubou a passagem das mulheres que ligava o complexo califal ao Palácio das Plêiades e destruiu a maior parte do leste de Bagdá. Uma consequência da destruição foi o surgimento rápido de novas construções. Os habitantes começaram a sair da antiga Rusafa, grande parte da qual já estava em ruínas, e se dirigir ao sul para formar um novo bairro, Muktadiya, nomeado em homenagem ao califa Al Muktadi (1075-94), ao redor do complexo califal. Com o tempo e a ajuda da migração contínua vinda de Karkh, essa área cresceu tanto que foi reconhecida como a parte principal de Bagdá pelo califa Mustazhir (1094-1118), que construiu um muro ao redor; as ruínas desse muro sobreviveram século XX adentro.

*

Numa sufocante tarde de agosto de 1099, o califa Mustazhir teve um desagradável choque. Num minuto, ele relaxava em seu *diwan* com suas companhias favoritas o quanto podia no estupor do alto verão; no minuto seguinte, um visitante desgrenhado mas obviamente muito importante irrompeu pelo cômodo, passando pelos dignitários ali reunidos, todos perplexos com a quebra de protocolo.

O visitante era Abu Saad al Harawi, grande cádi de Damasco, cujo comportamento apressado se explicava pela dura jornada de três semanas da Síria até Bagdá que ele acabara de suportar. Harawi deixara a região do Levante logo após a captura de Jerusalém pelos francos em 15 de julho, depois de um cerco de quarenta dias, a culminação da Primeira Cruzada. Dois dias depois da queda, já não havia muçulmano vivo dentro dos muros da cidade, uma notícia assustadora que começava a se espalhar entre os atônitos seguidores da fé.

O grande cádi olhou ao redor, sem acreditar. O cômodo do califa era o retrato da indolência e do luxo. Exausto da estrada, chocado em ver o líder – ao menos em nome – do mundo muçulmano reclinado em robes suntuosos, alegre, sem se perturbar com o trauma do Dar al Islã que ele devia governar e defender, Harawi se esqueceu de onde estava e não foi capaz de conter sua ira. O escritor libanês Amin Maalouf é quem conta a história. "Como ousam repousar na sombra de uma segurança complacente, vivendo suas vidas frivolamente como flores de jardim, enquanto seus irmãos na Síria não têm onde ficar a não ser nas selas de camelos e nas barrigas de abutres", vociferou Harawi. "Sangue foi derramado! Belas jovens foram desonradas e agora têm de esconder suas doces faces entre as mãos! Será que os valorosos árabes devem se resignar aos insultos e os corajosos persas devem aceitar a desonra?"[42]

Atrás dele, encolhendo-se diante de tal explosão, estava um bando miserável de refugiados. Segundo o historiador árabe do século XII Ibn al Athir, "eles contaram no Diwan uma narrativa que trouxe lágrimas aos olhos e dor ao coração. Protestaram na mesquita na sexta-feira e pediram ajuda, chorando e levando os outros às lágrimas. Contaram a história do assassinato de homens, da escravização de mulheres e crianças e da pilhagem de propriedades de que haviam sido vítimas os muçulmanos naquele lugar venerável".[43]

Mustazhir, então com vinte e poucos anos, não foi capaz de responder ao desafio do cruzado. De alma gentil, o califa era apaixonado por arquitetura e por escrever poesia amorosa ("Quando estico minha mão para dar adeus a meu amor, o ardor de minha paixão derrete o gelo"), e tinha horror a crueldade. A resposta dele às aterrorizantes notícias do cádi foi cair no pranto, uma reação que não impressionou em nada o nobre visitante. "Nunca os muçulmanos foram tão humilhados, nunca suas terras foram tão devastadas", censurou Harawi.

Sem conseguir agir, Mustazhir expressou sua mais profunda compaixão, tanto pelos refugiados quanto pela perda de Jerusalém para os francos infiéis, e lançou mão do clássico estratagema dos políticos confrontados por uma decisão difícil: ordenou que um inquérito fosse conduzido por sete eminências. "Talvez seja desnecessário dizer que nunca mais se ouviu nada daquele comitê de sábios."[44] O homem cuja posição já fora símbolo do poder, da glória e da energia incansável da civilização árabe tinha se transformado num fantoche impotente.

Para Bagdá, o século XII foi uma sucessão quase interminável de rebeliões, conflitos, cercos, incêndios e enchentes. Apenas um passar de olhos no índice remissivo do titânico livro de história de Ibn al Athir revela perturbadoras referências à violência. "Bagdá, lutando em", "gangues urbanas", "disputa em" são entradas típicas, intercaladas com o Tigre quebrando seus diques e o fogo devorando bairros, consumindo tudo pelo caminho. A lei e a ordem eram precárias, no máximo. Entre 1099 e 1101, o poder na cidade mudou de mãos oito vezes em trinta meses, em média um novo senhor a cada cem dias, enquanto os príncipes irmãos Barkyaruk e Mohammed, filhos do sultão seljúcida Malik Shah (1072-92), lutavam pelo trono, causando uma profunda desordem em todo o Oriente Médio.

Em 1136, gangues urbanas em Bagdá e em seus subúrbios novamente causaram rebelião, percorrendo as ruas e saqueando. "Eles abertamente cometiam assassinatos e roubos violentos de propriedade, e o mal que fizeram foi grande", escreveu Ibn al Athir. "O governador fez batidas na rua do mercado de escravos para procurar as gangues, mas a população dos bairros do oeste se levantou contra ele e o atacou com força. Ele botou fogo na rua e muitas pessoas morreram queimadas." Um intermediário enviado pelo sultão seljúcida Masud foi morto como vingança pela suspeita de assassinato do califa Al Mustarshid em 1135, após um reinado de sete anos. O sultão retaliou dando a seus homens licença para saquear o harém de Ibn Tahir no oeste de Bagdá, uma área onde as gangues estavam tocando o terror. O sultão Masud cercou a cidade por quarenta dias. Sem sucesso no começo, ele voltou a tomar a cidade e depôs o califa de vida curta Al Rashid, mais tarde assassinado. Turbulência e desordem faziam parte do estado natural das coisas.

Alguns historiadores sugerem que a natureza tumultuosa da sociedade de Bagdá, incluindo a incansável sucessão de revoltas e rebeliões que aflige a cidade há séculos, pode ser parcialmente explicada pela colisão fundamental de culturas entre a população urbana e as tribos nômades predatórias que a cercavam. Vale a pena citar aqui uma perspectiva contemporânea de Bagdá, cujos pensamentos sobre o ciclo de disputas e conflitos culturais ecoam, respectivamente, os de Ibn Khaldun, no século XIV, e dr. Ali al Wardi, historiador do Iraque, no XX.

> O urbanismo foi dominado pela influência forçada das tribos nômades que mudaram radicalmente o tecido social da cidade, injetando seus princípios rudimentares e sua moral na sociedade bagdali. As tribos mantiveram seus costumes grosseiros, nunca os modificaram. Elas cercavam a cidade há tempos, olhando-a com olhos gananciosos, desejando uma oportunidade de saquear e queimar a modernidade da gloriosa Cidade da Paz. Com o tempo, o cidadão comum de Bagdá desenvolveu uma natureza dupla: uma parte que representava a sofisticação do citadino e outra que emulava os hábitos nômades e tribais, como vingança, saques, destruição de propriedade pública e outras práticas indescritíveis. As autoridades governantes eram profundamente detestadas por causa da corrupção e do total descaso com as necessidades do povo. Os ricos compravam o que desejasse seu coração subornando oficiais, enquanto aqueles que não tinham dinheiro para fazê-lo se revoltavam e amotinavam até serem reprimidos pelos governantes. Invasões e ocupações estrangeiras, desastres naturais, fome e epidemias também desempenharam papéis terríveis na mudança do verdadeiro caráter bagdali.[45]

A cidade foi cercada novamente em 1157, na sequência de um colapso total nas relações entre o califa Al Muktafi, sucessor de Rashid, e o sultão Mohammed, sucessor de Masud. Entre as testemunhas do cerco de dois meses estava um grupo de peregrinos que voltava de uma *haj* a Meca e que ficou compreensivelmente "muito escandalizado com o espetáculo ridículo do Comandante dos Fiéis sendo atacado em sua própria capital pelo sultão seljúcida".[46] A batalha foi feroz, com pesados bombardeios das catapultas e facções rivais lançando fogo grego, uma arma secreta bizantina que funcionava como potente lança-chamas.[47] Enfermidades se espalharam dentro dos muros da cidade, aumentando o número enorme de vítimas. Enfim, ao ouvir que seu irmão estava tomando terras na Pérsia durante sua ausência, Mohammed levantou o cerco para cuidar de assuntos mais urgentes em casa. A defesa bem-sucedida de Muktafi marcou o fim do governo seljúcida em Bagdá e trouxe um breve retorno do poder califal.

*

Um dos relatos mais celebrados de Bagdá data dessa perturbada época. Em um nível, é uma observação brilhante e provavelmente exagerada da glória e das coerções reais, um estudo íntimo, às vezes perturbador, sobre um califa recluso, Al Mustanshid (1160-70) ou seu sucessor Al Mustadi (1170-80). Em outro nível, oferece um relato poderoso e em primeira mão dos segredos mais impressionantes da cidade. Para o mundo externo, Bagdá ainda era a grande cidade islâmica, paradigma, ainda que reduzido, do mundo islâmico. Mas, como relatou o viajante e aventureiro judeu Benjamin de Tudela (em Navarra, norte da Espanha), por baixo da superfície muçulmana havia uma próspera população judaica cujas pródigas riquezas eram salva-vidas essenciais ao califado. O relato de Benjamin é o primeiro que temos sobre a vida dos judeus em Bagdá, e singularmente valioso por essa razão. Ele chegou à cidade no fim dos anos 1160 ou começo dos anos 1170 (daí a incerteza sobre qual califa está sendo descrito), após atravessar a Europa e o Levante, como parte de uma odisseia que levou de dez a catorze anos e incluiu algumas das cidades mais históricas do mundo, de Gênova, Roma e Constantinopla a Samarcanda, Cairo e Alexandria, passando por Jerusalém, Damasco e Antioquia.[48]

Ele calculou que Bagdá tivesse 32 quilômetros de circunferência, cercada por uma terra verdejante de palmeiras, jardins e plantações. Mercadores, sábios e filósofos vinham de todos os cantos, junto com "mágicos especialistas em toda a espécie de bruxaria". O palácio do califa se espalhava por mais de 7 quilômetros quadrados, incluindo um grande parque murado com diversas variedades de árvores, pomares, animais selvagens e um lago muito povoado, dando ao califa e à sua comitiva as mais generosas caças. Havia prédios fabulosos de mármore, contendo colunas de prata e ouro e entalhes feitos com pedras raras. Dentro do palácio, a imagem não era menos esplêndida, com "grandes riquezas e torres cheias de ouro, vestes de seda e todas as pedras preciosas".

Benjamin registrou que todos os irmãos do califa e os membros de sua família viviam no palácio, mas eram "presos com correntes de ferro para que não se levantassem contra o poderoso Califa". Essa prisão aparentemente não evitava que vivessem em "grande esplendor". Os príncipes recebiam tributos das cidades e vilas de que eram donos, permitindo que tivessem uma vida de indolência real, em que "comiam e bebiam e gozavam todos os dias de suas vidas".

A vida do califa, restrita aos luxos e à reclusão do palácio, era interrompida apenas uma vez ao ano, segundo Benjamin, para o festival do Ramadã (ele não especifica de qual das duas celebrações fala). Muçulmanos vinham de terras distantes por todo o império, desesperados por ver rapidamente o califa nesse dia excepcional. "Ele monta uma mula e está vestido em robes reais de ouro, prata e fino linho; em sua cabeça está um turbante enfeitado com pedras preciosas de valor inestimável, e sobre o turbante há um xale preto em sinal de modéstia, mostrando que toda essa glória será coberta pela escuridão no dia da morte. Ele está acompanhado por todos os nobres do Islã, vestidos finamente e a cavalo."

Príncipes da Arábia e da Ásia Central, incluindo "os príncipes da terra do Tibete", se juntavam à procissão real que partia do grande palácio do califa para "a grande mesquita do Islã próxima ao Portão de Basra". Multidões tomavam as ruas de Bagdá embaixo de bandeiras de seda e tecido roxo, cantando, aplaudindo e dançando, saudando o califa que passava com o cumprimento: "Paz a ti, nosso Senhor Rei e Luz do Islã". Em resposta, o califa beijava seu robe, esticava a barra e os saudava. Ele subia em um púlpito de madeira na mesquita e fazia um sermão, explanando suas leis, e depois disso os mulás rezavam para ele e elogiavam sua "grandiosidade e sua graciosidade". Ele abençoava a congregação e mandava abater um camelo, dando a carne aos príncipes, que a distribuíram ao povo. Após toda essa comoção, conta Benjamin, o califa voltava sozinho ao seu palácio às margens do rio, "e a estrada que ele pega, à beira-rio, é vigiada o ano todo, para que homem nenhum siga seus passos. Ele não sai do palácio novamente por um ano inteiro. É um homem benevolente".

Havia dois motivos para o veredito notavelmente positivo de Benjamin sobre o califa. O primeiro era a condição próspera da população judaica da cidade e o segundo, suas excelentes relações com o líder do mundo islâmico. O califa era "gentil com Israel", declarou o viajante, e tinha muitos acompanhantes judeus. Ele era multilíngue, "bem-informado sobre a lei de Israel. Ele lê e escreve a língua sagrada [hebraico]". Benjamin estimou haver cerca de 40 mil judeus vivendo em "segurança, prosperidade e honra sob o grande Califa", entre eles grandes filósofos e os sábios rabinos que lideravam as dez academias talmúdicas, muitos deles de linhagem ilustre. A ascendência de Samuel, o rabino-chefe, por exemplo, remontava a Moisés.

O rei dos judeus babilônios no exílio era um homem chamado Daniel, filho de Hisdai, intitulado "Nosso Senhor o Comandante do Cativeiro de Todo Israel", dono de "um livro de genealogia que ia até Davi, Rei de Israel". Os muçulmanos o conheciam como Saidna ben Daoud, "investido de autoridade sobre toda a congregação de Israel pelas mãos do Emir al Muminin, Senhor do Islã". O judeu mais antigo de Bagdá era uma figura poderosa, cujo poder se estendia para muito além da cidade, englobando a Mesopotâmia, a bíblica Shinar (Suméria), o Irã, Khorasan e o Iêmen, as terras dos Togarmin (Turquia) e dos Alans (na Geórgia e no Cáucaso), espalhando-se pelos desertos da Sibéria e "os portões de Samarcanda, a terra do Tibete e o território da Índia". Comunidades judaicas por toda a Ásia levavam a ele "oferendas e presentes dos confins do mundo". Ele era dono de abrigos, jardins e plantações na Babilônia e de faixas de terra herdadas de seus pais, nenhuma das quais lhe podia ser tirada à força. Era, disse Benjamin, "muito rico e sábio nas Escrituras tanto quanto no Talmude, e muitos israelitas jantavam todos os dias à sua mesa".

Na época da visita de Benjamin a Bagdá havia 28 sinagogas, situadas de cada lado do Tigre, entre as quais o principal local de adoração era um monumento de grandiosidade estonteante. "A grande sinagoga do Comandante do Cativeiro tem colunas de mármores de várias cores sobrepostas com prata e ouro, e nessas colunas estão escritas sentenças dos Salmos em letras douradas. E em frente à Arca Sagrada há cerca de dez degraus de mármore; no último degrau estão os tronos do Senhor do Cativeiro e do Príncipe da Casa de Davi".

Os habitantes de Bagdá podiam ver seu califa só uma vez por ano, mas o líder judeu da cidade o visitava "a cada quinto dia" com uma cerimônia suntuosa, acompanhado por cavaleiros cristãos e judeus, com arautos proclamando à sua frente: "Abram caminho para nosso Senhor, filho de Davi, como lhe é devido". O líder judeu vinha montado num cavalo, vestido em "robes de seda e bordado, com um largo turbante na cabeça, e do turbante caía um longo pano branco enfeitado com uma corrente, na qual está gravado o escrito de Maomé". Após beijar a mão do califa, ele sentava-se num trono à sua frente "e todos os príncipes maometanos que frequentavam a corte do Califa se levantavam à sua frente".

A principal preocupação de Benjamin em Bagdá era observar os outros judeus e o califa, mas ele também nos oferece um valioso vislumbre sobre o interior do famoso Hospital Bimaristan, que descreve como "blocos de casas e abrigo para os pobres doentes que vêm ser curados". Havia cerca de sessenta lojas médicas com remédios e outros suprimentos exigidos pelo califa. "Cada doente que vem para cá é mantido à custa do Califa e tratado pelos médicos". Havia também tratamento – ainda que bastante limitado segundo os padrões modernos – para doentes mentais. O hospital cuidava de "pessoas dementes que ficaram loucas nas cidades por causa do grande calor do verão, cada uma delas é acorrentada com correntes de ferro até que sua razão seja recobrada no inverno". Enquanto estavam no hospital, esses infelizes pacientes recebiam comida do palácio do califa e, quando tinham alta após inspeções mentais para determinar seu estado de espírito, recebiam dinheiro para voltar para casa. Benjamin ficou impressionado. "Tudo isso o Califa faz por caridade àqueles que vêm à cidade de Bagdá, sejam doentes ou loucos. O Califa é um homem justo e todas as suas ações são para o bem."

Benjamin destacou a importância essencial da comunidade judaica para as autoridades muçulmanas – o que continuou sendo verdade durante boa parte do século XX – com sua observação de que o líder dos babilônios exilados deu "muito dinheiro" ao califa, os príncipes e os ministros. No dia da consagração, o líder judeu viajou junto com o segundo comboio real, escoltado do palácio do califa até o seu "com adufes e flautas". A observação de Benjamin de que "os judeus da cidade são homens cultos e muitos ricos" se manteve verdadeira por mais 800 anos, até os desastres da idade moderna.

*

Como viajante judeu chegando a uma comunidade judaica vibrante e com influência no coração do mundo islâmico, Benjamin ficou certamente impressionado com o que viu – e com toda a razão. Sugerir que Bagdá estava livre dos conflitos sectários, porém, passaria longe da verdade. Apesar de os bagdalis atualmente atribuírem com frequência as explosões recentes de hostilidade entre os sunitas e os xiitas à invasão norte-americana de 2003, como se a norma anterior fosse a harmonia entre as duas escolas, as diferenças religiosas estouravam periodicamente com violência e matança desde o nascimento de Bagdá.

Podemos lembrar da impiedosa guerra secreta declarada por Mansur, o fundador sunita de Bagdá, contra os descendentes xiitas de Ali, e o horror de seu filho Mahdi em 775 quando descobriu uma cripta cheia de cadáveres da família de Ali, desde jovens crianças até inofensivos velhos, todos assassinados por ordem de Mansur. De certa forma, a política de Mansur prefigurava o longo padrão de dominância sunita no Iraque, do qual uma consequência frequente era a ocasional perseguição violenta da maioria xiita – uma tradição que continuou até os tempos modernos.

Antes dos Abássida, a teologia islâmica mal existia. Apesar de questões dessa ordem terem surgido durante a era Umayyad, elas diziam mais respeito às lideranças política e religiosa do que a questões mais complexas de doutrina. Durante a era Abássida, porém, os teólogos se profissionalizaram e proliferaram, aumentando o escopo da *fitna,* ou divisão, dentro da fé. Diferenças religiosas dentro da comunidade sunita foram levantadas, às vezes fatalmente, desde a época de Mamun, que chocou sua corte, a comunidade religiosa e os acadêmicos ao declarar que, dali em diante, a escola Mutazilita do Islã seria a fé ortodoxa. Os mutazilitas acreditavam que o Alcorão tinha sido criado, contra a visão sunita antes considerada ortodoxa que dizia que o Alcorão existia desde tempos imemoriais e havia sido revelado durante a época do profeta Maomé. Mamun e Mutasim beneficiavam deliberadamente os teólogos mutazilitas, e testes rígidos eram aplicados para determinar a puridade doutrinal entre os oficiais do governo, uma inquisição que ficou conhecida como *mihna*. Ninguém menos que Ahmed ibn Hanbal, o grande teólogo islâmico, foi chamado em frente ao tribunal e, segundo consta, torturado por não renunciar às suas visões repentinamente consideradas heréticas.[49] Tabari registrou o exemplo de um homem chamado Ahmed ibn Nasr, que, em 846, liderou uma rebelião fracassada em Bagdá contra a nova ortodoxia e foi levado para o califa Wathik (841-847), recusando-se de resolutamente a aceitar a criação do Alcorão. Ele foi obrigado a ajoelhar-se numa esteira de couro antes que o próprio califa desembainhasse a famosa espada Samsama e cortasse a cabeça dele. Durante a anarquia que dominou o século X, o equilíbrio de poder teológico em Bagdá completou um círculo e a facção ortodoxa Hanbali formou sua própria inquisição, condenando líderes xiitas a serem empalados e queimados vivos, ignorando os infrutíferos esforços do califa em manter a paz.[50]

Nas rebeliões de 1051, como vimos, os sunitas fizeram objeção a uma inscrição proposta para uma passagem em Karkh, o que levou a conflitos, ao assassinato da figura sunita líder ali presente e, em retaliação a isso, à profanação e queima da magnífica Mesquita Kadhimiya, tão sagrada para os xiitas. Em 1174, logo após Benjamin de Tudela ir embora de Bagdá, houve várias grandes perturbações religiosas na cidade, com várias batalhas sérias entre os habitantes sunitas do bairro de Basra e os xiitas de Karkh, em seguida à inundação de uma mesquita. As mesmas duas comunidades brigaram novamente em 1185, com vários mortos e feridos.

Apesar de a maior parte dos conflitos sectários de Bagdá ser centrada nos sunitas e xiitas, os judeus não estavam imunes de forma alguma. Em 1177, um grupo de muçulmanos de Madain, a cerca de 30 quilômetros de Bagdá, chegou à cidade e começou a reclamar dos judeus. Ibn al Athir conta a história: "Eles disseram: 'Temos uma mesquita onde fazemos o chamado às orações e rezamos, e ela fica ao lado da sinagoga. Os judeus disseram para nós: ‹Vocês nos molestam com seu chamado às orações tão frequente›, ao que o muezim respondeu: ‹Não nos importamos com isso›".[51]

Uma disputa, na qual os judeus inicialmente levaram vantagem, então irrompeu. Os muçulmanos, temporariamente aprisionados, foram soltos depois, e então marcharam à Mesquita do Palácio, onde protestaram em alto volume antes das preces de sexta-feira. Sentindo o perigo, o imã diplomaticamente encurtou as preces. Tropas chegaram para conter os protestos, mas a multidão estava inflamada, irada com o tratamento de seus colegas muçulmanos. Eles quebraram azulejos de prédios e os atiraram nas tropas, que viraram as costas e fugiram.

> A multidão então atacou as lojas de boticários, porque muitos deles eram judeus, e as saquearam. O chefe de gabinete do palácio tentou impedir, mas a multidão o apedrejou, então ele também fugiu. A cidade estava em alvoroço. A multidão destruiu a sinagoga ao lado da residência de Al Basasiri e queimou a Torá. Os judeus se esconderam. Então o Califa ordenou que a sinagoga em Al Madain fosse demolida e convertida em mesquita.[52]

Palanques foram montados em praça pública, prontos para crucificar a multidão recalcitrante. Recusando-se a serem intimidadas por essa estratégia de ameaça, as pessoas penduraram ratos mortos nas cruzes. O conflito parece ter se extinguido depois que ladrões foram tirados de suas celas, levados à praça e crucificados.

Os cidadãos de Bagdá há tempos são sensíveis a qualquer insulto, real ou imaginário, à sua religião. A dinastia Buyida que governou a cidade por pouco mais de um século até 1055 foi, inicialmente pelo menos, ardentemente xiita. Muizz al Dawla tornou obrigatório o jejum no décimo dia de Muharram, em honra ao grande mártir xiita Hussain, disparando uma série de rixas quando os sunitas retaliaram introduzindo eles mesmos um novo festival. Muizz al Dawla fez pouquíssimos esforços para acalmar as divisões. Tendo sido dissuadido por pouco de sua intenção de depor o califa, ele ordenou que uma denúncia aos sunitas fosse pregada nas portas das mesquitas, causando uma nova onda de conflitos de uma multidão irada.

A religião ocupava boa parte dos pensamentos de outro ilustre visitante de Bagdá no começo do verão de 1184, menos de vinte anos depois da passagem de Benjamin de Tudela. O geógrafo e poeta andaluz Ibn Jubayr chegou à cidade com uma caravana de peregrinos, tendo acabado de testemunhar uma cena de rebelião ao sul de Bagdá, na qual muitos homens e animais foram mortos cruzando o Eufrates em debandada.

Suas primeiras impressões tendiam a ser sombrias. Apesar de Bagdá ainda ser a capital Abássida, "a maioria de suas características não existia mais, tendo deixado apenas um nome famoso. Em comparação com seu estado anterior, antes de ser atingida pelo infortúnio e ter os olhos da adversidade voltados para si, a cidade é uma ruína apagada, um vestígio enfraquecido ou a estátua de um fantasma. Não tem beleza que atraia os olhos ou chame aquele que está impaciente para ir embora à esquecer dos negócios e contemplar". Duas exceções a esse funesto veredito foram reconhecidas. A primeira era o Tigre, que corria entre as partes leste e oeste da cidade "como um espelho brilhando entre duas molduras, ou como um cordão de pérolas entre dois seios. A cidade bebe dele e não passa sede, e fita um espelho polido que nunca embaça". A segunda era a fascinante e famosa "beleza de suas mulheres [...] de modo que se Deus não oferecer proteção, há os perigos da sedução do amor".[53]

A leitura do relato de sua estada de duas semanas em Bagdá dá a clara impressão de que Ibn Jubayr não se esforçou para se divertir. Certamente revirava os olhos para seus habitantes, difamando sua hospitalidade, acusando-os de bairrismo, vanglória, hipocrisia e mau comportamento. Ele não era um visitante apavorado vindo de terras ocidentais:

> Quanto ao povo, raramente se acha entre ele alguém que não finja humildade, sendo na verdade vão e orgulhoso. Eles desprezam estranhos e mostram desdém e desprezo a seus inferiores, enquanto fazem pouco das histórias e notícias de outros homens. Cada um acredita, em fé e pensamento, que o mundo inteiro é trivial em comparação com sua terra, e não encontram sobre a face da Terra outro nobre local para viver que não seja o seu. É como se estivessem convencidos de que Deus não tem terras ou povos que não os seus.

Qualquer forasteiro esperando as boas-vindas de seus companheiros muçulmanos perderia rapidamente essa esperança tão ingênua. O estrangeiro estava lá para ser espoliado:

> O estranho com eles não tem companheiros, suas despesas são dobradas e não encontra entre eles ninguém que não pratique a hipocrisia ou o engane para se beneficiar ou tirar proveito. É como se eles fossem forçados a essa forma falsa de amizade como condição para ganhar a paz e o entendimento em suas vidas juntos. A má conduta das pessoas dessa cidade é mais forte que o caráter do ar e da água, e diminui a honestidade de suas tradições e de seus registros.

É claro que as reações de Ibn Jubayr a Bagdá dizem tanto sobre os habitantes da cidade quanto sobre ele próprio. A julgar pela forma como gastou seu tempo, ele foi um dos visitantes mais arrogantes da Cidade da Paz. Como os enviados bizantinos que eram levados de palácio a palácio, Ibn Jubayr parece ter pulado de sermão em sermão, avaliando a performance de cada xeique, *fakih* e imã. Ele aprovou, por exemplo, o "discurso tranquilo e grave" do xeique e imã Radi al Din al Kazwini, líder dos Shafis, outra das quatro escolas de jurisprudência islâmica, e maior teólogo da ilustre Faculdade Nizamiya. O andaluz assistiu ao sacerdote levar sua plateia às lágrimas. Mudando de escolas, Ibn Jubayr mais tarde gostou de um sermão do xeique, *fakih* e imã Jamal al Din Abul Fadl ibn Ali al Jawziat, líder dos conservadores hanbalitas, tido em tão alta conta que vivia numa casa adjacente aos palácios do califa. Ele era, disse o andaluz, "a maravilha de todos os tempos e o consolo da fé", um homem do mais alto aprendizado, que falava com "eloquência fascinante", pontuando seu sermão a cada parágrafo com as rimas de abertura do Alcorão, recitadas antes por vinte leitores, numa demonstração tocante de fé. Os penitentes gritaram em admiração e foram atraídos a ele "como mariposas à luz". Todos os homens levantaram seus topetes para o homem santo cortar. "Alguns desmaiaram e ele os levantou em seus braços." Pelos padrões modernos isso pode ser quase herético, mas para o viajante do século XII foi "um incrível espetáculo que encheu as almas de penitência e arrependimento, lembrando-as dos temores do Dia da Ressureição". De fato, para Ibn Jubayr, esse sermão justificou a expedição inteira a Bagdá. "Se tivéssemos atravessado os mares e vagado nos desertos sem água só para estar presente ao sermão deste homem, teria sido uma troca vantajosa e uma jornada próspera e bem-sucedida." Deve ter sido uma performance e tanto. Em outro sermão, novamente de Jamal al Din, dessa vez em Bab al Badr, na praça dos palácios do califa – para a qual estavam virados os belvederes, de modo que o califa e sua família pudessem convenientemente ouvir –, Ibn Jubayr disse que a congregação perdeu o controle. "Olhos jorraram suas lágrimas e almas receberam seus anseios secretos. Homens jogaram-se em cima dele, confessando seus pecados e demonstrando muita penitência. Corações e mentes ficaram embevecidos e houve grande comoção. Os sentidos perderam a compreensão e o discernimento, não havia forma de se conter." Como se não fosse o suficiente, o pregador também recitou "poemas eróticos de muita paixão e notável sensibilidade", jogando mais combustível nas chamas do arrebatamento e da devoção. A julgar pelo relato de Ibn Jubayr, Jamal al Din era o agitador mais talentoso de seu tempo.

Os viajantes nos legam retratos convincentes de Bagdá através de várias eras, particularmente durante o longo declínio de metrópole Abássida a periferia provinciana na Idade Média, quando então as fontes ficaram bem mais quietas. Os visitantes testemunham a ascensão de novos bairros e o eclipse dos antigos, e observam a destruição das guerras e as devastações causadas pelo fogo, pela fome e pelas enchentes. Ibn Jubayr descreve o oeste de Bagdá como "completamente tomado por ruínas", apesar de ter dezessete bairros, cada um do tamanho de uma cidade, com dois a três banhos públicos e uma grande mesquita em oito deles. Os quatro maiores bairros eram Kuraya, onde ele se hospedou próximo ao Tigre, Karkh, Bab al Basra e Sharih. O oeste de Bagdá consistia principalmente de pomares e jardins murados que supriam com frutos a parte leste da cidade, há muito estabelecida como lar dos califas e da grande mesquita de Mansur.

Apesar de parecer não se cansar de sermões, Ibn Jubayr também se dedicava aos monumentos, achando tempo para ir atrás dos túmulos e templos de homens devotos, principalmente o de Maruf al Karkhi, o amado santo padroeiro de Bagdá; o templo do imã Abu Hanifa; e o túmulo de Ahmed ibn Hanbal, "que Deus guarde todos eles em Sua graça".

O leste de Bagdá, ao contrário de seu destruído congênere no oeste, era agora o coração da cidade, organizado em grande escala, com "magníficos mercados" e "uma população que ninguém poderia contar a não ser Deus Altíssimo". Havia três grandes mesquitas, a Mesquita do Califa, a Mesquita do Sultão e a Mesquita de Rusafa, onde estavam os túmulos dos califas Abássida. As mesquitas distritais eram simplesmente numerosas demais para que se possa estimar quantas eram. Quanto a locais de aprendizagem, havia cerca de trinta faculdades no leste de Bagdá, e diz-se que cada uma delas era capaz de sobrepujar o mais belo palácio. A Faculdade Nizamiya era excepcional. "Grande honra e eterna glória para a terra são essas faculdades e esses hospitais." Um xeique disse a Ibn Jubayr que quem desejasse gastar suas manhãs, tardes ou noites ensaboando-se em banhos públicos podia escolher entre cerca de 2 mil deles – sem dúvida um exagero, mas, ainda assim, um sinal de sua abundância. A maior parte era coberta de betume, "para que quem olhasse pudesse pensar que eram feitos de mármore preto polido". Nessa época, o muro erigido ao redor da cidade pelo califa Mustazhir tinha quatro portões no leste: Bab al Sultan, Bab al Safariya, Bab al Halba e Bab al Basaliya.

Ibn Jubayr achava, como Mukaddasi dois séculos antes, que o auge de Bagdá ficara para trás. O poder político se esvaíra, e o antes poderoso califa Abássida estava trancado em seu palácio, "num suntuoso confinamento", enquanto outros governavam em seu lugar. Uma vida de luxo e ostentação era o prêmio de consolação do momento. "O resplendor desse reinado consiste apenas de pajens e eunucos negros", observou com frieza. "Em resumo, o estado dessa cidade é maior do que se pode descrever. Mas ah, o que é ela em comparação ao que era antes! Hoje podemos aplicar a ela o ditado do amante: 'Você não é você, e as casas não são as que conheci'."

*

A visita de Ibn Jubayr a Bagdá aconteceu quando o califa Al Nasir (1180-1225), um líder de vigor e ambição incomuns, ainda tinha vinte e poucos anos. Seu longo reinado foi marcado por uma renovação da prosperidade do poder califal, com o Iraque, o oeste da Pérsia e o leste da Síria reconhecendo a influência de Bagdá. Nasir tirou vantagem da instabilidade causada pela competição entre sultões, príncipes e *atabegs* seljúcidas para construir uma eficaz base de poder e o califado recobrou muito do brilho perdido durante os séculos anteriores. Seu reinado também coincidiu com o colapso final do Império Seljúcida, quando o sultão Tughril III foi derrotado em batalha por Khwarizmid Shah Takash, em 1194. Apesar de grande parte do sistema de canalização que era a base da prosperidade do império estar abandonada, com o antes imponente Canal Nahrawan parcialmente obstruído, Nasir iniciou uma série de obras em prédios públicos de Bagdá, incluindo a demolição das ruínas dos antigos palácios Buyida em Rusafa, a instalação da cruz do Cruzado Saladino no Portão Núbio do complexo califal, a reconstrução do Portão Halba (comemorada com uma inscrição que se manteve intacta até 1917, quando os turcos em fuga explodiram o portão), uma represa temporária no Tigre e a restauração do túmulo do xeique Maruf al Karkhi. Durante algum tempo o crescente poder da dinastia Khwarizmid, na Pérsia, ameaçou o califa, e o sultão Mohammed chegou a anunciar a deposição de Nasir e da família Abássida, antes de lançar um ataque ao Iraque. Nasir foi salvo pela intervenção de um inimigo diferente do leste, que exigia sua atenção total. A onda mongol estava prestes a quebrar em terras muçulmanas.

Ainda assim, a cultura Abássida não se acabaria num lamento. A vida intelectual continuou prosperando até o reinado de Al Mustansir (1226-42), o penúltimo califa Abássida em Bagdá. Em 1233, num esforço para eclipsar a Faculdade Nizamiya e outros locais de aprendizagem na cidade, o califa fundou uma universidade que levava seu nome, a Mustansiriya. Um dos monumentos mais duradouros e magníficos de Bagdá, joia rara da arquitetura Abássida que sobrevive até hoje no sul da parte antiga da cidade na margem leste do Tigre, atrás de um altíssimo portal com belíssimas inscrições e motivos geométricos, a universidade é reverenciada na cidade como a mais antiga do mundo.

"Imagine, isso é tudo o que sobrou da era Abássida", disse meu amigo Thair, um acadêmico da Universidade de Bagdá, durante uma visita de última hora que fizemos numa manhã. "Dá pra acreditar? Todo o resto foi destruído. Mas, olhando como é linda, acho que você vai conseguir entender quão grandes eram os Abássida". Ele tem razão. Em uma cidade onde a violência tem sido endêmica desde o nascimento, há uma estranha serenidade naquele lugar, vinda talvez de um estilo arquitetônico que mescla simplicidade e uma grandiosidade paralisante. A universidade é uma das poucas sobreviventes do massacre de Hulagu em 1258. Há resistência e nostalgia em cada pedra.

Ao lado de um domo de azulejos azuis que reluz no sol da manhã, um minarete lança sua imponente sombra sobre quem passa. Atravessando o portal, que se afunila em direção ao céu ofuscante, somos repentinamente engolidos por um espaço tomado pelo calor, com a companhia de tristes arbustos e de uma solitária palmeira entre as fileiras de colunas que emolduram o pátio em dois andares. "Dá uma paz, não? Bem diferente da outra Mustansiriya", diz Thair, rindo sarcasticamente. "Só em Bagdá você vê estudantes matando professores!" Ele está se referindo à Universidade Mustansiriya moderna, criada nos anos 1960 num *campus* no nordeste de Bagdá, que, em 2009, foi temporariamente fechada pelo primeiro-ministro Nuri al Maliki, numa tentativa de parar uma gangue de estudantes acusada de assassinar, torturar e estuprar outros alunos e matar professores e administradores.[54]

No ensolarado coração do *campus* da Mustansiriya Abássida ficavam as quatro faculdades que representavam as quatro escolas ortodoxas do *fikh* islâmico, baseado no Alcorão, no *hadith* e nas interpretações do clérigo ulemá: Hanbali, Hanafi, Shafi e Maliki. Quando não estavam com os narizes enfiados nos livros e manuscritos disponíveis na biblioteca que dispunha de um número incrível de títulos, os alunos e professores podiam usufruir os mais avançados tratamentos médicos disponíveis em um novo hospital no *campus* (com equipamentos vindos do Hospital Adudi), um *hamman* no qual se deleitar e uma farta cozinha. O *hall* de entrada era decorado com um relógio monumental, acionado por água de uma forma elaborada, anunciando as horas de estudo e de oração.

Essa foi também a época de outro gigante da geografia árabe, considerado por muitos o maior de todos. O *Dicionário geográfico* de Yakut, publicado por volta de 1226, é "talvez o maior repositório de fatos geográficos já compilado por qualquer homem durante a Idade Média", um baú de tesouros cheio de informações sobre Bagdá na véspera da queda da dinastia Abássida.[55] Três décadas depois, em 1256, Ibn Khallikan publicou *Obituários de ho-*

mens eminentes, mais conhecido como *Dicionário biográfico*, uma pesquisa magistral e altamente anedótica sobre alguns dos grandes homens de sua época. Dois anos mais tarde, meio milênio após Mansur fundar sua capital imperial, era hora de escrever o obituário da própria dinastia Abássida.

★

Os cinco séculos de governo Abássida testemunharam uma incrível prosperidade cultural. Não é exagero dizer que, nos séculos VIII e IX, Bagdá representava o ponto alto da civilização humana em qualquer parte do mundo.

"Bagdá ascendera rapidamente, um meteoro brilhante no céu, mas sua queda foi longa, lenta e inevitável; ela puxou para si todos os fios da vida islâmica, marcou-os com sua individualidade e soltou-os novamente. O trabalho da cidade estava terminado."[56] O resumo de Richard Coke é sombrio demais. A vida intelectual e cultural de Bagdá não expirou junto com o fim do auge militar e político.

Sua época de monopólio sobre a genialidade intelectual começou a chegar ao fim com o declínio contínuo do califado desde meados do século IX. Outras cidades na órbita oriental estavam criando suas identidades culturais, desenvolvendo suas cortes e atraindo suas próprias constelações de estrelas talentosas e ambiciosas, desde bastiões da Ásia Central como Samarcanda, Balkh e Khiva até os centros persas de Tabriz, Isfahan e Shiraz. O sultão Mahmud de Ghazni transformou uma obscura cidade provinciana em uma das grandes cidades do mundo no tempo de sua própria vida. Ao norte de Bagdá, compartilhando do rio Tigre, estava Mosul, uma cidade em desenvolvimento, enquanto mais a oeste ficava a antiga cidadela síria de Alepo. No Norte da África, Cairo emergia, e ainda mais a oeste as sementes da cultura andaluza criavam raízes.

Masudi remonta a morte cultural de Bagdá ao reinado de Mutawakil em meados do século IX, geralmente visto como o último grande califa Abássida. "Mutawakil aboliu o pensamento livre, as disputas filosóficas e tudo o que havia ocupado as mentes dos homens sob os reinos de Mutasim, Wathik e Mamun", escreveu. "Ele reestabeleceu a ortodoxia e a submissão a valores religiosos tradicionais."[57] Opiniões preconcebidas, diz Masudi, passaram então a fazer parte da ordem do dia. Um religioso linha-dura sem os interesses de seu pai, Mutasim, ou de seu irmão, Wathik, que o precederam no trono, Mutawakil não deixava de apreciar a grandiloquência arquitetônica. A Grande Mesquita de Samarra, encomendada por ele no começo de seu reinado, foi um legado maravilhoso para a civilização mundial.

Na verdade, a vida em Bagdá se tornara mais turbulenta bem antes disso. Ao reinado de Harun, descrito por Hugh Kennedy como "o verão do califado, como o reino de Edward", seguiu-se uma destruidora guerra civil entre os irmãos Amin e Mamun, de 811 a 819 – incluindo o cerco de 812 a 813 – que deixou a cidade de joelhos. A preeminência de Bagdá sofreu outro golpe quando o califado mudou sua capital para Samarra, em 835. Na última década do século IX, enfrentando o crescente poder dos Tulúnidas no Egito, a dinastia Samanida na Ásia Central e a rebelião de autoridade na Pérsia, os domínios do califado se estreitavam ao Iraque.

Mas o legado intelectual dos Abássida transcendeu completamente essas vicissitudes políticas de curto prazo. No meio do século X, os grandes avanços acadêmicos em Bagdá resultaram em um *corpus* de conhecimento completamente novo e, quando as gerações posteriores organizaram esse vasto corpo de informações em enciclopédias e manuais no mundo árabe e na Europa, foram os textos árabes, e não os manuscritos gregos ou persas, que elas estudaram. Após o brilhante zênite (outra palavra de origem árabe) dos séculos VIII e IX, a cidade pouco a pouco perdeu poder militar e político, além de muito de seu esplendor, mesmo que não tenha perdido seu prestígio cultural. Ainda assim, em comparação com o longo e suave declínio da Bagdá dos Abássida, o que se seguiu foi nada menos que uma catástrofe.

CAPÍTULO 5

"Essa peregrinação destrutiva": as tempestades mongol e tártara (1258-1401)

Você sem dúvida aprendeu com homens de alta e baixa patente as punições infligidas pelos exércitos mongóis no mundo e em seus povos desde os tempos de Gêngis Khan até hoje: a humilhação, graças ao Deus eterno, das dinastias de Khorezm-shahs, dos seljúcidas, dos soberanos de Dailam, dos Atabeks e de outros príncipes conhecidos por sua grandiosidade e seu poder. Como os portões de Bagdá não estão fechados a nenhuma dessas raças, cada uma das quais tendo estabelecido seu domínio, como então poderiam proibir-nos de entrar nessa cidade, nós que possuímos tanta força e tanto poder? Já lhe avisamos e dizemos hoje: livre-se dos sentimentos de ódio e hostilidade, não lute contra nosso estandarte, pois estará perdendo seu tempo. Assim, sem revisitar o passado, deixe o califa concordar em derrubar as defesas da cidade e encher os fossos, deixe-lhe entregar o governo a seu filho e vir até nós pessoalmente no tempo certo. Se, porém, ele recusar-se a comparecer, deixe que envie seu vizir, Suleiman Shah, e o Devatdar [vice-chanceler], para que possam transmitir a ele nossas intenções, palavra por palavra. Se ele obedecer às nossas ordens, será indigno que demonstremos qualquer ódio em relação a ele, e ele permanecerá dono de suas propriedades, suas tropas e seus súditos. Mas se ele recusar-se a ouvir nosso conselho e preferir seguir o caminho de oposição e de guerra, mobilizando suas forças e nomeando o campo de batalha, estamos comprometidos e prontos para lutar contra ele. E, uma vez que eu tenha levado minhas forças para Bagdá em justa ira, enquanto estiver escondido, do mais alto céu às profundezas da terra,

> *Fá-lo-ei cair do topo do céu,*
> *Como um leão jogá-lo-ei às mais baixas profundezas.*
> *Não deixarei uma só pessoa viva em seu país,*
> *Transformarei cidade, terras e império em chamas.*

Se tiver a coragem de salvar sua cabeça e sua antiga família, ouça com atenção meu conselho. Se recusar-se a aceitá-lo, mostrarei o significado da vontade de Deus.

Carta de Hulagu Khan ao califa Al Mustasim, setembro de 1257
Rashid al Din, *Jami al Tawarikh* [Compêndio de histórias]

Ó, jovem, tendo carreira mal iniciada, que mostra tão pouco desejo de viver e que, embriagado com a felicidade e as riquezas de dez dias, acredita ser maior que todo o mundo, que pensa que suas ordens têm a força irresistível do destino, por que me pede o que não tem a menor chance de obter?

Acreditas que com seus maiores esforços, a força de seus exércitos e sua bravura,
Podes fazer cair uma estrela em suas correntes?

O príncipe se esquece de que do leste ao oeste todos os adoradores de Alá, sejam reis ou mendigos, jovens ou velhos, são escravos desta corte e formam meus exércitos. No momento em que eu der a ordem para esses defensores de meu reino se juntarem, começarei terminando o assunto do Irã, e depois disso continuarei minha marcha a Turan e colocarei cada um em seu lugar. Certamente a face da Terra se cobrirá de perturbações e desordens, mas não estou ansioso pela vingança nem faminto pela consideração dos homens [...] Não quero que meus súditos sejam vítimas de exércitos de passagem, sobretudo quando eu e Hulagu Khan somos um em coração e em língua. Se, como eu, tiveres semeado a amizade, por que falas sobre desmontar defesas e baluartes? Sigas o caminho do bem-estar e volte a Khorasan. Se, porém, desejar a guerra,

Não hesite e não tenha desculpas
Se decidistes lutar
Tenho milhões de cavalarias e infantarias, todas prontas para a Guerra.
Quem, quando chegar o momento da vingança, dissolverá as águas do mar?

Resposta do califa Al Mutasim a Hulagu Khan
Rashid al Din, *Jami al Tawarikh* [Compêndio de histórias]

No momento em que os exércitos mongóis de Hulagu Khan se movimentavam em massa em direção ao oeste pela estepe asiática em 1257, Bagdá enfrentava o maior perigo de sua história. A bravata da correspondência do califa Mustasim sugere que ele subestimou seriamente seu adversário. Hulagu, Senhor da Supremacia, mais tarde fundador do Ilcanato que abrangia a Pérsia, a maior parte do Oriente Médio e a Ásia Central, era neto de Gêngis Khan, o Flagelo de Deus e Governador do Universo. Hulagu era também irmão de Mangu, Grande Cã* do Império Mongol desde 1251. Para

* Título dado aos imperadores mongóis descendentes de Gêngis Khan. Também pode ser grafado como "khan", ou ainda "kan", mas é dicionarizado em português na forma "cã". (N.T.)

comemorar a ascensão de Mangu, fora decidido lançar duas expedições de grande escala. Nas palavras do historiador persa Rashid al Din (1247-1318), autor do prodigioso *Jami al Tawarikh*, um grande projeto literário para justificar o poder mongol sobre o Irã, Mangu "voltou sua venerável atenção para a subjugação do extremo Oriente e Ocidente do mundo".[1]

Kublai Khan, irmão de Hulagu e Mangu, deveria comandar uma expedição contra a China. Hulagu, "sobre cuja testa ele [Mangu] observara os sinais da conquista, soberania, majestade real e fortuna", lideraria a outra, dirigida contra os incômodos assassinos de adaga em punho (Hashshashin, uma divisão xiita radical dos ismaelitas de Nizari) em suas fortalezas de montanhas no norte do Iraque, os estados Ayubida da Síria, o Egito mameluco e o califado em si. A missão, para a qual Hulagu nomeou a si mesmo, era também ir ao resgate das oprimidas comunidades cristãs do Cáucaso e do Oriente Médio, que estavam, como diligentemente assegurou Rashid al Din a seus leitores, "procurando justiça contra os Heréticos".[2] Apesar de não costumarem ser conhecidos pela piedade, os mongóis eram tolerantes em relação aos cristãos. Algumas tribos mongóis haviam sido convertidas à cristandade nestoriana nos séculos anteriores, e tanto a mãe quanto a esposa de Hulagu eram cristãs. As aproximações diplomáticas de Hulagu com o Ocidente cristão que viriam a acontecer mais tarde também nasceram de um desejo insistente de forjar uma aliança contra os mamelucos da Síria.

O aflito califa já sentira recentemente o corte do aço mongol. Em 1219 Gêngis Khan liderou seus exércitos na Ásia Central, saqueando e invadindo algumas das maiores cidades do mundo – entre elas Bukhara, Samarcanda, Urganch, Termez, Balkh, Merv, Herat e Nishapur – com assustadora facilidade. Ele e suas tribos usavam o terror como arma estratégica, jogando ouro derretido goelas abaixo, estripando os mortos e moribundos, demolindo cidades, estuprando e pilhando à vontade. Em 1221, o Império Khwarizmid, que governava a Pérsia e partes da Ásia Central, incapaz de combater as ondas de guerreiros mongóis em direção ao oeste, caiu. Seguiram-se incursões mongóis ao norte do Iraque, com a captura de Mosul, Mardin e Nisibin disparando uma série de contra-ataques do califado. As incursões mongóis ao interior do califado tornaram-se um evento praticamente anual até 1238, quando Mustansir corajosamente declarou a *jihad* e expulsou os invasores. À época que Mustasim (1242-58) se tornou califa, porém, os mongóis estavam começando a reaparecer pelo horizonte oriental com nefasta regularidade.

O veredito histórico é quase unânime em condenar o califa Mustasim. Para *Sir* Henry Howorth, autor de uma história em quatro volumes sobre os mongóis (1876-1927), Mustasim estava num "estado de imbecilidade mental" quando Hulagu chegou ao Oriente Médio.[3] O orientalista escocês Sir William Muir, ex-presidente da Real Sociedade Asiática que, no fim do século XIX, escreveu sobre a ascensão, o declínio e a queda do califado, foi ainda mais cruel. Mustasim, atacou ele, era "uma criatura fraca e avarenta, em cujas mãos imprudentes o califado, mesmo em tempos mais tranquilos, teria se dado mal".[4] Os historiadores modernos não foram muito mais gentis. John Saunders, especialista do século XX nas conquistas mongóis, considerou o califa "fraco, vão, incompetente e covarde".[5] Para o historiador iraquiano Farouk Omar Fawzi, Mustasim era um líder frívolo, mais preocupado com os prazeres de seu harém e campos de caça do que com a defesa do reino. O estudioso culpa a notória avareza do califa pela desastrosa negligência em relação a seu exército, com soldados sendo recrutados só em épocas de perigo externo e depois dispensados para economizar dinheiro, uma política míope que resultou em deserções em massa e até em deserções para as tropas mongóis.[6] À luz de como acabou o reinado de Mustasim e das consequências de sua morte, que trouxe o fim de uma era, tal vituperação não é nada surpreendente.

Apesar de grande parte das críticas a Mustasim, o último califa Abássida em Bagdá, soarem previsíveis, é difícil atribuí-las somente ao benefício da visão em retrospecto. Desde seu primeiro encontro com o cã mongol, que começou com a troca de cartas citada anteriormente, enquanto Hulagu ainda estava acampado sob os muros de Hamadã, mais de 400 metros a nordeste, Mustasim deu o tom errado, ao responder com provocações petulantes em vez de cálculos estratégicos. Esse erro crasso subsequentemente rendeu uma série de outros erros políticos e militares que culminaram em catástrofe. O tempo todo houve caminhos alternativos abertos a ele.

Mustasim podia, por exemplo, ter se desculpado com Hulagu por não providenciar as tropas que o mongol pedira para sua expedição contra os assassinos. Ele podia ter enviado emissários de alto escalão ao campo de Hulagu, como solicitado. Ele certamente podia ter começado a redistribuir suas defesas, uma tarefa relativamente simples. Ainda que sem dúvida fosse desagradável, ele podia até mesmo ter oferecido sua submissão nominal, em troca de poupar Bagdá da carnificina de um ataque mongol de larga escala. Enquanto o exército de Mustasim estava há anos negligenciado e operando abaixo de sua força e o califado não era mais o poder conquistador que já fora antes, a flagrante brutalidade e a fúria destrutiva dos exércitos mongóis eram bem-conhecidas e temidas por toda a Ásia. Não está totalmente claro qual era o tamanho do exército de Hulagu. Apesar de duas fontes do século XV terem colocado números variados entre 70 mil e 120 mil, pesquisadores modernos estimaram até 300 mil.[7] Não importa qual fosse a força exata, há poucas dúvidas de que era uma visão que tomava os horizontes e incitava terror no continente. Assim, conforme os dois lados se aproximavam, era preciso dançar um balé delicado. Longe de exibir graça e *finesse*, a coreografia de Mustasim parecia desastrada e ingênua na melhor das hipóteses e completamente grosseira e descontrolada, na pior.

Para completar a fraqueza de sua posição, a corte de Mustasim estava profundamente dividida, com seu vizir xiita Ibn al Alkami supostamente jogando um perigoso jogo duplo, segundo escritores sunitas posteriores, secretamente incentivando um ataque mongol em comunicações indiretas com Hulagu, enquanto reduzia a força e os números das potências militares de Bagdá.[8] Nesse contexto, a imediata resposta desafiadora de Mustasim, obrigando Hulagu a um ataque com força total que o califa não estava preparado para aguentar, parece extremamente imprudente. Outra carta foi enviada para Bagdá enquanto Hulagu se preparava para a guerra:

> O Deus eterno levantou Gêngis Khan e sua família em honra. Ele nos deu um império do mundo inteiro, de leste a oeste. Todo homem que sinceramente se render a nós terá a certeza de conservar seus bens, sua esposa, seus filhos e sua família. Aquele que resistir não terá nada. O amor às grandes coisas, riquezas, orgulho, as ilusões de uma felicidade fugidia seduziram-no tão completamente que as palavras de homens bem-intencionados não lhe causam marcas, e seus ouvidos estão fechados aos conselhos e avisos daqueles

mais próximos. Abandonou completamente o caminho seguido por seu pai e seus ancestrais. Agora, tudo o que pode fazer é se preparar para a guerra, pois vou marchar contra Bagdá liderando um exército tão numeroso quanto as formigas e os gafanhotos.[9]

Os emissários mongóis foram atacados nas ruas. A diplomacia, há pouco colocada em curso, rapidamente tinha chegado ao fim. Hulagu ordenou que seus exércitos convergissem para Bagdá e cercassem a Cidade da Paz. O general Baiju, conquistador dos seljúcidas, deveria marchar ao sul a partir de Rum (Ásia Menor) via Mosul, para cercar o lado oeste de Bagdá. O general cristão Kitbuka liderou a ala esquerda vinda do Luristão, uma província no oeste do Iraque que ficava em meio à Cordilheira de Zagros. Contingentes mongóis vindos da Horda Dourada, que se espalhava do leste europeu aos desertos congelados da Sibéria, se aproximaram a partir do Curdistão, enquanto o próprio Hulagu liderou o corpo principal do exército a partir de Hulwan, no oeste do Irã.

Numa tentativa de lançar um ataque preventivo, um exército Abássida de 20 mil homens cruzou o Tigre para enfrentar a ala direita dos mongóis, atacando-a a oeste da cidade. Os mongóis fugiram para o canal Dujail, que ligava o Eufrates ao Tigre, encorajando o exército Abássida a ir mais ainda oeste adentro para persegui-los. Foi outro erro de cálculo. Durante a noite, os mongóis quebraram as represas, alagando as terras atrás do exército do califa e afogando a maior parte das tropas. Em 18 de janeiro, Hulagu começou as investidas a Bagdá pelo leste, aproximando-se da cidade murada de palácios a escolas de lei, passando por bazares, antigos túmulos e jardins bem-cuidados. Na linguagem mais florida de Wassaf, panegirista da corte persa do século XIV e historiador do Ilcanato, "o estandarte de águia do *ilkhan*, ave de bons presságios, orgulhosamente levantou seu pescoço da cabeça de fúria e o fogo da batalha explodiu, e a madeira de que se alimentou foi a ruína de Bagdá".[10]

Em 30 de janeiro, o ataque começou por todos os lados, e as armas de cerco mongóis – catapultas, atiradeiras e aríetes – se puseram ao trabalho, bem acima do nível do chão em montes construídos pelas forças de Hulagu com os tijolos queimados que se espalhavam sob os muros da cidade. A população de Bagdá se viu sob um assustador bombardeio de pedras, troncos de palmeiras e nafta flamejante. "A cidade encheu-se de raios e trovões vindos de pedras e das chamas dos potes de nafta; uma chuva de flechas caiu da nuvem de arcos e os habitantes foram pisoteados pelas forças da fraqueza e da humilhação." A cidade, escreveu Wassaf, foi "sitiada e aterrorizada" por cinquenta dias, apesar de a maior parte dos historiadores afirmar que o bombardeio durou uma semana. "As flechas e os dardos, as lanças e os arpões, as pedras dos estilingues e das catapultas de ambos os lados foram lançados ao céu em velocidade máxima como mensageiros da prece dos justos e caíram rápidos como o julgamento do destino. As pessoas foram mortas, tanto dentro quanto fora, ou levadas embora com ferimentos."[11]

A base de todas as campanhas militares de Hulagu, como acontecera antes com as de seu avô Gêngis, era uma preparação meticulosa. Ele agora ordenava que pontões fossem construídos no Tigre tanto acima quanto abaixo da cidade, para vedar todas as rotas de fuga pelo rio. Um exército de 10 mil mongóis com armas de cerco foi colocado neles, para evitar que qualquer um escapasse. Com medo do desastre iminente, o vice-chanceler de Mustasim fez uma tentativa desesperada de fuga. Imediatamente as catapultas mongóis ressuscitaram rangendo e batendo, num *crescendo* de destruição, e lançaram saraivadas de pedras, flechas e nafta em direção a ele, virando seus três barcos e matando todos os tripulantes exceto o horrorizado oficial, que correu de volta para a cidade sitiada. Arqueiros mongóis dispararam flechas para dentro de Bagdá a partir de seis lados, com bilhetes que prometiam poupar a vida de cádis, doutores em lei, xeiques, descendentes de Ali, mercadores e todos aqueles que não tinham pegado em armas contra os Hulagu. A pressão do cerco aumentou até o ponto de colapso.

Em 1º de fevereiro, depois de a torre que ladeava um dos portões ter sido pulverizada pelo bombardeio que enchia o céu, os exércitos mongóis já tinham dominado toda a extensão leste do muro, chave para controlar a cidade. Em pânico, Mustasim enviou outra delegação para Hulagu, numa tardia tentativa de ganhar tempo. Seguindo as práticas e as tradições mongóis, porém, Hulagu agora estava comprometido com a batalha, determinado a acentuar sua vantagem e nem um pouco inclinado a discutir termos, já que sua instrução inicial para que Mustasim se submetesse tinha sido recusada. O bombardeio continuou. Duas outras delegações foram enviadas, a primeira liderada pelo segundo filho do califa, Abdul Rahman, e a segunda por seu filho mais velho e herdeiro, Ahmed, acompanhado pelo vizir traidor, ambos levando presentes para o cã mongol. As opções de Mustasim estavam ficando limitadas e ele se preparava para se render.

Rashid al Din conta a história de Suleiman Shah, comandante-em-chefe do exército do califa, que havia vencido os mongóis em encontros anteriores, mas foi capturado e levado ao acampamento de Hulagu junto com 700 membros da equipe de seu palácio. Ele teve as mãos e os pés amarrados. "Você é um astrólogo que compreende os presságios bons e maus das estrelas. Como não previu esses eventos e avisou seu mestre?", perguntou Hulagu. "O Califa foi guiado por seu próprio destino e recusou-se a ouvir o conselho de seus servos fiéis", lamentou Suleiman.[12] Ele e todos os seus criados foram mortos numa execução em massa. O vice-chanceler e seu filho mais velho também foram executados e suas cabeças foram expostas num cadafalso.

Em 10 de fevereiro, depois da destruição do bairro de Basra, o califa Abássida, acompanhado por seus três filhos e por 3 mil das figuras mais distintas da cidade, incluindo *sayids* (descendentes do profeta Maomé), imãs, cádis e vários nobres, deixou a cidade e adentrou o acampamento de Hulagu para se render formalmente. Eles foram recebidos graciosamente, e o cã mongol instruiu Mustasim a acabar com qualquer resistência, baixar as armas e deixar a cidade para que pudesse ser feito um inventário. A ordem estava dada.

Hulagu então entrou em Bagdá triunfante, fez o caminho até o palácio do califa e convocou Mustasim. Da perspectiva de Bagdá, parecia que o pior havia passado. O califa tinha se rendido e agora era só uma questão de negociar os termos. Maridos e esposas se abraçaram com força e ousaram ter esperança em meio ao medo e à incerteza desesperadores. Mas qualquer um que conhecesse as artes da guerra mongóis teria reconhecido que essas esperanças eram ilusórias, se não delirantes. Tendo gasto suas próprias energias e as de seus furiosos exércitos para fazer Bagdá cair de joelhos, uma vez que Mustasim havia recusado a oferta inicial de rendição, Hulagu tinha o dever, de acordo com a tradição mongol, de se vingar; fazendo isso, ele mandaria um aviso temeroso a qualquer outro governante que estivesse pensando em resistir. Na longa história de Bagdá, essa foi a hora mais escura da cidade.

Quando os habitantes apavorados marcharam para fora da cidade para se entregar, em grupos, aos exércitos mongóis, esperando a piedade que lhes tinha sido prometida, descobriram rapidamente a terrível verdade. Eles foram levados a acampamentos e abatidos a sangue frio no lugar onde estavam. Várias centenas de milhares provavelmente encontraram a morte dessa maneira, implorando em vão por piedade numa cacofonia de espadas. Em sua história *Al Bidaya wal Nihaya* [O começo e o fim], Ibn Kathir, historiador sírio e comentador do Alcorão do século XIV, descreveu como os homens de Hulagu massacraram os acadêmicos, cientistas e doutores em religião, a nata da sociedade bagdali. "O homem era convocado ao palácio do califa Abássida e vinha com filhos e esposa. Ele era levado ao cemitério de Ibn al Khallal [hoje praça e Mesquita Khullani, na rua Khulafa], em frente ao palanque de inspeção, onde era abatido como uma ovelha e eles capturavam quem desejavam entre suas filhas e criadas."[13]

Segundo Rashid al Din, os mongóis assassinaram 800 mil pessoas em Bagdá, um número citado também pelo historiador do século XIII Minhaj al Siraj Juzjani e por Hamd Allah Mustawfi Kazwini, historiador e geógrafo persa do século XIV. No século XV, o historiador egípcio Al Makrizi colocou a contagem de mortos em implausíveis 2 milhões. Apesar de as fontes medievais serem notadamente imprecisas com números desse tipo, há pouca dúvida de que os exércitos mongóis, nunca melindrosos quanto ao derramamento de sangue, cometeram um massacre de proporções comparáveis às do século XX. O próprio Hulagu era mais conservador em sua estimativa do número de mortos. Em carta a Luís IX, rei da França, em 1262, ele admitiu serem 200 mil.[14]

Com as execuções em massa praticamente completas – ainda haveria retardatários a abater dentro das muralhas da cidade, e nos dias seguintes mais emergiriam de seus esconderijos – Hulagu deu a seus homens permissão para estuprar, matar e saquear. Apenas cristãos e judeus foram poupados. Bagdá agora estava largada às chamas, como prometera o cã mongol. Nesse inferno, bairros inteiros crepitaram e queimaram até não sobrar nada. Os grandes palácios Abássida foram consumidos pelas labaredas, junto com mesquitas e escolas de direito, túmulos de califas, mercados, bibliotecas e rua após rua de casas. Abaixo de um céu vazio, Bagdá, antes a mais sofisticada civilização do mundo, se esvaiu em fumaça. A destruição do que havia sido a maior cidade do mundo era inconcebível. Segundo Rashid al Din, apenas algumas casas simples, que pertenciam a pastores de gado e estrangeiros, sobreviveram. Wassaf continua a história.

> Eles então tomaram a cidade como falcões famintos atacando um bando de pombos ou como lobos enormes atacando ovelhas, com rédeas soltas e rostos sem vergonha, assassinando e espalhando o medo [...] O massacre foi tão grande que o sangue dos mortos fluía em rio como o Nilo, tão vermelho quando a madeira que se usa nos tingimentos [...]. Com a vassoura dos saques, eles varreram os tesouros dos haréns de Bagdá e com o Martelo da fúria, derrubaram as muralhas como se estivessem condenadas. Os palácios cujos tetos, de tão enfeitados, haviam feito as sedes do paraíso se esconder de vergonha e cobrir suas falhas, foram demolidos [...] Camas de almofadas feitas de ouro e encrustadas com joias foram cortadas aos pedaços com facas e retalhadas; aquelas que se escondiam atrás dos véus do grande harém [...] foram arrastadas como o cabelo de ídolos pelas ruas e vielas; cada uma virou um brinquedo nas mãos de um monstro tártaro [mongol]; e a clareza do dia se escureceu para essas mães de virtudes.[15]

Juzjani descreveu parte da carnificina em detalhes. Ele escreveu sobre um grupo de soldados mongóis abrindo e estripando um cadáver, para poderem enchê-lo de pérolas, pedras preciosas e ouro roubados. Alguns deliberadamente quebraram o cabo das espadas para encher as bainhas de tesouros pilhados. Houve ainda o soldado mongol que descobriu quarenta bebês de peito deitados nas ruas sem suas mães, morrendo de fome. Para acabar com o sofrimento, matou todos.

Ibn Kathir também incluiu cenas assustadoras ao contar como os mongóis "entraram na cidade e assassinaram todos os homens, crianças e mulheres que podiam, os idosos, os de meia-idade e os jovens. Muitas pessoas tiveram de se esconder em poços, banheiros e dutos de esgoto e permanecer escondidas nesses lugares por dias. Grupos de pessoas se juntavam nas hospedarias e fechavam suas portas. Elas foram abertas à força pelos tártaros, que as quebraram ou queimaram e entraram. Quem estava dentro escapou para os telhados, onde foram perseguidos e assassinados. Seu sangue corria pelas calhas até os becos. Que seja feita a vontade de Deus".[16]

Dizem-nos que os georgianos – que, diferente de Mustasim, ofereceram tropas para Hulagu em Tabriz – apreciaram especialmente o assassinato dos muçulmanos. Era uma época de vingança cristã, retaliação divina por cinco séculos sob o jugo islâmico. "Durante a época da supremacia de Bagdá, como uma sanguessuga insaciável ela engolira o mundo inteiro", escreveu o cronista armênio Kirakos de Ganjak. "Agora ela foi punida por todo o sangue que derramou e o mal que perpetrou, a medida de sua iniquidade foi preenchida."[17]

Instalado no palácio do califa enquanto Bagdá queimava até as cinzas e o sangue de seu povo corria pelas ruas, Hulagu, em tom de zombaria, encenava o papel de hóspede com Mustasim como anfitrião. Rashid al Din relata o diálogo. "Você é senhor dessa casa, recebendo-nos como convidados", ironizava o mongol. "Agora diga-nos quais presentes tem a nos oferecer, condizentes com nosso valor." Mustasim presenteou-o com 2 mil robes, 10 mil peças de ouro e pedras preciosas em abundância. Não foi suficiente para satisfazer Hulagu. "Os tesouros que ficam acima da terra são uma coisa", repreendeu. "Agora diga-me onde estão seus tesouros *escondidos*."[18] Mustasim ordenou que fosse escavada uma cisterna, cheia até a borda de peças de ouro, cada uma pesando 100 *mithkals*, ou cerca de meio quilo.

A dignidade pessoal de Mustasim, orgulhoso governante da maior dinastia do mundo por cerca de meio milênio, deve ter ficado completamente arrasada quando Hulagu fez sua próxima exigência. Um inventário do harém revelou que o califa tinha setecentas esposas e concubinas e mil eunucos. Mustasim implorou que o mongol salvasse cem mulheres para ele, "sobre as quais o sol e a lua nunca haviam brilhado", pedido que Hulagu concedeu.[19] O califa escolheu cem entre suas consanguíneas e o resto foi dividido entre o cã e seus comandantes. Foi, talvez, um tributo póstumo ao avô de Hulagu, Gêngis Khan, que dizia a seus generais: "A grande fortuna do homem é perseguir e derrotar seu inimigo, tomar todas as suas posses, deixar as mulheres casadas chorando e lamentando, cavalgar em seu cavalo, usar os corpos de suas mulheres como camisola e apoio, admirando e beijando seus seios rosados, sugando seus lábios, tão doces quanto as amoras dos seios".[20] Os mil eunucos de Mustasim, com menos apelo imediato para os guerreiros das estepes, foram assassinados.

A matança indiscriminada durou entre uma semana e quarenta dias, dependendo da fonte que se consulta. Independentemente de quanto tenha durado, todos concordam que os mortos e os moribundos ficaram empilhados em crescentes montanhas pelas ruas. Bagdá virou uma pútrida cidade-fantasma. Finalmente Hulagu pôs fim ao massacre, em resposta a pedidos dos cidadãos de Bagdá, que disseram que, a não ser que ele acabasse com aquilo, não sobraria ninguém para suprir o exército mongol com dinheiro ou provisões. "Bagdá permaneceu destituída e vazia, exceto pela escória do povo", lembrou Ibn Kathir. "Cadáveres se acumulavam como montes nas ruas; a chuva caía sobre eles, que começaram a se decompor, e a cidade começou a feder por causa dos cadáveres. O ar estava tão poluído que uma peste desenfreada se espalhou até a Síria, levando à morte de muitas pessoas em razão da atmosfera infectada. As pessoas tinham de aguentar preços exorbitantes, peste e morte. Que a piedade de Deus Todo-Poderoso caia sobre nós."

Quando a absolvição geral foi proclamada, os bagdalis que tinham conseguido sobreviver no subsolo, em celas imundas, canais e dutos de esgoto, voltaram à superfície parecendo, nas palavras de Ibn Kathir, "corpos exumados". Eles tinham conseguido evitar a onda maníaca de assassinatos só para, na maior parte, sucumbir imediatamente à grave peste que assolava a cidade.[21]

Ainda que fosse a época mais fria do ano, o cheiro de cadáveres se decompondo logo ficou insuportável. Era tão insalubre que, em 20 de fevereiro, Hulagu deixou a cidade para evitar uma infecção séria, voltando ao acampamento a vários quilômetros de distância, em posse de montanhas de tesouros inestimáveis cuidadosamente acumulados durante os cinco séculos de governo Abássida.

Os mongóis tinham mais uma questão importante para decidir: o que fazer com Mustasim. Talvez inevitavelmente, as opiniões se dividiram em duas linhas extremistas dentro da comunidade muçulmana. Alguns sunitas alertaram para o desastre caso o califa fosse morto, prevendo um terremoto catastrófico. O astrólogo xiita Nasir al Din de Tus discordou, argumentando que não houvera nenhum desastre com as mortes de João Batista ou do profeta Maomé e seu neto, o mártir xiita Imã Hussain. Em 21 de fevereiro, depois de considerar os conselhos, Hulagu ordenou a execução de Mustasim, seu filho mais velho e cinco eunucos leais perto da vila de Wakf, próxima a Bagdá. O fim foi lamentado em verso pelo poeta Sadi:

> Bom seria se dos céus fluíssem lágrimas de sangue na terra
> Para Al Mustasim, Comandante dos Fiéis, que tão honrado era.[22]

Há diferentes versões – algumas verdadeiramente fantásticas e absurdas – sobre a morte de Mustasim. Uma história famosa coloca Mustasim morrendo de fome em frente a mesas lotadas de pratos de ouro e prata e pedras preciosas, e remonta a três relatos cristãos de cerca de 1300: é citada pelo cronista francês Jean de Joinville, o nobre armênio Hayton de Coricus e, mais memoravelmente, por Marco Polo.

Marco Polo escreveu sobre um estupefato Hulagu, tendo tomado Bagdá de assalto, descobrindo uma torre cheia de riquezas, "a maior acumulação de tesouros já vista em um só lugar". Ele convocou o califa e perguntou por que não tinha usado o ouro para pagar seus soldados para defender Bagdá contra a invasão mongol. O califa ficou em silêncio. "Então, Califa, já que vejo o amor que tem por seu tesouro, dá-lo-ei para você comer!" Hulagu atormentou Mustasim, trancando-o na "Torre do Tesouro" e ordenando que não lhe fossem dadas comida nem bebida. "Então o Califa permaneceu na torre por quatro dias, e morreu como um cão."[23] A extravagante história de morte por ouro, popularizada pelo poema "Kambalu", de Longfellow ("Disse ao Kalifa: 'É velha tua arte, / De tanto ouro não precisaste [...]'", não é corroborada por nenhum escritor muçulmano da época.[24†]

† Não é mencionada por Juzjani, que escreve em cerca de 1260, nem por Abul Faraj (1286), Rashid al Din (1300), Fakhri (1300), Hamd Allah Mustawfi Kazwini (1330), Ibn Khaldun (1380) ou Suyuti (1500). (N.A.)

Segundo relatos menos exuberantes, Mustasim foi enrolado em um tapete e pisoteado por cavalos até a morte, de acordo com o *yasa*, ou direito consuetudinário, dos mongóis, que proibia o derramamento de sangue real. Talvez a melhor pista sobre as horas finais de Mustasim venha do historiador egípcio Ibn al Furat, que pode ter conhecido pessoalmente os habitantes de Bagdá cujos pais e avôs fugiram em 1258 para o Cairo, onde Mustansir II, primeiro de uma linha de califas títeres, se instalou em 1261. Seu relato inclui a provocação por causa do ouro de Mustasim, mas acaba, de forma mais convincente, com a execução mongol clássica reservada para a realeza, planejada de forma a não derramar sangue:

> Hulagu então deu a ordem e o Califa foi deixado a passar fome, até que estivesse tão faminto que implorasse algo para comer. E o maldito Hulagu enviou um prato com ouro, um prato com prata e um prato com pedras preciosas e ordenou que fossem colocados à frente do Califa al Mustasim, dizendo: "Coma isso". Mas o Califa respondeu: "Isso não é feito para comer". Então Hulagu disse: "Já que sabia que não eram para comer, por que fez um estoque? Com um pouco poderia ter enviado presentes para nos aplacar e com mais um pouco poderia ter levantado um exército para servi-lo e defendê-lo contra nós". E Hulagu ordenou que levassem o Califa e seu filho a um lugar do lado de fora do acampamento, onde foram amarrados e colocados em dois grandes sacos, sendo então pisoteados até morrer – que a piedade de Alá recaia sobre eles.[25]

Dos três filhos de Mustasim, dois foram mortos e apenas Mubarak foi poupado, a pedido da esposa de Hulagu, Oljai Khatun; ele foi enviado ao Oriente para casar com uma mulher mongol. Também foi poupada uma filha, enviada como presente para o irmão de Hulagu, o Grande Cã Mangu. Antes de chegar lá, segundo Rashid al Din, a comitiva parou em Samarcanda, onde ela pediu permissão para visitar o túmulo de Kusam, filho de Abbas, para orar. "Ó, Deus, se esse Kusam, filho de Abbas, meu ancestral, tem a honra de Tua presença, leve esta Tua serva a Ti e livre-a das mãos desses homens estranhos", soluçou, perturbada, e então caiu sobre o túmulo e morreu.[26] Numa das reviravoltas mais brutais da história, os mongóis aplicaram na família Abássida a mesma destruição que os Abássida impuseram à dinastia Umayyad cinco séculos antes.

Tendo destruído Bagdá, roubado seus tesouros, assassinado seus habitantes, capturado e estuprado suas mulheres e exterminado a linhagem Abássida, Hulagu finalmente foi embora em 8 de março. À luz dessa completa destruição, há algo quase irônico na ordem, dada pelo cã, de reabrir os mercados. Mesmo assim, uma cavalaria de 3 mil mongóis foi enviada para tirar os cadáveres das ruas, restaurar a ordem e reconstruir as casas. O infame vizir de Mustasim, Ibn al Alkami, foi reconduzido à sua posição, dando peso à acusação de traição que recaia sobre ele. Por anos a fio, livros escolares muçulmanos vinham com a inscrição "Que seja amaldiçoado por Deus aquele que não amaldiçoa Ibn al Alkami".[27]

Marcando o favorecimento da comunidade cristã (cuja proteção tinha estado entre as razões mais ostensivas para a campanha militar), um dos palácios do califa foi dado ao patriarca nestoriano, e um grande terreno dentro do santuário do califa foi reservado para a construção de uma igreja. Dada a posição altamente simbólica no coração da até então puramente islâmica cidade real, tratava-se de abaladora humilhação. Reconstruída e restaurada inúmeras vezes durante os séculos, a igreja continua de pé na rua Khulafa, no centro de Bagdá, impondo-se sobre os intermináveis congestionamentos tão odiados pelos habitantes da cidade. Até hoje a congregação cada vez mais ameaçada reza na antiga tradição que seria familiar a seus predecessores nos primórdios da cidade:

> Vossa Majestade, Ó Deus, mil milhares de seres celestiais adoram, e uma miríade de anjos, uma multidão de seres espirituais, ministros do fogo e da alma com o querubim e o sagrado serafim, glorificam seu nome, gritando e glorificando: "Santo, Santo, Santo, Deus Todo-Poderoso, céu e terra estão cheios de suas glórias" (...).

Os tesouros pilhados da cidade foram reunidos: parte foi enviada em homenagem a Mangu em Karakorum, o resto foi levado para ser guardado em um cofre construído especialmente na ilha Kaboudi no lago Urmia, no noroeste do Irã, onde Hulagu foi enterrado após sua morte em 1265.

O Dar al Islam sofrera com uma série de empecilhos e reveses nos séculos anteriores. O poder Umayyad na Espanha caíra em 1031, e o norte da África fora devastado de costa a costa pelos nômades árabes de Banu Hillal, uma confederação de tribos beduínas originária da Península Arábica, no mesmo século. Os turcos seljúcidas tinham ocupado a Pérsia e o califado oriental, enquanto, mais recentemente, cruzados francos haviam invadido o Levante, dominado locais sagrados e anexado parte da Síria e da Palestina. Mas a invasão de Hulagu em 1258 teve uma grandiosidade totalmente nova, reduzindo Bagdá "de inigualável sede da dominação islâmica a decadente posto do Império Ilkhan".[28] Foi, de longe, o golpe mais devastador que o mundo islâmico já recebera, colocando em perigo o próprio futuro do Islã.

*

Para pelo menos um cidadão de Bagdá a queda da Cidade da Paz foi mais uma dádiva dos céus do que um cataclismo. A história de Ahmed ibn Amran ilustra as incríveis possibilidades de carreira abertas pela prática implacável da traição. Ex-escravo, Ibn Amran tinha uma posição baixa, ainda que excêntrica, sendo empregado pelo governador de Bakuba, a nordeste de Bagdá, para massagear os pés de seu amo e niná-lo até ele adormecer durante tardes longas e quentes de verão. Um dia, conta Rashid al Din, durante um período especialmente soporífico, Amran caiu no sono durante o trabalho. Forçado a se explicar para não levar uma boa surra, ele disse ter tido um sonho extraordinário em que era nomeado governador de Bagdá, uma revelação que resultou numa bela sova por sua impertinência. Mais tarde, quando o exército mongol de Hulagu atacou Bagdá, Ibn Amran descobriu que as tropas estavam ficando sem mantimentos. Ele lançou uma flecha com uma mensagem grudada para o acampamento mongol, dizendo ter informações importantes e pedindo um encontro com um oficial. Obedientemente, conduziu os mongóis a alguns celeiros escondidos, que continham suprimentos suficientes para duas semanas. Após a pilhagem de Bagdá, Hulagu recompensou generosamente Ibn Amran, nomeando-o vizir e dando a ele o comando de todos os distritos a leste da cidade. Ele ficou nas nuvens.[29]

As reformas administrativas mongóis dividiram a região em duas províncias: Iraque Arabi, ou Iraque dos Árabes, que consistia na Baixa Mesopotâmia, com Bagdá como capital, e Iraque Ajemi, ou Iraque Iraniano, a região montanhosa ao leste, cuja sede era Isfahan. O território foi colocado sob o comando do primogênito de Abuka, filho e herdeiro de Hulagu. Foi uma humilhante prova, se é que era necessária mais uma, de que a influência de Bagdá estava diluída ao ponto de a cidade não comandar nem a província do Iraque, quanto mais um império. O governo da cidade foi para um notável oficial persa, Ala al Din Ata Malik Juvayni, que nunca tinha feito cócegas nos pés de ninguém e vinha de uma família que produzira vários dos ministros mais sêniores do Império Mongol. Além de sua excelência administrativa, que permitiu que Bagdá começasse o torturante processo de reconstrução, Juvayni tinha uma veia literária, que o trouxe fama duradoura como autor de *Tarikh i Jahangusha* [História do conquistador do mundo], um relato feito no século XIII sobre o Império Mongol de Gêngis Khan.

Juvayni podia ser um literato amador, mas era um político de temperamento sério. Ele se provou suficientemente resistente para sobreviver a várias intrigas, incluindo uma que o acusava de acumular uma fortuna particular ilícita. Por essa suposta ofensa ele recebeu uma multa proibitiva, sendo forçado a usar um humilhante colarinho de madeira chinês e, quando se provou que não conseguia pagar o valor total da multa, foi aprisionado, torturado e obrigado a desfilar nu pelas ruas de Bagdá. A redenção – e a restituição – só veio em 1282, quando ele foi solto pelo novo *ilkhan*, sultão Ahmed Khan (Tagudar, filho de Hulagu, que tinha publicamente se convertido ao Islã e mudado de nome). O crítico mais ferrenho do governador, conspirador inveterado, foi então feito em pedaços por uma multidão com sede de vingança (sua cabeça permaneceu em Bagdá, enquanto outros pedaços de seu corpo foram enviados para cantos diferentes do império: sua língua a Tabriz, os pés a Shiraz e as mãos a Isfahan).[30] Juvayni morreu um ano depois.

Os habitantes de Bagdá tinham perdido sua dinastia Abássida, mas o muçulmano recém-convertido estava determinado a mostrar que eles não tinham perdido sua religião. Essa mensagem foi o centro de seu discurso de coroação à cidade:

> Em nome do mais piedoso Deus. Não há deus senão Deus, e Maomé é Seu Profeta. Nós, que sentamos no trono da soberania, somos muçulmanos. Espalhem isso aos habitantes de Bagdá. Que eles apoiem as *madrassas* [faculdades], as *wakfs* [fundações religiosas] e cumpram seus outros deveres religiosos da forma como estavam acostumados a fazer na época dos Califas Abássida, e que sejam restituídos todos os que têm direitos sobre as várias caridades ligadas às mesquitas e faculdades. Não transgridam as leis do Islã, ó povo de Bagdá. Sabemos que o profeta (que Deus o conceda paz e piedade) disse: "Essa fé do Islã não deixará de triunfar até o dia da ressurreição". Sabemos que essa profecia é verdadeira, que emanou de um verdadeiro profeta, que há apenas um Deus, único e eterno. Alegrem-se, todos, e espalhem essa palavra por toda a província.[31]

As tensões e as diferenças religiosas ressurgiram de forma intermitente em Bagdá nessa época. Vários muçulmanos viam com maus olhos a comunidade cristã, que demonstrara onde estava sua verdadeira lealdade na chegada de Hulagu a Bagdá e escandalizara muitos bagdalis ortodoxos ao construir uma igreja, como vimos há pouco, no complexo califal de palácios, tradicionalmente centro da autoridade islâmica. Em 1268, o patriarca nestoriano, numa demonstração de força, recusou a ordem de Juvayni para libertar um cristão que se convertera ao islamismo e estava ameaçado de morte. Não pela primeira vez, a multidão demonstrou ser o verdadeiro poder em Bagdá: espalhando o terror pelas ruas, com um bando que ladrava pedindo sangue pelo caminho, o patriarca escapou vivo por pouco, para então ser exilado de Bagdá por Juvayni. Em 1271, outra onda de sentimento anticristão levou o governo a prender todo o clero da cidade, suspeito de conspirar contra o governador. Com a chegada do sultão Ahmed como *ilkhan*, a corte se tornou distintamente menos favorável aos cristãos, e vários nestorianos se converteram à nova fé do governador. Com o tempo, sentindo que a época de influência cristã nos altos cargos de Bagdá chegava ao fim, o patriarca nestoriano deixou a cidade e renunciou a seu cargo oficial, indo para as relativamente seguras montanhas de Erbil, no que hoje é o Curdistão iraquiano.

O velho espírito de conflito de Bagdá garantiu que as suscetibilidades religiosas não ficassem restritas a seus próprios cidadãos, fossem eles cristãos, muçulmanos ou judeus. A conversão religiosa do sultão Ahmed irritara boa parte da nobreza mongol. Em dois anos de sua ascensão, ele teve de lidar com uma revolta liderada por seu sobrinho Arghun, neto de Hulagu, que saqueou o Tesouro de Bagdá e extorquiu dinheiro dos aterrorizados cidadãos para sua revolta. Em 1284, Ahmed foi capturado por seus próprios oficiais e morto ao ter sua coluna quebrada. Os bagdalis nunca deixaram de ser criativos em seus métodos incomuns de tortura e execução.

Um dos mais notáveis governadores de Bagdá foi Saad al Dawla, um médico judeu nomeado ao mais alto cargo num estado majoritariamente muçulmano, e eventualmente promovido a grão-vizir. Sua elevação, a grande proteção que ela significou e a energia com que a exercia, especialmente entre os parentes, foi respondida com previsíveis invectivas contra ele e seus correligionários. Enquanto os mongóis se ressentiam com seu monopólio sobre as receitas provenientes de impostos, os muçulmanos se sentiam ultrajados com um judeu tendo poder sobre eles. Como reclamou um poeta de Bagdá:

Os judeus de nosso tempo atingem uma posição
A que os céus podem aspirar, mas em vão.
É deles o domínio, a eles se apega a riqueza,
A eles pertencem o conselho e a realeza.
Ó, povo, escute esse verdadeiro conselho meu
Convertam-se, pois o próprio Céu agora é judeu![32]

A proteção real de que desfrutava Saad desapareceu com a morte do *ilkhan* Arghun em 1291, um acontecimento que disparou seu assassinato imediato e uma campanha maior contra os judeus de Bagdá. Uma multidão irascível atacou o bairro judeu e muitos morreram de ambos os lados. A população judaica de Bagdá ficou sob uma renovada suspeita durante o reinado do *ilkhan* Oljaitu (1304-16), quando começou a se converter ao Islã em grandes números. Não convencido da sinceridade desse ato, o vizir Rashid al Din ordenou que todos os novos convertidos comessem um prato de carne de camelo fervida em leite, um decreto especialmente duro por representar uma dupla transgressão às leis alimentícias judaicas. Os judeus também foram proibidos de visitar o templo do profeta Ezequiel em Kifl, no sudeste do Iraque, um dos mais importantes marcos judeus no país. Essas punições, por mais aborrecedoras que fossem, nem se comparavam ao que aguardava os judeus de Bagdá nos séculos seguintes.

*

Em 1327, sete décadas após as tribos conquistadoras de Hulagu terem destruído Bagdá, um visitante bem mais animado chegou à cidade. Autor do volume charmosamente intitulado *Um precioso presente àqueles que contemplam as belezas das cidades e as maravilhas das viagens*, ele estava há dois anos no que viria a ser uma odisseia de mais de 120 mil quilômetros e 29 anos. O marroquino infatigável e irrepreensível era indiscutivelmente o "Viajante do Islã", cujas longas jornadas o levavam a jantar com sultões, cãs e imperadores, escapar de piratas, casar-se com esposas de uma hora para a outra, gerar filhos em vários continentes, cruzar desertos, escapar da peste negra e encontrar empregos inesperados como juiz e cortesão. Ele pulava nas costas de camelos, mulas e cavalos, embarcava em juncos, *dhows*[‡] e jangadas, encarapitava-se em carros de boi e, quando necessário, viajava a pé, com um inconfundível saltitar. Seu nome era Ibn Battuta.

Sua rota em direção a Bagdá tinha-o levado às famosas cidades iraquianas de Kufa, que estava tomada pela "violência" e "desolação"; Hillah, onde a "rixa partidária" era ininterrupta; e Kerbala, onde "a luta continua interminavelmente" entre duas facções.[33] Em outras palavras, ele estava admiravelmente preparado para a Cidade da Paz.

Cada viajante de Bagdá – e raramente eram mulheres até o século XX – tinha seus próprios interesses, alguns mais peculiares que outros. Para Ibn Battuta eram os banhos públicos – eles eram para o alegre marroquino o que tinham sido os sermões para o viajante andaluz Ibn Jubayr em

‡ Barcos à vela tipicamente árabes, com dois ou três mastros, usados até hoje em vários países do Oriente Médio. (N.T.)

1184. Amante dos spas à frente de seu tempo, ele ficou imensamente impressionado com as modernas instalações das casas de banho e particularmente com sua generosidade em mimar os clientes com toalhas felpudas:

> Os banhos públicos em Bagdá são numerosos e construídos com excelência, a maioria deles pintada com piche, dando a aparência de mármore negro. Esse piche vem de uma fonte entre Kufa e Basra, onde flui continuamente. Ele se acumula nas laterais da fonte como argila, é removido com uma pá e trazido a Bagdá. Cada estabelecimento tem um grande número de banheiros privativos, cada um dos quais contém também uma pia no canto, com duas torneiras fornecendo água quente e fria. Cada banhista recebe três toalhas, uma para usar em torno da cintura ao entrar, outra para usar em torno da cintura ao sair e a terceira para se secar. Em nenhuma outra cidade vi uma organização tão elaborada [...].[34]

Ibn Battuta registrou dois pontões fixos atravessando o Tigre: eles aguentavam um tráfego contínuo de homens e mulheres que iam de uma margem a outra, noite e dia, uma atividade que dava "prazer sem fim" ao povo de Bagdá.[35] Seus comentários sobre a cidade tendem a ecoar os de Ibn Jubayr, talvez num caso de bom e velho plágio. O oeste de Bagdá estava "em ruínas na maior parte", reduzido a treze bairros e vários pomares e jardins. O hospital mencionado por Ibn Jubayr era agora "um grande edifício arruinado, do qual há apenas vestígios". Mas independentemente de quão devastadora tenha sido a pilhagem de Bagdá por Hulagu, a margem leste da cidade evidentemente conseguira se recuperar nas décadas que se seguiram, pois Ibn Battuta descreve um lugar com muitos mercados e faculdades. O homem de letras marroquino ficou muito animado em visitar "a maravilhosa Faculdade Nizamiya, cujo esplendor é homenageado em vários provérbios".[36] Seu centro de aprendizagem favorito, porém, era a Universidade Mustansiriya, um dos mais belos monumentos antigos, a um pulo do Tigre. "Todas as quatro escolas [do Islã] estão incluídas nela, cada uma com um *iwan* separado, com sua própria mesquita e auditório. O professor toma seu lugar abaixo de um teto de madeira, uma cadeira coberta de tapetes; ele senta-se em atitude séria e silenciosa, vestindo robe preto e seu turbante, e com dois assistentes à sua direita e à sua esquerda, que repetem tudo o que ele dita."[37]

Excêntrico e frívolo num momento, sério e erudito no outro, o marroquino compartilhava do interesse de seu predecessor andaluz por túmulos, mencionando o de Abu Hanifa, próximo à Mesquita Rusafa; o túmulo de Ahmed ibn Hanbal, "muito venerado pelos habitantes, a maior parte dos quais segue sua escola"; e os templos de vários santos sunitas, que ele erroneamente posiciona na margem leste.

Ibn Battuta não era nenhum pudico. Fofoqueiro incorrigível, não resistiu a incluir uma história escandalosa sobre o sultão Abu Said (1316-35), também conhecido como Bahadur, o Bravo, então governante de Bagdá. Abu Said fora casado com uma mulher extremamente bela chamada Bagdá Khatun, que tinha domínio total sobre ele e desfrutou de uma alta posição pela maior parte de sua vida de casada. Nos últimos anos, porém, ele se casara com outra mulher, chamada Dilshad, "que amava com violenta paixão, e negligenciou Bagdá Khatun. Ela, em consequência, ficou com ciúme, e colocou veneno em uma bandana com a qual o limpou após terem relações conjugais. Então ele morreu e sua linhagem foi extinta". Emires locais tomaram as províncias e juraram vingança contra a mulher. Seu agressor "veio enquanto ela estava na casa de banhos e a espancou até a morte com um taco. O corpo dela ficou lá por alguns dias, com apenas suas partes pudendas cobertas com um pedaço de saco".[38]

*

Se Ibn Battuta foi triste testemunha da ruína física de grande parte de Bagdá, ele perdeu a extrema desordem política e desintegração contínua do Ilcanato mongol que se seguiu ao fim do reinado de Abu Said, último grande *ilkhan* mongol, que ao morrer sem deixar filhos, em 1335, desencadeou uma guerra civil. Nos oito anos seguintes a sua morte, um total de seis *ilkhans* títeres – incluindo Sati Beg (1338-9), primeira governante mulher, de vida curta – vieram e se foram, num confuso turbilhão de conspirações e matanças, com províncias rivais do Irã exigindo seu direito ao trono.[§]

§ Os cinco *ilkhans* eram títeres das curtas dinastias Jalairida e Chobanida, que emergiram dos destroços do Ilcanato. (N.A.)

A cidade que até recentemente tinha sido o centro do mundo civilizado, a casa dos tesouros do Dar al Islam e um exemplo formidável de poder militar tornava-se uma quase indefesa posse, pela qual lutava uma sucessão de aproveitadores. Seu declínio foi tão vertiginoso que, em 1339, a Cidade da Paz era meramente a capital de inverno do remanescente estado Jalairida, um território mongol que englobava o norte e o leste do Iraque e o oeste do Irã, fundado por um ambicioso vassalo do Ilcanato mongol que desmoronava. A capital de verão desse jovem Estado era a antiga cidade de Tabriz, no noroeste do Irã.

Além de esses problemas políticos estarem reduzindo Bagdá a um estado lamentável, os desastres naturais também continuavam a perseguir a cidade, criando mais sofrimento para sua molestada população. Em 1356, as águas do Tigre varreram as defesas da cidade, numa terrível enchente que acabou com vários distritos. A mesma coisa aconteceu de forma mais extrema em 1374, quando, segundo relatos, 40 mil bagdalis morreram na enchente. Nessa época, o Ilcanato estava em queda livre, com guerras locais na Pérsia, no Azerbaijão e no Iraque, junto a repetidas rebeliões e assassinatos em Bagdá, abrindo caminho para o oportunista sultão Ahmed Jalayir, antigo governante de Sultaniya e Tabriz, invadir o Iraque em 1383 e tomar o poder em Bagdá.

Apesar do tumulto e dos prejuízos causados em Bagdá por toda essa briga partidária, isso não era nada em comparação ao que viria logo a seguir.

*

Na manhã de 23 de julho de 1401, os habitantes de Bagdá acordaram para mais um dia de calor sufocante. O Tigre brilhava ao atravessar vagarosamente a cidade em sua jornada ao sul. A maior parte da silhueta da cidade – terraços pardos, o verde das palmeiras, o iridescente azul dos azulejos dos domos das mesquitas – estava borrada numa bruma cintilante. Apenas os minaretes furavam as ondas de luz, erguendo-se silenciosamente como alertas pontos de exclamação. Mas o silêncio não era de paz, e sim de calamidade iminente. Com um vasto exército inimigo à vista, acampado em torno da cidade, um grupo que preenchia o horizonte, composto de soldados, sapadores e divisões de cavalaria, fogueiras e tendas imperiais forradas com pele, "os aterrorizados habitantes não mais viam sua cidade como a casa da paz, mas como o palácio do inferno e da discórdia".[39]

Eles tinham razão em ficar alarmados. A forca se apertava em torno de Bagdá a cada dia que passava. Durante as seis semanas anteriores, a cidade estivera cercada em toda a sua circunferência de quase 10 quilômetros, segundo o historiador da corte do século XV Sharaf al Din Ali Yazdi, por um grupo de forças tártaras decididas a roubar, saquear e matar. Os tártaros eram um povo turcomano de origem mongol, descendentes das tribos de Gêngis Khan, que se converteram ao Islã após instalarem-se na Ásia Central. Esses inúmeros milhares de guerreiros eram leais ao temível Temur, autoproclamado Braço Armado da Fé, Senhor da Conjunção Afortunada, Imperador da Era e Conquistador do Mundo. Mais conhecido no Ocidente como Tamerlão, ele tinha emergido da estepe asiática em 1370, início de uma extraordinária carreira de conquistas na qual caíra sobre grandes cidades da Ásia uma a uma como uma tempestade de fogo. Como os exércitos de Hulagu quase 150 anos antes, os invasores ocidentais tinham construído uma ponte de barcos sobre o Tigre e posicionado arqueiros na direção da corrente, para evitar que os habitantes escapassem. Contra a corrente, dois príncipes reais guardavam as aproximações à cidade. Todas as rotas de fuga estavam cortadas.

Mais cedo, naquele mesmo ano, tendo saqueado Sivas e Alepo, Tamerlão se voltara a Damasco, pilhando-a num frenesi de assassinatos. A grande Mesquita Umayyad, símbolo da dinastia que tinha sido colocado de lado pelos Abássida, destaque da cidade que Bagdá tinha substituído como capital do Império Islâmico, foi incendiada. Foi, segundo Ibn Arabshah, autor sírio do século XV que escreveu uma devastadora biografia de Tamerlão, nada menos que uma "peregrinação destrutiva".[40]¶ Agora, o Invencível

---

¶ Arabshah tinha bons motivos para desprezar Tamerlão. Na tenra idade de oito ou nove anos, ele foi capturado pelos exércitos de Tamerlão durante o saque de Damasco em 1401 e levado para Samarcanda como prisioneiro com sua mãe e seus irmãos. Apesar de ter mais tarde desfrutado de uma ilustre carreira, servindo como secretário confidencial do sultão otomano Mohammed I, ele não perdoou Tamerlão pelas terríveis cenas de estupro e pilhagem que vira as tribos tártaras cometerem. Daí vêm os capítulos intitulados "Esse desgraçado começa a destruir o Azerbaijão e o reino do Iraque" e "Como aquele orgulhoso tirano foi quebrado e condenado à Casa da Destruição, onde teve seu trono constante no mais profundo poço do inferno". (N.A.)

Senhor das Sete Regiões cobiçava um prêmio histórico maior e "desceu para Bagdá com tropas incontáveis como formigas, mariposas e gafanhotos".[41] O povo da cidade temeu pelo pior, pois todos sabiam o que acontecia quando Tamerlão tomava uma cidade que tinha anteriormente escapado de seu domínio. Apesar de os dominados tentarem não confrontar seus piores temores, podiam ouvir um rangido repugnante: os sapadores de Tamerlão estavam resolutamente cavando por baixo das muralhas da cidade, metro por metro subterrâneo. Tomados pelo pânico, os defensores lutaram para consertar os muros minados que começavam a tombar sobre eles.

Mas talvez ainda houvesse esperança. Havia rumores de que os príncipes e emires de Tamerlão tinham implorado que o imperador ordenasse um ataque com força total, um pedido que foi recusado, como explicou mais tarde (de forma não muito plausível) o apologista Yazdi, sob o argumento de que os habitantes logo voltariam à razão, perceberiam seus erros e implorariam perdão ao imperador. Tamerlão, segundo esse relato, não queria ver a bela cidade de Bagdá "totalmente arruinada".[42]

Os cidadãos de Bagdá tremiam ao lembrar a última vez que Tamerlão tinha chegado aos muros da cidade. Yazdi recorda como, em 10 de outubro de 1393, o tártaro chegou com suas inumeráveis tribos, um exército que se espalhava por mais de 15 quilômetros ao norte e ao sul da cidade. O que chocou especialmente os bagdalis foi a visão dessa grande multidão atravessando o rio a nado com suas armaduras e seus equipamentos, uma façanha que fez os cidadãos "morderem os dedos em espanto".[43] Sabiamente, eles abriram os portões da cidade a Tamerlão, cujo exército então saqueou "tesouros inteiros" deixados pelo aterrorizado governante Sultão Ahmed – que fugira de forma desonrosa com a aproximação, primeiro para Hilla e de lá para o Egito, abandonando tanto seu exército quanto sua família no processo. Yazdi comparou as tropas tártaras a "exércitos de formigas ou gafanhotos, cobrindo os campos, pilhando por todos os lados".[44] Apesar de a Espada do Islã ter cortado os pescoços de centenas de milhares de muçulmanos a mais que judeus ou cristãos durante sua sangrenta carreira de conquistas, Tamerlão, ainda assim, sempre se esforçava para parecer um devoto governante muçulmano. Assim, ele ordenou que todo o vinho encontrado em Bagdá – *haram*, ou proibido pelo Islã, apesar de que beber escondido era uma característica da vida da cidade desde os tempos Abássida – fosse entornado no Tigre. Ele também aprisionou todos os acadêmicos e homens cultos de Bagdá, além das esposas e dos filhos do sultão Ahmed, para serem enfeites intelectuais de sua amada capital de Samarcanda, Pérola do Oriente. Entre esses prisioneiros estavam "os mestres da renomada escola de Bagdá em iluminação literária, que gozavam da proteção do sultão Ahmed".[45] Os que permaneceram na cidade tiveram de pagar uma taxa punitiva por suas vidas.

Dessa vez, com certeza, seria bem pior. Nos oito anos desde que Tamerlão levara seu exército para Bagdá, o sultão Ahmed e seu vassalo/aliado Kara Yusef, líder das tribos turcomanas Ovelhas Negras, tinham repetidamente zombado de sua autoridade, e Ahmed tinha retomado Bagdá. Era uma afronta que não podia ficar sem punição. Com medo da desforra que Tamerlão certamente imporia, o sultão Ahmed considerou brevemente defender a cidade e trouxe tropas turcomanas de Kara Yusef com esse objetivo, só para depois entrar em pânico e fugir de novo quando a aproximação de Tamerlão se confirmou. Os dois escaparam para Alepo e procuraram refúgio na corte otomana na Anatólia. Nesse momento de grande perigo, Bagdá não tinha um líder.

Ao meio-dia, o inferno do verão era intenso demais para os defensores permanecerem em guarda nas muralhas sem sombra. A "violência do calor", registrou Yazdi, era tanta que "pássaros caíam mortos" em meio ao voo e soldados encouraçados "derretiam como vela".[46] Fervendo em suas armaduras, os suados soldados amparavam seus capacetes em paus atrás dos baluartes, numa desastrada tentativa de convencer os tártaros de que continuavam vigilantes, abandonavam seus postos e voltavam para casa sonolentos.

Foi a deixa para Tamerlão, astucioso demais para ser pego num truque tão simples, ordenar um ataque geral. As trombetas tártaras soaram, tambores fizeram o ar tremer num bombardeio de barulho e o exército tomou a cidade. Os habitantes que estavam se escondendo atrás dos muros e agora olhavam cautelosamente por cima deles para ver o que estava acontecendo se depararam com uma visão aterrorizante. Inúmeras escadas para escalar as muralhas estavam sendo levantadas e apoiadas contra os imponentes muros. Uma torrente aparentemente imbatível de soldados apareceu por cima deles, enquanto fileiras compactas de arqueiros atrás deles soltavam saraivadas de artilharia para dentro da cidade. Após apenas alguns momentos, um dos comandantes mais fiéis de Tamerlão, xeique Nur al Din, tinha fincado o temido estandarte de cauda de cavalo, coroado com uma meia-lua, do imperador, nos muros da cidade. "Faraj [governador da cidade] e os habitantes de Bagdá foram dominados pelo medo", escreveu Yazdi, "de modo que lutaram não tanto por coragem, mas por desespero".[47]

Não havia saída para os sitiados. Muitos bagdalis, com medo de que toda a cidade fosse massacrada, jogaram-se histericamente no Tigre com suas famílias, apenas para serem executados pelos arqueiros que os esperavam. Outros pegaram pequenos barcos e arriscaram a sorte no rio, mas foram rapidamente derrubados pelas cruéis saraivadas de flechas. Faraj e sua filha tentaram escapar num barco, mas ele foi atingido e virou. Em um eco do que aconteceu na tentativa de fuga malsucedida feita pelo vice-chanceler de Mustasim que era atacado pelo exército de Hulagu em 1258, ambos se afogaram no Tigre. Os barqueiros de Tamerlão tiraram do rio o cadáver ensopado de Faraj e jogaram-no sem cerimônia na margem do rio.

Pela segunda vez em sua carreira, Bagdá pertencia a Tamerlão. Os habitantes que já conheciam a aterrorizante reputação de massacres do Conquistador do Mundo devem ter ficado completamente transfixados com a notícia, pois havia certa inevitabilidade no que viria depois da queda da cidade. Durante três décadas de selvageria calculada, o terror tinha sido usado para incitar o medo no coração dos inimigos, livrar territórios recém-conquistados de oponentes e minimizar os riscos de rebeliões futuras. Isso incentivava a capitulação imediata, já que a oposição seria combatida apenas com a vingança imediata e mais terrível. Não importava quão ilustre tivesse sido uma cidade rebelde, ela seria reduzida a fumaça e ruínas, corpos decapitados em altas pilhas nas ruas, suas cabeças decepadas montadas como grandes torres e acesas como faróis flamejantes, totens de ira, para marcar mais uma conquista.

A retomada de Bagdá tinha atormentado Tamerlão e custado a ele muitos homens. A misericórdia – a não ser para líderes religiosos e estudiosos que se jogassem a seus pés, implorando perdão clemência, recebendo vestes de honra e sendo escoltados a um local seguro – estava fora de questão. "Ele virou para a cidade as rédeas da ira e destruiu o que quer que sua mão obtivesse com enchentes e fogo e escureceu com nuvens densas de aflição, depois de atacar como raio e trovão", escreveu Ibn Arabshah.[48]

Na prática isso significou uma de suas ordens mais vingativas. Cada um de seus soldados, reportou Arabshah, deveria levar a ele duas cabeças de bagdalis.

> Eles as trouxeram sozinhos ou em grupos e fizeram o rio Tigre fluir com a corrente de sangue ao jogar seus cadáveres nas planícies, e colecionaram as cabeças e construíram torres com elas; mas eles assassinaram violentamente, das pessoas de Bagdá, cerca de 90 mil. Alguns, quando não conseguiam achar bagdalis, cortavam as cabeças de sírios e de outros prisioneiros que estavam com eles; outros, quando estavam em falta as cabeças de homens, cortavam as cabeças das damas no leito marital.[49]

O massacre era tão feroz e as ordens de Tamerlão, tão temidas, que alguns se viram forçados a matar seus companheiros para levar ao imperador o número requisitado de cabeças. Até Yazdi, o mais partidário apologista de Tamerlão, admitiu que o conquistador "não poupou nem homens de oitenta anos, nem crianças de oito. Não houve piedade para ricos ou para pobres; e o número de mortos foi tão grande que ninguém podia contá-los".[50]

O que se seguiu foi a destruição física de Bagdá, e novamente ela foi total. O relato de Yazdi diz que "Temur deu ordens de que não devia sobrar uma única casa de pé na cidade".[51] Apenas mesquitas, faculdades e hospitais deviam ser poupados, relata Yazdi, sem dúvida de olho na reputação póstuma de Tamerlão, apesar de que, depois dos acontecimentos em Damasco, que incluíram a devastação da Mesquita Umayyad, é altamente improvável que isso de fato tenha acontecido. A prática tradicional de Tamerlão era levar a destruição em larga escala às cidades rebeldes. Mercados, hospedarias, eremitérios, monastérios, palácios e os amados banhos públicos de Ibn Battuta viraram fumaça. Arabshah confirma como o tártaro "assolou a cidade", saqueando e pilhando sua "riqueza escondida". Ele "revirou a cidade inteira de cima a baixo", deixando em seu rastro um cenário de completa desolação.[52]

Era a época da *haj* anual a Meca, o período mais sagrado do calendário muçulmano. Tendo assassinado 90 mil pessoas – a maior parte muçulmana – o Braço Armado do Islã foi então serenamente numa peregrinação ao túmulo do Imã Abu Hanifa no leste de Bagdá, um gracioso templo coberto por uma cúpula branca, "para implorar pela intercessão desse santo", sem nenhum vestígio de ironia.[53] Quando Hulagu saqueou Bagdá, como ainda se lembram com expressão de dor os bagdalis de hoje, dizia-se que o Tigre ficou negro com a tinta de todos os livros jogados no rio. Depois de Tamerlão cair sobre a cidade, os cronistas relataram que suas águas fluíam vermelhas de sangue.

Enquanto Tamerlão dizia suas preces no templo, seus soldados davam os últimos retoques nas 120 torres de crânios erigidas por toda a cidade achatada.[54] Abutres circulavam acima das ruínas de Bagdá, descendo do céu para arrancar olhos de suas órbitas. Corujas e corvos fizeram seus ninhos nas ruínas dos palácios reais. O ar ficou pútrido com o cheiro forte dos cadáveres se decompondo rapidamente no calor do verão.

A "peregrinação destrutiva" de Tamerlão estava chegando ao fim. Bagdá, como Antioquia e Acre, Baalbek e Beirute, Hama e Homs, Damasco e Alepo antes dela, estava em destroços. A "cidade da paz", escreveu Arabshah, tinha se transformado "na cidade da rendição".[55]

CAPÍTULO 6

Ovelha negra, ovelha branca (1401-1534)

A longa era de pobreza, confusão e negligência que se seguiu à invasão mongol afastou historiadores do porte de Hamurabi, Ciro, Seleuco, Khasrau e Harun. Diferentes profundidades de escuridão recaem sobre a história do Iraque desde a hora em que a luz do Califado se extinguiu até o século presente.

Stephen Hemsley Longrigg, *Four Centuries of Modern Iraq* [Quatro séculos de Iraque moderno] (1925)

Bagdá treme sob um opressor céu azul-cobalto. É uma manhã cortante de inverno. Para quem está aclimatado ao inferno usual, quando o calor esmagador confunde a mente e provoca discussões que se inflamam instantaneamente e terminam da mesma forma, o frio é um impacto penetrante. Os habitantes estão com casacos pesados e expressões fúnebres. Explosões intermitentes de tiros ecoam com velocidade por toda a cidade. Sirenes gemem à distância. Helicópteros norte-americanos Black Hawk aparecem de repente no horizonte, com atiradores apontando suas armas em direção a alvos desconhecidos. "É um dia interessante para fazer turismo", brinca meu amigo Thair conforme saímos num comboio de veículos blindados até Kadhimiya, lar do maior santuário xiita de Bagdá e uma das quatro Atiyat Aliyat, ou cidades-templo xiitas, no Iraque.* A cidade não está nem um pouco em paz.

---

* Os quatro Atyiat Alyiat (portais sublimes) são Kadhimyia, Najaf, Kerbala e Samarra. (N.A.)

O conflito é um pano de fundo lamentavelmente apropriado para uma visita ao templo de Kadhimiya. Durante séculos, ele foi frequentemente o ponto crítico de várias revoltas entre sunitas e xiitas. Um dos piores encontros aconteceu em 1051, quando um grupo sunita fez objeção a uma inscrição proposta para uma passagem no distrito de Karkh, ao sul da Cidade Redonda de Mansur. O texto sugerido, elogiando o califa Ali, foi considerado blasfemo aos olhos dos ortodoxos. Houve troca de insultos, à qual se seguiu uma briga e a morte do líder dos sunitas. Durante o velório no dia seguinte, a rixa se renovou, se agravando até uma rebelião total que se espalhou a Kadhimiya. A multidão de agitadores sunitas pilhou o templo, tomou os enfeites de ouro e de prata, arrancou as cortinas brocadas, retirou as inúmeras joias e colocou fogo no complexo. Segundo o historiador árabe Ibn al Athir (1160-1233), autor do magistral *A história completa*, os grandes domos de teca acima dos templos de dois homens santos foram consumidos pelas chamas, que então se espalharam para os túmulos de Jafar, filho do califa Mansur, dois príncipes Buyida, da consorte real de Harun al Rashid, Zubayda, e do filho dos dois, o califa Amin.

Deixando a Zona Verde pelo Portão dos Assassinos, um arco de arenito em estilo cafona cujo nome dá o que pensar, o comboio aponta para o noroeste descendo pela rua Haifa, paralela ao Tigre. O rio comparado pelo geógrafo do século XII Ibn Jubayr a um espelho brilhante e um cordão de pérolas é hoje um desagradável lamaçal cinza. Aqui e ali, entre blocos de torres de concreto pelos quais passamos rapidamente, há belos casarões de fachada larga com janelas em arco, colunas iônicas, varandas elaboradas e frontões e painéis pintados, um alegre exercício de classicismo tingido pelo Oriente. A maior parte está marcada por tiros disparados nas lutas que recentemente assolaram o local. Os seguranças, ex-soldados do Exército britânico, alternam murmúrios sobre o perigo da rota ("é o melhor lugar para dar de cara com um carro-bomba, devíamos ter ido pela rua 14 de julho") com discussões entusiasmadas sobre mulheres e armas. As forças americanas apelidaram a rua Haifa de "viela das Granadas" e "Bulevar do Coração Roxo", por causa dos inúmeros ataques de insurgentes.

Num mapa de Bagdá, o Tigre delineia o perfil de um rosto atravessando a cidade. Kadhimiya lembra um furúnculo sobre o grande nariz formado pelos distritos de Karkh e Karadat Maryam, ao sul, e limitado a norte, sul e leste pelo rio. Nossa rota até lá nos leva a atravessar o local onde a Cidade Redonda de Mansur costumava ficar. Foi Mansur quem designou essa terra ao norte de sua cidade murada Makaber Kuraish, o cemitério dos Kuraish, tribo principal do profeta Maomé e seus descendentes. Ele enterrava ali membros da dinastia Abássida e seus primos, os Alauítas. Seu filho mais velho, Jafar, foi o primeiro a ser enterrado ali em 767, mas foi o funeral do imã Musa al Kadhim em 799, seguido pelo de seu neto Mohammed al Jawad em 834, que provou ter uma influência mais duradoura. Hoje, Kadhimiya é um distrito de domos e minaretes dourados (há 52 mesquitas), vielas estreitas, mercados cobertos como o Souk al Musakaf, Astrabardi e Fadhwa, livreiros, pensões para peregrinos, mercado de ouro lotados, as bibliotecas Jama Agd Assada e Al Jawadin e restaurantes que oferecem as especialidades locais de suco de tâmaras e *bakila bi dahn*, favas em óleo. É um local tanto para peregrinos devotos quanto para consumidores famintos ou intelectuais estudiosos.

Tomamos uma bifurcação para o nordeste na rua Imã Musa al Kadhim. Vários minutos depois, um par de domos dourados irrompe na atulhada silhueta do horizonte. Chegamos. Ainda é cedo, mas a larga rua para pedestres com lojas e hotéis já está movimentada. "A maioria dessas pessoas é peregrina", diz Thair. "Iraquianos e iranianos. Eles vêm para visitar e orar nos dois túmulos lá dentro que são mantidos em estruturas de ouro abaixo dos domos, decorados à mão e enfeitados com versos do Alcorão sagrado. Às sextas e sábados dizem que tem meio milhão de visitantes aqui." Jovens casais patrulham as vitrines de lojas de ouro como generais inspecionando um desfile, pausando aqui e ali para olhar uma joia e conversar com um comerciante. "Essa é a visita tradicional deles a Kadhimiya. Eles vão se casar logo, então vêm aqui comprar alianças e o conjunto de joias da noiva, que faz parte do enxoval. Kadhimiya é famosa pelos ourives em Asharif Arredi, Bab al Kibla e Bab al Murad, que fazem suas joias e todas as outras peças artesanalmente. São muito habilidosos, a mesma família pode produzir gerações de ourives." Thair suspira. Ele é solteiro. "Sabe, é caro para o homem. O costume diz que ele deve pagar por todas as joias. Isso pode custar milhares de dólares."

Vamos conversando e andando e o templo levanta-se à nossa frente por trás de um portal em arco com azulejos azuis. Está envolto em um claustro murado adornado com ondulantes escrituras cúficas de versos do Alcorão, os portões revestidos com azulejos intrincadamente trabalhados numa confusão de azul, amarelo, verde e branco. Esses azulejos homenageiam uma tradição artística que remonta à era dos Abássida, quando a cidade era o centro mundial de azulejaria. A vastidão do local – os muros medem quase 135 por 200 metros – parece propositalmente planejada para incitar nos visitantes um senso de humildade que leve à reverência religiosa. Não há dúvida sobre entrar ou não. Construído originalmente em algum ponto durante a época de Harun al Rashid e aumentado por volta de 947 pelo governante Buyida Muizz al Dawla, que adicionou dois domos de madeira e um muro ao redor, data, em sua forma atual, do século XVI, quando o xá persa Ismail I tomou Bagdá em 1508 e iniciou uma reforma extensa. Completamente restaurado após décadas de esquecimento durante o regime Saddam Hussein, é hoje um dos pontos turísticos mais magníficos da cidade. Seus domos gêmeos, cobertos por azulejos dourados que brilham como faróis na luz do sol, são visíveis de longe, ladeados por um cordão de quatro esguios minaretes com ponta dourada.

Não é difícil imaginar o efeito de enlevação que deve ter causado – e que continua a causar – em peregrinos cansados no fim de sua cansativa jornada até Bagdá. "Eles estão sofrendo para atravessar o deserto há tanto tempo, e de repente veem essa cor incrível em contraste com os prédios de tijolo marrom ao redor, esses grandes domos subindo dos bosques de palmeiras próximos ao rio", diz Thair. À noite, iluminado por fachos de luz neon verde, com lâmpadas brancas brilhando nas quatro linhas de luz que ligam os minaretes um ao outro, o templo de Kadhimyia é uma visão espantosa do velho e do novo, o ouro queimado de seus domos em forma de bala e os minaretes resplandecendo como fogo no horizonte acima das luzes claras das lojas de ouro. Este é o correspondente xiita ao templo sunita de Abu Hanifa, que fica do outro lado do Tigre, a apenas pouco mais de 1,5 quilômetro ao leste. Onde Abu Hanifa é modesto ao ponto da monotonia, Kadhimyia é colorido e exibido ao ponto da ostentação. Se a definitiva divisão partidária dentro do Islã corre todo o Iraque, em nenhum outro lugar ela parece mais aguda que nesse pequeno trecho de terra e água entre os dois templos.

Na sua glória atual, Kadhimyia também é um símbolo triunfal de oposição. Apesar de todos os ataques que sofreu, é um dos maiores sobreviventes de Bagdá, suportando as vicissitudes da história da cidade, como fogo, enchentes e pilhagens. A lista de ocorrências data de séculos atrás. Depois do desastre de 1051, seu domo principal foi destruído num incêndio em 1225, e depois reconstruído. Em 1258, Hulagu visitou e apresentou a fúria total de suas tropas mongóis ao santuário, saqueando-o e incendiando-o. Tendo sido reconstruído novamente, em 1300 já era outra vez uma ruína, vítima de duas enchentes sérias do Tigre. Sete séculos depois, foi alvo, junto a outros locais sagrados aos xiitas iraquianos, de uma série de ataques ligados ao grupo terrorista global Al Qaeda e seus apoiadores. A pior perda de vidas em anos recentes veio em 31 de agosto de 2005, quando quase mil peregrinos xiitas, que recordavam a morte do Imã Musa al Kadhim, morreram numa debandada em massa atravessando a ponte Aimma (Imãs), disparada por rumores de um ataque terrorista iminente.

A rua está aos poucos se enchendo. Cabeças se viram. O turista estrangeiro com colete à prova de balas está chamando a atenção. "Vamos, é hora de ir embora", diz Thair. "Já ficamos aqui tempo demais. Não é seguro."

*

Durante o século e meio que separou as visitas aniquiladoras de Hulagu e Tamerlão à Cidade da Paz, Bagdá tinha sido pelo menos capaz de sonhar com a glória futura. Apesar de o neto de Gêngis Khan ter extinguido o califado Abássida e jogado Bagdá num abismo, a cidade rapidamente se recuperou e se pôs de pé, a tal ponto que conseguia, talvez, aspirar à grandiosidade de sua nova rival, Tabriz, capital de verão do estado Jalairida, 560 quilômetros a nordeste pelas montanhas do Curdistão. Após o segundo ataque de Tamerlão, em 1401, esses sonhos foram totalmente esmagados.

A ruína física infligida pelos conquistadores mongóis e tártaros foi a primeira consequência óbvia da tempestade que eles fizeram desabar sobre a cidade. As joias da coroa arquitetônica de Bagdá – os esplêndidos palácios dos califas, as grandes mesquitas e os suntuosos parques reais da era Abássida – haviam sido obliteradas. Mas casas, mesquitas e mercados podiam ser reconstruídos com relativa facilidade. O problema mais fundamental de Bagdá era lidar com o legado que Hulagu deixou de destruição calculada da rede de rios, diques e obras nas cabeceiras dos rios da qual dependia há tempos a prosperidade do local. Desde tempos antigos a riqueza, o poder e o sucesso da Mesopotâmia se apoiavam nos frutíferos sistemas de irrigação. As civilizações e impérios sumérios, babilônios, assírios e persas foram todos fundados com a exploração dos férteis Tigre e Eufrates.[1] Quando essa rede foi retalhada, não demorou muito para as águas assorearem e caírem em decadência total, uma situação que os habitantes que sobraram na cidade tinham poucas chances de mudar imediatamente. O massacre da população de Bagdá garantiu que o reparo e a manutenção frequente exigidos para ressuscitar a infraestrutura estivessem simplesmente fora de questão.

À destruição física imposta por Hulagu e Tamerlão é preciso acrescentar o declínio político, bem mais duradouro, que começou com suas invasões. Nesse aspecto, os historiadores são obrigados a colocar a maior parte da culpa, ou, a bem da verdade, do crédito, no primeiro conquistador. Não importa quão íngreme houvesse sido a queda do califado Abássida durante os séculos, em 1258 ele ainda representava o Império Islâmico, ainda que com mais atos de infração do que obediência, a unidade do mundo muçulmano, da costa do norte da África ao teto do mundo na Ásia Central. Bagdá devia sua grandiosidade ao fato de ser a sede desse império que se espalhava por continentes. Às vésperas do ataque de Hulagu, a cidade ainda carregava a bandeira do domínio islâmico, mas da noite para o dia o mastro desse estandarte foi arrancado e destruído em pedacinhos. A primazia de Bagdá, fruto de séculos de trabalho, conquista e cultura, chegava ao fim.

A segunda tempestade exterminou a recuperação limitada que a cidade tinha conseguido desde a primeira. Quando Tamerlão chegou a Bagdá, a cidade ainda era – nas palavras do escritor sírio Ibn Arabshah – "mais famosa do que se pode descrever, e o aroma de sua excelência e seus méritos, mais fragrante do que se pode revelar"; mas sua significância política tinha poucas similaridades com a importância de que desfrutara até 1258.[2]

De enferma metrópole imperial, a cidade se tornou simplesmente capital de inverno de um Estado que emergira das ruínas do Ilcanato de Hulagu no Iraque e no oeste da Pérsia. Sua posição como centro do Dar al Islam estava ficando longe na memória; enquanto o Iraque definhava, outras potências emergiam no Ocidente e no Oriente.

O enfraquecimento da vida literária completava o infeliz trio de desolações sofridas por Bagdá como consequência das ofensivas de Hulagu e Tamerlão. Conforme a Cidade da Paz deixava o palco com uma cansada reverência, depois de uma comovente apresentação que durara mais de seis séculos, o grande público composto por escritores saía do teatro. Com o fim da corte Abássida, havia pouquíssima chance de encontrar fama literária e fortuna em Bagdá. A era da distribuição de ouro e da patronagem das artes ficara para trás.

Poetas, os nômades em busca da fortuna como Abu Nuwas e Abu al Atahiya, fornecedores de resplendor literário da metrópole, não eram mais irresistivelmente atraídos a Bagdá. Os grandes geógrafos – Yakubi, Mukaddasi, mais tarde Yakut – tinham ido embora no brilho da época de ciência e descobertas, junto com os formidáveis historiadores da era Abássida, Tabari e Masudi. Sem uma dinastia imperial, cujas glórias e riquezas podiam apregoar em prosa grandiloquente, não havia mais necessidade para cronistas e panegíricos da corte.

O resultado foi que Bagdá entrou em um período escuro no qual mal entrou a luz da história. Nos anos 1470, enviados venezianos deixaram detalhes rudimentares descrevendo a corte de Uzun Hassan, líder das tribos turcomanas Ovelhas Brancas (Ak Koyunlu). Desde o fim do século XIV e durante a maior parte do século XV, as Ovelhas Brancas disputaram com as Ovelhas Negras (Kara Koyunlu) o controle de Bagdá e seus territórios, uma área que incluía os atuais Armênia, Azerbaijão, leste da Turquia e faixas do Irã e do Iraque. Ambas eram confederações insubordinadas de tribos turcomanas, nômades pastorais cujas origens são obscuras. Já foi sugerido que os nomes derivam das cores predominantes em seus rebanhos.[3]

Esses embaixadores venezianos inauguraram uma nova fonte de informações sobre a Bagdá medieval. Viajantes literários começaram a chegar aos trancos e barrancos a partir dos anos 1550, deixando relatos animados que, na falta de muitos outros registros, foram gulosamente bem recebidos por historiadores da cidade.

★

Na esteira da invasão de Tamerlão, o futuro de Bagdá rapidamente caiu nas mãos principalmente de dois homens. Seu *status* modesto, em comparação com os antigos califas Abássidas, destaca ainda mais a relegação humilhante e dolorosa imposta sobre a cidade. O sultão-chefe Jalairida Ahmed e seu companheiro de armas Kara Yusef, líder dos turcomanos Ovelhas Negras, não eram exatamente líderes mundiais que cavalgavam pelo "estreito mundo" como colossos, e sim apenas ambiciosos chefes tribais.

Ao saber que os sempre revoltosos bagdalis não tinham perdido tempo em expulsar o governador indicado por Tamerlão, eles voltaram da Anatólia em 1402 e rapidamente se reapossaram da cidade. Em resposta, Tamerlão, se preparando para a guerra contra o sultão otomano Bayazid, seu maior adversário no mundo muçulmano, enviou quatro divisões de cavalaria, uma delas liderada por seu neto Mizra Abu Bakr, para pacificar a rebelião. Segundo o cronista persa do século XV Mirkhwand, Ahmed, que tivera pouco aviso prévio, imediatamente virou as costas, como era de seu costume, e fugiu pelo rio, vestindo apenas sua camisa.[4] Numa demonstração exemplar de quão pouco significava Bagdá, Tamerlão abruptamente retirou suas forças do Iraque para reforçar sua campanha na Anatólia, permitindo que Ahmed, perdurando como um mau cheiro, voltasse mais uma vez. Agora os habitantes conheciam o líder Jalairida suficientemente bem para sentirem um nítido preconceito contra ele. "Ahmed não era nem um pouco popular na cidade, o que em parte se devia a seu tratamento tirânico para com o povo (...) e em parte ao fato de que, quando surgia qualquer problema, ele parecia ter o talento de salvar a si mesmo à custa da comunidade em geral."[5] O equilíbrio de poder na relação com Kara Yusef também estava mudando, e o antigo vassalo – que virou aliado – emergia aos poucos como o parceiro mais forte. Uma disputa subsequente entre os dois homens levou Ahmed ao que ele fazia melhor – fugir de Bagdá, dessa vez, segundo relatos, em uma vaca.[6] Uma missão militar realizada depois por Mirza Abu Bakr viu os dois homens serem capturados pelas forças do sultão egípcio e presos em Damasco, onde juraram uma aliança secreta para esforços futuros.

Depois dos horrores que ele impingira cortando cabeças por toda a Ásia durante 35 anos de campanhas constantes, a morte de Tamerlão em 1405 foi recebida com um suspiro de alívio do continente todo. Bagdá foi refortificada com muralhas que ficariam de pé, apesar de inúmeros cercos e ataques, até o século XIX. Ahmed e Kara Yusef foram libertados de sua prisão, o que permitiu que o primeiro retornasse, disfarçado de dervixe, para tomar as rédeas do poder na cidade, causando provável desgosto em seus explorados cidadãos; já o último consolidou sua posição no Curdistão. Seguindo o espírito do tempo, a aliança entre Ahmed e Kara Yusef teve vida curta. Em 1410, tendo acabado de tirar Tabriz das mãos de seu antigo colaborador, Ahmed foi ferido em batalha e descoberto escondido num jardim. Inicialmente relutante em acabar com o homem a quem tinha servido, o líder das Ovelhas Negras eventualmente foi persuadido a permitir que Ahmed fosse silenciosamente estrangulado.

Os habitantes de Bagdá não sentiram muita falta de Ahmed. Propenso a extremos dignos de Janus, ele era ao mesmo tempo um intelectual idealista e um hedonista cruel, manipulador e viciado em ópio. Longe dos campos de batalha, era um entusiasmado pintor, poeta e músico, além de generoso patrono de artistas como Abd al Hay e Junaid de Bagdá, que desenvolveu o que veio a ser conhecido como estilo Jalairida de ilustração persa. *Diwan*, o belamente ilustrado volume de poemas de Ahmed, não teria causado vergonha a qualquer poeta mais conhecido. Mas, talvez, ele pudesse ter conseguido mais fama se seus esforços de atrair o grande poeta persa Hafiz a Bagdá tivessem sido bem-sucedidos. Só o que nos resta, porém, são algumas tentadoras linhas do mestre que sugerem que ele pelo menos considerou o convite:

> Em Shiraz não achamos o caminho para nosso objetivo
> Feliz será o dia em que Hafiz tomará a estrada para Bagdá![7]

Em outro poema, Hafiz elogia Ahmed como "um rei de descendência real" e a "Alma do Mundo", comparando-o de forma improvável (até para os padrões de um panegírico) a Gêngis Khan. Novamente, havia a sugestão de que o poeta sempre desejara fazer da Cidade da Paz seu lar:

> Nenhum botão de rosa de delícias para mim floresceu da terra em Fars:
> Ah, mas o Tigre de Bagdá e o vinho espiritual![8]

*

Ainda que Bagdá tivesse caído a alturas profundas, as fortunas da cidade afundariam ainda mais. Logo após a morte de Ahmed, a Cidade da Paz, há muito acostumada a um governo real, sofreu a pungente afronta de cair no comando de um primeiro escravo, um homem chamado Nakhasis, e depois de outro, Abdul Rahman, após um período de caos e violência renovados. O exército de Kara Yusef logo colocou fim a isso, inaugurando uma dinastia das Ovelhas Negras que governaria Bagdá, ainda que simbolicamente, até 1468. Seu filho, Shah Mohammed foi nomeado governador da cidade, posição em que permaneceu por 23 anos.

O governo simbólico das Ovelhas Negras, e das Ovelhas Brancas que os suplantaram, reflete o fato de o poder de Bagdá ter murchado até virar pouco mais que um oásis de curiosidade histórica num deserto político que devia obediência a um redemoinho sempre mutante de confederações tribais. Nesse deserto também havia um elemento literal: campos antes férteis que haviam alimentado o interior do império agora se espalhavam num horizonte de areia, oferecendo aos rebanhos perdidos nada além de pastos raquíticos. A sempre tênue linha entre "o deserto e o semeado" estava borrada. Assim, dentro do curto espaço de algumas gerações,

> havia pouco exceto ruínas gigantes para sugerir que o Iraque já tinha sido a província mais orgulhosa do grande Império Abássida, ou a sede, em eras anteriores, de cidades famosas mundialmente e civilizações ativas. A terra que já tinha figurado como Paraíso em todos os livros sagrados das religiões semíticas [estava] agora transformada num deserto árido, sem árvores, pelo qual

todas as tempestades passavam com força irresistível, sobre o qual caía tanto o impiedoso calor do verão quanto os prolongados dilúvios do inverno, alimentado por águas errantes dos grandes rios, agora pela primeira vez desde a grande inundação de Noé sem nenhuma direção ou controle.[9]

O historiador egípcio Al Makrizi (1364-1442) deixou um retrato explicitamente breve e notavelmente lúgubre da cidade em 1437: "Bagdá está em ruínas. Não há mesquitas, uma congregação de fiéis, chamadas a oração ou *souks*; a maioria das palmeiras está seca. Não se pode chamá-la de cidade".[10] Quando o mercador e explorador veneziano Nicolò de' Conti passou por lá em 1444, em direção a Basra, ele mal dedicou um parágrafo à cidade, confundindo Babilônia com Bagdá, como muitos historiadores medievais, fazendo a mais breve menção à pletora de ruínas antigas e se contentando com a insípida observação de que de lá até Basra era uma viagem de oito dias e mais quatro até o Golfo Pérsico.[11]

Mais ou menos na época da visita de de' Conti, Bagdá caiu no comando de Jahan Shah, talvez o maior líder da linha dos Ovelhas Negras. Inicialmente vassalo do filho de Tamerlão, Shahrukh, depois da morte deste último em 1447 declarou independência, autoproclamou-se "sultão" e "cã" e começou a expansão de seu recém-nascido reino. Sob seu domínio enérgico as Ovelhas Negras expandiram até englobar partes da Anatólia, a maior parte do Iraque, o Irã central, Fars e Karman, estendendo-se pelo sul até a estratégica hidrovia Shatt al Arab que separa o Iraque do Irã. O governo teve seus problemas, porém. Ele foi incomodado por rebeliões persistentes, incluindo a de um filho rebelde, Pir Budak, governador de Bagdá, que se revoltou contra o pai, iniciando um cerco de um ano que terminou com a rendição e a morte do filho. O fim de Jahan Shah foi igualmente sangrento: em 1467 ele foi assassinado pelo chefe das Ovelhas Brancas Uzun Hassan (O Alto), que assim terminou com a dinastia Ovelhas Negras, sua feroz adversária, apesar de uma breve, malsucedida e eventualmente fatal tentativa do filho de Jahan Shah, Hassan Ali, de reinar no lugar do pai. Fiel a suas raízes, a Cidade da Paz não se entregou aos novos senhores sem lutar. Outro cerco teve de ser levantado, e mais um governador, assassinado, antes que Bagdá relutantemente reconhecesse o poder de Hassan.

Apesar de os poderes estrangeiros à época estarem pouco interessados em Bagdá, pois não havia nada lá para animar a ganância imperial, o império de Uzun Hassan foi, ainda assim, frequentemente cortejado pelos venezianos, preocupados com a ascensão do poder otomano no mediterrâneo. O próprio Hassan tinha bons motivos para se opor aos otomanos, tendo lutado repetidas vezes contra o exército do sultão Mehmed II no começo dos anos 1470. Ambrosio Contarini, um dos enviados venezianos que visitaram a corte das Ovelhas Brancas em Tabriz durante o inverno de 1474-5, legou-nos um retrato de Hassan. O rei gostava muito de seu vinho, observou, e bebia em todas as refeições, ao acompanhamento de canto e flauta tocada por seus músicos. Com cerca de setenta anos, ele era alto e magro e em geral tinha "um bom fígado [...] e caráter bastante alegre", mas, como muitos bêbados, "quando ia longe demais, era às vezes perigoso". As décadas de devoção aos prazeres da uva tinham cobrado seu preço: "Suas mãos tremiam quando ele bebia".[12]

São poucos os visitantes distintos de Bagdá nessa época que deixaram um registro de suas experiências. Se antes a cidade tinha sido o objetivo de todo escritor, pesquisador, cientista, poeta, músico, advogado ou teólogo, sem falar das mais lindas escravas-cantantes e concubinas, a Bagdá medieval sumiu abruptamente do itinerário dos pensadores – e das cantoras. Hafiz pode ter confessado em verso um desejo de viajar para a cidade, mas seu sonho poético nunca se realizou.

O grande poeta persa Jami passou quatro meses em Bagdá no inverno de 1472-3, uma experiência extremamente desagradável sobre a qual ele refletiu mais tarde com um quê de amargura. Ele estava viajando do Irã em *haj* para Meca e, enquanto morou na Cidade da Paz, fez uma excursão à cidade sagrada xiita de Kerbala. Um irritado servo e seu irmão usaram essa visita para adulterar e destacar alguns versos que Jami escrevera atacando "dissidentes" religiosos, o que foi a deixa para a população xiita de Bagdá explodir num paroxismo raivoso contra o poeta. Jami foi obrigado a aparecer numa assembleia pública e se defender perante o governador de Bagdá e sua corte, autoridades religiosas das escolas Hanafi e Shafi de jurisprudência e um grande número de fanáticos religiosos. Revelando seu texto original, que demonstrou a falsidade das acusações contra ele, Jami triunfou sobre os acusadores.

Havia algum consolo na vingança. Primeiro, ele fez com que o bigode de seu adversário fosse raspado em público. Um destino ainda mais vergonhoso esperava o irmão do servo sem bigode, que teve de usar um chapéu-de-burro antes de montar em um asno, de costas, e desfilar pelas ruas e bazares da cidade. Um troco tão público deve ter sido gratificante para Jami, mas o encontro profundamente ruim e sem dúvida muito intimidador em Bagdá deixou uma cicatriz inapagável. Ele depois marcou a ocasião num *ghazal*, ou verso:

> Ó, copeiro, abra a jarra de vinho à beira do Shatt
> E lave minhas memórias dos desagrados dos bagdalis.
> Feche meus lábios com a taça de vinho, pois ninguém nessa terra vale a discussão.
> Não espere fidelidade ou generosidade dos indignos;
> Não procure as virtudes de homens com o caráter de demônios.[13]

Os velhos fantasmas de intriga e regicídio que tanto assombravam Bagdá voltaram após a morte de Uzun Hassan em 1478. "Príncipe sucedeu príncipe, intriga e violência tomaram o império solto e rebelde."[14] Crises de sucessão perseguiam o reino, e o ponto mais baixo nas traições foi quando a mãe do governante Ovelha Branca Yakub Mirza envenenou o filho em 1490, um homicídio que disparou mais uma rodada de tramoias, brigas e novos assassinatos.

Não sendo mais uma força política ou militar, e nem mesmo senhora de seu próprio destino, Bagdá era empurrada de lá para cá numa tempestade de instabilidade. A dinastia das Ovelhas Brancas estava se desfazendo. Descendentes rivais de Uzun Hassan estavam totalmente envolvidos na guerra civil. Enquanto o Império das Ovelhas Brancas era sugado por esse vórtice de derramamento de sangue, a leste um novo poder nascia. Era um momento auspicioso para outra invasão estrangeira.

*

O nascer do século XVI testemunhou o renascimento persa. Nos últimos anos do século anterior, um descendente do famoso asceta sufista xeique Safi, fundador da ordem sagrada homônima Safávida em Ardabil, noroeste da Pérsia, estava chamando a atenção – menos com seu uso do Alcorão que com o de sua espada. Como líder infante da ordem, Ismail, neto do governante das Ovelhas Brancas Uzun Hassan, começou a juntar seus seguidores e, em 1499, na tenra idade de doze anos, candidatou-se ao poder na Pérsia, apoiado por um crescente número de militantes e revolucionários. Depois de derrotar Alwand, um dos governantes Ovelhas Brancas, numa vitória importante que abriu as portas para Tabriz, ele se proclamou Xá Ismail em 1501.

Histórias horripilantes surgiram sobre a tomada de Tabriz. Mulheres grávidas foram massacradas; os corpos de nobres enterrados nos cemitérios foram exumados e queimados; trezentas prostitutas foram enfileiradas em público e cortadas ao meio; ladrões foram decapitados e suas cabeças jogadas em fogueiras. Relata-se até que Ismail ordenou a decapitação de sua madrasta, após descobrir que ela tinha sido casada com um dos nobres que lutaram na Batalha de Derben (no Daguestão), onde o pai dele tinha sido morto. "De (...) Nero até o presente, duvido que tenha existido um tirano tão sangrento", escreveu um mercador italiano da época, que talvez não tivesse ouvido falar de Gêngis Khan, Hulagu ou Tamerlão.[15]

Dentro de um ano, todo o oeste da Pérsia reconhecia o poder de Ismail, e outras províncias caíram no jugo do fundador messiânico da dinastia Safávida, uma a uma.[16] Ismail pode ter sido um homem santo, mas estava longe de ser tímido no campo de batalha. Depois de uma campanha brutal no norte da Pérsia, ele assou num espeto dois oficiais inimigos, e serviu-os como *kebab*.

Pela primeira vez desde que os exércitos árabes estouraram as ondas de conquistas de meados do século XVII, a Pérsia era novamente uma entidade distinta. Após 850 anos sendo governado por califas árabes, sultões turcos e cãs mongóis, o país estava finalmente sob domínio persa, com a fé xiita estabelecida como a religião oficial do Estado.[17] Em 1508, após derrotar Murad, o governador Ovelha Branca do Iraque, Ismail enviou seu general Lala Hussain para capturar Bagdá, que foi tomada sem luta. O historiador iraquiano Abbas al Azzawi escreve sobre como Hussain foi nomeado governador de Bagdá e do Iraque com o grandiloquente título de honra Khalifat al Khulafa, Califa dos Califas.[18]

Em parte para celebrar a captura de Bagdá, em parte para uma peregrinação religiosa, Ismail visitou a cidade um ano depois de sua queda. Ele não escondeu suas lealdades religiosas, de acordo com o historiador iraquiano Abdul Aziz al Duri, demolindo os túmulos de santos sunitas e executando algumas das figuras sunitas líderes na cidade, enquanto gastava dinheiro em abundância no templo de Kadhimiya e peregrinava às cidades sagradas xiitas de Samarra, Kerbala e Najaf.[19] Não satisfeito com a destruição deliberada do templo de Abu Hanifa e do pregador Hanbali xeique Abdul Kadir al Gailani, as novas autoridades persas emitiram uma inflamatória ordem para que as mesquitas sunitas fossem convertidas em mesquitas xiitas. A 1600 quilômetros para o noroeste, histórias exageradas sobre o massacre de Ismail sobre os sunitas corriam pelos lotados bazares de Istambul.

Mas, pela primeira vez desde que a maioria dos bagdalis conseguia se lembrar, a Cidade da Paz começara a fazer jus a seu antigo apelido. Bagdá e as cidades sagradas do Iraque apoiaram as inclinações declaradamente xiitas de seu novo comandante, enquanto as tribos espalhadas ao longo dos rios respeitavam seu prestígio religioso. Mercadores persas trilharam uma rota para Bagdá, adicionando peso comercial à atmosfera de tranquilidade religiosa. Mais ou menos vinte anos se passaram sem uma grande perturbação. Tanta paz e calmaria, porém, não era a ordem natural das coisas em Bagdá. Tendo sido disputada por muitas décadas pelos turcomanos Ovelhas Negras e Ovelhas Brancas, a cidade agora se via como foco da rivalidade de dois adversários bem mais poderosos: a oeste, o Império Otomano sunita do Sultão Selim, o Severo (1512-20); a leste, o emergente Império Safávida xiita de Xá Ismail. Os otimistas podem detectar nisso alguma evidência da importância crescente de Bagdá, mas o *status* das partes em guerra era um consolo parco para a população sob ataque.

O desaparecimento dos territórios das Ovelhas Negras como estado amortecedor entre os dois poderes deu origem ao conflito, prenunciado pelo ritual da troca de ameaças bombásticas. Ismail enviou emissários a Selim, levando como presente um cajado de ouro, uma bonita sela e uma espada ricamente montada. "Ismail, grande soberano dos persas, envia a ti, Selim, estes presentes, iguais à tua grandeza, já que têm o mesmo valor que teu reino; se fores um homem corajoso, mantenha-os bem, pois virei tirá-los de ti, junto com sua cabeça e seu reino, que possuis contra todos os direitos, já que não é apropriado que os filhos de camponeses governem tantas províncias."[20]

Selim, ficamos sabendo, teve de controlar um impulso natural de matar os embaixadores ali mesmo. Depois que seus cortesãos o acalmaram, ele se contentou em cortar os narizes e as orelhas dos enviados. Sua resposta: "Selim, grande Soberano dos Turcos, responde a um cão sem dar a menor importância a seus latidos, dizendo a ele que se ousar mostrar-se, descobrirá que farei a ele o que meu predecessor Maomé fez ao predecessor dele, Ussun Cassano [Uzun Hassan]".[21]

Religião foi a pretensa *casus belli*, com Selim assumindo o papel de defensor da fé ortodoxa, para o qual ele mesmo se escalou. Para demonstrar suas credenciais antes de embarcar na campanha, ele baniu a fé xiita no império e tomou a pequena precaução de assassinar os 40 mil xiitas em suas terras. Ele também matou todos os familiares que considerou usurpadores em potencial, *pour décourager les autres*. Selim pode ter sido um poeta talentoso, mas havia pouca evidência de sensibilidade poética em sua aterradora propensão a derramar sangue. Como ele uma vez comentou com seu mufti: "Não será permitido matar dois terços dos habitantes do império para o bem maior do um terço restante?".[22] Apesar de a coragem física de Ismail ser largamente comentada – um viajante italiano da época o achou "valente como um galo de briga, e mais forte que qualquer um de seus lordes" –, seu exército estava em grande desvantagem numérica e foi devidamente dominado pelos otomanos na Batalha de Chaldiran em 1514.[23] O exército de Selim entrou triunfante em Tabriz.

A derrota teve um efeito profundo em Xá Ismail, que nunca mais foi a campo, apesar de uma série de perdas territoriais durante a década seguinte. Ele entrou em luto, vestindo roupas e turbantes pretos e tingindo de negro seu estandarte militar. No norte do Iraque, o cã persa deu terreno para um paxá otomano. Tribos truculentas manipulavam um senhor estrangeiro atrás de outro. E em Bagdá, o grande título de honra "Califa dos Califas" do governador era o mais fino disfarce para a perda do domínio persa. Em 1258 um homem chamado Dhul Fakar, sobrinho do governador da cidade, demonstrou seu controle enfraquecido ao assassinar o tio num passo entre montanhas no norte do Iraque, antes de marchar para o sul e tomar o poder em Bagdá. Sabendo que tinha poucas chances de se manter sem apoio externo, e sentindo a direção dos ventos, o arrivista rebelde forjou moedas com o nome do sultão otomano, que também era lido na *khutba*, ou sermão de sexta-feira, um reconhecimento tradicional de autoridade. Mensagens foram enviadas a Istambul, acompanhadas das simbólicas chaves da cidade, jurando obediência e implorando apoio.

Da noite para o dia, Bagdá escorregou do Império Persa para o Otomano. Durante os dois anos seguintes permaneceu nas mãos dos últimos, até Xá Tahmasp I, filho e herdeiro de Ismail, jurar retomar a cidade em 1530. Quando uma série de assaltos militares diretos se provou malsucedida, ele recorreu a subterfúgios, recrutando os irmãos de Dhul Fakar para assassiná-lo a sangue frio. Mesmo assim, desde que Dhul Fakar tomara o poder, Istambul se considerava a dona por direito das chaves de Bagdá. A posse da cidade era uma importante parte do esforço otomano para legitimar suas afirmações de proeminência no Oriente Médio. Seu brilho podia ter acabado, mas seu nome e as memórias que evocava permaneciam um símbolo poderoso. A audaciosa retomada da cidade por Xá Tahmasp representou, assim, um ataque direto ao sultão otomano descendente de Sulim, Suleiman, o Magnífico, e uma abominável descida à heresia xiita.

O triunfo persa se provou apenas um breve suspiro. Os ruídos da guerra, cada vez mais ameaçadores desde meados dos anos 1520, ficaram mais altos conforme o sultão Suleiman, o Magnífico, o Legislador, o Senhor de Sua Era, procurava se impor nos territórios dominados pelo xá-criança Tahmasp. Como sempre, não era difícil criar pretextos para a guerra quando se estava decidido ao conflito. Incidentes na fronteira, onde o governador de Bitlis tinha desertado do serviço otomano para o persa, serviram admiravelmente a esse propósito, junto a *fatwas* convenientemente convocadas para justificar a guerra e exigir a exterminação dos xiitas. O território Safávida também ameaçava a ascendência otomana sobre as rotas de comércio que ligavam o sudeste asiático ao leste europeu. Com o controle da rota pelo Mar Vermelho e o Egito assegurado após a vitória otomana sobre o sultanato mameluco egípcio nos portões do Cairo, em 1517, onde os governantes otomanos se proclamaram sucessores por direito dos califas Abássidas, as ambições de Istambul se viraram para a rota que passava pelo Iraque e o Golfo.

A "Campanha de Dois Iraques" de Suleiman – uma referência à divisão da era mongol do território em Iraque Arabi (Baixa Mesopotâmia) e Iraque Ajemi (o interior montanhoso a leste) – ribombou e, em 1533, seu grão-vizir Ibrahim Paxá estava perambulando pelos planaltos do norte. Em 16 de julho de 1534, após a rendição de fortalezas curdas ao longo da fronteira próxima a Van, Tabriz caiu em mãos otomanas, e Suleiman entrou pessoalmente para receber e distribuir benesses imperiais aos obedientes cãs e beis locais. Em vez de enfrentá-lo na batalha, os persas bateram em retirada. Após uma exaustiva travessia das montanhas de Zagros, na qual boa parte do exército de 200 mil homens morreu, os otomanos alcançaram as planícies da Mesopotâmia. O caminho até Bagdá estava aberto. Na Cidade da Paz, reinava o pandemônio: notícias sobre o avanço otomano, livremente misturadas com rumores apocalípticos, causavam pânico. O governador, Mohammed Khan, recebeu cartas usando sua ancestralidade turcomana Tekke para induzir sua deserção para o lado otomano. Mohammed não se impressionou com o argumento, mas também não se convenceu com os boatos de que havia reforços persas à disposição. A força bruta do exército otomano o convenceu de que a resistência era inútil. Ele decidiu abandonar Bagdá e fugir para a Pérsia. Seus companheiros de tribo, que estavam preparados a entregar as chaves da cidade para Suleiman, não concordaram. Quando ele os incitou a ir embora também, eles se amotinaram e tomaram a antiga Universidade Mustansiriya como base. Mohammed fez uma última tentativa: usando um engodo, fingiu mudar de ideia e enviou seus líderes para receber Suleiman, antes de discretamente cruzar para a margem direita do Tigre e fugir sorrateiramente com sua família e seus apoiadores xiitas para a Pérsia.

Relatos de sua fuga chegaram rapidamente ao sultão otomano, que enviou Ibrahim Paxá com uma vanguarda para ocupar Bagdá. O grão-vizir entrou na cidade sem encontrar resistência e fechou os portões para se precaver contra saques. Tudo estava pronto para a grande entrada de Suleiman em 4 de dezembro de 1534.

A história não registra o que se passou nas mentes dos cidadãos de Bagdá quando botaram os olhos nesse vasto exército de invasores acampados do lado de fora de sua cidade. Convidados a prestar suas homenagens à luxuosa corte provisória de Suleiman, a nata da sociedade bagdali – a aristocracia tribal, advogados, acadêmicos, imãs e grandes mercadores – provavelmente percebeu a sabedoria da reverência, da simpatia e da bajulação absoluta, elogiando o valor marcial e a pureza islâmica dos otomanos, dando as boas-vindas ao novo califa da mais famosa cidade de califas, entretendo seus novos senhores com histórias sobre a grandiosidade do passado de Bagdá e o certo retorno aos dias gloriosos sob a liderança visionária do sultão. Muitos xiitas ficaram chocados com esses estrangeiros sunitas, horrorizados com os rumores persistentes que corriam pelos *souks* dizendo que haveria um massacre generalizado dos heterodoxos, da mesma forma como Selim havia ordenado o massacre de xiitas por todo o seu império apenas vinte anos antes.

Mas Suleiman parecia determinado a acalmar seus novos súditos, tanto os xiitas quanto os sunitas. Ele fez uma grande demonstração de peregrinações grandiosas aos templos xiitas em Khadhimiya e ao túmulo do grande líder sufista Maruf al Karkhi, santo padroeiro de Bagdá. No distrito oriental de Adhamiya, que permanece uma área ferozmente sunita até hoje, ele ordenou uma suntuosa restauração do túmulo de Abu Hanifa, destruído pelos ocupantes xiitas iranianos. O local tinha significado especial para os otomanos, que preferiam a escola Hanafi de jurisprudência islâmica às escolas Hanbali, Maliki e Shafi. O templo, reconstruído com um altivo domo e uma mesquita e um asilo adicionados ao complexo, tornou-se local de peregrinação sunita por séculos. A miraculosa "redescoberta" do túmulo de Abu Hanifa por Suleiman foi um eco deliberado do achado da tumba do santo muçulmano Ayub Ansari pelo sultão Mehmed II à época da conquista de Constantinopla e da queda de Bizâncio, em 1453.[24]

Continuando seu programa de construção de inspiração religiosa, Suleiman construiu um domo sobre o túmulo do xeique Abdul Kadir al Gailani e também completou a restauração do templo de Kadhimiya, começada em 1519 por Xá Ismail, cuja família dizia ser descendente de Imã Musa al Kadhim e enfeitara o complexo com uma cobertura reluzente de faiança que atraía a luz do sol. Obras menos luminosas e mais práticas se seguiram, como a manutenção dos canais e a construção de um dique que levava o nome de Suleiman, para proteger Kerbala das inundações do Eufrates.

Suleiman permaneceu em Bagdá e em seus entornos por seis meses, dando descanso a seu exército após a mais sofrida campanha de inverno pelas montanhas do Curdistão e recebendo inúmeras rendições e promessas de fidelidade de cidades e fortalezas de todo canto. Suleiman Paxá, ex-governador de Diyarbakir, no sudeste da Anatólia, foi promovido a primeiro governador otomano do Iraque, com uma guarnição militar de mil mosqueteiros e mil fuzileiros sob seu comando.

Numa enérgica prova de seu título, o Legislador gastou um tempo considerável organizando um novo sistema de administração para a massa de território que adquirira. Um novo *kanunname*, ou código de leis, foi proclamado. Apesar de parecer, de muitas maneiras, com o código Safávida existente, amenizava de forma significativa o peso dos impostos e anulava uma série de práticas ilegais e abusivas. Suleiman estava disposto a demonstrar que a justiça otomana era superior àquela imposta pelos Safávidas.[25]

Apesar de a Cidade da Paz ter caído em mãos estrangeiras mais uma vez, tinha sido sem derramamento de sangue. Para os bagdalis que se importavam com esse tipo de coisa, havia ainda o conforto de saber que essas mãos pertenciam ao líder do mundo islâmico. Suleiman, o Magnífico, Sultão dos Sultões, Cã dos Cãs, Comandante dos Fiéis e Sucessor do Profeta do Senhor do Universo não era nenhum chefe tribal provincial como as Ovelhas Negras ou as Ovelhas Brancas.

CAPÍTULO 7

Sobre turcos e viajantes (1534-1639)

Ashika Bagdad irak deyildir.
[Para o amante, Bagdá não fica tão longe.]

Provérbio turco[1]

Quando o dia amanheceu em Bagdá em 27 de outubro de 1574, revelando as silhuetas das palmeiras, muralhas, minaretes em forma de lança e domos banhados pelo sol, um viajante com as pernas cansadas chegou cambaleando nos subúrbios da cidade. Ele estava na metade de uma jornada épica de três anos aos "países orientais". Tendo saído da cidade de Augsburgo, no sul da Baviera, ele velejara de Marselha ao antigo porto sírio de Tripoli, viajara pelo deserto de Alepo numa caravana de camelos e burros até a cidade de Bir, no Eufrates, onde tomara um barco pelo rio até Fallu-ja, a curta distância da Cidade da Paz. Não era uma grande turnê de lazer, uma aventura em busca de emoções ou um flerte com as artes obscuras da espionagem: Leonhard Rauwolff estava em Bagdá a negócios.

Rauwolff, alemão, era um médico, botânico e aspirante a mercador, enviado por seu cunhado para descobrir e estudar novas drogas, plantas medicinais e outras ervas que teriam valor comercial para o negócio familiar. Suas primeiras impressões sobre a cidade não foram totalmente elogiosas: ele a comparou à Basileia, no rio Reno, "mas nem de perto tão agradável ou bem construída", pois as ruas eram "bastante estreitas" e as casas "mal construídas", muitas com apenas um andar, enquanto outras estavam "basicamente em ruínas". As igrejas decrépitas e chamuscadas eram "tão deterioradas que seria difícil encontrar uma inteira".[2]

O tom de espanto abafado e os elogios exaltados dos viajantes da era Abássida tinham ficado para trás. A glória dera lugar à desolação. O oeste de Bagdá, antes lar dos ricos e dos lotados mercados de Karkh, era agora mais "uma grande vila do que uma cidade". Apenas o leste da cidade estava bem fortificado com muralhas e fossos. Os únicos pontos que valiam a visita eram o acampamento do paxá turco – ou baxá – e o grande bazar do lado persa do Tigre. Rauwolff mencionou a ponte de barcos, mas o rio outrora comparado pelo escritor andaluz Ibn Jubayr a "um espelho brilhando entre duas molduras, ou (...) um cordão de pérolas entre dois seios" estava "tão escuro e sem vida que era uma visão fúnebre" e fluía tão rapidamente que deixou o alemão tonto.[3]

Convocado para encontrar o paxá num cômodo "bem comum" em seu acampamento, que era parcialmente compensado por decorações elegantes e tapeçarias delicadas, ele se viu sendo questionado rigorosamente sobre o propósito de sua visita e as mercadorias que levava. O paxá ordenou que ele fosse embora e refletisse sobre sua situação, e Rauwolff compreendeu bem demais que a intenção da entrevista fora "arrancar de nós um presente". Ele fingiu não compreender nada disso, subsequentemente apresentou as permissões do paxá e do cádi de Alepo, ambos em condição regular, e escapou sem penalidade, tomando o cuidado de sair da audiência andando de costas, "pois virar suas costas para qualquer um (mesmo que essa pessoa seja bem cruel) é considerado uma grande descortesia, grosseria e menosprezo".[4]

Se Rauwolff tinha alguma esperança de encontrar o tipo de banquete epicuriano que deliciava os paladares da dinastia Abássida na época do famoso *chef* e escritor Ibn Sayyar al Warrak, ele deve ter ficado muitíssimo decepcionado. Como não havia hospedarias para atender ao faminto viajante – ou aos cidadãos de Bagdá – a solução era comprar comida no mercado e cozinhar você mesmo. "Cada um ferve por si mesmo o que tem vontade", *al fresco*, em frente de seu alojamento.[5] As acomodações não eram nada suntuosas. Como não havia camas, mesas, banquetas, cadeiras ou bancos nos quartos, a cama era o chão, e a capa servia de lençol e colchão. A comida era racionada: a área cultivada na outrora fértil "terra entre os rios" tinha murchado a ponto de Bagdá não ser mais autossuficiente e depender de provisões importadas, incluindo grãos, vinho e frutas, trazidas principalmente de Mosul pelo Tigre abaixo.

Mas apesar de todo esse declínio, oito séculos depois de o califa Mansur ter recebido o conselho de fundar sua cidade nessa localização favorável ao comércio às margens do Tigre, Bagdá ainda era um entreposto comercial agitado. Havia, notou Rauwolff, "um grande Depósito de Mercadorias", com bens vindos por terra e pelo rio, especialmente da Ásia Menor, Síria, Armênia, Constantinopla, Alepo e Damasco, carregados de lá para a Pérsia e as Índias. Em 2 de dezembro, o alemão assistiu a 25 barcos chegarem com um carregamento de "temperos e outras drogas preciosas", trazido das Índias pelo mar, via porto de Hormuz no Golfo e então para Basra, onde embarcações fluviais menores continuaram para o norte em direção a Bagdá, numa viagem de até quarenta dias. Mercadores em Basra e Bagdá conseguiam manter uma "boa correspondência" usando pombos-correios. Quando barcos carregados chegavam a Bagdá, os mercadores que estavam levando os temperos até a Turquia montavam suas tendas nas áreas abertas fora da cidade, escondendo o carregamento o mais discretamente possível embaixo de sacos, por segurança. Eles eram tão numerosos que, de longe, pareciam um enorme exército, e não vários mercadores.

Bagdá não era só um centro para a venda de temperos; a cidade também trabalhava com outras mercadorias ainda mais valiosas. Entre os mercadores que Rauwolff conheceu estava um joalheiro que carregava diamantes, calcedônias, rubis, topázios e safiras, habilmente escondidos dos olhos intrometidos dos oficiais de alfândega, que receberam do "incrivelmente ganancioso" paxá de Bagdá a tarefa de confiscar tais tesouros sempre que possível.[6] Corais e esmeraldas egípcias também eram exportados para as Índias, junto com açafrão, bagos silvestres, tâmaras, tamarindos, figos, amêndoas, sedas, lenços turcos e, acima de tudo, cavalos. O resultado de todo esse comércio era que Bagdá era um local altamente cosmopolita, com árabes vivendo ao lado de persas, indianos, turcos, armênios e curdos. Bem representados entre os maiores mercadores, os persas também predominavam entre os visitantes estrangeiros mais espirituais, com multidões passando regularmente por Bagdá em *haj* a Meca. Um dia, Rauwolff viu uma caravana de trezentos desses peregrinos chegar com camelos e cavalos. Há séculos a Cidade da Paz estava acostumada com esses viajantes sedentos por causa do deserto, que chegavam às muralhas da cidade em caravanas dispersas.

O alemão notou a duradoura inimizade entre os turcos e os persas, uma relação que, por vários séculos, tivera consequências diretas para Bagdá. Apesar de os persas se darem bem com os cristãos, ele escreveu: "quanto aos turcos, como há entre eles frequentes guerras grandes e sangrentas, eles os odeiam muito, e os chamam de hereges".[7]

Por ora, pelo menos, os turcos tinham a vantagem, uma superioridade que Rauwolff sentia amplamente refletida na atitude deles: "Os turcos se acham tão incríveis que realmente acreditam não haver outra nação que possa conquistar o mundo como eles".[8] Essa ideia de superioridade inata e fácil não seria desconhecida dos ingleses quando chegou a vez de eles governarem Bagdá quase 350 anos mais tarde.

⋆

Rauwolff foi um astuto observador de Bagdá durante os dois meses que passou na cidade. Apesar de às vezes ingênuo – seu relato, sóbrio na maior parte do tempo, inclui fábulas sobre insetos de três cabeças e a coleção particular de unicórnios do xá persa –, sua admiração pelo animado comércio prenunciou o crescente interesse europeu em oportunidades em fazer negócios com Bagdá e a rivalidade bem mais tardia entre Alemanha e Grã-Bretanha que encontraria sua expressão mais afiada na segunda metade do século XIX.

O livro de Rauwolff, *Viagens e travessias curiosas*, também é importante para a história de Bagdá em um nível mais amplo: ele foi o primeiro e mais europeu dos viajantes que começaram a chegar na cidade a partir de meados do século XVI, voltando com uma série de relatos particularmente valiosos à luz do pequeno número de outras fontes dessa era. A maior parte do primeiro século de ocupação otomana, desde a captura de Bagdá pelo sultão Suleiman, em 1534, permanece obscura por conta da destruição mais tardia dos registros da cidade, tanto que não se conhece a sucessão precisa de paxás turcos que exerceram o poder. De forma mais geral, é preciso lidar com uma volta contínua à obscuridade provinciana, um desenvolvimento parecido com a queda de um véu sobre a cidade, deixando uma silhueta discernível, mas cobrindo os detalhes mais vívidos e atraentes. Dada essa lastimável lacuna histórica, os contos dos viajantes são particularmente úteis. Monges medievais e mercadores itinerantes, nobres, escritores, aventureiros e exploradores – todos eles trazem à tona uma massa de informações sobre Bagdá, sua arquitetura, seu povo e seus costumes, religião e comércio, e muito mais. A maior parte dessa literatura é europeia, refletindo gostos e preconceitos eurocêntricos da época, mas, apesar dessa limitação, temos de ser realmente gratos a esses viajantes simplesmente pela riqueza de detalhes que eles trazem ao retrato de uma cidade que tinha sido afastada do primeiro plano. A obra de Rauwolff foi precedida, por exemplo, por relatos de mercadores venezianos como Cesare Federici, que chegou em 1563, e o joalheiro Gasparo Balbi, cuja viagem a Bagdá em 1579 foi ameaçada por "muitos leões e ladrões árabes".[9]

Boa parte das informações mais básicas sobre a administração de Bagdá sobreviveu. Ao entrar no reino otomano em expansão como cidade principal de um *ayalet* (província) do império, Bagdá adquiriu uma nova hierarquia administrativa, no topo da qual ficava o paxá. Seus oficiais mais sêniores eram o cádi e o *daftardar*, ou tesoureiro. Servindo de base para essa autoridade havia um corpo de janízaros,* tropas imperiais leais – ao menos em teoria – a Istambul, bem como forças recrutadas localmente que formavam a guarda pessoal do paxá. Um conselho de notáveis atuava como um freio, ainda que parcial, dos poderes do paxá.

Essas estruturas formais aparentemente organizadas disfarçavam as limitações informais, mas bastante reais, da autoridade de Bagdá e dos paxás da época. Havia, por exemplo, muitos xiitas que se opunham ao governo estrangeiro imposto por um distante poder sunita, e administravam sua cooperação de acordo com essa posição. Para além da cidade, em áreas

---

* Os janízaros eram uma infantaria otomana de elite fundada no século XIV. Recrutados ainda jovens principalmente nas comunidades cristãs, passavam por educação islâmica e treinamento militar rigorosos para se tornar as forças de excelência dos otomanos. Os janízaros podiam galgar as posições mais altas no Império Otomano – e frequentemente o faziam. (N.A.)

como Najaf, Kerbala e o pedaço de deserto onde Bagdá tinha influência simbólica, ficavam as tribos sempre rebeldes que mantinham suas próprias leis. O controle central desaparecia a reles 65 quilômetros para oeste da capital, com uma faixa de terra que corria ao longo do Eufrates, de Falluja até Kufa e Najaf, no sul, sob a autoridade tribal. Em Ana, mais ao norte ao longo do mesmo rio, o xeique das tribos Abu Risha cobrava pedágios de caravanas que passavam pela rota do deserto entre Alepo e Bagdá, e era reconhecido por Istambul como um poder independente. E havia ainda o próprio sultão, sempre ameaçando o poder do presunçoso paxá, ainda que estivesse fora de cena. Mais próximos estavam os persas, uma ameaça xiita constante à autoridade otomana sunita. Revoltas, rebeliões e levantes eram constantes, e, às vezes, destruidores.

A insularidade reinava. "A cidade passou a parecer cada vez mais com uma ilha isolada num descampado deserto, habitada apenas por piratas agressivos e sem lei. Sua vida, antes em contato próximo com os pensamentos líderes de meio mundo, começava agora a se virar completamente para si mesma; seus habitantes deixaram de se interessar muito pelos acontecimentos até de cidades adjacentes."[10] Apesar desse declínio, os persas sempre olharam para Bagdá como parada importante da estrada sagrada a Meca, que passava pelas cidades sagradas xiitas de Najaf, lar do templo de Ali, primo e genro do profeta Maomé, e Kerbala, onde o neto do profeta, Hussain, e seu meio-irmão, Abbas, estavam enterrados. Era também lar de um número significativo de mercadores persas que comercializavam com Isfahan e Tabriz. Para os otomanos, o valor de Bagdá estava em sua localização estratégica, que dava acesso ao Golfo Pérsico, a ligação entre a Índia e o Mediterrâneo. E para os governantes sunitas de grande parte do mundo muçulmano o controle da cidade, apesar da lamentável heresia dos xiitas, era o prêmio que garantia a legitimidade histórica.

*

O primeiro inglês a chegar a Bagdá foi o mercador londrino John Newberry, em 1581; ele navegou novamente em 1583, no *Tiger*, para a Síria, acompanhado pelos colegas mercadores John Eldred e Ralph Fitch, o joalheiro

William Leedes e o pintor James Story, em uma viagem pioneira comemorada num verso de *Macbeth*, de Shakespeare ("Em caminho de Alepo está o marido, como chefe do Tigre").[11]

Desse momento em diante, o comércio com Bagdá tornou-se uma prioridade declarada para a Inglaterra, inicialmente por meio dos escritórios de Alepo da Companhia do Levante – que fora criada em Londres em 1581 e imediatamente financiara a missão de Newberry a Bagdá – e mais tarde por meio da Companhia das Índias Orientais (que teve de esperar até 1798 para uma representação ali).[12]

Eldred considerava Bagdá "um local de ótimo tráfego e uma ótima estrada das Índias Orientais a Alepo". Ele descreveu a maneira engenhosa usada por mercadores de Mosul para trazer seus produtos à cidade em *kalaks*, jangadas colocadas sobre uma plataforma flutuante ou peles de bode infladas, "inchadas pelo vento como bexigas" e amarradas. Na chegada, os bens eram devidamente trocados, a madeira da jangada era vendida para ser transformada em lenha e as peles de bode esvaziadas, carregadas no lombo de burros ou camelos para a viagem de volta ao norte pela terra, prontas para serem reusadas na próxima expedição comercial rio abaixo. Como vários viajantes medievais a Bagdá, Eldred erroneamente pensou ter descoberto as ruínas da "antiga torre de Babel", que ele imaginou ser "quase tão alta quanto o campanário de pedra de Pauls, em Londres".[13]

O interesse dos europeus em oportunidades de negócio com Bagdá era muito importante, mas os relatos revelam que eles estavam desesperadamente confusos com o desconcertante sistema de pesos e medidas e as múltiplas moedas em operação na cidade, os quais era preciso compreender para poder negociar. Newberry deu tudo de si para relatar os preços das mercadorias locais. Numa carta publicada pelo escritor e geógrafo Richard Hakluyt, datada de 20 de julho de 1583, ele diz que cravos e macis custavam cinco "ducados" por "bateman", sendo que um "bateman" pesava 3,316 quilos. A canela era seis "ducados"; a noz-moscada era 45 "medins" por "bateman", 40 "medins" sendo um "ducado"; o gengibre custava 40 "medins"; a pimenta, 75 "medins" e a *turbetta*, 50 "medins". Um *neel* custava 70 "ducados" por "churle", um "churle" sendo equivalente a 27,5 "rottils (...) de Alepo". A seda local, muito mais fina do que a variedade turca, era 11,5 "ducados" por "bateman". A carta seguinte de Newberry, datada de 21 de setembro, testemunhou a influência regional dos portugueses e venezianos. Foi escrita da prisão Hormuz, já que os britânicos tinham sido denunciados como espiões às autoridades portuguesas por um mercador veneziano que não gostava de rivais estrangeiros em seu terreno. "Pode ser que (...) cortem nossas gargantas ou mantenham-nos muito tempo na prisão", escreveu Newberry, que tinha um pendor dramático. "Seja feita a vontade de Deus."[14] Na verdade, eles foram soltos após dois meses, sem mudanças – com exceção do artista Story, que inesperadamente virou monge.

Em 1583, outro inglês, William Barret, também tentou entender as moedas locais, numa passagem que certamente faria até o mais entusiasmado apoiador das medições imperiais reconsiderar sua aversão ao sistema métrico. Como a maior parte dos viajantes à Bagdá da época, ele confundia a Bagdá moderna com a antiga Babilônia, acreditando que a primeira fora construída no local da última.

> O dinheiro corrente na Babilônia são os Saies, cujo Say são 5 medinas, como em Alepo, e 40 medinas, sendo que 8 Saies fazem um ducado e 47 medinas ultrapassam em valor o ducado de ouro de Veneza, e os melhores dólares valem 33 medinas. As pratas reais são vendidas por 100 drams em avaliação, conforme sua demanda: mas entre os mercadores eles barganham por 100 metrais, que são 150 drams de Alepo, cujos 150 drams são 135 pratas reais, e essas da casa da moeda dão 5 medinas menos em cada 100 drams, que então podem ser vendidos entre os mercadores, pagos ao fim de quarenta dias em Saies.[15]

Com certeza essa correspondência foi totalmente esclarecedora.

*

Apesar de a tempestade mongol ter destruído para sempre a primazia de Bagdá como metrópole imperial, não acabou completamente com a importância da cidade como centro de estudos religiosos, literários e artísticos. O trabalho do grande poeta Fuzuli (cujo pseudônimo chamativo criado por ele mesmo significava "presunçoso" ou "impertinente"), escrito em turco azerbaijano, persa e árabe, faz alusão às riquezas culturais que ainda podiam ser encontradas ali. Tendo recebido patrocínio do Xá Ismail e dos governadores Safávidas de Bagdá, ele trocou habilidosamente de lado – e de facção – com a captura da cidade por Suleiman, o Magnífico, em 1534, dedicando um *kaside*, ou ode, ao sultão e, caso isso não fosse suficiente, adicionando três versos de adulação ao grão-vizir, ao cádi chefe e ao paxá de Bagdá, respectivamente. Porém, o estipêndio que lhe foi prometido, que devia ser extraído dos excedentes das doações aos santuários xiitas, não se materializou, uma experiência que sem dúvida inspirou seu cáustico *Sikayetname* ou *Reclamação*, no qual ataca a burocracia e a corrupção otomanas, arrependendo-se de não ter conseguido virar poeta da corte: "Eu os saudei, mas eles não aceitaram, pois não era um suborno".[16]

Após uma longa pausa, a ilustração dos livros foi retomada a sério em Bagdá a partir da metade do século XVI e quase no fim dele recebeu um importante estímulo de patrocinadores religiosos. A reconstrução otomana de templos sunitas e escolas de teologia resultou, entre outras coisas, no *tekke*, ou alojamento, Mevlevi, uma rede local da Ordem Mevlevi, originalmente fundada na cidade de Konya, na Anatólia Central, pelo poeta e místico sufista do século XIII Jalal al Din Rumi.

Pequena em números durante os anos iniciais, até o século XV a Ordem Mevlevi de dervixes tinha crescido consideravelmente tanto em tamanho quanto em influência na corte otomana em Istambul e entre sua aristocracia. Essa era a ordem cujos dervixes, ou ascetas sufistas, praticavam a Sema, uma dança rodopiante que era um entre vários rituais, junto a cantos e salmos, recitação de poesia e de orações e a música de vários instrumentos, que tinham a intenção de levar quem a praticava ao êxtase religioso. Desde o século XV, sultões, alguns dos quais eram seguidores dos dervixes, recebiam de presente dos líderes da ordem uma espada simbolizando a legitimidade de seu reinado. Um século mais tarde, nobres otomanos estavam construindo e apoiando centros Mevlevi por todo o império. Em cerca de 1600, o alojamento Mevlevi em Bagdá tornou-se um centro de excelência artística, com pelo menos dois calígrafos eminentes trabalhando ali: Nusayra Dede, festejado pelas cortes da Índia e do Irã, e Abdul

Baki al Mawlawi, mais conhecido como Kusi, que inscreveu uma série de painéis de dedicatórias em vários prédios importantes de Bagdá, incluindo o do próprio alojamento. Nessa época, Bagdá também era o lar de dois grandes escribas, Mawlana Hassan Ali e Mawlana Baba.

Um estudo recente mostrou que havia uma vibrante e altamente idiossincrática "escola de Bagdá" de pintura em miniaturas durante quase duas décadas, de cerca de 1590 a 1606. Seus benfeitores e clientes mais importantes eram da Ordem Mevlevi, que encomendava biografias ilustradas de Mawlana Rumi e de santos sufistas; os paxás de Bagdá, que queriam histórias do mundo e genealogias para si mesmos ou como presentes deferentes para o sultão; e xiitas prósperos interessados em versões enfeitadas da tragédia de Kerbala, a batalha de 10 de outubro de 680, na qual as forças Umayyad derrotaram um exército liderado pelo neto do profeta, Hussain.[17] Como nenhum deles era patrocinador real, a arte era poupada da rigidez e da formalidade do tradicional estilo cortesão, exultando-se, em vez disso, com uma abordagem eclética que se inspirava no cosmopolitismo de Bagdá, em sua história religiosa e em sua localização no cruzamento entre Turquia, Europa, Pérsia e Índia. A grande maioria dos manuscritos ilustrados sobreviventes é dedicada puramente a temas religiosos: a queda e expulsão de Adão do Paraíso; Abraão jogado no fogo; o profeta Maomé em seu *minbar*, ou púlpito, em Medina; a iconografia dos santos de Bagdá; a vida dos místicos sufistas; eventos da vida de Ali – este último "único na história da pintura islâmica" segundo Milstein.[18] Excepcionalmente, há também um retrato da filha do profeta, Fátima, num manuscrito cheio de cor de Fuzuli, *Hadikat al Suada* [Jardim dos abençoados].

Há um realismo impressionante nessas miniaturas, que desvia o foco usual da vida na corte e dedica a atenção para a cidade, seus monumentos, seus habitantes e visitantes. Há turcos e persas, indianos e árabes, em diferentes vestes, jovens nobres e dândis em turbantes lisos, pedintes com verrugas e pequenos vasos para doações, cenas tranquilas em casas particulares, belos jardins de um tranquilizante verde, as cores ardentes de bazares lotados. Mais exóticos são os ladrões de estrada e demônios jogando pecadores no fogo, as mórbidas execuções, os sangrentos cercos, as caravanas cansadas do deserto e festas animadas.

*

Os otomanos tinham bons motivos para ver o Iraque como uma área dissidente, muitos deles deliberadamente alimentados pelos Safávidas – e não é surpresa que divisões religiosas tenham continuado a causar tensões em Bagdá e entornos nesse período. Sob o comando de Xá Tahmasp (1524-76), monarca Safávida que serviu durante mais tempo, os persas pagaram ordenados para cinquenta homens nos templos de Najaf e Kerbala, ambos na província de Bagdá, para que recitassem versos dia e noite enaltecendo o ilustre líder xiita, ou o homem que os otomanos chamavam de Xá Maléfico. Isso, temia Istambul, era uma política perigosa e proposital para aumentar o descontentamento com o governo do sultão sunita.[19] Em um *firman* (decreto real) de 1573, o *beylerbeyi* (governador-geral) da província de Bagdá recebeu ordens de "destruir" esses cinquenta homens. Em 1577, antes da esperada guerra com os persas, o mesmo oficial foi ordenado a investigar a heresia em sua província e "punir pessoas subversivas (...) cuja remoção é necessária", um eufemismo otomano para execução; ele obedientemente descobriu que "havia um sem-número de hereges e ateus" operando na província. Em 1582 o clima estava tão hostil que os conspiradores sunitas invadiam casas de homens inocentes, deixando uma coroa Kizilbash na mesa como sinal de que a pessoa tinha sido identificada como um xiita herege.[†] As pessoas eram jogadas na prisão por um simples boato plantado por seus concidadãos em Bagdá e mais além.

Apesar de a divisão sunita-xiita ser mais significante em termos de números, as rixas religiosas – e a violência que elas frequentemente produziam – não eram de forma alguma exclusivas dos muçulmanos. Em 1552 uma cisma na igreja nestoriana levou uma facção rebelde a entrar em comunhão total com Roma e emergir, um ano depois, como a nova igreja caldeana sob Shimun VIII, primeiro patriarca da Babilônia, uma posição

† O movimento Kizilbash (literalmente significando "cabeça vermelha") ganhou seu nome por conta de um acessório de cabeça vermelho usado pelos apoiadores dos Safávidas. O termo também era usado pejorativamente pelos otomanos para descrever as facções xiitas da Ásia Menor. (N.A.)

que ainda existe.‡ O nascimento de uma nova igreja foi uma pílula amarga para o patriarca original, Shimun VII, engolir. Em vez de dar a outra face, com a graça cristã, ele conspirou para que Shimun VIII fosse preso pelas autoridades otomanas, em cujas mãos este foi torturado e executado, dando à igreja recém-nascida seu primeiro mártir. E, em 1628, outro elemento cristão chegou a Bagdá, quando o padre Juste de Beauvais fundou um convento capuchinho; os capuchinhos se mantiveram ali até serem substituídos pelos carmelitas no começo do século XVIII.

Em 29 de setembro de 1598, um dos mais exuberantes visitantes estrangeiros chegou a Bagdá: *Sir* Anthony Sherley era um cavaleiro inglês aventureiro – e vagante – à moda antiga. Durante uma vida incrivelmente cheia de experiências, ele foi preso pela rainha Elizabeth I e pelo rei James I, foi condecorado pelo rei francês Henrique IV, virou príncipe e embaixador pelas mãos de Xá Abbas I, enviado ao Marrocos pelo Sacro Imperador Romano Rodolfo II e nomeado almirante de uma frota pelo rei espanhol Felipe III. Histórias sobre suas relações amigáveis com o xá persa conhecido pelos ingleses como "Sophy" – em português, Sufi –, e sobre a prodigiosa fortuna que o britânico adquiriu a partir dessa associação, chegaram até a *Noite de reis* de Shakespeare.§ A missão de Sherley era dupla: incentivar o comércio entre a Inglaterra e a Pérsia e provocar os persas contra os otomanos.

Tendo tido bens no valor de 6 mil coroas, incluindo suas mais preciosas taças de esmeralda, confiscados por oficiais ao chegar a Bagdá, Sherley não estava com a disposição mais diplomática quando foi recebido em audiência pelo mão-leve Hassan, paxá de Bagdá. Segundo seu acompanhante George Manwaring,

> quando sir Anthony se apresentou a ele, o Baxá não procurou que lhe fizessem grande reverência, mas (...) *Sir* Anthony foi ousadamente até ele e nem ao mesmo se curvou uma única vez, mas sentou-se ao seu lado sem nenhu-

‡ O termo tem sido desde então usado apenas pela Igreja Caldeana de Chipre. (N.A.)

§ Segundo Ato, Cena V: Fabiano: "Não troco isso nem pelos milhares de uma pensão que me pagasse o Sufi, aquele Xá da Pérsia"; Terceiro Ato, Cena IV: *Sir* Toby Belch: "Ora, homem, ele é o demônio em pessoa. Nunca vi façanha igual. (...) Dizem que ele foi espadachim do Sufi, o que foi Xá da Pérsia". (N.A.) (Tradução de Beatriz Viégas-Faria. São Paulo: L&PM, 2004).

> ma solicitação. Então o vice-rei, olhando para ele muito gravemente, disse que ele devia ser enviado acorrentado até Constantinopla para o Grande Turco e que toda a sua companhia devia ter as cabeças cortadas e colocadas sobre os portões de Bagdá.[20]

Sherley não se abalou. Ele teve tempo de admirar brevemente as oportunidades comerciais à disposição em Bagdá, que ostentava "mercadorias excelentes de todos os tipos e muito baratas", enquanto Manwaring achou que era "um lugar de grande tráfego de venezianos e de muitos judeus".[21] Mas então Sherley ouviu falar sobre uma ordem de Istambul para que o paxá Hassan capturasse o grupo de ingleses e um francês e os enviasse para o sultão. Eles escaparam com uma caravana de peregrinos persas, após a extraordinária generosidade de um mercador de Florença chamado Signor Victorio Speciero, cuja cortesia o fez até reembolsar Sherley pelo que havia perdido.

Em 1603, outro inglês, John Cartwright, fez sua homenagem à auspiciosa localização da cidade no Tigre, dizendo que "Bagdat" era "muito abundantemente abastecida com todo o tipo de provisões, de milho, carne, aves, peixes e cervos de toda espécie; além de grande estoque de fruta, especialmente Tâmaras, e estas muito baratas". Bagdá tinha 5 quilômetros em circuito, uma cidade de tijolo seco ao sol e casas baixas de telhados retos. Não era "tão grande nem tão bela" quanto a Babilônia, sobre cujas ruínas ele pensava que a cidade tinha sido erguida.[22]

Poucos novos prédios eram construídos para embelezar a silhueta de Bagdá nessa era. Entre os mais notáveis estavam a Mesquita Muradiya, do paxá Murad, erigida em 1570, a mesquita do paxá Hassan conhecida como Jami al Wazir e, mais interessante, a famosa hospedaria, café e bazar construída por Cigalazada Yusef Sinan Paxá nos anos 1590, que também levava o nome dele. Esse rapidamente tornou-se um canto popular de Bagdá, regularmente frequentado por artesãos e mercadores. Ali nasceu o provérbio local: "Sua casa tornou-se um Khan Jighan", corruptela do nome dele. Os genitais das prostitutas e das mulheres fáceis também eram comparados a Khan Jighan, em referência ao alto tráfego que recebiam. Cigalazada ganhou a posteridade ao reconstruir a Jami al Sagha (Mesquita dos Ourives), que ainda está de pé num bairro próximo à Mustansiriya (os passantes de hoje verão um café respeitável, ar denso com a fumaça de narguilés, ocupando a entrada). Ele também restaurou o alojamento Mevlevi, também ainda de pé e hoje conhecido dos bagdalis como Mesquita Asafiya, com um esguio minarete e par de altos domos azuis com vista para o Tigre.

O explorador e aventureiro português Pedro Teixeira chegou a Bagdá em 4 de outubro de 1604, uma época agradável do ano que sem dúvida reforçou sua impressão de que o clima era "muito puro, temperado e saudável". Ele ficou muito impressionado com a ponte única de 28 barcos, ligada às muralhas da cidade na margem leste e a casas na margem oeste por "grandes correntes de ferro". Toda noite, durante as preces de sexta-feira, e em tempos de ventos fortes e enchentes, a ponte se soltava no meio do rio, cada metade paralela a uma margem.

Durante sua estada de dois meses na Cidade da Paz, Teixeira registrou a primeira descrição de um novo fenômeno social que, com o tempo, estava destinado a tomar o mundo: os cafés onde homens – e apenas homens – se reuniam para conversar. "Eles sentam-se em ordem e [o café] lhes é trazido muito quente, em xícaras de porcelana que contêm cerca de 100 gramas cada uma. Cada homem segura o seu, esfriando-o e bebericando. É preto e bastante sem gosto e, apesar de ter algumas qualidades atribuídas a ele, nenhuma foi comprovada. Apenas o hábito os leva a encontrarem-se aqui para conversar e usar isso como entretenimento." Os donos dos cafés disponibilizavam outras atrações para atrair clientes, como música e, acima de tudo, "belos garotos, finamente vestidos, que servem o café e pegam o dinheiro".[23] Esses estabelecimentos eram populares nas noites de verão e nos dias de inverno.

Havia outros poucos prédios públicos notáveis, segundo o português. Ele mencionou a Faculdade Mustansiriya, a grande Mesquita do Califa, mercados abobadados, algumas outras mesquitas e, é claro, a sede da autoridade do paxá, a cidadela, na margem leste, onde hoje fica o distrito de Bab al Muadham. Essa última, lar do paxá e de até 2 mil homens de suas tropas, era mais "espaçosa do que forte" e construída com muros de tijolo de 1.500 passos o circuito; armas eram montadas nos bastiões; e toda a fortaleza era circundada por um fosso de 8 cúbitos de profundidade e 12 de largura. O terreno em volta da cidadela, plano e cultivado, geralmente ficava inundado no inverno e era preciso um barco para cruzá-lo. A força total para defender Bagdá era composta por 14 mil homens entre cavalaria e infantaria, turcos e de outras nacionalidades, entre os quais 5 mil (incluindo 1.500 janízaros) viviam na cidade, e o resto em guarnições e postos militares.

Apesar de o paxá ter "comando supremo e absoluto na paz e na guerra", havia um "protetor", nomeado pelos otomanos, cuja função era ajudar estranhos e defendê-los – e outros mercadores – contra o abuso do poder real. Durante sua estada, Teixeira viu oficiais otomanos serem presos e o paxá ser forçado a abandonar um de seus projetos mais queridos.

O explorador português ficou impressionado com a aparência, a natureza e as boas maneiras dos bagdalis, que falavam árabe, persa e turco, sendo que o último era mais popular. "Os homens, que andam principalmente a cavalo, vestem-se de forma limpa e rica; assim como as mulheres, muitas das quais são belíssimas e a maioria de olhos lindos. Nas ruas, elas sempre usam vestes chamadas *chaudelles* [xador], mas não pretas, e sobre o rosto véus de seda ou renda, pretos ou roxos, para que sempre possam ver tudo e não sejam vistas." Tal modéstia feminina nem sempre era sincera, achava ele, notando que algumas mulheres nunca deixavam de "derrubar seus véus de propósito".[24]

Ele estimou haver entre 20 e 30 mil casas em Bagdá, das quais duzentas ou trezentas – ou 1 por cento – pertenciam à comunidade judaica. Dessas, cerca de uma dúzia de famílias diziam descender de judeus do primeiro exílio à Babilônia, que datava de cerca de 586 a.C. Os judeus viviam numa ala separada e tinham sua própria sinagoga; a maioria era "muito pobre". Dez casas pertenciam aos cristãos armênios, enquanto os nestorianos ocupavam oitenta.

Apesar de Teixeira, como alguns de seus predecessores, elogiar a abundância de provisões boas e baratas, é possível inferir a extensão a que tinha sido reduzida a área de Bagdá a partir da observação de que havia não mais que sete ou oito ruas de lojas e oficinas, e o mesmo número de hospedarias para providenciar abrigo para mercadores viajantes. A indústria mais popular parecia ser a têxtil, empregando mais de 4 mil tecelões de lã, linho, algodão e seda, "que nunca ficam sem trabalho". Bagdá também tinha sua própria casa da moeda, onde eram cunhadas moedas de ouro, prata e cobre.

Paxás iam e vinham. Em 1607 uma confusão começou quando Mohammed Tawil, capitão janízaro da guarnição militar de Bagdá, tomou o poder, lembrando mais uma vez a fragilidade com que os otomanos seguravam o poder. Istambul enviou Nasir Paxá, ex-grão-vizir e então governador de Diyabakir, para controlar a rebelião. Marchando para o sul com uma força de 40 mil homens, Nasir foi completamente derrotado em 1608, como resultado de uma traição de suas próprias tropas. Após o fracasso dessa expedição, Istambul foi cruelmente forçada a reconhecer Mohammed Tawil como paxá. Quaisquer esperanças que os rebeldes tivessem de lucrar com esse poder conquistado a duras penas desapareceu dentro de poucos dias, quando ele foi morto a facadas por Mohammed Chalabi, o homem que construíra na cidade um alojamento para os rodopiantes dervixes Mevlevi. A instabilidade e a turbulência continuaram a ser a sangrenta norma. Só em 1610, Bagdá viu um total de cinco paxás subirem ao poder e serem destituídos.

O nobre romano Pietro della Valle injetou uma bem-vinda nota romântica na história de Bagdá quando lá chegou em 20 de outubro de 1616. Atarracado e usando um cavanhaque e um brinco, Della Valle era uma vítima do amor – ele fora rejeitado como pretendente – que jurou fazer uma peregrinação pessoal ao Oriente. Ele podia ser extravagante e às vezes afetado, reclamando de perder suas roupas de baixo italianas durante a viagem até Bagdá, "já que o linho turco em geral não é tão bom". Nunca subestimando os perigos das viagens pelo deserto, ele descreveu como, quando dava um passo para fora de sua tenda "para obedecer ao chamado da natureza" à noite, levava sua espada e bacamarte, "com a firme intenção de lutar com as calças arriadas se fosse preciso".[25] Mas apesar de toda a sua pretensão latina, Della Valle também era erudito e empreendedor. Mergulhando na Bíblia, no Alcorão e nos antigos historiadores e geógrafos gregos Heródoto, Estrabão e Diodoro, ele refutou a suposição geralmente aceita de que Bagdá era a Babilônia de outrora, sendo talvez a primeira pessoa a identificar corretamente as ruínas de Babel como o local da antiga Babilônia, a cerca de 90 quilômetros ao sul da capital iraquiana de hoje.

Della Valle achou que o oeste de Bagdá era mais "um grande subúrbio aberto, sem muralhas" que uma cidade, prova do declínio urbano mais acentuado nessa margem do Tigre. A maior parte das casas tinha o andar mais baixo abaixo do nível da rua, "por causa do grande calor do verão". As famílias permaneciam nesses cômodos no porão, escuros e geralmente sem janelas, por horas sem fim durante as partes mais quentes do dia. Quando preferiam o ar fresco, os bagdalis ficavam em seus pátios ou no que chamavam de *diwans*, "apartamentos que são abertos de todo um lado como grandes galerias".[26]

Essas agradáveis reflexões sobre a arquitetura de Bagdá foram interrompidas por uma tragédia doméstica. Numa tarde, enquanto um de seus servos, Lorenzo, assoviava uma melodia e preparava salada na cozinha, um segundo servo, Tommaso, entrou correndo e o esfaqueou duas vezes nas costas.

> É possível imaginar meu horror primeiro com a atrocidade do crime em si – um homem que me servira fielmente há tempos, assassinado sem nenhum motivo, quase em meus próprios braços. Mas, além disso, fiquei alarmado ao pensar em como essa situação poderia terminar. Estávamos em um país sujeito aos turcos e numa cidade, muito longe da corte, onde não tínhamos nem embaixador nem cônsul; onde a justiça não significava nada e onde todos – especialmente os cristãos – podiam esperar receber o tratamento mais cruel.[27]

Com seu bem praticado pendor para a autodramatização, Della Valle ponderou sobre os futuros castigos que o esperavam: prisão, uma multa pesada, tortura, conversão forçada ao Islã ou, ele mal ousava pensar, morrer empalado. Finalmente a crise foi resolvida com a ajuda de um amigo mercador maltês anticonvencional. O corpo de Lorenzo, com as feridas que sangravam estancadas por bolas de algodão, foi colocado num caixote de madeira atado com corda e entregue ao maltês. Na mesma noite, o mercador levou-o de barco às margens da cidade e discretamente jogou-o no Tigre, o rio que tem sido local de despejo de cadáveres desde a fundação da cidade até hoje.

Della Valle já tinha passado por mais dramas – muitos criados por ele mesmo – em uma só viagem do que a maioria das pessoas encontra na vida toda. Agora, enquanto se recuperava do assassinato doméstico em Bagdá, aos trinta anos, apaixonou-se perdidamente por uma bela garota de dezoito anos chamada Maani Joerida, cristã aristocrática de ascendência mista síria e armênia. Foi uma corte ardente e rápida, na qual o imbatível romano primeiro superou as objeções da mãe da garota e depois as do pai, subornou oficiais turcos com as propinas adequadas e casou-se com seu "amor babilônio". Foi um grande caso de amor, que ganhou um drama extra nas palavras do romano, mas que acabou em tragédia: após um aborto natural, ela morreu com 23 anos.

*

A chegada de Della Valle a Bagdá coincidiu com uma nova explosão de injúrias persas, com um exército marchando à província de Bagdá em dezembro de 1616 e saqueando a grande cidade de Mandeli, a nordeste da cidade. O paxá enviou cerca de 8 mil homens em defesa, mas sentia agudamente que não era necessário atrapalhar a livre passagem de caravanas comerciais "por causa da dependência de Bagdá das provisões vindas da Pérsia".[28] Essa pequena incursão persa, porém, foi apenas o prenúncio de uma crise muito mais fatal para Bagdá. Segundo o historiador Stephen Hemsley Longrigg, que geralmente não era dado a exageros, "na história da humanidade esse episódio merece um lugar como *locus classicus* da traição".[29]

Em 1619, um oficial dos janízaros, chamado Bakr, o Subashi, tornara-se o homem mais poderoso da cidade, superando o fraco paxá Yusef. Durante a ausência de Bakr, em campanha contra Basra em 1621, foi engendrado um golpe, sob a liderança de Mohammed Kanbar, principal inimigo de Bakrs, que queria acabar com o impostor. O filho de Bakr, seu representante militar, ficou sabendo da intriga e agiu rapidamente para tomar o controle, invadindo prédios importantes, fazendo barricadas nas ruas e cercando a cidadela, para a qual o paxá tinha fugido. Uma carta foi enviada a Bakr, que marchou imediatamente para Bagdá. Após o paxá ser morto por um golpe que não se sabe de onde veio, Kanbar logo se rendeu, tendo recebido a garantia de sua segurança pessoal – mas, como tantas outras promessas, essa também foi casualmente quebrada. Mantendo a linha histórica de pendor para a crueldade exibida pelos governantes de Bagdá nos últimos dez séculos, Bakr imaginou uma execução particularmente desagradável para Kanbar e os dois filhos deste. Eles foram acorrentados e amarrados num barco cheio de enxofre e betume, empurrado para o meio do Tigre e incendiado. Bakr assistiu hipnotizado até que seus inimigos virassem cinza, seus cadáveres enegrecidos finalmente afundando com um silvo. Outros massacres se seguiram, sendo o mufti sagrado de Bagdá, um acadêmico religioso experiente, uma das principais vítimas.

A tentativa de Bakr em fazer com que sua autonomeação como paxá fosse confirmada por Istambul fracassou. O grão-vizir Mir Hussain enviou um homem dos otomanos, Suleiman Paxá, para tomar as rédeas do poder em Bagdá, auxiliado por Hafiz Ahmed Paxá, governador de Diyarbakir. Inicialmente vitorioso contra o exército enviado para depô-lo, Bakr foi derrotado na sequência e viu-se forçado a negociar. Ele continuou insistindo em ser paxá, posição totalmente inaceitável para seus opositores.

Enquanto esses assuntos de estado ao mesmo tempo elevados e sórdidos prosseguiam, o povo comum de Bagdá sofria na miséria abjeta. A fome, causada pela seca severa, era tão extrema que, com a alta dos preços, começou uma onda de saques. No desespero por comida, exacerbado pela chegada de milhares de árabes – vindos do norte, do turbulento planalto de Nejd, na Península Arábica, numa luta similar por sobrevivência –, os bagdalis se viram rebaixados a profundidades horríveis, e foram registrados casos de canibalismo.

O oportunismo logo cruzou a linha e virou traição. Bakr enviou uma carta para o Xá Abbas, acompanhada das chaves de Bagdá, que ele oferecia ao monarca Safávida em troca do governo da cidade. Um exército persa foi rapidamente mobilizado, sob o comando de Sufi Kuli Khan, governador de Hamadan, e foi a campo, reunindo-se ao longo da fronteira. Ao ficar sabendo da conspiração clandestina com os persas, Hafiz Ahmed Paxá relutantemente confirmou Bakr como paxá, o que foi a deixa para que este renegasse o compromisso que acabara de fazer com Abbas. Para demonstrar seu renovado compromisso com a causa otomana, Bakr começou a enforcar persas e pendurá-los de ponta-cabeça nas muralhas da cidade.

No verão de 1623, Xá Abbas chegou pessoalmente como líder de um exército para investir contra Bagdá. Mais uma vez as condições da cidade deterioraram-se agudamente e caíram a níveis abomináveis. Diz-se que os habitantes comiam cachorros, crianças e cadáveres. Um fluxo contínuo de desertores, escalando as muralhas da cidade, juntou-se ao acampamento persa. Sem o conhecimento de Bakr, seu filho Mohammed, que estava responsável pela cidadela, iniciou uma correspondência secreta com o xá, prometendo entregar Bagdá a ele em troca do governo da cidade, como havia feito seu pai. A proposta de Mohammed foi aceita.

Na madrugada de 28 de novembro de 1623, após permitir que um grande número de tropas persas entrasse na cidadela, Mohammed abriu os portões de Bagdá. Trompetes persas soaram por toda a cidade e Abbas foi proclamado senhor de Bagdá. No que Heródoto teria reconhecido como um clássico caso de arrogância encontrando a vingança, Bakr era deposto por um caso de traição que superou até o seu próprio. Ele foi arrastado até a presença de Abbas, onde viu seu filho vira-casaca, resplandecente em vestes de honra persas feitas de suntuosa seda, sentado ao lado do xá. Bakr foi então torturado com incrível lentidão e morto junto com seus apoiadores. Muitos foram queimados vivos. Depois disso, foi proclamada anistia geral para tranquilizar os habitantes aterrorizados e mortos de fome.

Mas foi uma ilusão. Soldados persas capturaram os bagdalis mais ricos e os torturaram para que revelassem onde estavam suas fortunas. Mais uma vez o equilíbrio de poder entre sunitas e xiitas tinha sido virado, e mais uma vez isso resultou em derramamento de sangue e destruição. Milhares de sunitas, incluindo o mufti de Bagdá – posição que tinha seus perigos inatos – foram mortos; outros milhares foram enviados de volta à Pérsia como prisioneiros e vendidos como escravos. Num triste eco de 1508, os templos de Abu Hanifa e xeique Abdul Kadir al Gailani, joias arquitetônicas de Bagdá, foram pilhados e quase completamente destruídos. Mais encorajador foi o comportamento do guardião do templo em Kerbala: recebendo a tarefa de compilar uma lista da população xiita de Bagdá, que devia ser poupada de quaisquer sofrimentos, ele incluiu os nomes de vários sunitas. Xá Abbas deixou a guerra na cidade para uma visita comemorativa às cidades sagradas, voltando triunfante para sua capital de Isfahan, e Sufi Kuli Khan passou a controlar Bagdá.

A queda de Bagdá em 1623 foi outro exercício sobre ruínas. Esgotada pela destruição de sua comunidade sunita, a população declinou abruptamente, fato apenas em parte compensado pelos persas que chegavam, em sua maior parte soldados, mercadores e administradores. Os prejuízos continuavam não reparados: muitas casas arruinadas pelo cerco permaneciam como conchas vazias; escolas tornaram-se estábulos. Conforme foi encolhendo, a planta da cidade se retraiu de grande parte da terra do leste de Bagdá que era encampada pelos velhos muros da cidade do califa Mustazhir no século XII, deixando um desolado descampado que permaneceu sendo um ambiente selvagem de poças de água salobra com tijolos espalhados até meados do século XX.

Mas o controle persa de Bagdá, apesar de o Xá Abbas não poder tê-lo sabido em 1623, foi apenas um brevíssimo intervalo nos quatro séculos de domínio turco de 1534 a 1917. E também não foi um interlúdio feliz, pois, durante boa parte da década e meia que durou, os cidadãos de Bagdá foram obrigados a ver uma multidão de soldados otomanos além de suas muralhas, fazendo de tudo para recapturar a cidade. A perda da Cidade da Paz irritou Istambul, que estava determinada a retomar o prêmio perdido para Isfahan. No fim de 1625 Hafiz Ahmed Paxá, agora promovido pelo sultão Murad IV a grão-vizir, enquanto permanecia no governo de Diyabakir, liderou o primeiro cerco otomano, concentrando seus esforços na muralha sul próxima ao Portão das Sombras. Depois que as trincheiras, plataformas de artilharia e fortificações estavam prontas, o cerco em si começou com uma devastadora explosão de cinquenta minas e uma série de assaltos. Os preços subiram (um *ratl*[¶] de trigo disparou para sete dirhams de prata), afundando a população em mais desgraça; outra onda de fome redobrou o sofrimento. Por mais de sete meses Bagdá resistiu, com a determinação reforçada por um grande exército de assistência enviado pelo xá, que continuamente perturbava os otomanos. Três batalhas campais foram inconclusivas, mas deixaram muitas vítimas em ambos os lados. A fome e as doenças se espalhavam no acampamento otomano e as condições começaram a se parecer com as de dentro da muralha. O impasse era pontuado

¶ Um *ratl* era uma medida seca para itens pequenos, em geral alimentos, usada em todo o Oriente Médio medieval. Em Bagdá o valor variava, de aproximadamente 300 a 500 gramas, ao longo dos séculos. (N.A.)

por alvoroços de negociação. Em uma rodada de conversas os persas se ofereceram para trocar Bagdá pelo controle de Najaf, mas em vão. A ajuda para a cidade chegou enfim quando a revolta explodiu no acampamento dos pressionados otomanos. Hafiz Ahmed logo se encontrou sitiado no já destruído santuário de Abu Hanifa. Quando a disciplina acabou totalmente e os janízaros se recusaram a continuar lutando, o cerco foi abandonado.

Em 1630, após Hafiz Ahmed ser demovido por causa de seu fracasso, os otomanos fizeram outra experiência, mandando mais um grão-vizir, Husrev Paxá, para cercar Bagdá. Chegando em agosto, ele lançou um assalto em outubro, direcionando o ataque contra a muralha norte. Por quase dois meses a cidade foi alvejada por artilharias e minas otomanas jogadas com a intenção de fazer cair os bastiões. Husrev Paxá chegou a um passo de tomar a cidade, mas a mera solidez das fortificações de Bagdá, combinada com a severa falta de suprimentos, inclusive munição, frustraram o ataque, e em dezembro as forças otomanas foram embora, tendo novamente fracassado em seus objetivos.

O estado praticamente constante de guerra que engoliu a população da Cidade da Paz durante essa época teve consequências desesperadoras. Durante o governo persa de Bektash Khan de 1632 a 1638, a população de Bagdá caiu 70%, sem contar as vítimas de batalhas. A grande catástrofe das operações de cerco não foi tanto as mortes causadas por batalhas campais e bombardeios, mas os demônios gêmeos que se seguiram depois delas: a doença e a fome. Assim, o especialista francês no período otomano Robert Mantran estima que a população de Bagdá tenha sido reduzida de um auge de 40 a 50 mil no fim do século XVI para apenas 15 mil no século seguinte, como resultado de epidemias, não das depredações dos cercos.[30]

*

Em 1664 o viajante francês Jean de Thévenot, um premiado linguista conhecedor dos rigores do turco, do árabe e do persa, publicou em Paris a obra insipidamente intitulada *Relation d'um voyage fait au Levant* [Relato de uma viagem ao Levante]. Durante quatro anos de longas viagens no norte da África e no Oriente Médio, ele juntou uma quantidade razoável de aventuras de um viajante imaginativo. Seu diário de bordo deleita-se em façanhas como escalar o monte Santa Catarina, no deserto do Sinai, e exumar túmulos antigos na Alexandria, incluindo ainda várias digressões, entre elas dissertações sobre mulheres circuncisadas, como fazer *sorbet* de limão, astrólogos persas e uma mulher que tirava vermes dos ouvidos de crianças.

Thévenot, cuja viagem pelo Tigre a partir de Mosul fora cheia de acontecimentos, como vários ataques de ladrões nus, chacais e um leão comedor de nádegas, passou quatro dias em Bagdá no calor aterrador de agosto de 1644. Era uma cidade que se podia percorrer em duas horas. Apesar de conter "bons bazares e agradáveis casas de banho" construídas pelos persas ("em geral tudo o que é bom ali fora construído por eles") e uma bonita cidadela de pedra branca, ele achou a cidade incrivelmente "mal populada", considerando-se o tamanho. Havia nela muitos lugares vazios, sem uma alma a ser vista, relatou, "e a não ser pelos bazares (onde sempre há uma grande confluência de pessoas) o resto parece um deserto". Os cercos e as batalhas que precederam sua visita haviam reduzido os outrora férteis arredores de Bagdá a uma planície esbranquiçada e coberta por sal, "onde nada cresce a não ser arbustos de alcaparra selvagem e ervas daninhas".[31]

O cordato relato de Thévenot sobre suas viagens continha um documento extremamente importante. Seu nome completo na tradução para o inglês feita no século XVII era "*A Relation of what past at the Taking of Babylon, otherwise called Bagdat, by Sultan Amurath Emperour of the Turks; Translated from a Letter written from the said City by the Grand Signior's Chief Faulconer to Mustapha Bey, one of the Sangiacks of Egypt, at Caire*" [Um relato do que se passou na tomada da Babilônia, também conhecida como Bagdá, pelo Sultão Amurath Imperador dos Turcos, traduzido a partir de uma carta escrita nessa cidade pelo Grande Signior Falcoeiro Chefe de Mustapha Bey, um dos Sangiacks do Egito, no Cairo], escrito em 29 de dezembro de 1638 (ou "22 da Lua de Chaban").[32] Ele é precioso por conter um relato detalhado feito por uma testemunha do cerco do sultão Murad a Bagdá, que começou, após uma marcha composta por 110 estágios precisamente planejados, em 15 de novembro de 1638, 104 anos depois que seu predecessor Suleiman montara seu acampamento fora das muralhas da cidade. Fora as vinte armas que permaneciam com o exército, a artilharia otomana estava limitada às costumeiras jangadas *kalak* ou peles de bode infladas que flutuavam pelo Tigre de Mosul a Bagdá.

O acampamento pessoal do sultão foi montado em um pequeno barranco junto ao rio, perto do templo de Abu Hanifa, no qual ele jurou não entrar até que a vitória tivesse feito dele um peregrino digno. Em frente ao pavilhão real ele mandou construir uma alta torre que oferecia uma vista ampla do campo de batalha e da cidade, e colocou seu exército "fora do perigo das Armas Inimigas". Vizires, paxás e comandantes sêniores receberam ordens para que colocassem seus homens em formação. O sultão e sua tropa particular ficavam de frente para a cidadela desgastada por guerras e para a face noroeste das muralhas, em frente ao portão Muadham; as forças comandadas pelo *agha* (nome dado aos comandantes militares turcos) dos janízaros e o *beylerbeyi* da Rumélia, a oeste do Bósforo, foram dispostas em frente ao flanco nordeste, em frente ao largo e cilíndrico Porão Halba (Pista de corrida), mais tarde conhecido como Bab al Talism, ou Portão do Talismã, por suas inscrições incomuns. Mais a leste, completando o cerco até o Portão das Sombras, estavam forças comandadas por um almirante, dois generais experientes dos janízaros e os paxás da Anatólia e de Siwas. Dentro de Bagdá, a defesa da cidade era comandada pelo governador, Bektash Khan.

Apesar de o poder de Bagdá ter diminuído miseravelmente durante os séculos, suas defesas ainda eram prodigiosas. O relato do oficial otomano Ziyaeddin Ibrahim Nuri, que escreveu uma história da campanha, dá a ideia do desafio que esperava as forças do sultão.[33] Nuri contou um total de 211 torres, com 52 ameias entre cada par, protegendo a circunferência das muralhas da cidade, que ele mediu em 27.309 passos. Mas, como cada uma das mais de 10 mil ameias deviam, pelo menos idealmente, ser guardada por cinco homens – dois mosqueteiros, um arqueiro e dois assistentes –, Bagdá precisava de um pequeno exército apenas para defender as muralhas. Essas muralhas – de 24 metros de altura e 9 de largura no nível do fosso, afunilando-se para ainda poderosos 6,7 metros no topo – foram construídas com tijolo capaz de absorver choques, reforçados com pesados baluartes de terra. Diferente das pedras quebradiças, esses materiais eram capazes de aguentar bombardeios pesados.

Após cavalgar por seu acampamento em uma inspeção real, Murad ordenou que seus sapadores levantassem defesas gerais "onde o Canhão da Cidade possa nos amolar" e também que construíssem três enormes baluartes, "mais altos que as muralhas de Bagdá", feitos de terra, madeira e galhos amarrados. Os vinte canhões instalados em cada um deles imediatamente começaram a bombardear ferozmente a cidade. Fogo e fumaça preta eram cuspidos pelas retumbantes armas, e o povo indefeso de Bagdá fugiu para os porões para escapar do massacre.

Murad então juntou seus comandantes para um discurso de véspera de batalha. Falou com eles usando a clássica combinação de incentivos estimulantes e ameaças de dar frio na barriga. Primeiro, o medo de Deus: "Vocês, Mufti, Vizires, Baylerbeyis, Baxás, Sangiacks e todo o resto, que Deus colocou sob minha Obediência, não pensem que vim aqui só para voltar novamente sem tomar esta cidade. Não, vim com esse grande número de soldados fiéis à lei para conquistar ou morrer aqui, e por isso cada um de vocês deve ter a mesma resolução." O empolgante chamamento às armas terminou com uma promessa terrível: "Pois estou decidido a matar qualquer homem que não cumpra seu dever, não importa quão grande ele seja, com minhas próprias mãos."

Depois, o apelo a motivos mais elevados: não havia prêmio maior que morrer bem, gritou, e nada mais duradouro que a glória de "matar um inimigo da Fé", o que traria a recompensa do paraíso eterno. E, finalmente, só para o caso de alguém ter esquecido seu aviso original, ele lembrou seus comandantes de que "se eu achar que qualquer um de vocês não vai à batalha disposto a lutar, vou matá-lo com minha própria espada".[34]

Murad liderou a frente da batalha, tomando conta de todos os aspectos da barreira, da inteligência à logística. Tendas de cirurgiões foram montadas ao lado da sua e ele fazia visitas regulares aos feridos, distribuindo dinheiro aos mais necessitados. Thévenot cita que o sultão pagou 700 homens em um único dia, prova de quão "furiosa" era a luta – um número que pode parecer ao leitor moderno, familiarizado com os horrores vastamente ampliados dos conflitos do século XX, quase tímido. O moral estava alto entre os que participavam do cerco. Um dia, os habitantes de Bagdá acordaram e viram uma vasta fila indistinta marchando em direção à cidade, parcialmente encoberta pela areia e poeira levantadas por sua passagem. Era uma caravana de 10 mil camelos, levando provisões do xeique das tribos de Abu Risha para serem distribuídas entre as tropas de Murad. Os bagdalis esfomeados por causa do cerco só puderam olhar enquanto seus inimigos devoravam carregamentos de comida fresca. Após dias de bombardeio incessante, a artilharia otomana começou a fazer progressos contra as defesas de Bagdá, abrindo brechas na seção nordeste da muralha. Os cidadãos se consolaram com os rumores de que o xá Safi (um monarca vulgar e negligente viciado em ópio) estava marchando para oeste para socorrer a cidade. Ele estava mesmo, mas seu exército de 12 mil homens era fraco demais para desequilibrar a balança, e um exército otomano comandado pelos paxás de Tripoli e Alepo para interceptá-lo forçou uma retirada humilhante de volta para a Pérsia. Bagdá estava sozinha.

A impaciência de Murad crescia com cada buraco que aparecia na muralha. Seus chamados para um assalto generalizado foram recebidos com pedidos de cautela por seu grão-vizir, que enfatizou haver filas de trincheiras e barricadas agindo como linha interna de defesa. Foram construídos baluartes mais próximos à cidade e o pesado canhão continuou o destruidor bombardeio, derrubando seções inteiras da muralha e explodindo casas, mercados, banhos públicos e mesquitas. Cadáveres mais uma vez ficaram abandonados nas ruas, agora reduzidas ao caos fétido e à imundície.

Finalmente, na véspera de Natal de 1638, o quadragésimo dia do cerco, foi dada a ordem para um assalto no surrado flanco leste. Soaram as trombetas – um barulho odioso para os habitantes de Bagdá, que conheciam bem demais seu significado. Cavalgando na frente de seus homens, o grão-vizir foi morto "por um tiro de mosquete na cabeça".[35] Oficiais caíram à sua esquerda e à direita no tumulto do ataque, mas a torrente era irreprimível. Com hordas otomanas transbordando pelas defesas abertas, os bagdalis sitiados encaravam a morte iminente. As cores dos estandartes persas foram rapidamente baixadas. Subjugado, com menos armas e com suas defesas cortadas, Bektash Khan tomou o único caminho prudente que lhe restava: se rendeu.

O Natal de 1638 começou com a chuva que caía de um céu baixo e cinzento; ela era tão intensa, disse o falcoeiro chefe, que os soldados não conseguiam manter seus fósforos acesos. De cabeça baixa, o vice de Bektash, seu capitão, foi ao grão-vizir recém-nomeado "com um lenço ao redor do pescoço e sua espada envolta nele, uma marca desonrosa de submissão". Ele implorou perdão e piedade para si e para seu mestre; a concessão foi a deixa para Bektash Khan aparecer pessoalmente. O governador persa de Bagdá foi escoltado à presença do sultão por uma fila dupla de guardas otomanos. Foi uma cena de "grande Pompa e Glória" – aqui devemos abrir espaço para as convenções da bajulação na corte – em que Bektash Kahn ficou "tão perplexo com o brilho de uma tão aguda grandiosidade (...) que seu sangue gelou e ele não foi capaz de dizer nada a não ser louvado seja Deus, louvado seja Deus". Ele se jogou ao chão, implorou piedade e, após tê-la concedida, respondeu a inúmeras perguntas, aparentemente satisfazendo o sultão. Depois, foi presenteado com um colete forrado com pele de zibelina, uma adaga e um cinturão cravejados de pedras preciosas, e um emblema valioso com uma pluma de garça. Depois foi instruído a proclamar a rendição a seu exército e ao povo de Bagdá: aqueles que concordassem em servir ao sultão seriam bem-vindos; aqueles que não concordassem seriam dispensados sem suas armas; e aqueles que resistissem seriam "mortos pela espada".[36]

O surto de violência que se seguiu é encoberto pela inevitável treva e confusão da guerra e da passagem dos séculos; o motivo pelo qual aconteceu nunca será claramente esclarecido. O falcoeiro chefe argumenta que soldados otomanos das tropas do grão-vizir tinham começado a "saquear as casas", causando uma reação furiosa por parte de seis cãs persas, que ordenaram seus homens a resistir. A crônica turca *Gulshan i Khulafa*, porém, culpa especificamente a resistência mal concebida do comandante persa Mir Fattah. De toda forma, após uma campanha extraordinariamente longa – só a marcha a Bagdá tomara 197 dias – deve ter havido um forte desejo por parte dos soldados de colher o que acreditavam ser uma recompensa justa: muita coisa, se não tudo e todos, especialmente as mulheres, seria considerada alvo legítimo. Apesar da anistia, "nossos homens estavam tão determinados a matar e saquear" que assassinaram todos com quem cruzaram – "Deus sabe quão vasto o número de persas mortos nessa ação".[37]

A resistência persa posterior continuou com um 15 mil homens. Quando o sultão Murad ficou sabendo disso, "ordenou que todos os soldados

dos outros postos entrassem na cidade e matassem todo mundo". Quando o armazém de pólvora do arsenal pegou fogo e explodiu, matando muitos turcos, o sultão determinou que não se mostrasse clemência. Dez mil persas lutaram até a morte; 5 mil se renderam. Estes últimos foram colocados sob a guarda de um *beylerbeyi* para evitar que fossem massacrados. Vendo a grande massa de prisioneiros passando em frente a seu pavilhão, o grão-vizir chamou seus comandantes e disse: "por que mostramos clemência a esses cães que não têm fé e nunca mantêm sua palavra?". Com o sangue fervendo, ele ordenou que seus homens os "cortassem em pedaços", desobedecendo deliberadamente as ordens do sultão e assumindo total responsabilidade pela ação. Murad mandou chamá-lo "em grande fúria", perguntando a razão para esse grosseiro ato de desobediência, e o grão-vizir explicou longamente o massacre dos hereges xiitas, de forma tão convincente que o sultão tirou seu colete real ali mesmo e deu a ele, "elogiando-o pelo que tinha feito".[38]

Segundo o relato testemunhal do falcoeiro chefe, um total de 31 mil soldados profissionais e 20 mil defensores voluntários foram mortos. A violência se espalhou para o acampamento otomano, lotado de refugiados da cidade, e muitos foram decapitados onde estavam. Dizem que homens desesperados em Bagdá estavam com tanto medo do que os otomanos pudessem fazer com suas famílias que mataram eles mesmos suas esposas e filhos. Até 5 mil cavalos valiosos tiverem seus tendões cortados para evitar que fossem usados pelo inimigo.

Bektash morreu envenenado, ou por sua esposa, segundo o relato do oficial otomano Nuri, ou tomado como forma de suicídio, segundo o *Gulshan i Khulafa*. Ele foi encontrado morto e "enterrado como um cão".[39]

*

O novo governante de Bagdá convocou o embaixador persa e deu instruções para o xá: ele deveria libertar os paxás e oficiais que tivesse aprisionado, devolver todos os territórios capturados pelo bisavô de Murad, o sultão Suleiman, o Magnífico, incluindo Tabriz, e apresentar seus tributos e outros presentes. "Senão, declaro a ele que, apesar de ele se esconder na terra como uma formiga ou voar no ar como um pássaro, não escapará de minhas mãos. E reduzirei todo o seu país a tal estado que não ficará uma casa em pé (...) não ficará uma pilha de grama sobrando no reino; e depois eu o perseguirei como um caçador persegue sua caça".[40]

Foram dadas ordens de reconstruir a cidade e reparar as fortificações, costumeiras para aqueles que, como Hulagu e Tamerlão, tinham acabado de destruí-las. Havia também algo inevitável sobre a opulenta restauração do templo destruído de Abu Hanifa, agora enfeitado com luminárias douradas, pedras preciosas e os mais finos tapetes de seda, na esteira do sangue que fluiu pelas ruas de Bagdá. Sultão Murad não era de forma alguma o primeiro na história turbulenta de Bagdá a misturar piedade ostensiva e a matança em escala industrial, e certamente não foi o último.

O sultão Murad nomeou Hassan Paxá Kuchuk "Pequeno" como novo governador de Bagdá. Em 17 de fevereiro de 1639 o vitorioso sultão dos sultões marchou à frente de seu exército pelo Bab al Talism, que imediatamente depois foi fechado com tijolos, para nunca mais ser usado. Ainda há fotos desse belo monumento, que datava pelo menos do fim do século XII, seu arco cheio de tijolos parecendo estranhamente incongruente num portão municipal. Ele permanecia orgulhosamente defendendo a chegada do leste à cidade até 1917, quando foi explodido pelo exército turco que batia em retirada, quando o controle otomano de Bagdá deu passagem, após 383 anos, aos britânicos.

CAPÍTULO 8

Pragas, paxás e mamelucos (1639-1831)

Quando o estado [Abássida] se afogou em decadência e luxo (...) e foi derrubado pelos pagãos tártaros (...) então foi na benevolência de Deus que Ele resgatou a fé ao reavivar seu último suspiro e restaurar a unidade dos muçulmanos (...) Ele fez isso enviando aos muçulmanos, dentre essa nação turca e suas grandes e numerosas tribos, governantes para defendê-los e ajudantes completamente leais, trazidos (...) à Casa do Islã sob o domínio da escravidão, o que esconde em si uma benção divina. Por meio da escravidão eles aprendem glória e bênçãos e são expostos à providência divina; curados pela escravidão, entrarão na religião muçulmana com a decisão tão firme quanto a de verdadeiros fiéis e, ainda assim, com as virtudes nômades não maculadas pela natureza degradante, não adulteradas pela sujeira do prazer, não profanadas pela profusão de luxúria (...) Assim, um influxo vem após o outro e geração segue geração, e o Islã se regozija nos benefícios que ganha através delas, e os ramos do reino florescem com o frescor da juventude.

– Ibn Khaldun, *Kitab al Ibar*, *The Book of Precepts* [O livro dos mandamentos], século XIV[1]

Após o cruel drama da vitória do sultão Murad, Bagdá escorregou silenciosamente para as sombras, como se, tendo empenhado todas as suas energias para combater a ameaça iraquiana por boa parte dos últimos 130 anos, não fosse capaz de mais nada além de cair num torpor banhado pelo sol. O declínio do Irã Safávida ajudou a garantir a paz pelas oito décadas seguintes, pelo cansaço se não pelo acordo. Durante todo o período em que o Irã ameaçou o poder otomano, sultões distantes tiveram agudo interesse nesse domínio problemático, porém ilustre. Agora que a ameaça estrangeira fora extinta, Bagdá desapareceu em grande medida da vista imperial, chamando atenção apenas durante as lutas por poder que eram uma das poucas constantes na vida da cidade. Vizires e sultões podiam reclamar regularmente que Bagdá não estava pagando suas taxas devidamente para os cofres imperiais, mas, como não podiam fazer muita coisa para mudar isso, esse turbulento canto do Império Otomano foi basicamente deixado à própria sorte.

Desprovida de significância internacional, a cidade entrou em colapso. Paxás sucederam-se rapidamente, em jurisdições breves. Pelo resto do século poucos homens conseguiram se impor verdadeiramente em Bagdá ou ascender numa paisagem política marcada por intrigas mesquinhas e incansável derramamento de sangue. O historiador que investiga as escassas fontes dessa infeliz era é tentado a observar que os habitantes da cidade tinham uma selvagem propensão a assassinar seus líderes, um talento que, a esse ponto, era honrado há quase mil anos. Uma dolorosa sucessão de envenenamentos, estrangulamentos, esfaqueamentos e decapitações, intercalada com morte por doença e a ocasional e excêntrica aposentadoria sem sangue, fez com que o total de paxás de Bagdá chegasse a 37 em um período de 65 anos (cada um, assim, ficando no posto por cerca de um ano e meio), um recorde que faz o regicídio solitário e catastrófico de Charles I, da Inglaterra, na mesma época, parecer totalmente pacífico em comparação.

Paxás subiam ao poder e eram derrubados tendo como pano de fundo as regulares revoltas tribais fora da cidade e rebeliões assassinas e levantes de forças militares dentro dela. Com algumas notáveis exceções, eles pelejavam para suportar ataques dos cada vez mais agressivos beduínos do deserto. No interior, o sistema de irrigação caiu num estado ainda pior de decadência. Bagdá era uma colocação cheia de dificuldades, assim como ainda é hoje; a maioria dos paxás via seu cargo como uma oportunidade de obter tantas pilhagens quanto possível, e o mais rapidamente possível, ao mesmo tempo sobrevivendo para desfrutá-las. A corrupção estatal era endêmica – outra tradição que continua até hoje.

Largamente insignificantes por suas conquistas no cargo, muitos paxás só foram notáveis por causa de seus elaborados apelidos. O primeiro deles foi Hassan Paxá, o Pequeno, um albanês nomeado na esteira da reconquista de Bagdá pelo sultão otomano, só para ser deposto depois de semanas entre críticas de que não tinha a crueldade necessária. Logo veio Hussain Paxá, o Louco, que ganhou seu apelido fazendo patrulhas noturnas pela cidade, um eco das celebradas missões secretas noturnas de Harun al Rashid.

Um dos governantes mais irascíveis de Bagdá no século XVII foi com certeza Musa Paxá, o Gordo, um eunuco tão obeso que não conseguia andar. Essa deficiência era responsável, segundo se conta, por seus lendários ataques de fúria, durante os quais pronunciava sentenças de morte em massa para os suspeitos de apoiar seu infeliz predecessor, Ibrahim Paxá, cujo assassinato fora ordenado por Istambul. Musa Paxá foi deposto em 1649, abrindo caminho para o incomumente amável Ahmed Paxá, o Anjo, que serviu no cargo menos de um ano antes de ser promovido a grão-vizir. Nesta última função, Ahmed instituiu um sistema de reformas fiscais no qual foram introduzidos valores fixos para tributação e os impostos foram delegados, uma política bem-intencionada pela qual Bagdá tinha pouco a agradecê-lo, pois fez com que rebanhos de corruptos, porém poderosos, coletores de impostos descessem sobre a cidade, e sobre outras cidades do império, para extorquir receitas com impunidade.

Sobre o sem apelido Murtada Paxá, a crônica turca *Gulshan i Khulafa*, uma das principais fontes desse período, relata que sua porta estava sempre aberta aos pobres, de tal forma que uma noite um beduíno invadiu a cidade, discretamente caminhou para os apartamentos particulares do paxá e o acordou para fazer uma reclamação. Em vez de cortar a cabeça do invasor na hora pela impertinência, diz-se que o paxá pediu ao nativo para trazer sua escrivaninha, na qual ele escreveu na mesma hora a ordem para que os erros fossem corrigidos. Famoso, por um lado, pela severidade em manter a lei e a ordem e, por outro, pela bondade com os pobres, ele também foi notório pelo apoio à prostituição e pelas mostras de pornografia palaciana, decorando seus aposentos com "imagens estranhas e obscenas".[2]

Depois, houve Musa Paxá, o Pequeno, o corajoso Mohammed Paxá, o Branco – que enfrentou uma rebelião de suas tropas cavalgando sozinho para lidar com os rebeldes, numa impressionante demonstração de bravura – e Mustafa Paxá, o Corcunda, antigo *agha* dos janízaros com um fraco por bolos de *cannabis* e ópio. Um bebedor contumaz e instável, Mustafa era dado a explosões de raiva provocadas pelo vinho que faziam seus servos correrem em pânico de seus cômodos para evitar as execuções arbitrárias que ele adorava ordenar. Em seguida, veio Mustafa Algodão, depravado e corruptor juvenil; Ibrahim Paxá, o Alto, que foi consumido por uma das revoltas sempre estrondosas em Basra; Ahmed Paxá, o Bêbado; e Ahmed Paxá, o Mercador, que prendeu seu predecessor por não deixar os livros em ordem.

Se os bagdalis não se impressionavam com seus líderes, que mudavam constantemente, eram frequentemente assassinos e apenas ocasionalmente competentes, é justo dizer que visitantes estrangeiros também não se impressionavam com a própria Bagdá na época. Temos uma perspectiva da cidade no meio do século XVII do venerável explorador, comerciante pioneiro e negociante de diamantes Jean-Baptiste Tavernier,* cujas viagens vanguardistas pela Europa e pela Ásia mais tarde fizeram com que conseguisse o patrocínio do duque de Orléans. Tavernier chegou em 1652, após uma viagem de nove dias Tigre abaixo, vindo de Mosul. Sua impressão inicial da Cidade da Paz foi de desdém:

> Em geral, a Cidade é mal construída, não havendo nela nada de belo a não ser os bazares, todos arqueados, ou os comerciantes não conseguiriam suportar o calor. Eles também precisam receber água três ou quatro vezes ao dia, função para a qual várias pessoas pobres são contratadas com dinheiro público. A Cidade é plena em comércio, mas não tão cheia como quando estava nas mãos do rei da Pérsia, pois quando o turco tomou-a, ele matou os mercadores mais ricos.

Ele notou cinco domos de mesquitas, decorados com "azulejos envernizados de diversas cores".[3] Apesar do despovoamento dos bazares, Bagdá ainda era "incrivelmente cheia de gente", atraindo mercadores e um fluxo constante de visitantes sírios que vinham mostrar sua devoção a Ali, além da "passagem contínua" de peregrinos em *haj* a Meca.

Tavernier escreveu sobre uma antiga divisão sectária entre os sunitas, que ele chamou de "Cumpridores da lei", e os xiita, que eram "*Rasedis* ou

* Tavernier era um viajante voraz, um Ibn Battuta francês dos tempos modernos. Ele acumulou impressionantes 290 mil quilômetros durante seis grandes viagens ao longo de quarenta anos. Foi famoso por descobrir o grande diamante Azul Tavernier de 112 quilates que vendeu a Luís XIV em 1669 por 220 mil libras, o equivalente em dinheiro a 147 quilos de ouro. Em seguida, o diamante foi cortado e virou o Azul da França, tesouro sem igual nas Joias da Coroa e, ainda mais tarde, o diamante Hope, de um azul escuro e 45 quilates, que hoje fica no Museu de História Natural Smithsonian em Washington, DC, nos Estados Unidos.

Hereges". Sendo um francês que provavelmente estava sentido falta de uma ou duas taças de vinho, ele notou que "os *Rasedis* não bebem com um cristão ou um judeu e raramente com um maometano de outra seita. Os mais altos da Cidade são dessa facção". A pequena comunidade cristã consistia de "nestorianos, que têm uma igreja, armênios e jacobitas, que não têm nada, mas vão aos capuchinos para confessar".

Nada impressionado com a arquitetura da cidade, Tavernier tampouco nutria simpatia pelos hábitos locais. Ele achou os costumes funerários especialmente excessivos: "Quanto a seus funerais, quando o marido morre, a esposa tira todos os enfeites de cabeça e deixa que seu cabelo caia sobre as orelhas, e então emporcalha seu rosto com a fuligem de uma chaleira, e baila e salta de maneira ridícula". Família, amigos e vizinhos encontravam-se na casa do morto, onde "as mulheres gritam como loucas, batendo em tambores". Quando o corpo era carregado ao túmulo, multidões de pobres iam à frente, "cantando as lamentações mais lúgubres".

Tavernier estimou a população de Bagdá em 14 mil, o menor número já registrado na história da cidade, indicação de quão baixo ela tinha afundado desde o zênite da era Abássida. Em 1663, mais de uma década após a visita de Tavernier, o padre jesuíta Manuel Godinho passou por Bagdá a caminho de Portugal vindo da Índia, "no serviço de ambas as majestades, divina e humana". Apesar de ter apreciado os gafanhotos fritos em manteiga "extremamente palatáveis" durante sua sofrida viagem por terra a partir de Basra, ele escapou da morte por pouco após ficar sem água e ser obrigado a chupar bolas de chumbo para aplacar sua sede. Godinho homenageou as "maneiras afáveis e cordiais" dos bagdalis, ao mesmo tempo argumentando que "eles tinham perdido sua antiga reputação de ser valorosos e não tinham a confiança dos turcos em nenhum assunto importante". O viajante português calculou a população de Bagdá em 16 mil, consistindo de turcos, árabes, curdos e persas, com cerca de 300 famílias judias.[4] Vimos as outras evidências oferecidas pelo francês Jean de Thévenot sobre o declínio demográfico durante sua visita no auge do calor do verão de 1664, comentando quão "mal populada" a cidade se tornara. Fora os bazares, escreveu, "o resto parece um deserto".[5]

Thévenot também se referiu a um dos problemas mais duradouros do governo otomano na opinião dos sofridos habitantes de Bagdá. "Os soldados aqui são muito licenciosos e cometem toda insolência imaginável, seus oficiais não ousando ao menos puni-los." Várias semanas antes de sua chegada, escreveu, o paxá morrera envenenado "por causa de suas tiranias", com fortes suspeitas de o *agha* dos janízaros ter algo a ver com aquele assassinato.

Dentro de cinco anos da visita de Tavernier, após tempestades fora de época, Bagdá foi atingida por uma enchente especialmente séria, quando tanto o Eufrates quanto o Tigre transbordaram as margens, transformando as planícies a oeste da cidadela em um imenso lago espumante. As águas varreram as ruas, derrubando vários dos prédios mais altos, inundando os canais e comprometendo as fundações das muralhas da cidade, o que deixou Bagdá permanentemente vulnerável. Foram enviadas ordens para que Diyarbakir, Kirkuk e Mosul enviassem tropas para defender a Cidade da Paz.

Em 1689, próximo ao fim desse período de azar, a colheita falhou e uma onda de fome severa devastou o Iraque. O *Gulshan i Khulafa* relata que Bagdá estava borbulhando com tribos árabes e turcas que vinham em bando do árido interior do país implorar por migalhas de pão. As ruas ficaram cheias de mortos e moribundos. Depois veio a inevitável praga pós-enchente, que levou mais de 100 mil em três meses. O Tesouro estava vazio, o paxá renunciou e os janízaros se rebelaram. Bagdá, mais uma vez, estava atolada na crise.

*

Após uma desconcertante procissão de paxás inconsequentes durante a maior parte do século XVII, a primeira metade do XVIII foi dominada por apenas dois homens, no início de uma nova dinastia relativamente estável e semi-hereditária.

Hassan Paxá tinha origem georgiana e fora criado em Istambul como filho de um dos sipai, ou oficiais de cavalaria otomanos, do sultão Murad. Inteligente e corajoso nas batalhas, ele foi promovido, em rápida sucessão, a uma série de cargos reais, incluindo as posições de vizir e *wali*, ou governador, dos *ayalets* (províncias) de Konya, Aleppo, Urfa e Diyarbakir. Em 1704 ele virou governador de Bagdá. Se Istambul soubesse como ele governaria, especificamente como administraria sua sucessão, sem dúvida nunca o teria nomeado, pois, durante os 130 anos que se seguiram, os sultões otomanos se viram completamente impotentes na nomeação dos paxás de Bagdá. De forma humilhante para Istambul, desde a época de Hassan Paxá, tais decisões passaram a ser tomadas exclusivamente em Bagdá, e a Sublime Porta – o governo otomano – se reduziu ao ultraje de simplesmente confirmar essas nomeações.[†] Na verdade, Hassan Paxá não estava fazendo nada além de imitar a prática otomana de importar escravos crianças da Circássia, da Geórgia, do Daguestão e do Cáucaso, educando-os em faculdades especiais, convertendo-os ao Islã e treinando-os para formar um quadro de funcionários civis e oficiais militares de elite e de pele clara – os janízaros. Istambul aprovou essa política na época para permitir que Hassan suprimisse as sempre desobedientes tribos e assim mantivesse o teórico fluxo de impostos para o Tesouro imperial. Ao fazer isso, porém, ele também estava construindo uma força que serviria como fundação do governo mameluco no Iraque. Foi criado um novo Gabinete de Imigrantes, com a responsabilidade de comprar e treinar o carregamento regular de garotos de rostos viçosos.[6] Os mamelucos eram o equivalente de Hassan Paxá aos janízaros.

Uma consequência provavelmente inesperada dessa importação de jovens garotos em massa foi a pederastia, para sempre associada com a era mameluca (1704-1831). Há relatos de que a homossexualidade reinava nos dormitórios onde eles dormiam, supervisionados por tutores, enquanto bagdalis depravados supostamente incitavam os garotos a cometer atos "impensáveis". O estigma dessas indiscrições juvenis não desaparecia com as promoções que vinham mais tarde. Um mameluco sobre quem se soubesse ter cedido a práticas homossexuais no passado era corriqueiramente chamado de "aquele indivíduo de olho quebrado", uma referência à suposta inabilidade de olhar as pessoas nos olhos por causa da vergonha, uma expressão que ainda se usa em Bagdá até hoje.[7]

† *Sublime Porte* era a tradução francesa da palavra turca *Bâbilâi* (Portal Principal ou Portão da Eminência), o nome oficial do portão que dava acesso aos principais prédios do governo em Istambul. Com o tempo, passou a ser sinônimo do governo otomano. (N.A.)

No cargo, Hassan provou ser um defensor robusto e bem-sucedido da autoridade de Bagdá. Ele chegou ao poder prometendo cortar cabeças, e não decepcionou. "Como bandidos, receberão o tratamento islâmico para os bandidos, e os alcançaremos até nas profundidades da terra. Decapitá-los não é novidade para nós", anunciou antes de acabar, numa lista curta, com os desafios das tribos Bani Lam, Khazail, Shammar, Aniza, Hamid, Saada e Rafi;[8] as campanhas para acabar com as tribos continuaram ininterruptamente por onze anos.[9]

Em 1708 ele enviou um grande exército na direção sul para Basra, finalmente quebrando o domínio da poderosa confederação tribal dos Muntafik, que, segundo se conta, perderam 100 mil de seus homens. Como recompensa por essa custosa vitória, Istambul deu a ele o direito de nomear o governador da cidade, e Basra virou um anexo de uma cada vez mais assertiva Bagdá.

Sob o domínio primeiro de Hassan Paxá e depois de seu filho e sucessor, Ahmed, os tentáculos territoriais de Bagdá se espalharam com uma confiança renovada. No norte, seu poder recaía sobre Mosul e Kirkuk e, ainda que parcialmente, outras áreas curdas como Amadiya, Sulaymaniya e Koy Sanjak. A província de Bagdá se expandiu para englobar Mardin e o famoso centro comercial de Urfa no sudeste da Turquia, famoso pelo comércio de algodão, couro e joias. E controlar a cidade portuária de Basra, ao sul, porta de entrada para o oeste e rica em receitas vindas das tâmaras cultivadas em abundantes alamedas de palmeiras, significava que Bagdá era capaz de dominar as rotas comerciais do norte e influenciar todo o comércio entre o Golfo e a Síria.[10]

O historiador da era mameluca Abdul Rahman al Suwaidi escreveu sobre como, em 1716, Hassan "baniu as horrendas crueldades" ao eliminar o *baj* punitivo, ou imposto do portão, sobre produtos agrícolas e carneiros, um sistema corrupto sob o qual "até dos fazendeiros humildes que entravam em Bagdá para vender ovos, um ovo era levado".[11] Ele também cortou o imposto *tamgha*, obrigatório para todos os *kalakjiya*, donos das jangadas de pele inflável de bode, que era coletado em forma de lenha. Tribos teimosas podem ter relutado em pagar impostos com todas as forças, mas Hassan conquistou respeito duradouro ao usar o dinheiro para fazer boas obras públicas, construir novas pontes e canais, fundar mesquitas, doar terras e fundos para propósitos religiosos, ganhando assim o carinhoso apelido de Abu Khairat, ou Pai da Caridade. E sua generosidade não era sectária: ele deu aos carmelitas permissão para estabelecer uma missão em Bagdá em 1721. Em 1722, um ano antes de morrer, Hassan recebeu uma *fatwa* do xeique al Islã, autoridade religiosa suprema dentro do Império Otomano, sancionando o uso de força militar contra o Irã Safávida, um Estado já balançando em direção ao colapso após ser invadido por Mahmud Khan, um príncipe afegão particularmente brutal. Tirando vantagem da fraqueza do Irã, Pedro, o Grande, da Rússia, e o sultão otomano Ahmed III se mexeram para fatiar o reino xiita e aumentar seus impérios, e a honra de tomar Hamadã ficou para o novo governador de Bagdá, Ahmed Paxá, cujo pai, Hassan, morrera em Kermanshah durante a campanha.

Ahmed Paxá governou de 1723 a 1747, com um sensato intervalo de dois anos de 1734 a 1736 para pacificar um grão-vizir ciumento em Istambul. Apesar de a maior parte de seu tempo ter sido gasto com preocupações em lidar com tribos rebeldes e um Irã renascente e hostil sob o entusiasmado Nadir Xá, ele ainda conseguiu consolidar os ganhos de seu pai, garantindo que Bagdá fosse apenas simbolicamente sujeita à autoridade otomana. Muitos nobres de robes de seda e turbantes altos farfalhando pelos corredores do Palácio Topkapi, em Istambul, ressentiam-se da autonomia de Bagdá. Enquanto sultões faziam seu pior para acabar com levantes, uma política que incluía diversas missões de assassinato, os ardilosos paxás mamelucos faziam o possível para ficarem vivos.

O tenente William Heude, jovem oficial britânico no Posto Militar de Madras que passou por Bagdá em 1817, descreveu uma das várias tentativas de acabar com a vida de Ahmed Paxá. O sultão uma vez mandou um enviado com um *firman*, ou decreto, para a cabeça de Ahmed. Com uma rede formidável de agentes e amigos, tanto na cidade quanto nas estradas principais, o paxá em geral ficava sabendo dessas tramas antes de o mensageiro chegar a Bagdá e conseguia interceptar o *firman* ou assassinar seu portador. Neste caso, porém, o enviado viajara tão secreta e rapidamente que Ahmed Paxá só soube do plano com algumas horas de antecedência. Então ele saiu da cidade com seus oficiais mais sêniores sob o pretexto de

15. Harun al Rashid recebe enviados de Carlos Magno em Bagdá, 786. A pintura de 1864, feita pelo artista alemão Julius Köckert (1827-1918), é um exemplo clássico de orientalismo europeu, enfatizando o exotismo e a sensualidade imaginados no Oriente Médio.

16. Mulher de Bagdá usando um véu negro sobre o rosto, gravura do *Zenanname* (Livro das mulheres), do fim do século XVIII.

17. Mulheres de Bagdá jogando *mankala*, popular no Oriente Médio, uma aquarela dos *Costumes Orientaux* de François-Marie Rosset, publicados em 1790.

18. Desenho de Bagdá, datado do século XIX, a partir do rio Tigre pelo tenente James Fitzjames da Marinha Real, membro da Expedição Eufrates do capitão Francis Rawdon Chesney entre 1835-37.

19. Retrato de Henry Pickersgill do viajante britânico Silk Buckingham e a esposa deste vestindo roupas árabes. Quando Buckingham chegou a Bagdá em 1816, achou que o residente britânico, Claudius Rich, era "o homem mais poderoso" na cidade depois do paxá otomano.

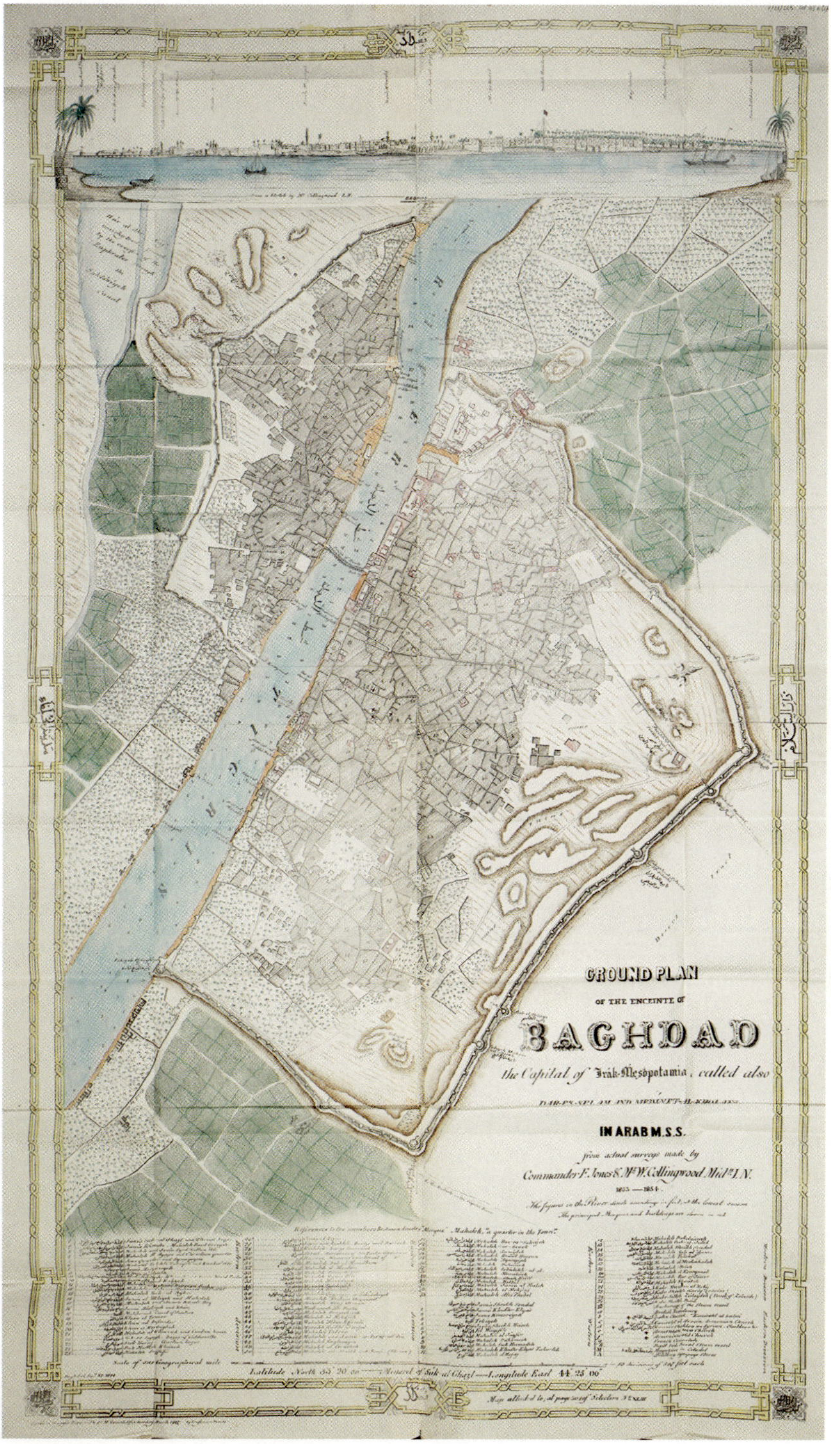

20. Mapa de Bagdá desenhado por William Collingwood por volta de 1853-54. O jovem aspirante foi forçado a recorrer a "todo tipo de subterfúgio", incluindo anotar coordenadas, medidas e passos nos punhos e nas fraldas de camisa, para "abrandar suspeitas [turcas]".

21. Um pontão sobre o rio Tigre, 1914. Por quase 1.200 anos, até a primeira estrutura fixa ser encomendada pelos britânicos em 1932, pontões e barcos eram as únicas formas de atravessar entre as margens leste a oeste, e vice-versa.

22. A Residência Britânica em Bagdá, 1917. A primeira localização à beira-rio e o tamanho monumental da embaixada criavam uma impressionante declaração arquitetônica da posição e da influência britânicas em Bagdá. O Mandato da Inglaterra no Iraque durou de 1920 a 1932.

23. Bagdalis remando através do Tigre numa *guffa*, a tradicional embarcação redonda feita de junco trançado e impermeabilizado com betume. Vistos em massa no rio, elas foram comparadas por um escritor em 1914 a "mil enormes bolhas de piche invertidas". No fundo está um navio a vapor europeu.

28. Gertrude Bell no Alto Comissariado Britânico em Bagdá em 1924, ladeada por colegas britânicos e ministros iraquianos. Secretária oriental, arabista, exploradora, coroadora de reis, coarquiteta do Iraque moderno, Bell era uma figura maravilhosa. "Conheço cada chefe tribal de alguma importância de cima a baixo do Iraque."

29. Bispos iraquianos celebram a entrada do Iraque na Liga das Nações ao fim do Mandato Britânico em uma recepção oferecida pelo rei Faisal I no palácio real em 6 de outubro de 1932. Os cristãos, como os judeus, eram muito anteriores aos muçulmanos na antiga terra da Mesopotâmia.

jogar *jareed*, "um jogo de guerra praticado entre os turcos", no qual oficiais de cavalaria cavalgavam em alta velocidade e jogavam lanças sem ponta uns nos outros.[12] Nos portões de Bagdá, Ahmed encontrou o oficial que carregava seu *firman*, cumprimentou-o com a maior cortesia e o convidou para jogar. Sem poder recusar, o homem viu-se colocado contra o paxá, que se armou com "um dardo com ponta de aço, jogou-o em direção a seu adversário traiçoeiro, porém desavisado, com toda a força, e matou-o na hora". Os papéis do mensageiro foram abertos, selados novamente e enviados de volta a Istambul com uma carta expressando as mais profundas condolências pelo "infeliz acidente" que o tinha abatido.[13]

Heude também contou a história de como um dos escravos de Hassan Paxá, Suleiman, ganhou a liberdade ao salvar a vida de Ahmed quando a lança do paxá se quebrou durante uma expedição de caça a leões nos arredores de Bagdá. Todos os outros estavam assustados demais para intervir, relatou Heude, porque Ahmed sempre insistia em matar suas presas sozinho, "ou perderia toda a honra da caça".[14] Suleiman foi imediatamente recompensado com a mão da filha mais velha de Ahmed, Adila, um belo tributo que foi mais tarde fator decisivo em sua promoção e que carregava em si as sementes de uma futura dinastia.

A estabilidade da primeira metade do século XVIII, que os cidadãos de Bagdá devem ter considerado uma condição quase alienígena para sua cidade, era apenas relativa. Ela não impediu um cerco selvagem em 1733, quando Nadir Xá, no início de uma carreira de conquistas tão brilhante e sangrenta que os historiadores o chamaram de Napoleão da Pérsia e de segundo Alexandre, investiu contra a cidade.[15] O exército invasor derrotou as forças que Ahmed enviara para defender a cidade, cortou as rotas das caravanas de grãos que vinham do sul e ocupou Karkh, onde Nadir Xá comemorou o grande festival de Ano-Novo iraniano com deliberado esplendor e ostentação, distribuindo 7 mil vestes de honra a seus oficiais e chovendo ouro nos poucos sortudos que tinham sido convidados a um suntuoso banquete. Das muralhas ameaçadas de sua cidade, os cidadãos de Bagdá assistiram, horrorizados, ao levante abominável de 2.700 torres na planície deserta, cada uma à distância de um tiro de mosquete da outra. Barcos iranianos reforçaram a barreira, e um enorme acampamento-

-cidade, estimado em 300 mil pessoas, cresceu em torno dos dois grandes fortes que ficavam rio acima. Apenas um terço dessa gigantesca população era composto de forças de batalha, o resto sendo artesãos e comerciantes, escravos e seguidores do acampamento. O refinamento e a abundância fora das muralhas da cidade – os suprimentos ali eram baratos e fartos – contrastava de forma visível até demais com a miséria e a fome crescente dentro delas. Sem a artilharia pesada necessária para quebrar as defesas, Nadir Xá teve de contar em privar a cidade de alimentos até ela se render. Conforme os meses foram passando e a primavera deu lugar às tórridas ondas do verão, as condições dentro da cidade pioraram, como atesta Joseph Emin, mais tarde figura proeminente no movimento de libertação armênio. Com seis anos, ele perdeu a mãe e o irmão durante o cerco e anos mais tarde lembrou-se de como "os maometanos foram obrigados a comer carne de cavalos, burros, cães, gatos e ratos".[16] Imagens viscerais aparecem nas fontes dessa época. Uma bela jovem foi vista num beco arrancando a carcaça de um asno com uma faca afiada; quando perguntaram o que estava fazendo, ela disse não ter consumido nada exceto água há cinco dias. Ali al Wardi escreve sobre pobres famintos comendo sementes de algodão e virgens vendendo seus corpos por um pedaço de pão.[17]

Em um gesto zombeteiro de piedade pela fome que secava as gargantas na cidade, Nadir Xá enviou carroças cheias de melancia para Bagdá. Ahmed Paxá devolveu o gesto com uma fornada de deliciosos pães frescos e um bilhete ousado garantindo ao iraniano que essa era a dieta diária dos bagdalis. Ele também convidou uma delegação inimiga para um pomposo banquete, que se diz ter abalado a fé de Nadir Xá na eficácia do cerco.

Emin legou-nos uma divertida história sobre como, depois de uma das recepções dadas por Ahmed Paxá durante o cerco, o governador deu ao sr. Dorrel, britânico residente em Basra e amigo íntimo, um *tour* de suas fortificações, vangloriando-se de como Nadir Xá nunca seria capaz de tomar a cidade. O paxá perguntou ao inglês o que ele achava das defesas de Bagdá. "'Com a licença de sua alteza, se um exército europeu cercasse o local em vez de Nadir, o teriam tomado em cinco dias'. Essa expressão deixou o baxá pálido, e ele disse: 'Gavoor, se eu não tivesse jurado, cortaria sua cabeça.'"[18]

O resgate de Bagdá das garras de Nadir Xá se deveu menos à solidez de suas muralhas ou à qualidade de seu pão do que à chegada de Topal Osman Paxá, o Coxo, um ex-grão-vizir grego de cabelos grisalhos, aleijado durante uma campanha anterior e valorizado pelos otomanos como melhor soldado do império. Após várias manobras dos dois lados, a batalha começou em 19 de julho. Numa mostra simbólica de força, Osman dispensou a liteira onde tinha sido carregado durante a campanha e montou em seu cavalo pela primeira vez a fim de agrupar suas tropas. "Vi-o cavalgando como um jovem, de espada na mão, o rosto radiante e os olhos brilhando", disse Jean Nicodème, o médico de Osman.[19]

A batalha se desenrolou por nove horas, com a vantagem oscilando de um lado para o outro. Em um embate furioso, o cavalo de Nadir foi atingido enquanto ele montava. Depois, uma montaria substituta o derrubou, causando pânico instantâneo entre as forças iranianas, que pensaram que seu inspirador líder havia sido morto. Os otomanos levaram sua vantagem até o fim, o outrora invencível exército de Nadir começou a se retrair e ele foi obrigado a ordenar uma retirada. Para os iranianos foi uma derrota catastrófica, que fez seus triunfos anteriores por todo o Iraque serem revertidos em um único dia. Nadir perdeu talvez 30 mil homens, muitos abatidos numa retirada precipitada, massacrados pela guarnição de Ahmed Paxá. Mas a vitória para os otomanos também teve um preço alto, com até 20 mil vidas perdidas.

Na cidade, que havia sido esvaziada de suprimentos por sete meses, as condições eram desesperadoras. Apesar de estimativas de 100 mil para o número de mortos durante o cerco parecerem excessivas, dado que Godinho relatara uma população de cerca de 16 mil em 1663, fica claro que as perdas foram descomunais.[20] Como aconteceu tão frequentemente em sua história, o Tigre foi usado como um cemitério líquido. A doença se espalhou pela cidade como consequência dos corpos pútridos deixados a céu aberto no vertiginoso calor do verão. As cenas foram tão terríveis que é preciso questionar o relato de Ahmed para Istambul, no qual bagdalis jovens e velhos se reuniram em torno de seu libertador Osman Paxá "para lamber a poeira de seus pés".[21]

Duas outras vezes Nadir Xá tentou tomar Bagdá: primeiro no outono de 1733, quando o herói otomano Osman Paxá, o Coxo, foi morto na batalha; e depois em 1742, quando levantes consecutivos no Irã exigiram seu abandono imediato da campanha no Iraque. A assinatura de paz entre os impérios Otomano e Iraniano veio em 1746, seguida, no ano posterior, pelas mortes dos dois homens que haviam representado essa geração do antigo conflito entre Irã e Iraque. O primeiro a morrer foi Nadir Xá, agora largado à doença, selvageria e uma inclinação maníaca a matar todos os mais próximos a ele. Numa sinistra imitação de seu herói e também comandante de guerra asiático Tamerlão, ele dera ordens para construir torres com os crânios de suas vítimas. Ele foi assassinado oito semanas antes de Ahmed Paxá morrer em campanha.

Durante o reinado longo e incomumente bem-sucedido de Ahmed Paxá, Bagdá expandiu sua influência para englobar uma área maior do que aquela ocupada pelo Iraque moderno, das montanhas do sudeste da Turquia, além da Síria no norte, às águas mornas do Golfo Pérsico no sul. Ainda que as glórias da importância da cidade na era Abássida continuassem enterradas profundamente na memória milenar, ele conseguira restaurar uma medida de orgulho e poder à sua diminuta reputação. Bagdá talvez não presidisse mais vastas faixas do norte da África e do Oriente Médio, mas gozava de autonomia considerável, no limite da independência, dentro do império ao qual era formalmente sujeito, contribuindo apenas com uma gota de suas receitas para o erário de Istambul. E o fluxo contínuo de mamelucos de pele clara que chegavam de forma incontrolável da Geórgia a Bagdá formaria a base de uma nova dinastia que exercia o poder inteiramente a seu bel-prazer, sem responder ao sultão otomano. Pelos oitenta anos que se seguiram, sucessivos sultões se enraiveceram com esse desacato à lei imperial, mas não puderam fazer nada para impedi-lo.

*

A metade do século XVIII encontrou a Europa desfrutando das riquezas intelectuais do Iluminismo. Na França, a famosa *Encyclopédie* de Diderot, publicada pela primeira vez em 1751, contava com contribuições dos maiores *philosophes* da era, incluindo Voltaire, Rousseau e Montesquieu. Os ingleses tinham Hobbes e Locke; os escoceses, Hume e Smith. A Prússia estava há uma década no longo reinado modernizador de Frederico, o Grande, uma epopeia com música de fundo composta por Bach, Haydn e Mozart. As ideias políticas iluministas de liberdade e democracia, como adotadas por Jefferson, Franklin e Paine, entre outros, serviram de base para a revolução de 1776 que viu as treze colônias americanas da Grã-Bretanha tornarem-se os independentes Estados Unidos da América.

A meio mundo de distância, em Bagdá, havia bem menos fermento intelectual; mas dois desenvolvimentos significativos para o futuro da cidade devem ser notados. Em 1750, depois de três anos de tumulto após a morte de Ahmed Paxá e os subsequentes fracassos de quatro paxás nomeados pelo sultão para segurar Bagdá frente à oposição local, Suleiman, o antigo escravo mameluco do pai de Ahmed, tomou o poder em Bagdá, dando início a uma dinastia que duraria quase um século. Relevância mais duradoura teve o estabelecimento, em 1798, de uma agência de comércio turca, inicialmente uma filial do escritório de Basra da Companhia das Índias Orientais e um dos primeiros símbolos do crescente interesse europeu no Iraque.

Suleiman tinha uma personalidade exuberante. Para os cidadãos de Bagdá, era Suleiman, o Leão; os beduínos o apelidaram de Abu Layla, Pai da Noite, por conta ou de suas rondas noturnas de investigação por Bagdá, à maneira de Harun al Rashid, ou possivelmente por causa dos momentos escolhidos para suas bem-sucedidas expedições contra as tribos do deserto. Corajoso e punitivo no campo de batalha, ele era amado pelos bagdalis por manter longe as tribos ameaçadoras. Mais de meio século após sua morte, ainda eram cantadas canções em sua honra na cidade.[22]

Dr. Edward Ives, um ex-cirurgião naval que passou por Bagdá em 1758, destacou que Suleiman não contribuiu com nenhuma receita para o sultão otomano, sob alegações falsas de consertos nas fortificações da cidade. O resultado disso foi que o sultão tentou assassiná-lo diversas vezes, mandando três ou quatro mensageiros com um mandato secreto pela cabeça do paxá, mas os 40 mil janízaros de Suleiman não permitiriam uma coisa dessas. Graças à sua eficaz rede de inteligência, ele "sempre fez questão de enviar as cabeças dos próprios mensageiros para Constantinopla, em vez da sua".[23]

Suleiman continuou o que Hassan e Ahmed tinham começado antes dele, aumentando o número de meninos-escravos importados, criando uma escola especial para ensiná-los e nomeando vários mamelucos para cargos sêniores, em detrimento de famílias turcas e bagdalis que, intensamente decepcionadas, viram seu poder se esvair pouco a pouco.

Apesar de suas proezas militares e políticas não serem questionadas, os arranjos domésticos pouco comuns de Suleiman eram considerados menos impressionantes, inclusive se prestando a sátiras à boca miúda feitas pelos bagdalis mais corajosos. Sua esposa, Adila Khatun, levava um regime doméstico dos mais rigorosos, não permitindo que seu marido tivesse outras esposas, para que não produzissem herdeiros rivais. Talvez fosse essa restrição, altamente heterodoxa para a época, a responsável por suas escolhas alternativas. O historiador Stephen Hemsley Longrigg repreendeu Suleiman por "uma vida privada desgraçada pelos vícios de sua raça", mas não foi mais além, a não ser observando que Dr. Ives fornecera "detalhes suficientemente vívidos" em suas memórias.[24] Ives de fato foi bem mais aberto. "Um relato chocante! Fomos informados de que ele mantinha mais de vinte garotos para suas gratificações antinaturais".[25]

Desde sua fundação quase exatamente um milênio antes, Bagdá sempre fora uma sociedade decididamente patriarcal, e o poder político era reservado exclusivamente aos homens. A posição das mulheres era no lar, com as famílias. Adila Khatun não via as coisas dessa forma. Segundo as fofocas populares, o Leão tornou-se o diminuído marido atazanado, como explicou William Heude: "A causa principal de reclamações contra ele, porém, era a obediência extrema que geralmente demonstrava às opiniões e aos desejos de sua mulher, que, sendo filha orgulhosa de um paxá de primeira linha, e tanto orgulhosa quanto ambiciosa, não esquecia que, apesar da atual alta dignidade, seu marido tinha sido escravo do pai dela".[26]

Na opinião dos homens, as mulheres não tinham nada que se envolver na esfera pública, mas a chegada da formidável Adila Khatun virou de ponta-cabeça a sabedoria convencional. Ela se jogou na vida política com uma energia que, por um lado, escandalizou Bagdá, por outro, a aterrorizou; ela chegava até mesmo a revogar decretos e ordens do marido de acordo com suas próprias vontades. Todo mundo entendia plenamente os riscos envolvidos em se opor a ela. Despreocupadamente desprezando todas as noções existentes de impropriedade, ela presidia recepções políticas, recebendo visitantes homens e mulheres e concedendo como presente um xale de seda bordada para identificar quem o usava como membro de sua corte. Os turcos e árabes que ela achava que precisavam ser subornados recebiam extravagantes capas e casacos de pele.

Como descobriram os altos oficiais, a seu próprio custo, Adila Khatun não era mulher para ser desprezada. Incrivelmente rica como filha de paxá, poderosa e sem escrúpulos, ela usava sua posição para promover favoritos (por um valor) e eliminar rivais. Esteve ligada a diversos assassinatos políticos, incluindo o de Ahmed Agha, o marido totalmente inocente de sua irmã Aisha, que Adila erroneamente suspeitava estar tramando contra Suleiman. Ela também estava profundamente envolvida na trama contra Salim Paxá, do Curdistão, uma antiga pedra no sapato, o qual se alinhara com os iranianos, lançando uma série de incursões pelo Iraque. Em 1758 Adila convenceu Suleiman a atrair Salim a Bagdá, onde ele receberia perdão por seus erros passados, confirmação de seu cargo e várias outras honras. Ele viajou para o sul e se apresentou no palácio, foi recebido com grande alarde e presenteado com uma extravagante peliça de seda forrada com pele. Momentos depois os empregados de Suleyman correram até ele, removeram suas armas, acorrentaram-no e o arrastaram para uma cela, onde ele ficou por nove dias e depois foi estrangulado.

Ives descreveu como Adila defendeu seu lugar na elite da sociedade de Bagdá com tenacidade admirável. A esposa do *kahya*, o vice de Bagdá, ordenara que artesãos construíssem para ela uma suntuosa *takht-revan*, ou liteira, algo exclusivo para pessoas do "primeiro escalão". Pouco depois de ter sido finalizado, e quando ela se preparava para seu passeio de estreia nesse esplêndido símbolo de *status*,

> Ela recebeu uma mensagem com os cumprimentos da Haram [esposa do paxá], que exigia ser informada de qual veículo restava agora pelo qual fosse possível para a mulher do baxá manifestar a superioridade de sua hierarquia sobre a da esposa do *kahier*, e intimando que, se esta desconhecesse algum outro método para manter a distinção entre elas (como a própria Haram confessou desconhecer totalmente), seria um estimado favor que ela deixasse de lado qualquer pensamento de fazer uso do Takht Revan que mandara cons-

truir. A obediência da mulher do *kahier* foi inevitável, e provavelmente também sua humilhação.[27]

A notável Adila inaugurou uma era única e breve demais na qual as mulheres, pelo menos as da família real, podiam exercer poder considerável sobre a vida de Bagdá. Não disposta a ceder essa influência após a morte de Suleiman em 1762, Adila se dedicou a minar seu controverso sucessor de origem iraquiana, Ali Paxá. Ela espalhou rumores de que ele era um xiita fanático, convenceu os mamelucos de que ele os mataria e estimulou uma revolta apoiada por sua irmã e seu cunhado Omar Agha, um oficial militar sênior. Ali Paxá se viu reduzido à desonra de fugir de Bagdá vestido de mulher, disfarce vergonhoso em que ele foi preso e executado. Omar, o candidato preferido por Adila, devidamente virou paxá, governando até 1776.

Do tempo de Adila até a queda da dinastia mameluca em 1831, as mulheres da realeza efetivamente ocuparam o centro da vida política em Bagdá, ainda que o poder de fato fosse exercido mais discretamente nas coxias. Com a morte de um paxá, suas esposas dominavam a luta pela importante herança que ajudaria um pretendente a estabelecer sua reivindicação ao paxalato. Assim, a rica esposa de Omar Paxá, governante de Bagdá de 1764 até seu assassinato em 1776, era supostamente a verdadeira força por trás de sua ascensão ao poder; enquanto Suleiman, o Pequeno, paxá de 1807 a 1810, conseguiu ficar no cargo apenas graças à prodigiosa fortuna de sua mulher. O curto reinado de Said Paxá (1813-16) fundou-se sobre o apoio financeiro dado por sua mãe.

Filhas eram usadas como meio de estender a rede política de um paxá: casadas com o mameluco mais forte ou leal, elas o ligavam à família, assegurando sua dependência por meio do capital. Essas técnicas, porém, não eram garantia de estabilidade, já que quase sempre cada mãe-líder de uma família mameluca lutava com outras em nome do seu próprio suposto paxá. De 1790 a 1831 as facções mais importantes em Bagdá, além de Suleiman, o Grande (1780-1802) e os apoiadores imediatos de seus filhos, foram lideradas por ex-mamelucos que haviam entrado na família de Suleiman pelo casamento.[28] A rivalidade podia ser feroz e frequentemente fatal. Essas mulheres da realeza tendiam a ocupar posições mais estáveis que as de seus maridos, pois podiam permanecer no fundo, acumulando fortunas com seu *status* privilegiado. E elas eram poupadas das execuções sumárias que invariavelmente se seguiam à derrota política, no caso dos homens.

As mulheres também eram empregadas em papéis mais tradicionais. Uma figura curiosa chamada Mohammed al Ajami (O Iraniano) usou a sedução para chegar ao círculo mais fechado de Abdullah Paxá, sucessor de Omar a partir de 1776, formando uma trupe musical com sua mãe e suas duas irmãs extremamente belas. Mohammed dançava, sua mãe tocava o tamborim e suas duas irmãs dançavam e atendiam às necessidades carnais do paxá. O ambicioso iraniano não escondeu seu deleite em procurar garotas para o paxá. "Se não fosse por essa honrosa carreira, eu não estaria onde estou hoje!", ele teria alardeando após ter subido a um alto cargo nas costas de suas irmãs.[29]

*

Em 8 de janeiro de 1766, dois anos depois de outra invasão iraquiana que trouxe uma renovada epidemia de peste em sua esteira, o explorador e cartógrafo alemão Carsten Niebuhr chegou a Bagdá como parte de uma expedição científica patrocinada pelo rei Frederico V da Dinamarca. Durante suas extensas viagens, que incluíram Egito, Arábia, Iêmen e Índia, Niebuhr visitara Persépolis e a Inscrição de Behistun no oeste do Irã, onde sua cuidadosa pesquisa tinha preparado as bases para decifrar o cuneiforme, uma das mais antigas formas de escrita, datando do quarto milênio a.C. sumério. Dez dias depois de sua chegada a Bagdá, após fortes neves no norte, o Tigre subiu de forma alarmante, estourando as correntes da tradicional ponte de barcos e levando toda a estrutura numa poderosa corrente d'água. Todas as cidades do interior próximas a Bagdá foram inundadas, e as esperanças que ele tinha de mapear a cidade em detalhes foram destruídas.

Neibuhr encontrou boa parte da área dentro das muralhas de Bagdá na margem leste do Tigre "inteiramente sem construções e desabitada".[30] Ele contou pelo menos vinte mesquitas com minarete e mais 250 sem. Havia muitos banhos públicos e meia dúzia de hospedarias para os grandes mercadores. A visita dele coincidiu com um inverno especialmente rigoroso:

no começo de fevereiro ele relatou a presença de gelo com a profundidade de meio dedo; vinte pessoas morreram congeladas durante a noite. O Dr. Edward Ives, como muitos visitantes europeus e britânicos da época, provavelmente tinha expectativas irreais sobre Bagdá, lendária cidade dos califas, e ficou decepcionado com a arquitetura. "Os prédios públicos são melhores que os de Bassora", escreveu com um toque pomposo, "mas os melhores seriam considerados inadequados para um nobre particular com mil libras ao ano na Inglaterra". As ruas eram muito estreitas, os bazares cobertos eram longos, com telhados vazados a intervalos para permitir a entrada de luz e ventilação. O pontão de 39 barcos estava "destruído por árvores de tâmaras, bandeiras, excremento de cavalo e lodo ou lama; é muito mal protegido".[31] Ives, que era um naturalista amador, descreveu carinhosamente as mesquitas e igrejas lotadas de pombos. Ele admirava muito as cegonhas, conhecidas pelos bagdalis como "perna-perna", que faziam seus ninhos nos minaretes e conferiam bênçãos que valiam "mais que um campo cheio de carneiros e camelos". Uma família em cuja casa as cegonhas fizessem ninho era considerada muito afortunada. Como sempre, a religião não estava longe da superfície, mesmo no campo da ornitologia: "Se um cristão por acaso matar uma delas, sua vida estará em perigo".[32]

Não obstante as reclamações de nobres europeus em visita, seria um erro considerar que este foi um período de estagnação arquitetônica em Bagdá. Pelo contrário: as inúmeras mesquitas monumentais erguidas do século XVI ao século XIX mostraram que Bagdá não tinha esquecido sua herança distante, porém singular, como pedra fundamental do Dar al Islam. Havia a cintilante Muradiya, de 1578, que dominava a ponte norte da rua Rashid; a Mesquita Saray (1704) de Hassan Paxá, de muitos domos e cor parda, na entrada dos quartéis Kushla; a Ahmediya (1796), de muros altos, com vista para a praça Maidan, onde Tamerlão cometera tantas de suas atrocidades; e a Haydar Khana (1826) de domo azul, também na rua Rashid. Hassan Paxá também criou o bairro nos arredores de Kushla, que até hoje é conhecido como Jadeed (Novo) Hassan Paxá, um distrito reminiscente de prédios otomanos decaídos, outrora belos. A formidável Adila Khatun foi uma grande patrona da arquitetura, tendo construído várias escolas e duas mesquitas, uma das quais ainda pode ser vista. Seu Khan al Takiya, construído para ser um tribunal, sobreviveu até 2010, quando foi demolido para dar lugar a um novo prédio.[33] Curiosamente, dada a antiga inimizade entre eles, Bagdá utilizou-se fortemente do modelo iraniano de arquitetura religiosa do fim do século XVI ao início do XIX, copiando formas estruturais e estilos epigráficos e enfeitando domos e minaretes com azulejos tipicamente iranianos de faiança, que brilhavam de azul ao sol.

Também é preciso alertar sobre a generalizada sensação de declínio desse período. Como mostrou André Raymond, cidades árabes cresceram de forma dramática durante vários séculos de domínio otomano. Definindo o centro da cidade como a área ao redor das grandes mesquitas, junto com os principais mercados e hospedarias, frequentemente murados, ele estimou o tamanho de Damasco no século XVI em cerca de 9 hectares, o de Alepo em 11 e o de Cairo, segunda cidade do Império Otomano, em 58. Em 1837 as cidades tinham se expandido incrivelmente para 313, 367 e 600 hectares respectivamente. Durante a mesma época, Bagdá se espalhou como o Tigre em época de cheia, crescendo quase trinta vezes, de 23 para 340 hectares.[34]

Niebuhr notou com tristeza que os acadêmicos de Bagdá há muito tinham abandonado a Faculdade Mustansiriya, na margem leste. Ele descobriu que a cozinha agora era usada como posto de pedágio e o resto do complexo era uma hospedaria chamada Otmedani Khan. A preocupante descoberta de Niebuhr de quanto Bagdá tinha realmente decaído desde as glórias culturais da era Abássida teria chocado, entristecido e talvez enfurecido califas como Harun al Rashid e Mamun, que despenderam tanta energia no patrocínio de empreitadas intelectuais e culturais. Apesar de as ciências outrora terem sido dignas de prestígio considerável na cidade, escreveu Niebuhr, elas eram à época menos valorizadas que no Cairo ou no Iêmen. Ele encontrou poucas pessoas que sabiam ler ou escrever e não conseguiu achar uma única loja em Bagdá onde pudesse comprar livros antigos: "Se alguém quiser montar uma coleção de livros (...) tem de esperar até alguém morrer, quando os livros do morto são carregados pela cidade, como roupas velhas, e o pregoeiro da cidade os leiloa".[35]

O declínio não excluía o esplendor. Niebuhr admirou a guarda pessoal de Omar Paxá, composta por 800 cavaleiros "magnificamente vestidos e montados em belos cavalos".[36] Ele estimou em 36 mil o número de homens que o paxá podia, teoricamente, colocar em campo, mas na prática ele achava que o exército principal não tinha mais que 10 mil. Comentando sobre as defesas limitadas e mal organizadas de Bagdá – a meia-dúzia de canhões de cada lado dos dez bastiões da cidadela não tinha carretas – ele ecoou os comentários feitos 33 anos antes pelo sr. Dorrel, o amigo britânico de Ahmed Paxá, concluindo que "um inimigo europeu poderia muito facilmente se fazer senhor da cidade".[37] Os britânicos teriam a mesma opinião em 1917. Ives também ficou impressionando com a elegância no vestir daqueles que ele chamou de "senhores de chapéu", os *aghas* cujas vestes ele considerava "muito alinhadas". Um oficial mameluco sênior podia usar um turbante verde ou branco, feito de linho ou um xale de lã de camelo. Adornos para a cabeça alternativos incluíam uma espécie de boné de tecido duro, preto e acolchoado e com pelo menos 30 centímetros de altura, ao redor do qual era torcido um pano de linho branco ou verde. Uma camisa longa era colocada para dentro de ceroulas de linho que ficavam embaixo de calças soltas de lã de camelo. Costuradas às barras dessas calças havia um par de finas sapatilhas amarelas sem saltos, usadas dentro de outro par, o externo, que se deixava à porta ao entrar numa casa. Um senhor elegante usaria ainda uma túnica justa ao corpo, até as panturrilhas, abotoada sobre a camisa de linho, e sobre esta mais uma túnica de comprimento similar com bonitas lapelas de linho, botões nos pulsos e "uma barra aberta ao estilo de uma anágua". A adição de uma faixa bordada de ouro ou prata dava ao conjunto mais exuberância; e um lenço bordado acompanhava um relógio numa bolsa sob a lapela. Por fim, uma terceira túnica, forrada de seda e feita de tecido fino, era usada solta sobre as outras camadas, abotoada ou aberta, e geralmente tirada dentro de casa. Os itens acima eram considerados roupas de verão, com a roupa de inverno se diferenciando apenas no material usado, mas não no número de camadas. Ives ficou maravilhado com os diversos estilos de adornos para a cabeça, o mais impressionante deles com quase 1 metro de altura e uma circunferência enorme, coberto de pele.[38]

Oficiais vestidos de forma tão bela eram parte de uma ordem altamente estratificada de mamelucos, que agora dominava a vida pública a tal ponto que ser nativo de Bagdá restringia seriamente as oportunidades de carreira de uma pessoa.

O treinamento dos mamelucos da aparentemente ilimitada fonte de garotos caucasianos consistia em leitura, escrita, nado, equitação e habilidades marciais. Alguns eram destinados aos altos escalões do paxalato, onde estariam em contato com os líderes de grandes famílias; outros serviriam na guarda do paxá, na corte ou na administração civil. Quando o treinamento estava completo, a maioria dos mamelucos entrava para o círculo íntimo do paxá, onde podia desfrutar de posições como *Agha* de Vestuário, *Agha* do Café, *Agha* dos Tapetes, Guarda dos Apartamentos Privados ou Comandante da Guarda Georgiana, esta última composta por três regimentos de mil soldados cada – ao menos em teoria.

Os mamelucos no círculo externo do paxá eram enviados para funções públicas administrativas e podiam se ver trabalhando como escrivães, coletores de impostos ou, em alguns casos, oficiais de governo extremamente sêniores.

Dada essa estrutura formal do paxalato, havia poucas oportunidades de distinção disponíveis para os bagdalis inteligentes ou ambiciosos. Personagens religiosos e legais sêniores, como cádis, muftis e *nakibs*, eram recrutados dentro da aristocracia clerical, enquanto a posição sênior em finanças de *sarraf bashi*, banqueiro do paxá, era tradicionalmente ocupada por um representante de uma das influentes famílias banqueiras judias. As obrigações do *khaznadar* podiam incluir ser tesoureiro particular do paxá, comandante do círculo interno de funcionários ou inspetor-chefe de impostos, e às vezes englobavam as três coisas, enquanto o *daftardar* era o tesoureiro público a serviço direto de Istambul, depois também comandante do exército. O trio de oficiais otomanos, especificamente o *cádi*, o *daftardar* e o *agha* dos janízaros, eram autoridades sêniores, mas na prática não se equivaliam ao séquito do paxá, reforçados pelo poder militar dos mamelucos. O vice e ministro-chefe do paxá era o *kahya*, cuja função principal, muitas vezes, era servir de bode expiatório para qualquer revés sério militar ou de outro tipo.[39]

O poder era representado e exercido em *diwans*, ou assembleias administrativas, completamente dominadas por oficiais mamelucos; e nos *diwans* consultivos menos influentes, que tinham participação mais ampla, incluindo líderes de fora da classe mameluca, como o *nakib* de Bagdá, vários muftis, os pregadores das mesquitas xeique Abdul Kadir al Gailani e Abu Hanifa e antigos governadores que moravam em Bagdá.‡

As últimas décadas do século XVIII foram a era de ouro da dinastia mameluca em Bagdá. Suleiman, o Grande, nascido na Geórgia, único paxá a desfrutar de tal apelido em quatro séculos, governou três províncias: Bagdá, Basra e Shahrizor, de 1780 a 1802, tempo durante o qual as ameaças externas do Irã pararam completamente e não houve desafio significativo a esses territórios. Apesar de enfrentarem uma crescente ameaça dos fundamentalistas Wahabis nos desertos da Arábia, que Suleiman se provou incapaz de erradicar, a posição pessoal do paxá foi inabalável por 22 anos.§ Suas bases eram uma energia prodigiosa (especialmente para um homem que se tornou paxá aos sessenta), notáveis mostras de coragem e incansáveis campanhas militares para reforçar a autoridade mameluca e acabar com a das tribos e dos janízaros. As campanhas do paxá contra as tribos dos pântanos, dos desertos e das montanhas eram "monotonamente frequentes" no Iraque.[40] Suleiman conseguiu mais avanços nessa expedição do que a maioria. Conter as tribos reforçou a estabilidade necessária para a diplomacia e o comércio com a Europa, que ele promovia vigorosamente. As prósperas receitas vindas desse comércio permitiam os gastos exuberantes de que todo paxá necessitava para manter o poder entre inúmeros rivais e facções, e financiavam uma corte cujo esplendor era largamente conhecido.

Se havia comércio, os britânicos nunca estavam longe. Devemos recordar que o primeiro inglês a chegar a Bagdá foi o mercador londrino John Newberry, em 1581. Duzentos anos depois, numa impressionante indica-

‡ O *nakib* era o representante e líder da aristocracia de Bagdá, escolhido para representar os nobres da cidade em encontros com governadores e visitantes estrangeiros. Abdul Rahman al Nakib, descendente direto do xeique Abdul Kadir al Gailani, foi o ultimo a ter o título. Ele foi o primeiro primeiro-ministro do Iraque antes da coroação do rei Faisal em 1921. (N.A.)

§ Mohammed ibn Abdul Wahab (1703-92) era um ativista e reformador religioso da Península Arábica. Ele estudou em Basra e pregava uma volta a um Islã puro, baseado no Alcorão e na *sunna*, ou tradições do profeta Maomé, imaculados pela modernidade. Uma aliança com a família Al Saud em meados do século XVIII formou a base dessa versão rigorosa do Islã que continua a existir na Arábia Saudita até hoje. (N.A.)

ção de sua crescente influência no Iraque, a Grã-Bretanha esteve intimamente envolvida na ascensão de Suleiman a paxá. William Latouche, agente britânico em Bagdá, facilitou a nomeação de Suleiman, servindo como intermediário particular com Istambul, para onde ele enviava somas consideráveis de dinheiro em nome do pretenso paxá. A gratidão do paxá veio em 1782, com encomendas de armas e munições de Bombaim e seguiram-se remessas regulares, às vezes acompanhadas de instrutores europeus. Um ano depois, Suleiman autorizou a nomeação de um agente da Companhia das Índias Orientais; e em 1798 deu um passo além, concedendo à Companhia permissão para criar uma residência britânica permanente em Bagdá. No julgamento assumidamente parcial do primeiro residente da Companhia das Índias Orientais em Bagdá, o diplomata e escritor britânico *Sir* Harford Jones Brydges, que o conhecia bem, "Suleiman foi, talvez, a melhor espécie de paxá turco que já existiu".[41]

Após os dias quase tranquilos de Suleiman, o Grande, nos últimos anos do século XVIII, Bagdá entrou o século XIX abalada por problemas. Em 1801 a peste retornou à cidade, levando o paxá octogenário e enfermo à cidade mais saudável de Khalis, ao norte da capital. No mesmo ano, uma força de 6 mil a 7 mil Wahabis em cavalos e camelos apareceu ao norte vinda da Arábia e saqueou a cidade de Kerbala, sagrada para os xiitas, massacrando vários milhares de habitantes e roubando o templo sem igual e repleto de ouro de Imã Hussain, antes de se dirigir para o sul em lombos de animais onde se empilhavam tesouros do Islã xiita. Foi um golpe do qual o inválido Suleiman jamais se recuperou, e em 7 de agosto de 1802, ele morreu.

Com sua morte, Bagdá retomou sua tradição de rixas políticas e instabilidade. Mais uma vez, diversos paxás se sucederam, com as formas de execução adotadas por eles sendo o aspecto mais interessante de seus períodos no cargo. O sucessor de Suleiman, Ali Paxá, foi assassinado durante as preces públicas em 1807. Em 1810, Suleiman Paxá, o Pequeno, escapando de tropas rivais, procurou abrigo nas tendas da tribo Shammar Toga; desprezando as longas tradições árabes de hospitalidade, eles não perderam tempo em cortar sua cabeça. Seguiu-se Abdullah Paxá, o Negociante de Fumo, que teve dificuldade em afirmar sua autoridade antes que explodisse uma revolta liderada por Said, um dos filhos de Suleiman, o Grande.

Abandonado por seus apoiadores, Abdullah e um pequeno grupo de seguidores foram estrangulados, enterrados, exumados e decapitados em 1813.

Said Paxá era um jovem hedonista e extravagante que não tinha a personalidade de ferro exigida para segurar o poder em Bagdá. Foram levantadas dúvidas sobre seu julgamento depois de ele fazer uma série de nomeações duvidosas a posições seniores e incorrer em imensa dívida particular para financiar uma corte destrutivamente perdulária. Na ausência de seu cunhado Daud, frequentemente fazendo campanhas lealmente em nome do paxá, seus conselheiros consistiam em "uma mãe tola, um amigo sem valor e um bufão".[42] Conforme a segurança começou a falhar, Istambul passou a se interessar mais por uma província que, há tempo demais, comportava-se mais como uma aliada independente do que como vassala. O sultão Mahmud II retirou seu apoio a Said e ordenou sua demissão, voltando-se a Daud após alguma hesitação imperial. O sucesso inicial de Said nos campos de batalha o levara a dispensar suas tropas, que ele mal conseguia pagar, um ato prematuro e complacente pelo qual ele logo foi punido. Com Daud distribuindo moedas entre a toda-poderosa Guarda Georgiana, o apoio a Said começou a se esvair e ele foi obrigado a opor resistência na cidadela. Em 20 de fevereiro de 1817, Daud entrou em Bagdá e foi proclamado paxá. À noite, o *agha* recém-nomeado dos janízaros aproximou-se dos portões da cidadela, mostrou aos guardas seu selo de autoridade e silenciosamente caminhou até os apartamentos privados do paxá. Tranquilizada pelas palavras suaves do *agha*, a mãe coruja de Said destrancou a porta. O fim foi rápido. "Enquanto a mãe agarrava-se a seu devotado filho, numa agonia distraída, guinchando e implorando piedade (...) a vítima foi atingida com um machado de guerra e apenas um torso sem cabeça permaneceu nos braços dos pais".[43] A arrogância de um paxá, nesse caso a traição anterior de Said a Abdullah, mais uma vez acarretou seu castigo.

*

Há um curioso retrato pendurado na cafeteria da Real Sociedade Geográfica de Londres, no bairro de South Kensington. Um homem com barba exuberante e elegantemente vestido está sentado ao lado de sua esposa, usando uma túnica vermelho-sangue com bordados dourados por cima de robes de linho verde e branco. O punho lindamente trabalhado de uma adaga sai com um floreio marcial de debaixo de uma faixa listrada ao redor da cintura. O turbante do homem, uma luxuosa criação de linho branco, eleva-se uns bons trinta centímetros acima de sua testa. A esposa, cujo dedo mindinho ele segura de forma carinhosa, é um contraponto modesto a essa elegância elaborada, um faisão comparado a um pavão. Ela veste um robe cor-de-rosa claro com chapéu combinando, o cabelo preso em várias tranças até a cintura, organizadamente presas às costas com uma faixa estampada. Enquanto o marido olha com admiração para sua esposa, ela olha para o artista com algo que se parece melancolia.

À primeira vista, o homem de barba pode ser um paxá mameluco. Mas a legenda da foto revela que se trata de James Silk Buckingham com sua esposa, nas vestes árabes comuns em Bagdá. Buckingham, um prolífico viajante e escritor inglês, chegou à cidade no verão de 1816, como convidado de Claudius Rich, então residente britânico e historiador de antiguidades da Babilônia e do Iraque. Escritor observador, Buckingham prestou atenção especial ao local da Residência Britânica, que a essa época refletia a posição inglesa como segundo poder no Iraque depois dos otomanos. A Residência, que originalmente consistia de várias casas, era agora "uma das maiores, melhores e mais confortáveis na cidade".[44] Rich presidia uma grande equipe multicultural composta por um cirurgião inglês, um secretário italiano, vários dragomanos (intérpretes), um bom número de janízaros, cavalariços e servos ("turcos, árabes, georgianos, persas e hindus"), uma companhia de soldados indianos a serviço do Exército britânico como guarda-costas e uma diminuta tropa de corsários europeus. O residente britânico morava e viajava com alguma pompa:

> Um iate grande e confortável estava sempre pronto para excursões no rio, sob os cuidados de um contramestre e uma tripulação indianos. O cavalo garanhão era grande e selecionado; e tudo que pertencia à Residência era calculado para enfatizar ideias de grande respeito nas mentes dos habitantes (...) Fato é que, realmente, o sr. Rich era universalmente considerado o homem

mais poderoso de Bagdá, junto ao paxá; e alguns se perguntavam se até o próprio paxá a qualquer momento não mudaria sua conduta de acordo com as sugestões e os conselhos do sr. Rich, e não com o que seu próprio conselho pudesse desejar.

Outros aspectos de sua visita o impressionaram menos. Ecoando a infeliz descoberta de Niebuhr meio século antes, Buckingham achou que a literatura estava "numa maré tão baixa aqui que não se conhece coleção de bons livros ou manuscritos em toda a cidade, nem um mulá especialmente diferenciado de seus contemporâneos pela proficiência no conhecimento sobre seu país". Ele estimou a população de Bagdá de forma vaga entre 50 mil e 100 mil, dos quais os judeus eram mais de 10 mil. Eles incluíam o notável David Sassoon, que, em 1817, tornou-se tesoureiro de Bagdá, seguindo os passos de seu pai, Saleh. Mas ainda que a comunidade judaica tivesse se tornado muito próspera, os mercadores não ganharam a aprovação de Buckingham, possuindo "um ar de crueldade que eu nunca antes percebi em nenhuma grande cidade turca".

Decepcionado pela literatura, irritado com a língua, Buckingham era um homem difícil de impressionar. O árabe bagdali, escreveu ele, era "muito ruim; dificilmente se poderia conceber algo de som mais duro ou mais bárbaro nas construções e no uso de palavras estrangeiras que o dialeto de Bagdá". Ele também não achou as mulheres nada demais. As mulheres da elite não eram bonitas e tinham a pele ruim, enquanto suas companheiras de baixa classe tinham a tez escura e eram às vezes "tatuadas de forma tão bárbara que tinham uma aparência hostil". Evidentemente admirando as mulheres georgianas e circassianas, "definitivamente as mais belas por natureza e as menos desfiguradas pela arte", Buckingham compartilhava os gostos e os preconceitos do sultão otomano, para não mencionar dos muitos paxás pelo império. Como escreveu Voltaire em 1734,

> Os circassianos são pobres e suas filhas são belas, então eles as usam como principal produto de exportação. Eles fornecem belezas aos haréns do Grande Turco, do Sufi da Pérsia e dos ricos o suficiente para comprar e manter essa mercadoria preciosa. Com as intenções mais honrosas, eles treinam es-

> sas garotas para acariciar e afagar os homens, apresentar danças cheias de lascívia e sensualidade, para atiçar com os artifícios mais voluptuosos os desejos dos altos e poderosos senhores a quem são destinadas.[45]

O eventual triunfo de Daud sobre seu instável mestre, Said, deu início ao ocaso dourado da dinastia mameluca. Relatos contemporâneos de Daud dão conta de uma figura ligeiramente quixotesca, capaz de extremos, imprudentemente generoso e extravagante numa hora, irracionalmente ganancioso e parcimonioso na outra. Quando se tratava de luxo doméstico, não havia amarras. O brilhante esplendor de sua corte rivalizava com o da capital imperial. Ele era considerado covarde e irresoluto, bem como capaz de extrema bravura, um modernizador que demonstrou animado interesse em reformar o exército, desenvolver as indústrias têxtil e armamentista, limpar os canais, construir bazares e fundar uma gráfica de impressão, mas era igualmente oposto à marcha do progresso, especialmente quando esta ameaçava a própria sobrevivência dos mamelucos. Nessa era pós-Iluminismo de revolução e progresso, a dinastia de escravos parecia a cada dia mais anacrônica, especialmente aos olhos de Istambul.

Boa parte do tempo de Daud como paxá foi ocupado pelas renovadas hostilidades em relação ao renascente Irã. Em 1818 o filho do xá, Mohammed Ali Mirza, príncipe da província de Kermanshah, invadiu o Iraque, após correspondências traiçoeiras de Mahmud Baban, do Curdistão, que juntou suas forças contra Daud. O ataque ao Iraque foi justificado oficialmente pelo tratamento sempre péssimo dado a peregrinos iranianos que visitavam os locais sagrados xiitas. Mas essas pequenas inimizades espelhavam diferenças mais amplas entre xá e sultão. Disputas por fronteiras eram o conveniente precursor de conflitos explosivos, e Daud foi instruído por Istambul a fazer as preparações necessárias. Uma série de encontros militares, de pequenos combates a ações maiores, foi marcada por frequentes retrocessos, deserções, doenças, reagrupamentos, negociações, preparações de cerco e recriminações a tribos traidoras. A morte de Mohammed Ali Mirza apressou o fim do conflito, que foi formalizado pelo Tratado de Erzurum em 28 de julho de 1823. "Daqui em diante a Espada da Inimizade deve ser embainhada, e deve ser evitada toda circunstância que possa produzir frieza ou desprezo e possa ser contrária à amizade e à perfeita união", dizia.[46] Ao reafirmar a fronteira imprecisa que datava da conquista de Murad IV em 1639, o tratado fracassou em eliminar o potencial para conflitos futuros. Esse tratado foi confirmado em 1847, depois das deliberações de uma comissão mista de fronteiras que, pela primeira vez, incluía representantes britânicos e russos. A demarcação final dessa problemática fronteira, porém, teve de esperar até 1914.

Um vislumbre da pompa e circunstância da corte de Daud vem na forma de um relato feito pelo oficial do exército indiano major George Keppel, que se hospedou em Bagdá em 1824, pouco depois do fim das hostilidades com o Irã. Keppel cavalgava atrás de um oficial que carregava um bastão de comando prateado, com uma bola de filigrana dourada em cima. Seu cavalo tinha rédea e adornos luxuosos de rico veludo estampado, com botões dourados e prateados.

> O secretário do paxá enviou vários criados para nos atender, e fomos recebidos a alguma distância do palácio por uma comitiva de janízaros. Passando pelos portões do palácio, entramos em um pátio espaçoso, onde estavam enfileiradas as tropas do paxá (...) No portão do segundo pátio desmontamos; aqui, os principais oficiais do paxá nos receberam e nos conduziram à presença dele; para isso passamos por duas filas de janízaros, parados com seus braços cruzados, preservando uma seriedade imóvel. O salão de audiência estava decorado em estilo oriental, com vários pequenos espelhos de forma triangular, que tinham um efeito curioso e impressionante. Em um canto estava sentado o paxá, apoiado em almofadas.[47]

Keppel sentiu que a grandiosidade de sua entrada era mais adequada a um embaixador que a um viajante particular como ele. Mas havia bons motivos para essa exibição em favor dos britânicos. Em 1820, Daud tinha se complicado com o residente britânico Claudius Rich após anunciar um aumento arbitrário que dobrava os impostos sobre todas as mercadorias britânicas, quebrando os acordos com Istambul. Quando Rich expressou a intenção de levar a questão a Bombaim, para o conselho da Companhia das Índias Orientais, o paxá imediatamente proibiu que ele saísse de Bagdá e enviou tropas para cercar a Residência. Esses soldados foram recebidos por uma enfurecida força de combatentes indianos, árabes e europeus em posição de defesa. No intenso impasse que se seguiu, Daud piscou primeiro. Às pressas, criou-se um meio-termo em que as tropas do paxá foram retiradas e Rich teve a permissão de ir embora na primavera seguinte.

Apareceram mais rachaduras no poder do paxá. Em 1826, houve um momento drástico em Istambul, quando o moderno jovem sultão Mahmud II atacou decisivamente os janízaros, que ele considerava uma força reacionária e corrupta que atravancava suas reformas, especialmente as que envolviam a adoção de métodos modernos de treinamento militar, artilharia e outras inovações. Motins e derrotas no campo de batalha haviam fortalecido a determinação de Mahmud em fazer avançar as reformas que, até aquele ponto, seguiam sendo vigorosamente combatidas. Dessa vez, as inevitáveis rebeliões que se seguiram à ordem para que uma parte dos janízaros se submetesse a um novo treinamento foram contidas. Com um estrondo, os canhões entraram em ação contra os quartéis dos janízaros, que dentro de minutos viraram um inferno. Testemunhas colocam o número de mortos em 6 mil, com mais outros milhares perseguidos e mortos em todo o império, no que ficou conhecido como Incidente Auspicioso.[48] Mahmud atingira o coração do poder militar tradicional, os janízaros foram exterminados de uma vez e houve sérias consequências no Iraque – bem como mais derramamento de sangue.

Em Bagdá, Daud Paxá ordenou um desfile meticulosamente coreografado, no qual dezoito companhias de janízaros eram estrategicamente posicionadas no centro do grande palácio otomano do Saray. Quando o decreto do sultão anunciou a abolição dos janízaros e a criação de uma nova tropa, os furiosos pensamentos de rebelião que se seguiram à reação imediata de surpresa foram arrefecidos pelo retângulo de canhões de campanha acima deles e pelas fileiras de soldados mamelucos prontos para matá-los num piscar de olhos. Após um silêncio tenso, os janízaros jogaram seus *kalpaks* de pele e os substituíram pelo capacete do novo Exército Nidham Jadeed que tinha sido anunciado. Para alívio dos canhoneiros, e sem dúvida de Daud, a artilharia soou uma saraivada celebratória, em vez de iniciar a execução em massa que se temia. Para variar, Bagdá fazia jus a seu apelido, e a transição dos janízaros, tão violenta em Istambul e por várias terras otomanas, foi completamente pacífica.

Em 1830, após a Guerra Russo-Turca, que resultara na humilhante derrota do sultão Mahmud, os olhos imperiais se voltaram novamente a Bagdá. Daud tinha falhado miseravelmente em oferecer qualquer apoio a seu sultão. Mahmud agora enviava o embaixador Sadik Effendi para Bagdá, com a missão de fazer cumprir a aposentadoria do paxá e sua substituição por um sucessor não mameluco. O enviado foi recebido com a maior cerimônia e cordialidade, em observação escrupulosa do protocolo diplomático que ele se recusou a corresponder ao ignorar a exibição militar e a recepção oficial preparada no Saray. Daud retribuiu no dia seguinte com uma calculada mostra de grosseria, cumprimentando seu visitante só no último momento possível. No terceiro dia da visita, quando a atmosfera já estava glacial, Sadik Effendi enfim revelou sua missão. Foi uma reunião previsivelmente difícil: as vozes se levantaram e choveram acusações. O enviado tinha prometido o paxalato ao oficial sênior Suleiman Agha, só para o homem voltar correndo a Daud e confessar o acontecimento. Foi convocado um conselho de guerra, e a ação necessária foi resolvida rapidamente. Em 19 de outubro de 1830, um grupo especialmente nomeado dentre os mamelucos de Daud entrou sorrateiramente nos aposentos do enviado e removeu seus empregados antes de entrar com força no quarto dele e estrangulá-lo ali mesmo. Uma carta de pêsames perfeitamente escrita, acompanhada dos luxuosos presentes de praxe, foi enviada às pressas para Istambul, expressando os sinceros pesares do paxá de que esse estimado enviado tivesse sucumbido à cólera.

Não havia chance de Mahmud cair num plano tão fraco. O sultão otomano declarou Daud um renegado e nomeou um novo paxá, Ali Rida, oficial de exército júnior de fora da linha mameluca. Rida começou a marchar ao sul de Alepo em fevereiro de 1831, mas rapidamente parou, pois parecia bem possível que a natureza desse conta do fim desejado, sem a necessidade de recorrer às armas.

Em março de 1831 o desastre chegou. A peste, que passara por Tabriz no verão anterior, espalhando-se pelo sul até Kirkuk e Sulaymaniya nos planaltos do norte, chegou a Bagdá, explodindo inicialmente no bairro judeu.

O residente britânico tentou convencer Daud a iniciar uma quarentena, mas recebeu a resposta de que qualquer profilaxia seria contrária às leis e ao espírito do Islã. O resultado foi que não se tomou nenhuma precaução médica.[49] Caravanas vindas de áreas infestadas passavam por Bagdá sem restrição, transmitindo livremente a doença, que agora corria solta pela cidade. Após a inércia inicial, muitos habitantes pensaram em escapar, mas as várias rotas que saíam da cidade estavam repletas de perigos. Todos os caminhos por terra eram controlados por tribos que alegremente cortariam gargantas por algumas moedas, enquanto os barcos no Tigre, só para os poucos pertencentes à nata da sociedade, eram poucos, estavam cheios e sabidamente infestados. Os cristãos fizeram barricadas em suas casas, recusando o contato com seus concidadãos, numa tentativa desesperada de evitar a doença. Mas a peste continuava a varrer a cidade. Tendo visto as autoridades se recusarem a tomar a precauções necessárias, o residente britânico e sua equipe tomaram um barco em direção a Basra.

Juntando vários relatos, a contagem de mortos por dia parece ter subido de cerca de 150 em 4 de abril para 1.100 em 12 de abril, e continuou entre 1.500 e 3 mil até 27 de abril.[50] Durante essa época, o viajante inglês James Wellsted estava morando numa casa com vista para todas as outras de seu bairro. Ele viu o número dos que dormiam nos tetos a seu redor decrescer a cada dia. Em uma casa os 25 homens, mulheres e crianças que tinham subido ao terraço caíram para apenas seis em três semanas, que depois desapareceram completamente.[51]

As coisas degringolaram. A vida normal de Bagdá foi suspensa conforme a cidade entrava numa visão dantesca do inferno. Cadáveres ficavam empilhados nas ruas, porque os vivos não conseguiam dar conta dos mortos. Os suprimentos de comida murcharam e depois desapareceram; os carregadores de água sumiram, junto com soldados, oficiais da corte e os últimos vestígios de governo. Em meio a esse terror, a lei e a ordem sucumbiram completamente. Bandos de ladrões, extasiados pelo ópio e cheios de vigor rondavam as ruas brandindo adagas, sabres e mosquetes, procurando presas fáceis, algo nada difícil de achar. Vagando de casa em casa, eles roubavam e saqueavam impunes, frequentemente matando os proprietários e pegando de seus cadáveres quaisquer joias e objetos de valor.

Um homem, assolado pela febre, descreveu que estava deitado num colchão de palha no primeiro andar de sua casa, sendo cuidado por sua devota esposa, quando bandidos invadiram e correram escadas acima. O proprietário da casa, esticado ao lado de dois cadáveres de sua família levados pela peste, estava doente demais para se mexer. "Li nos olhares deles seu objetivo", lembrou-se, "mas eu estava contaminado e não pude levantar um dedo para salvar aquela por cuja vida eu teria de bom grado trocado a minha".[52] Com uma faca brilhando em uma mão, um dos ladrões aproximou-se dela, ignorando os gritos desesperados do casal por misericórdia, e a esfaqueou repetidas vezes. O marido febril assistiu impotente à sua mulher sangrar até a morte a seu lado, e então ficou inconsciente enquanto os assaltantes tiravam todas as suas joias e fugiam. Apesar de haver casos comoventes de camaradagem e autossacrifício por entes amados, os espectadores descreveram um colapso generalizado da moral e decência, enquanto a peste fazia seu pior.

Bagdá afundava rápido. Mas a peste era só a primeira fase do ataque da natureza à cidade. Na primeira semana de abril o clima virou. Nuvens pesadas se juntaram, raios e trovões cobriram o céu escuro e baixo, e caiu mais chuva do que os bagdalis jamais se lembravam de ter havido. As ruas viraram lama. Em 12 de abril, o Tigre começou a encher. Durante a noite de 20 de abril ele transbordou, inundando a cidade num terrível dilúvio. Wellsted, que ainda estava se refugiando da peste em seu telhado, deixou um testemunho sobre o que aconteceu naquela noite:

> Eu estava dormindo na parte de cima da casa quando a enchente explodiu sobre nós, e fui acordado pelo rugir das águas que passavam pelo salão. Permaneci em completo silêncio, convencido de que nenhum esforço humano poderia me salvar. Nenhum grito acompanhou as convulsões; não ouvi um guincho ou lamentação; mas, quando me sentei na parte mais alta do muro, consegui ver vários corpos, com seus vestidos brancos brilhando em meio às águas turbulentas, boiando silenciosamente.[53]

Os cadáveres que boiavam estavam entre os 15 mil que Wellsted relatou terem morrido naquela noite. A contagem de mortos incluía crianças, vítimas da praga e os fracos e idosos. Muitos dos mortos eram aqueles que tinham conseguido sobreviver à doença após enterrar parentes com menos sorte. Nas primeiras horas de 21 de abril, as águas começaram a descer. No nascer do sol já era um rio pelo qual se podia caminhar com dificuldade. Wellsted desceu cuidadosamente ao nível da rua usando uma corda. "Mal meus pés tinham tocado no chão quando, com um enorme estrondo, a casa veio abaixo. Escapei por sorte!"[54]

Bagdá não podia dizer o mesmo. A peste, com ajuda da enchente selvagem, carregara entre metade e dois terços da população.[55] O dano estrutural à cidade foi além de qualquer compreensão. Poucas horas após a primeira onda d'água, centenas de casas haviam caído, e suas fundações estavam condenadas. Um dia depois, 7 mil casas estavam em ruínas, muitas delas tendo soterrado vivos seus donos e moradores. Em 26 de abril, um pedaço das muralhas da cidade próximo ao Portão Muadham caiu ao chão, e parte da cidadela desmoronou. A hospedaria dervixe dentro da reverenciada Mesquita Xeique Abdul Kadir al Gailani, pilhada pelos iranianos em 1508, saqueada e basicamente destruída em 1623, se perdeu completamente nas águas. Enquanto cães famintos arrancavam os membros de cadáveres submersos na lama, as premiadas éguas Nejd do estábulo do paxá batiam seus cascos pelas ruas vazias.

Daud estava praticamente sozinho. Onde outrora milhares de imaculadamente uniformizados mamelucos, janízaros, *aghas*, oficiais da corte, criados e mulheres de olhos de corça de seu harém esperavam cada ordem sua, o séquito agora se reduzira a uma velha que cuidava dele doente em um palácio vazio e destruído pela enchente. Os magníficos e animados banquetes que ele recentemente dera no lugar devem ter sido uma memória cruel enquanto ele contemplava um prato de peixes roubados de pescadores.

Com as águas da enchente baixando e as piores depredações da peste passadas, Daud apostou suas esperanças na ajuda; mas seus sofrimentos só pioraram quando a notícia de que o exército de seu rival, Ali Rida, chegara às muralhas da cidade, comandado por Kasim Paxá, de Mosul. O decreto do sultão destituindo Daud foi lido em voz alta, causando um quase inevitável levante na cidade, mas isso logo desapareceu. Desmoralizado, fraco pela doença e abandonado por todos a não ser um punhado de seguidores, Daud fugiu para a casa de um amigo, apoiado na sela por um escravo etíope. Numa cidade onde nada ficava em segredo por muito tempo, o esconderijo do paxá foi rapidamente descoberto e ele foi transferido para uma prisão domiciliar. Kasim Paxá e sua comitiva entraram na cidade e foram cumprimentados por escassas fileiras de nobres de Bagdá, e escoltados para o Saray. A transição fora rápida e sem sangue.

A vocação de Bagdá para criar violência terrível a partir de momentos de tranquilidade, porém, não se apagara. As forças de Kasim, que incluíam beduínos do deserto pouco disciplinados, saíram enlouquecidas. Espalharam-se boatos de que aqueles que tinham servido Daud seriam exterminados, convencendo muitos que Kasim era agora o homem a ser removido. Em 13 de junho, carregada por uma onda de emoção irada, uma multidão de mamelucos, bagdalis e nativos tribais de Ughail cercou o Saray e atacou. A rápida rendição de Kasim não foi o suficiente para evitar mais tragédias para a cidade.

O salão de audiências do Saray, um dos grandes monumentos de Bagdá, foi incendiado num arroubo que se espalhou rapidamente pelo elegante prédio decorado com arcos, derrubando apartamentos dourados e consumindo as riquezas que ainda não tinham sido roubadas. Os tapetes mais finos viraram fumaça, junto com belíssimas obras de arte, sedas damascenas e móveis reais. Joias inestimáveis, conjuntos de armaduras, espelhos incrustados, os tesouros de todo um continente – tudo se perdeu. Daud voltou ao poder com os restos de um exército, mas sua posição parecia frágil.

Reconhecendo que precisava liquidar esse assunto pessoalmente, Ali Rida marchou de Mosul a Bagdá e ordenou um bloqueio. A cidade que passara por uma peste destruidora, mal sobrevivera a uma das piores enchentes da história recente e estava atolada em rixas e recriminações agora se encontrava sitiada no profundo calor do verão. Como os defensores somavam pouco mais que mil homens armados, e Ali Rida tinha dois regimentos de infantaria e dois de cavalaria à disposição, além de 12 mil irregulares, a questão parecia óbvia. O impasse se estendeu por dois meses e meio. Os preços dispararam nos bazares, que pelejavam para oferecer as mercadorias mais básicas. Deserções frequentes e intriga constante enfraqueceram a resolução da cidade. Havia lutas inconclusivas do lado de fora das muralhas, e mantinha-se um bombardeio assistemático. Quando Ali Rida recebeu instruções de Istambul para se retirar, ele determinou uma solução diplomática, oferecendo a Daud um perdão em troca de sua rendição. A consequência de recusar essa generosa oferta, ficou claro, seria a ruína total. Um ato final de traição durante a noite de 14 de setembro de 1831 garantiu que a cidade caísse nas mãos de Ali Rida. Ele recebeu Daud com a dignidade devida a um paxá mameluco, e os dois trocaram xícaras de café, seguindo uma longa tradição do ritual da cafeína.

De forma inédita, à luz da história de Bagdá e das muitas dificuldades que ele causara para Istambul, Daud não foi executado. O perdão foi honrado e o último paxá mameluco passou o resto de seus dias a serviço de uma autoridade imperial a que ele e seus ancestrais escravos-paxás tinham tão engenhosamente resistido. Ele foi nomeado *wali* da Bósnia e depois promovido ao alto cargo de presidente do Conselho de Estado antes de receber o governo de Ancara. Em 1845 tornou-se o altamente respeitado guardião do templo em Medina. Ele morreu em 1851, após uma vida extraordinária, de cristão nascido livre a escravo muçulmano e depois, sucessivamente, nobre, paxá todo-poderoso, prisioneiro pobre e fugitivo à beira da execução, antes de um inesperado perdão que permitiu que ele passasse seus últimos vinte anos nos cargos mais altos do Império Otomano, desfrutando do respeito merecido por um venerável ancião.

Era um destino que teria sido invejado por seus antigos amigos e colegas mamelucos. No terceiro dia no cargo, Ali Rida chamou um *diwan* geral, um conselho de notáveis, em Bagdá, onde foi lido o decreto que confirmava sua nomeação como governador de Bagdá, Alepo, Diyarbakir e Mosul; era a primeira vez que um paxá recebia o comando de todas essas províncias. O velho título de califa, abandonado em 1517 e menos relevante do que nunca, foi reintroduzido. Na prática, porém, o novo paxá só tinha influência no Iraque. Todas as estruturas e posições mamelucas foram sumariamente abolidas. Em frente a ele, cercadas por suas tropas albanesas, estavam as comportadas fileiras de orgulhosos mamelucos, agora oficialmente um anacronismo. A retirada de Ali Rida para um cômodo privado foi a deixa para que seu exército os massacrasse ali mesmo. Os que sobreviveram à saraivada inicial de artilharias de mosquete foram atingidos por sabres. Outros na cidade foram caçados e mortos.

A dinastia de escravos-paxá a qual dominara Bagdá por 130 anos com tão pouca interferência de Istambul, que se tornara praticamente independente e que devolvera o poder, o estilo e a grandiosidade a uma cidade que estava afundada na obscuridade provinciana, tinha sido completamente extinta.

CAPÍTULO 9

Colisão de impérios (1831-1917)

Balik bastan kokar.
[O peixe apodrece da cabeça para baixo.]

Provérbio turco

Pergunta: *Quando ocorrer de os inimigos atacarem o mundo islâmico, quando ficar estabelecido que eles tomem e pilhem países islâmicos e capturem pessoas muçulmanas e quando sua Majestade o Padixá do Islã [o sultão otomano Mehmed V] a partir de então ordenar a jihad em forma de mobilização geral, a jihad então terá se tornado, de acordo com o ilustre verso corânico – "Vá em frente, leve e pesado! Lute à maneira de Deus com suas posses e ti mesmo; isso é melhor para ti, sabias?" –, obrigatória para todos os muçulmanos e um dever individual para todos os muçulmanos em todas as partes do mundo, sejam jovens ou velhos, a pé ou em montarias, a fim de que se apressem a participar da jihad com seus bens e seu dinheiro?*
Resposta: *Sim.*

Sultão Mehmed V, declaração de *jihad*, Istambul, 11 de novembro de 1914[1]

Menos de um século atrás, a Mesquita Abu Hanifa, no distrito nordeste de Adhamiya, era rodeada por jardins de palmeiras que se estreitavam na direção das margens do Tigre. Hoje ela está cercada de asfalto e pedras – bulevares amplos e ruas engarrafadas –, mas ainda tem vista para o rio perto do fim da rua Imam al Adham,* que sai da praça Maidan no sul, passa pela mesquita e pelas lojas que foram bombardeadas e saqueadas durante a guerra de 2003 e cruza a ponte Aimma até Kadhimiya. As poucas palmeiras que ainda penetravam a silhueta do horizonte levantam-se a partir de um cemitério que foi a razão de ser de Adhamiya, fundado nos primeiros

* Imam al Adham: o Grande Imã, ou seja, Abu Hanifa. (N.A.)

anos da cidade como local final de descanso para os bagdalis mais notáveis. À frente de todos eles estava o Imã Abu Hanifa, fundador da escola Hanafi de jurisprudência islâmica, a maior das quatro seitas sunitas. Após sua morte em 767, provavelmente pelas mãos de Mansur, o túmulo dele virou local de peregrinação.

"É aqui que os califas e suas famílias eram enterrados em meados e fim da era Abássida", diz meu amigo Manaf, que me acompanhou durante uma visita a Adhamiya, coração sunita de Bagdá, cercado de três lados por uma volta do Tigre. "Khaizuran, mãe de Harun al Rashid, foi enterrada ali perto, então o lugar ficou conhecido como túmulo de Khaizuran. Em uma dessas ruas está o templo de Um Rabia, nora de Mustasim, o último califa Abássida que foi morto pelas hordas mongóis invasoras." Por um minuto tenho visões perturbadoras de estar tropeçando nos túmulos dos maiores califas Abássida, mas Manaf rapidamente as refuta. "Os túmulos dos califas desapareceram durante as enchentes e devastações que afligiram o distrito durante os muitos períodos obscuros de Bagdá", diz, tranquilo.

Como o templo de Kadhimain que quase se consegue ver do outro lado do Tigre, o templo de Abu Hanifa foi destruído, reconstruído e expandido várias vezes durante os séculos, um barômetro para a sorte sempre mutante da cidade conforme invasores xiitas (persas) e sunitas (otomanos) iam e vinham. Em 1066 foi criada ali uma escola de teologia, que sobrevive até hoje como instituto religioso. O complexo estava no topo da lista de locais a serem visitados quando Ibn Jubayr chegou a Bagdá em 1184. Ele escreveu sobre "um templo, admiravelmente construído, com um domo branco subindo até o céu, contendo o túmulo do Imã Abu Hanifa". Em 1327, o viajante marroquino Ibn Battuta também prestou sua homenagem, admirando a mesquita pela caridade aos pobres. "Acima fica um grande domo, e há um abrigo onde todos os que chegam recebem comida. Na cidade de Bagdá hoje não há abrigo onde seja fornecida comida, a não ser esse. Engrandecido seja aquele que traz destruição e mudança a todas as coisas."[2] O complexo foi então expandido pelos otomanos, primeiro por Suleiman, o Magnífico, em 1534, e depois por Murad IV, em 1638. No século XIX ele foi cercado, além dos hectares de jardins de palmeiras, pelos quatro bairros que hoje formam o coração de Adhamiya: Safina (navio), Nassa (baixio),

Harra (terra quente) e Shuyoukh (líderes tribais). O desenvolvimento urbano se acelerou a partir do início do século XX, quando a população foi estimada em 2 mil, até chegar a mais de 400 mil um século depois.

Hoje, em comparação com o templo de Kadhimain na margem oposta do rio, o templo Abu Hanifa é um monumento de simplicidade espartana. Os tijolos têm a cor do deserto, com domos gêmeos da mesma cor e um único minarete. Até a torre do relógio, adicionada muito depois, é quase severa em sua falta de cor. "Você precisa ver o templo no aniversário do profeta", diz Manaf. "É o ponto focal dos sunitas de todo o mundo islâmico, e as comemorações do aniversário estão entre os maiores eventos de Adhamiya. Grandes cordões de lâmpadas são pendurados entre o minarete, o domo central e a torre do relógio. É uma visão extraordinária." Ele aponta para o relógio de quatro lados, visível no topo da torre abaixo das letras árabes que soletram الله (Alá). "Pode não parecer grande coisa, mas é um relógio especial. Foi completamente feito a mão por Abdul Razzak Mahsoub, um ferreiro brilhante de Bagdá sem formação alguma a não ser seu dom mesopotâmico básico de fazer e criar o impensável. Nenhuma só parte foi importada. Ele fez o relógio peça por peça em seu ateliê. Quando a obra foi completada em 1925, ele funcionava com perfeição incrível, soando as horas inteiras e as meias horas. Ele ficou em primeiro lugar na Feira de Bagdá em 1932, e Mahsoub o presenteou para enfeitar a entrada do templo."

Um site do Departamento de Defesa dos Estados Unidos lista o templo Abu Hanifa entre os maiores pontos históricos e culturais do Iraque. "A maior parte dos marcos históricos importantes em Bagdá ou nos arredores tem o nome de figuras políticas religiosas do passado (sunitas ou xiitas) ou é associada com eventos da história da cidade ou da história do Islã, o que pode fazer desses monumentos alvos de alto valor." Com triste ironia, as próprias tropas norte-americanas danificaram o templo quando atingiram a torre do relógio com um míssil em 11 de abril de 2003. Uma seção da parede foi emplastada com grafite vermelho, que diz: "Seja paciente, seja paciente, Bagdá. O exército do Invasor será destruído". Em 23 de novembro de 2006, a mesquita foi danificada novamente num bombardeio de morteiro durante uma selvagem renovação da rixa de facções que novamente contrapunha sunitas e xiitas. Da mesma forma como Kadhimiya fora o epicentro de algumas das piores atrocidades contra os xiitas de Bagdá em anos recentes, Adhamiya também se deparou com níveis assustadores de violência contra seus habitantes sunitas. Em 2007, a ferocidade e a regularidade dos ataques aqui foram tantas que tropas norte-americanas desesperadas anunciaram estar construindo um muro de 5 quilômetros ao redor de Adhamiya – inevitavelmente apelidada pelos soldados de "Grande Muralha de Adhamiya" – para "quebrar o ciclo de violência sectária" e negar o acesso de esquadrões da morte e milícias.[3] Mas o sangue continuou a correr.

Os olhos de Manaf brilham quando passamos por várias casas tradicionais ao longo do Tigre, onde uma fileira de pequenos restaurantes se espalha por uma rua sinuosa, oferecendo a especialidade *masgouf*, peixe de rio grelhado. "São casas tradicionais de antigamente, maravilhosas", entusiasma-se. "Do lado de fora, há uma varanda fechada, com espaços para espiar a viela onde fica a casa. Do lado de dentro, os cômodos saem de um pátio que garante a claridade do sol e o ar fresco. Escadas levam a outros quartos no primeiro andar e, então, ao melhor de tudo, o telhado aberto onde dormir durante o verão sempre foi uma experiência única em Bagdá. Você tem a brisa fresca do verão flutuando pelas camas postas lado a lado abaixo de redes contra mosquitos. Quando é noite de lua cheia as famílias jantam no telhado – é como uma extraordinária sonata bagdali à luz da lua. A água potável fica em jarros de barro que mantêm a água naturalmente fresca. Quando as moscas começam a chegar ao amanhecer e o sol nasce quente, você pode continuar cochilando lá embaixo, no pátio mais fresco, que tem uma ou duas árvores para dar sombra."

A rua Imã al Adham atravessa o lar histórico da aristocracia predominantemente sunita de Bagdá. Ao longo da rotatória Antar, marcada por uma estátua de um cavaleiro árabe brandindo uma cimitarra em cima de seu garanhão, fica o antigo Clube Olímpico Real ("eles tinham quadras de saibro magníficas onde jovens jogavam tênis em roupas brancas imaculadas"). Ao sul do templo Abu Hanifa, em um pedaço de terra semicircular cercado por sempre-vivas e palmeiras, fica o Mausoléu Real, danificado pela guerra, correspondente secular à superioridade sunita projetado pelos arquitetos britânicos Mason e Dixon no início dos anos 1930. Sob seu grande domo turquesa, ladeado por dois outros menores, ficam esguios túmulos de mármore de três reis do Iraque – Faisal I, Ghazi e Faisal II, junto com suas rainhas e princesas – sob o olhar protetor de Ghanem Jamil Ali, um guarda idoso que reclama da ocupação norte-americana e dos soldados que destruíram a cobertura de mármore do túmulo do rei Faisal: "Eles disseram que estavam procurando armas". Mais a sudeste, passando as palmeiras da rua Maghrib, o Pátio Real ficou em pé por meio século até ser derrubado em 1975 e substituído por uma casa de descanso para soldados, de vidro e alumínio. Um equivalente cultural do outro lado da rua é o antigo prédio do Instituto de Arte. "O teatro, as salas de aula e os jardins viram a geração mais brilhante de artistas, atores e escultores iraquianos crescer e se tornar criadora de beleza igual a seus predecessores sumérios, babilônios, assírios e árabes", diz Manaf. A nosso oeste fica a Ponte Sarrafiya, uma estrutura de ferro que faz barulhos metálicos, construída pelos britânicos no fim dos anos 1940. "Antes havia um trilho para trens correndo ao lado das faixas para carros, e quando eu era criança era uma alegria estar com todos os nossos amigos gritando quando o trem a vapor balançava bem alto em cima da rua, soando o apito."

Continuamos descendo a rua Imã al Adham, cortando para o sul por Rusafa. Manaf aponta os ocasionais grandes casarões, lamentando a destruição de muitos outros, discutindo seu estilo arquitetônico preferido dos anos 1930, outrora visto, com esplêndido efeito, na rua Zahawi, assim chamada em homenagem ao poeta iraquiano. Ele menciona a rua Taha, que era o lar dos primeiros-ministros e de vários outros ministros, líderes políticos e generais, e subitamente chegamos a Bab al Muadham – o famoso portão Abássida pelo qual conquistadores marcharam com suas tropas, lembrado hoje apenas em nome, depois que o portão foi destruído em 1922 – com a praça Maidan à vista, local dos horrores das cabeças cortadas por Tamerlão em 1401.

"Adhamiya foi o palco de tantos eventos importantes durante os anos, e tem esse clima poderoso", diz Manaf. "Ela abrigou e criou muitos dos notáveis de Bagdá – políticos, médicos, generais, engenheiros e artistas. Espero que produza pessoas boas assim de novo."

*

Para Bagdá, os mamelucos foram o último suspiro do medievalismo. O avanço do século XIX, trazendo novas tecnologias e novas ideias de progresso dentro de uma cena imperial mais ordenada – de trens, navios a vapor e o telégrafo ao próspero comércio e exploração de petróleo – ajudou a elevar a cidade de província estagnada a cidade internacional em expansão. Com a saída dos mamelucos, a cidade encolhida trocou a quase independência pela lealdade formal ao império, escorregando para o abraço do que se tornara a Turquia moderna – ou, pelo menos, em processo de modernização.

Durante séculos, Bagdá exercera uma poderosa atração centrípeta. Em seu auge Abássida, estudantes da costa do Atlântico ao Afeganistão iam aos bandos para lá, com o objetivo de continuar seus estudos junto a alguns dos acadêmicos mais notáveis do mundo. Na maioria das vezes na tempestuosa história de Bagdá, os visitantes estrangeiros que apareciam do lado de fora das muralhas da cidade tinham intuitos menos elevados. Inúmeros milhares deles eram soldados de lugares distantes ou de terras vizinhas, decididos a conquistar, matar, estuprar e roubar.

Quando o medievalismo começou a dar lugar para a modernidade, uma nova espécie de invasor estrangeiro – raramente era uma invasora – passou a investir em Bagdá. Ficaram no passado as massas furiosas de espadas em punho de mongóis, tártaros, iranianos e turcos do Oriente. Em seu lugar vieram civis de fala mansa do Ocidente. Onde os antigos invasores tinham feito ameaças de gelar o sangue, como incendiar a cidade e assassinar o povo (ameaças que eram frequentemente cumpridas), o cavalheiro oitocentista da Inglaterra, Alemanha ou França nunca teria sonhado em fazer algo tão vulgar e não civilizado.

Ao contrário, sussurraria o europeu de vestes e bigodes, ele fizera a longa e árdua viagem até Bagdá em nome de trazer os bens da civilização moderna a uma cidade que tinha sido o próprio sinônimo disso. Ele fazia perguntas modestas sobre possíveis concessões de comércio; falava com confiança sobre os enormes benefícios da viagem de navio e sobre como o telégrafo revolucionaria os negócios em Bagdá para sempre; e seduzia com a ideia de investimentos blindados, primeiro na Companhia Ferroviária do Vale do Eufrates, britânica, e depois na Companhia Ferroviária de Bagdá, alemã.

É verdade que a cidade tinha decaído de gloriosa metrópole de 2 milhões de habitantes para uma província comum de algo entre 20 mil e 50 mil, dependendo de quantos tinham sido levados pela mais recente enchente ou epidemia de peste; mas havia um sentimento crescendo, tanto em Bagdá quanto além dela, de que o pior já tinha passado, de que a cidade estava seguindo em frente. A rápida mudança tecnológica estava em curso e novas invenções se multiplicavam a uma velocidade desnorteante. Mais de mil anos depois de o califa Mansur ter escolhido o "centro do universo" como local para sua capital imperial, a chegada dos vapores e das ferrovias estavam colocando Bagdá de volta no mapa do mundo. A velha estrada pelo deserto até a Índia, revivida com trens, em vez de camelos, ameaçava a tradicional rota marítima que ligava Europa e Ásia pelo Cabo da Boa Esperança. Ali Rida Paxá rapidamente renovou os privilégios da Companhia das Índias Orientais, uma influência crescente no Iraque. O destino de Bagdá começava a ser moldado por influências ocidentais, e não orientais.

Após despachar brutalmente as tropas mamelucas, um ato de violência bem tradicional na história da Cidade da Paz, o novo paxá caçou suas esposas e famílias para submetê-las a tortura. Ali al Wardi escreveu sobre algumas das técnicas usadas para quebrar o espírito. Presas a uma *falaka*, uma grossa barra de madeira com uma corda amarrada entre suas duas pontas para imobilizar os pés, as vítimas desafortunadas eram então chibatadas até seus pés descalços ficarem inchados e gotejando sangue. Para encorajar as confissões sobre tesouros escondidos, varas de ferro pelando eram pressionadas de modo agonizante contra a pele exposta.[4]

Apesar de isso diferir em pouco de regimes anteriores, Ali Rida deu um novo tom para o governo otomano no Iraque. No nível mais superficial, a diferença era ligada à moda. Os robes fluidos e turbantes elaborados dos paxás de Bagdá deram lugar a vestimentas europeias, com um toque local: casacos, gravatas e colarinhos, realçados por um fez (chapéu turco) vermelho com franjas azuis, moda a rigor para a nova classe que dominava a corte, os efêndis. Para a ira de muitos cidadãos de Bagdá, especialmente os clérigos e a geração mais velha, queixos lisos tomaram o lugar das magníficas barbas fartas de outrora. Bigodes – calúnia das calúnias! – eram aparados regularmente. Esse código de vestimenta ganhou mais incentivo pela série de reformas Tanzimat (reorganização) liberais que começou com o sultão Mahmud II em 1839 e continuou até 1876. O Tanzimat foi uma reordenação fundamental do Estado e de suas instituições por meio de uma série de decretos e ordens imperiais. Os súditos otomanos ganharam direitos que garantiam sua segurança e suas propriedades. O exército foi reorganizado e profissionalizado. Um novo código criminal foi introduzido, com base no modelo francês, com cortes ao modelo europeu e igualdade perante a lei, independente da religião. A coleta de impostos foi padronizada, novamente de acordo com o modelo francês, e acabou o tradicional imposto *jizya* para não muçulmanos. Foi lançada uma nova moeda em papel. As fábricas substituíram as associações, foram criados ministérios de saúde e educação, bem como universidades, escolas, um banco central, bolsa de valores, correio e Academia de Ciências. A escravidão foi abolida em 1847 e a homossexualidade foi descriminalizada em 1858, mais de um século antes de o mesmo acontecer na Inglaterra. Muito do que os reformadores adotavam era considerada a melhor prática europeia. Mas quando essas zelosas inovações chegavam até a distante Bagdá, o entusiasmo com que tinham sido lançadas em Istambul quase sempre já tinha desaparecido.[5]

A fase inicial desse período se distinguia um pouco, em preocupações e tragédias, das eras anteriores. Apesar de repetidos avisos do residente britânico para colocar em quarentena os peregrinos vindos do Irã, a peste voltou três vezes entre 1831 e 1834, já que a ganância do paxá em cobrar impostos dos visitantes tinha precedência sobre questões básicas de saúde. A política dele em relação às tribos que viviam se desentendendo consistia em dividir para conquistar, primeiro voltando-se à tribo Iniza quando os Shammar sitiaram a cidade em 1832, depois pedindo a ajuda dos Shammar para afugentar da cidade seus libertadores persistentes. Obeso e indolente, ele era um alcoólatra e corrupto notório. As enchentes contínuas pioraram as dificuldades da cidade, dizimando novamente a população e destruindo o já depauperado número de moradias. Dois terços das estruturas de Rusafa foram arruinadas e do outro lado do rio, em Karkh, a situação era ainda pior. O palácio de Daud Paxá no complexo Saray estava à beira do colapso. Mais tarde, Ali Rida ordenou que ele fosse reconstruído como quartel para seus soldados, evidência infeliz do estado geral das coisas. Cidadãos de Bagdá passaram a conhecê-lo, com o tempo, como Saray al Kushla, Palácio dos Quartéis Militares, em reconhecimento aos usos gêmeos que lhe tinham sido dados. O local foi escolhido para a coroação do rei Faisal em 1921, e continua de pé até hoje, dando um estilo orgulhoso e monumental à beira-rio.

Dentro de alguns anos da devastadora peste e enchente, o viajante britânico Baillie Fraser chegou a Bagdá, deixando uma surpreendentemente alegre descrição da cidade. Sua primeira vista deixou uma impressão favorável. "As muralhas, em primeiro lugar, apresentam um aspecto mais imponente – construídas como se fossem tijolos queimados em fornalhas, e fortificadas com torres redondas, pontuadas para colocar armas, em cada ângulo (...)."[6] As casas, com vários andares, também eram bonitas e bem-construídas. Fraser estimou a população em 60 mil. Por mais danificada que estivesse a cidade, ele ainda contou duzentas mesquitas, seis faculdades e 24 casas de banho. A famosa Mesquita dos Califas tinha definhado a um minarete solitário; a dilapidada Mustansiriya, mais antiga universidade do mundo, estava sendo usada como escritório de impostos e, é claro, o Palácio Saray do paxá estava arruinado.

Olhando para os primeiros anos dessa fase de governo turco no Iraque, Stephen Hemsley Longrigg, oficial sênior no governo iraquiano durante a administração britânica dos anos 1920, encontrou, talvez inevitavelmente, pouca coisa para elogiar. Apesar de admitir que novos padrões haviam sido criados e algumas melhorias haviam sido feitas, o veredito dele, típico de um administrador britânico da época, foi mordaz: "Se o governo for julgado pela liberdade e a felicidade de seus súditos, a nova era não mostrou avanço algum em relação à antiga; a segurança era baixa; a justiça, rara; a extorsão, cruel, e a política, tola". A nova classe de oficiais era "esclarecida, mas não educada, retrógrada, mas correta no hábito social, uniforme num disfarce de vestimentas europeias, exata e ultrarrefinada na letra do funcionalismo, completamente removida de um espírito de serviço público (...) insolente com as tribos e os cultivadores, falante persistente de turco entre os árabes e, por último, quase universalmente corrupta e mercenária".[7] Os britânicos tinham uma ideia bem diversa sobre progresso.

*

Os anos 1830 viram Bagdá se abrir para o mundo – ou, na verdade, ser aberta por forasteiros, principalmente ingleses. Em 1830, John Barrow, segundo secretário da Armada, propôs estabelecer a Sociedade Geográfica de Londres – a partir de 1859, Real Sociedade Geográfica (RSG) – com um grupo de nobres e exploradores com interesses afins, incluindo três duques, nove condes, 24 membros com variados títulos de nobreza e da aristocracia e uma animada multidão de oficiais navais e do exército.[8]

A RSG encabeçou uma era dourada de exploração em vários cantos do globo, frequentemente com a liderança de topógrafos e cartógrafos. Um deles era o capitão Francis Rawdon Chesney, que, com a benção de Ali Rida e um relutante *firman* de Istambul, liderou a Expedição Eufrates de 1835-7, financiada em parceria pelo governo britânico e pela Companhia das Índias Orientais. Animado com a ideia de abrir uma nova rota comercial terrestre para a Índia, Chesney colocou dois navios a vapor no Eufrates. Um, o *Tigre*, afundou durante uma borrasca, deixando vinte mortos. Mais feliz, o *Eufrates* navegou o rio homônimo desde Birecik, na Turquia, até Basra, apesar de, dadas as dificuldades óbvias do alto Eufrates, essa ter sido considerada uma rota inadequada para uma ligação mais rápida com a Índia. Por seus exaustivos esforços na Mesopotâmia, Chesney ganhou a Medalha de Ouro da Real Sociedade Geográfica em 1838.

Enquanto isso no Tigre, mais promissor, o vice de Chesney – um irlandês conhecido como tenente Henry Lynch – navegava por todo o rio em uma série de viagens ousadas entre 1837 e 1842, levando-o a criar a famosa e lucrativa Companhia Lynch com seu irmão Thomas, futuro cônsul-geral da Pérsia em Londres. Em uma carta incrivelmente visionária escrita após a crise anglo-persa de 1839, a partir de Bagdá, Henry diz que "não poderia haver dificuldade em enviar exércitos marchando por esses rios".[9] Em 1862, os irmãos lançaram a Euphrates and Tigris Steam Navigation Company [Companhia de Navegação a Vapor Eufrates e Tigre], que operou entre Bagdá e Basra, com transporte a partir dali para a Índia, até os anos 1930. Temendo o domínio britânico nas águas do Iraque e tomado de surpresa pelas iradas multidões que protestavam contra a concessão britânica, o governo turco criou uma empresa rival que, em 1867, ficou conhecida como Administração Uman-Otomana. Surtiu pouco efeito. Abdul Kareem al Allaf, historiador de Bagdá durante os séculos XIX e XX, destaca que ela foi superada desde o começo pela operação muito mais moderna e eficiente da Lynch.[10]

A competição no Tigre aumentou com o tempo; daí a licença, registrada nos arquivos otomanos em 20 de junho de 1910, concedida a dois mercadores de Bagdá, Abdul Kadir Paxá al Khudairi e Jafar Chalabi, para operar dois navios e quatro balsas no Tigre entre Bagdá e Basra. Os otomanos continuaram sensíveis. Os termos da licença determinavam que "a bandeira otomana fosse hasteada em ambos os navios e nas balsas" e que a "licença não poderia ser transferida a estrangeiros".[11] Os comandantes de transporte, oficiais e pessoal de exército deviam ser levados pagando metade da taxa e as encomendas e correspondências estatais, de graça. Os lucros líquidos eram taxados em 10%. Khudairi era um homem rico, de família renomada. O palácio dele, ainda de pé no fim da rua Rashid, com vista para o rio, foi dado para o acadêmico e marechal Colmar Freiherr von der Goltz, em 1915. A família Chalabi também é bastante conhecida hoje em dia.

Uma charmosa fotografia de 1912 tirada pelo fotógrafo armênio Z. G. Donatossian, que era dono de um estúdio famoso em Bagdá, mostra o governador turco e um grupo de seus oficiais, vestidos imaculadamente com chapéus fezes e capas pretas, embarcando em um pequeno navio a vapor turco para ir à inauguração da represa Hindiya, uma barragem contra enchentes construída no Eufrates por *Sir* William Wilcox, o grande especialista em irrigação que, no início do século XX, era conselheiro do governo de Bagdá. Havia esperanças – muitas vezes romanticamente irreais – de que as técnicas modernas pudessem devolver uma medida de glória ao manancial de outrora. Como declarou grandiosamente a inglesa M. E. Hume-Griffith, depois de viver oito anos no Oriente Médio, "a irrigação na Mesopotâmia mudará toda a cara do país; vastos trechos de deserto serão transformados num jardim, vilas arruinadas serão restauradas, um novo reino poderá nascer, e a Babilônia possivelmente será reconstruída".[12]

A chegada dos ingleses em 1917 trouxe outras mudanças, mais estéticas, para o Tigre. À antiga frota de *guffas*, *kalaks*, chalanas *bellum*, barcos de carga *mahayla* de mastros inclinados, barcaças *shahtur*, barcas, esquifes decadentes e botes a remo, adicionou-se uma nova embarcação fluvial impressionante. Especialmente encomendada pelo general Maude, comandante da Força Expedicionária Mesopotâmica, o *glisseur* era o barco mais rápido da cidade, uma invenção a motor que deslizava com estrépito pela água com uma velocidade chocante de 35 nós. Olhando para a superfície lisa do rio, bagdalis e visitantes devem ter contrastado os silenciosos e atemporais barcos do Oriente com os navios barulhentos e poderosos do Ocidente. Para o Tigre, a chegada de vapores e motores era nada menos que uma revolução ribeirinha. Fora a redução drástica nos tempos de viagem, a visão e o som do rio mudaram para sempre.

*

Enquanto seus colegas exploravam os rios do Iraque, o comandante James Felix Jones, da Marinha indiana, estava compilando um mapa secreto incrivelmente detalhado de Bagdá. Com a crescente influência britânica no Iraque, as autoridades otomanas eram totalmente hostis a qualquer projeto estrangeiro de mapeamento, compreensivelmente vistos como precursores de uma expansão futura, numa época em que a Grã-Bretanha e a Rússia competiam de forma enérgica pela Índia. Sem se deixar desanimar por isso, Jones enviou discretamente o aspirante William Collingwood para registrar medidas clandestinamente nas labirínticas ruas de Bagdá de 1853 a 1854. Deparando-se com "restrições muito desagradáveis", o jovem empreendedor recorreu a "todo tipo de subterfúgio para evitar as suspeitas" e muitas vezes "escapou por pouco" enquanto suava para anotar coordenadas, medidas e passos nas mangas e nos punhos das camisas.[13] O resultado, publicado pela primeira vez em Bombaim em 1857 e mantido escondido das autoridades otomanas até estas exigirem uma cópia para auxiliar as reformas municipais de 1912, foi o *Ground Plan of the Enceinte of Baghdad the Capital of Irak-Mesopotamia, called also Dar es Selam and Medinet al Kholafa* [Planta fundamental da área cercada de Bagdá, capital do Iraque-Mesopotâmia, também chamada de Dar es Selam e Medinet al Kholafa], mais completo mapa da cidade até então.

Trata-se de uma bela ilustração, completa com uma evocativa visão da cidade no nível do rio, do lado oposto da Residência Britânica, cuja bandeira voa a uma altura quase deliberadamente calculada para irritar os otomanos. A Residência fica na ponta norte de hectares de jardins de tamareiras que sobem em ramos acima da silhueta de prédios, junto com os esguios minaretes das mesquitas Molah Khaneh, Al Siagh, Merjaniyeh, Khaseki e Souk al Ghazil, indo do norte ao sul.

Na Bagdá de Jones e Collingwood, Rusafa é como a metade maior de uma torrada cortada verticalmente, com a crosta para cima, espalhando-se por 239 hectares. A larga faixa azul do Tigre corta o pedaço em dois, repleta de pequenos números que correspondem à profundidade do rio medida em pés na estação mais baixa (variando de 2 pés – 60 centímetros – a sul das muralhas da cidade até 36 pés – 11 metros – ao norte da cidade). A outrora grandiosa cidadela é o primeiro monumento de destaque no canto norte do extremo oeste de Rusafa, com a prisão, os estábulos, galpões de armas, armazém, locais de armazenamento de guarnição de artilharia, quartéis e túmulos meticulosamente anotados. Imediatamente ao sul está o Ali Paxá Madrassa, em seguida o harém pertencente ao Palácio Saray do paxá, bem como os quartéis Kushla, uma grande faixa de propriedade à beira-rio que se estende até o hospital e a Mesquita Wazir, logo ao norte do único pontão.

Ao sul da Residência Britânica fica o depósito dos vapores e ponto de ancoragem. Ao nordeste dele, no coração de Rusafa, está o agrupamento sagrado da igreja latina, duas igrejas armênias e as igrejas caldeana e síria. O grande bairro judeu começa logo a oeste das ruínas que ficam dentro das antigas muralhas, brancas ilhas de desolação em meio a extensões de deserto marrom. Ao norte e ao sul de Rusafa, a natureza domina com largos trechos de campos verdes irrigados e, na própria margem do rio, hectares de jardins de tamareiras e pomares. Uma série de pequenas estradas dão no Bab al Wastani, portão no extremo leste das muralhas Abássidas. Nenhuma delas leva ao Bab al Talism, mais ao sul pela mesma muralha, fechado com tijolos desde a vitoriosa saída do sultão Murad IV em 1639. Karkh, ou o oeste de Bagdá, é uma migalha de 600 metros quadrados imprensada entre o Tigre, a leste; palmeiras, ao sul; as decadentes tumbas de

Zumurrud Khatun,[†] esposa do califa Mustadi, dos xeiques Maruf, Daud e Mansur al Halaj e crematórios de tijolo, a norte; com campos verdejantes e o Canal Masudi a oeste.

O livro *Memoir on the Province of Baghdad* [Memória sobre a província de Bagdá], escrito por Jones, dá ao leitor um maravilhoso gosto do cuidado e da dedicação ao serviço exibida pelos funcionários mais escrupulosos do Império Britânico. Ele mediu o circuito do leste de Bagdá, incluindo a beira-rio, em 9,6 quilômetros, e o da seção oeste em 5,3 quilômetros. Ele listou meticulosamente o nome de 91 cafés, 46 bazares e 39 mesquitas de Rusafa e das sete mesquitas principais de Karkh, junto com cada um dos *mahalla*, ou bairros, e suas hospedarias e casas de banho. Entusiasta confesso, ele admirou o Portão do Talismã, "tão fresco como se fosse um trabalho recente". Nas dez torres redondas das muralhas da cidade ele registrou uma série de belos canhões de largo calibre. "A maioria deles foi feita em Bagdá, que hoje não tem como se orgulhar de uma só casa de fundição capaz de fazer um pequeno canhão comum", escreveu. Ocasionalmente, há o confiante ataque de um homem a quem não faltava autoconfiança. A língua vernácula, por exemplo, é "um árabe impuro, extremamente corrupto entre a população cristã, talvez a mais ignorante de uma comunidade de homens singularmente ignorantes como a encontrada dentro das muralhas de Bagdá".[14] Os mercadores tendiam a falar turco e persa; trabalhadores e carregadores, curdo, luri e caldeu. Hebreu e armênio eram conhecidos de alguns poucos. E durante um jantar na Residência Britânica era possível ouvir treze línguas.

Algo da incansável e pura exatidão de Jones e Collingwood faz o leitor moderno sorrir. Numa pesquisa sobre os comércios e seus soldos diários, Jones registrou o ourives mestre no topo da pilha, com 50 piastras ao dia, seguido de perto pelo polidor de joias, mestre fabricante de espadas, designer de prata e mestre alfaiate, todos com 40. Um mestre fabricante de tendas recebia entre 30 e 35, seus colegas sapateiros e trabalhadores de couro,

---

† Collingwood e Jones marcam erroneamente a tumba de Zumurrud Khatun como sendo a da mais famosa Zubayda, esposa de Harun al Rashid, um engano comum. Zubayda foi enterrada no cemitério Kuraish, onde hoje é o templo Khadimiya, junto a seu filho Amin. Esses dois túmulos desapareceram há tempos. (N.A.)

30 e 25 respectivamente. Um fabricante de cordas de seda podia contar com 20, um mosqueteiro montado, 15, um garçom de cafés, 10 e o vigia do bazar com miseráveis 5 por noite. Ele listou 19 moedas de ouro turcas em circulação, com seus pesos e taxas de câmbio, da lira ou *majeedi* valendo 430 piastras ao *ghazi khairi*, valendo 84.

Havia também as drogas e os remédios disponíveis nos bazares de Bagdá, uma lista exótica que incluía absinto, açafroa, ácido nítrico, arsênico, assa-fétida, cicuta, eufórbio, flores de camomila e cânfora, funcho, nafta preta, noz-de-areca, feno-grego, goma arábica, maná, mercúrio e mirra, olíbano e ópio, plantago, semente de aneto e sangue de dragão.[‡]

Há até alguns retratos desenhados adoravelmente – com base nas fotos mais antigas conhecidas do Oriente Médio – do túmulo abobadado do xeique Maruf, entre um grupo de palmeiras, a amurada levantada que é o túmulo de Zumurrud Khatun (e não de Zubayda), casas com paredes enormes e janelas que se projetam para o rio, o pátio sombreado da Residência Britânica e um vapor com mastros gêmeos descansando em sua estação no Tigre.

*

Enquanto traços de fumaça branca dessas novas máquinas tornavam-se visão comum no rio na segunda metade do século, as inovações viárias se provaram bem menos convincentes. A razão para essa falta de progresso era simples: havia uma única rua em toda a Bagdá pela qual podia passar um veículo sobre rodas. A cidade teve de esperar até a 1ª Guerra Mundial para receber uma rua urbana apropriada. Até lá, becos tortos e labirínticos

‡ O pródigo relatório de Jones também lista os produtos disponíveis nos mercados da cidade: amoras, carneiro, mostarda, leite, biscoitos, manteiga, carne bovina e bois de corte, brócolis, feijão, velas, camelos, café, creme, queijo, peixe, aves, ovelhas, farinha, sal, açúcar, sebo, pombo e perdiz, pêssegos, romãs, peras, ameixas, melões, nectarinas, maçãs, damascos, figos, tâmaras, uvas, limas, limões, marmelos, laranjas, alcachofras, amêndoas, avelãs, pistaches, nozes, passas, nabo, tomates e trufas, pimentas, pepinos, repolhos, cenouras, abóboras, batatas, cogumelos, cebolas, cevada, trigo, milho e painço indiana, tabaco, óleo, sabonete, carvão e lenha. Para os leitores que gostem de uma bebida, ele ajuda listando *brandy*, champanhe, xerez, cerveja, áraque e vinhos persas, "só possíveis de adquirir ocasionalmente e com fornecimento sempre limitado".

eram as principais vias de passagem. O resultado foi que os mercadores de Bagdá continuaram a usar aquelas velhas bestas de carga: os sofridos camelos, cavalos e burros e seus equivalentes humanos, o carregador curdo. Para outros viajantes, a opção mais popular era fazer a jornada em caravana – de mula, burro, cavalo ou camelo. Os bem-nascidos e endinheirados, além das mulheres e de homens idosos, podiam se proteger do sol e da chuva no conforto duvidoso da cabine de um *takht-revan*, uma carruagem puxada por mula ou camelo. Uma viagem de ranger os dentes de Bagdá a Bakuba, Hilla e Kerbala levava cerca de 12 horas. Os cavalos eram os carros esportivos da época, conferindo um prestígio considerável a seus donos. O mesmo, infelizmente, não se podia dizer sobre o infeliz burro, sempre maldito no mundo árabe. Os burros Hasawi, cujo pedigree remontava à cidade de Al Hasa, na Arábia Saudita, eram escolhas populares, e até hoje os habitantes de Bagdá usam a palavra *hasawi* para descrever um completo idiota.

Em 1865, o empreendedor francês conde Edmond de Perthuis viajou de Damasco a Bagdá, uma travessia desnecessariamente difícil que ele achou que seria largamente melhorada se fosse aberta a trens. Ele acreditava que as tribos gatunas do deserto presentes naquela rota podiam ser facilmente subornadas. Várias famílias mercadoras de Bagdá concordaram e estavam dispostas a ajudar sua empresa, mas o governador turco, Namik Paxá, já fora dos eixos pelo sucesso da operação dos vapores Lynch e pelo fracasso de sua equivalente turca, não demorou a acabar com o esquema. O francês aristocrático recebeu o aviso de não se envolver com as tribos do deserto e foi expulso dali. O transporte confortável e com ar-condicionado entre Beirute, Damasco e Bagdá teve de esperar até 1923, quando Norman e Gerald Naim, dois irmãos neozelandeses recém-dispensados do Exército britânico criaram a Companhia de Transporte Naim e o "serviço de correio do deserto por via terrestre", operado por uma frota de ônibus azuis.[15]

Aos rios e estradas é preciso acrescentar as ferrovias, ou pelo menos os vários esforços para criá-las. Em 1857, ano da Revolta dos Cipaios na Índia, a Companhia Ferroviária do Vale do Eufrates foi criada em Londres, com vistas a diminuir os tempos de viagem ao Oriente – para interesses postais, militares e mercantis. A companhia forjou uma aliança com o Telégrafo de Ligação Europeu e Indiano, empresa com a qual dividia vários diretores. Chesney, agora general, foi nomeado engenheiro consultor, e se juntou no conselho a Henry Lynch. Seus defensores elogiavam Bagdá como centro comercial independente, apontando que, recentemente, a cidade exportara 2 mil cargas de mula em pérolas, seda, algodão, tecidos, xales, café, galhas e anil para Erzurum, no nordeste da Turquia, enviando ainda mais a Mosul, Diyarbakir e Urfa. "Bagdá, de sua situação sem igual, com algum cuidado de fomento, se tornaria um grande centro de comércio inglês, árabe, persa e oriental, não faltando nada para distribuir amplamente e aumentá-lo, exceto o advento do vapor."[16] Nada, quer dizer, a não ser o apoio de investidores e do governo britânico. Em 23 de junho de 1871, *Sir* George Jenkinson, parlamentar, solicitava um Comitê Seleto para examinar os méritos do projeto. Àquela altura, o Canal de Suez – "a estrada para a Índia" – tinha sido aberto há quase dois anos, e o interesse diminuíra.

Quando Londres, Berlim e Paris olhavam para oeste e para leste, eles viam a Ásia e as Américas conectadas pelos navios a vapor aos grandes centros de comércio mundial. Mas, lá na periferia da Europa, espalhava-se a vasta massa da Turquia asiática, basicamente removida dessas novas conexões globais. Os dias em que Bagdá podia ser considerada um magnífico prêmio já haviam ficado para trás, mas a 800 quilômetros para o sudeste ficava o porto de Basra. Se ligassem a Europa ao Golfo Pérsico por meio de uma estrada de ferro, você teria, ao menos em teoria, uma rota para o Oriente mais rápida do que o extenso Cabo da Boa Esperança ou até – insistiam os mais ardentes promotores da estrada de ferro, com números para provar – o Canal de Suez.

Essa é a gênese da Companhia Ferroviária de Bagdá, "o tipo de iniciativa imperial meio louca de *fin de siècle* na qual os europeus se esmeravam".[17] A linha deveria começar em Konya, na Turquia, seguir na direção sudeste até Alepo e de lá para Mosul, Bagdá e, finalmente, Basra. A construção começou em 1903 e, em 1912, a Companhia Ferroviária de Bagdá empregava 16 mil pessoas, de engenheiros alemães, carpinteiros italianos e especialistas em explosivos gregos a trabalhadores manuais sem especialização turcos, curdos e árabes.[18] Com o apoio do sultão, o *Kaiser* Guilherme tinha cortado as asinhas britânicas, embarcando num projeto que ameaçava a supremacia de Londres no Golfo Pérsico, um reduto para a Índia. Fazendo isso, ele também introduziu um novo clima alemão em Bagdá. O governo britânico só podia culpar a si mesmo. Apesar dos vários esforços para ressuscitá-lo, o esquema do Vale do Eufrates morreu uma morte nada notável. Seu equivalente tardio no Tigre, apoiado por interesses comerciais britânicos, acabou também não tendo sucesso em assegurar o lastro do governo britânico.

No fim, foi a companhia liderada pelos alemães que trouxe a ferrovia para Bagdá, a partir de Berlim, apesar de vários furos enormes na linha, brigas infindas entre Alemanha, França, Inglaterra e Turquia, e a interrupção decisiva provocada pela 1ª Guerra Mundial. Para a Alemanha, a linha oferecia uma conexão com suas colônias orientais e o prospecto de uma posição fixa no Golfo Pérsico. A Inglaterra, cujo domínio no comércio colonial ficara diretamente ameaçado, estava determinada a não deixar que a Ferrovia de Bagdá fosse uma iniciativa exclusivamente alemã que iria, como temia *Sir* George Clarke, secretário do Comitê de Defesa Imperial em 1905, "sem dúvida infligir graves danos em nosso comércio, e deve, com o tempo, destruir nossa influência política no sul da Pérsia e nos deltas do Tigre e do Eufrates".[19] Escrevendo em 1918, Morris Jastrow, ex-presidente da Sociedade Oriental Americana, resumiu a perspectiva britânica sobre a rivalidade ferroviária pré-guerra: "Sentia-se na Inglaterra que se, como dizia-se que falou Napoleão, a Antuérpia nas mãos de um grande poder continental era uma pistola apontada para as costas inglesas, Bagdá e o Golfo Pérsico nas mãos da Alemanha (ou de qualquer outra potência) seria uma arma de 42 centímetros apontada para a Índia".[20] Com a aproximação da guerra, esses medos aumentaram, e a Ferrovia de Bagdá se tornou parte integral da política alemã de começar uma *jihad* contra o Império Britânico, encorajando o Afeganistão e a Pérsia a atacar a Índia ou os aliados alemães e tomar o controle do Canal de Suez.[21][§]

§ A ironia final foi que, apesar de ter sido concebido pelos alemães, o Expresso do Oriente (ou Orient Express), como ficou sendo conhecida a linha, ficou associado a uma ação desafiadora muito britânica. Ele foi imortalizado em *Da Rússia, com amor*, um dos melhores romances de James Bond, em *Trem de Istambul*, de Graham Greene e, acima de tudo, em um dos favoritos de Agatha Christie e seu detetive Hercule Poirot, *Assassinato no Expresso do Oriente*.

As novas tecnologias não se limitavam ao transporte. Telégrafos e serviços postais também acompanhavam os tempos, trazendo a Bagdá a comunicação mais rápida com o mundo externo. Em 1856, a Companhia das Índias Orientais levou às autoridades otomanas a ideia de introduzir uma linha terrestre entre a Síria e o Golfo Pérsico. Mais uma vez, Istambul teve uma visão limitada sobre a interferência britânica e se recusou a garantir a empreitada. Em vez disso, um ano depois, os governos britânico e otomano concordaram em levantar uma linha de telégrafo financiada pelos otomanos e construída por engenheiros britânicos. Em 1861 Istambul e Bagdá estavam conectadas e as linhas estavam zunindo, literalmente – tanto que vários nativos das tribos, desconcertados com essa estranha invenção, acreditavam que eram habitadas pelo demônio.

Estabelecer essas linhas de comunicação entre o centro do império e suas províncias mais remotas podia ser ótimo, mas em uma província como Bagdá, onde a violência era endêmica, tal infraestrutura exigia proteção. Assim, vemos um telegrama de 16 de abril de 1861, do governador de Mosul para a diretoria do telégrafo, nomeando trinta homens da tribo Shammar para "guardar as linhas de telégrafo e protegê-las dos árabes".[22] Serviços postais ágeis demoraram um pouco mais para serem estabelecidos. A Residência Britânica ainda usava um serviço tradicional de camelo a Damasco, uma viagem de onze dias. Cartas e pacotes podiam demorar até 45 dias para chegar a Londres. Em 1868, Taki al Din Paxá aprovou a criação dos escritórios do correio britânico-indiano tanto em Bagdá quando em Basra, um serviço que foi substituído em uma década por um sistema postal que englobava todo o império otomano.

Bagdá tinha desfrutado, desde a chegada dos arrivistas mamelucos, de grande ajuda dos otomanos, mas, conforme passava o século XIX, a cidade tornou-se cada vez menos posse otomana e cada vez mais uma questão internacional, com seu destino sendo determinado por potências externas. Dentro da cidade, rivalidades estrangeiras se davam quase diariamente.

Durante o paxalato de Mohammed Najeeb, que sucedeu Ali Rida em 1842, os britânicos e os franceses competiram vigorosamente em tudo, de comércio e poder político a pompa e circunstância. Com sua própria comitiva de soldados indianos vestidos imaculadamente, o maior vapor do

Tigre e um orçamento invejável do qual podia distribuir grandes valores entre os líderes tribais, o residente britânico em geral conseguia superar seu colega francês. Como regra, o paxá dava ao britânico a precedência durante audiências. Ouvimos falar sobre uma querela diplomática em 1845, quando mais uma vez o residente britânico teve precedência sobre seu colega francês em parabenizar o paxá pelo festival sagrado do Eid. Ofendido pelo que percebeu ser um pouco de desprezo demais, o diplomata francês enviou um oficial júnior em seu lugar, decisão que enfureceu o paxá. Em 1846, seus soldados atacaram o Consulado Francês e não foram castigados por essa absurda quebra de protocolo. Istambul interveio para cortar as asas do paxá e um banquete foi organizado às pressas, no qual o cônsul francês teve precedência sobre o residente britânico.[23]

Arrogância e egocentrismo não eram exclusividade dos britânicos. Ouvimos do historiador Abbas al Azzawi sobre uma ocasião em que um francês encontrou Namuk Paxá (que expulsara Mohammed Najeeb em 1851) e sua comitiva indo para a cidade. Insensatamente o francês se recusou a descer do cavalo para demonstrar o respeito exigido como mandava o protocolo. Por essa falta de etiqueta ele foi puxado de seu garanhão e recebeu uma senhora surra dos guardas do paxá. A França rapidamente exigiu compensação pela afronta e Istambul devidamente removeu Namuk Paxá de sua posição.[24]

Os franceses se complicaram de novo em 1868, quando o cônsul francês fez uma visita a Taki al Deen, um dos muitos paxás de vida curta dessa época, para apresentar seus cumprimentos no aniversário do sultão. Muito ciente de sua própria importância, o cônsul notou que o cádi não se levantou para cumprimentá-lo. O cônsul prontamente agarrou a barba do juiz – um insulto horrendo numa cultura onde a barba é uma marca de honra –, dizendo que ele tinha obrigação, pelo seu cargo, de se levantar. O cádi se recusou e o francês foi embora, culpando o fanatismo religioso pelo comportamento. O incidente quase levou a rebeliões, pois os bagdalis logo interpretaram aquilo como um insulto à religião islâmica. Eles coordenaram um ataque ao Consulado Francês e a execução do cônsul, mas o exército evitou o derramamento de sangue sitiando o consulado. O paxá convocou os nobres de Bagdá, cortou todas as relações com o cônsul e exigiu seu afastamento. Istambul removeu o cônsul e, para acalmar os ânimos franceses, expulsou o cádi.[25]

Às rivalidades europeias em comércio e diplomacia pode-se acrescentar disputas religiosas de bastidores. A luta por influência na cidade podia ser testemunhada nos vários esforços para criar novas igrejas. Em 24 de fevereiro de 1869, Taki al Deen escreveu ao escritório do primeiro-ministro na Porta, solicitando que as autoridades proibissem a criação de uma escola protestante em Bagdá. Como só havia treze casas protestantes numa população combinada de 35, escreveu ele, não havia justificativa para uma escola separada. Além disso, temia o paxá, havia motivos ocultos na tentativa de abrir uma nova escola: "o Estado da Inglaterra se apossará de tal oportunidade para expandir sua influência nesta província (...) e isso abrirá o caminho para os missionários fomentarem a dissidência. Logo, tal estabelecimento não se harmoniza com sabedoria política".[26] Londres acreditou que a mensagem tinha a marca da pressão francesa: a França tinha forte presença nas escolas católicas que datavam do século XVIII, e via a si mesma como a principal apoiadora delas. Para Paris, a interferência protestante não era bem-vinda. Muitos bagdalis também não consideravam bem-vinda a interferência constante de poderes externos; mas, com a passagem do século, a rivalidade de grandes potências dentro de Bagdá, sobretudo entre Inglaterra e Alemanha, só se intensificou.

*

Um dos poucos paxás de Bagdá a conseguir respeito duradouro foi empossado em 1852. Mohammed Rashid Guzligli, o Que Usa Óculos, primeiro governador do Império Otomano a usar esse acessório, conseguiu ressuscitar a machucada indústria de seda, dobrar as receitas da cidade, combater a corrupção entre os coletores de impostos, pagar salário militares há muito atrasados, exportar grãos para Hijaz e manter encurraladas as tribos em guerra.[27] Nascido cristão na Georgia, ele fora forçado a se converter após ser raptado pelos turcos quando criança. Havia boatos sobre suas convicções religiosas e histórias sobre leituras secretas da Bíblia, assuntos sensíveis numa cidade nas quais o sagrado e o fanatismo nunca estavam longe um do outro. Enfrentando esses boatos de forma direta, segundo o historiador Suaad Hadi al Omari, ele pagou de seu próprio bolso a construção de uma pequena mesquita.[28] Foi pressionado, porém, para acomodar a constante exigência de Istambul por dinheiro para financiar seus compromissos da Guerra da Crimeia. Com rumores numerosos sobre uma invasão iraniana ao Iraque durante esse conflito, Londres enviou dois navios de guerra ao canal Shatt al Arab, que separa os dois países. A invasão nunca se concretizou.

Ao governar Bagdá, sempre houve um limite tênue entre manter a ordem e ser severo ao ponto de se autodestruir, como descobriu rapidamente Omar Paxá, um húngaro de vida curta convertido ao Islã, que tivera bom desempenho na Guerra da Crimeia. Nomeado em 1858, ele foi removido em 1859, tendo imposto o serviço militar obrigatório em Bagdá, uma política cujo único sucesso foi unir as tribos contra ele. Uma vez que os nativos infligiram uma humilhante derrota a seu exército, Istambul não perdeu tempo em removê-lo.[29]

Enquanto alguns governantes de Bagdá mal deixaram uma marca na cidade, outros viraram folclore por seus feitos, tanto reais quanto imaginários. Haj Ahmed Agha, poderoso homem de confiança no círculo do paxá, era conhecido como uma figura detestável, mas também extravagante. Em uma história datada do início dos anos 1860, uma velha cujo filho a maltratava foi vê-lo em seu escritório para registrar uma queixa. Comovido pela história, Agha ordenou que seus oficiais encontrassem o filho e o fizessem carregar a mãe nas costas pelas ruas de Bagdá. Lá foi ela, acompanhada por um funcionário da corte, procurar pelo filho. Um sentimento súbito de remorso e culpa a dominou, e então ela decidiu poupar o filho da humilhação pública, e apontou para um passante desconhecido. O funcionário leu a ordem de Agha para o estupefato homem e mandou que ele carregasse a mãe nas costas, encorajando-o com alguns vigorosos golpes de cassetete. Tropeçando sob o peso da velha desconhecida, ele passou pela loja de seu irmão no mercado.

"Quem é essa mulher que estás carregando, irmão?", perguntou este.

"Oras, essa é nossa mãe, não sabes?", respondeu, sarcasticamente, o pobre homem.

"Nossa mãe? Ela está morta há vinte anos!"

"Sim, eu sei, mas vai explicar isso para Haj Ahmed Agha!"

Até hoje bagdalis de certa idade ainda usam a expressão "Vai explicar isso para Haj Ahmed Agha!" quando tentam explicar coisas lógicas para pessoas ilógicas.[30]

Dos muitos paxás do século XIX, um homem se destaca acima de todos os outros. Seu retrato ocupa um lugar de honra no estudo de Longrigg sobre o Iraque otomano, mostrando um homem justo de óculos e chapéu fez, com metade do rosto escondida sob uma barba farta e um largo bigode, elegantemente arrumado com um casaco preto e uma camisa branca. O fato de ele ter governado por apenas três anos, mas ainda ser considerado um personagem imponente até hoje é um testemunho das profundas mudanças que ele trouxe a uma cidade que, em muitos aspectos, permanecia um enclave medieval.

Midhat Paxá foi, acima de tudo, um modernizador. Ele entrou em Bagdá em 30 de abril de 1869, com 46 anos e credenciais como reformador firmemente estabelecidas durante uma década passada nos Balcãs, onde o *vilayet* danubiano governado por ele era considerado uma província modelo do império.¶ Homem de integridade inquestionável, algo, para dizer o mínimo, incomum em um governador, ele rapidamente introduziu punições severas para oficiais que fossem pegos aceitando subornos, sendo o primeiro paxá de Bagdá a fazer isso.[31]

Sua curta gestão como governador de Bagdá, durante uma carreira brilhante que depois o levou a ser nomeado grão-vizir, cargo mais alto do império, provou-se um turbilhão de inovações. Uma gráfica e um jornal (*Al Zawra*) apareceram pela primeira vez. Fábricas militares garantiram um estímulo econômico; antes de Midhat Paxá, o padrão dos uniformes dos soldados iraquianos podia ser descrito como caótico; uma moderna fábrica de tecelagem, a Abbakhana, trouxe alguma uniformidade ao caos. Novas

---

¶ Introduzido em 1867 como parte das contínuas reformas Tanzimat, o *vilayet* era o novo termo usado para descrever uma província do Império Otomano, substituindo o anterior *alayet* pelas próximas duas décadas. O Iraque atual é composto – ainda que menor – pelos três vilayets otomanos de Bagdá, Mosul e Basra.

instalações – asilo, orfanato e hospital, bem como várias escolas – eram testemunhos da humanidade de sua visão.[32]

Foi no negligenciado campo da educação que os bagdalis notaram as maiores mudanças da administração de Midhat Paxá. Graças em boa parte às suas reformas civilizadoras, estima-se que a alfabetização em Bagdá tenha crescido de cerca de 0,5% em 1850 a entre 5 e 10% em 1900.[33] A escola de treinamento vocacional Madrassat al Sanayi foi criada para ensinar ocupações úteis aos órfãos, como carpintaria, ferraria, tecelagem e outros artesanatos. Midhat Paxá também deu o tom das melhorias do fim do século XIX, como as escolas militares *idadi*, de segundo grau, incluindo a Escola Militar Idadi Rashdi, na qual os alunos mais promissores eram marcados para continuar sua educação na Academia Militar Mektebi Harbiya, em Istambul. O primeiro grupo de recrutas iraquianos a passar no curso se formou em 1881. Em 1917 a Idadi Rashdi foi substituída pela Escola Secundária Al Markaziya, uma instituição de prestígio crescente que até hoje educa os melhores e mais inteligentes cidadãos de Bagdá. O salão da escola ainda leva o nome de uma de suas frequentadoras mais famosas, Gertrude Bell, que trabalhou lá quando o Exército britânico usou o prédio como sede.

As reformas ambiciosas de Midhat Paxá revolucionaram as oportunidades de educação numa cidade que outrora fora o centro mundial em erudição. Um resumo do historiador Mohammed Rauf Taha al Shaikhili dá uma ideia do quanto a cidade decaíra desde seus dias mais gloriosos. Até 1890, ano de censo, Bagdá tinha um total de onze escolas estaduais educando 1.351 crianças. A essas, somavam-se as oito escolas cristãs (1.440), 21 escolas judaicas (550) e 27 escolas islâmicas que preparavam seus alunos para as posições de imãs e pregadores. Finalmente, para a educação primária mais básica de leitura, escrita e aritmética simples, havia cerca de 34 mulás locais que davam aulas em suas casas ou mesquitas.[34]

A Bagdá de Midhat Paxá tinha até uma linha de bonde, na verdade um engenho curioso de duas fileiras puxado por cavalos, para facilitar o transporte em massa de peregrinos vindo e voltando do subúrbio de Kadhimiya. Na época, era considerado algo avançadíssimo para o Oriente Médio. Conforme passaram os anos 1920, porém, e os boatos muito discutidos sobre a eletrificação não se materializaram, os bagdalis tiveram de se virar com a substituição eventual de tratores Fordson por cavalos.[35]

A energia de Midhat Paxá era pródiga. Seu biógrafo Sadik Damluji registra que, como parte dessas reformas de longo alcance, ele impôs com sucesso o serviço militar obrigatório em Bagdá, apesar da oposição vigorosa e previsível.[36] Com menos sucesso ele fundou o Cartório Tapu Land, numa bem-intencionada, mas mal executada, tentativa de acalmar as tensões tribais perenes ao delimitar propriedades de terra; o projeto ambicioso se dissolveu em corrupção oficial, apatia tribal e desconfiança popular.[37]

Na arquitetura, o legado de Midhat Paxá foi misto. Por um lado, prédios públicos subiram na silhueta da cidade, antigos monumentos como o Saray al Kushla foram restaurados e o Canal Saklawiya (o Canal Isa da era Abássida, renomeado), obstruído por sedimentos, que ligava o Tigre ao Eufrates, foi dragado e reaberto. Os bagdalis também podiam agradecer Midhat Paxá pelo primeiro parque público da cidade, o Parque Baladiya (municipal), no terreno que hoje é o complexo Medical City, com vista para o Tigre no bairro de Bab al Muadham, no leste de Bagdá. Antes de ele ser aberto, as famílias que queriam ar fresco, espaços verdes, flores e água corrente tinham de fazer um longo caminho até os jardins e pomares para além do portão leste de Bab al Sharki, ou para o norte de Adhamiya. E Midhat Paxá tinha planos ainda maiores, que iam além da Cidade da Paz: as novas cidades de Nasiriya, a sudeste de Bagdá, e Ramadi, a oeste, nasceram sob sua guarda.

Mas o cuidado modernizador de Midhat Paxá também resultou em desastres. O mais trágico, de longe, foi a demolição das veneráveis muralhas da cidade, as maciças defesas Abássida que tinham resistido – e sucumbido – a tantas invasões e ataques estrangeiros ao longo dos séculos. A intenção fora substitui-las com grandes bulevares ladeados por árvores, na tradição europeia. Por fim, as muralhas foram destruídas, mas os bulevares nunca foram construídos, e sobraram os escombros. Seis décadas mais tarde, os habitantes de Bagdá ainda reclamavam das ruínas dessas defesas antes famosas e formidáveis que agora os cercavam por todos os lados.

Se os ambiciosos planos do paxá tivessem se realizado e as pequenas, imundas e superlotadas ruas tivessem sido substituídas, talvez Bagdá não tivesse sido afligida por tantas doenças nos primeiros anos do século XX: malária, febre do mosquito-pólvora, esquistossomose, ancilostomíase, disenteria, febre tifoide, varíola e cólera foram as principais delas. Uma das enfermidades mais desfigurantes do século XIX estava ligada em especial a Adhamiya, lar de uma infame fábrica de curtume que atraia enxames de mosquitos-pólvora. A picada deles transmitia os parasitas que causavam a leishmaniose cutânea, criando as terríveis cicatrizes faciais popularmente conhecidas como "pinta de Bagdá", "furúnculo de Bagdá" ou "selo de Adhamiya". Até os anos 1950, quando a doença finalmente foi erradicada, bagdalis infelizes que exibiam as marcas reveladoras eram conhecidos como "verdadeiros adhamiys". O fato de serviços públicos básicos como distribuição de água, esgoto, eletricidade e limpeza das ruas serem rudimentares na melhor das hipóteses e não existentes na pior só agravava o problema. Não é surpresa que Bagdá tenha ficado conhecida, numa adaptação incisiva de seu celebrado apelido Abássida, como "a cidade de 1.001 cheiros".[38]

Para fazer justiça a Midhat Paxá, ele, ao contrário de muitos de seus predecessores, fez o que pôde para evitar as doenças contagiosas – especialmente a peste – que chegavam com os cadáveres de persas cujas famílias os estavam enterrando junto aos templos sagrados do Iraque, principalmente em Kerbala e Najaf. Para evitar mais epidemias foi emitido um decreto declarando que os enterros só podiam ser feitos um ano após a morte.[39] Como sempre, alguns entusiastas deram a burlar as regras, contrabandeando os restos mortais de seus entes queridos antes do tempo permitido, tratando o corpo primeiro com cal e depois com arsênico para separar a carne dos ossos. Após ser deixado para secar no sol, o esqueleto era colocado em um caixão e a carne numa bolsa separada para a viagem até Najad. Ali al Wardi conta uma terrível história – leitores sensíveis, pulem o parágrafo – de um iraniano faminto numa caravana funerária encontrando uma sacola de carne. Ele a levou imediatamente, cozinhou e devorou com avidez, mal acreditando em sua sorte. O dono dos restos descobriu sua perda, viu o que aconteceu e explodiu de raiva. "Você comeu meu pai!", gritou. "Você comeu meu pai!"[40]

No que tangia a Istambul, as experiências reformistas de Midhat Paxá foram um sucesso absoluto, também porque durante esse breve governo as receitas de impostos vindas do Iraque chegaram a uma altura inédita de

1,1 milhão de liras otomanas. Impressionada com esse número, a Porta quis mais, mas Midhat já havia se cansado e entregou sua renúncia em 1872, após governar Bagdá por três anos memoráveis.[41]

*

Para uma comunidade antiga de Bagdá em particular, o século XIX foi uma época de grandes mudanças e prosperidade crescente. Yusef Rizk-Allah Ghanimah, historiador dos judeus do Iraque, conta uma extraordinária história sobre como, em 1845, o comerciante de madeira judeu romeno de 27 anos Joseph Israel repentinamente desistiu de seu negócio, deu adeus a seus certamente confusos esposa e filho e embarcou numa fabulosamente improvável tarefa de encontrar as dez tribos perdidas de Israel. Israel, que se autoproclamava "Benjamin II", em homenagem a Benjamin de Tudela, que viajara a Bagdá quase setecentos anos antes, chegou em 1847 e descobriu uma próspera população judaica. "Em Bagdá há 3 mil casas de judeus e seu conhecimento e suas profissões os ajudaram no comércio e nas profissões gerais, e eles prosperaram nessas áreas", escreveu ele. "Os judeus aproveitaram oportunidades comerciais, e entre eles havia grande mercadores e homens de negócio que negociavam com países distantes e nacionais e estrangeiros incômodos."[42]

Os judeus de Bagdá voluntariamente viviam em seu próprio bairro na margem leste. Viajantes de todos os séculos invariavelmente se impressionavam com a profusão de sinagogas na Cidade da Paz. Israel contou oito. Até 1949, havia 26.[43]

O cartógrafo britânico James Felix Jones achou que a cidade estava à frente de seu tempo na relação entre as religiões. "Nem, talvez, possamos testemunhar tal tolerância entre as massas como a que exibe Bagdá", escreveu ele, notando que judeus e cristãos sempre andavam a cavalo, como os muçulmanos, diferente do que acontecia em outras cidades islâmicas, onde eles tinham de caminhar ou andar em burros, numa demonstração de seu *status* inferior. "Eles de fato gozam de uma liberdade rara aqui", pensou.[44]

Nomeada em homenagem a uma das famílias mais distintas e influentes da comunidade, a primeira escola judaica de Bagdá, a Albert Daud

Sassoon, foi aberta em 1865. Em 1911, a magnífica Escola para Garotas Laura Kedourie, projeto da Alliance Israélite Universelle (AIU), abriu suas portas após vários anos em construção. Laura era esposa de *Sir* Elie Kedouri, um banqueiro de Xangai cujas raízes remontavam a Bagdá via Bombaim – uma cidade popular para muitos judeus de Bagdá a partir do fim do século XIX. A escola rapidamente se estabeleceu como a última palavra em educação para garotas judias. Há divertidos relatos de mães ambiciosas tomando o caminho conhecido para o escritório de Madame Bassan, a formidável diretora, exigindo uma vaga para suas princesinhas. Em 1913, a escola ocupava um grande prédio no coração do bairro judeu, um templo de alta tecnologia dedicado à educação, de tijolo vermelho, colunas brancas e filigranas de aço com elegantes janelas arqueadas e salas de aula grandes e muito iluminadas. À época havia 788 garotas entre quatro e dezessete anos. Fotos da primeira turma a se formar na escola mostram jovens sofisticadas com nomes como Albertine, Suzette, Irene e Clare, com vestidos longos de golas altas rendadas. Ali elas aprendiam piano e tênis e, quando os professores não estavam olhando, faziam poses de adulto com cigarros colocados em piteiras feitas de couraça de tartaruga.[45] Em 1924 a escola já era tão famosa que havia 1.600 pupilas.

Dentro da vibrante comunidade judaica de Bagdá é justo dizer que nem todos consideravam essa modernização educacional europeia uma benção. Ao contrário, em bairros mais conservadores havia quem não se preocupasse em esconder a repugnância em achar que era uma transgressão. Os professores da AIU estavam tentando fazer com que seus protegidos fossem mais "desenvolvidos" e menos "retrógrados" – em uma palavra, franceses. Como parte desse esforço, encorajavam os mais jovens a abandonar os vestidos e tradições tradicionais judaicas, de turbantes a peiots [cachos de cabelos laterais usados por judeus ortodoxos] e barbas. Assim, o correspondente de Bagdá do jornal judeu-arábe *Perah* na Índia, para onde imigraram muitos judeus de Bagdá desde o século XVIII, escrevendo em 23 de setembro de 1885, notou que os rabinos locais tinham convocado todos os barbeiros judeus da cidade e ameaçado excomungá-los se raspassem ou cortassem mais barbas ou cachos. Os judeus de Bagdá receberam um lembrete de termos agressivos dizendo que, desde o tempo de seus ancestrais, essa parte do cabelo nunca fora tocada por uma lâmina – mas a perigosa moda estava se espalhando:

> As pessoas começaram a cortar as barbas e os peiots, e a se depilar como os gentis [cristãos]. Desgraça para os olhos que veem tal coisa e para os ouvidos que ouvem tal notícia. E agora proclamamos que quem raspar os peiots ou a barba está cometendo várias transgressões de proibições da Torá (...) Até os gentis [muçulmanos] estão chocados e dizem: "Olha como os judeus abandonaram sua religião (Deus nos perdoe). Antes, nenhum deles tocava nas barbas e nos peiots, e agora os cortam e jogam na lata de lixo". E nos tornamos objeto de piada e desdém entre os povos do mundo, e Deus foi blasfemado entre as nações.[46]

Apesar de toda essa polêmica, os judeus de Bagdá parecem ter sido extremamente bem-sucedidos em se modernizar sem assimilar e sem perder sua identidade cultural única. Isso fica claro no tom decepcionado dos relatórios da AIU, que lamentam a teimosia das tradições sobreviventes. Como observou N. Albala, um dos líderes da Alliance, em 1910: "Com nossos correligionários, o progresso moral não anda de mãos dadas com a prosperidade material. Apesar de eles terem praticamente monopolizado o controle do comércio e estabelecido colônias prósperas na Europa e na Ásia, suas tradições, seus hábitos, suas ideias, permaneceram quase estáticos".[47]

Morris Cohen, mestre inglês na escola da Alliance nos anos 1890, reclamou das várias superstições dos judeus de Bagdá, especialmente as mulheres, que perdiam tempo com "inúmeras precauções sem sentido contra o mau-olhado e com remédios de curandeiro", desde costurar contas azuis de porcelana, conchas e duas nozes-de-areca nas roupas das crianças até encarar o rosto de um cadáver e comprar pedaços de roupas de um criminoso executado para ajudar a engravidar.[48]

Com o tempo, a AIU perdeu sua posição especial na vanguarda da educação judaica no Iraque, conforme a comunidade mobilizou seus próprios recursos em busca de uma linha mais moderna, separada da ideologia francesa europeizante que se chocava com os costumes vigentes.

A saúde bruta da comunidade judaica de Bagdá nessa época se evidenciou por um rápido crescimento demográfico. Segundo o censo de 1890, a população de Bagdá era de 149.941, dos quais os muçulmanos respondiam por 134.459 (quase 90%), os judeus, 13.182 (9%) e os cristãos, modestos 2.300.[49] Em 1904, de acordo com uma estimativa do vice-cônsul francês em Bagdá, a população judaica tinha praticamente triplicado para 40 mil, o que significava que os judeus representavam cerca de um terço do total. Em 1910, H. D. Shohet, autor de um relatório consular britânico, colocou o número de judeus em Bagdá entre 45 mil e 50 mil.[50]

Usando os números turcos mais recentes disponíveis, o *Arab Bulletin* de outubro de 1917, que o oficial de inteligência do Exército britânico T. E. Lawrence, futuro Lawrence da Arábia, pretendia que fosse "uma revista secreta sobre as políticas do Oriente Médio", registrou que Bagdá tinha 101.400 árabes e turcos, 80 mil judeus (ou quase 40% da população da cidade), 12 mil cristãos, 8 mil curdos e oitocentos persas.[51] Apesar de ser necessária uma boa dose de cautela com esses números, baseados em censos nos quais os oficiais tinham de considerar a palavra como verdade, a tendência de crescimento ainda impressiona. Em 1936 o Diretório Iraquiano colocou a "comunidade israelita" em 120 mil em todo o país.[52]

Shohet aponta o sucesso judeu em Bagdá: "[Os judeus] literalmente monopolizaram o comércio local, e nem maometanos nem cristãos podem competir com eles. Mesmo os poucos comerciantes maometanos líderes devem sua prosperidade aos judeus competentes e esforçados que há anos empregam como caixeiros. Os caixeiros judeus são praticamente os gerentes de suas firmas".[53]

Os produtos mais populares para os mercadores judeus eram bens de Manchester, importados da Inglaterra e exportados para o Irã por meio dos escritórios em Manchester, Londres, Kermanshah e Hamadan. Desde o século XVIII, e mais especialmente durante a segunda metade do XIX, os judeus de Bagdá tinham se espalhado aos quatro cantos, montando postos de comércio por toda a Ásia, mantendo conexões de negócios com Bagdá desde Bombaim e Calcutá, Rangum, Hong Kong, Xangai e Japão.

Não é preciso dizer que atritos e disputas com a comunidade muçulmana, em maioria, eram comuns em Bagdá, uma cidade na qual a harmonia duradoura entre os habitantes era invariavelmente fugidia. Segundo a lei muçulmana, os judeus eram *dhimmi*, uma minoria protegida, dispensada do serviço militar e livre para praticar sua fé, em troca de um imposto comunitário e um imposto sobre propriedade. Como cidadãos de segunda classe, também eram obrigados a se vestir de forma diferente dos muçulmanos, diferenciando-se pelo adorno usado na cabeça.

A confusão explodiu em 1889, depois da morte do adorado rabino Hakham Abdullah Somech. O guarda muçulmano que ficava do lado de fora do túmulo do sacerdote Joshua, na margem direita do Tigre, já fora de Bagdá, onde o funeral aconteceria, impediu a entrada dos coveiros judeus a não ser que recebesse uma gorda gorjeta *bakshish* de 50 libras. Os coveiros se recusaram. Depois de uma discussão, cerca de 2 mil judeus em luto forçaram a entrada e o funeral se iniciou, só para então um grupo de muçulmanos armados com tacos invadir e começar a atacar os judeus. Num memorando de 29 de outubro de 1889, Morris Cohen escreveu sobre como os primeiros "começaram a cair em cima deles furiosamente de todos os lados. Seguiu-se uma cena de confusão selvagem. Um ataque tão súbito, tão longe da cidade e à noite, induziu muitos daqueles que conseguiram deixar o pátio e fugir para a cidade, com medo de um massacre generalizado. Muitas pessoas receberam golpes graves na cabeça, no rosto e nos braços, outras caíram e foram pisoteadas na confusão".[54] O rabino-chefe foi capturado no dia seguinte e enviado à prisão.

Telegramas de protesto ocuparam as linhas do sultão e do grão-vizir em Istambul, do Conselho de Deputados, da Associação Anglo-Judaica e da família Sassoon, em Londres, e da Alliance Israélite, em Paris, assinados por setenta distintos judeus de Bagdá. O governador imediatamente ordenou a prisão de todos os que tinham assinado os telegramas. Em Londres, judeus britânicos protestaram com o primeiro-ministro, lorde Salisbury. Escrevendo em 30 de outubro, o major R. Bowman da Residência Britânica relatou que um total de dez rabinos e outros sessenta judeus tinham sido presos durante a confusão. Alguns tinham sido levados para a prisão de "forma barbára", amarrados à cauda da mula na qual ia o oficial de polícia responsável pela prisão.

O relatório de Cohen revela um deprimente retrato das dificuldades enfrentadas pelos judeus de Bagdá na época. A atitude muçulmana em relação aos judeus, escreveu ele, tornara-se "decididamente hostil", de alguma forma uma extensão oriental do antissemitismo crescente na Europa, especialmente na Espanha e na França, e na Rússia, onde já estavam acontecendo *pogroms*. Pequenas humilhações eram comuns. "Um mercador respeitável que conheço intimamente foi violentamente insultado por um mussulmano [*sic*] num café cheio de gente, por ter removido seu fez numa tarde quente e o colocado no joelho por um momento." Pior: durante uma epidemia recente de cólera, Cohen observara como no Bab al Muadham a quarentena era obrigatória para os judeus por ordem do governador, enquanto muçulmanos e cristãos podiam entrar e sair da cidade livremente. Mas nada se ouvia sobre esses incidentes: "os judeus têm medo de reclamar às autoridades; mal esperam alguma justiça onde já se experimentou tanta injustiça. Contra-acusações são tão comuns aqui, e tão facilmente sustentadas com a ajuda de falsas testemunhas, que os judeus geralmente sofrem seus desgostos em silêncio, em vez de criar outros ainda maiores ao reclamar". Em seu relatório a lorde Salisbury, coronel Tweedie, o cônsul-geral britânico, ecoa essa visão sobre o maltrato dos judeus: "O direito prescritivo de se fazer o que quiser com o judeu aqui se considera pertencer, em virtude de sua superioridade natural e religiosa, a todo muçulmano".

Comercial e financeiramente forte no fim do século XIX, a comunidade judaica em Bagdá já estava há tempos acostumada a *status* social e político secundário. Por um lado, os judeus de Bagdá gozavam de um controle sem rivais do comércio doméstico e internacional, mas também eram forçados a suportar todo o tipo de perseguição, desde pequenos assédios até a violência direta. Então, em 1908, veio a bomba da Revolução dos Jovens Turcos, quando o descontentamento dentro do exército, somado à dissidência política liderada por uma mistura combustível de secularistas, nacionalistas e liberais, disparou a rebelião militar. O sultão Abdul Hamid II foi forçado a restaurar o parlamento e a constituição inaugural de 1876 (fruto da mente de Midhat Paxá, então grão-vizir do Império Otomano) que ele suspendera trinta anos antes. As ortodoxias do Império Otomano foram viradas de cabeça para baixo. O poder saíra das mãos do sultão e agora fluía em direção do novo nexo de autoridade, o Comitê para União e Progresso dos Jovens Turcos. As conversas em Istambul eram sobre liberdade e reforma.

Do dia para a noite os judeus tornaram-se cidadãos plenos, já que o *status* oficial de *dhimmi* foi abolido. Em um dos momentos mais extraordinários de sua longa história, os judeus de Bagdá – bem como seus correligionários em todo o império – estavam pela primeira vez em pé de igualdade com os muçulmanos. Em 1909 o judeu de Bagdá Sassoon Eskell foi um dos seis parlamentares a representar a cidade na nova assembleia eleita em Istambul, uma posição que teria sido impensável em qualquer outro ponto da história de Bagdá.[55]

Para os judeus de Bagdá, foram dias tranquilos. A promessa de mais glória no século XX parecia se desenrolar em frente a essa comunidade de talento único – mas não se concretizaria. O sucesso visível demais numa cidade muçulmana de cabeça quente tinha seus perigos inerentes. Como notou o embaixador britânico em seu relatório anual em 1909, "a riqueza e a influência crescentes dos judeus na Mesopotâmia também contribuíram para o descontentamento; eles têm todo o comércio nas mãos e, ao invadir os melhores bairros da cidade e forçar uma subida de preços, conseguiram trazer para si o ódio da população muçulmana – um sentimento totalmente recíproco".[56]

Mas só 32 anos após o inspirador triunfo político de Sassoon Eskell, ocorreu a catástrofe, como veremos no Capítulo 10.

*

Estimulada pela energia dos judeus, Bagdá deleitava-se com os negócios, grandes e pequenos. Fora as altas finanças, a cidade se agitava com o ruído constante do comércio cotidiano. Apesar de as principais indústrias ainda não estarem industrializadas de fato – ateliês têxteis, fabricantes de sapatos, ourivesaria, trabalhos em cobre, fabricação de tijolos e construção de barcos –, uma nova espécie de fábrica de exportação começara a crescer no horizonte de Bagdá. Em 1889, os empreendedores irmãos Lynch tinham duas prensas a vapor, que juntas eram capazes de empacotar 30 mil fardos de algodão ao ano. Outro grupo, Darby Andrews, operava serviços similares. Na virada do século, a empresa norte-americana MacAndrews & Forbes & Company construiu uma fábrica com prensas hidráulicas onde toneladas de raízes de alcaçuz eram secas, embaladas e exportadas – uma dádiva para os amantes do chiclete, dos doces, do tabaco e da cerveja no mundo todo.

Caminhando pelas ruas, de um dos 118 armazéns da cidade a outro, pulando de mercado em mercado, passeando pelas margens do rio, os bagdalis respiravam os aromas variados de uma metrópole reemergente, dos perfumes exóticos do mercado de especiarias e o fedor enjoativo dos curtumes aos peixes frescos – e os que apodreciam – do Tigre. De casas preparando comemorações de casamento vinham tentadores aromas doces de especialidades caseiras: *shakkar borek*, folhas doces intercaladas com amêndoas; pudim de arroz *mihalabi* aromatizado com essência de flor de laranjeira; o deliciosamente consistente *man al simma* (maná do paraíso) aromatizado com pistaches e cardamomo; o clássico *halawa* mergulhado em açúcar com cenouras raladas, cardamomo e açafrão; delicados bolos redondos *claytcha* recheados de tâmaras; *burma*, pistache glaçado e embrulhado em aletria.

Bagdá entrou no século XX se não na melhor forma, pelo menos com três vezes o tamanho a que tinha sido humilhantemente reduzida nos anos 1830. E, apesar de ser pouco mais do que um canto sonolento do Império Otomano, que em si mesmo era o Doente da Europa, como costuma-se dizer que o czar Nicolau o chamou em 1853, a cidade tornou-se objeto de uma crescente atenção – e competição internacional. Mais uma vez no centro dos assuntos mundiais, apesar de não mais dona de seu próprio destino, como nos tempos Abássida.

Quando o século entrou em sua segunda década, houve um notável endurecimento das atitudes dos turcos em relação aos interesses britânicos em Bagdá. Para o admirável mundo novo dos Jovens Turcos, abundando em secularismo, nacionalismo e reforma, privilégios britânicos ostensivos como a guarda indiana de *sepoys* e o *Comet*, embarcação militar extravagante da Residência Britânica, lotada de armas, eram anátema – e anacronismo – puro. Em 1910, os escritórios da Companhia Lynch, cujo irritante sucesso lembrava a ineficiência de sua rival otomana no transporte a vapor no Tigre, foram destruídos. Foi um prelúdio da destruição subsequente, naquele outono, de outras propriedades britânicas em Kadhimiya. No mesmo ano, numa indicação altamente simbólica da direção para a qual o poder estava indo em Bagdá, a primeira estação sem fio alemã foi criada no Bab al Wastani, um enorme monumento do século XIII na margem leste, único sobrevivente atual das muralhas medievais que foram demolidas por Midhat Paxá.

A rivalidade de grandes poderes se intensificava a cada ano em Bagdá. Na esteira da derrota da Guerra Russo-Otomana de 1877-8, Istambul dera à Alemanha o precioso papel de reorganizar as forças militares otomanas. De 1885 a 1895, essa missão foi liderada pelo barão alemão Coronel Colmar Freiherr von der Goltz, um nome que se tornaria sinistramente familiar aos soldados britânicos na Mesopotâmia durante a 1ª Guerra Mundial.[57]

*

O sistema era ótimo para a classe política, mas os cidadãos comuns de Bagdá estavam muito mais interessados numa rivalidade bem diferente que se desenrolou em 1910 e virou o assunto da cidade. Sarah Khatun era uma armênia-iraquiana muito jovem, extremamente rica e extraordinariamente bela que havia herdado uma enorme fortuna e vastas propriedades, incluindo alamedas de pomares em Bagdá e nos arredores. A grande casa familiar ficava na rua Rashid e tinha vista direta para o Tigre. Boatos – e boa parte da história vem com o ruído das fofocas dos bazares – davam conta de que as propriedades dela eram tão extensas que um trem levaria meia hora para passar por todas. Desde a morte de seu pai, um filantropo que fundou a primeira escola para garotas em Bagdá em 1901, ela estava sob a guarda do tio, que tinha o controle da fortuna. Numa fatídica tarde de 1910, Nazim Paxá, governante otomano de Bagdá que tinha um enorme bigode, deu um baile de caridade num navio fluvial cheio de luzes e colorido com bandeiras. Ali, em meio a pomposos cônsules estrangeiros e suas esposas vestidas de forma séria, ele pôs os olhos em Sarah pela primeira vez, parcialmente escondida por um véu, e ficou completamente encantado. Ele tinha 62 anos e ela, dezessete. Ele a cercou, no início posando como figura amigável que podia ajudar a libertá-la da forçosa guarda do tio, depois pedindo-a em casamento, o que ela logo recusou – ela já tinha um noivo. O primo dela, Daniel, tentou sequestrá-la da casa, colocando-a num barco que ele tinha deixado em frente da propriedade, só para ser impedido pelos criados dos vizinhos, que tinham ficado sabendo dos planos. O paxá respondeu mandando prender os criados, enviando o pobre noivo a um serviço militar em Kirkuk e ordenando que a polícia invadisse a casa e a capturasse. Um passo à frente, Sarah escalou os muros do jardim e se refugiou na casa do vizinho *Herr* Hesse, cônsul alemão em Bagdá. Nem um pouco impressionado com a proteção da imunidade diplomática e a despeito da perseguição do paxá libidinoso, o alemão levou Sarah em segredo para a casa próxima de Daud al Nakib, cuja família descendia do grande imã sufi xeique Abdul Kadir al Gailani. Dali ela foi levada à casa de Sayid Abdul Rahman al Gailani, decano de alguns dos notáveis da cidade e mais tarde primeiro-ministro do Iraque, que concedeu-lhe refúgio. Forçado a ganhar tempo, Nazim Paxá colocou a casa e o bairro sob vigilância, e a polícia recebeu ordens de prendê-la assim que a visse. Durante uma tentativa de burlar o cordão de isolamento completamente velada numa carruagem a cavalo, a polícia tentou apreendê-la, mas foi rebatida por multidões do bairro de Bab al Sheikh (nomeado em homenagem ao xeique Abdul Kadir al Gailani, cujo popular templo se localiza lá). Notícias desse cada vez mais complexo escândalo já haviam então chegado a Istambul – poemas e canções fazendo troça de Nazim Paxá estavam rodando pela cidade – e um repórter turco chegou a Bagdá. O artigo dele, que incluía uma entrevista com a infeliz Sarah, causou sensação e levou a vigorosos protestos por parte dos membros iraquianos do parlamento de Bagdá no início de 1911. Sem se deixar parar, Nazim Paxá conseguiu um relatório médico declarando que Sarah era louca, uma tentativa de fazê-la ser internada. Agora desesperada para escapar, Sarah se disfarçou de freira francesa, foi até a antiga Universidade Mustansiriya, onde à época estavam atracados navios que sairiam com destino a Basra, e embarcou em um barco da Companhia Lynch acompanhada e protegida por uma freira francesa e um monge espanhol. Alertada pelos espiões onipresentes – manter um segredo em Bagdá sempre foi um desafio incrível – a polícia do paxá tentou evitar que ela saísse, mas foi proibida de embarcar pelo capitão inglês. Ainda assim, Nazim Paxá se recusou a aceitar a rejeição de Sarah à sua corte e tentou argumentar que ela tinha sido forçada a se converter ao catolicismo pelas freiras francesas e devia, portanto, ser resgatada em Basra. Quando o barco Lynch aportou naquela cidade, onde os homens do paxá estavam prontos para capturá-la no porto, o capitão a tinha transferido para um vapor britânico que estava à espera e que a levou em segurança para Bombaim via Bushir, onde ela ficou brevemente aos cuidados de *Sir* Percy Cox, então residente britânico do Golfo Pérsico, depois primeiro Comissário Superior no Iraque. Nazim Paxá foi deposto de seu cargo em Bagdá, algo comemorado por toda a cidade e em "O tirano de Bagdá", um poema do popular poeta Al Zahawi que elogia "uma nobre garota de castidade bem-conhecida" e faz troça do "ofensor do Iraque". Como escreveu Gertrude Bell para seu pai em 1911, "Nazim era mais do que a cidade podia suportar (...) eles teriam preferido que o demônio governasse Bagdá".[58] Em 1913, então chefe de gabinete do Exército otomano e ministro da guerra, ele foi assassinado em Istambul. Finalmente livre de assédios indesejados, Sarah mudou-se de Bombaim para a França, voltando a Bagdá após a 1ª Guerra. Ela teve papel fundamental em parar a evacuação forçada de iraquianos-armênios para campos de concentração na Turquia e dedicou boa parte do resto de sua vida a cuidar de refugiados armênios. Ela morreu pobre em 1960, tendo acabado com sua fortuna por causa de obras de caridade e da fraude praticada contra ela por um advogado desonesto. Ela hoje é lembrada no Campo Sarah de Bagdá, uma homenagem à venda de terra em termos generosos para abrigar as massas de refugiados armênios.[59]

*

Quando a guerra foi declarada, Bagdá se preparou para o conflito. Em Istambul, o sultão Mehmed V, um governante sem autoridade, ordenou uma mobilização geral. Então, em 11 de novembro de 1914, uma dramática cerimônia ocorreu na imponente Mesquita Fatih Sultan Mehmed, um dos monumentos mais veneráveis do horizonte de Istambul. Construída pelo poderoso predecessor e xará do sultão – e nomeada em homenagem a ele –, o conquistador (*fatih*) de Constantinopla em 1453, a mesquita não podia ser um local mais adequado, já que ficava sobre as ruínas da Igreja Bizantina dos Santos Apóstolos. Ali, o sultão e o califa recebiam a Espada do Profeta de Ürgüplü Hairy Bey, o xeique do Islã, e declararam *jihad* global. Em dezembro, centenas de ingleses, franceses e russos foram aprisionados em Damasco.

Panfletos de *jihad* patrocinados pelos alemães, utilmente traduzidos para o árabe, persa, urdu e turco, foram impressos e distribuídos pelo Império Otomano. Em 8 de abril de 1915, Jesse Jackson, do Consulado dos Estados Unidos em Alepo, enviou um exemplo típico a Henry Morgenthau, embaixador norte-americano da Porta. Dizia: "O assassinato dos infiéis que dominam as terras islâmicas tornou-se um dever sagrado, seja secreta ou abertamente, como declara o grande Alcorão em sua palavra: 'Tome-os e mate-os quando os encontrar'".[60]

A Inglaterra não demorou em responder a essa ameaça a seus interesses na Mesopotâmia e no Golfo Pérsico. O petróleo estava rapidamente se tornando um prêmio para as grandes potências. A Alemanha estivera interessada no produto desde os anos 1870 e, em 1901, uma de suas missões voltou com a notícia tentadora e absolutamente precisa de que a região era um "Lago de Petróleo".[61] Três anos depois, o governo otomano deu à Companhia Ferroviária da Anatólia, controlada pelo Deutsche Bank, uma concessão para explorar o petróleo na Mesopotâmia. Durante a década seguinte juntou-se a ela a Companhia de Petróleo Anglo-Persa e a Companhia Real de Óleo Dutch Shell, com os grupos competidores se unindo para formar a Companhia Turca de Petróleo em 1914 – só para vir a guerra e estragar esses planos cuidadosos.[62] Desde essa época, o potencial da província otomana de Basra – tanto para proteger os interesses energéticos britânicos na Pérsia quanto para fornecer o petróleo em si, que era essencial para a Marinha Real Britânica, dependente do combustível – teve papel central no planejamento estratégico inglês, principalmente quando os otomanos entraram na guerra junto com os alemães, do lado das Potências Centrais.[63]

Aterrissando perto de Fao em 6 de novembro, a Força Expedicionária Anglo-Indiana da Mesopotâmia sob o comando do brigadeiro Walter Delamain rapidamente capturou essa cidade e forte ao sul. As ordens de Delamain foram para que se protegessem refinarias, tanques e oleodutos em Abadan, e para ir até Basra, controlada pelos otomanos, somente se as hostilidades fossem declaradas. Com notícias chegando aos britânicos sobre a eclosão da guerra, isso virou uma ambição imediata. Os reforços de Delamain, comandados pelo general *Sir* Arthur Barrett, atacaram para norte, em direção a Basra. Após lutar em condições terríveis de poeira grossa, miragens alarmantes e rios de lama, eles tomaram formalmente a cidade no dia 23.

Assim começou o que um historiador denominou uma "missão fora de escopo em larga escala".[64] Em um telegrama enviado imediatamente após Basra cair na mão dos britânicos, *Sir* Percy Cox, oficial político chefe da Força Expedicionária, pediu uma ofensiva para continuar. "Acho difícil ver como podemos evitar tomar Bagdá. Não podemos permitir que a Turquia mantenha a posse e crie dificuldades para nós em Basra; nem podemos permitir que outra Potência a tome".[65] O avanço na direção norte começou. Kurna, uma região de canteiros de junco, poupas, alcíones, mergulhões e garças, que se pensava ser o local do Jardim do Éden, caiu em 14 de dezembro. Dentro de um ano da chegada a Fao, a Inglaterra estava comprometida com a tomada de Bagdá.

As conspirações e a criação de novos reis continuaram no mesmo ritmo, muitas delas dentro da altamente significativa Correspondência McMahon-Hussain de julho de .1915 a janeiro de 1916. Em 24 de outubro de 1915, quando a Inglaterra trabalhava na Revolta Árabe de 1916-18 dentro do Império Otomano, *Sir* Henry McMahon, alto comissário britânico no Egito, escreveu para Sharif Hussain, de Meca, garantindo a ele que a Inglaterra iria "reconhecer e apoiar os árabes em todas as regiões", com algumas modificações. "No que diz respeito aos *vilayets* de Bagdá e Basra, os árabes reconhecerão que a posição estabelecida e os interesses da Grã-Bretanha precisam de arranjos administrativos especiais de modo a proteger esses territórios da agressão estrangeira, promover o bem-estar das populações locais e salvaguardar nossos interesses econômicos mútuos."[66] O que exatamente eram esses "arranjos administrativos especiais" permaneceu indefinido.

De fato, houve uma confusão considerável em torno de objetivos políticos e militares dentro dos nós da burocracia britânica em três continentes. Primeiro, os militares sofriam com uma cadeia de comando que ficava metade na Índia e metade na Inglaterra. Tanto o governo quanto o escritório indianos viam Basra ficando sob jugo britânico permanente, enquanto Bagdá devia ser cedida pela Turquia e transformada em protetora do britânico com administração local. O lorde Kitchener, secretário de Estado da

Guerra, tinha objetivos mais imperiais e queria que toda a Mesopotâmia fosse anexada ao Império Britânico. O primeiro-ministro Asquith e o secretário do Exterior *Sir* Edward Grey se opunham a essa anexação, mas não eram contra a investida em Bagdá, que também estava sendo fortemente encorajada por interesses empresariais e individuais como os de lorde Inchcape, que tinha investimentos significativos no Golfo Pérsico.

Tais políticas – tanto as mais grandiosas quanto as mais simples – causavam pouca preocupação imediata aos cidadãos de Bagdá conforme a guerra continuava. Na cidade, os sentimentos em relação ao poder centralizador do Comitê para União e Progresso – que começara como uma organização guarda-chuva revolucionária incluindo os Jovens Turcos, mas se tornara o único partido político legal do império depois de tomar o poder num golpe em 1913 – estavam bem divididos. O clima piorou. Na primavera de 1915 o poeta e editor de jornal Abdul Hussain al Uzri foi retirado de sua casa em Kadhimiya por ordens de Nur al Din Bey, comandante-em-chefe do Sexto Exército Imperial Otomano, com sede em Bagdá. O crime era ter escrito e publicado editoriais inflamadores criticando a política otomana e exigindo autodeterminação e independência. Ele foi transportado e preso em Kayseri, antiga Cesareia, no coração da Anatólia, onde se juntaram a ele outros bagdalis cultos que tinham entrado em conflito com o regime otomano, incluindo o jesuíta Père Anastase-Marie Karmali.[67]

A guerra já estava espalhando a miséria em Bagdá em abril de 1915. Um relato testemunhal do distinto explorador e orientalista Alois Musil – um Lawrence da Arábia checo – destacou o terrível dano causado pela guerra e pela enchente:

> As ruas da cidade interna, pelas quais era difícil se mover em 1912, se abriram num vazio, a maioria das lojas fechou, os cafés só estavam com metade da lotação (...) grupos de soldados apareciam ocasionalmente aqui e ali (...) No cemitério cristão a leste da estrada que leva a Pérsia, caixões e esqueletos meio decompostos flutuavam. Por causa da cólera que devastava a cidade (trezentas pessoas morriam da doença por dia) os mortos cristãos agora estavam sendo enterrados na nova barragem da estrada principal, de modo que quem vinha a pé ou a cavalo tinha não apenas de passar por eles, mas até de abrir

caminho entre e por sobre os túmulos (...) Não havia mais vida na cidade, outrora uma das mais agitadas do Oriente.[68]

Em outubro, os turcos fecharam a Escola Laura Kedourie, confiscando-a como hospital militar. A escola de garotos da Alliance também foi tomada. No meio de outubro, o substituto de Barrett, major-general Charles Townshend, comandante da 6ª Divisão (Poona), estava marchando a Bagdá sob as ordens do general *Sir* John Nixon, comandante da Força Expedicionária Indiana. Como expressou um memorando de 6 de outubro do escritório indiano para o Comitê Interdepartamental sobre Situação Estratégica na Mesopotâmia, uma ocupação de Bagdá faria "reviver o prestígio britânico no Oriente Médio" e colocaria a Inglaterra "em posição de cortar as comunicações alemãs com a Pérsia".[69]

Apesar dos séculos de declínio, Bagdá ainda era um nome romântico a se conjurar nos corredores do Império Britânico. Enquanto para a maior parte dos oficiais otomanos marcados para serem enviados para lá Bagdá era uma palavra ameaçadora e um teste de distância e calor ("um boato volta até de Bagdá", dizia o provérbio), muitos estrategistas britânicos, em contraste, achavam que era uma "irresistível estrela-guia", pelo menos quando se olhava de longe.[70] Uma vitória animadora ali levantaria os ânimos britânicos e compensaria a falta de sucesso em Gallipoli e a invasão alemã da Sérvia.

A derrota dos turcos no inverno, em Shaiba, uma tentativa de retomar Basra, trouxe uma reforma geral da liderança militar em Bagdá. O marechal von der Goltz entrou em Bagdá em 15 de dezembro com trinta oficiais alemães, recebidos por multidões de crianças cuidadosamente orquestradas e obedientemente alegres. Os bagdalis logo ouviram falar sobre a crueldade e a severidade do comandante alemão. Alguns as experimentaram em primeira mão. Trabalhando como mensageiro adolescente para o comando turco sediado na cidadela, Hadi Abdul Hussain – futuro pai do político iraquiano Ahmed Chalabi – assistiu horrorizado quando um copeiro que sem querer derrubara chá nos documentos do general foi cruelmente açoitado. Em contraste, e para confundir a cabeça de muitos dos cidadãos que amavam os cães, von der Goltz mimava seus cães pastores da Anatólia de rabos ondulados.[71]

Para os britânicos, a estrada a Bagdá passava pela cidade de Kut, nas margens do Tigre 160 quilômetros ao sudeste. Foi ali que a Inglaterra, após um ataque fracassado a Bagdá, sofreu uma das piores humilhações militares da história do império. Um destruidor cerco turco começou em dezembro de 1915 e continuou durante cinco meses, apesar dos esforços de T. E. Lawrence e Aubrey Herber em acabar com os problemas dos britânicos por meio do suborno. Quando Townshend ofereceu sua rendição incondicional em 29 de abril, as condições dentro da cidade pareciam algo saído do apocalipse. Fotografias de sobreviventes do Exército indiano emaciados e com olhos do tamanho de pires, costelas forçando a pele fina como pergaminho, ainda são uma visão aterradora. "Essa última parte do cerco foi uma época ruim, faminta, doente, com excesso de trabalho", escreveu à época o major Ernest Walker da 1ª Ambulância de Campo Indiana. "Moscas e mosquitos aumentaram rapidamente. Nossos mortos fediam, os mortos turcos fediam. Nunca poderei esquecer os *gatos*, esfomeados, é claro, comendo turcos mortos & se alimentando de seus esqueletos. A diarreia começou & a febre e o escorbuto pioraram."[72]

Townshend perdeu 4.500 homens antes do cerco e mais 3.800 durante o suplício. As três tentativas fracassadas de quebrar o cerco custaram 23 mil vidas Aliadas. Mas a rendição não pôs fim ao sofrimento. Um temeroso julgamento ainda aguardava os desinformados prisioneiros.

*

Os bagdalis viram alguns dos sofrimentos causados pelo cerco em primeira mão. Em meados de maio, ainda se recuperando de um ataque de cólera quase fatal que o tinha poupado da primeira perna da marcha forçada a partir de Kut, o sargento aéreo da Força Aérea Real P. W. Long entrou com ruído na cidade como prisioneiro a bordo do gasto encouraçado de carga *Julnar*. Capturado dos britânicos após uma de suas malsucedidas tentativas de quebrar o cerco, o navio tinha sido atacado de forma tão brutal de proa a popa que parecia uma peneira flutuante.

Como tantos viajantes antes dele, Long ficou arrebatado por sua primeira visão de Bagdá. "Nunca esquecerei a bela figura que apareceu à vista quando dobramos uma curva no rio perto de Karrada, um subúrbio da cidade", escreveu em um relato pós-guerra de sua prisão. "Domos azul-turquesa e esguios minaretes espiavam por cima de frondosas palmeiras verde-escuro e formavam o plano de fundo. O céu azul de aço se refletia nas águas do Tigre e no primeiro plano estava uma ilha coberta de juncos, local de caça para um bando de garças de pernas longas."[73]

Logo abaixo de cegonhas ruidosas, as varandas mais altas de casas à beira-rio estavam cheias de mulheres e garotas cristãs sem véu, gritando "*Bonjour*!" e "*Good morning*!" para os pálidos recém-chegados. As coisas ficaram piores quando os prisioneiros britânicos e indianos cruzaram a ponte-de-barcos para o oeste de Bagdá, onde foram ordenados a marchar por um lotado "bazar imundo", no qual "árabes barbados em túnicas flutuantes e jovens com chapéus fez vermelhos nos olharam com espanto e nojo". A atmosfera ficou negra. Grupos de mulheres "com rostos tatuados e roupas rasgadas gritaram para nós e cuspiram no chão para demonstrar desprezo". Então,

> uma das mulheres tatuadas veio para perto de mim e cuspiu bem em meu rosto. Esquecendo completamente o fato de que eu era um prisioneiro, arranhei fracamente a garganta da velha. Atrás de mim o soldado mais próximo bateu com força o cabo de seu rifle entre meus ombros, e fui jogado com força na imundície da rodovia. Rolei de costas bem a tempo de receber a ponta da baioneta no meu lábio inferior quando ele investiu com ódio em minha direção (...) o sangue jorrou livremente pela frente do meu queixo e para minha camisa rasgada, deixando-me com uma aparência terrível. Os espectadores da multidão vibraram selvagemente com esse pequeno espetáculo e a mulher berrou "*Kaffir, kelb ibn kelb*!" ("Infiel, cão filho de um cão!") para mim enquanto eu tropeçava tentando voltar a meu lugar na fileira.[74]

Cambaleando pelo *souk* com uma febre ardente que fazia a cabeça tontear, Long foi um dos trezentos prisioneiros obrigados a acampar ao ar livre na estação ferroviária de Bagdá. Certa noite ele foi acordado pelos gritos de dois ingleses doentes que estavam usando as latrinas de fossa e foram atacados por um grupo de árabes e deixados nus e grunhindo no chão, cobertos por cruéis cortes de faca e pesadas contusões. Durante os nove dias em Bagdá, a insolação, a fome e a doença levaram muitos dos prisioneiros.

Pelo menos inicialmente, os prisioneiros oficiais britânicos e indianos de Kut foram mais bem tratados. Em 9 de maio de 1916, o capitão Edward Sandes desembarcou na antiga Residência Britânica, agora um hospital militar. Pingando de suor sob o peso de pacotes pesados, os capitães e subalternos britânicos foram obrigados a marchar pela cidade atrás dos oficiais indianos, "para serem exibidos exatamente como um triunfo romano, exceto que não havia correntes e tínhamos todas as nossas roupas".[75] Eles passaram por quartéis de infantaria na cidadela e andaram em fila pelo Portão Norte pela planície deserta em direção aos grandes quartéis de cavalaria turcos, rodeados por lençóis d'água, que seriam seu lar durante os próximos quatro dias. Dentro de poucos momentos os famintos oficiais estavam cercados por uma barulhenta massa de mascates de Bagdá vendendo laranjas, cebolas, cigarros locais e bolos a preços extorsivos. Majores, coronéis e generais britânicos fizeram uma jornada mais digna, o mais sênior deles de carruagem, até o Grand Babylon Hotel, próximo à ponte-de-barcos que balançava suavemente.

Enquanto quem era de outros postos militares lutava para sobreviver, Sandes e seus colegas estavam fretando pequenas carruagens para ir até o Banco Imperial Otomano trocar dinheiro, de lá para o respeitável cônsul norte-americano Charles Brissel, que dava a eles "excelente *brandy* de licor, café e cigarros" e adiantava "três liras em ouro por homem".[76] O major Ernest Walker, que chegara a Bagdá em 5 de junho, tinha permissão de gastar tardes agradáveis com colegas oficiais num clube com vista para o Tigre, e jantar com certo esplendor. "O Clube era na verdade um hotel ou café às margens do rio, com uma bela grama, cadeiras em pequenas mesas, uísque, água com gás e *gelo* (...) Ficamos para jantar e fomos bem-alimentados com um quarto de vinho tinto & um café muito excelente."[77]

Um dia, durante sua estada forçada em Bagdá, o bando esfarrapado de prisioneiros moribundos do sargento aéreo Long recebeu uma visita VIP surpresa. Enver Paxá, ministro da Guerra turco, tinha vindo inspecioná-los. Ele reconfortou os sobreviventes do pesadelo de Kut: "Seus problemas acabaram agora, meus queridos; *vocês serão tratados como honráveis convidados do Sultão*".[78]

De fato, o general Townshend era um dos prisioneiros de Kut a ser tratado como honrável convidado do Sultão Mehmed. Após Khalil dar um jantar em Bagdá em sua homenagem, Townshend viajou para o norte com o caixão do marechal von der Goltz, que morrera de tifo pouco antes da queda de Kut (havia boatos de que ele fora envenenado pelos turcos), e passou o resto da guerra muito confortável numa pequena ilha próxima a Istambul.

Uma jornada bem diferente aguardava Long e outros milhares de prisioneiros: uma marcha forçada de 800 quilômetros pelo deserto num calor cáustico de 40 graus, durante a qual lhes foi negado o fornecimento adequado de água e comida e eles foram atormentados, surrados, roubados e sodomizados por seus guardas. Assolados por cólica, escorbuto, disenteria ou cólera, enfraquecidos pela insolação, muitos apenas cambalearam para o acostamento para morrer, ou morreram onde estavam mesmo. Até o fim da maratona aos acampamentos de prisioneiros na Turquia e na Síria, 1.306 dos 2.680 suboficiais e praças britânicos capturados em Kut tinham morrido e 449 estavam desaparecidos. Dos 10.486 que serviam no Exército indiano, 1.290 morreram e de 1.773 não se sabe o paradeiro.[79] Foi uma das marchas militares mais brutais e sangrentas em toda a história.[80]

*

O público britânico ficou horrorizado com o desastre em Kut. Kipling expressou a fúria popular com a desastrosa incompetência em seu poema "Mesopotâmia", publicado em julho de 1917:

> Eles não irão voltar para nós, os determinados, os jovens
> Os ávidos e íntegros a quem nós ofertamos:
> Mas os homens que os deixaram, tão frugais, para morrer em meio a esterco,
> Virão eles com anos e honra para o túmulo?
> (...)
> Devemos ameaçar e nos irar por uma hora?
> Descobriremos assim, quando a tempestade acabar
> Que com favores e artifícios de seus iguais
> Eles suave e rapidamente conseguiram ao poder voltar?

(...)
Suas vidas não podem pagar, nem suas mortes desfazer
A vergonha que impuseram na população
A preguiça que desperdiçou e a arrogância que matou
Devemos manter no lugar, sem ação?

Mas o fracasso em Kut também intensificou a resolução britânica. O major-general *Sir* Stanley Maude foi colocado no comando de todas as forças Aliadas na Mesopotâmia no fim de julho de 1916. Num bilhete secreto escrito naquele ano, o subsecretário do escritório da Índia falou sobre o desejo de "apagar a memória do fracasso em Kut" – e a resposta apropriada rapidamente se apresentou. "A tomada de Bagdá sem dúvida impressionaria o Oriente Médio" e colocaria a Inglaterra no caminho do domínio da região.[81] Em fevereiro de 1917, o primeiro-ministro Lloyd George estava dizendo a *Sir* William Robertson, chefe do Comando Geral Imperial, que "você precisa fazer de tudo para nos dar Bagdá".[82]

Quando as forças britânicas atacaram Bagdá novamente, as condições na cidade pioraram. Ferreiros no mercado de metal Souk al Saffafir esconderam-se depois de testemunhar turcos arrancando colegas de suas lojas e alistando-os. Em várias praças públicas os cadáveres de desertores militares eram pendurados em postes para apodrecer. Massas de feridos chegavam à cidade diariamente. As ruas estreitas ficaram ainda mais estreitas com os caixões abertos improvisados em que os cadáveres ficavam deitados em meio a enxames fétidos de moscas. Os preços dos suprimentos básicos, como açúcar e trigo, subiram drasticamente. Bagdá tornou-se um gigante campo de refugiados, com a chegada de multidões de mulheres empobrecidas vindas das vilas ao sul da cidade, fugindo da batalha.

Com o reabastecimento militar efetivo cortado e manobrando pelas minúsculas ruas, em maio de 1916 o governador militar turco, Khalil Paxá, com o incentivo do comando alemão, tomou uma decisão que mudaria Bagdá para sempre. Uma avenida de 152 metros de largura, saindo do Portão Sul e passando pela praça Maidan e ao longo da Mesquita Mirjan até o portão norte de Bab al Muadham, paralela ao Tigre, foi aberta no meio de Rusafa. Tudo em seu caminho, incluindo o supostamente protegido

Bazar Haydar Khana, que era *wakf*, ou propriedade de testamento, foi demolido. Só as casas daqueles que tinham dinheiro para sérios subornos foram poupadas.

As autoridades, querendo marcar seu sucesso em Kut, abriram a rua Khalil Paxá – futura rua Rashid – com grande pompa em julho. Sua rota, disse a intrépida jornalista norte-americana Eleanor Egan, que passou algum tempo em Bagdá com o general Maude e o comando britânico em 1917,

> exigiu alguma falta de consideração pelos sentimentos dos habitantes e proprietários. Não havia possibilidade de investigar ou respeitar os direitos de propriedade. A rua simplesmente cortou reto. E alguns dos proprietários foram tão prejudicados que até hoje não se deram ao trabalho de remover desses prédios cortados pela metade as evidências de ocupação humana. Eles deixaram os quadros pendurados de qualquer jeito nas paredes dos quartos e alguns móveis aqui e ali para serem destruídos pelo tempo e ficarem feios. Eles parecem horrivelmente expostos e envergonhados.[83]

Em março de 1917, tropas turcas estavam cavando trincheiras do lado de fora de Bagdá para se defenderem contra o incansável ataque britânico, e os oficiais estavam coletando mercadorias de toda a cidade e enviando-as de trem para Samarra. No dia 10 de março uma tempestade de areia incomumente feroz caiu sobre a cidade. Khalil Paxá convocou um conselho de guerra no Pavilhão Khirr para expor sua posição nada invejável. Por um lado, ele estava sofrendo uma dura pressão de Enver Paxá para manter sua posição e seus aliados alemães tinham enviado uma recomendação não menos urgente para lançar um contra-ataque. Por outro, seus comandantes em campo destacavam que suas forças defensivas estavam depauperadas demais para aguentar um adversário mais poderoso na linha de frente, e enfatizavam os profundos perigos e dificuldades de uma retirada súbita e não planejada. Às oito horas da noite, depois de uma conferência particular final com seu chefe de gabinete, Khalil Paxá tomou sua decisão. Foi enviada uma ordem para uma retirada geral para uma linha 30 quilômetros ao norte de Bagdá. Um telegrama foi enviado a Istambul, no qual o paxá anunciava "a lamentável necessidade de abandonar Bagdá".[84]

Havia tempo para uma chamuscadora despedida de última hora. Todas as fábricas da cidade deveriam ser destruídas, bem como a estação sem fio alemã, vários escritórios britânicos e sete novos aviões em seus caixotes. A munição foi jogada no Tigre e a ponte-de-barcos foi queimada. Os bagdalis fugiram para seus porões quando a terrível explosão de salvas dos turcos balançou suas casas. A areia voava pela cidade em rajadas grossas, causando pânico e confusão. Na dor de serem alvejadas pela deserção, as tropas turcas correram pela cidade em direção ao Portão Norte, dando a deixa para as multidões de Bagdá saírem nas ruas, eviscerando as lojas e roubando tudo em que podiam colocar as mãos, de pesados estrados de cama e balaustradas de ferro a cofres de mercadores e bancos de parque. Em meio ao caos, Khalil Paxá e sua comitiva embarcaram em um trem para Samarra, lavando as mãos no que dizia respeito a Bagdá. Enquanto os turcos marchavam para fora da Cidade da Paz, houve tempo para um último ato de vandalismo. O Bab al Talism, joia do califado Abássida do século XIII – que estivera fechado com tijolos para evitar que futuros conquistadores seguissem os passos de Sultão Murad IV, que tomara a cidade em 1638 – foi feito em pedaços, explodido.

A maníaca artilharia turca e as explosões criaram um profundo clarão vermelho no céu cheio de areia. Pouco antes da meia-noite, a 35ª Brigada de Maude saiu da margem direita do Tigre. À 1h35 a 39ª Brigada relatou ter ocupado as trincheiras inimigas na margem esquerda, e Bagdá parecia estar em chamas. Às duas da manhã, a 23ª ocupou as posições inimigas e uma hora depois foi dada a ordem para avançar. Às seis da manhã a patrulha Black Watch, sob o comando do segundo-tenente Houston, tinha o controle da estação ferroviária de Bagdá, a pouco mais de um quilômetro da cidade, e as tropas estavam procurando um troféu apropriado para levantar. Entre o grafite eles encontraram as desafiadoras frases "100 Tommies = 1 Askari"** e a comoventemente errônea "Bagdá fica muito longe".

** Tommy era um nome usado comumente para se referir aos soldados britânicos, principalmente pelos alemães. Askari eram os soldados de tropas indianas, usados pelo Império Alemão em diversas ocasiões, inclusive na Primeira Guerra. (N.T.)

Pouco antes do alvorecer, dois esquadrões da cavalaria britânica trotaram em direção à cidade. Fora do Portão Sul, eles encontraram um grupo de representantes nobres árabes e judeus, com uma petição dos mercadores da cidade e um pedido do respeitável cônsul norte-americano para que as tropas britânicas tomassem Bagdá sem demora, já que os árabes e os turcos estavam saqueando a cidade de cima a baixo. Nas impagáveis palavras do oficial comandante do Regimento Real, relatadas pelo correspondente de guerra Edmund Candler: "Por Júpiter! Acho que esses camaradas estão nos trazendo as chaves da Cidadela!". Entre o grupo não oficial de boas-vindas estavam atraentes mulheres sem véus, "cuja audácia era quase motivo de vergonha para homens que não tinham visto nada parecido com uma mulher há anos, com exceção de pacotes pretos enchendo jarras no Tigre".[85]

Dentro de uma hora, três batalhões da 35ª Brigada – o 1/5º Buffs, o 37º Dogras e o 102º Grenadiers – estavam estreando no Tigre em *guffas* confiscadas, e meia hora depois disso a Union Jack voava sobre a venerável cidadela enquanto as tropas britânicas e indianas soavam tiros altos para dispersar as multidões de saqueadores.

Às 8h30 da manhã, uma flotilha naval britânica de sete canhoneiras – incluindo a *Firefly* desfraldando a Insígnia Branca sobre a turca – deixaram Bawi, uma vila 6,5 quilômetros ao norte da antiga Ctesiphon, a sudeste de Bagdá, acompanhadas do general Maude no *P. 53*. Às 3h30 da tarde do dia 11 de março, Maude desembarcou na Residência Britânica, numa das entradas mais discretas já feitas por qualquer conquistador de Bagdá.

Os britânicos tinham chegado ao que as tropas de Maude chamaram de "a velha cidade arrogante de Haroun al Rothschild".[86]

CAPÍTULO 10

Uma monarquia muito britânica: três reis em Bagdá (1917-1958)

Os ingleses conquistaram este país, eles gastaram suas riquezas e regaram o solo com seu sangue. O sangue de ingleses, australianos, canadenses, muçulmanos da Índia e idólatras encharcou a poeira do Iraque. Não devem eles gozar do que ganharam? Outros conquistadores subjugaram o país. Como caiu a eles, também caiu aos ingleses. Eles estabelecerão seu domínio. Khatun, sua nação é grandiosa, rica e poderosa. Onde está nosso poder? Se eu digo que desejo o domínio inglês e os ingleses não consentem em nos governar, como posso forçá-los? E se eu desejar o domínio de outrem, e os ingleses decidirem permanecer, como posso expulsá-los? Reconheço sua vitória. São os governadores e eu, o governado. E quando me perguntam qual é minha opinião sobre a continuidade do domínio britânico, respondo que sou súdito do vencedor.

– O *nakib* de Bagdá a Gertrude Bell, fevereiro de 1919[1]

Nosso clima é como nós. Quente em um dia, frio no outro. Nós também explodimos até parecer que o universo vai se fazer em pedaços e depois nos acalmamos até parecer que não resta em nós uma faísca.

– Jabra Ibrahim Jabra, *Hunters in a Narrow Street* [Caçadores numa rua estreita], 1960

Arrasada pela guerra, consumida pelas chamas, reverberando com o som das explosões, com uma população abjeta basicamente reduzida à fome e muitos de seus prédios completamente demolidos, a Bagdá na qual general Maude entrou em 11 de março de 1917 não lembrava em nada a famosa cidade Abássida de outrora. Confrontados com a imundície, a miséria e a destruição por todos os lados, os britânicos rapidamente se libertaram de quaisquer associações românticas que pudessem estar carregando ao ver pela primeira vez os emocionantes domos azuis e dourados, os esguios minaretes e as tamareiras e laranjeiras refletidas no lânguido espelho do Tigre no amanhecer ou ao pôr-do-sol.

A História Oficial Britânica da 1ª Guerra Mundial destaca que os subúrbios de Bagdá estavam cheios de "cadáveres e ossos de animais mortos". Entrando em marcha na cidade, as forças anglo-indianas se confrontaram com "casas de tijolo cor de lama com aspecto miserável e bastante dilapidadas e (...) ruas estreitas e imundas". "Não havia sistemas sanitários ou recolhimento de lixo, cheiros insalubres abundavam e centenas de cães doentes e mortos de fome perambulavam por todos os lados."[2]

Tendo aguentado arduamente no deserto e nos brejos infestados de malária, num calor de acabar com a determinação, bem como num frio de adormecer os ossos, tendo desejado uma Bagdá idealizada na qual descansar e talvez até colocar os olhos numa mulher pela primeira vez em mais de um ano, não é de se surpreender que o sentimento geral entre as tropas britânicas fosse de "grande decepção" e "desencantamento". Como escreveu secamente o correspondente de guerra Edmund Chandler, um dos primeiros a chegar a Bagdá, "O romance voa frente à revelação". De fato, "não haveria descanso; todos os *djinns* de Bagdá não seriam capazes de levantar um único copo de cerveja".[3] A ofensiva contra os turcos continuou a norte e a oeste.

Para piorar a desilusão dos recrutas britânicos, os turcos em retirada tinham escondido explosivos por toda a cidade. A cidadela, com seus muros orgulhosos, estava coberta pela fumaça preta dos fogos alimentados com petróleo, "com trens prontos [com explosivos] colocados nas lojas de munição".[4] As tropas de Maude pelejaram durante todo o dia e toda a noite para extingui-las.

Dentro da cidade na qual os negócios britânicos haviam prosperado por décadas, "nem uma única propriedade britânica tinha ficado em pé a não ser a Residência, um prédio bastante grandioso à beira-rio, que convincentemente faz lembrar os dias em que a Grã-Bretanha mantinha uma relação especial e algo soberba com o Império Turco". Apropriada como hospital militar, porém, até ela estava "suja e mal cuidada para além do que qualquer um possa descrever", escreveu a horrorizada – e vigorosamente pró-Inglaterra – correspondente norte-americana Eleanor Egan.[5] Essa imagem deprimente é corroborada pela História Oficial Britânica, que relata que os prédios maiores tinham sido tomados pelos turcos para serviços médicos e estavam "indescritivelmente sujos e repugnantes". "Era preciso tomar conta do saneamento de forma enérgica", antes de a cidade estar pronta para ser ocupada, incluindo fornecer macas hospitalares para sete mil doentes e feridos.[6] As ruas estreitas ressoavam com os passos dos soldados em patrulha, fazendo buscas de casa em casa, procurando por armas e policiando os mercados – a maioria já tinha sido saqueada e agora estava estripada e em chamas. As multidões rebeldes de Bagdá tinham agido rápido na exploração das poucas horas sem lei entre a saída dos turcos e a chegada de Maude. Os mercadores judeus registraram perdas combinadas de dois milhões de francos entre as duas e as nove horas da manhã de 11 de março.

Multidões de bagdalis – árabes, judeus, iranianos, armênios, caldeanos e várias seitas cristãs – foram receber os novos conquistadores. "Eles se enfileiraram nas ruas, nas varandas e nos telhados, dando vivas e aplaudindo", relatou Candler. "Grupos de crianças em idade escolar dançaram em nossa frente, gritando e comemorando, e as mulheres da cidade vieram usando seus vestidos de festa."[7] Menos de um século depois, Bagdá receberia os soldados norte-americanos com um entusiasmo tão pouco duradouro quanto esse.

Apesar da sujeira e da destruição, Egan, que tinha sido posta sob os cuidados de Maude e de seu comando, achou a cidade conquistada totalmente cativante e exótica. Pelas ruas tortas passava uma infinita procissão de adornos de cabeça: turbantes, tarbushes, chapéus de safari, chapéus de palha, solidéus, tradicionais faixas árabes *agal*, tubos alongados de feltro usados pelos povos Lur e pelos curdos, cartolas sem bordas dos Bakhtiari, o ocasional astracã preto do norte. Havia ainda trabalhadores asiáticos Bushir descalços usando roupões ingleses, bengaleses em *dhotis* estilo envelope, criados de Madras com anéis nas orelhas, chineses com caras de intelectuais usando chapéus de palha e óculos. *Sayids* (descendentes do profeta) de turbantes verdes andavam ombro a ombro com iranianos vestidos de preto, parsis e zanzibares com ar selvagem, suaílis e abissínios, gregos e judeus, cristãos de todas as correntes, de caldeanos e armênios a sabeus, nestorianos e jacobitas. Ela admirou os "persas e árabes e judeus orientais com seus longos cochilos durante o café e narguilés", centenas de mulheres sem véus em *abayas* lindamente coloridos, "carregadores curdos tropeçando sob cargas inacreditáveis", a "multitude de mulheres operárias quase perdidas de vista sob enormes pacotes soltos de galhos e raízes de gramíneas do deserto". Havia ainda os "altivos idosos muçulmanos de turbante" em robes pretos fluidos, "judeus de fez vermelho em roupas europeias mal combinadas" e "bonitas mulheres persas em chapéus altos de lã de cordeiro branca e casacos de seda de várias cores" que a lembravam José. Ela ficou especialmente impressionada com os "cristãos da antiga linhagem caldeana", que usavam vestes árabes mas tinham olhos azuis e "a pele branca de um alemão". A única nota sinistra veio de um dos escravos do leste da África, homens e mulheres "pretos como ébano e com olhos ardilosos cheios de questões e ressentimento".[8]

Enquanto seus colegas escreviam cartas para casa cheias de saudade, astúcias militares e as referências casuais a Ali Babá e os Quarenta Ladrões e Simbad o Marujo, o piloto de bombardeiro George Coles, da 38ª Brigada, não perdeu tempo em procurar a espelunca mais próxima. Encontrou uma em que "cerca de 100 árabes estavam descansando em sofás de madeira, bocejando e bebendo bocados de chá de menta enquanto uma garota armênia dançava a Salomé numa plataforma elevada à música de um piano e dois estranhos instrumentos de corda". O auge da apresentação foi a garota "num frenesi – nua como veio ao mundo (...) o Oriente sem a tampa!".[9]

Em Londres, notícias sobre a queda de Bagdá foram recebidas com alívio e exibições de poder. "A bandeira britânica sobre Bagdá", proclamou *The War Illustrated*; "Fim dos sonhos alemães de um império oriental". A captura da cidade por Maude fora, para a Alemanha, "o golpe mais pesado sofrido na guerra e para o Império Otomano o golpe mais prejudicial infligido em um quarto de milênio".[10]

Em 19 de março, Maude emitiu sua famosa Proclamação de Bagdá, escrita pelo político britânico *Sir* Mark Sykes, fundador do Bureau Árabe e coautor do Acordo Sykes-Picot secreto de 1916 que, sem os árabes saberem, dividia o Oriente Médio otomano em esferas de influência e controle britânicas e francesas. A proclamação se referia de forma explícita às glórias do passado Abássida, às depredações mongóis e às iniquidades otomanas em Bagdá. Maude começou por assegurar aos cidadãos que:

> (...) nossos exércitos não entram em suas cidades e terras como conquistadores ou inimigos, mas como libertadores. Desde os dias de Halaka [Hulagu], sua cidade e suas terras têm sido sujeitas às tiranias de estranhos, seus palácios caíram em ruínas, seus jardins afundaram em desolação, e seus ancestrais e vocês gemeram em cativeiros. Seus filhos foram carregados para guerras que vocês não procuraram, sua riqueza foi roubada por homens injustos e desperdiçada em lugares distantes.

Depois veio um ataque aos turcos, cujas reformas prometidas tinham se provado uma trágica quimera. A Inglaterra, ao contrário, estava convencida de "que vocês devem prosperar como no passado, quando suas terras eram férteis, quando seus ancestrais deram ao mundo literatura, ciência e arte, e quando a cidade de Bagdá era uma das maravilhas do mundo".

Maude enfatizou a "íntima ligação de interesses" entre a Inglaterra e Bagdá, cujos comerciantes negociavam uns com os outros em "lucro e amizade mútuas" há duzentos anos. Os alemães e os turcos tinham feito de Bagdá um centro de poder a partir do qual atacavam a Inglaterra e seus aliados na Pérsia e na Arábia; "Assim, o governo britânico não pode ficar indiferente ao que acontece em seu país agora ou no futuro".

Havia outra garantia – fatidicamente vaga – sobre o destino político de Bagdá. A Inglaterra não desejava "impor a vocês instituições estranhas", mas esperava que "as aspirações de seus filósofos e escritores possam ser realizadas", com Bagdá prosperando com instituições de acordo com suas "leis sagradas" e "ideias raciais". Maude chamou a atenção dos bagdalis para os acontecimentos no Deserto da Arábia, onde os árabes tinham "expulsado os turcos e os alemães que os oprimiam, proclamando Sharif Hussain como seu rei, e Vossa Senhoria governa com independência e liberdade".*

* Hussain ibn Ali, Sharif e Amir de Meca de 1908 a 1917, rompeu com o Império Otomano em 1916, quando liderou a Revolta Árabe, apoiado pelos britânicos, e se proclamou rei do Hijaz e Sultão de todos os árabes um ano depois. Sendo hachemita, ou seja, descendente do profeta Maomé, ele desfrutava de *status* especial no mundo muçulmano. Em 1924, após a dissolução do califado otomano, ele se proclamou califa, mas foi derrotado no mesmo ano por Abdul Aziz al Saud, seu principal rival na Península Arábica e mais tarde primeiro rei da Arábia Saudita. (N.A.)

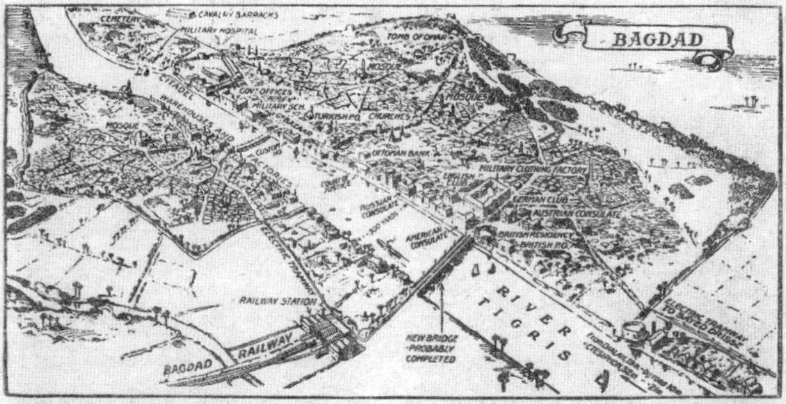

THE BRITISH FLAG OVER BAGDAD

End to German Dreams of Eastern Empire

ON March 11th, 1917, Lieut.-General Sir Stanley Maude, in command of the Mesopotamian Expeditionary Force, occupied Bagdad, and so dealt the German Empire the heaviest blow it has suffered in the war and the Ottoman Empire the most damaging blow inflicted upon it in a quarter of a thousand years. For Germany the capture of the city means the end of her dream of dominion in the East, towards which she was reaching slowly along the Berlin-Bosphorus-Bagdad Railway line. For Turkey it means almost certainly the disruption of her Empire in Asia, consolidated among the Moslem peoples when Bagdad surrendered to Murad IV. on Christmas Day, 1638. With her Empire in Europe also tottering to its fall, it means the final elimination of Turkey from the Powers of the world.

Politically, the event is of transcendent importance in the East. It restores British prestige, undoubtedly shaken by the earlier failure to relieve Kut-el-Amara. It frees Persia from the Turkish occupation of some 30,000 square miles of her territory. It secures the frontier of India. It stills Mohammedan unrest throughout the East. It opens up the possibility of a great and far-reaching revival of the Arab race. Strategically, too, it is of great importance. It enables us to co-operate with the Russians advancing from Persia, and still further compromise the Turks' line of retreat from Bagdad; and, in any case, it seriously threatens the whole efficiency of the Turkish armies to help the Germanic Powers. With every mile of the railway that falls into our possession we shall interfere more seriously with their means of moving reinforcements and supplies northwards, and so increase the weight that they have already become upon Germany, which is their real military base.

Chiefly, however, because of its extraordinary picturesqueness will the capture of Bagdad first impress the imagination of the world. The very name of the city is redolent of romance. It stands in that great plain which is the focal point of immemorial associations, whose history covers at least five thousand years and rings with names that still are magnificent. Bagdad itself was founded in 762 by Al Mansur, first of the Abbasid Caliphs, who thought it desirable to move the capital of the new dynasty from Damascus, where the Ommiades had held their Court. He built it on the site of an infinitely old village, on the west bank of the Tigris, and for five hundred years it remained the seat of the Caliphate until Hulagu, grandson of Genghis Khan, and his Mongol hordes carried and sacked it in 1258. At its zenith Bagdad really was the city of which we dream when we read of Haroun al-Raschid in "The Arabian Nights": in the heart of a district made fertile by a wonderful system of irrigation canals, with exquisite gardens, fairy palaces, flourishing colleges whence learning spread the whole world over, priceless libraries and works of art, and wealth beyond the dream of avarice.

After the Mongol invasion Bagdad ceased to be the spiritual home of Islam. Its glory had departed. Hulagu had destroyed the whole system of irrigation and Mesopotamia was blasted. Once again Bagdad was sacked—by Tamerlane, in 1410, and after a prolonged and chequered history, Murad IV. besieged it, accepted its capitulation, and, after a most bloody massacre, turned it into the seat of a Turkish Pasha. But its geographical position kept it a chief point on the great highway to the East. As such it attracted the covetous eyes of the German Kaiser. As such it became of vital importance in the Great War; and as such it has passed now into the possession of the British Empire.

Lieut.-Gen. Sir STANLEY MAUDE, General Officer Commanding the Mesopotamian Expeditionary Force, who captured Bagdad, March 11th.

Quando as tropas britânicas e indianas do tenente-general Sir Stanley Maude entraram em marcha na cidade em 11 de março de 1917, após 383 anos de controle otomano, Bagdá se rendeu perante o Império Britânico.

[**Tradução** da manchete: A bandeira britânica sobre Bagdá: Fim do Sonho Alemão de um Império Oriental]

A proclamação concluiu num *crescendo* animador. "Muitos árabes nobres pereceram na causa da liberdade árabe, nas mãos daqueles governantes estranhos, os turcos, que os oprimiram." A Inglaterra estava comprometida em garantir que "esses nobres árabes não podem ter sofrido em vão. É a esperança e o desenho do povo britânico e das nações aliadas a ele que a raça árabe possa crescer mais uma vez à grandeza e ser reconhecida entre os povos do mundo".

> Ó, povo de Bagdá, lembre que por 26 gerações vocês sofreram com tiranos estranhos que sempre tentaram colocar uma casa árabe contra a outra para conseguir lucrar com suas dissidências. Essa política é abominável para a Grã-Bretanha e seus Aliados, pois não pode haver paz nem prosperidade onde há inimizade e desgoverno. Assim, tenho a ordem de convidá-los, por meio de seus nobres e idosos e representantes a participar da administração de seus assuntos civis em colaboração com representantes políticos da Grã-Bretanha que acompanham o Exército britânico, de modo que possam estar unidos com seus iguais a Norte, Sul, Leste e Oeste em alcançar as aspirações de sua raça.

Em Bagdá a proclamação caiu em ouvidos surdos.[11] Em Londres ela fez várias sobrancelhas se levantarem de forma séria. Como observou o Presidente da Casa dos Comuns num contundente aparte durante um debate de 21 de março, "tenho medo de que tenha contido muita linguagem floreada e oriental, não adequada a nosso clima ocidental".[12]

*

Para os cidadãos de Bagdá, acostumados há séculos de domínio turco, o dia 11 de março de 1917 trouxe uma mudança repentina e chocante de elenco. Só a mudança na moda já foi impressionante. Do dia para a noite chapéus de safári e gravatas substituíram turbantes e chapéus fez. Da perspectiva essencial da religião, a transformação foi igualmente abrupta. Infiéis distantes suplantaram correligionários vizinhos – independente de quão odiados tivessem se tornado esses correligionários. Culturalmente, a chegada dos britânicos foi nada menos que uma revolução. Quando as fileiras de lânguidos paxás e efêndis se espalharam aos quatro ventos, tomaram seus lugares os funcionários de rostos vermelhos e costas eretas do Império Britânico, cheios de cuidados. Em termos políticos, a julgar pela proclamação de Maude, o governo arbitrário e caprichoso seria substituído por algo mais próximo à "independência e liberdade". A única coisa que os britânicos pareciam ter em comum com os turcos, além de serem naturalmente mandões, era uma tendência de usar bigodes encrespados.

Se os turcos tinham sido indolentes, os britânicos pareciam possuídos de uma energia maníaca para "melhorar" as coisas, de saneamento, construção de pontes e reparos em estradas a irrigação, constituição e governo. Como atestam de forma espetacular os dez volumes dos Relatórios de Administração do Iraque 1914-32, eles também eram inveteráveis compiladores de listas. Assim, para usar um exemplo típico, em seu relatório anual de 1917, o brigadeiro general C. J. Hawker, que Maude apontara governador militar de Bagdá, forneceu uma visão geral das atividades de seu departamento. As várias atividades do documento demonstram maravilhosamente os interesses e as prioridades dos britânicos. Em "Crueldade com os animais", ele reporta que foram levados a juízo 266 casos de crueldade. Cem animais tiveram de ser mortos devido a suas "condições deploráveis". A população canina de Bagdá, pela qual em geral o povo não lamentava, agora ganhava atenção – e cuidado – especial. Em "Cães", Hawker relatou as perturbadoras notícias de que a Polícia Militar tinha "baleado e enterrado" 4.197 animais doentes. No que dizia respeito a "saneamento geral", "o esvaziamento de fossas foi supervisado com energia e, durante uma semana, 281 carroças e 161 burros de refugos de fossa foram removidos para a área de refugos de fossa". A "Estação de Desinfestação" estava especialmente ocupada: em uma semana, desinfetou 6.694 itens. O "fornecimento de grãos" em janeiro atingiu uma média de 60 toneladas vendidas diariamente. As "vacinações" também iam bem, com 3.929 bagdalis imunizados só em janeiro. Mas, apesar de todo esse progresso, Hawker foi obrigado a incluir uma advertência muito britânica. "A população dessa cidade é, em geral, muito receptiva em aceitar os regulamentos, mas após séculos de mau governo, naturalmente precisa de educação considerável antes de poder assimilar ideias modernas em relação a saneamento, crueldade com animais, a necessidade de fornecer provas verdadeiras e outros assuntos afins."[13]

Era uma época de oficiais britânicos memoráveis, como *Sir* Percy Cox – *Supposi Kokkus* dos bagdalis –, oficial político chefe de Maude e mais tarde primeiro alto comissário no Iraque. Pupilo de lorde Curzon da antiga e famosa escola Harrow, em Londres, e brilhante arabista, ele estava, na época, com cinquenta e poucos anos. Quando não estava imerso em tramas políticas, passava horas acumulando uma coleção de pássaros mesopotâmicos. Alguns chegavam mortos a Bagdá; outros, incluindo uma enorme águia, bem vivos. Por um tempo a águia viveu num poleiro na casa de Cox, alimentando-se de morcegos que voavam pelo Tigre à noite, ficavam presos no jardim e eram colocados no gelo durante a madrugada por lady Cox (já que a águia preferia comer morcegos no café da manhã do que no jantar).

Cox, arguto soldado-diplomata que fora residente britânico no Golfo Pérsico em Bushir durante uma década antes da guerra, foi instrumental na criação do Estado moderno do Iraque, acima de tudo ao definir em 1922-23 as fronteiras que fariam divisa com Jordânia, Najd (Arábia Saudita) e Kuwait. Nessa tarefa monumental, ele teve a ajuda de sua não menos extraordinária secretária, Gertrude Bell, formidável mulher lembrada – e em alguns casos reverenciada – de forma respeitosa pelos bagdalis de hoje como "Miss Bell". Bell foi a primeira mulher a conquistar um primeiro lugar em História Moderna em Oxford, a primeira a ganhar um prêmio da Real Sociedade Geográfica e a primeira oficial na inteligência militar britânica. Ela juntou a esses louros uma importante primeira travessia dos Alpes e, em 1897, tendo acabado de aprender farsi, publicou uma antologia dos poemas de Hafiz traduzidos. Edward Browne, principal autoridade em literatura persa, julgou-os, com uma exceção, "provavelmente a melhor e mais verdadeiramente poética tradução de qualquer poeta persa já produzida na língua inglesa".[14] O cunhado dela, vice-almirante *Sir* Herbert Richmond, desenhou um *cartoon* divertido mostrando-a como a mulher mais poderosa do Império Britânico:

De Trebizond a Trípoli
Ela passa pelos paxás
E diz o que pensar aqui
E o que achar de lá[15]

Bell, que nunca se casou e não tinha filhos, considerava-se a parteira que deu à luz o novo Estado do Iraque. E às vezes se via num papel bem mais elevado. Como escreveu a sua mãe em 5 de dezembro de 1918, "às vezes me sinto como o Criador no meio da semana. Ele deve ter imaginado como ia ser, da mesma forma que eu".[16]

Tinha também o vice de Cox, o imperialista devoto *Sir* Arnold Wilson, mais tarde comissário civil para a Mesopotâmia, apelidado de "O déspota da Mesopota" por causa de sua liderança em abafar a Revolta Iraquiana de 1920, a violenta gestação que prefigurou o nascimento formal do Iraque um ano depois.

Dominando esse elenco de britânicos estava "O homem da Mesopotâmia", como seus admiradores o apelidaram, general *Sir* Stanley Maude, regularmente visto cavalgando em Bagdá. Uma fotografia tirada no verão de 1917 mostra o ex-aluno da Eton College vestido imaculadamente num uniforme de Exército com botas engraxadas, um largo bigode e uma atitude soberba, cada centímetro revelava um funcionário do Império Britânico. Ele está rodeado de uma equipe de britânicos e indianos, que parecem menores em comparação. Uma bandeira do Reino Unido recém-desfraldada está pendurada caída entre as tamareiras atrás deles.

Esses primeiros dias da Bagdá britânica eram cheios de promessa – como seriam os da invasão liderada pelos norte-americanos quase noventa anos depois. "Vamos – confio nisso – fazer daqui um grande centro da civilização e prosperidade árabe", escreveu uma animada Bell para seu pai em 10 de março de 1917, quando as tropas britânicas se aproximavam da cidade.[17] Em sua primeira carta escrita de Bagdá, em 20 de abril, a espirituosa Bell relatava que era tudo "loucamente interessante". Ela tinha "muitas coisas emocionantes a fazer (...) Bagdá é um mar de rosas e parabéns! (Eles estão genuinamente em deleite por estar livres dos turcos.)".[18] Maude, um exímio cavaleiro, relatou atmosfera similar no mesmo verão:

> Todas as pessoas estão muito felizes em nos ver e sempre que eu saio a cavalo no fim da tarde sou recebido com sorrisos e saudações em todo lugar. Só fui atacado duas vezes até agora, uma por um homem, outra por uma mulher, que saiu correndo da multidão e insistiu em beijar minhas botas, de que

> espero que eles tenham gostado. Por todos os lugares lá fora nossas tropas também são recebidas da forma mais amigável, apesar, é claro, como você sabe, de o caráter árabe ser traiçoeiro.[19]

Como sempre ocorre quando estão em outro país, os britânicos sabiam exatamente o que fazer para tornar a vida em Bagdá mais fácil de suportar. "O novo clube está sendo construído com campo de polo, hipódromos, quadras de tênis com grama, campos de críquete e futebol, [e] campo de golfe", escreveu Maude em 6 de setembro. Ele acabara de voltar de uma festa à luz da lua, com dança das cadeiras e baile, dada pelas freiras enfermeiras numa casa à beira-rio.

Mas o triunfo pessoal de Maude em Bagdá durou muito pouco. Em 14 de novembro, ele levou Eleanor Egan para uma noite de entretenimento em uma escola judaica, terminando com um café. Alguns dias depois, ele chegou ao escritório sentindo-se mal e chamou seu médico, que prescreveu descanso e leite. Famoso no Exército por ser viciado em trabalho, na hora do almoço ele voltou relutante para casa, a mesma com vista para o Tigre na qual morrera, no ano anterior, o marechal alemão von der Goltz. Às seis horas da tarde, o coronel Wilcox, médico consultor do Exército, fez um exame inicial e mais tarde diagnosticou uma forma violenta de cólera. Maude tinha colocado leite em seu café, num bairro em que a cólera e a peste eram comuns; Egan não tinha. Apesar de insistir que seus homens fossem imunizados, Maude sempre recusara a imunização para si mesmo, alegando que um homem da sua idade já era imune. Às 7h45 da noite, "um ataque agudo de cólera começou muito subitamente e em poucos minutos ocorreu um estado extremo de colapso". Às 4h30 da tarde do dia 18 de novembro, ele ficou inconsciente e morreu tranquilamente às 6h25 da tarde.

"No fim foi tudo muito belo", escreveu o reverendo A. C. E. Jarvis, que estava com Maude durante as últimas horas.

> Sua equipe pessoal imediata, médicos e serventes rodeavam sua cama. Do lado de fora, os passos comedidos da guarda Ghurka. Uma calma e uma paz encheram o quarto. Eu comecei a Unção cinco minutos após as seis, e 25 minutos após a seis, enquanto eu pronunciava as palavras:

> Dai-lhe, Senhor, o descanso eterno
> E que a luz perpétua o ilumine
>
> ele entrou tranquilamente no Paraíso. Assim nosso amado comandante nos deixou, vitorioso, como sempre, sobre o último grande inimigo.[20]

A morte de Maude, tão imediatamente após a conquista revolucionária de Bagdá, foi um choque profundo tanto para bagdalis quanto para bretões. Falando na Casa dos Comuns em 4 de março de 1918, o primeiro-ministro Lloyd George prestou homenagem a um comandante que "encontrou o prestígio britânico numa maré muito baixa em um canto do globo onde o prestígio significa muito (...) a dramática captura de Bagdá soou pelo Oriente. Esses estiveram entre os maiores feitos militares da história, e tiveram um efeito mágico sobre a fama e a posição da Bretanha em todo o Oriente". O triunfo de Maude em Bagdá destruíra o "adorado sonho" da Alemanha.[21]

Maude foi enterrado em 19 de novembro no cemitério do deserto para além do Portão Norte, então vazio e sem muros, num funeral lotado com a presença de todos os grandes e bons de Bagdá, junto com inúmeros oficiais devotados. Bell achou o serviço funerário "mais curto do que o comum, e nada convincente naquele deserto largo", até a "indescritivelmente emocionante conclusão" dos clarins soando a melodia do "Last Post"† pela cidade. "Eu o conhecia muito pouco", escreveu ela, ao mesmo tempo reconhecendo seus dons como comandante militar. "Ele era sempre muito educado e agradável, mas não interessante."[22]

O túmulo de Maude está marcado por um grande e danificado memorial no Cemitério de Guerra Portão Norte, na saída da tumultuada estrada Safi al Din al Hilli, no distrito Waziriya de Rusafa, uma parte pobre da cidade em frente a uma seção do *campus* da Universidade de Bagdá e do antigo bairro de Bab al Muadham. No mesmo cemitério estão os túmulos de oficiais britânicos e indianos que morreram durante a marcha fatal de Kut e nos campos de prisioneiros da Anatólia. Muitas das lápides e cruzes foram danificadas ou destruídas durante a onda de violência que tomou a

† Melodia tradicional nos países da Comunidade Britânica executada em funerais militares e cerimônias em memória de oficiais mortos em combate. (N.T.)

cidade como um anjo da vingança depois da invasão norte-americana de 2003. "Houve muitos carros-bomba e ataques de morteiro nessa área – da Al Qaeda e de outras milícias", disse Jasim Koli, o inconsolável guarda do cemitério, durante uma visita numa tarde de primavera, apontando uma cruz de pedra esmagada e jogada na grama alta. Ao contrário do usual cemitério de guerra britânico, perfeito e com manutenção impecável, o local está largado, exaurido pela negligência e cercado pelo perigo. Uma placa na entrada anuncia a restauração, mas ela data de 1997 e tem marcas de tiros de metralhadora.

Das 6.889 vítimas da Comunidade Britânica enterradas ali, grande parte britânica e indiana, 4.160 são lembradas pelo nome:

– 5633 Sepoy Afzal Khan da 126ª Infantaria do Baluquistão morreu em 3 de outubro de 1918

– 4770 Sargento G. Anderson da 13ª Cavalaria Hussarda morreu em 5 de março de 1917

– 2779 Lance Daffadar Amin Chand do 10º Lanceiros do Duque de Cambrige morreu em 3 de setembro de 1920

– 2056 Soldado Raso C. J. Aslett da 7ª Guarda do Dragão morreu em 7 de outubro de 1916

– JUM/1941 Piloto Ashraf Khan do grupo Mule Corps morreu em 28 de setembro de 1918

Há 2.729 mortos não identificados, alguns em vala comum. Os mortos sem nome são homenageados com aquela frase clichê, mas muito comovente, usada pela Comissão de Túmulos de Guerra da Comunidade Britânica:

Um soldado da Grande Guerra – Conhecido por Deus

Andar entre fileiras dessas lajes derrubadas que parecem dentes tortos num campo rachado pelo sol, um enclave cheio de morte em uma cidade que conheceu mais guerras que a maioria, é uma experiência ligeiramente sufocante. É um lugar de dignidade e mágoa esmagadora. Uma placa memorial diz: "Esses são aqueles que enfrentaram grandes tormentos".[23]

★

Da captura da cidade por Maude em 1917 até o nascimento da nova nação do Iraque em 1921, o turbilhão de atividades não cessou. Houve agudas rivalidades e tensões internas dentro do acampamento britânico, com divisões iniciais aparecendo entre Cox e Maude em relação à administração política. Outras diferenças existiam entre o acampamento "Sharifiano" de T. E. Lawrence – que procurava nomear como rei um membro da família de Sharif Hussain, de Meca, com seus filhos Faisal e Abdullah como candidatos principais – e o vice de Cox, Wilson – um oponente comprometido com a independência árabe que favorecia a ideia de um alto comissário (Cox), sem um emir árabe ou outro chefe de Estado, apoiado por ministros árabes com conselheiros britânicos. Até do lado civil, as diferenças eram profundas. Numa "cena chocante" Wilson enfureceu-se com Bell por suas tramas de bastidores para empoderar um rei e acusou-a de minar a política oficial britânica.[24] Bell tornou-se defensora incansável de Faisal, líder da corrente Revolta Árabe contra os otomanos junto a seu irmão Abdullah e suas forças de guerrilha beduínas, destruindo linhas de fornecimento dos inimigos ao explodir repetidamente partes da ferrovia Hijaz e atacando guarnições militares turcas, com o apoio de oficiais Aliados, inclusive Lawrence.[‡] Apesar de Lawrence depois ter descrito a campanha como "uma apresentação secundária a uma apresentação secundária" a Revolta Árabe ainda assim ajudou a prender 30 mil tropas otomanas no deserto, apressando a derrota dos turcos.[25]

Para alguns cidadãos de Bagdá, não demorou muito para o brilho da liberação britânica se desgastar. Notas de contrariedade soaram pelo Oriente Médio e do outro lado do Atlântico. Primeiro, após a Revolução Bolchevique de 1917, o secreto Acordo Sykes-Picot foi exposto, revelando os planos britânicos e franceses para a região – causando uma vergonha intensa para os britânicos, alegria para os otomanos e choque e ira para os árabes. "Administrativamente absurdo e moralmente lamentável", o acordo de

‡ Abdullah depois tornou-se primeiro Emir da Transjordânia (1921-46) e mais tarde primeiro rei da Jordânia (1946-51), fundador da monarquia hachemita que sobrevive até hoje. (N.A.)

uma vez só minou a proclamação de Maude e seu aparente apoio à "causa da liberdade árabe".[26] Em 8 de janeiro de 1918, o discurso dos "Quatorze Pontos" do Presidente Woodrow Wilson para o Congresso norte-americano levantou o prospecto da autodeterminação. Depois, como uma bomba, veio a Declaração Anglo-Francesa de 8 de novembro de 1918, convocando "a criação de governos e administrações nativas na Síria e na Mesopotâmia".[27] Era um chamado para os nacionalistas em toda a região. Como lembrou um irritado Arnold Wilson, "teria sido difícil levantar mais som e fúria, sem falar em inflamação e intriga, do que o quanto se criou em Bagdá" com a declaração e o plebiscito que a seguiu.[28]

As faíscas da resistência já tinham sido acesas. Em 1918, Al Ahd al Iraqi, a Aliança Iraquiana, foi formada como uma filial da Jamiat al Ahd, a Sociedade da Aliança, um grupo de resistência de oficiais nacionalistas árabes dentro das forças militares turcas, vários dos quais tinham lutado com Faisal durante a Revolta Árabe de 1916. Em fevereiro de 1919, depois de os britânicos se recusarem a permitir que a delegação Al Ahd participasse das conversas de paz em Versalhes, um grupo de resistência rival, Haras al Istiklal, a Guarda da Independência, grupo de maioria xiita, se juntou à briga em Bagdá sob o comando de Mohammed al Sadr, filho do distinto aiatolá xiita Hassan al Sadr[§] (o nome Sadr voltaria a aparecer após a invasão de 2003). A revolução estava no ar.

Em 1919, Arnold Wilson organizou um plebiscito manipulado, consultando líderes tribais – em vez da população em geral – por todo o Iraque sobre o que pensavam de "um estado árabe único sob tutela britânica" e se ele deveria ser colocado sob "um emir árabe".[29] O resultado relatava que a grande maioria era a favor do controle britânico.

Em março de 1920, o grande aiatolá Shirazi emitiu uma *fatwa* proibindo a cooperação com as forças de ocupação, uma política que abriu espaço, influência e, no fim, poder político para a maioria sunita da população. Mas a resistência ao governo britânico não era, de forma alguma, limitada aos xiitas. Em 23 de abril, aconteceu uma reunião em Bagdá, atrás das portas fe-

§ Um aiatolá, do árabe *Ayatu Allah* (Marca de Deus), é um clérigo sênior dentro da hierarquia xiita, mestre reconhecido em lei e filosofia islâmicas. (N.A.)

chadas de Hamdi Baban, um nobre curdo. Estavam presentes os líderes dos movimentos de independência, incluindo Mohammed al Sadr; Yusef Suwaidi, seu equivalente sunita; Jafar Abu al Timan, um próspero mercador xiita; Rifat Chadirchi, proprietário de terras sunita com cerca de setenta anos; o xeique sunita Said Nakhshbandi e seu irmão, o juiz Abdul Wahab al Naib; Fuad al Daftari, ex-representante de Bagdá no parlamento otomano; xeique Ahmed al Daud; e Fatah Paxá, proprietário de terras de Kirkuk.

Com números cada vez maiores de bagdalis começando a imaginar se seus destinos estavam sendo decididos não por seus próprios líderes, mas pelas Grandes Potências, como indicara fortemente a Conferência de Paz de Paris de 1919, dois dias depois a Conferência de San Remo, de 25 de abril de 1920 – arranjada para dividir o Império Otomano a dias da declaração de independência da Síria –, provocou o estopim nacional. Ela dava à Inglaterra um Mandato da Liga das Nações sobre a Mesopotâmia, com a responsabilidade de criar um Estado moderno a partir dos três antigos *vilayets* otomanos de Bagdá, Basra e Mosul. Londres não parecia mais tão interessada na liberdade árabe. "Em vez de desfrutar do domínio árabe com alguma assistência britânica, o povo se viu sujeito ao domínio britânico com assistência árabe simbólica."[30] A Al Ahd al Iraqi, que em março havia declarado a independência do Iraque – visto como os três *vilayets* otomanos de Bagdá, Basra e Mosul, sob comando do emir Abdullah, irmão de Faisal e filho de Sharif Hussain, de Meca – agora fazia uma proclamação chamando as pessoas à resistência. Dentro de semanas, grande parte do Iraque atual estava se rebelando.

De Kerbala veio uma furiosa *fatwa* declarando que servir na nova administração britânica era ilegal. O cientista político iraquiano Ghassan Atiyah, autor de um estudo sobre o Iraque no começo do século XX, fala de um relatório policial britânico relatando que "conversas bolcheviques estão aumentando em Bagdá".[31] Logo as mesquitas de Bagdá, tanto sunitas quanto xiitas, retumbaram chamados apaixonados para resistir aos ocupantes infiéis. Houve uma repentina e notável união entre essas seitas frequentemente adversárias, de modo que serviços Maulud tradicionalmente sunitas em homenagem ao nascimento do profeta Maomé também eram realizados em mesquitas xiita e até combinados com os rituais Taziya xiitas de condolências e martírio de Hussain. Reuniões de massa ganharam um ímpeto alarmante. A poesia nacionalista e os discursos patrióticos viajavam pela cidade. A prisão de um jovem funcionário do governo por um discurso considerado "perigoso para a ordem pública" foi o gatilho para agitação e um protesto em massa. Os britânicos enviaram carros blindados, a multidão os atacou e tiros foram disparados para o alto. Abaixo do brilhante domo azul da Mesquita Haydar Khana, quinze notáveis de Bagdá, chamados de *mandubin*, ou delegados, foram eleitos para negociar com a administração. Wilson concordou em recebê-los no Saray no dia 2 de junho, junto com mais 25 cidadãos proeminentes – incluindo judeus e cristãos, comunidades não representadas entre os quinze originais. O clima era tenso e os ânimos estavam exaltados. Wilson se desculpou pela demora em estabelecer um governo civil, mas foi contrariado com exigências de um governo árabe. Houve "gritos de abuso e vaias", que Wilson considerou terem "o objetivo de ser uma espécie de declaração de guerra".[32] Escrevendo a seu pai em 14 de junho, Bell falou sobre a "paixão crescente da multidão" e o "reino de terror" dos nacionalistas. Ela achava que a solução era o irmão de Faisal, Abdullah. "Abdullah é um cavalheiro que gosta de ler uma cópia do *Figaro* todas as manhãs durante o café da manhã. Não tenho dúvidas de que vamos nos dar muito bem com ele." "Sacos cheios de cartas" saíam todos os dias para as tribos, convocando uma resistência geral. Bell duvidava que haveria uma revolta, mas era "arriscado".[33]

Apesar das dúvidas de Bell, a rebelião armada explodiu no Eufrates duas semanas depois de sua carta e rapidamente se espalhou, seguindo-se a prisões britânicas de líderes tribais. O tamanho do Exército britânico era então de pouco mais de 60 mil, sendo 53 mil forças indianas e 7.200 britânicas, das quais 26 mil eram não combatentes.[34] Com forças tão limitadas à disposição, o general *Sir* Aylmer Haldane, recém-nomeado Oficial General em Comando, não podia conter imediatamente uma revolta que, dentro de semanas, viajara Eufrates acima, cortando o Iraque e chegando ao norte curdo. Em agosto, Najaf e Kerbala declararam *jihad*. Conforme o clima ficava mais hostil, judeus e cristãos passaram a temer por seu futuro no Iraque. Durante o inferno do meio do verão, os rebeldes tomaram conta de todo o país, com exceção das três cidades principais: Bagdá, Basra e Mosul. A segurança estava concentrada em Bagdá, epicentro do acampamento nacionalista, onde em agosto os rebeldes descobriram que a oposição pública organizada era quase impossível. Os britânicos foram forçados a recorrer à força excessiva para abafar a revolta – incluindo o bombardeio da cidade santa de Kufa, sagrada para os xiitas por ser o local onde Ali, primo e genro de Maomé, foi morto em 661.

A opinião pública na Inglaterra estava se virando contra essa dispendiosa aventura no deserto. Escrevendo no *Sunday Times* em 22 de agosto, desiludido pelos imperativos políticos do pós-guerra, T. E. Lawrence alertou: "O povo da Inglaterra foi levado na Mesopotâmia para uma armadilha da qual será difícil escapar com dignidade e honra". Foi um artigo extremamente crítico que condenava a administração "sangrenta e ineficiente" de Wilson como uma "desgraça para nosso registro imperial", pior do que o sistema turco que tinha substituído. Enquanto Istambul usara 14 mil recrutas locais e matara uma média anual de duzentos árabes para manter a paz, a Inglaterra mantinha 90 mil homens com aviões, carros blindados, canhoneiras e trens blindados, e já havia "matado cerca de 10 mil árabes" naquele verão. "Por quanto tempo vamos permitir que milhões de libras, milhares de tropas imperiais e dezenas de milhares de árabes sejam sacrificados em nome de uma forma de administração colonial que não beneficia ninguém a não ser seus administradores?"

A época de Wilson no leme do Iraque estava chegando ao fim, apressada por um levante que custava o que muitos britânicos achavam ser uma quantidade imperdoável de sangue e tesouro: 40 milhões de libras, três vezes mais que o subsídio dado à Revolta Árabe, e cerca de 6 mil iraquianos e quinhentos soldados britânicos e indianos mortos.[35] Um destruído Wilson descreveu a si mesmo numa carta a sua mãe em setembro de 1920 como "um jovem radical tentando sem sucesso introduzir princípios no solo completamente infértil e pedregoso de um país selvagem onde as pessoas não debatem, mas atiram".[36] Os britânicos, que fizeram sua parte nos tiros, só reconquistaram a ordem no fim de outubro, quando Cox retornara para substituir Wilson e formar um governo árabe provisório.

Passando um pente nos arquivos britânicos da época, há o ocasional ar de fantasia nos registros oficiais. Em seu relatório anual de 1920, por exemplo, o tenente-coronel W. B. Lane, inspetor-geral de cadeias civis na Mesopotâmia, eufemisticamente escreveu em 20 de março de 1921 que havia sido "um ano cheio de acontecimentos". A Cadeia Central de Bagdá tinha abrigado 1.934 detentos. Os problemas exigiram a abertura – e a subsequente ampliação – de uma nova cadeia fora dos muros, no Bab al Wastani, com arame farpado. Em 21 de junho, houve uma "tentativa orquestrada de fuga". A munição de espingardas de caça dos carcereiros só despertou "desprezo". Balas dundum e de rifles concentraram as mentes dos prisioneiros e "não ocorreu problema". Em 29 de julho, enquanto Bagdá se preparava para mais uma turbulenta procissão vinda de Kadhimiya, houve outra tentativa de fuga. Os prisioneiros passaram correndo por dois carcereiros britânicos, que se defenderam dos atacantes com revólveres, matando dois prisioneiros e ferindo seis.[37]

Uma das consequências mais duradouras e prejudiciais da Revolta do Iraque foi trazer novamente à superfície a antiga diferença entre sunitas e xiitas. A descrição de Gertrude Bell sobre a maioria da população como "primitiva" e "obscurantistas xiitas" representava a visão britânica prevalente. Os xiitas acreditavam que tinham dado o golpe fatal à ocupação militar britânica, só para se verem excluídos do poder.

"Para mostrar quão completamente a população árabe acreditava que estávamos destruídos me dizem que sete homens que foram para a Corte Marcial e morreram com um tiro na Prisão Militar por atacar um guarda; riram e brincaram ao entrar na prisão, dizendo que não adiantava nada serem colocados lá porque os britânicos sairiam do país em duas semanas", notou Lane. Como descobriram os iraquianos, os ingleses não sairiam assim tão rapidamente.

*

Exatamente às seis horas da manhã de 23 de agosto de 1921 – após meses de tramas frenéticas e rivalidades burocráticas intermináveis em Bagdá, Londres e no Cairo, um período abortado no trono em Damasco, outro plebiscito manipulado e uma recepção controlada, mas morna à sua chegada em Basra – Faisal emergiu de seus apartamentos no grande Saray. Vestido dos pés à cabeça em cáqui, ele desceu os degraus ladeado de *Sir*

Percy Cox, resplandecente em um uniforme branco diplomático coberto de faixas e estrelas; do general *Sir* Aylmer Haldane, ereto como vareta num uniforme militar; de seu conselheiro de chapéu de safári coronel Kinahan Cornwallis; e de um bando ruidoso de ajudantes de ordens de passos rápidos. Eles entraram no vasto pátio e caminharam pelo longo caminho de tapetes, passando pela guarda de honra do 1º Batalhão Regimento Dorsetshire, para uma plataforma de um metro de altura, assistidos a cada passo por uma multidão de 1.500 nobres, oficiais sêniores e líderes tribais que se levantavam para recebê-los. Com o grupo estavam Mahmud al Gailani, o filho mais velho do *nakib* de Bagdá (que era idoso demais para estar ali) e Hussain Afnan, secretário do Conselho de Estado. Os notáveis de Bagdá que chegaram atrasados ao Saray foram, para seu próprio choque e desgosto, impedidos de entrar por policiais árabes.

Faisal, de 36 anos, tomou seu lugar em um trono improvisado às pressas, feito de madeira de caixotes que segundo se disse traía-se exibindo sinais distintamente não islâmicos de sua origem: cerveja Asahi.[38] Conforme os dignitários tomavam suas posições, Faisal olhou para a primeira fileira, viu Gertrude Bell, trocou um olhar com ela e recebeu de volta uma discreta saudação. Bell achou que Faisal parecia "muito digno, mais muito estressado – era um momento agitado". Então, Hussain Afnan levantou-se e leu uma proclamação escrita por Cox, anunciando que Faisal fora eleito rei por 96% da população da Mesopotâmia – vida longa ao rei Faisal I do Iraque!

Veio a bandeira nacional. Estendido em seu mastro, sobre listras pretas, brancas e verdes, estava um triângulo vermelho contendo duas estrelas brancas de sete pontas, desenho inspirado pela bandeira que voava durante a Revolta Árabe. Na falta de um hino nacional, a banda tocou o do Reino Unido, "God Save the King" [Deus salve o rei]. Quando a salva de 21 tiros chacoalhou Bagdá, Mahmud al Gailani se esforçou para que suas preces fossem ouvidas. Faisal então se levantou para dirigir-se a seu povo. Ele agradeceu aos iraquianos por elegerem-no como seu governante e expressou sua gratidão aos britânicos por seu apoio e pelos sacrifícios em favor da causa da libertação árabe. Ele lembrou sua audiência da gloriosa história do Iraque. Mas o antigo "berço da civilização e prosperidade e centro de ciência e conhecimento" tinha tragicamente decaído desde aqueles dias empolgantes. "A segurança foi perdida, a anarquia dominou, o trabalho tornou-se escasso, as águas de dois grandes rios se perderam no fundo do mar, a terra que antes era exuberante e fértil tornou-se estéril." Só a solidariedade permitiria que o Iraque fosse grande novamente. Faisal pediu que todos os seus compatriotas, a despeito de religião, tribo ou seita, se unissem. "Para mim ninguém é diferente a não ser em conhecimento e habilidade. A nação, como um todo, é meu partido. Não tenho outro."[39] Concluindo essa convocação altiva, Faisal jurou convocar eleições parlamentares e criar um governo democrático com ajuda britânica. A cerimônia de coroação chegou ao fim, a multidão se dispersou e a Mesopotâmia tornou-se o Iraque, uma nova nação com um novo rei. "Foi uma coisa incrível ver todo o Iraque, de norte a sul, se juntar", escreveu Bell. "É a primeira vez que isso acontece na história."[40]

As fotos oficiais deixam poucas dúvidas em relação ao real poder literalmente por trás do trono. Faisal, um homem delicado, torna-se uma figura pequena, encolhida pelo trono de costas altas e pelas figuras imponentes de Cox, Cornwallis e Haldane, que ficam em pé em torno dele. A preponderância de chapéus militares, chapéus de safári e chapéus femininos de abas largas na primeira fila também tornam indisfarçável o papel propulsor da Inglaterra.

Apesar de toda a arrogante influência britânica, essa também era uma época em que figuras líderes em Bagdá começaram a assumir um papel mais proeminente na vida política da cidade – e do recém-criado Iraque. O grupo de famílias ricas e poderosas na capital não era grande. Deixando de lado os maiores mercadores e líderes religiosos mais renomados, havia provavelmente apenas cerca de vinte famílias principais na cidade. Quase sempre estavam atoladas em feudos, nada muito diferente das famílias medievais italianas. Seus nomes – Pachachi, Suwaidi, Chadirchi, Chorbachi, Chalabi, Daghestani, Shawi, Rawi, Daftari e Kubba – aparecem regularmente na lista de ministros até o golpe militar de 1958. Alguns dessa primeira geração de políticos iraquianos eram avôs da geração de políticos que chegou ao poder após a invasão norte-americana de 2003.

Assim, o Gabinete formado em 10 de setembro, sob a liderança de Abdul Rahman al Gailani, o titubeante *nakib* de Bagdá, continha alguns rostos bem familiares. O ministro das finanças, por exemplo, era o proeminente judeu de Bagdá Sassoon Eskell, que representara a cidade em todos os parlamentos de Istambul desde 1908, tivera cargos ministeriais e era "provavelmente o homem de maior influência" depois do *nakib*, segundo oficiais britânicos. "Sua sabedoria e integridade são universalmente apreciadas." O ministro de defesa era Jafar Pasha al Askari, ex-major-general de Faisal, que voltara recentemente de um ano como governador de Alepo sob o governo árabe da Síria e era veterano da Revolta Árabe. Na falta de Hassan Pachachi, que não queria abandonar seu lucrativo escritório legal, o distinto advogado Naji al Suwaidi foi nomeado ministro da justiça. O ministério da educação foi para o famoso clérigo xiita Mohammed Ali al Shahristani. Izzat Pasha Kirkuli, nativo de Kirkuk mas de ascendência turca, que ocupara postos militares sob os otomanos e ganhara "uma grande reputação em toda a Mesopotâmia", foi nomeado ministro de obras.[41]

A participação xiita no que muitos iraquianos consideravam um governo fantoche britânico foi controversa em Bagdá. Quando Abdul Hussain Chalabi foi nomeado ministro da educação em 1922, o ano em que a Força Aérea Real assumiu o comando das forças britânicas no Iraque até a 2ª Guerra Mundial, o xeique Mahdi Khalisi, um clérigo influente em Kadhimiya, acusou-o de heresia, baniu-o do templo de domo dourado por quebrar a *fatwa* e colou pôsteres nas paredes do templo proibindo-o expressamente de entrar.[42]

Por boa parte das quatro décadas seguintes, Bagdá foi palco de uma luta prolongada por influência entre a Inglaterra e o Iraque. A cidade estava tomada por divisões violentas e frequentemente fatais entre os pró-britânicos e a crescente maré de nacionalistas liderados por novos partidos políticos xiitas como o Watani (Nacionalista), Nahda (Despertar) e Hizb al Hurr (Partido Livre). Um ano depois da coroação de Faisal, com grande choque, Cox e Bell foram importunados no terreno do Kasr al Rihab, o Palácio Real, enquanto davam seus parabéns ao rei no aniversário de sua ascensão. Liderada por oficiais reais, uma multidão de quatrocentos nacionalistas gritava: "Abaixo o Mandato!".[43]

A oposição ao Mandato Britânico era generalizada e muitas vezes feroz. A resistência ao Tratado Anglo-Iraquiano – que tinha o objetivo de cobrir com um verniz mais palatável a ficção de soberania total iraquiana – também era expressa com veemência, no papel e de formas mais agressivas. O tratado foi eventualmente assinado em 1922, ratificado em 1924 e depois substituído por um novo tratado em 1930, quando uma série de descobertas de petróleo fez aumentar a importância do Iraque para a Inglaterra.

Depois disso, poucas vezes o petróleo saiu de cena. Desde 1928, a Companhia de Petróleo Turca, reconstituída, com o Grupo Shell, a Companhia de Óleo Anglo-Persa, a Compagnie Française des Pétroles e a americana Near East Development Company, como seus principais acionistas, dominou o campo. Como notou secamente Stephen Hemsley Longrigg, "as reivindicações apresentadas pelos herdeiros do falecido Sultão Abdul Hamid, um corpo formidável de príncipes e princesas turcos, pela propriedade de todo o petróleo do antigo Império Otomano, e muito mais, não foram levadas a sério no Iraque nem então nem depois."[44]

*

Além do sempre efervescente mundo da política iraquiana, havia Gertrude Bell, que deixou de herança para Bagdá – e para o Iraque – um duradouro legado cultural na forma do Museu do Iraque. Nomeada Diretora Honorária de Antiguidades em 1922, um ano depois ela fundou o que foi inicialmente chamado de Museu Arqueológico de Bagdá, com vistas a armazenar e preservar os preciosos objetos antigos do país, que datavam das primeiras civilizações humanas, das eras suméria e acádia às assíria, babilônica, mesopotâmica e iraquiana. Antes disso, as expedições arqueológicas europeias e americanas que já estavam voltando ao Iraque levavam seus achados para terras estrangeiras. Uma placa no museu, que em 1966 foi realocado para seu terreno atual, no distrito de Salihiya, no oeste de Bagdá, homenageia a conquista dela em criar essa instituição profundamente importante, que representava uma história compartilhada e identidade nacional para o novo país.

> GERTRUDE BELL
> Os árabes sempre terão sua memória com reverência e afeto.

Ela criou o Museu em 1923
Sendo então Diretora Honorária de Antiguidades do Iraque
Com maravilhoso conhecimento e devoção
Ela reuniu nele os mais preciosos objetos
E atravessando o calor do verão
Trabalhou neles até o dia de sua morte
Em 12 de julho de 1926
O rei Faisal e o governo do Iraque
Em gratidão a seus feitos neste país
Ordenaram que a Ala Principal leve seu nome
E com sua permissão
Seus amigos erigiram esta tábua

A extraordinariamente volumosa correspondência de Bell a partir de Bagdá oferece vívidas descrições da vida na cidade desde 1917 até sua morte em 1926. As cenas domésticas evocadas são particularmente encantadoras. Em julho de 1920, ela está dando ovos fritos a um filhote de mangusto, presente do filho do prefeito de Bagdá. Em agosto de 1922, ela escreve sobre uma tarde banhando-se e fazendo piquenique com o rei: "Assamos ótimos peixes em espetos sobre um fogo de folhagem de palmeiras – a comida mais deliciosa do mundo –; eu trouxe tapetes e almofadas e pendurei antigas lanternas de Bagdá nos arbustos floridos onde mantivemos tudo simples na quietude cor-de-rosa do pôr do sol. 'Isso é paz!', disse o rei. 'Isso é felicidade!'. Deitamos em nossas almofadas por algumas horas após o jantar (...) Poucas vezes tive uma noite mais encantadora".[45]

Há jogos de *bridge* com Faisal, chás, doações de prêmios em igrejas, excursões para assistir a peças patriotas, reclamações frequentes sobre o calor que não dava tréguas, cavalgadas para encontrar os notáveis em suas pérgolas de amora, jantares com parlamentares e secretários de Estado visitantes, estrelados banquetes palacianos, grandes bailes na Residência, apartes carinhosos sobre o filho e herdeiro do rei, Ghazi, "um menino querido com maneiras amáveis", dissertações sobre a saúde de seu amado spaniel Peter. Nos últimos anos, combatendo a infelicidade pessoal e a perda de seu *status* profissional como coroadora-chefe-de-reis, ela monitora o progresso do museu, preocupa-se com dificuldades de catalogação e faz planos para as salas da Babilônia, Assíria e Árabe. "Prevejo que serei muito chata com museus por algum tempo ainda!"[46]

A inesperada morte de Bell durante as primeiras horas de 12 de julho de 1926 – atribuída a overdose de remédios para dormir – causou um profundo sentimento de perda em Bagdá. O funeral dela, naquela noite, teve a presença dos líderes do Iraque e do regente Ali, representando o rei Faisal. Pessoas de luto e tropas enchiam as ruas. O luto pela morte de Bell, pouco antes de seu aniversário de 58 anos, não ficou confinado ao grupo pró-Inglaterra. O jornal nacionalista *Al Alam al Arabi* elogiou suas impressionantes conquistas e seu comprometimento. "A sinceridade verdadeira de seu patriotismo, livre de qualquer desejo de ganho pessoal, e o zelo com os interesses de seu país que iluminaram o serviço dessa nobre e incomparável mulher tornam-na um exemplo para todos os homens do Iraque."[47]

Seu túmulo de arenito fica, como o de Maude, num desgastado cemitério de lápides quebradas: o Cemitério Britânico, no distrito sempre engarrafado de Bab al Sharji. Poucos visitantes vão até lá hoje em dia. Em 2005, Tamara Chalabi, escritora e filha de Ahmed Chalabi, político iraquiano, plantou um círculo de árvores de jasmim e tamareiras em torno do túmulo "em reconhecimento da histórica contribuição de Gertrude Bell ao Iraque". Quando eu o visitei algum tempo depois, apesar dos melhores esforços do guardião Ali Mansur, a maioria das árvores tinha morrido.

*

Enquanto os jornais nacionalistas atacavam os britânicos, censuravam o Gabinete e criticavam a "escravidão" imposta pelo tratado – causando, em resposta, a criação de uma "Lei pela proibição de propaganda danosa" –, o desenvolvimento em Bagdá se acelerou no início do século XX. A educação, tradicionalmente negligenciada, começou a receber mais foco dentro da cidade. A Universidade Al al Bait, iniciativa do rei Faisal, abriu as portas em 1923, oferecendo inicialmente um único curso de teologia islâmica, antes de ampliar o currículo. Uma escola secundária americana para garotos foi aberta em 1921; uma para garotas, em 1925. Um moderno serviço de bombeiros foi criado e a iluminação pública passou a iluminar as maiores profundezas das vias da cidade.

A rua Al Rashid ficava cada vez mais animada em frente de sua arcada, como atestam as memórias, carregando um fluxo de tráfego barulhento e eclético pela cidade: peregrinos descalços, visitantes tribais vindos do Eufrates, vendedores de grãos, caixas e contadores judeus, comerciantes britânicos, especialistas em irrigação, conselheiros políticos, garotas tatuadas e de olhos delineados cambaleando com bandejas de iogurte equilibradas precariamente na cabeça. Da vizinha rua Samaual vinham os gritos de vendedores ambulantes de comida que ofereciam *turshi* (vegetais em conserva) e ovos cozidos com sanduíches de picles de manga. Nos anos 1930, os gramofones nos cafés retumbavam as últimas canções de amor egípcias e melodias tradicionais iraquianas; o entretenimento ao vivo tinha a forma de poemas semanais do mulá Aboud Karkhi e músicas de cantores populares como Sultana Yusef, Zakiya George, o falsete de Rashid al Kundarchi, o cantor judeu Yusef Huresh e, talvez mais glamoroso de todos, Salima Paxá, o galã de olhos redondos e lábios rosados de Bagdá.[48]

Hotéis de estilo ocidental, um punhado de lojas europeias, várias agências comerciais e três bancos – O Oriental, o Otomano e o Banco Imperial da Pérsia – serviam ao crescente número de visitantes estrangeiros em uma cidade em movimento. Em 1924, as portas do chique Alwiya Club, onde Gertrude Bell passaria longas noites socializando durante os últimos anos de sua vida, abriram-se pela primeira vez. O clube ainda é um pilar do cenário atual da cidade.

Um dos muitos viajantes que chegou a Bagdá em torno dessa época foi Donald Maxwell, um oficial da Reserva Naval que fora artista oficial do comando da Marinha durante a 1ª Guerra Mundial. Seu livro de memórias *A Dweller in Mesopotamia: Being the Adventures of an Official Artist in the Garden of Eden* [Um morador da Mesopotâmia: as aventuras de um artista oficial no Jardim do Éden] pulula com imagens evocativas de suas viagens pela Mesopotâmia, patrocinada pelo Museu Imperial de Guerra. As experiências dele em Bagdá foram mistas. À noite ele achava a cidade atraente, se não igual à sua imaginação romântica, alimentada pelo esplendor de Harun al Rashid e o mundo excessivamente elaborado de *As mil e uma noites*.

Céus iluminados pelo luar revelavam *guffas* flutuando no Tigre atrás do ruidoso vapor *Puffing Billy*, silhuetas de esguios minaretes, ruas estreitas embaixo de janelas externas de treliça elaborada. De dia, porém, o sol tirava a cor dessa paisagem urbana encantada para revelar outras realidades. "Esperamos muito da Bagdá real, e encontramos muito pouco", escreveu Maxwell, "tão pouco, isto é, do *glamour* do Oriente. Poucas 'portas caras se abrem amplas', mas há um monte de poeira. Poucos olhos escuros de mulheres de beleza arrebatadora espiam timidamente por janelas de treliça, mas há um monte de sujeira sórdida. Poucos entretenimentos maravilhosos onde podemos contemplar a incrível magia das dançarinas persas, mas um teatro, principal casa de diversão em Bagdá – e veja, um homem vendendo cebolas para os *habitués* das cabines!".[49] Havia um privilégio inesperado. Não tendo conseguido assistir à comédia musical *Chu Chin Chow* em Londres, Maxwell conseguiu pelejar entre multidões de camelos, mendigos, oficiais britânicos e carros Ford – uma presença crescente nas ruas – para ver Ali Babá, o "tagarela bebedor de vinho", sendo representado em seu próprio território. Bagdá ficou encantada com o *show*.

Esperando palmeiras que balançavam suavemente e domos dourados polidos, os viajantes muitas vezes se decepcionavam ao ver seus sonhos cuidadosamente cultivados engolidos pela onipresente lama da Mesopotâmia. A lama aparecia muito no relato de Maxwell sobre Bagdá. Até o Tigre era mais "café com leite" que azul límpido. "Muitas vezes pensei, desde aqueles dias de lama na Mesopotâmia, que alguém podia fazer grande fortuna achando um uso comercial para uma substância tão escorregadia quando o óleo, tão indelével nas manchas que causa quanto o suco de nogueira e tão adesiva quanto cola de peixe."[50] A prevalência extraordinária da lama, facilmente esquecida numa Bagdá moderna submersa em asfalto e cimento, foi registrada pelo viajante e escritor inglês Robert Byron em 1937:

> É uma planície de lama, tão plana que uma única garça, descansando em uma só perna ao lado de algum raro fio d'água numa vala, parece tão alta quanto uma antena sem fio. Dessa planície sobem vilas de lama e cidades de lama. O rio flui com lama líquida. O ar é composto de lama refinada em gás. O povo tem cor de lama; eles usam roupas cor de lama e seu chapéu nacional

> nada mais é que um bolinho de lama formalizado. Bagdá é a capital onde se esperaria encontrar uma terra favorecida pelo divino. Ela se esconde numa névoa lamacenta; quando a temperatura atinge menos de 40 graus os residentes reclamam do frio e pegam suas peles. Só por uma coisa agora a cidade é famosa: uma espécie de furúnculo que leva nove meses para curar e deixa uma cicatriz.[51]

A indômita exploradora Freya Stark chegou a Bagdá em 1931. Seu amor pelo Oriente tinha surgido aos nove anos, quando uma tia lhe deu de presente de aniversário uma cópia de *As mil e uma noites*. Anos depois, *Arábia deserta*, de Charles Doughty, levou-a a uma imersão no Oriente Médio. Seus retratos de Bagdá para o *Baghdad Times* foram reunidos e publicados como *Baghdad Sketches* [Desenhos de Bagdá] em 1932. Há apartes divertidos sobre suas acomodações fedidas num bairro pobre, onde, da cisterna, surgia todas as noites um gás venenoso como um "diabo babilônio", fazendo-a imaginar se algum ancestral sumério tinha talvez sido enterrado embaixo do pátio. Em Bagdá, imaginou, "não se considera que felicidade e saneamento tenham qualquer ligação em particular". A terra era tão baixa e plana que não tinha como haver drenagem. "É isso que faz com que seja tão deprimente para os oficiais de saúde e tão divertida para as pessoas que gostam de estudar micróbios."[52] Uma das vinhetas mais encantadoras é a descrição de uma viagem de barco através do rio "com cor de leão" para ir a um jantar com o Velho Salih, o barqueiro esperto e com olhos aquosos, "um velho Caronte com ar bastante infame", que mantinha um rastro de peixes se rebatendo ao lado do barco. "A bondade com os peixes não entrava no catálogo de méritos de Salih, mas ele era ótimo em jejuar, que é uma sorte de virtude da qual se pode gostar quando se é muito pobre."[53] Um dia, depois de receber de Stark um generoso adiantamento de 10 rúpias, ele desapareceu completamente, para nunca mais ser visto.

Stark ficou hipnotizada pela vida do Tigre, com suas miríades de embarcações de todas as eras humanas, o tráfego de mulheres descalças em suas margens carregando jarros d'água nos ombros, a névoa baixa do inverno e "fatias de baixios amarelos de sol" quando os búfalos asiáticos vinham beber. Talvez a época favorita do ano, para ela, fosse o mês de jejum sagrado do Ramadã: após um dia sonolento, a cidade de repente ficava viva e ela deixava um grupo de amigas mulheres discutindo seus maridos insatisfatórios em vários níveis e vagava pelas ruas lotadas após a meia-noite. "É sempre estranho e como um sonho andar à luz das estrelas entre as vielas estreitas: mas agora, no Ramadã, é fantástico. A cidade toda se mexe e farfalha e sussurra nos becos labirínticos como uma colmeia enxameando no escuro. Não dá para distinguir as faces; as figuras que murmuram passam flutuando como água."[54] Diferentemente de alguns de seus colegas viajantes, Stark guardava sua crítica mais feroz para os britânicos. Ela especialmente não se impressionou com as mulheres expatriadas em Bagdá, que sentia tenderem à rudeza e à ignorância. As viagens de Stark a forçaram a uma temerosa conclusão: "Os britânicos parecem ser populares onde quer que vão, até que chegam para viver ali com suas esposas".[55]

Para muitos bagdalis, a cultura britânica era intoxicante (muitas vezes literalmente), às vezes críptica e, muitas vezes, insultante. O álcool era amplamente disponível e consumido. Historicamente desprezados, os cães de repente eram mimados pela brigada de chapéus safári, cujas esposas não pareciam saber se colocar em seu lugar. Mais chocante de tudo, havia muita pele à mostra. Como notou Richard Coke no fim dos anos 1920,

> (...) o europeu atual, com seus hábitos livres e fáceis, seu amor por bebidas fortes e por cães, seus brusco desprezo pelas pequenas cortesias da vida, é o exato oposto do que o árabe veio a considerar um cavalheiro. Isso se aplica mais ainda à sua esposa, a moderna dama europeia, com sua voz alta e aparência masculina, seus coquetéis, sua longa piteira, seu hábito de aparecer em eventos públicos com roupas que não deixam praticamente nada à imaginação. O marido ou pai respeitável, longe de se impressionar com o valor da "liberdade" da mulher ocidental, agradece a Deus em seu coração que suas compatriotas não sejam como as mulheres do infiel.[56]

Durante algum tempo, pelo menos nos círculos mais brilhantes da sociedade de Bagdá, esse espírito foi moda – e os *abayas* sem forma que cobriam tudo foram abandonados. Entre as muitas imagens maravilhosas do arquivo familiar de Tamara Daghestani, neta do marechal Mohammed Fadhil Paxá al

Daghestani, há uma série tirada em um desfile de moda Red Crescent que aconteceu no salão Al Amana em Bagdá no início dos anos 1950. Modelos elegantes usando vestidos florais de verão, elegantes terninhos e vestidos de festa longos e decotados desfilam ousadas pela passarela, observadas com admiração por fileiras de mulheres glamorosas e sem véu. Em 2011, Tamara disse: "Algumas das minhas amigas mais novas ficam bem escandalizadas com isso. Quando veem minha linda mãe num vestido decotado, elas me perguntam o que diabos ela está usando. Eu digo: 'Vocês todas andaram para trás!'. As mais velhas amam. Elas ficam orgulhosas de serem iraquianas. O trágico é que você nunca imaginaria isso acontecendo hoje".[57]

*

Desde os primórdios de Bagdá e da era de seu fundador, o califa Mansur, que (como vimos no Capítulo 1) gostava de manter os cadáveres de suas muitas vítimas preservados em um armazém subterrâneo com os nomes e a genealogia costurados nas orelhas, homens fortes foram uma parte inescapável da história da cidade. Califas Abássida todo-poderosos, cruéis conquistadores mongóis e turcos, chefes tribais turcomanos, xás iranianos, sultões e paxás otomanos, mamelucos arrogantes, agás e janízaros – todos se fizeram mestres da Cidade da Paz derramando sangue em grande escala. Independente de suas muitas diferenças, eles se uniam em um aspecto importante: nenhum era muito melindroso.

Na primeira metade do século XX, um novo homem forte emergiu, seguindo as características mutantes e menos sangrentas da época. Seu nome começou a aparecer com tediosa regularidade na longa lista de gabinetes iraquianos do início dos anos 1920 até 1958. Nomeado ministro da defesa em 20 de novembro de 1922, já tendo servido como primeiro diretor-geral da polícia iraquiana, Nuri al Said (O Feliz) raramente estava ausente do gabinete durante os 36 anos seguintes, em geral ocupando as posições de ministro das relações exteriores ou ministro da defesa quando não estava servindo um de seus oito mandatos como primeiro-ministro. Ele foi nomeado premiê pela primeira vez em 1930 e seu último ministério foi em 1958. Os iraquianos o conheciam pelo apelido "O Paxá".

Said tinha sem dúvida a origem certa para desempenhar um papel de liderança no Iraque. Nascido em 1888, ele tinha sido membro do movimento secreto Al Ahd em Bagdá e tivera uma brilhante guerra no deserto com Faisal e Lawrence como oficial bagdali, mais tarde tornando-se chefe de gabinete de Jafar Pasha al Askari, seu cunhado. Ele comandou as tropas árabes que tomaram Damasco em 1918 e foi recompensado com a posição de chefe de gabinete de Faisal durante o curto reinado deste no trono sírio em 1920. Lawrence, um homem não muito dado a elogios fáceis ou excessivos para seus colegas, achava que a "coragem, autoridade e frieza" de Said faziam dele um líder ideal. "A maior parte dos homens falava mais rápido quando era atacado, fingindo uma tranquilidade e uma jovialidade traiçoeiras", escreveu. "Nuri ficava mais calmo."[58] Ao encontrá-lo pela primeira vez em 1921, Gertrude Bell ficou igualmente impressionada. "No momento em que o vi, incrivelmente esguio e ágil, com um rosto pequeno e fino e olhos cinzas que acordavam gradualmente enquanto ele falava, percebi que tínhamos diante de nós uma força dura, mas maleável, com a qual devíamos ou trabalhar ou entrar num embate difícil – difícil demais para vencer."[59]

Said, tão pragmático quanto oportunista, anunciou cedo suas inclinações em favor dos britânicos, assinado o Tratado Anglo-Iraquiano de 1930, que dava toda a responsabilidade pela defesa e pela segurança interna do Iraque a Bagdá, enquanto concedia à Inglaterra o direito de mover suas tropas pelo país, fornecer conselheiros e materiais ao Exército, além de manter duas grandes bases aéreas da Força Aérea Real, uma em Shaiba, perto de Basra, e a outra em Habaniya, perto de Bagdá. O tratado, sempre controverso, criou as fundações para as relações entre Inglaterra e Iraque durante as três décadas seguintes e estabeleceu as credenciais pró-Inglaterra de Said, que no final lhe custariam a vida. Em 1931, apoiado por um parlamento cheio de aliados, Said aprovou um acordo petrolífero que deu à Companhia de Petróleo do Iraque uma concessão exclusiva no norte do país, junto a isenções fiscais, em troca de pagamentos anuais de ouro antes de qualquer exportação de petróleo. Apesar de o petróleo ter sido descoberto próximo a Kirkuk em 1927, ele não foi exportado antes de 1934. Graças ao esquema de Said, as receitas petrolíferas saltaram de praticamente nada em 1930-31 a 20% de toda a receita do governo apenas um ano depois, parte disso sendo destinada a amenizar os piores efeitos da depressão global.[60]

Nos primeiros anos do reinado do rei Faisal, a segurança em Bagdá estava longe de ser perfeita e a cidade era perigosa principalmente para jovens mulheres. De longe, a maior proporção de assassinatos na cidade – cerca de cem por semana – era de mulheres mortas por seus irmãos por supostamente ter em casos que, nos olhos deles, desonravam a garota e a família. "A parte ofensora do corpo da mulher era cortada com uma faca."[61] Mulheres solteiras grávidas também podiam ser levadas a um local remoto por seus parentes homens, mortas e secretamente enterradas, uma prática conhecida como *gasl al arar*, ou lavar a vergonha. Autópsias subsequentes revelaram que várias das acusadas eram virgens. As mulheres também podiam ser mortas por falar com seus noivos antes da noite de núpcias. Os homens que perpetravam esses assassinatos "de honra" frequentemente eram elogiados pelos jornais por suas "ações nobres".[62]

Desde a chegada dos britânicos em 1917, e especialmente entre 1941 e 1958, vemos uma "Bagdá pulsando com um vigor há muito desconhecido, uma classe média em crescimento contínuo e já intensamente articulada, uma educação moderna ainda escassa em conteúdo, mas de fronteiras que se estendem, rodovias pavimentadas, estradas de ferro e serviços aéreos gradualmente atravessando mais e mais do país, um comércio ainda hesitante, mas animado".[63]

Para a elite do país, estes foram os dias dourados. Faisal deu o tom para essa era mais feliz, realizando recepções regulares em seu palácio, jogando *bridge* à noite, caçando perdizes em Amara. Ele se interessou pessoalmente em empresas petrolíferas, no orçamento nacional e na ferrovia Haifa-Bagdá. Na hora do almoço ele frequentemente era visto viajando de carro até alguns quilômetros fora da cidade para entregar um troféu na pista de corrida, onde grandes multidões de xeiques loucos por cavalos em vestes tradicionais e adornos de cabeça dividiam os recintos com europeus em ternos e chapéus-panamá, correndo entre o quadro de apostas e a barreira para apoiar um de seus cavalos ou outra égua do deserto favorita. Jóqueis árabes corriam de um lado para o outro em jaquetas brilhantes e bonés pontudos, alguns dos mais tradicionais usando lenços de cabeça. Faisal assistia às corridas em seu pavilhão especial, em geral vestindo seu característico e muito imitado chapéu longitudinal chamado *faisuliya*.[64]

Apesar de a intenção ser que a monarquia oferecesse ao Iraque certa estabilidade, a vida política continuou com uma turbulência que teria sido familiar aos antigos califas Abássidas. Os bagdalis assistiram a governos entrarem e saírem com velocidade desconcertante. De 1920 a 1958 a vida média de um gabinete era de apenas oito meses. E, mais preocupante para o futuro do Iraque, esses primeiros anos de monarquia tinham, na visão de muitos xiitas, arraigado o poder sunita por meio do patrocínio de Faisal a oficiais sharifianos com quem ele lutara durante a Revolta Árabe.

Em 1932, nervosos para evitar mais despesas administrando um Iraque turbulento e cada vez mais nacionalista, os britânicos se juntaram com os governantes iraquianos para declarar que o processo de construção do Estado estava satisfatoriamente completo – apesar das óbvias falhas administrativas, financeiras e militares. O Mandato Britânico chegou oficialmente ao fim e o Iraque se juntou à Liga das Nações como Estado independente, ainda que intimamente ligado à Inglaterra.[65] Em 20 de junho de 1933, o rei Faisal viajou a Londres para marcar o fim de uma era, visitando a Abadia de Westminster e chegando com pompa ao Palácio de Buckingham numa carruagem aberta com o rei George V, escoltado pelo regimento Life Guards. Em cinejornais e fotografias da época, os dois irradiam esplendor monárquico em uniformes militares, chapéus com plumas brancas, luvas brancas, bigodes e barbas régias, um emaranhado de bordados dourados e inúmeras medalhas no peito.

Essa figura esplêndida foi quase imediatamente eclipsada pela tragédia. No dia 8 de setembro, menos de três meses depois da visita real à Inglaterra, Faisal, com cinquenta anos, morreu na Suíça, onde estava recebendo tratamento para um problema cardíaco. Todo o Iraque mergulhou no luto. O corpo do rei foi levado de volta de avião para um funeral de Estado e as ruas da capital ficaram tomadas de mulheres chorando e batendo no peito, numa ensurdecedora mostra de luto. Incrivelmente popular, fisicamente corajoso, extraordinariamente galante, paciente ao ponto da serenidade e politicamente valente, Faisal levara o Iraque com sucesso na direção da independência – seu grande objetivo –, mantivera a nação unida frente a grandes desafios e a colocara no caminho para a modernidade, apesar das fraturas étnicas e sectárias que sempre conspiravam para dar margem ao derramamento de sangue onde havia paz. Como escreveu o rei antes de sua morte, em palavras que certamente teriam ressoado em muitos líderes iraquianos de 1933 até hoje: "No Iraque, ainda não há – e digo isso com o coração cheio de mágoa – um povo iraquiano, mas massas de seres humanos, sem nenhum pensamento patriótico, imbuídos de tradições e absurdos religiosos, não conectados por um laço em comum, dando ouvidos ao mal, dados à anarquia e eternamente prontos para se levantar contra qualquer governo".[66]

*

Coroado rei em 1933, o filho único de Faisal, Ghazi – um nacionalista árabe de 21 anos com visões marcadamente diferentes das de seu pai em relação à influência britânica – logo se viu mergulhado em intrigas políticas. Ele apoiou o golpe de 1936, liderado pelo general Bakr Sidki, que viu um governo civil substituído por um regime militar, dando assim a Bagdá a duvidosa honra de ter sido a sede do primeiro golpe do Oriente Médio moderno. Em 29 de outubro, aviões militares retumbaram sobre a cidade, jogando folhetos assinados por Sidki, autoproclamado comandante das Forças Nacionais de Reforma, exigindo a renúncia do primeiro-ministro Yasin al Hashimi. O Exército começou a entrar em Bagdá, e a cidade foi bombardeada. O governo renunciou; Said foi exilado para o Cairo e o primeiro-ministro, para Istambul; o ministro da defesa Jafar al Askari, herói da Revolta Árabe, foi assassinado de forma traiçoeira – até para os padrões de Bagdá. Criou-se um precedente para a intervenção militar derrubar governos civis em Bagdá, que ecoaria longamente no Oriente Médio e além.

Dependendo da visão que se tem sobre a história iraquiana, Sidki era particularmente incapaz ou perfeitamente adequado para tomar o poder. Ele foi a mente por trás do notório massacre de assírios, descendentes dos antigos assírios da Mesopotâmia, quando, no dia 11 de agosto de 1933, um batalhão de fuzileiros iraquianos entrou na vila cristã assíria de Simayl, a noroeste de Mosul, e metodicamente matou cada um dos homens, ao que se seguiram problemas na região. O número de mortos foi 315, incluindo quatro mulheres e seis crianças.[67] No total, até três mil foram mortos em mais de sessenta vilas durante vários dias, a maioria a sangue frio. Como parte do acobertamento subsequente, o massacre foi apresentado como uma combinação de rebelião assíria, conspiração britânica para minar e controlar o país e patriotismo heroico do Exército iraquiano, cujos soldados foram recompensados com desfiles de vitória em Mosul e em Bagdá, onde arcos triunfais foram construídos com melões furados com adagas representando cabeças assírias cortadas. Segundo o escritor iraquiano Kanan Makiya, o massacre de Simayl foi "a primeira expressão verdadeira de independência nacional numa ex-província árabe do Império Otomano".[68] Fiel à longa tradição iraquiana de mudança de regime, o próprio Sidki foi assassinado em 1937.

A atmosfera em Bagdá no fim dos anos 1930 escureceu. A questão palestina, dominada por um cada vez mais intenso conflito entre árabes e judeus e pela crescente emigração judia vinda da Alemanha, endureceu as opiniões em relação à população judia. O crescente envolvimento do regime nazista com Bagdá conquistou o mesmo objetivo. Berlim ofereceu crédito de longo prazo, convidou estudantes para Comícios da Juventude em Berlim e espalhou a propaganda nazista para ouvidos abertos dentro do Exército iraquiano. Os bagdalis que sintonizavam as transmissões em árabe da Rádio Berlim se acostumaram com as saudações diárias de seu apresentador de olhos azuis Yunis Bahr, amigo do ministro da propaganda nazista Joseph Goebbels: "Aqui é Berlim. Saúdo os árabes. Meus irmãos, o povo do Iraque, elevem-se na terra".[69] Definitivamente havia ecos da Juventude Hitlerista na Futuwa, o Movimento da Juventude Iraquiana. Em 1937, Ghazi criou sua própria estação de rádio palaciana, a Al Zuhour, que usou para transmitir críticas nacionalistas à política externa britânica; a rádio também foi usada para argumentar, pela primeira vez, que o Iraque tinha o direito à soberania sobre o protetorado britânico do Kuwait, rico em petróleo, plantando as sementes de massacres e tragédias futuras. As simpatias por Hitler cresceram e em 1938 os bairros judeus de Bagdá foram bombardeados. No fim de 1939, Bagdá recebeu um famoso visitante que desestabilizou a cidade: Haj Amin al Hussaini, o grande *mufti* de Jerusalém, líder do fracassado levante nacionalista de 1936-9 contra o domínio colonial britânico na Palestina, recebeu asilo na cidade. Durante os dois anos seguintes o homem descrito pelos ingleses como "arqui-criador-de-problemas" tornou-se imensamente influente dentro do governo iraquiano, um para-raios para a irada oposição local a um lar judeu na Palestina.[70]

Em meio à confusão em Bagdá, algumas coisas permaneceram reconfortantemente – ou talvez desafiadoramente – iguais. O jovem Ghazi manteve uma corte real de extravagante hospitalidade. No dia 31 de março de 1937, foi dado um banquete em homenagem ao rei no palácio real. Enquanto o grupo comia uma refeição de dez pratos, era entretido pelos músicos reais, que tocaram dez peças, inaugurando os trabalhos com uma abertura de uma ópera de Suppé, seguida por uma graciosa serenata de Moszkowski e uma fantasia de Mascagni, junto com peças de Verdi, Strauss e Wagner. A suntuosa noite real chegou ao fim com uma vigorosa ária da *Aida*, de Verdi.

Como muitos jovens, Ghazi gostava de carros esportivos. Ao contrário de muitos rapazes de vinte e poucos anos, ele podia comprá-los, e mantinha uma exótica frota. Descrito como "um brilhante piloto de alta velocidade" que corria pela pista de Brooklands, na Inglaterra, na tenra idade de doze anos, ele também era um habilidoso piloto de aviões e voava em seu próprio Percival Gull, uma aeronave de corrida britânica monomotora.[71] Com os anos, os bagdalis se acostumaram a ver o jovem rei rugindo em carros esportivos como o Auburn Speedster de 150 cavalos de potência. Em 4 de abril de 1939, o gosto por velocidade levou a melhor, e o reinado de Ghazi acabou com um ensurdecedor estrondo metálico quando ele bateu seu conversível num poste de luz elétrica perto do palácio. Ele morreu horas depois devido a múltiplos traumas cranianos. As suspeitas sobre a morte pairaram sobre Bagdá, que há muito era solo fértil para teorias da conspiração. Algumas das mais excêntricas, encorajadas com entusiasmo pela Rádio Berlim, sugeriam que o serviço secreto britânico tinha assassinado o monarca. Os ânimos estavam exaltados e dezenas de milhares de pessoas foram ao funeral do rei em Bagdá. Em Mosul, o cônsul britânico foi atacado e morto por uma multidão revoltada.

Mas para a monarquia em si, a vida seguiu. O rei estava morto, vida longa ao rei. O filho de três anos de Ghazi, Faisal II, foi proclamado rei sob a regência de seu tio, o príncipe Abdul Illah. A sucessão foi garantida, mas havia poucas esperanças de estabilidade. Os governos continuaram a ser derrubados tão rapidamente quanto eram nomeados, numa atmosfera cada vez mais febril. Apesar de Bagdá não estar diretamente envolvida, a eclosão da guerra em setembro de 1939 se fez sentir imediatamente. Os preços subiram nos mercados, as famílias estocaram provisões, os negócios entraram em pânico e houve uma corrida aos bancos. Foi declarado estado de emergência. Uma aliança de quatro coronéis anti-Inglaterra, apelidados de "O Quadrado Dourado", começou a exercer cada vez mais poder nos bastidores. Muitos iraquianos proeminentes acreditavam ser uma questão de tempo antes de as potências do Eixo derrotaram a Inglaterra, então canais secretos foram abertos para Berlim e Roma. Bagdá ficou amargamente dividida entre aqueles, como Said, a favor de honrar o Tratado Anglo-Iraquiano e o grupo antibritânico composto por generais, imprensa e boa parte do público.

No dia 31 de março de 1940, após a última administração de Said ter caído depois de apenas seis semanas, o advogado nacionalista Rashid Ali al Gailani, que Londres considerava ser virulentamente contra os britânicos, tornou-se primeiro-ministro. Londres tremeu, sussurrou no ouvido do regente e Rashid Ali foi persuadido a renunciar em 30 de janeiro de 1941. Então, no dia 1º de abril, o drama se intensificou com um golpe militar no qual Rashid Ali, apoiado pelo Quadrado Dourado e com promessas alemãs de ajuda contra a Inglaterra, tomou o poder e declarou um Governo de Defesa Nacional. Temendo por sua vida, o regente fugiu para o enviado norte-americano, que o levou para fora de Bagdá enrolado num tapete na traseira de seu carro da missão diplomática americana para a base da Força Aérea Real em Habaniya; de lá ele foi levado a Basra e depois para Amã. Os políticos pró-britânicos foram presos, muitos outros fugiram, e as relações entre a Inglaterra e o novo regime se esfriaram ao ponto de congelamento. Com a Alemanha conseguindo vitórias nos Balcãs e no norte da África e a possibilidade de um avanço no Oriente Médio, a posição inglesa no Iraque de repente parecia incrivelmente precária.

Seguiu-se um dos mais estranhos conflitos da 2ª Guerra Mundial. Passando por cima do general Archibald Wavell, o sobrecarregado general comandante britânico no Oriente Médio, que dizia não ter tropas suficientes para avançar no Iraque, Churchill ordenou a mobilização de uma força para salvaguardar os interesses britânicos. As tropas começaram a chegar à base de Shaiba, perto de Basra, em 17 de abril.

Durante o mês seguinte, Bagdá ficou tomada pela guerra e pelos boatos. Foi imposto um blecaute; escolas e negócios fecharam; estações de rádio transmitiam intermináveis canções marciais, propaganda militar e ameaças de lidar com a "inimizade interna" quando a Inglaterra fosse derrotada. O grande *mufti*, tentando arrumar briga, declarou *jihad*. Os judeus, largamente desprezados como clientes britânicos, foram levados pela polícia, acusados de ajudar o inimigo. Uma mulher judia foi detida por usar um *abaya* através do qual se podia ver um botão prateado brilhante, supostamente um sinal para os aviões britânicos.[72]

Em 29 de abril, 250 civis ingleses foram evacuados de Bagdá e mais quinhentos se refugiaram na Embaixada Britânica e na Missão Diplomática Americana. Forças iraquianas montaram um cerco a Habaniya e logo os céus de Bagdá tremeram com o som de bombardeiros Wellington e Blenheim, quando os britânicos bombardearam os agressores e destruíram a Força Aérea Real Iraquiana a partir do ar. No dia 6 de maio, uma multidão armada com porretes e adagas invadiu o hospital judeu Meir Elias, onde se dizia que agentes inimigos estavam baseados, matou o farmacêutico com um tiro, espancou pacientes, saqueou os prédios e ateou fogo no complexo. Depois de tomar Falluja em 19 de maio, as forças britânicas avançaram na direção leste para Bagdá. O jovem tenente Arthur Wellesley, futuro oitavo Duque de Wellington, foi colocado na "Habforce", uma unidade mista composta de elementos da 1ª Divisão de Cavalaria e outras infantarias e regimentos de artilharia. Sua rota tortuosa da Palestina a Bagdá incluiu uma marcha forçada pelo deserto com constantes perseguições de larápios tribais, o ocasional bombardeio por aviões Messerschmitt Bf 110s e intermináveis atrasos causados pelas enchentes e pontes e diques quebrados por conta da demolição iraquiana do sistema Eufrates. Conforme se aproximavam de Bagdá, o tenente Wellesley e sua tropa foram duramente atacados e forçados a se esconder de duna em duna para escapar dos rifles e metralhadoras Vickers do inimigo. "Senti-me como uma Tia Sally num estande de tiros no parque de diversões, mas ao mesmo tempo havia uma pontinha de euforia, como quando se pula várias cercas altas durante uma caça." Sua primeira visão da cidade, anunciada pelo domo dourado do templo de Kadhimain, foi "tremendamente impressionante, um local magnífico", atrás de hectares de palmeiras e deserto. Estando às margens de Bagdá, ele assistiu a fileiras de refugiados saindo da cidade. "Ouvi uma voz que disse: 'Que visão patética e triste'. Era Glubb Pasha, comandante da Legião Árabe."[73] Bagdá se rendeu no dia 31 de maio. No dia seguinte, o regente reinstalado, Abdul Illah, que retornara num *destroyer* britânico, reuniu uma *majlis*, ou assembleia, no Palácio das Flores. Enforcamentos públicos dos oficiais por trás do golpe se seguiram. Para os ingleses, a primavera de 1941 foi uma vitória; para uma das mais antigas populações da cidade, foi uma tragédia irrevogável.

*

Na noite de 1º de junho, bem quando os judeus de Bagdá pensavam que o sucesso britânico os tinha poupado da destruição e estavam comemorando o festival do Shavuot com frango apimentado e uma ou duas garrafas de áraque, um aterrorizante grito se ouviu pelas ruas da capital: "*Cutat al yehud*!" ("Matem os judeus!").[74] Fogos tomaram os céus e gangues invadiram as ruas. A violência começara naquela tarde, quando soldados dispensados começaram a atacar os judeus na ponte Khurr. Os homens de uniforme estavam irados vendo os judeus desfilando com suas melhores roupas, que eles erroneamente interpretaram indicar uma celebração da vitória dos ingleses, e não de um festival religioso. Corpos de judeus, metralhados, esfaqueados ou baleados, começaram a aparecer em diferentes partes da cidade. Um amigo iraquiano de Freya Stark relatou estar "caminhando num rio de sangue" na rua Ghazi.[75] No Bab al Sheikh, os judeus foram arrancados de ônibus e mortos a pancadas nas ruas. Do antigo bairro de Bataween vieram os nauseantes gritos de mulheres sendo estupradas. Guiadas pelas mãos vermelhas e suásticas emplastradas nas portas de casas de judeus, as gangues conduziram uma orgia de assassinatos. Bebês e crianças foram torturados e mortos com crueldade impensável. Um idoso que se recusou a dar suas economias teve a garganta cortada.[76] Num bairro misto judeu e muçulmano, uma multidão colocou fogo numa casa e desfilou pelas ruas alegremente mostrando o que um menino achou ser um pedaço de carne: era o seio de uma das amigas de sua mãe.[77] Com a matança se espalhando com uma tempestade, os judeus se esconderam nos porões e atrás de portas reforçadas. A ordem ruiu tão completamente que oficiais do Exército e da política lideravam grupos de pilhagem por toda a rua Rashid. Finalmente, no dia dois de junho, às cinco horas da tarde, foi imposto um toque de recolher, com as forças de segurança tendo ordens de atirar no ato. Cerca de sessenta a setenta pessoas foram mortas naquela tarde.

O número de judeus mortos foi estimado em duzentos. O número de muçulmanos mortos, consistindo em rebeldes, membros das forças de segurança e aqueles que bravamente tentaram defender seus amigos e vizinhos judeus, foi ainda maior. Os judeus de Bagdá, que na véspera desse massacre representavam um terço da população da cidade, chamaram os eventos dos dias 1 e 2 de junho de *farhud*, uma palavra árabe para desapropriação violenta. Eles tinham sido deixados na mão pelo Comitê de Segurança Interna, pelas unidades iraquianas de polícia e do Exército e pelas forças britânicas no entorno de Bagdá, nenhum dos quais levantou um dedo para ajudá-los. Para muitos, foi o dobre de finados de quaisquer esperanças restantes de realmente poder fazer parte do novo Iraque. Concebido no ódio nazista, exportado para o coração da Mesopotâmia, o *pogrom* Farhud destruiu os sonhos judeus e apressou o fim de mais de dois milênios de convivência em grande parte pacífica. Foi uma tragédia da qual Bagdá nunca se recuperou totalmente.

Os anos seguintes confirmariam a trágica verdade dos medos judeus. Na esteira da fundação do Estado de Israel em 1948, quando Bagdá declarou que o sionismo era uma ofensa capital, os judeus da cidade foram violentamente atacados mais uma vez. De julho de 1948 a dezembro de 1949, cerca de oitocentos deles foram expulsos de cargos públicos sem indenização ou benefícios. Os negócios judeus foram perseguidos com impostos punitivos. Os bancos judeus tiveram suas licenças revogadas e a polícia passava como um enxame por áreas judias, usando a descoberta de um movimento secreto sionista como desculpa para prender e torturar à vontade homens e mulheres.[78] Em 1950, Israel aprovou a Lei do Retorno, prometendo cidadania imediata a qualquer judeu. "Judeus! Israel os chama – saiam da Babilônia!", proclamava um manifesto sionista. Um ano depois, o governo de Bagdá permitiu que os judeus saíssem do Iraque, sob a condição – não revelada na época – de abrir mão da nacionalidade iraquiana, bem como de todos os bens e propriedades. Eles tinham a permissão de levar para fora do país não mais que 140 dólares, junto com 30 quilos de bagagem. A remoção de joias era explicitamente proibida. Sentindo a direção dos ventos, dezenas de milhares de judeus iraquianos se registraram. De maio de 1951 ao início de 1952, a Operação Ezra e Nehemiah de Israel, também conhecida como Operação Ali Babá, transportou mais de 120 mil judeus em aviões para fora do Iraque. Até o fim da operação, apenas dois mil judeus, de uma população no Iraque de cerca de 150 mil, permaneceram em Bagdá. Os prisioneiros de Nabucodonosor, uma comunidade que vivia no Iraque há 25 anos, antes da chegada dos cristãos e dos muçulmanos, tinham sido caçados até quase a extinção.

Entre os poucos judeus que permaneceram havia famílias ricas como a do jovem George Abda, cujo pai era um grande proprietário de terras e agente estatal que alugava casas para o cádi chefe e os embaixadores espanhol e alemão e era confidente dos ministros do governo. Nascido em 1942, Abda se lembra de tardes inocentes brincando com pombos domésticos, fugindo para expedições aquáticas no Tigre em botes *dahur* e gastando o tempo no Nadi Melhab, o clube judaico, praticando tênis e vôlei. Todo mês a casa de seis andares da família, com banheiro francês e um zoológico com uma gazela, cordeiros, pombos, gato, cachorro e frangos, dava festas opulentas que iam noite adentro. "Tinha umas cem pessoas bebendo uísque e áraque a noite toda, com músicos *makam* e dançarinas do ventre.[¶] Era uma época muito especial de Bagdá e os judeus todos estavam logo abaixo do rei. Nos anos 1940 e 1950 eles quase governavam o país." Ele suspira, talvez

¶ O consumo de álcool tem uma longa história em Bagdá, datando aos dias Abássidas e até antes, com as antigas comunidades cristãs e suas tabernas. Quando Kermit Roosevelt, soldado filho do presidente norte-americano Theodore Roosevelt, chegou à cidade a serviço das forças britânicas na Mesopotâmia durante a 1ª Guerra, ele passou boa parte do tempo bebendo áraque e uísque. "A proibição do Alcorão às bebidas não era observada de forma muito obediente pela maioria, e até os que não bebiam em público raramente se abstinham na intimidade", escreveu. Ver p. 136 de seu livro, *War in the Garden of Eden*.

contemplando o subsequente exílio de sua família, em 1959. "O problema é que os habitantes de Bagdá ficam bravos demais rápido demais."[79]

*

As divisões na sociedade de Bagdá se aprofundaram. Na cidade, a monarquia começou a parecer cada vez mais isolada, extravagantemente desconectada das preocupações do povo.

Em 1946, a icônica cantora egípcia Oum Kalthoum, rainha incontestável da música árabe até hoje, chegou a Bagdá para cantar nas especialmente opulentas comemorações de aniversário do jovem rei. O Partido Comunista Iraquiano cresceu como porta-voz potente para aqueles que guardavam rancores contra um sistema de governo que era sinônimo de repressão e perseguição, no qual a Inglaterra ainda mantinha uma posição incrivelmente privilegiada. Extraordinariamente, nenhum outro país teve direito de manter uma embaixada em Bagdá até 1946. As eleições eram manipuladas; o poder da minoria sunita estava arraigado; as massas xiitas estavam de mãos atadas (só em 1948 foi nomeado um primeiro-ministro xiita, Salih Jabr); os partidos políticos quase sempre eram meros veículos para poderosos interesses pessoais; e a vida nos fumegantes bairros pobres era invariavelmente terrível, consistentemente brutal e frequentemente curta.

No começo de janeiro de 1948, os iraquianos souberam, chocados e, em muitos casos, enojados, que a Inglaterra e o Iraque estavam conduzindo negociações secretas. Assinado em 15 de janeiro, o Tratado de Portsmouth esticava os privilégios militares e a influência política dos britânicos por mais 25 anos. Greves foram convocadas e logo as ruas de Bagdá, centros de tanta desordem e matanças desde os primórdios, eram uma massa de barulho e fúria. Para os cidadãos, esse era o *wathba*, ou salto, um movimento de protesto em grande escala, feito pelos membros dos partidos Comunista, Nacional Democrático, da Independência e Liberal, junto com as massas urbanas. A polícia respondeu atirando indiscriminadamente nos protestantes.

Multidões de Karkh atacaram uma unidade policial que bloqueava sua passagem e, como um enxame, atravessaram a ponte, para juntar forças com seus companheiros na margem Rusafa. Assim que o primeiro deles colocou os pés do outro lado do rio, um destacamento em carro blindado "atirou sem piedade", matando e ferindo vários imediatamente. Voltando para trás em pânico, os outros tentaram chegar à margem oposta, mas foram "salpicados com tiros de metralhadora do topo de uma hospedaria na praça Suwaidi. A sangria da multidão foi terrível. Cadáveres estavam por todos os lados. Alguns estavam presos no ferro da ponte. Outros tinham caído no rio abaixo e estavam sendo carregados pela corrente".[80]

*

Após o tumulto dos anos 1940, Bagdá gozou de um raro período de estabilidade e renascimento cultural. Iraquianos de certa idade – e classe – ainda ficam com os olhos marejados ao falar sobre os anos 1950. "Ah, esses foram os anos dourados de Bagdá", me disse certa vez um amigo iraquiano, com um suspiro melancólico. "Depois de todas as guerras e lutas que tinham vindo antes, e comparando com o horror do que veio depois, foi uma época gloriosa e elegante."

Nadando em dinheiro de petróleo, a cidade estava entrando em sua maioridade no século XX, atraindo algumas das figuras mais celebradas do mundo, na academia e nas artes. Saindo da tradicional dependência de firmas britânicas, o governo iraquiano embarcou numa série de grandes encomendas arquitetônicas, a maioria de espírito moderno: o *designer* e arquiteto italiano Gio Ponti criou um prédio para o Ministério do Desenvolvimento e para o Conselho de Desenvolvimento, grupo estabelecido em 1950 por Said para liderar o investimento do país na era moderna, com a ajuda nada desprezível de 80% das rendas petrolíferas do país. Alvar Aalto, da Finlândia, foi convidado para projetar a Galeria Nacional de Arte; William Dunkel, de Zurique, o Banco Central. Respondendo às necessidades de uma população urbana que crescera 90% até chegar a um milhão em uma década, de 1947 a 1957, o governo encomendou a Constantinos Doxiadis, arquiteto e urbanista grego, grandes projetos de habitação por toda a cidade. Isso se fez necessário pela migração em massa de camponeses para Bagdá, vindos dos pântanos do sul do Iraque. Expulsos de suas terras ancestrais pela salinação da região e pela tentação de empregos com melhor pagamento na cidade, eles trocavam as condições primitivas nos pântanos por favelas com barracos de lama em Bagdá. Com a educação rapidamente tomando o centro do palco, Walter Gropius, o gigante da Bauhaus alemã, começou a trabalhar em planos para a Universidade de Bagdá, após uma visita à cidade em novembro de 1957. O grande modernista suíço Le Corbusier, que visitou Bagdá na mesma época e deu uma palestra sobre arquitetura moderna para a Sociedade de Engenheiros Iraquianos, foi convidado para projetar um novo estádio e complexo esportivo, mais tarde chamado Ginásio Saddam Hussein. O plano era introduzir um novo estilo de arquitetura urbana em Bagdá, claramente em homenagem às antigas tradições culturais da Mesopotâmia. Nas palavras do diretor da Universidade de Bagdá, "ela trará de volta a era de ouro de Bagdá durante o reino Abássida".

Em março de 1956, os arquitetos e urbanistas ingleses Minoprio e Spencely e P. W. Macfarlane projetaram um plano diretor para a cidade. Medidas de controle de enchentes no Tigre foram introduzidas, finalmente pondo fim à tradição milenar de catastróficas inundações. Pela primeira vez na história de Bagdá, uma série de novas ruas largas cortou o antigo centro da cidade, enquanto Karkh e Rusafa foram conectados por novas pontes. Um ano depois de o plano diretor ser concebido, o rei Faisal II cortou a faixa inaugural de vários bulevares e pontes, abrindo-os ao tráfego motorizado.

Se a década tivesse terminado de forma diferente, os habitantes de Bagdá poderiam hoje estar desfrutando da extraordinária e milionária ópera de Frank Lloyd Wright, centros culturais e museus numa ilha no Tigre, olhando para uma imponente estátua de quase 100 metros de Harun al Rashid no topo de um minarete em espiral, inspirado na Grande Mesquita de Samarra, datada do século IX, decorado com camelos e seus cavaleiros carregando lanças subindo pela passarela curva.

Após descobrir uma ilha totalmente vazia enquanto sobrevoava a cidade procurando um terreno adequado em maio de 1957, o arquiteto norte-americano, a apenas um ano de completar noventa anos, recebeu a notícia de que aquela era uma propriedade real. Durante uma reunião subsequente com Faisal, Wright explicou seus planos para a ilha e o jovem rei ouviu com apreço. "Ele colocou a mão sobre o local dessa ilha no mapa e me olhou com um sorriso lisonjeiro e disse: 'Sr. Wright, é sua', lembrou o americano. 'Bom, isso me converteu à monarquia ali mesmo.'"[81]

Tomado pelas associações históricas da cidade e berço das civilizações mais antigas do mundo, Wright dedicou romanticamente seu "Plano para a Grande Bagdá", uma série de desenhos, a maior parte datada de 20 de junho de 1957, a "Suméria, Isin, Larsa e Babilônia". A ilha foi batizada Edena, em homenagem ao suposto local do Jardim do Éden, cerca de 200 quilômetros ao sul de Bagdá. Wright planejou uma ponte saindo da ilha e conectando-a com o Boulevard Rei Faisal II, correndo para o nordeste até os prédios públicos próximos à estação de trem principal da cidade e ao aeroporto. A sudoeste, a mesma via estava orientada em direção a Meca. Uma segunda ponte cruzaria do canto sudeste da ilha para o novo *campus* da universidade imaginado por Wright, antes do envolvimento de Gropius, na margem leste da curva do rio, no parque ao sul do distrito de Karrada.

Não há dúvidas de que a visão radicalmente inspiradora de Wright para a Bagdá do pós-guerra, com seus planos monumentais, mas graciosos, em grande e exótica escala, teriam mudado para sempre a cara da cidade. Mas o "Plano para a Grande Bagdá" ficou sendo só isso mesmo. Descartado por causa dos custos e da extravagância, o grandioso esquema nunca passou da prancha de desenho. Uma pista para o motivo do fracasso talvez esteja na descrição de Wright do projeto como "digno de um rei". No verão seguinte à visita do arquiteto a Bagdá, só essas palavras já o descartariam como completamente inaceitável.

A arquitetura era só um entre vários campos criativos a prosperar. Os anos 1950 testemunharam uma grande efervescência cultural em Bagdá. Criado no começo dos anos 1940 pelo distinto tocador de *oud* e compositor clássico turco Sharif Muhiddin Targan, o Instituto de Belas Artes produziu uma nova geração de artistas. Havia pintores e escultores como Jawad Salim, Faik Hassan, Suad e Layla al Attar, Mohammed Ghani, Khalid al Rahal e Ismail al Turk. Recém-saído da Slade School of Fine Art, em Londres, o artista inglês Ian Auld e o ceramista cipriota Valentinos Charalambous criaram um departamento de cerâmica no instituto. Entre os músicos e compositores estavam Jamil Bashir, antigo diretor da Orquestra de Rádio de Bagdá, e seu irmão Munir, Ghanim Haddad e Salim Hussein. Salman Shukur, outro virtuoso do *oud,* dirigiu o Departamento de Música Oriental do instituto por três décadas, enquanto a respeitável Madame Moeller, da Suíça, junto com o pianista Julian Hertz e o violinista Sandu Albu, ambos da Romênia, tinham o controle do de Música Ocidental.

Havia ainda os poetas e escritores pioneiros Al Sayab, Al Malaika, Al Bayati e Abdul Malik Nuri, que se tornaram representantes principais da literatura árabe moderna, sendo lidos e admirados em todo o mundo árabe. As mostras de arte tornaram-se cada vez mais populares. Concertos e recitais de música clássica, tanto tradicional quando ocidental, atraíam grande audiências cosmopolitas de iraquianos e estrangeiros. A partir do fim dos anos 1950, a Orquestra Sinfônica Nacional Iraquiana tornou-se parte central da vida musical da cidade. Os bagdalis podiam assistir a muitos desses eventos nas televisões que foram novidades populares nos cafés dessa época.

Para amantes do cinema essa também foi uma década memorável. Clientes prósperos tendiam a gravitar para os cinemas projetados de forma mais ornamental, inevitavelmente mais caros, onde assistiam aos últimos filmes ingleses e norte-americanos, em meio a goles de bebidas gasosas e mordidas em um dos trinta tipos de sanduíches frescos feitos pelo restaurante e barraca de sanduíches Sharif e Haddad, um dos estabelecimentos mais amados e famosos da rua Rashid. Em meados dos anos 1950, o cinema Khayyam inaugurou uma era de ainda mais luxo para os frequentadores de cinema em Bagdá, sendo considerado o melhor do Oriente Médio. Projetado por americanos, ele deleitava com paredes ostentosas cobertas com veludo, murais enormes mostrando cenas persas dos quartetos do poeta Omar Khayyam, luzes que piscavam no teto e cadeiras giratórias com assentos profundos. Os bagdalis que se lembram dele dizem que era o melhor teatro que já visitaram. Os que tinham orçamentos mais modestos e gostos talvez menos cosmopolitas iam a cinemas mais baratos, que exibiam filmes egípcios em árabe.

A raiz da vida intelectual era uma cultura aberta para o mundo. O historiador britânico Arnold Toynbee fez uma palestra em Bagdá em 1949, na qual comparou anotações sobre o exílio com o imigrante palestino-iraquiano Jabra Ibrahim Jabra, romancista, poeta e crítico que estudara em Cambridge, autor de *Hunters in a Narrow Street* [Caçadores numa rua estreita], a história de um caso de amor cristão-muçulmano fadado ao insucesso, passado nos anos 1950 em Bagdá. Em 1956 o proeminente historiador de Bizâncio e das Cruzadas *Sir* Steven Runciman chegou de avião para dar uma palestra e participar de um festival de artes que marcava a inauguração da Sociedade de Artistas Iraquianos.

Peças amadoras e o teatro profissional prosperaram igualmente. Durante a visita de Runciman, Suhan Shawket ofereceu uma recepção em sua homenagem. Ele tinha organizado um pequeno salão de amigos com interesses afins para encenar a peça *The Living Room*, escrita em 1953 por Graham Greene, em seus elegantes salões para recepção às margens do Tigre. Do outro lado da cidade, em outra casa à beira-rio da era otomana, com dois andares e um amplo pátio banhado de luz, a peça de Bernard Shaw *Man and Superman*, tão amada por diplomatas britânicos, deslumbrou uma plateia que incluía lorde Jellicoe, então secretário-geral assistente do Pacto de Bagdá. Expatriados norte-americanos na cidade formaram outro grupo e encenaram *The Grass Harp*, de Truman Capote, no British Council, com uma segunda apresentação no clube Alwiya. A plateia de britânicos, bagdalis e americanos teve de correr para casa depois da apresentação, para colocar o traje *black tie* para um baile beneficente da Sociedade Iraquiana Red Crescent no Amana Hall.[82] Visitantes políticos e diplomáticos recebidos na grandiosa casa à beira-rio de Said lembram-se de *soirées* elegantes à luz das estrelas, comendo *masgouf*, especialidade antiga de Bagdá que consistia em peixe de rio grelhado, e alimentando seu bando de patos, gansos e cisnes a partir de panelas empilhadas com montes de pão.

Para a elite social, política e empresarial, eram dias gloriosos. Para os muitos bagdalis e iraquianos que ficavam de fora desse encantador círculo, a vida era bem menos glamorosa e consideravelmente mais mortal. Em 1956, a mortalidade infantil nos bairros pobres, cheios de suor e fedor, era estimada em 341 de cada mil gestações.[83] As cabanas de lama superlotadas, que se perdiam no horizonte sob diques de terra empilhados para proteger a margem leste da cidade das enchentes, eram uma cidade à parte, e uma mancha na reputação de Bagdá. As condições eram chocantemente básicas. Durante as ondas tórridas de verão, o calor era insuportável. No inverno, as famílias tremiam em chãos de terra debaixo de cobertores costurados, sem aquecimento. Apesar de as grandes epidemias de peste e cólera serem coisa do passado, tifoide, tuberculose, malária e doenças oculares continuaram a correr soltas pela grandiosa população.[84] Com eles, também o descontentamento fervilhava nesses bairros.

*

Enquanto a sociedade de Bagdá deslizava serenamente de um evento de gala a outro, desconectada das preocupações populares, numa gaiola suntuosamente acolchoada e folhada a ouro, as tensões nacionalistas pioraram. Em 1955, Said assinou o Pacto de Bagdá, ligando Inglaterra, Iraque, Turquia, Irã e Paquistão, numa aliança de defesa que tinha a intenção de combater a influência soviética no Oriente Médio. Violentamente impopular numa época em que o nacionalismo árabe antiocidental estava crescendo, o tratado foi condenado em toda a região, com a oposição sendo liderada pelo ditador egípcio Gamal Abdul Nasser e suas transmissões exaltadas na rádio Voz dos Árabes. A Síria se recusou a entrar. Na Jordânia, o jovem rei anglófilo Hussain vacilou, antes de ceder à opinião pública. Criando um frenesi antiocidental, Nasser estava disputando a liderança árabe com Said, o governante árabe sênior do Oriente Médio, numa reinterpretação do século XX da antiga rivalidade entre os povos dos vales do Nilo e do Eufrates, testemunhada pela primeira vez na competição entre Tebas e Babilônia. Dentro de um ano do Pacto de Bagdá, a Crise de Suez mudou inteiramente o Oriente Médio. Humilhada pelo presidente Eisenhower, a Inglaterra retirou suas forças do Egito, junto com França e Israel. A influência britânica na região nunca mais foi a mesma e em Bagdá a perda de prestígio foi palpável. A onda nacionalista estava prestes a quebrar sobre o Iraque.

Said foi nomeado primeiro-ministro pela oitava e última vez em 19 de maio de 1958. Resolutamente pró-Ocidente e anticomunista até o fim – quando Nasser nacionalizou a Companhia Canal de Suez em 1956, ele aconselhou Anthony Eden a "atacá-lo agora, atacá-lo com força" – ele há muito era visto pelas massas como fantoche britânico e norte-americano. Em 1964, dr. Fadhal Jamali, antigo primeiro-ministro e ministro das relações exteriores, escreveu argumentando que esse incansável apoio ao Ocidente colocou o político veterano em rota de colisão com o público iraquiano, um eleitorado que nunca lhe tinha interessado.

> Não foram os Estados Unidos da América amigos íntimos e principais apoiadores de Israel à custa do direito dos árabes às suas casas? Não foi Inglaterra a agressora do Egito, bem como primeira causa da tragédia Palestina? Não foi a França a agressora do Egito, bem como assassina de centenas de milhares de árabes no norte da África? A atividade política livre e uma imprensa livre no Iraque teriam, na maior parte dos casos, sido antiocidentais, e não anticomunistas. O trabalho de Nuri era ingrato. De certa forma, ele foi vítima das políticas ocidentais no mundo árabe.[85]

O último período do Paxá no cargo foi também um dos mais curtos. Menos de dois meses depois, Said, herói da Revolta Árabe, outrora companheiro de Faisal e Lawrence da Árabia, e político iraquiano duro como nenhum outro, estava morto.

*

Bagdá mudara quase completamente entre 1921 e 1958. Resumindo um dos mais visíveis desenvolvimentos, Gerald de Gaury, oficial do Exército britânico, arabista e amigo íntimo da família real iraquiana, destacou como os vapores de rodas, camelos, cavalos e táxis puxados por cavalos deram lugar a ônibus públicos, táxis, carros particulares, bicicletas e uma linha de bonde. Antigamente dependente do boca a boca e de um solitário jornal do governo, o contato de Bagdá com o mundo externo agora era assistido por cinquenta jornais árabes regionais e iraquianos, junto com estações de rádio, canais de televisão e várias publicações europeias. Onde recentemente a educação tinha sido em geral extremamente limitada e restrita a *madrassas*, onde as aulas de religião eram dadas em árabe, agora os estudantes podiam melhorar suas perspectivas com escolas secundárias, técnicas e de direito, além de aprender uma língua estrangeira, em geral o inglês.

Muitas mulheres tinham abandonado as restritas e antigas convenções de gênero e estavam "bastante emancipadas". O canto e as danças orientais, incluindo garotos imitando mulheres em teatros, tinham se voltado mais ao cabaré europeu, e os cinemas exibiam filmes de caubói, suspenses e películas surpreendentemente ousadas, com muita pele à mostra. O álcool estava mais livremente disponível, em especial nas boates que surgiram nos bairros mais ricos. Lojas com vitrines envidraçadas, lotadas das mercadorias de luxo mais modernas, como televisões, geladeiras e máquinas de lavar roupa, enfileiravam-se nas ruas, onde o ocasional Rolls-Royce Silver Ghost disputava espaço com enormes carros Caddilac, Buick, Chevrolet, Ford, Oldsmobile e corajosos Vauxhall Veloxe. Os códigos de vestimenta também tinham mudado. A tradicional veste árabe de robes fluidos e adornos de cabeça agora competia com ternos europeus bem cortados, camisas e gravatas. Apesar de a popular dieta de arroz, pão sem levedura, kebabs, tâmaras, leite e áraque ter permanecido basicamente intacta, a forma como essas coisas eram consumidas evoluiu. Menos pessoas comiam com as mãos, usando agora facas, garfos e colheres.[86]

Mas os anos 1950, uma década que testemunhara tão incrível prosperidade na vida de Bagdá entre os altos escalões da sociedade – ainda que não para as eternamente negligenciadas massas – terminaram com um choque cruel.

*

Em torno das 8h15 da manhã de segunda-feira, 14 de julho de 1958, um oficial do Exército iraquiano sem fôlego correu para a casa fechada de Sharif Hussain Ali, parente e amigo íntimo do rei Faisal. Ele perdera seu chapéu, sua camisa estava desabotoada e ele parecia perturbado. "Eles estão mortos!", disse em meio a engasgos. "Mataram todos – Deus tenha piedade deles. Vá rápido, enquanto pode!"[87]

Sharif Hussain, cuja casa ficava a centenas de metros do palácio real, falara com o rei apenas uma hora e meia antes. Em torno de 6h15 da manhã, explosões de tiros soaram perto do palácio. Conforme o barulho dos tiros ficava mais forte, Sharif Hussain ligou para o palácio numa linha privada. O rei de 23 anos disse a ele que estava sitiado. Soldados armados, brandindo suas armas de forma agressiva, tinham acabado de entrar no terreno do palácio. Mais de longe vinha o rugido de uma multidão irada de jovens do assentamento de invasores *sarifa* a leste da cidade. Desesperadamente pobres e destituídos, vivendo em cabanas improvisadas sem água ou eletricidade, eles apoiavam animadamente a mensagem nasserista que estava bombardeando as ondas aéreas de Bagdá com chamados para uma guerra de classes e uma luta contra a Inglaterra e seus fantoches, o rei iraquiano e seu regime. "*Al mawt lil malik*!" ("Morte ao rei!"), dizia o grito crescendo além dos muros do palácio. "*Al mawt lil Abdul Illah*!" ("Morte ao príncipe regente!").[88]

Dentro do palácio, um pálido Faisal estava ouvindo a Rádio Bagdá – agora renomeada Rádio Iraque Livre – que já transmitia, entre as canções marciais e músicas nacionalistas, a notícia extraordinária de que uma revolução liderada pelo major-general Abd al Karim Kassem estava acontecendo. Às 6h30, a voz do coronel Abdul Salam Aref, número dois de Kassem, entrou no ar. Na "Proclamação número 1", dirigida ao "Nobre povo do Iraque", ele anunciou que o Exército iraquiano estava libertando "o amado lar da corrupta equipe instalada pelo imperialismo" e convocando seus irmãos para apoiar "a ira que está sendo despejada no Palácio Rihab e na casa de Nuri al Said". Em termos que prenunciavam o tom dos governos iraquianos das seis décadas seguintes, ele encorajou seus compatriotas a relatar todos os "ofensores, traidores e corruptos, para que possam ser desabrigados". "Cidadãos de Bagdá, a monarquia está morta! A República está aqui!"[89]

Conforme a rede se fechava na família real, o chofer de Faisal recomendou que eles fugissem no carro, saindo por um portão ainda aberto na estrada para Diwaniya, a sudeste de Bagdá, mas o rei insistiu em ficar. Nem ele nem o príncipe-regente permitiriam uma fuga. Mais tropas continuaram a chegar. Amedrontando os que estavam do lado de dentro dos muros, uma infantaria de armas antitanque começou a cercar o palácio em torno de 6h45, causando uma explosão nos armazéns de munição e um incêndio que começou a tomar o salão superior do palácio, tornando a fuga ainda menos provável. Às 7h45, a Guarda Real se rendeu.

Então, pouco antes das 8h da manhã, quando os tiros cessaram, através da fumaça e do caos vieram os gritos do capitão Abdul Sattar Saba al

Abusi, oficial do Exército desconhecido, se oferecendo para levar o rei e seu grupo em segurança para fora do país em carros reais. Apesar de suas desconfianças em se entregar às mãos de um completo estranho, o grupo real concordou relutantemente, seguindo o oficial e sargento. Eles eram cerca de quinze, incluindo o rei Faisal, o príncipe-regente, a mulher deste, Hayam, a mãe, rainha Nafisa, e a irmã, princesa Badiya, o ajudante de ordens tenente Thabit e vários criados e serventes do palácio. Na hora de ir embora, a esposa do príncipe-regente, que vestia apenas uma camisola embaixo de seu casaco, correu de volta para dentro do palácio para vestir roupas mais práticas. Quando eles estavam no meio do pátio, perto da fonte, o oficial subitamente se virou, apontou sua submetralhadora para os reais e os matou pelas costas, o que causou uma explosão de tiros por todos os lados. Os membros da família real morreram no ato, exceto Faisal, que morreu mais tarde por causa dos ferimentos, a caminho do hospital, e Hayam, que tinha sido salva no último segundo ao voltar para trocar de roupa. Lembrando anos mais tarde do assassinato, o capitão al Abusi, que não tinha sido favorável ao golpe e juntara-se aos rebeldes só ao ouvir o apelo da rádio pela manhã, disse que estava num "estado frenético", como se cegado por uma "nuvem negra" e tinha apertado o gatilho "inconscientemente".[90]

Apesar de o tratamento dado pelos rebeldes ao cadáver do príncipe-regente ser sem dúvida bárbaro – mãos e pés cortados, mutilado, arrastado nu pelas ruas, pendurado como um espetáculo, atropelado repetidamente, até não sobrar nada exceto um pedaço de espinha e carne – a violência e a crueldade eram apenas ecos do século XX dos padrões há muito estabelecidos para a mudança de regime – e o comportamento explosivo das multidões – em Bagdá. Apesar de parecerem excepcionais para muitos leitores, eles eram tristemente familiares na Cidade da Paz.

Um outro homem permanecia nas vistas dos rebeldes. "Não nasceu o homem que pode me assassinar", vangloriara-se certa vez Said, segurando uma pistola. Mas apesar de tanta bravata, ele era, no verão de 1958, um homem altamente impopular. "Seus compatriotas temem, respeitam ou ficam estupefatos com Nuri", escreveu um jornalista numa entrevista com o primeiro-ministro em 1957. "Eles não o amam, e apesar de ele estar administrando os assuntos do país desde antes de a maioria deles nascer, poucos iraquianos o conhecem como ser humano. Ele governa como um ditador, sua indiferença à opinião popular beira o desprezo."[91]

Avisado de que o assassinato estava no ar, Said fugiu pelo rio num barco de pesca usando pijamas, desesperado para encontrar o veterano senador xeique Mohammed al Araibi, líder de muitas tribos pantaneiras perto de Amara, que podiam ser instrumentais na criação de uma rota de fuga do Iraque. A margem leste do rio estava lotada de homens armados, então ele voltou ao outro lado e foi levado às escondidas para a casa de um amigo em Kadhimiya, escondido no porta-malas de um carro. O rádio anunciou uma recompensa de 10 mil dinares por sua cabeça. No dia seguinte ele tomou a perigosa decisão de voltar ao centro de Bagdá, para o bairro de Bataween, para procurar o xeique. Temendo que um jovem na casa o tivesse denunciado, ele correu pelas ruas disfarçado de mulher, com madame Astarabadi, esposa de um amigo político, como companhia. Dentro de poucos momentos Said foi reconhecido por um merceeiro, que tinha visto os pijamas saindo por baixo do *abaya* e chamou a vizinhança para ajudar, lembrando a todos da preciosa recompensa. Said virou-se para encarar seus perseguidores e atirou neles com sua pistola. Ele e sua companheira foram mortos na troca de tiros. Depois de ter seu corpo formalmente identificado no hospital, ele foi enterrado em um cemitério próximo ao Portão Norte, só para uma multidão de revolucionários o estripar depois, jogando-o pelas ruas com uma corda; eles então o atropelaram repetidas vezes, antes de mutilá-lo mais ainda e finalmente colocarem fogo no diminuto tronco.

Alguns bagdalis entenderam as palavras da Rádio Iraque Livre – "Hoje é um dia para matar e ser morto. Abaixo os agentes imperialistas! (...) Morte aos traidores e aos agentes do imperialismo" – como uma licença para o massacre. Dentro de poucas horas das transmissões revolucionárias, as ruas da capital ficaram cheias de nacionalistas, comunistas, pan-arabistas, moradores de assentamentos *sarifa*, ladrões enlouquecidos – uma tempestuosa multidão de Bagdá em seu estado mais cruel. O general Sadik Shara relatou como os rebeldes invadiram o enfeitado New Baghdad Hotel em torno de 9h30, arrancaram os telefones, saquearam o escritório e sequestraram mais de vinte estrangeiros, incluindo três ministros jordanianos, três empresários norte-americanos e dois bretões. Eles então foram jogados num caminhão militar. Fora do Ministério de Defesa, uma multidão atacou o veículo. Ibrahim Hasha, vice-premiê da União Árabe, foi morto instantaneamente com uma pedrada na cabeça. Um jovem suíço ou alemão foi agarrado pela cabeça e tirado do caminhão. Oito homens se puseram a bater nele com bastões de ferro até ele morrer. Depois cortaram a cabeça. Os três americanos também morreram. Segundo o general Shara, uma vez que os portões do ministério foram abertos, os que ainda estavam vivos no caminhão pularam e tentaram fugir. "Quem não conseguiu chegar ao portão foi morto e desmembrado."[92]

Uma enorme multidão invadiu o complexo da Embaixada Britânica. O embaixador abriu a porta e ouviu uma bala passando de raspão por sua orelha. Partes da embaixada foram saqueadas e incendiadas. O coronel Graham, controlador, foi morto. Multidões destruíram as estátuas de Faisal e Maude. Finalmente percebendo a violência incontrolável que tinham fomentado, os revolucionários declararam toque de recolher e lei marcial.

Mais de trinta pessoas tinham sido mortas durante aquele dia. Pelos padrões de muitas das mudanças de regime, o derramamento de sangue tinha sido limitado, mas os três homens mais importantes do país – o rei, o príncipe-regente e o primeiro-ministro – estavam mortos.

No fim, a aliança britânica com a monarquia se provou bem mais importante na cabeça dos iraquianos do que sua nobre descendência do profeta Maomé. A monarquia hachemita do Iraque, cujas origens remontam à guerra do deserto que pôs fim ao domínio otomano, tinha sido aniquilada para nunca mais voltar. Exatamente setecentos anos depois de os soldados mongóis de Hulagu destruírem a dinastia Abássida de quinhentos anos, um pequeno bando de oficiais do Exército iraquiano destruía uma monarquia ainda na infância, seis semanas antes de seu aniversário de 37 anos. Cinco meses depois do golpe, o embaixador americano da época, Waldemar Gallman, escreveu sobre Said: "O Iraque perdeu seu melhor líder em direção de uma vida de dignidade e decência, e sua melhor defesa contra o caos, se não a selvageria, recorrente".[93]

Ao meio-dia, o major-general Kassem estava instalado no Ministério da Defesa e o Iraque tinha um novo líder. Os cidadãos de Bagdá ainda não sabiam, mas os anos dourados tinham acabado.

CAPÍTULO II

Golpes, comunistas e baathistas: a mãe de todo derramamento de sangue (1958-)

Nosso povo é verdadeiramente um construtor de ditadores.

– Hashim Jawad, ministro das relações exteriores, 1959-63[1]

Ando kull mufatih bi jaybo.
[Ele tem todas as chaves no bolso.]

– Ditado de Bagdá sobre Saddam Hussein

Poucas semanas depois do golpe de 1958, uma Corte Militar Suprema Especial, presidida pelo coronel Fadil Abbas al Mahdawi, primo de Kassem, julgava 106 pessoas acusadas de "tramar contra a segurança nacional e corromper a máquina governamental".[2]

Os processos do tribunal corrupto, maior espetáculo da cidade, tinham audiência diária impressionante e compulsiva. Os assentos eram limitados no antigo prédio do parlamento e os ingressos eram distribuídos entre os amigos do regime. As audiências televisionadas, transmitidas à noite depois do horário de trabalho para maximizar a visibilidade, eram a principal atração dos cafés de rua de Bagdá. Por toda a capital, dezenas de milhares de bagdalis sintonizavam os rádios para ouvir o coronel sedento de sangue xingando e atormentando os réus em seus pequenos claustros cercados, encorajando os espectadores a participarem e fazendo longos discursos contra a Inglaterra, os Estados Unidos e, mais tarde, Nasser. Sentenças de morte eram tão numerosas quanto confete, e pronunciadas com alegria, como motivo de comemoração. Numa festa no Railway Club, em 31 de dezembro de 1958, Mahdawi anunciou que o presente de Ano-novo para o Iraque eram mais doze execuções.[3]

Os julgamentos-espetáculo e os montes de execuções e sentenças de prisão que eles traziam continuaram 1959 adentro. Eram uma vingança contra o *ancien régime* e entretenimento para as massas, como deixou claro o correspondente do *Daily Telegraph* em 19 de maio de 1959: "A multidão se regozija igualmente na crueldade do depravado show estilo *Punch and Judy** do juiz Mahdawi. Bagdá em noite de julgamento é uma cidade terrível, gargalhando e se alegrando de ponta a ponta com os pobres desgraçados no banco dos réus". A atmosfera envenenava toda a cidade. "Através do largo Tigre na escuridão se pode ouvir claramente a apavorante orquestração do mal. As risadas embrutecidas do tribunal, captadas por milhares de aparelhos de rádio e televisão, são ampliadas por uma cidade inteira cheia de sadistas."[4]

*

Em torno de 6h30 da tarde de 7 de outubro de 1959, o primeiro-ministro Abd al Karim Kassem estava indo de carro na direção sul pela rua Rashid em seu veículo do Exército, um Chevrolet. Um carro civil ia à frente, enquanto uma escolta militar seguia mais atrás. Enquanto o comboio ia lentamente pelo lotado e engarrafado distrito central de Ras al Karya, atiradores surgiram por detrás de pilares largos que ladeavam as ruas dos dois lados e começaram a atirar no carro de Kassem a curta distância. Algumas testemunhas relataram que uma granada também foi atirada. O motorista, cabo Kadhim Aref, foi atingido na mesma hora, e o carro freou. No banco de trás do veículo, Kassem se jogou no chão. Tendo se certificado que o primeiro-ministro estava ferido, mas vivo, seu ajudante-de-ordens, major Kassem Amin al Janabi, saiu do Chevrolet para atirar de volta, mas foi imediatamente atingido e caiu no chão. No caos que se seguiu, oficiais po-

* Tradicional espetáculo britânico de marionetes. Os enredos variam, mas envolvem situações em que o violento *Mr. Punch* espanca (e, em algumas versões, mata) diversos personagens com sua vara de madeira, incluindo, entre outros, a esposa Judy. (N.E.)

liciais e soldados tomaram conta do carro danificado e levaram o primeiro-ministro às pressas para o Hospital Dar as Salam, onde ele foi internado pouco depois das sete da noite e levado direto para a sala de cirurgia.

Ao visitar Kassem no hospital no dia 10 de outubro, o embaixador americano, John Jernegan, foi recebido com uma clássica mostra de ousadia iraquiana. Apesar de parecer "um pouco fraco", o primeiro-ministro estava "ansioso" para discutir a tentativa de assassinato em sua maca e contar como ele tinha sido atingido por "doze a quinze balas". Um de seus agressores estivera prestes a jogar uma granada, mas a tinha derrubado e fugido quando Kassem tirou sua pistola e começou a atirar. Kassem perguntou ao americano se ele tinha visto o Chevrolet cheio de marcas de bala, reduzido a uma peneira sobre rodas. Quando Jernegan disse que tinha visto o carro e imaginado como alguém podia ter saído vivo de lá, Kassem "sorriu e disse que tinha certeza de que não seria morto, e na verdade tinha rido quando o tiroteio começou".[5]

Kassem foi ferido na mão direita, no braço esquerdo e no ombro. Dois homens foram mortos na fracassada tentativa de assassinato: o motorista de Kassem e um dos agressores. Os outros fugiram pelas vias estreitas que saíam da rua Rashid, perto da lavanderia Rafidain.

Um dos membros do esquadrão de assassinato composto por seis homens do Partido Baath[†] era um jovem de 22 anos que acabara de sair da prisão por falta de evidências do assassinato de um funcionário civil. Ferido no fogo cruzado, ele fugira primeiro para sua cidade natal, Tikrit, e depois, numa viagem dramática e perigosa, para Damasco, pelo deserto. Tinha cometido seu primeiro assassinato com quinze anos, o segundo com vinte, e embarcava numa longa carreira que seria notável, até para os padrões iraquianos, por violência, perseguição, tortura, sadismo e assassinatos em massa. O nome dele era Saddam Hussein.

*

† Fundado na Síria em 1947, o Partido Baath (Renascença) era um movimento político cuja ideologia era uma mescla de socialismo, anti-imperialismo, nacionalismo e pan-arabismo. Seu mantra era "Unidade, Liberdade, Socialismo". Apesar de suas ambições pan-arabistas, ele só tomou o poder na Síria e no Iraque.

Golpes e tentativas de golpes tornaram-se quase um estilo de vida para Bagdá nos anos seguintes a 1958, quando o poder nas ruas oscilava entre comunistas, baathistas e os pan-arabistas Oficiais Livres do Iraque. A rivalidade interna entre o nacionalista Kassem, apoiado pelos comunistas, e seu vice pan-arabista, Abdul Salam Aref, que clamava pela união do Iraque com a República Árabe Unida do Egito e a Síria, aprofundou as divisões imediatamente após a revolução.

Em 1956, os baathistas mal somavam trezentos. Eles cresceram rapidamente: nos meses após o golpe de 1958, contavam trezentos "membros ativos", 1.200 "partidários organizados", 2.000 "apoiadores organizados" e 10.000 "simpatizantes não organizados".[6] Em 1976, os membros e apoiadores organizados do Partido Baath chegavam a 500 mil, dobrando para 1 milhão em 1980 e atingindo a marca de 1,5 milhão em 1984.[7] Os bagdalis se acostumaram com o grito de guerra rimado dos baathistas: *"Al Wahdah Bakir, Bakir ma il Asmar Abd al Nasser"* ("Unidade amanhã, amanhã com o marrom Abd al Nasser"), que fazia alusão à pele escura de Nasser.

Kassem logo estabeleceu sua credencial a favor dos pobres com uma série de medidas populistas, incluindo cortar o custo do pão de 6 fils para 4 fils e o do *samoun*, um pão grande e oval, de 20 para 8 fils. Os preços dos aluguéis controlados pelo Estado foram dramaticamente reduzidos: os de quartos, em 20%; de casas, de 15 a 20%; de lojas, de 10 a 15%. A jornada de trabalho foi limitada a oito horas; turnos da noite foram limitados a sete. Entre 1959 e 1960, Kassem construiu um subúrbio inteiro para os habitantes de cabanas de barro de Bagdá, com mais de 10 mil casas construídas, bem como novas estradas, mercados, escolas, farmácias e banhos públicos. Ele o chamou de Al Thawra (A Revolução), precursor do vasto distrito nordeste de Cidade Sadr que abriga cerca de 2,5 milhões de bagdalis (a maioria xiitas) atualmente.

Por duas vezes Aref tentou se livrar de seu antigo aliado, e nas duas ele fracassou. Só na terceira tentativa ele teve sucesso. Na sexta-feira, 8 de fevereiro de 1963, ele saiu de sua casa em Adhamiya para as preces da manhã antes de encontrar com o coronel Ahmed Hassan al Bakr na sede do Quarto Regimento de Tanque em Abu Ghraib, uma cidade logo a oeste de Bagdá. Ali ele entrou em um tanque, voltando a Bagdá para controlar a estação de transmissão de rádio e TV na margem direita do Tigre. Três Hawker Hunters e quatro MiG-17 de Habaniya sobrevoaram a cidade, assustando os moradores por duas horas, enquanto dirigiam um incansável ataque de mísseis à sede do Ministério da Defesa de Kassem, o altamente fortificado coração do regime. Pouco depois das nove da manhã, a Rádio Bagdá transmitiu o "Comunicado Oficial nº 1": "Filhos de pessoas corajosas, unidades de nosso corajoso Exército, ouçam essa boa notícia: após nossos heróis, as águias da força aérea, destruírem o esconderijo do traidor criminoso, e depois de todas as nossas unidades militares avançarem proclamando a revolução (...) nossos irmãos, os oficiais e as tropas do Ministério da Defesa, se levantaram e mataram o traidor criminoso".[8]

Kassem não estava morto, mas sua posição ficava mais desesperadora a cada minuto. Vestindo braçadeiras verdes da Guarda Nacionalista Al Haras al Kawmi pela primeira vez, mais de 2 mil milicianos do Partido Baath, muitos armados com submetralhadoras, saíram de Adhamiya. Um destacamento de matadores dirigiu-se à casa do brigadeiro Jalal al Awkati, comandante da Força Aérea Iraquiana, e o matou na entrada da casa. Às 10 horas da manhã, a Oitava Brigada e o Quarto Regimento de Tanque foram destacados e a cidade foi sitiada. Antecipando o apoio a Kassem vindo dos espalhados subúrbios do leste de Bagdá, tanques tomaram posição no Bund, a barragem de defesa contra enchentes que dominava a área.

Num esforço frenético para derrotar o golpe, Husain al Radi, primeiro secretário dos comunistas, escreveu uma proclamação, que foi grudada nas paredes, distribuída de mão em mão e lida em voz alta para a multidão nas ruas pouco depois das 10 da manhã. Era um feroz chamamento. "Às armas! Destruam a Conspiração Reacionária Imperialista! (...) Massas de nosso orgulhoso povo sofredor! Às ruas! Varram esses traidores de nosso país!"[9]

Trabalhadores, carregadores e artesãos, juntamente com os miseráveis dos bairros mais pobres e favelas do leste, tomaram as ruas em direção ao ministério, balançando paus com raiva. Reunindo-se em Karrada, Agd al Kird e Khadimiya, protestantes comunistas tentaram forçar a passagem pela rua Abu Nuwas para libertar o Ministério da Defesa, mas muitos foram derrubados. Como Kassem se recusara a armá-los – os comunistas tinham cometido massacres em Mosul, Kirkuk, Erbil e Basra em 1959 e ele temia que se tornassem uma fonte de instabilidade para o regime – "eles tinham a trágica aparência de ovelhas correndo animadas para o abate".[10] Do lado de Karkh do rio, padeiros, pescadores e vendedores de verduras dos distritos de Kraimat e Shawaka correram para a estação de transmissão, mas foram detidos, sofrendo enormes perdas.

Seguiu-se uma rápida sucessão de comunicados oficiais, pedindo a rendição da liderança e anunciando o fechamento do aeroporto de Bagdá e das fronteiras do país. O controle de Kassem diminuiu continuamente, até ele controlar apenas o ministério e sua guarnição militar de seiscentos homens. A batalha pela sede começou às três horas da tarde. Às 5h30 da tarde tanques e carros blindados invadiram o complexo e o que restava da guarnição se rendeu. Após uma cruel perseguição de cômodo em cômodo, Kassem ligou para Aref para implorar salvo-conduto para a Turquia, mas recebeu ordens de se render no Shaab Hall às sete da manhã do dia seguinte. Ali ele foi preso e levado à estação de transmissão, onde Aref, Bakr e os Oficiais Livres violentamente o ofenderam na sua frente. Houve uma rápida corte marcial e foram pronunciadas sentenças de morte para Kassem e seus dois generais, o outrora juiz-carrasco Mahdawi e Taha al Sheikh Ahmed. Segundo uma versão, Kassem perguntou a seu antigo companheiro se essa execução seria o reconhecimento de Aref à piedade que ele próprio, Kassem, tinha demonstrado depois das tentativas fracassadas de golpe. Aref respondeu que o assunto estava fora de suas mãos. Kassem fez um gesto de desprezo e se virou para enfrentar o pelotão de fuzilamento sem venda. À 1h30 da tarde, ele e seus escudeiros foram colocados contra um paredão e metralhados. Os cadáveres foram enterrados à noite num túmulo sem lápide.[11]

Durante uma semana muitos iraquianos se recusaram a acreditar que Kassem estava morto e as massas de Al Thawra enfrentaram o Exército e a milícia baathista em algumas das batalhas de rua mais sangrentas em anos. Para convencer o povo de que Kassem de fato tinha sido eliminado, o novo regime transmitiu um clipe na televisão, noite após noite, mostrando um soldado que segurava o cadáver baleado de Kassem de boca aberta colocado numa cadeira e cuspia na cara dele, para garantir. Os corpos mutilados de Mahdawi e Ahmed estavam jogados sem vida ao lado de Kassem. Em resposta aos esforços de trinta soldados comunistas em se opor ao golpe, Aref executou 25 "contrarrevolucionários", no que foi então a maior execução em massa judicial num país árabe desde a guerra. Bakr foi nomeado vice-presidente e primeiro-ministro.

A estabilidade era completamente ilusória e Bagdá continuou sendo uma cidade turbulenta durante os anos 1960. Tentativas de mudança efetiva de regime por meio da violência estavam se mostrando viciantes. Em 1964, um plano de golpe baathista foi frustrado por forças de segurança. De acordo com um dos planos, Saddam Hussein e colegas invadiriam o palácio presidencial, entrariam em uma sala de reuniões onde o presidente Aref e seus ministros estavam e metralhariam todos eles. Em vez disso, Saddam passou os dois anos seguintes na prisão, onde poliu suas credenciais para revolução e violência. Solto em 1966, ele foi nomeado vice secretário-geral do Comando Regional do Partido Baath por seu primo, Bakr. Então, em 17 de julho de 1968, oficiais seniores do Exército e seus aliados do Partido Baath atacaram. Eles tomaram a estação dc trasmissão, o Ministério da Defesa e a sede da Guarda Republicana e, pela sétima vez em uma década, foi anunciado um golpe militar. O presidente Abdul Rahman Aref, irmão do presidente anterior, que morrera num acidente de helicóptero, foi tirado do Iraque às pressas num avião; o primeiro-ministro e seu gabinete foram presos e Bakr foi declarado presidente. Saddam foi nomeado vice e, por meio de um controle restrito das várias agências de segurança e inteligência, ele passou a aumentar seu poder de maneira contínua e impiedosa durante a década seguinte.

Os baathistas estavam no poder em Bagdá. Dessa vez, eles não tinham a intenção de perdê-lo.

*

Enquanto na Inglaterra e nos Estados Unidos multidões de cabeludos amantes da música curtiam os Rolling Stones, os Beatles e Bob Dylan, os habitantes de Bagdá tinham de se virar com um tipo bem diferente de entretenimento de massa.

No dia 27 de janeiro de 1969, homens, mulheres e crianças acordaram para ouvir o apresentador da rádio convocando-os para comemorar esse "dia santo" de "alegria e felicidade" indo à praça da Liberação. Lá, descobriram uma visão extraordinária. Nove cadáveres de judeus estavam pendurados em andaimes improvisados, cada um montado a 67 metros do outro. Essa macabra procissão de mortos se estendia pela vasta praça, o maior espaço público da cidade. Todos os corpos, cujos pés estavam a 1,8 metro do chão, tinham marcas de tortura severa. Alguns tinham braços e pernas quebrados; outros tinham tido seus peitos esmagados; alguns tinham sido queimados; e outros tinham tido as mãos cortadas. Como parte do ritual de humilhação, eles tinham sido vestidos com calças e blusas de linho marrom baratas e deixados descalços.

Multidões de alunos de escolas e universidades, trabalhadores, soldados, policiais, oficiais do Partido Baath, palestinos, camponeses descalços vindos de fora de Bagdá chegaram para apreciar esse castigo aos "espiões israelenses". Muitos comemoravam, cantavam e dançavam. Eles xingavam os mortos, cuspiam neles e jogavam pedras nos corpos retorcidos. Saleh Omar al Ali, oficial sênior do Partido Baath, incitou frenesi nas multidões falando com voz rouca no microfone:

> Grande povo do Iraque! O Iraque de hoje não deve mais tolerar nenhum traidor, espião, agente ou quinta coluna sujo! Vocês, que abandonaram Israel; vocês, imperialistas americanos; e vocês, sionistas, ouçam-me! Descobriremos todos os seus truques imundos! Castigaremos seus agentes! Enforcaremos todos os seus espiões, mesmo se houver milhares deles! Grande povo do Iraque! Isso é só o começo! As grandes e imortais praças do Iraque ficarão cheias de cadáveres de traidores e espiões! Esperem só![12]

As câmeras de televisão ajudaram aqueles que não conseguiam ir à praça da Liberação naquela manhã exibindo *close-ups* pavorosos dos mortos, mostrando panoramas de cada vítima da cabeça aos pés, com sangue pingando de narizes e orelhas, pairando sobre a folha de papel branco que identificava cada homem e seu suposto crime sobre a proeminente legenda: JUDEU.

Às 11 da manhã, quando o presidente Bakr chegou à praça, de pé num jipe aberto do Exército, para se deleitar com a grande "vitória" sobre Israel junto a seu ministro da Defesa, Hardan al Tikriti, um judeu a testemunhar o espetáculo, Max Sawdayee, estimou as multidões em 200 mil pessoas. Para o traumatizado Sawdayee, e para todos os outros que estavam presentes naquele dia, foi uma visão inesquecível – propositalmente. Os homens inocentes, pensou ele, pareciam "nove anjos da morte (...) como se para professar desastres e catástrofes que cairão sobre esse país miserável num futuro próximo". Era uma mostra "perfeitamente organizada, a sangue frio, má, diabólica", uma execução meticulosamente montada de bodes expiatórios "para gratificar o desejo do Partido Baath pelo poder". "Faz uma pessoa tremer até os ossos", escreveu ele em seu diário naquele mesmo dia. "Faz tremer até a fé que se tem na humanidade."[13]

*

Durante os primeiros anos de Bagdá, o califa Mansur construíra para si o Kasr al Khuld, magnífico Palácio da Eternidade cujos verdejantes jardins evocavam os famosos "Jardins da Eternidade" do Alcorão, que seriam a recompensa dos fiéis por sua fé. Com o tempo, o local se tornou sua residência real favorita, elogiada por sua grandiosidade arquitetônica e seu "planejamento superior". Talvez tenha sido apropriado, então, que, dada a história de derramamento de sangue de Mansur, o Khuld Hall fosse o palco, em 1979, de um dos episódios mais terríveis da história recente de Bagdá. Ele foi tramado por um homem que aos poucos tomara controle de todos os níveis de poder no Estado iraquiano desde 1968, e em sua impiedosa execução tinha todas as marcas de seu próprio "planejamento superior". O plano também demonstrava a mesma falta total de preocupação ao eliminar seus rivais que caracterizara o califado de Mansur 1.200 anos antes.

No dia 17 de julho, após considerável incentivo de seu vice-presidente, Bakr anunciou que estava renunciando à presidência por "questões de saúde". Saddam tornou-se presidente. Então, no dia 22 de julho, tendo tido sucesso em expulsar seu antigo defensor, protetor e parente, Saddam chamou uma conferência extraordinária de cerca de mil membros sêniores do Partido Baath de todo o Iraque. Ninguém sabia o que ia se dar. Como Saddam filmou todo o processo *pour encourager les autres*, é possível assistir ao golpe, observar o momento exato em que o Partido Baath sucumbiu à vontade de um único homem, quando um regime autoritário cruzou a linha e tornou-se uma ditadura completa.[14]

O filme em preto e branco granulado abre com Saddam sentado, friamente, de um lado do palco, baforando um grande charuto cubano, ao lado de Taha Yassin Ramadan, o novo vice-presidente e líder do Exército Popular, milícia do Partido Baath; Izzat al Douri, homem de Saddam no partido e vice secretário-geral do Conselho de Comando Revolucionário; o ministro de Relações Exteriores Tarik Aziz; e seu primo e chefe de gabinete, o general Adnan Khairalla. Para a surpresa dos delegados, Ramadan anuncia uma "conspiração dolorosa e atroz". É possível sentir o terror súbito quando ele complementa dizendo que todos os conspiradores estão ali. Saddam fica em pé, elegante num terno feito sob medida. Supremamente calmo, ele coloca o charuto de lado e começa a se dirigir ao salão de reuniões sem usar anotações.

"Costumávamos ser capazes de sentir uma conspiração com nossos corações antes mesmo de coletarmos provas", diz ele. "Mesmo assim fomos pacientes e alguns de nossos companheiros nos culparam por sabermos disso, mas não fazermos nada a respeito."

Ele então convida Muhie Abdul Hussain Mashadi, que dias antes era secretário-geral do Conselho de Comando Revolucionário, para revelar o "crime horrível". Novamente, o terror que se desenrola é palpável. Emaciado pelas torturas que sofreu na prisão – ele recebera ameaças de que sua esposa e suas filhas seriam estupradas e mortas em sua frente se ele não confessasse – Mashadi se lança numa denúncia sobre a conspiração contra o regime. Ele diz que desde 1975 fez parte de uma trama síria para derrubar Saddam e Bakr e promover a união com a Síria. Ele dá nomes, lugares e datas de encontros. Enquanto ele fala, a câmera mostra Saddam baforando novamente seu charuto, parecendo profundamente entediado. Saddam volta ao pódio. Depois de explicar suas tentativas de compreender os motivos dos conspiradores – "eles não tinham nada a dizer para se defender, apenas admitiram sua culpa" – ele termina seu discurso com uma curta declaração. "As pessoas cujos nomes vou ler devem repetir o *slogan* do partido e deixar o salão."

Os nomes dos conspiradores são lidos; homens em ternos de lapelas largas rapidamente são agrupados do lado de fora do centro de conferência pelo pessoal de segurança armada do Partido Baath. De volta a seu charuto, Saddam assiste a cada homem declamar o mantra baathista, "Uma nação árabe com uma mensagem eterna! Unidade, liberdade, socialismo!". Um homem cujo nome foi chamado ousa questionar a justiça desses procedimentos. Saddam o interrompe sem levantar a voz, lembra sua audiência da confissão de Mashadi e, com ameaça real na voz pela primeira vez, diz, "*Itla, itla*!" – "Saia, saia!".

Momentos depois, quando a lista de traidores termina, os membros sobreviventes do partido ficam em pé num pulo – imagine o alívio – e explodem em gritos de "Longa vida a Saddam!" e "Deus salve Saddam dos conspiradores!". Alguns estão soluçando, o que leva Saddam a pegar um lenço e enxugar uma lágrima, ainda segurando seu charuto com a outra mão. Ali Hassan al Majid, mais tarde apelidado de Ali Químico por seu papel em envenenar com gás os curdos em 1988, fala algumas palavras animadas em apoio a Saddam, que desce do palco para se misturar com seus colegas de partido, convidando-os a se juntar ao pelotão de fuzilamento que logo será montado.

No dia 8 de agosto, 22 dos 55 baathistas condenados por conspirar contra o regime foram executados no pátio de Khuld. O filme dessas "execuções democráticas" mostra homens vendados ajoelhando na poeira, com os braços amarrados atrás das costas. Uma pistola, presente pessoal de Saddam a cada membro do pelotão de fuzilamento, é colocada contra a têmpora e disparada; a vítima cai ao chão, com o sangue escurecendo a terra ao redor. Alguns dos carrascos são menos eficazes que outros, e de vez em quando um profissional tem de terminar o trabalho. Assim, o meio-irmão de Saddam, Barzan al Tikriti, administra o *coup de grâce* a Adnan Hussain al Hamdani, líder do gabinete presidencial desde 1973, nomeado vice primeiro-ministro apenas um mês antes, em julho. Enquanto ele se contorce no chão em espasmos de morte, sua esposa está desfrutando de uma curta viagem a Paris com a esposa de Saddam, Sajida Hussein.[15]

A limpeza de Khuld cimentou o controle total de Saddam no Iraque. Poucos em Bagdá deixaram de entender, quando as notícias da conspiração foram transmitidas no dia das execuções, que qualquer oposição a Saddam agora seria fatal.

*

Na manhã de 23 de setembro de 1980, o jovem jornalista holandês Aernout van Lynden foi acordado por um colega em Bagdá. Ele correu para a varanda no Al Mansur Hotel, às margens do Tigre no centro da cidade, bem a tempo de ver quatro McDonnell Douglas F-4 Phantoms voando bem em sua direção, com os motores soando por cima das sirenes de ataque aéreo e o forte tiroteio antiaéreo. Três dos jatos desviaram para um lado, um para o outro, antes de derrubarem suas bombas e voltarem para casa.[16]

Catorze meses depois de liquidar seus oponentes, bem quando Bagdá recebia uma conferência sobre "Nossa herança arquitetônica e a nova arquitetura árabe", Saddam levou o Iraque à guerra. Sua inimizade em relação ao Irã datava de sua primeira infância. Na ausência do pai, que se pensa ter desaparecido, Saddam tinha sido criado por Khairalla Talfa, seu tio materno e ex-governador de Bagdá. Talfa era um oficial de exército nacionalista, autor de um panfleto baathista chamado *Three Whom God Should Not Have Created: Persians, Jews and Flies* [Três que Deus não devia ter criado: persas, judeus e moscas]. Nele, os persas são descritos como "animais que Deus criou na forma de humanos", os judeus como "mistura de poeira e sobras de povos diversos".[17] A capacidade de Saddam de distribuir violência também datava dessa época. Quando garoto, ele costumava carregar uma barra de ferro para se proteger de valentões. Por diversão, ele a esquentava até ficar pelando e depois enfiava no estômago ou no ânus de um cão abandonado.

Houvera muitas exibições de força durante os meses que precederam a guerra. Em março, as relações diplomáticas entre Bagdá e o novo regime revolucionário do Aiatolá Khomeini em Teerã foram cortadas. Um mês depois, Saddam expulsou "cinco quinta-colunistas" xiitas. Em 17 de setembro, ele rasgou os Acordos de Argel, que davam tanto ao Iraque quanto ao Irã direitos à estratégica hidrovia Shatt al Arab, entre os dois países. Aconselhado pelos generais exilados do xá de que seria vitorioso dentro de três semanas, graças ao desarranjo do regime de Khomeini em Teerã, Saddam decidiu precipitar o que se tornou a guerra convencional mais longa do século XX. Até o fim dela, mais de um milhão de pessoas morreram, metade delas iraquianas, e as economias das duas nações petrolíferas mais ricas do mundo estavam arruinadas. Para Bagdá, o ataque iraniano foi a salva de abertura de um conflito que, para os iraquianos, acabou por definir – e aniquilar – toda uma década.[18] Nenhuma família na cidade ficou ilesa.

Às mentiras já existentes do regime Saddam foram rapidamente acrescentadas farsas – e propaganda opressiva – diárias de guerra. Enquanto Teerã declarou que 140 aeronaves tinham atacado quinze alvos e que apenas dois aviões foram abatidos no ataque inicial, Bagdá disse ter abatido 67 aviões.[19] Era a guerra de um homem só, como explicitamente se admitiu no apelido sancionado pelo Estado, Kadisiyat Saddam, uma referência à Batalha de Kadisiya em 635, quando um exército árabe menor derrotara os persas, forçando-os a se converter ao Islã.

Durante os dois primeiros anos, Bagdá experimentou a guerra basicamente como um fenômeno distante. Apesar de ela afetar alguns aspectos da vida cotidiana – blecautes e estradas desertas à noite – as provisões permaneceram abundantes e os preços, estáveis. Em curto prazo, Saddam tinha reservas financeiras suficientes para isolar o país de carências e racionamentos. Em preparação para o confronto, o regime tinha aumentado as importações: de 4,2 bilhões de dólares em 1978 para 20,5 bilhões em 1981. Os aliados também ajudavam. A partir de janeiro de 1981, dois Mirage F1s chegavam a Bagdá a cada mês, estimulados pelo desgosto do presidente da França François Mitterrand com o ataque israelita ao reator nuclear Tammuz fornecido pelos franceses.[20]

Saddam estava em forma ebuliente, determinado a fazer Bagdá ter um papel maior no palco mundial. A cidade tinha conseguido isso de forma espetacular em 17 de dezembro de 1979, quando rebeldes iranianos tomaram a embaixada iraniana em Londres numa operação engendrada pela inteligência iraquiana.[21] Saddam também ofereceu abrigo aos inimigos de Israel, permitindo que o terrorista palestino e matador de aluguel Abu Nidal se baseasse em Bagdá, onde ele planejou, entre outros ataques, a tentativa fracassada de assassinar Shlomo Argov, embaixador israelita em Londres.

Em Salman Pak, a sudeste de Bagdá, perto da antiga Ctesifonte, o líder iraquiano abriu sua primeira usina de gás neurotóxico com a ajuda do que o senador norte-americano Jesse Helms chamou de "Legião Estrangeira de Saddam", composta pela Alemanha Ocidental e outras companhias.[22]

Os que usavam farda eram bem-cuidados. Famílias enlutadas recebiam de graça um carro, um pedaço de terra e um empréstimo sem juros para construir uma casa, alimentando ainda mais o *boom* imobiliário. Haj Mohammed Zuwat, um sexagenário dono de uma barraca de mercado e de um brilhante dente de ouro, falou por muitos, se não por todos, os cidadãos de Bagdá quando disse a um repórter: "Ouvimos falar sobre a guerra com o Irã, mas não temos de conviver com ela realmente".[23]

De fato, Bagdá estava prosperando. Com os lucros petrolíferos abundantes, Saddam aumentou os gastos públicos de 21 bilhões de dólares em 1980 para 29,5 bilhões em 1982. Na silhueta da cidade, os guindastes superaram em número os minaretes conforme um grande programa de construção se estabelecia, transformando a antiga cidade medieval num oásis de modernidade. Seis grandes áreas nos distritos centrais comerciais e residenciais de Bagdá, incluindo Karkh, a rua Haifa e Kadhimiya – tal era o crescimento urbano que o antigo subúrbio agora era parte da cidade em si – foram marcados para renovação. "Do dia para a noite, Bagdá tornou-se um grande canteiro de obras."[24] Em 1982, 45 *shopping centers* tinham sido inaugurados em toda a cidade. A construção frenética – um novo aeroporto, doze pontes, novos hotéis e hospitais, parques, zonas de restauração, monumentos, centros de conferência, estradas e super-rodovias, centenas de quilômetros de novas linhas de água e esgoto – eram parte integral da tentativa de Saddam de receber em Bagdá a Conferência do Movimento dos Países Não Alinhados de 1982. A peça central do novo visual da cidade era o hotel Sheraton de 21 andares e 80 milhões de dólares na margem leste do Tigre – nomeado de forma pouco criativa, como tantas outras coisas no Iraque (incluindo bicicletas, geladeiras e revistas) em homenagem a Ishtar, antiga deusa da fertilidade da Mesopotâmia.

Da mesma forma que a renovação de Bagdá nos anos 1950 tinha atraído alguns dos arquitetos mais famosos do mundo, as firmas internacionais voltaram em massa para ajudar Saddam a gastar seu dinheiro petrolífero. A antiga empresa de Walter Gropius, Architects Collaborative, desenhou um plano diretor para a rua Khulafa, com novos prédios, duas praças, um centro cívico, uma enorme extensão da Mesquita Khulafa e a reabilitação de antigos bairros (que eram loucamente românticos ou vergonhosamente decadentes, de acordo com as diferentes visões). A Arup Associates, da Inglaterra, e Ricardo Bofill, da Espanha, ficaram com a encomenda de modernizar a animada área Bab al Sheikh; a Arthur Erikson Associates, do Canadá, ofereceu uma nova visão da rua Abu Nuwas, correndo paralela ao Tigre no leste de Bagdá; enquanto Venturi and Rauch planejaram lojas e escritórios e criaram um concurso para uma nova Mesquita Estatal de Bagdá.

Em meio a essa transformação muitas vezes desconcertante de bairros antigos, distritos inteiros e a silhueta da cidade, ao menos algumas coisas permaneciam tranquilizadoramente familiares. Os ônibus vermelhos de dois andares tão amados pelos bagdalis – a popularidade deles foi celebrada no filme *The Conductor* [O motorista], de 1968, sobre um condutor gordo e as labutas diárias dos bagdalis num ônibus superlotado – continuaram a abrir caminho pelas ruas novas e antigas da cidade, como faziam desde a primeira vez em que foram importados da Inglaterra em 1954.

Alguns arquitetos vibravam com a transformação da cidade, elogiando projetos que refletiam "um claro senso de história e regionalismo, arraigado na história, no clima e na localização geográfica" de Bagdá, e ousadamente detectando "uma fonte potencial para um novo movimento global de arquitetura". A revista *Architecture*, de Tóquio, dedicou uma edição inteira à "Nova Bagdá" de 1979-83.[25]

Mas a nova estética não era do gosto de todos. Enquanto a Bagdá dos anos 1960 tinha sido "anárquica, esquizoide, fragmentada, mas viva e humana", a reinvenção pós-moderna de Saddam era "um exercício de alienação", com novos blocos de torres acomodados como caixas – a exemplo daqueles na rua Haifa – furando o céu numa alusão fraca à herança de Bagdá, muito menos à sua venerável tradição de janelas *masharabiya*, decoradas com trabalhadas telas de treliça.[26]

A propaganda do regime destacava boa parte do novo manifesto arquitetônico, amortecendo seus efeitos e embotando os sentidos. Mas havia exceções. Em 1983, Saddam revelou o extraordinário Monumento Shahid, de

250 milhões de dólares, no leste de Bagdá, ao sul do subúrbio Thawra de Kassem, então renomeado de Cidade Saddam. Desenhado pelo artista iraquiano Ismail Fattah al Turk para homenagear os mártires do Iraque, o Shahid era uma plataforma circular de quase 300 metros de diâmetro, carregando um domo fendido de 40 metros de altura de um profundo azul-marinho flutuando sobre um museu subterrâneo num lago artificial. Construído pela Mitsubishi segundo as especificações exatas da Ove Arup and Partners, famosa pela Opera House de Sidney, o monumento ainda domina largas seções do leste de Bagdá. É uma visão espantosa. No mesmo ano, Saddam também inaugurou o Túmulo do Soldado Desconhecido na rua 14 de julho, no coração do fortemente guardado santuário interior do regime em Karadat Maryam. Pensado pelo escultor Khalid al Rahal para representar o tradicional escudo *diraa* caindo da mão de um soldado iraquiano moribundo, ele lembra, em vez disso, um disco voador em meio ao voo. Como escreveu o exilado intelectual iraquiano Kanan Makiya (sob o pseudônimo de Samir al Khalil para proteger sua família), isso era "perfeitamente *kitsch* em grande escala".[27] Abaixo do morro artificial no qual fica o monumento havia um museu subterrâneo que contava a história da vida de Saddam como um profeta Maomé de seu tempo.

Saddam estava se tornando onipresente em Bagdá e além. Nas terras secas do Iraque, o culto a Saddam encontrava solo fértil. Uma genealogia disseminada nacionalmente o ligava – absurdamente – a Ali, o quarto califa e, assim, ao profeta Maomé. A mentira óbvia era mais assustadora por ser tão descarada. Réplicas de papelão de Saddam enfeitavam centros de cidades por todo o país. Ouvintes de rádio ouviam o nome dele sendo mencionado de trinta a cinquenta vezes por hora. Havia relógios Saddam, presentes para soldados que cumpriam seus deveres; cadernos Saddam; canetas Saddam; e camisetas Saddam.[‡]

‡ Os títulos honorários de Saddam aumentaram durante os anos 1980. Ele era Presidente da República, Presidente do Conselho de Ministros, Comandante-em-Chefe das Forças Armadas, Presidente do Conselho de Comando Revolucionário, Secretário-Geral do Comando Regional do Partido Socialista Baath, Presidente do Conselho Supremo de Agricultura, Presidente do Conselho Supremo para a Erradicação Compulsória do Analfabetismo,

Saddam gostava de se arrumar e posava em todos os estilos. Ele era chique, casual-chique, humilde, tribal e ocidental-chique. Ele era registrado nas trincheiras de uniforme militar; nos campos com camponeses, foice na mão, cultivando o solo; em uniforme completo de desfile enquanto passava as tropas em revista; em ternos sob medida Pierre Cardin quando conhecia líderes internacionais; em vestes curdas quando falava sobre reconciliação com esse povo; em brancos robes árabes quando abraçava seus irmãos árabes.[28] Uma infame piada iraquiana da época dizia que a população do país era de 26 milhões, sendo 13 milhões de iraquianos e 13 milhões de fotos de Saddam.

Da mesma forma que os grandes califas Abássida se deleitavam com os elogios de seus poetas, Saddam também gozava dos disparates de partidários bajuladores e escritores ambiciosos que mostravam o mesmo gosto por recompensas que animara seus ancestrais medievais. No início da guerra com o Irã um poeta o comparou a:

O perfume do Iraque,
Suas tâmaras, seu estuário dos dois rios,
Sua costa e suas águas,
Sua espada, seu escudo,
A águia cuja grandeza deslumbra os céus.
Desde que houve um Iraque,
Você foi seu esperado e prometido.[29]

Mayada al Askari, neta do grande patriota iraquiano Jafar Pasha al Askari, brevemente preso pelo regime de Saddam, relembrou outro poema de 1982:

Ó, Saddam, nossas vitórias;
Ó, Saddam, nosso amado;
Carregas o amanhecer da nação
Entre seus olhos.

Presidente-Líder, Lutador-Líder, Portador de Estandarte, Líder Árabe, Cavaleiro da Nação Árabe, Herói da Liberação Nacional, Pai Líder e Cavaleiro Ousado e Agressivo.

Ó, Saddam, tudo é bom
Contigo.
Alá! Alá! Estamos felizes
Pois Saddam ilumina nossos dias.[30]

*

Com o andamento da guerra, as condições econômicas pioraram, e era de pouco consolo a postura grandiosa de Saddam ou sua grandiloquência arquitetônica. No fim de 1982, quando a guerra já tinha enterrado as esperanças de Saddam de receber a Conferência do Movimento dos Países Não Alinhados e suceder a Cuba de Fidel Castro como seu líder, a inflação estava num pico de 50%. Uma série de vitórias iranianas no campo de batalha naquele verão levou a revoltas xiitas em Bagdá, Kerbala, Basra, Hilla e Nasiriya.

No dia 8 de julho, Saddam sobreviveu a uma tentativa de assassinato em Dujail, uma cidade xiitas e bastião do Partido Dawa, de oposição, 56 quilômetros a noroeste de Bagdá. Isso causou uma vingança inevitável e selvagem, na qual quase oitocentos homens, mulheres e crianças foram detidos. Muitos morreram durante a tortura. Dos 148 homens que receberam sentenças de morte, a maioria foi executada. Obedecendo às ordens de um Tamerlão moderno, pilotos de helicóptero jogaram napalm e escavadoras chegaram para demolir casas, fazendas e trechos de terra agrícola contendo tamareiras e pomares. Desde esse momento, Saddam abandonou todo o pretexto de um governo a passeio, no estilo de Harun.[31]

Em 1983, Bagdá e o Iraque estavam em meio a uma aguda crise econômica. As rendas de petróleo do Iraque caíram de 26,1 bilhões de dólares em 1980 para 10,4 bilhões um ano depois, escorregando ainda mais para 8,4 bilhões em 1983. As importações, enquanto isso, entraram em queda livre, de 20,5 bilhões em 1981 para 11,7 bilhões dois anos depois. As reservas internacionais, de 35 bilhões depois da guerra, encolheram para três milhões ao fim de 1983. Os projetos de construção e desenvolvimento foram completamente interrompidos. A rica nação petrolífera do Iraque ficou humilhantemente dependente de donativos de seus vizinhos do Golfo. Saddam apelou a iraquianos patriotas para doar ouro, joias e dinheiro à nobre causa, uma campanha que levantou 400 milhões de dólares.[32] (Não chegava a ser surpreendente que os presentes generosos nem sempre chegassem ao lugar certo. Uma próspera mulher de Bagdá, que relutantemente doara sua extravagante coleção de ouro e safiras, mais tarde a viu sendo usada por Sajida, a primeira esposa de Saddam, notoriamente avarenta e obcecada por joias.)[33]

Onde antes visitantes especiais ao escritório de Saddam em 1981 passavam por antessalas incrivelmente opulentas e bufês suspirando com especialidades estrangeiras como salmão defumado e caviar Beluga, em 1983, quando as viúvas da guerra começaram a formar uma processão contínua para conhecer o Pai Líder, certa miséria havia se estabelecido. Tantas eram as perdas iraquianas e os prejuízos ao erário de Bagdá que a Arábia Saudita e o Kuwait entraram em cena para fazer os tradicionais *diya* islâmicos, pagamentos feitos como indenização aos herdeiros das vítimas.

O antes farto Crescente Fértil já não era páreo para as exigências humanas da máquina de guerra industrializada, e a produção agrícola despencou. Em meados dos anos 1970, o Iraque tinha produzido uma média de 1,8 milhão de toneladas de trigo anualmente. Em 1982, esse número caíra para 965 mil toneladas; dois anos depois, eram 300 mil. O economista Abbas Alnasrawi estimou que entre 1980 e 1985 o Iraque gastou 94 bilhões de dólares em sua guerra com o Irã, e perdeu 55,5 bilhões de dólares em receitas petrolíferas. O custo total para ambos os países durante o mesmo período foi 416 bilhões de dólares. Para colocar esse número em perspectiva, as rendas petrolíferas totais dos dois países no século XX até meados dos anos 1980 somavam 364 bilhões de dólares.[34]

Apesar de Bagdá nunca ter sido a frente de batalha durante a Guerra Irã-Iraque, o conflito se fez sentir na capital de várias maneiras. De uma perspectiva militar, Bagdá permanecia sendo de forma estranha a sede operacional do conflito para Saddam, que era completamente incapaz e relutante em delegar o comando para suas lideranças militares sêniores. Saddam, que nunca servira em uniforme, apesar de ter promovido a si mesmo a general em 1976, insistiu em manter comando total a partir de seu *bunker* abaixo do palácio presidencial em Bagdá. Para imenso desgosto e frustração de seus generais, cada ordem, até as ações em nível de pelotão, tinham de passar por Bagdá para serem aprovadas. Para a cidade também vinha a onda de relatórios dos incansáveis comissários políticos do Partido Baath, informando sobre oficiais e homens do Exército iraquiano. Os bagdalis que assistiam à televisão não conseguiam escapar do desfile regular de imagens grotescas de soldados iranianos mortos, muitos deles mutilados, e das constantes filmagens de ministros e oficiais sêniores vestidos em brim tomando conta de seus assuntos, depois de Saddam ordenar que a liderança do Partido Baath trocasse seus ternos por uniformes verde-oliva, em reconhecimento às perdas crescentes do esforço de guerra.

Funerais de soldados mortos no *front* tornaram-se uma face tragicamente comum da vida em Bagdá. Mulheres de luto eram um acompanhamento de partir o coração nas procissões funerárias: grandes bandeiras negras voando, bordadas com os nomes dos soldados e o local da morte, junto com um verso do Alcorão ("mártires nunca morrem") e a propaganda de guerra de Saddam ("mártires são mais generosos que todos nós"); caixões embrulhados com a bandeira iraquiana eram carregados pelas ruas nos ombros de familiares e amigos. Nos primeiros dias da guerra, antes de os cofres secarem, as famílias dos "mártires" recebiam cinco mil dinares iraquianos (na época valendo cerca de 15.500 dólares) como indenização, além de terra e um carro. Alguém espirituoso em Bagdá adaptou uma cantiga infantil, transformando-a em hino de guerra satírico:

> Agora meu pai vai voltar da guerra
> Pregado em seu caixão
> Minha mãe vai casar com outro homem,
> Mas eu vou andar de Toyota.[35]

Independente de qual fosse a situação militar no chão, a Rádio de Bagdá continuava suas transmissões bombásticas dia e noite. Em 28 de fevereiro de 1984, um apresentador leu um telegrama enviado mais cedo pelo major-general Mahir Abdul Rashid, comandante da Terceira Subdivisão de Exército, para Saddam Hussein: "Grande Senhor, lhe informamos com alegria sobre a aniquilação de milhares de danosos insetos magianos [referência pejorativa aos iranianos] que executavam uma ofensa abortiva ontem de madrugada. Nós (...) transformaremos o que sobrou desses danosos insetos em comida para pássaros selvagens e peixes dos pântanos".[36]

Desde 1985, Bagdá experimentava em primeira mão o terror do conflito, depois de Saddam declarar a, como de costume, mal concebida Guerra das Cidades, que resultou no início de uma série de ataques de mísseis superfície-superfície (SSM), principalmente os Scud-B de fabricação soviética, contra a capital iraquiana. No dia 12 de setembro de 1986, 21 pessoas foram mortas e 81 feridas por um ataque de mísseis iraquiano, dirigido à sede principal da polícia secreta de Saddam, que errou o alvo em quilômetros. Foi, disse Aiatolá Khomeini, "um tapa na cara" de Saddam Hussein dentro do que era agora um conflito altamente pessoal entre dois líderes nada conhecidos por valorizar a vida de seus cidadãos.[37] Como Henry Kissinger famosamente declarou, "é uma pena que ambos não possam perder".[38] Em 26 de novembro, milhares de cidadãos de Bagdá, liderados por oficiais do Partido Baath, marcharam pela cidade carregando caixões embrulhados na bandeira iraquiana, após o regime relatar que 53 pessoas tinham sido mortas num ataque de míssil.[39] Um ano depois, no dia 13 de outubro, as câmeras de televisão exibiram a angustiante imagem de professores feridos vasculhando os escombros de uma escola atingida por um míssil, tentando resgatar crianças que gritavam, enquanto pais choravam ao ver os corpos ensanguentados de 29 crianças – todas elas com menos de dez anos – serem removidos. Era o 16° ataque de míssil Scud a atingir Bagdá naquele ano.[40] Um mês depois, durante a abertura da Cúpula Árabe em Amã, houve dezenas de vítimas quando dois mísseis iranianos atingiram um distrito densamente populado de Bagdá.[41] Sob esse imprevisível, mas devastador bombardeio aéreo, era de se esperar que tenha havido "rachaduras na moral iraquiana".[42]

No fim dos anos 1980, era raro encontrar alguém em Bagdá que não tivesse sido afetado pela guerra. A maioria tinha um irmão, um pai, um primo ou um tio lutando na frente de batalha. "Lembro de irmos a muitos funerais na cidade naquela época", diz Mohammed Ali, um dono de restaurante em Bagdá. "Bairros inteiros gritavam '*Allahu akbar! Allahu akbar!*' e as mulheres choravam porque esses jovens mártires tinham morrido antes mesmo de se casar. Foi uma época terrível."[43] Depois de quase uma década de conflito intenso, os feridos de guerra eram uma visão pateticamente onipresente nas ruas de Bagdá. "Jovens com rostos queimados, pernas amputadas, braços amputados. Pessoas desesperadas com almas vazias e olhos sem expressão."[44]

Alguma coisa tinha de mudar. Ambos os lados tinham lutado até se colocar em um estado de paralisação – e de ruína econômica. Quando o conflito chegou ao fim, foi de uma forma intrinsecamente à moda de Saddam. À meia-noite de 8 de agosto de 1988, a Agência de Notícias Iraquiana emitiu o "Comunicado dos Comunicados", convocando os iraquianos a celebrar "essa incrível vitória" sobre o Irã. O anúncio disparou um frenesi de tiros e fogos de artifício que durou até o amanhecer. Milhares de homens, mulheres e crianças tomaram as ruas e subiram em telhados e capôs de carros, dirigindo por Bagdá batendo tambores, cantando, balançando bandeiras e folhas de palmeiras abaixo de pôsteres que celebravam "O Herói da Paz, Presidente Saddam Hussein" e "Massas de Bagdá Parabenizam o Herói da Vitória". Houve tantos fogos comemorativos que muitos ficaram feridos e aeronaves receberam o pedido de atrasar sua chegada a Bagdá, por medo de que fossem atingidas por balas perdidas ou projéteis antiaéreos.[45] No que se provaria, em retrospecto, ser um telefonema irônico, Saddam aceitou os parabéns do emir do Kuwait, xeique Jaber al Ahmed al Sabah e comemorou a "vitória" na praça das Grandes Festividades no Parque Zawra.

Ali, exatamente um ano depois, ele abriu o infame Arco da Vitória (ou Monumento das Espadas Cruzadas), cavalgando pelo par de arcos em um garanhão branco. Projetado pelos escultores iraquianos Khalid al Rahal e depois Mohammed Ghani, sob a supervisão próxima de Saddam, era um Arco do Triunfo baathista, mas mais alto; seu propósito era "anunciar as boas novas da vitória a todos os iraquianos", como explicava o convite para a cerimônia de abertura. Cada espada de 24 toneladas, feita de metralhadoras e tanques de "mártires iraquianos" derretidos, era empunhada por um antebraço de 20 toneladas, um molde aumentado do braço de Saddam, encomendado da casa de fundição Morris Singer em Basingstoke. As espadas, réplicas daquelas usadas por Saad ibn Abi Wakas, comandante dos exércitos iraquianos na Batalha de Kadisiya, cruzavam-se a 40 metros do chão; e bem abaixo delas estavam redes gigantes contendo 2.500 capacetes de soldados iranianos.[46]

Bagdá agora tinha um campo de paradas e um Museu dos Presentes de Saddam, expondo presentes dados ao presidente iraquiano por líderes mundiais – sabres sauditas, escopetas, pistolas, isqueiros e canetas-tinteiro Cartier, uma bengala da Finlândia, charutos cubanos e uma granada de mão dourada num estojo feito sob medida de couro e veludo, presente do coronel Gaddafi, da Líbia. O novo espaço público abria um caminho baathista por Bagdá. Era "uma mistura de Nuremberg e Las Vegas".[47]

A guerra tinha acabado. Com o fim das operações de combate, os dois países retiraram suas forças para seus lados respectivos das fronteiras internacionais – que não mudaram – durante as semanas seguintes e tropas de paz da ONU entraram para monitorar o cessar-fogo. Ao já impensável número de vítimas Saddam somou mais 50 mil, depois de soltar uma campanha cruel contra os curdos do lado iraquiano da fronteira durante o outono de 1988.[48] O que quer que pensassem sobre a vitória que Saddam lhes tinha dado, os bagdalis pelo menos podiam esperar um futuro melhor. Após uma década desesperadora, a paz retornara à cidade.

★

Para Bagdá, a guerra contra o Irã fora apenas uma parte da violência que se infiltrava em todos os níveis da sociedade. O combate aconteceu contra o pano de fundo de uma campanha interna de terror bem mais duradoura que Saddam estava travando contra seu próprio povo. Nas montanhas do norte do Iraque, os curdos enfrentavam perseguição contínua, incluindo os sufocantes horrores de um ataque de gás em Halabja que matou até cinco mil pessoas no outono de 1988. Nos pântanos e cidades sagradas do sul, os sempre oprimidos xiitas eram abusados com não menos ferocidade. Em 1983, Saddam ordenou a prisão de 125 parentes próximos do Aiatolá Mohammed Bakir al Hakim, descendente de uma das mais antigas famílias religiosas e um dos fundadores do revolucionário Conselho Supremo de Resistência Islâmica no Iraque, uma organização dedicada a derrubar o regime, em punição por sua recusa em deixar de fazer oposição a Saddam a partir do Irã. Ao menos dezoito pessoas da família do aiatolá foram executadas na sequência.[49]

Bagdá continuou sendo o motor de uma grande máquina cuidadosamente calibrada para controlar, intimidar e matar. Aqui ficavam a sede e os múltiplos escritórios do temido quarteto de organizações de segurança de Saddam, que permitiam que um país inteiro devorasse a si mesmo: a polícia secreta Amin al Am, no leste de Bagdá; o serviço de inteligência externa, o Mukhabarat, em Mansur; o serviço de inteligência militar, o Istikhabarat, com vistas para o Tigre em Karrada; e, mais poderoso de todos, o Amin al Khas, organização de segurança especial para oficiais de alta patente. Essas extensas redes eram apenas quatro entre as inúmeras agências de segurança e inteligência que dominavam o Iraque de Saddam.

O complexo do palácio presidencial de Saddam ocupava cerca de 15 quilômetros quadrados da margem oeste de Bagdá, a fatia de terra sudeste do outro lado da rua Abu Nuwas, cercado pelo Tigre numa volta lânguida. Cheio de serviços de segurança e militares, era uma zona fortemente restrita delimitada a norte e oeste pela Estrada Yafa, e a sul e leste pelo rio. Aqui, no perímetro interno, ficavam os escritórios particulares de Saddam e de seus secretários e o centro de interrogatório, protegido por um esquadrão de proteção especial meticulosamente examinado. Para além desse santuário interno, próximo a onde outrora esteve a Cidade Redonda de Mansur, ficava o palácio presidencial, um grupo de prédios ministeriais e a sede do Amin al Khas.

O complexo de Bagdá era onde essas pontas se juntavam. Era um atoleiro de informantes, traições, vinganças e represálias, de ganância e ambição fomentadas num momento e punidas fatalmente no outro. A inocência era irrelevante aqui e a fuga, impossível. O sistema era orquestrado em torno do apetite singularmente cruel de Saddam por poder e por sua preservação, combinado com total desprezo pela santidade da vida humana. Como observou o escritor canadense Paul Roberts:

> Alguns tinham de ser sacrificados pelo bem de muitos e a melhor forma de conseguir isso era através do medo. Do mesmo modo como ninguém nunca voltou do inferno, dos demônios com tridentes e os barris de enxofre fervente, também ninguém voltou dos abatedouros humanos ocultos, dos ganchos, arames e paródias grotescas de medicina interna com que o Mukhabarat lim-

> pava seus compatriotas do pecado. Por meio de uma Inquisição perpétua eles mantiveram uma sociedade obediente.[50]

Aos torturadores de Saddam e Bagdá não faltavam nem a imaginação nem o zelo com a tarefa a ser cumprida. Treinados profissionalmente em técnicas testadas e aprovadas por conselheiros de inteligência e serviço secreto alemães e soviéticos, eles causavam dor em seus companheiros iraquianos com uma miríade de métodos capazes de anuviar a mente, muitos deles registrados numa coleção de vídeos mantida pelo "Departamento de Tratamento Especial Saddam".

Em um deles um homem é filmado atado a uma cadeira pregada no chão, com pinças crocodilos presas nos mamilos e nos genitais. O corpo dele treme e se contrai quando recebe a corrente elétrica, seus olhos saltam, a saliva espuma na boca. A câmera se aproxima de sua face contorcida. Ele grita e grita. Alguns têm os braços e as pernas amputados com uma serra ou um machado; as bocas abertas à força até a mandíbula se quebrar; a pele marcada com espetos de ferro; o nariz quebrado com um martelo pesado; as unhas das mãos e dos pés arrancadas com alicates; outros são presos num banco com as mãos atadas atrás das costas e então puxados para cima e para baixo até os ombros quebrarem. Um homem magro e musculoso está amarrado nu a um anel de gás, que então é ligado e queima a pele dele.

Um homem está apoiado numa parede com sua cabeça entre dois paus de madeira, aos quais suas orelhas estão pregadas. Quando ele não consegue mais ficar em pé, escorrega para o chão e suas orelhas são rasgadas. Dentes são perfurados. Os cadáveres de vítimas assassinadas são jogados nas celas para se decompor no calor de um verão de Bagdá. Ácido é jogado nos corpos; cães de briga famintos – Rottweilers e Dobermanns – são jogados nas celas para atacar homens já fracos por causa da tortura. Agulhas são enfiadas em línguas e embaixo de unhas; pés e mãos são imersos em óleo fervente; inseticida é jogado em olhos; braços são amarrados a um aquecedor elétrico. Mulheres são estupradas em frente aos maridos; garrafas de vidro são colocadas em ânus de homens; uma mulher menstruada é pendurada de cabeça para baixo pelos pés; arames são enterrados na carne. Um homem vendado tropeça por um cômodo vazio enquanto alto-falantes retumbam uma cacofonia contínua e aguda para impedi-lo de dormir. Um vídeo mostra iraquianos amarrados e mantidos por semanas em cômodos sem ar nos quais a temperatura sobe até os 50°C. Pais são forçados a assistir a seus filhos desvairados correndo nus em uma cela que contém uma colmeia de abelhas, tentando desesperadamente escapar do esquadrão de insetos e suas picadas. Uma motosserra corta os genitais de um homem. Outro tem seus braços quebrados por barras de ferro, e outro tem a cabeça esmagada entre as placas de aço de um torno. Seu crânio desaba de repente, e o cérebro sai para fora como pasta de dente.[51] Em toda a terrível história de morte e violência em Bagdá, nada foi tão perverso quanto isso.

*

Se os bagdalis esperavam que os anos 1990 trouxessem algum alívio depois da insensatez e das tragédias da Guerra Irã-Iraque nos anos 1980, eles ficariam terrivelmente desapontados. Numa Conferência de Emergência da Cúpula Árabe realizada em Bagdá no dia 30 de maio de 1990, Saddam acusou o Kuwait de "guerra econômica" contra o Iraque, alegando que o país tinha inundado o mercado com petróleo barato. A economia iraquiana, alijada pela guerra de oito anos com o Irã, estava em crise. O conflito custara ao Iraque estimados 453 bilhões de dólares, num período durante o qual as receitas totais vindas do petróleo tinham somado 104 bilhões de dólares. A inflação estava desenfreada, a dívida externa – num país que tinha estado livre de dívidas desde os anos 1950 – subia às alturas, o desemprego era alto e estava aumentando e os generosos subsídios estatais não eram mais sustentáveis.[52] Saddam, cujas opiniões sobre recuperação econômica deviam muito pouco a John Maynard Keynes ou a Friedrich Hayek, decidiu tomar uma ação direta.

No dia 2 de agosto de 1990, menos de um ano depois da inauguração do Arco da Vitória comemorando a suposta derrota do Irã, ele invadiu o minúsculo emirado do Kuwait imediatamente ao sul, numa fronteira há tempos considerada conflituosa por muitos iraquianos, que acreditavam que o Kuwait sempre devia ter feito parte do Iraque. Extraordinariamente rico em petróleo, militarmente fraco e relutante em perdoar a maciça dívida de guerra do

Iraque, o Kuwait era um alvo tentador para Saddam, que já estava em uma guerra de palavras com seu emir, xeique Jaber al Ahmed al Sabah, que ele acusava de ter derrubado o preço do petróleo por meio de um excedente em produção. No dia 6 de agosto, quando as forças iraquianas já tinham o total controle do Kuwait (o xeique Jaber e seu governo fugiram para a Arábia Saudita horas após a invasão), o Conselho de Segurança da ONU aprovou a Resolução 661, implementando sanções econômicas contra o Iraque, uma medida punitiva que deu o tom de toda uma década.

Por algum tempo, Bagdá desfrutou os benefícios inesperados de derrotar o Kuwait. A cidade subitamente ficou imersa de mercadorias estrangeiras pilhadas das lojas kuaitianas, muitos ainda com as etiquetas de preço. Havia salmão norueguês, patê de fígado de frango, filmadoras de última geração, perfumes caros, lavadoras de roupa novíssimas. A esposa de Saddam, Sajida, arrancou o mármore dos palácios e mansões do Kuwait e levou em vários caminhões para Bagdá. Para Uday Hussein, o filho mais velho psicopata de Saddam, a vitória trouxe a inesperada sorte na forma de enormes lucros provenientes de carros roubados do Kuwait. Milhares de bagdalis que esperavam conseguir um Cadillac (4 mil dólares), um Chevy (5 mil) ou uma BMW (8 mil) foram em grupos às gigantes vendas de carro organizadas pelo cunhado de Saddam, general Hussain Kamel, dono de quatro portfólios ministeriais. No começo de setembro, relatou-se que Uday já tinha ganhado mais de 125 milhões de dólares nessas vendas de carros.

Com o dinheiro e o álcool fluindo mais livremente do que nunca entre seu círculo íntimo, as festas de Uday em Bagdá, já infames pela ostentação, tornaram-se completamente depravadas. Em uma delas, Uday deixou aberta a porta de um quarto para seus convidados poderem assistir enquanto ele amarrava mulheres e as estuprava, batendo nelas com seu acessório favorito, um cabo elétrico preto. Latif Yahia, forçado contra sua vontade a servir como dublê de Uday, tinha lugar na primeira fileira dessas festas. "Garotas nuas rolam no chão com guarda-costas, gritando. Em certo ponto, Uday faz uma garota pular numa mesa em que há vários pratos de cordeiro dispostos para um bufê de comida quente. A garota rola no arroz pilaf, espalhando curry e todos os tipos de molho sobre seus seios, e exige que nós lambamos. Alguns dos homens lambem."[53]

Se a guerra contra o Kuwait trouxe à família de Saddam extremas gratificações financeiras e sexuais em curto prazo, para Bagdá e para o Iraque como um todo, foi nada menos que uma calamidade. Tendo falhado em atender a um ultimato da ONU para retirar suas forças do Kuwait até 15 de janeiro, Saddam acabou precipitando outra guerra destruidora. Liderada pelos Estados Unidos, com o apoio de uma coalizão ampla de 34 nações, de Reino Unido, França e Canadá a Egito, Síria, Kuwait e Arábia Saudita, a resposta dos Aliados, que começou com uma extensiva campanha de bombardeio aéreo em 17 de janeiro de 1991, foi feroz.

Bagdá era bombardeada toda noite, o céu tomado por flashes vermelhos, brancos e amarelos – uma mostra de fogos surrealmente bela e assustadora. "A primeira onda de ataques nunca saiu de minha mente", lembra Saad, um amigo comerciante. "Eu estava vendo televisão à 1h30 da manhã quando de repente houve um pesado bombardeio no lado de Karkh. Ele ia e vinha em ondas com os bombardeiros F-117 Stealth e durou até às 5h30. Foi terrível. Muitas famílias se agruparam em colchões, as mães estavam tentando acalmar seus filhos que choravam histericamente. Bagdá virou uma cidade de fantasmas, especialmente à noite."[54]

A ponte Jumhuriya foi partida em três pedaços. A ponta Adhamiya, a ponte dos Mártires e a ponte 14 de julho foram todas atingidas. Na escuridão, as famílias se escondiam em porões e em abrigos antiaéreos, evitando a propaganda ritual da Rádio Bagdá e ouvindo a Rádio Monte Carlo, a BBC e a Voice of America, enquanto as sirenes chiavam, cães selvagens choravam de terror, projéteis, bombas e mísseis Cruise caíam e a cidade tremia ao redor deles. As portas abriam ruidosamente com as explosões; as janelas quebravam em cacos vidro espalhados pelo ar. Pássaros em gaiolas morriam com as ondas de choque. O artista iraquiano Nuha al Radi, que manteve um comovente diário durante o bombardeio de Bagdá, relatou pássaros selvagens morrendo aos milhares pela cidade. Os que sobreviviam davam loucos saltos mortais e voavam de ponta-cabeça, confusos pelo terrível barulho e pelas convulsões.[55]

Os bagdalis redescobriram costumes antigos e faziam seu próprio pão, deitando a massa sem fermento em redes improvisadas de arame e assando em velhos fogos a querosene. Homens e mulheres seguravam velas feitas de garrafas cheias de querosene e um pavio, seladas com um purê de tâmaras. Muitos daqueles que tinham família e amigos fora de Bagdá colocavam seus freezers na traseira de caminhonetes e se dirigiam para o interior, comendo a comida que descongelava durante o caminho. A eletricidade e a água foram cortadas, as linhas de telefone caíram, a gasolina era racionada. As famílias que ficaram onde estavam tinham de se virar com freezers cheios de ovelhas em decomposição, frangos, peixe, pernas de cordeiro e pedaços de carne flutuando em água parada.

Os bagdalis passaram a pegar água do Tigre e lavar as roupas no rio. De dia havia poucos carros e ônibus nas ruas. As crianças aproveitavam essa relativa tranquilidade para brincar e passear de bicicleta. De vez em quando, caminhões do governo dirigiam pelos bairros jogando sacos de pão para multidões desesperadas. Colunas de fumaça negra se espalhavam pela silhueta da cidade enquanto o regime queimava pneus, numa tentativa de desorientar os pilotos inimigos. Os que moravam no distrito leste de Jadriya disseram que não havia mais luz do dia: desde as primeiras horas do bombardeio de Bagdá, o céu acima da refinaria Dora ficou permanentemente negro.

Os custos da Primeira Guerra do Golfo, como ficou conhecida, foram incalculáveis. A maior parte das estações elétricas do país foi destruída, acabando com 92% da capacidade instalada. Refinarias de petróleo foram bombardeadas, eliminando 80% da capacidade de produção. E havia ainda as fábricas petroquímicas, os centros de telecomunicação e 135 redes de telefonia, mais de cem pontes, inúmeros quilômetros de estradas, rodovias e ferrovias, trens e material rodante, as estações de transmissão da radio e televisão estatal, usinas de cimento, moinhos de farinha e fábricas que produziam de alumínio e tecidos a cabos elétricos e suprimentos médicos – tudo isso foi obliterado do ar.[56] Os ativos econômicos construídos com cuidado durante cinco décadas foram destruídos em dois conflitos sucessivos. O PIB *per capita* despencou. Em 1980, na véspera da guerra com o Irã, ele estava em 1.674 dólares. Em 1990, tinha escorregado para 926 dólares. Um ano depois, era 546 dólares.[57]

Quando o presidente norte-americano George H. W. Bush anunciou a libertação do Kuwait e declarou cessar-fogo em 28 de fevereiro, apenas quatro dias depois do início do ataque por terra, boa parte do Iraque estava

30. Desfile de moda Red Crescent no Amana Hall de Bagdá, início dos anos 1950. "Algumas das minhas amigas mais novas ficam bem escandalizadas", disse Tamara Daghestani, neta do marechal Mohammed Fadhil Paxá al Daghestani, governador interino de Bagdá. Note a ausência de véus.

31. Interpretação hollywoodiana do século XX sobre o califa e seu harém. "Quase não a reconhecemos vestindo roupas", escreveu um crítico sobre a estrela, Gypsy Rose Lee.

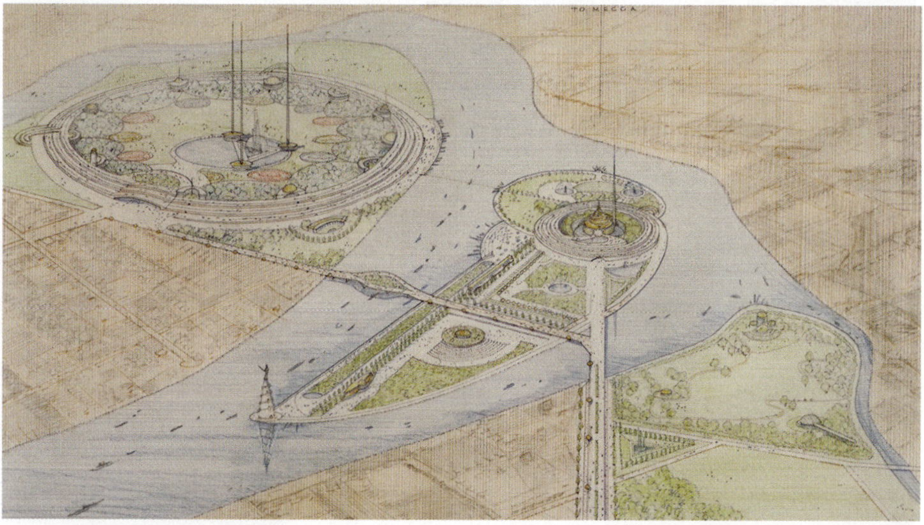

32. O extraordinário projeto do arquiteto norte-americano Frank Lloyd Wright para o centro de Bagdá, 1957. Uma estátua de 100 metros de Harun al Rashid levanta-se a partir de um minarete em espiral inspirado na Grande Mesquita do século IX em Samarra, na ilha chamada por ele de "Edena" (centro), a sudoeste de um complexo de um milhão de dólares contendo uma ópera, um centro cultural e museus. No centro, acima, está a Universidade de Bagdá, e à direita, embaixo, um jardim botânico.

33. Multidões alegres tomam as ruas de Bagdá em 14 de julho de 1958, horas após o sangrento golpe militar que derrubou a monarquia iraquiana e deu abertura a uma nova era de turbulência republicana. A multidão de Bagdá tem sido uma força potente, instável e muitas vezes bárbara na política iraquiana desde a fundação da cidade.

34. O major-general Abd al Karim Kassem, líder do golpe de 1958 (*direita abaixo*), comanda uma reunião de gabinete pública pouco após a revolução. Tendo sobrevivido a uma tentativa de assassinato envolvendo o jovem Saddam Hussein em 1959, o nacionalista Kassem foi executado e substituído por seu antigo companheiro revolucionário e pan-arabista Abdul Salam Aref in 1963.

35. Uma mostra "perfeitamente organizada, a sangue frio, má, diabólica", "para gratificar o desejo do Partido Baath pelo poder", escreveu o judeu Max Sawdayee, testemunha do enforcamento pelo regime de nove judeus na praça da Liberação, em 27 de janeiro de 1969. "Faz uma pessoa tremer até os ossos. Faz tremer até a fé que se tem na humanidade."

36. Saddam Hussein, Presidente da República do Iraque (1979-2003). Saddam também era Presidente do Conselho de Ministros, Comandante-em-Chefe das Forças Armadas, Presidente do Conselho de Comando Revolucionário, Secretário-Geral do Comando Regional do Partido Socialista Baath, Lutador-Líder, Cavaleiro da Nação Árabe, Herói da Liberação Nacional, etc.

37. Soldados iraquianos carregam um colega ferido em Bagdá durante a Guerra Irã-Iraque, 1981. Apesar de a maior parte do conflito ter sido sentida no sul, Bagdá experimentou ainda o terror de ataques de mísseis e a pobreza opressiva causada pela guerra de oito anos. Henry Kissinger disse, famosamente, sobre o conflito: "É uma pena que ambos não possam perder".

38. Soldados norte-americanos da 3ª Divisão de Infantaria entram no campo de paradas das Espadas Cruzadas durante a batalha por Bagdá, em abril de 2003. O "Arco da Vitória" foi oficialmente aberto ao público em 1989 por Saddam Hussein, "Herói da Paz", para comemorar a "derrota" do Irã para o Iraque. O dissidente Kana Makiya chamou o monumento de "uma mistura de Nuremberg e Las Vegas".

39. O oficial da Marinha dos Estados Unidos Kirk Dalrymple assiste à derrubada de uma estátua de 6 metros de Saddam Hussein na praça Firdus, centro de Bagdá, 9 de abril de 2003. Um jornalista inglês descreveu o acontecimento como "a fotografia mais encenada desde Iwo Jima".

40. "Os cristãos que ficaram foram torturados, mortos e sequestrados." Cônego Andrew White, o "Vigário de Bagdá" anglicano, prega para um rebanho misto de caldeanos, assírios, ortodoxos e católicos armênios, selvagemente reduzido em razão dos rompantes de violência dos últimos anos. Eles falam aramaico e siríaco, os mais antigos idiomas cristãos.

41. Emad Levy, último rabino em Bagdá, 28 de setembro de 2003. Datando do Cativeiro da Babilônia no século VI a. C., a população judaica do Iraque, uma das comunidades judaicas mais antigas e significativas do mundo, foi perseguida até quase a extinção.

42. "Essa é uma das maiores catástrofes da história de Bagdá. É um crime contra a herança humana." O falecido dr. Donny George, diretor do museu de Bagdá, fundado originalmente por Gertrude Bell, examina as ruínas da Galeria Assíria após o saque entre 8 e 12 de abril de 2003.

43. Funcionários municipais de Bagdá removem a estátua do califa Abássida Al Mansur, fundador da cidade, depois de ela ser atingida por uma bomba em outubro de 2005.

44. A vida continua: cidadãos de Bagdá relaxam no zoológico do grande parque Al Zawra, um dos locais mais populares para se visitar no fim de semana, 3 de maio de 2008.

45. "O Cairo escreve, Beirute imprime e Bagdá lê", diz o ditado árabe. Às sextas-feiras os ratos de livro de Bagdá dirigem-se à rua Mutanabbi, nomeada em homenagem ao grande poeta do século X, com mais de 200 metros de lojas e barracas de livros.

46. O magnífico templo de Imã Musa al Kadhim, um dos doze imãs xiitas do Islã, e seu neto, Mohammed al Jawad, no coração de Khadimiya, distrito noroeste de Bagdá. Desde sua origem em meados do século IX até os dias atuais, o templo de Kadhimiya tem sido ponto central de rebeliões jogando os sunitas contra os xiitas, a antiga cisão sectária que há muito amaldiçoa o Iraque.

47. Bagdalis reúnem-se para comemorar o aniversário do profeta Maomé no templo de Abu Hanifa, fundador, no século VIII, da escola Hanafi de lei islâmica, a maior das quatro principais escolas sunitas, e figura central na construção de Bagdá. Situado no distrito nordeste de Adhamiya, do outro lado do rio Tigre, é o contraponto sunita ao templo de Kadhimiya.

em ruínas, apesar de as forças Aliadas não terem entrado em Bagdá. Visitando o Iraque de 10 a 17 de março para avaliar as necessidades humanitárias do país, o subsecretário-geral da ONU, Martti Ahtisaari, ex-presidente da Finlândia, ficou impressionado com a escala da destruição:

> Nada do que vimos ou lemos tinha nos preparado o suficiente para essa forma particular de devastação que agora se abateu sobre o país. O conflito recente trouxe resultados quase apocalípticos para o que tinha sido, até janeiro de 1991, uma sociedade bem altamente urbanizada e mecanizada. Agora, a maior parte do que sustenta a vida moderna foi destruída ou está muito frágil. O Iraque está, por algum tempo ainda, relegado a uma era pré-industrial, mas com todas as deficiências da dependência pós-industrial de uso intenso de energia e tecnologia.[58]

Ou, na versão mais concisa do secretário de Estado norte-americano James Baker, numa ameaça pré-guerra, o Iraque tinha sido bombardeado "até voltar à Idade da Pedra".[59]

*

Apesar de os levantes de março de 1991 contra Saddam terem sido um fenômeno em grande parte do sul xiita e do norte curdo – todas as grandes cidades no sul e no norte, a não ser Mosul, caíram brevemente nas mãos dos rebeldes –, Bagdá estava mais uma vez no centro da ação e de uma crise nacional. Conforme o regime se mobilizava para suprimir a rebelião com força excessiva, muitos daqueles que bravamente se levantaram contra ele foram reunidos, torturados e executados. Em Kerbala, cães e gatos se alimentavam dos cadáveres nas ruas, já que os parentes estavam com medo demais de resgatá-los das ruas no caso de novas mortes pelo regime acuado. Muitos dos rebeldes capturados foram enviados para Redwaniya, um grande centro de detenção secreto cerca de 15 quilômetros a oeste da Bagdá central perto do Aeroporto Internacional Saddam. Ali, de acordo com relatórios de testemunhas, Saddam Kamel, o "açougueiro de Bagdá", supervisionou execuções em massa, pessoalmente atirando em prisioneiros xiitas e curdos sentado em sua poltrona no pátio por horas a fio. A prisão fedia a vômito, urina, fezes e carne decomposta; os cadáveres de prisioneiros executados eram jogados de volta nas celas e removidos apenas quando o cheiro ficava intolerável para os guardas. Foi relatado que Kamel recebeu de Ali Hassan al Majid 20 mil dinares por cada homem morto. Mais ou menos na mesma época, Saddam executou pessoalmente trinta prisioneiros, atirando à queima-roupa em um por um nos terrenos de seu destruído palácio "Projeto 2000", a um pulo do Palácio da República, antes de declarar: "Agora me sinto melhor".[60] O número de mortos durante o levante não é claro, sendo estimado por uma organização em 25 a 100 mil. Ambos os lados cometeram inúmeras atrocidades.[61] A supressão do levante tinha um objetivo acima de todos os outros: a sobrevivência de Saddam como governante do Iraque. Usando isso como medida, foi um sucesso total.

Recuperar-se da aniquilante campanha da Guerra do Golfo e suas brutais consequências teria sido difícil o suficiente no melhor dos tempos. Sob as sanções impostas fortemente pela ONU, isso era impossível. Os Estados Unidos, o Reino Unido e a França mantiveram a pressão em Saddam, criando duas zonas interditadas ao voo no norte e no sul para proteger os curdos e os xiitas, respectivamente. Os bombardeios continuaram durante a década de 1990 e duraram até a invasão de 2003.

Conforme a década progrediu, os cidadãos de Bagdá começaram a ouvir histórias de crianças morrendo de subnutrição. Saddam culpava o embargo da ONU; a ONU culpava Saddam. De qualquer forma, o regime não teve de mudar sua postura no que dizia respeito a cuidar de seu povo. Enquanto velhas mulheres em *abayas* pretos seguravam foices para cortar ervas nas margens do Tigre como suas ancestrais haviam feito por séculos, os luxuosos iates – acompanhados por barulhentos *jet-skis* – continuaram a navegar o rio, com fogos de artifício, dançarinas, suntuosos banquetes e bares prodigamente abastecidos. A severidade das sanções do regime levou a uma das tragédias menos divulgadas da moderna Bagdá, que alterou a aparência da cidade para sempre. As palmeiras que tinham sido uma característica tão distinta de Bagdá e de sua beira-rio há séculos começaram a desaparecer aos montes, com famílias desesperadas cortando-as para fazer combustível. Isso, por sua vez, levou a tempestades de areia piores, já que mais terra virava poeira, areia e deserto.

Fora do minúsculo círculo dos comandantes sêniores e seus amigos, a falta se tornou a norma no Iraque: de comida, de remédios, de qualquer tipo de equipamento, de partes sobressalentes. Já sitiados política e psicologicamente pelo regime de Saddam, os bagdalis agora tinham de lidar com um bloqueio econômico completo. O Iraque era o único país no mundo desenvolvido a ter recebido um grande número de receitas em um curto espaço de tempo, só para acabar com "pesada dívida externa, pesada dívida interna, uma infraestrutura destruída, uma economia encolhendo e isolada, uma população empobrecida e faminta e desigualdade descomunal na distribuição de renda".[62] Com a inflação subindo rapidamente, vendedores de rua, frequentemente crianças, sentavam-se ao lado de pilhas de dinheiro destruído, em geral medidas com régua. Em 1990, 1 dólar valia 6 dinares. Em 1995, quando a cotação oficial era 600 dinares, 1 dólar podia ser trocado no mercado negro por cerca de 3 mil dinares. Um ano depois, o salário de um médico valia 24 ovos por mês.

Em meio a essa pobreza forçada repentina, as construções de palácio de Saddam seguiram no mesmo ritmo. Quatro novos palácios subiram de repente ao longo do Tigre, escondidos das vistas do público por trás de um muro de concreto branco de 32 metros de altura. Um deles parecia uma *hacienda* espanhola, outro uma torre de controle aéreo encolhida e o terceiro um exercício inspirado no *sci-fi* dos anos 1970. Um estudo de 1999 do Ministério do Exterior dos Estados Unidos estimou que Saddam gastou pelo menos 2 bilhões de dólares construindo quase cinquenta palácios desde a época da Primeira Guerra do Golfo.[63] Para o escritor Kanan Makiya, foi mais um pastiche disfarçado de revitalização de tradições mesopotâmicas e islâmicas. A "soberania totalizadora" kitsch do ditador tinha esnobado completamente a arte: "é difícil imaginar como alguém poderia combinar com tanto sucesso o pior de tudo".[64]

Isolada do mundo por causa das ações de um único homem e seu regime, a Cidade da Paz murchou e caiu sobre si mesma durante os anos 1990.

> Onde antes havia uma cidade rica e vibrante, cheia de ambição, esperança, discotecas e grandiosos projetos de construção, agora havia uma favela feia e surrada do Terceiro Mundo, sem uma única beleza para redimir a ser encon-

> trada em lugar algum em todos os seus miseráveis quilômetros quadrados (...) Aqui as circunstâncias externas são triviais em comparação com a carnificina e o horror internos. Não apenas a cidade sofreu com a negligência e o abuso físico; as mentes de seus habitantes foram danificadas de uma maneira infinitamente mais cruel e provavelmente irreparável. O que tem acontecido no Iraque há mais de vinte anos é o equivalente a um holocausto psicológico.[65]

Paul Roberts, autor desse retrato de Bagdá, entrevistou Saddam brevemente às vésperas da Primeira Guerra do Golfo. Quando o ditador o olhou nos olhos, "o choque bateu como uma coluna de mercúrio gelado injetado na espinha".[66]

Viver no Iraque de Saddam induzia uma espécie de esquizofrenia nacional. Um psicólogo do Exército falou por muitos iraquianos quando reconheceu: "Era como se eu tivesse duas personalidades. Eu fazia meu melhor como um oficial com meus deveres e depois vinha para casa e falava contra o regime. Todos os iraquianos têm dois ou mais personagens. Era o único jeito de sobreviver sob pressão por tanto tempo".[67]

Um comentário inoportuno, o surgimento súbito de um carro estacionado do lado de fora da casa, uma batida na porta, um telefonema, as convocações de um oficial desconhecido, até um olhar inocente – tudo podia mudar – e destruir – vidas, para sempre. Era assim que o regime de Saddam permeava Bagdá: pela osmose do medo. Ninguém estava seguro e todos sabiam disso. O olhar errado podia ser seu último. O ex-prisioneiro Mayada al Askari relembrou a horrível história de irmãos gêmeos de catorze anos que estavam jogando futebol na rua quando passou um carro carregando oficiais de segurança. Os meninos foram detidos por olhar, levados, torturados e executados. Só depois de implorar muito e mexer vários pauzinhos seus desconcertados pais tiveram a permissão de ver os corpos. Seus peitos estavam cobertos de queimaduras de um ferro elétrico. Eles tinham sido dissecados do pescoço ao estômago e os olhos tinham sido arrancados das órbitas. Os pais ouviram que tinham sorte: muita gente simplesmente desaparecia e nunca mais se ouvia falar nelas.[68]

Mas até os bagdalis tremeram ao ouvir boatos, em fevereiro de 1996, sobre a morte de Hussain Kamel, que tinha liderado o programa de desenvolvimento armamentista do Iraque, e de seu irmão, Saddam Kamel, cunhados de Saddam. Eles tinham sido convencidos a voltar a Bagdá depois de terem desertado para Amã no ano anterior. A mensagem era clara: podemos, e vamos, destruir qualquer um.

Sob os males gêmeos que eram Saddam e o regime de sanções, o sofrimento era endêmico. No Ministério da Saúde, retratos de propaganda mostravam Saddam segurando uma criança doente, enquanto meninos e meninas em Bagdá morriam às dezenas de milhares. A maternidade Al Wiwa, outrora famosa em todo o Oriente Médio como pioneira da fertilização *in vitro*, estava reduzida a uma unidade fedorenta em que dois bebês dividiam cada incubadora e havia pouca coisa disponível fora oxigênio para tratar os doentes. Tuberculose, tifoide, malária e cólera, marcas de outra era, voltaram a perseguir as alas malcheirosas dos hospitais de Bagdá. Mulheres morriam no parto por causa de pequenas infecções; médicos eram forçados a reusar luvas cirúrgicas e agulhas não esterilizadas.

Nas áreas mais pobres, como Cidade Saddam, crianças esqueléticas tão novas quanto onze anos viraram uma visão frequente nas ruas, trabalhando por doze horas como entregadores ou vendedores ambulantes em ruas inundadas de esgoto, para ganhar menos de um dólar por dia. Os cafés da manhã consistiam em nada mais que sobras de arroz e feijão; os jantares, um pequeno pedaço de pão e óleo. Sob os termos do controverso – e altamente corrupto – Programa Petróleo por Comida da ONU, pelo qual o Iraque podia vender 2 bilhões de petróleo a cada seis meses para pagar remédio e comida, a cesta básica distribuída em todo o país incluía farinha, arroz, açúcar, chá, grão-de-bico, feijão, sal, óleo de cozinha, além de fórmula para crianças com menos de dois anos. Não havia carne, peixe, aves, frutas ou vegetais.[69]

As rações não eram suficientes para a sobrevivência. Algumas mães eram tão subnutridas que não conseguiam produzir leite.[70] A mortalidade infantil, segundo estatísticas da Unicef, que confiavam largamente nos números do governo iraquiano, dobraram de 61 por mil em 1991 para 117 por mil em 1997. O número médio de crianças com menos de cinco anos mortas por infecções respiratórias, subnutrição e diarreia aumentou de quinhentos por mês em 1991 para 8 mil em 1996. A ONU estima que um terço das crianças iraquianas sofrendo de subnutrição colocava a nação rica em petróleo no mesmo patamar da África subsaariana.[71] A Unicef estimou que cerca de 500 mil crianças com menos de cinco anos tenham morrido desnecessariamente como resultado do embargo, um número que se tornou um grito de guerra internacional para campanhas contra as sanções.[72]

Escolas e universidades não tinham livros, papéis ou lápis. Os alunos eram obrigados a tomar notas no verso de recibos, contas, qualquer pedaço de papel. Alguns universitários passavam anos alternados trabalhando e estudando, porque seus pais não conseguiam pagar as contas.

Cidadãos da classe média se rebaixaram a pedintes. Iraquianos com doutorado viraram motoristas de táxi, enquanto contrabandistas sem formação, ou "gatos do embargo", ficavam ricos por meio do comércio ilegal, passeando por Bagdá com Mercedes e BMWs de última linha. Na rua Mutanabbi, o tradicional lar da Bagdá literária, os vendedores de livros apregoavam belos volumes de antiquário em árabe e inglês, vendidos pelos donos para comprar remédios para seus filhos. A maior parte dos cinemas de Bagdá teve de fechar porque os filmes e os químicos de processamento que eles exigiam eram proibidos pelo embargo da ONU. Um ressentimento amargo em relação ao mundo externo era a regra.

Visitantes estrangeiros que chegavam pelo Aeroporto Internacional Saddam nos anos 1990 eram recebidos com a legenda "bem-vindo ao Iraque: berço da civilização" abaixo de um largo mural contando a grande história iraquiana, conforme a versão do regime. Ele começava com Nabucodonosor inspecionando suas tropas vitoriosas marchando pela Babilônia, levantando espadas em saudação enquanto empurravam prisioneiros judeus acorrentados. Assim seguia, passando pelo califa Mansur, inspecionando outra parada militar e mais prisioneiros e culminando com Saddam, visto ao lado de prisioneiros obrigatoriamente humilhados usando ou desmazelados uniformes de exército ou vestes negras de aiatolás.

Enquanto os detentos do Asilo de Bagdá que eram capazes de juntar a energia para tal cantavam aos visitantes estrangeiros "Amamos Saddam Hussein. É uma honra cantar em seu nome", quinze de seus colegas mais fracos morriam a cada mês. As magras rações de sopa, lentilhas, arroz e chá garantiam apenas um terço das necessidades nutricionais. Tuberculose, diarreia e disenteria causada por amebas eram os problemas mais letais da unidade. Em 1996, um quarto dos 1.340 detentos tinha sido levado para lá pelas famílias, que não tinham comida para alimentá-los. Na falta de remédios e outros suprimentos, o tratamento mais comum do asilo era a terapia de choque elétrico.[73]

Sobrevivência era a ordem do dia. Se bater a máquina de matanças de Saddam exigia grande cuidado e uma medida de boa sorte, superar a pobreza aguda, a subnutrição e as doenças que elas traziam, especialmente para os jovens, exigia a maior resiliência. As famílias empenhavam prataria, porcelana, joias, tudo que tivesse algum valor, para se alimentar. Anos depois, os compradores, na maioria norte-americanos e ingleses, que chegaram nos calcanhares da invasão de 2003, encontrariam nas elegantes butiques do Al Rashid Hotel, entre bugigangas de Saddam, mercadorias caras das quais tinham se desfeito bagalis outrora ricos reduzidos a situações extremas: isqueiros Dupont e Dunhill, relógios Cartier, bandejas Christofle, canetas Mont Blanc, estojos de cigarro antigos belamente entalhados de prata de Isfahan, relógios Breitling dados por Saddam a seus pilotos da força aérea durante a Guerra Irã-Iraque.

Os ladrões prosperavam. No início dos anos 1990, gasolina, cerveja, cigarros e candelabros eram as principais escolhas das gangues. Numa cidade onde a fofoca era um estilo de vida – consequência do sistema de propaganda vazio, mas abrangente, do regime – Bagdá era tomada de histórias sobre o último roubo escandaloso. Em uma delas, um taxista voltou para casa da frente de batalha com um caixão amarrado no teto do carro; procurando pelos pais do soldado morto, ele parou para pedir informações em uma casa e, ao sair, descobriu que o carro e o caixão tinham sumido (carros estacionados em frente à casa dos donos durante a noite frequentemente eram descobertos na manhã seguinte apoiados em cima de quatro tijolos, com as rodas removidas). Por vezes a dignidade sumia completamente. Ocasiões sagradas eram frequentemente só mais uma oportunidade para as gangues roubarem. A comida trazida para funerais como doação para a família em luto muitas vezes era furtada. Como lembrou uma mulher que foi a um funeral em 1995, na hora em que se matava a ovelha, metade da carne já tinha ido embora, junto com sacos de farinha e açúcar.[74]

Um jeito de manter esses ladrões aproveitadores longe era ter um cachorro. Alarmes antirroubo eram menos usados, já que não havia partes sobressalentes para consertos. Mostrando uma característica combinação de inventividade e agressão, os bagdalis começaram a criar um particularmente feroz "cachorro-lobo", metade pastor alemão e metade cão pastor beduíno, para deter todos os ladrões, com exceção dos mais imprudentes.

*

Um dos espetáculos mais populares de Bagdá em 2002 era *My Love is the Moon* [Meu amor é a lua], uma comédia surrealista sobre viagem no tempo produzida por Haidar Monather, um famoso ator-diretor dos palcos iraquianos. Um jovem chamado Faraj visita um museu de Bagdá e é catapultado de volta à era otomana na véspera da invasão britânica em 1917. Ele se apaixona pela bela jovem Kamar, só para descobrir que ela está marcada para o sultão. Por um tempo as coisas parecem não ter esperança. Mas nem tudo está perdido e após várias complicações o apaixonado Faraj consegue se transportar com Kamar para a Bagdá moderna.

A peça representava uma fuga ou escapismo exuberante e mais ou menos barato (2 mil dinares, ou cerca de 1 dólar, por ingresso) para bagdalis cansados depois de onze anos de sanções. O Teatro Nacional, com seu *lobby* de mármore, construído nos anos 1970, ainda se segurava a uma desbotada grandiosidade numa época em que outras formas de entretenimento público em Bagdá eram escassas.

A venerável Filarmônica de Bagdá, uma das mais antigas orquestras clássicas do mundo árabe, se mantinha de forma precária, com os músicos se virando com cordas de violino gastas e palhetas de oboé rachadas, além de salários cortados de 300 dólares por mês para 3. Uma das partituras da orquestra em 2002 era "To the UN" [Para a ONU], uma peça nervosa com batidas de prato e rufar de tambores, contraponto dramático à mais lamentosa "Heartbeat of Baghdad" [Batida do coração de Bagdá]. As sanções da ONU batiam em todo lugar. O maestro da orquestra, Amin Izzat, perdeu sua esposa quando seu vacilante fogão a gás, sem a manutenção adequada e as peças sobressalentes, explodiu.

Os temas de *My Love Is the Moon*, que incluíam críticas anti-imperialistas e alusões a animais enjaulados capturados num circo do absurdo, não eram difíceis de distinguir. Como exclama um dos personagens: "Primeiro os turcos, depois os ingleses, agora os americanos!".[75]

*

Desde o momento dos ataques de 11 de setembro contra as torres gêmeas de Nova York em 2001, o bigode de Saddam Hussein entrou claramente no radar do presidente George W. Bush, filho do presidente que em 1991 invadira o Iraque – mas que não entrara em Bagdá para forçar uma "mudança de regime". Para muitos, era um caso de negócios não terminados, combinados com a tentação e os lucros do petróleo. Apoiadores da guerra argumentavam que o mundo não podia mais tolerar as armas de destruição em massa de Saddam. O governo do primeiro-ministro Tony Blair declarou que Bagdá podia ameaçar a Inglaterra em "45 minutos". Era mais uma das declarações flagrantemente mentirosas que ajudaram a criar o conflito.

Com a pressão aumentando em Bagdá, os iraquianos foram às urnas em 15 de outubro de 2002, para votar em Saddam Hussein num referendo de lealdade convocado para esticar seu termo presidencial por mais sete anos. O resultado oficial foi 100%, uma pequena melhora dos 99,96% que Saddam tinha recebido em 1995, com um comparecimento de 99% dos eleitores.[76]

Em 25 de janeiro de 2003, três ônibus pretos de dois andares com as palavras "500 mil crianças iraquianas mortas 'valem a pena' – VERDADE JUSTIÇA PAZ" saíram de Londres em direção a Bagdá. Segundo Stefan Simanowitz, cofundador da Human Shield Action to Iraq, uma campanha antiguerra para evitar que a coalizão liderada pelos americanos bombardeasse certos alvos, os ativistas receberam "boas-vindas tumultuosas" quando chegaram a Bagdá três semanas depois, em 16 de fevereiro. Ainda assim, quando o idealismo confrontou o baathismo, só podia haver um vencedor. Muitos dos escudos-humanos de múltiplas nacionalidades, que vinham dos Estados Unidos, Reino Unido, Bélgica, Alemanha, África do Sul, Nova Zelândia e Austrália, não estavam "confortáveis" em trabalhar junto com o regime. "Outros sentiam que preferiam ser lotados em escolas, hospitais e orfanatos" e saíram rapidamente do Iraque. Houve duas semanas de "discussões acaloradas" antes de os escudos receberem um ultimato para "começar a proteger ou começar a ir embora".[77] O anfitrião dos escudos, dr. Abdul Razak al Hashimi, conselheiro de Saddam e líder da Organização da Amizade, Paz e Solidariedade, deportou os que pensavam de forma mais independente. Dos quinhentos escudos que foram para o Iraque – "havia rostos com *piercings* e *dreadlocks* em abundância" –, oitenta foram transferidos para proteger estações de tratamento de água e energia, armazéns de comida e outros locais de infraestrutura civil.[78]

Tirando os escudos, o governo continuou suas preparações, cavando trincheiras gigantes perto da refinaria de petróleo Dora e enchendo-as de petróleo, pronto para colocar fogo e criar uma grossa cortina de fumaça e confundir pilotos norte-americanos. A liderança do Partido Baath pela cidade supervisionou mais criação de trincheiras e fortificações com sacos de areia. Em suas casas, os habitantes armazenaram suprimentos emergenciais de comida e água mineral, cavaram poços nos jardins, colaram fita adesiva nas janelas, compraram máscaras antipartículas de 250 dinares para protegê-los caso as trincheiras de petróleo fossem acesas. O programa de televisão *Humat al Watan* [Guardiões da nação], produção oficial do Ministério da Defesa, antes semanal, começou a ser transmitido todas as noites, atacando os governos ocidentais. A imprensa estrangeira lutava por quartos no Al Rashid Hotel, usando coletes à prova de balas, capacetes, telefones satélite, trajes contra guerra quimíco-biológica, caixas cheias das chamadas MRE – do inglês *Meal, Ready to Eat*, refeições prontas também usadas pelo Exército norte-americano. As filas nos postos de gasolina ficavam mais longas a cada dia. No dia 6 de março, o jornal *Iraq Daily*, do regime, enviou uma mensagem de alerta a Colin Powell e Donald Rumsfeld, lembrando a invasão britânica quase um século antes: "Preparamos para vocês um túmulo agradável e confortável ao lado de seu inferior [*sic*] Stanley Maude".[79]

Em sua longa e turbulenta história, Bagdá tinha sido sitiada e colocada sob sanções; tinha sido atacada, inundada, queimada e bombardeada. Então, para os bagdalis, acostumados a sobreviver de forma deplorável sob o regime de Saddam, um estado de sítio era, em grande medida, a ordem natural. A cidade mais uma vez se preparou para o massacre quando os tambores da guerra soaram de forma mais urgente e as tempestades de areia castigaram a cidade. Os norte-americanos chamaram isso de "Shock and Awe", uma doutrina militar de 1996 da Universidade de Defesa Nacional que tinha o objetivo de trazer vitória rápida por meio do uso de poder tão excessivo e espetacular que os ânimos do inimigo para lutar eram completamente destruídos.[80]

*

O bombardeio de Bagdá começou às 5h30 da manhã do dia 20 de março, um dia depois da troca dos últimos quinhentos prisioneiros da Guerra Irã-Iraque. Àquele horário, Salam Pax estava a caminho de se tornar um dos blogueiros mais famosos do mundo com "Where is Raed?", um corajoso, insolente e subversivo diário na internet, a partir de Bagdá. Se os serviços de segurança tivessem descoberto sua identidade a qualquer momento, ele teria virado "picadinho".[81] Dois dias depois de as primeiras bombas caírem em Bagdá, ele escreveu: "A cidade toda parecia que estava pegando fogo. A única coisa que eu conseguia pensar era: 'Por que isso tem que acontecer com Bagdá?'. Quando um dos prédios que eu mais amava se foi numa explosão enorme, fiquei a ponto de chorar".[82] Salam Pax, pseudônimo, como mais tarde se descobriu, de um arquiteto gay de 29 anos chamado Salam Abdul Munem, foi considerado a Anne Frank da Guerra do Iraque, escrevendo reportagens com observações brilhantes e convicção feroz, humor rasgado e clareza nada sentimental. "Primeiro deixe-me dizer uma coisa", escreveu em maio. "A guerra é uma porcaria. Não se deixe convencer em lutar uma em nome da sua liberdade. De alguma forma, quando as bombas começam a cair ou você escuta o som de metralhadoras no fim da sua rua, você não pensa mais sobre sua 'libertação iminente'".[83]

Além das bombas, aviões da Coalizão derrubavam panfletos em Bagdá, alertando as forças armadas iraquianas de que "podemos ver tudo. Não usem armas nucleares, biológicas ou químicas". Outros se seguiram. "Enquanto suas famílias lutam para sobreviver, ele vive na riqueza" mostrava Saddam sentado em um trono justaposto a uma imagem de uma mulher segurando um bebê que chora. "Atenção todas as Guardas Republicanas

Especiais! As forças da Coalizão estão chegando para libertar o Iraque de Saddam e de seu regime. Vocês não precisam sofrer o mesmo destino."[84]

Quando a guerra começou, o humor negro foi providenciado por Mohammed Saeed al Sahaf, o ministro da informação iraquiano sempre de boina preta, cujos clichês pitorescos e absurdos lhe valeram os apelidos Cômico Ali e Bob de Bagdá. Quando forças norte-americanas controlaram o Aeroporto Internacional Saddam após uma pesada batalha no dia 4 de abril – ele logo foi renomeado Aeroporto Internacional de Bagdá – Sahaf previu um massacre dos "vilões, "mercenários" e "animais" ao estilo de Dien Bien Phu. Quando a artilharia soou nos subúrbios de Bagdá, milhares correram para deixar a cidade pela rodovia que ia em direção ao oeste. A eletricidade foi cortada em toda a cidade.

Três dias depois, Sahaf apareceu para as câmeras de televisão de todo o mundo na margem leste do Tigre e negou que as forças norte-americanas tivessem entrado em Bagdá. "Os infiéis deles estão cometendo suicídio às centenas nos portões de Bagdá", disse, com um floreio teatral. "Vamos encorajá-los a se suicidar mais rapidamente". Ele continuou: "Estejam certos, Bagdá está muito segura. Bagdá está ótima". Enquanto ele falava, via-se tanques americanos Abrams atrás dele, do outro lado do rio. A essa altura o mais antigo porta-voz de Bagdá já tinha uma audiência internacional – o presidente Bush era fã – e apareceu um site dedicado aos seus pronunciamentos mais fantasiosos: "Não há infiéis americanos em Bagdá. Nunca!"; "Meus sentimentos – como sempre – massacrarão todos eles"; "Nossa avaliação inicial é que todos eles morrerão". Um de seus últimos comentários a um repórter estrangeiro, rapidamente homenageado em camisetas e canecas nos Estados Unidos, foi: "Informo-lhe agora que você está longe demais da realidade".[85]

No dia 9 de abril, após uma defesa da cidade caótica e pouco duradoura, Bagdá caiu. Na praça Firdus, no leste da cidade, soldados iraquianos e americanos da 1 MEF, a Força Marinha Expedicionária, juntaram forças para derrubar uma estátua do odiado ditador. Fotografias dela caindo tornaram-se icônicas. O domínio de Saddam chegara ao fim. "O bigodão teve seu dia." Começaram comemorações loucas por toda a Bagdá, enquanto a notícia se espalhava. "Venha, veja, isso é liberdade" era o grito de bagdalis que quebravam e esmagavam retratos de Saddam, batiam neles com os sapatos, pisavam neles e os rasgavam, xingando-o de criminoso, traidor e infiel.[86] As multidões aplaudiram e gritaram para os soldados norte-americanos e correspondentes estrangeiros nas mesmas ruas onde os uniformes e as botas do Exército iraquiano tinham sido descartados na confusão quando as desmotivadas forças armadas de Saddam evaporaram.

A transição do controle total à falta de lei foi rápida. Os iraquianos – e o mundo – assistiram, fascinados em horror, quando uma onda de saques explodiu em Bagdá. Multidões atacaram prédios governamentais e arrancaram unidades de ar-condicionado, ventiladores de teto, cortinas, geladeiras, mancebos, mesas e cadeiras, empilhando tudo na traseira de caminhonetes ou precariamente nos tetos de carros ou em carrinhos empurrados a mão. Alguns sequestraram carros de polícia e motocicletas e apostaram corrida, gritando de alegria. A sede do Comitê Olímpico Iraquiano, parte do desprezado império de Uday Hussein, foi saqueada e incendiada. Seus cavalos puro-sangue foram imediatamente roubados de estábulos próximos. Na rua Palestina, um dos locais favoritos do regime para encenar mostras de apoio a Saddam, as multidões pilharam livremente um armazém do Ministério do Comércio. "É o nosso dividendo de paz", explicou um bagdali.[87] Muitos ficaram horrorizados. "Ver sua cidade destruída diante de seus próprios olhos é uma dor que não pode ser descrita nem colocada em palavras", postou Salam Pax no dia 10 de abril. "Você fica azedo (ou é amargo?). Algo em você se quebra e você perde todas as esperanças que tinha. Desfeitas por suas próprias mãos."[88]

Mas em comparação com o que se seguiria, o roubo de propriedades governamentais, independente de quão repreensível, foi sequer uma nota de rodapé na queda de Bagdá.

*

Numa manhã de céu claro em Bagdá, eu tinha marcado uma visita ao dr. Donny George, diretor do Museu do Iraque, que ainda estava fechado ao público. No distrito de Salihiya, em um pedaço de terra de 4,5 hectares no cruzamento das ruas Kahira e Nasir, um desastre bem maior tinha acontecido. No dia 8 de abril de 2003, a equipe do museu fugiu quando uma troca de tiros estourou em frente ao prédio. As forças de Saddam adentraram o complexo e atiradores estavam alvejando as unidades norte-americanas das galerias do museu. Um tanque norte-americano colidiu contra a fachada. Quando os primeiros funcionários voltaram ao trabalho em 12 de abril, alguns dos tesouros mais valiosos do mundo, relíquias das primeiras civilizações, tinham sido saqueados. Os relatos iniciais sugerem que 170 mil artefatos foram roubados, incluindo as mais belas peças do museu: o fino vaso sagrado Uruk, de 5.000 anos, obra-prima da arte suméria considerado o recipiente ritual de pedra entalhada mais antigo do mundo; a Estátua Bassekti, figura acadiana de um homem esculpido em cobre em cerca de 2300 a.C.; os dois touros Ninhursag de cobre que tinham enfeitado o templo construído pelo rei de Ur em 2475 a.C.; o Tesouro de Nimrud, 613 peças de joias de ouro e pedras preciosas dos séculos VIII e IX a.C.; a Harpa Dourada de Ur, de cerca de 2500 a.C., foi quebrada em pedaços e seu ouro foi retirado; a Máscara Uruk, talvez a mais antiga escultura naturalista de um rosto humano, de 3100 a.C. Da coleção de 15 mil selos cilíndricos do museu, mais de cinco mil foram pilhados. Artefatos valiosíssimos foram arrancados das paredes, derrubados de suas bases, tomados de gabinetes e *displays* destruídos. Um dos golpes mais devastadores foi o vandalismo e a destruição de parte dos arquivos arqueológicos do museu. As perdas foram inestimáveis. Oficiais do museu pediram ajuda urgente dos americanos para proteger o local, mas só em 16 de abril os tanques chegaram.[89]

Apesar de o secretário de Defesa dos Estados Unidos Donald Rumsfeld ter desprezado o saque em Bagdá com o comentário de que "a liberdade é bagunçada" e "essas coisas acontecem", o mundo ficou horrorizado.[90] Piotr Michalowski, professor de Estudos do Oriente Médio na Universidade de Michigan, forneceu algum contexto. "A pilhagem do Museu de Bagdá é uma tragédia sem paralelos na história mundial; é como se a Uffizi, o Louvre ou todos os museus de Washington fossem destruídos de uma só tacada."[91] Eleanor Robson, da Escola Britânica de Arqueologia, no Iraque, outro legado de Gertrude Bell, compartilhava desse sentimento de indignação. "Você teria de voltar séculos atrás, para a invasão mongol de Bagdá em 1258, para encontrar pilhagem nessa escala."[92]

Durante as semanas e meses seguintes, muitos dos tesouros foram devolvidos, "redescobertos" ou resgatados por autoridades norte-americanas e iraquianas. Alguns foram tomados em mercados internacionais na Jordânia, no Líbano, na Síria, no Kuwait, na Arábia Saudita e nos Estados Unidos. As perdas finais foram muito menores do que o que se temia. Até 15 mil peças tinham sido roubadas, mas um ano depois, 5 mil tinham sido devolvidas, e esperava-se a devolução de outras 5 mil.[93] Mesmo assim, os prejuízos e as perdas enormes foram irreparáveis.

George era um cristão corpulento e de olhos tristes, renomado arqueólogo e acadêmico que se juntara ao museu em 1976. Um ano depois da tragédia, ele ainda estava chocado que algo assim pudesse acontecer. "É uma das maiores catástrofes na história de Bagdá", disse. "Mas não é um desastre só para Bagdá. Cada peça que perdemos representa uma perda para a humanidade. É um crime contra a herança humana. O Museu do Iraque é o único lugar do mundo onde você consegue historiar o começo da civilização e da cultura humana – da arte e agricultura à linguagem e tecnologia – em um só local. Não há nada igual. O que aconteceu aqui é inacreditável." Ele estava apoplético com o prejuízo à Babilônia. "É o local da maior herança da humanidade. Você não pode simplesmente começar a cavar ali para abrir espaço para os seus tanques."[94]

Caminhamos juntos desconsolados por galerias trancadas e de janelas fechadas e armazéns selados, raios da luz do sol invadindo a escuridão, iluminando as partículas de poeira levantadas por nossa passagem. Tesouros da antiguidade clássica, junto com alguns dos maiores artefatos já selecionados no mundo islâmico, quando Bagdá era a sede do califado Abássida, tinham sido roubados no último capítulo fúnebre da história da cidade. Um magnífico par de estátuas assírias brilhava dourado em meio à penumbra, touros alados do palácio de Sargon em Khorsabad do século IX a.C, altos como sentinelas barbados, indiferentes ao caos do lado de fora. Ver essas joias históricas ainda orgulhosamente de pé nas galerias negligenciadas de repente o animou. "Olhe só para isso", disse, inclinando-se em frente a um painel em formato de arco de tijolos vidrados em verde claro e marrom, ricamente decorado com flores e formas geométricas e figuras de animais. "São os tijolos decorados mais antigos conhecidos pelo homem, do Forte Shalmaneser, em Nimrud – século IX a.C. Imagine a que eles sobreviveram para estar aqui hoje." Havia estátuas de divindades lindamente ornadas, *mihrabs* de pedra (o nicho interno de uma mesquita que indica a direção de Meca para a qual devem orar os fiéis), frisos e tábuas e estátuas escondidos em corredores escuros, cercados por pilhas de pedra e gesso, o ocasional carrinho de mão, janelas quebradas, tablados pela metade. O berço da civilização tinha sido destruído.

As perdas culturais foram uma catástrofe para Bagdá, uma cidade que orgulhosamente se considerava a guardiã por direito das civilizações mais antigas do mundo. Mas até esses roubos selvagens pareciam brandos perto da extraordinária perda de vidas durante os próximos anos, quando Bagdá se tornou um matadouro, a cidade mais perigosa do mundo. O que aconteceu com George como consequência da invasão de 2003 resume a tragédia pós-guerra da rixa sectária que rasgou Bagdá e o Iraque. Um dos membros mais proeminentes da Igreja Assíria do Oriente no Iraque, cujas origens remontam à Sé da Babilônia, que se diz ter sido fundada pelo apóstolo São Tomás, ele tinha abandonado seu sobrenome Youkhanna por motivos profissionais. Ele disse que geralmente rezava na Igreja de São Jorge, em Bagdá, onde tinha se casado, mas ela tinha sido muito danificada num ataque terrorista recente e agora era perigoso demais frequentá-la. "Igrejas estão sendo bombardeadas em Bagdá e Mosul, lojas cristãs vendendo álcool e música estão sendo atacadas com bombas incendiárias e estamos recebendo panfletos nos alertando para parar de 'corromper a sociedade islâmica'. Ser um cristão no Iraque chegou a isso." Os extremistas agora ameaçavam matá-lo. Em 2006, tendo recebido um envelope contendo uma bala Kalashnikov e uma carta acusando seu filho mais novo de desrespeitar o Islã, ele fugiu do país.

*

No dia 1º de maio, quando as vítimas de guerra norte-americanas somavam 138, o presidente Bush declarou "missão cumprida" no Iraque. Até o fim do ano o número chegou a 486. Forças norte-americanas completaram sua retirada no fim de 2011, e em 2012, quando foi confirmada a última morte americana, a conta final foi 4.486.[95]

Durante boa parte desse período, Bagdá foi uma distopia surrealista dividida entre os 15,5 quilômetros quadrados da Zona Verde, antigo coração do regime de Saddam, e a Zona Vermelha, ou tudo o que ficava além da Verde. Desde abril de 2003, a Zona Verde foi um enclave muito fortificado, uma *Little America* [Pequena América] na qual oficiais e empreiteiros da CPA [Autoridade Provisória da Coalizão], liderada por Paul Bremer, tinham "amontoados de equipe" e sentavam-se em frente a telas de computadores embelezando apresentações de PowerPoint sobre "métricas", "entregas" e a "marcha" do progresso".[§] Muitos dos que trabalhavam dentro dessa bolha eram proibidos por contrato de sair dela enquanto durasse seu serviço. Eles habitavam um casulo de siglas que não paravam de se multiplicar, fugindo da IDF [Força de Defesa de Israel] enquanto andavam entre os vários escritórios de IRMO, PCO, ORHA, ICC, GRD, LMCC e MNF-I antes de baixar a caneta e comer um cheesebúrguer de bacon e tomar um sorvete Baskin Robbins e um Gatorade na DFAC e talvez algumas discretas cervejas e doses de uísque mais tarde no BCC. De vez em quando, aparecia um veículo Rhino na Route Irish – o trecho de asfalto mais perigoso do mundo – indo para o BIAP, no qual os passageiros rezavam muito para evitar VBIEDs, IEDs, RPGs e SAF.[¶]

Era um palco improvável com um elenco peculiar: uma mescla multicultural de neoconservadores e ideólogos, oficiais de exército permanen-

§ Paul Bremer, diplomata norte-americano e antigo homem de negócios, foi nomeado administrador da CPA em 2003, servindo, na prática, como líderdo Iraque, de 11 de maio daquele ano a 28 de junho de 2004, quando o poder foi transferido ao Governo Interino Iraquiano.

¶ Indirect Fire (Fogo Indireto); Iraq Reconstruction Management Office (Escritório de Administração da Reconstrução do Iraque); Project and Contracting Office (Escritório de Projeto e Construção); Office for Reconstruction and Humanitarian Assistance (Escritório para Reconstrução e Assistência Humanitária); Iraqi Convention Centre (Centro de Convenção Iraquiano); Gulf Region Division [of the US Army Corps of Engineers] (Divisão Regional do Golfo [do Corpo de Engenheiros do Exército dos Estados Unidos]; Logistics Movement Control Centre (Centro de Controle de Movimentos Logísticos); Multi-National Forces – Iraq (Forças Multinacionais – Iraque); Dining Facility (Dependência de Refeições); Baghdad Country Club (Bagdá Country Club); Baghdad International Airport (Aeroporto Internacional de Bagdá); Vehicle-Borne Improvised Explosive Devices (Dispositivos Explosivos Improvisados em um Veículo); Improvised Explosive Devices (Dispositivos Explosivos Improvisados); Rocket-Propelled Grenades (Lança-Granadas-Foguete); Small Arms Fire (Fogo de Armas Pequenas).

temente apressados, soldados de camisetas cinzas e shorts de academia pretos com rifles M4 pendurados nos ombros, pilotos de helicóptero de cabelos bem curtos e trajes de voo suados, conselheiros políticos vestidos elegantemente com ternos Oxford abotoados e óculos escuros, empreiteiros de segurança tatuados e de cavanhaque em combates Tactic 511, apaixonados conselheiros de gênero, especialistas em Estado de direito e reformas do setor de segurança, analistas tribais, administradores de sistema de TI de fala rápida, equipe de lavandaria filipina, motoristas de trator do Texas, equipe de bufê de Bangladesh, mercenários sul-africanos realocados, engenheiros americanos, donos de restaurante e massagistas chineses, o ocasional oficial da ONU de boina azul da Inglaterra ou da Austrália, contratantes de compras e logística, aspirantes a Lawrences modernos, aqueles que lucravam com a guerra, oportunistas e impostores, românticos, sonhadores e conspiradores. "Vamos varrer toda essa região, removendo cada ditador, um por um", me disse um empreiteiro americano certa vez. "Eles vão aprender o que significa democracia e liberdade."

De vez em quando se via algum iraquiano – talvez um VIP, um tradutor, um conselheiro político ou um jardineiro. Mas era um mundo, em grande parte, no qual os iraquianos não eram bem-vindos. Várias placas em torno dos pontos de verificação, cheias de arame farpado, muros contra explosão de 5 metros, barreiras HESCO cheias de areia e soldados e empreiteiros de segurança fortemente armados, tudo isso dizia aos motoristas: NÃO ENTRE OU SERÁ BALEADO. Os iraquianos não tinham permissão de entrar na Zona Verde – mais tarde Zona Internacional ou "ZI" – a não ser que trabalhassem para a CPA ou já morassem ali antes. Lembro-me de um jantar com um político iraquiano no Al Rashid Hotel, a armadilha de Saddam cheia de insetos para visitantes estrangeiros, às margens do Parque Zawra, nas bordas da Zona Verde. A noite foi estragada quando um soldado o prensou contra a parede para uma revista agressiva, completamente gratuita. "Eles nos tratam como criminosos comuns em nosso próprio país", disse, tremendo de raiva. "E isso é libertação."

Por algum tempo foi moda postar uma citação de T. E. Lawrence nas paredes e mesas dos escritórios – "Não tente fazer coisa demais com suas próprias mãos. É melhor os árabes fazerem razoavelmente do que você fazer perfeitamente. A guerra é deles e você deve ajudá-los, não vencê-la para eles" – ao mesmo tempo que se fazia o exato oposto do que a citação incitava.[96] Quase tão popular quanto era o pôster em que um soldado americano sorrindo segurava uma xícara de chá sobre a legenda: QUE TAL UMA BELA XÍCARA DE CALE A PORRA DESSA BOCA.

O mundo sobrenatural da CPA de Bremer evocava a irrealidade obscura de *Ardil 22* de Joseph Heller. Nomeações sêniores costumavam ser ditadas pela política. O conhecimento de árabe ou a experiência no Oriente Médio importavam menos que a lealdade ao Partido Republicano. Como resultado, o círculo interno de conselheiros de Bremer não tinha experiência anterior em assuntos árabes ou qualquer conhecimento do idioma. Um oficial de 24 anos sem nenhum trabalho anterior em finanças recebeu a responsabilidade de ressuscitar a bolsa de valores de Bagdá. Um oficial reservista, com a tarefa de criar novas regras de trânsito para a capital, simplesmente baixou da internet as do estado norte-americano de Maryland. O portfólio de desenvolvimento do setor privado foi para um banqueiro de investimento, grande doador do Partido Republicano, antigo colega de classe de Harvard do presidente, que jurou privatizar todas as empresas estatais do Iraque em trinta dias. "Não estou nem aí para a lei internacional", disse a um colega. "Fiz um compromisso com o presidente de privatizar os negócios iraquianos."[97]

A visão política de Bremer não parecia adequadamente guiada ou informada pela realidade local. Ele desprezou a *fatwa* do Grande Aiatolá Ali al Sistani dizendo que uma nova constituição iraquiana tinha de ser escrita por representantes eleitos, tratando o líder espiritual da maioria xiita, um homem de autoridade religiosa sem paralelo no Iraque, como se fosse "só mais um velho de turbante preto". Um trecho do oeste de Bagdá em torno do Aeroporto Internacional tornou-se a base militar norte-americana Camp Victory [Campo Vitória], que incluía os campos Liberty [Liberdade], Striker [Agressor] e Slayer [Matador], além de Pizza Hut, Burger King, Taco Bell, Subway, Cinnabon e café Green Beans. Quando foi perguntado sobre por que os helicópteros americanos voavam tão baixo, assustando as crianças à noite, o brigadeiro-general Mark Kimmitt, porta-voz militar norte-americano, aconselhou os iraquianos a dizer para seus filhos que o barulho ensurdecedor dos helicópteros que voavam baixo era "o som da liberdade".[98]

No jardim do antigo Palácio Republicano de Saddam, pontuado por palmeiras e sombreado por gazebos, jovens usando calças largas, óculos escuros Oakley, tatuagens, barrigas tanquinho e bíceps salientes tomavam sol na piscina. Alguns bebiam chá gelado ou cerveja na luz ofuscante e no calor insuportável, roubando olhares admiradores das poucas mulheres que tinham a coragem de usar um biquíni nesse mundo quase exclusivamente masculino e carregado de testosterona. Uma caixa de som próxima tocava *hip-hop*. A cada poucos minutos helicópteros Black Hawk voavam ruidosamente a caminho de ida ou de volta de "Washington", a área de pouso da Zona Verde, adjacente ao palácio. No fim da tarde, uma multidão ia ao restaurante chinês para jantar um prato de frango ou macarrão apimentado, com cervejas geladas, enquanto um tráfego contínuo só de homens se dirigia, constrangido, para as massagens no andar de cima.

O que acontecia dentro da Zona Verde tinha muito pouco a ver com o que estava acontecendo do lado de fora. Quando tiros de metralhadora explodiram numa noite abafada de maio de 2004, funcionários da CPA que bebiam à beira da piscina acharam que insurgentes estavam invadindo a Zona Verde e fugiram, em pânico, para o porão reforçado do palácio, em busca de segurança. O barulho eram tiros comemorativos. O time de futebol iraquiano tinha acabado de vencer a Arábia Saudita por 3 x 1 num jogo crítico, garantindo assim um lugar nas Olimpíadas.

Houve uma lua-de-mel de vários meses em 2003, durante a qual um número crescente de partidos políticos correu para criar escritórios em Bagdá: a União Patriótica do Curdistão no prédio dos Consultores Nacionais de Engenharia, o Partido Democrata Curdo no velho prédio do Mukhabarat em Mansur, o Congresso Nacional Iraquiano em um antigo centro de recenseamento militar do Exército, o Dawa Islâmico na biblioteca pública infantil. Durante esse breve período, muitos iraquianos ainda estavam felizes em ver as forças americanas em Bagdá. Então, a partir do fim do verão de 2003, a segurança começou a se deteriorar rapidamente.

No dia 19 de agosto de 2003, a sede da ONU em Bagdá, no Canal Hotel, foi atacada numa explosão mortal de um caminhão-bomba que matou

22 pessoas, incluindo o carismático brasileiro Sérgio Vieira de Mello, líder da missão da ONU. A Al Qaeda no Iraque assumiu a responsabilidade pelo ataque, sob seu líder Abu Musab al Zarqawi, um militante jordaniano que se autointitulava Emir da Al Qaeda no País dos Dois Rios. A franquia iraquiana da organização terrorista global fundada por Osama bin Laden no fim dos anos 1980 rapidamente criou uma rede mortal de lutadores na esteira da invasão de 2003, contando com um suprimento aparentemente infinito de homens-bomba. A violência em Bagdá e por todo o Iraque então se intensificou após o escândalo da tortura em Abu Ghraib em 2004, no qual se revelou que a polícia militar americana e outras agências governamentais estavam abusando de prisioneiros iraquianos no que tinha sido uma das prisões mais famosas de Saddam, 32 quilômetros a oeste de Bagdá.

Foram reveladas fotografias de iraquianos nus empilhados numa pirâmide em frente a soldados que sorriam cruelmente, de guardas aterrorizando um prisioneiro com um cão de ataque, de um iraquiano encapuzado forçado a se masturbar em frente aos seus guardas e outros vários casos de abuso de prisioneiros. Soldados americanos urinavam em detentos, jogavam ácido fosfórico neles, montavam neles como se fossem animais, os sodomizavam com bastões ou lâmpadas fosforescentes, os arrastavam pelo chão com cordas amarradas às mãos ou ao pênis, os alimentavam à força com carne de porco e álcool, fazendo-os retirar comida de banheiros da prisão e, em um caso, espancaram um prisioneiro até a morte. Uma das imagens mais infames, de um iraquiano encapuzado em cima de uma caixa usando apenas um cobertor rasgado, com fios elétricos nas mãos, virou notícia global e atraiu reprovação internacional.[99]

Bagdá virou um caldeirão de matança. O som que batia na boca do estômago de um carro-bomba suicida destruindo um ponto de verificação da Zona Verde tornou-se característica comum da vida em Bagdá, bem como os ataques a políticos iraquianos, mercados lotados, iraquianos fazendo fila para se juntar à polícia ou entrar em um ministério, uma embaixada estrangeira ou os escritórios de uma agência humanitária. Às vezes uma explosão ao amanhecer era tão forte que te chacoalhava para fora da cama e te jogava no chão. Na época, o fluxo contínuo de jovens prontos a se explodir pela causa *jihadi* parecia interminável. Colunas grossas de fumaça preta se movendo pelo céu vindas da última explosão eram visões comuns. Às vezes você se perguntava como alguém podia simplesmente contemplar, quanto mais realizar, um ato de violência, um calor tão paralisante. Outras vezes, a própria brutalidade do clima parecia ser a única explicação para os níveis de massacre que, de outra forma, eram inimagináveis. "O calor de Bagdá te atinge que nem concreto", me disse um amigo iraquiano certa vez. "Imagine o que faz com sua cabeça."

Esquadrões da morte xiitas e insurgentes sunitas começaram a remodelar a cidade de acordo com a afiliação religiosa. Em 2003, a maior parte da cidade era mista sunita-xiita, com alguns bairros de maioria xiita (incluindo Cidade Sadr, a Cidade Saddam renomeada, Khadimiya e Shula, no norte) e áreas de maioria sunita (como Adhamiya e Hurriya, no norte, Washash, Karkh e Mansur, no centro, e Saeediya, no sul). Em 2005, quando o Ministério do Interior era controlado pela Brigada Badr do Conselho Supremo Islâmico do Iraque, cadáveres eram encontrados diariamente, jogados nas ruas e nos lixões da capital. Predominantemente sunitas, esses corpos carregavam os sinais familiares da tortura: queimaduras de cigarro na pele, buracos de furadeira nos braços, nas pernas e no crânio, olhos arrancados. Alguns tinham sido estrangulados; muitos, baleados na parte de trás da cabeça. O ano de 2006 viu o Iraque em guerra civil aberta e Bagdá mergulhada na limpeza étnica. Mais uma vez, o Tigre virou depositório de corpos mutilados de homens, mulheres e crianças, como havia sido durante a cruel guerra civil entre os irmãos Amin e Mamun nos primeiros dias dos Abássidas.

Grande parte de Bagdá estava aterrorizada por esquadrões da morte xiitas que operavam com a conivência do ministro do interior Bayan Jabr.[100] Foi descoberto um centro de detenção secreto onde 169 prisioneiros emaciados, quase todos sunitas, estavam sendo torturados. Em 2006, após o bombardeio do templo sagrado xiita em Samarra, o Exército Mahdi de Muktada al Sadr, um ativista de uma distinta família de clérigos, se juntou à briga, e Bagdá ficou ainda mais polarizada. Áreas de antiga maioria sunita como Saeediya, Hurriya e Washash tornaram-se áreas de maioria xiita. Os antigos distritos mistos de Hay Aden, Sahab e Hay Sumer, a norte da Cidade Sadr, foram dominados pelos xiitas.

O antes invulnerável Saddam Hussein foi capturado e subsequentemente executado no dia 30 de dezembro de 2006, uma data deliberadamente escolhida para provocar os sunitas iraquianos, que se preparavam para comemorar o festival sagrado de Eid al Adha. "Falei com Saddam em seus últimos momentos e o convenci a dizer suas últimas preces antes de ser enforcado", lembra Mowaffak al Rubaie, então Conselheiro de Segurança Nacional, que presidiu a execução. "Puxei a alavanca e nada aconteceu. Pedi desculpas e ele teve de dizer suas preces de novo. Então puxei pela segunda vez, o alçapão se abriu e tudo acabou."[101] Alguns torceram para aquilo marcar um ponto de virada para a paz. "Sua terra generosa e pura foi libertada – e para sempre – da imundície do ditador e uma página negra na história do Iraque foi virada, o tirano morreu", disse o primeiro-ministro Nouri al Maliki. Mas a execução teve pouco sucesso em abrandar a violência, que continuou a correr solta por Bagdá e pelo Iraque. O número de mortes civis violentas na cidade variava de trezentos a 1.200 por mês em 2007 – no Iraque inteiro a contagem de mortos mensal era entre 700 e 2.700.[102]

No auge do inferno em 2006, pouco antes de ser expulso de Bagdá pelos extremistas, o dr. Donny George, do Museu do Iraque, conseguiu guardar alguma perspectiva histórica – e até algum otimismo – sobre o derramamento de sangue. "Há fases como essas, e depois há fases de calma. Cada uma pode durar cem anos, mas passa", disse ele. "Um famoso escritor sumério descreveu o cenário aqui no ano 2000 a. C., dizendo que as pessoas estavam matando e saqueando e ninguém sabia quem era o rei. Então, veja, não é nada novo."[103]**

Em 2008, quando a entorpecedoramente brutal guerra sectária em Bagdá finalmente tinha se acalmado, parcialmente como resultado de uma "explosão" americana no começo de 2007 e parcialmente como resultado de as milícias do Despertar sunita abandonarem os ataques à Coalizão e alvejarem os insurgentes, o mapa de Bagdá estava redesenhado. Adhamiya era agora o único grande distrito sunita a leste do rio. A população sunita de Bagdá ti-

** Tendo deixado o Iraque após repetidas ameaças a sua família, o dr. Donny George foi nomeado professor-visitante da Universidade de Stony Brook, nos Estados Unidos, em 2006. Ele morreu de infarto em 2011, com 60 anos.

nha sido dividida em faixas de distritos oeste: Kindi, Khadra, Yarmuk, Ghazaliya e Amiriya, com uma borda ao sul em Dora e Muradiya. Após concentrados ataques de limpeza étnica, Bagdá tinha se tornado uma capital segregada e dominada pelas xiitas.[104] Ela permanece sendo uma das cidades mais perigosas do mundo, com níveis de violência difíceis de compreender.

Para a população cristã de Bagdá, os anos recentes foram uma experiência destruidora de ódio e intolerância, frequentemente assassinos. Tiros, assassinatos, bombardeios de igrejas e casas, ataques a lojas que vendiam álcool, muitas de propriedade de cristãos – a campanha de violência contra essa antiga comunidade foi extraordinariamente feroz e incansável. Estima-se que 300 mil dos 400 mil cristãos da cidade tenham fugido da capital até 2010, com muitos deles deixando o Iraque por completo.[105] No domingo, 31 de outubro de 2010, atiradores usando coletes suicidas mataram dois guardas armados do lado de fora da Bolsa de Valores do Iraque em Karrada, antes de cruzar a rua para a Nossa Senhora da Salvação, uma igreja católica síria. Depois de saltar o muro de proteção, eles entraram na igreja, começaram a atirar loucamente na Madona e na cruz e fizeram mais de cem reféns entre a aterrorizada congregação, chamando-os de "cães" e "infiéis". Até o fim da noite, comandos iraquianos tinham assaltado o prédio e um homem-bomba tinha detonado o colete, 58 pessoas, incluindo dois padres, estavam mortas e 78 estavam feridas. Famílias inteiras tinham sido exterminadas. O Estado Islâmico do Iraque, ligado à Al Qaeda, que chamara a igreja de "covil sujo da idolatria", assumiu a responsabilidade pelo ataque, o pior sofrido pelos cristãos em Bagdá desde 2003. Cristãos em todo lugar eram "alvos legítimos", disse o grupo. "Os que dizem que estamos seguros, que podemos viver pacificamente no Iraque, são mentirosos", disse o reverendo Douglas Yusef al Bazy, colega dos padres assassinados. "Mas vamos ficar nesse país porque ainda há cristãos e ainda temos uma missão aqui."[106]

Na época em que escrevo, em 2013, o cônego Andrew White, o "Vigário de Bagdá" anglicano, prega para uma congregação de 4 mil pessoas. Só os padres são anglicanos. Os frequentadores vêm de todas as denominações cristãs no Iraque – caldeana, assíria, ortodoxa, católica armênia e outras – e geralmente falam aramaico e siríaco, as mais antigas línguas cristãs. O cônego White estima que a comunidade cristã do Iraque, que já chegou a 1,5 milhão, tenha caído para cerca de 100 mil, dos quais muitos procuraram refúgio em áreas curdas. "Nossos cristãos que sobraram foram torturados, mortos e sequestrados. Muitos fugiram do Iraque para salvar suas vidas. Eu pessoalmente tive mais de quatrocentas das minhas pessoas mortas desde 2003. A maioria que tinha condições financeiras de ir embora fez isso. Apesar da tragédia que se abateu sobre nosso povo, ele permanece cheio de alegria, pois dizem que quando você perde tudo sua fé é só o que resta. Isso é muito forte e os faz seguir em frente."[107]

Se os cristãos eram cada vez mais acossados em Bagdá, a comunidade judaica estava praticamente extinta. Uma comunidade anterior à própria Bagdá, que alcançara 150 mil em todo o país em 1948, que pouco antes disso representara quase 40 por cento da população da cidade em cerca de 1917, tinha caído para sete ou oito – era pequena demais até para juntar um *minyam*, o quórum de dez judeus necessário para qualquer serviço religioso público. Por séculos, eles foram o motor do próspero comércio de Bagdá, tendo sucesso nos negócios e como banqueiros, e também na música e nas artes. Enquanto os judeus prosperaram, Bagdá vicejou. Mas, com a progressão do século XX, o pendor da cidade para a autodestruição se reafirmou. O clima político, já bruto, ficou ainda mais quente. A coexistência pacífica passou a ser um incomum anacronismo. Depois do *pogrom* Farhud de 1941, a segunda metade do século desferiu o golpe fatal mais doloroso nos judeus de Bagdá. Primeiro houve uma campanha de perseguição que levou à imigração em massa para Israel de 1951 a 1952. Mesmo depois do trauma, não houve alívio, com o virulento antissemitismo do Partido Baath culminando nos enforcamentos públicos de 1969 e em ondas sucessivas de partidas nos anos 1970. Os horrores do regime de Saddam Hussein incluíram ainda mais perseguições, intimidação, tortura e execuções arbitrárias de judeus, de modo que no amanhecer do século XXI a outrora poderosa comunidade judaica de Bagdá era pequena demais para ler a Torá em público ou rezar um Kaddish para os mortos – ambas as coisas eram, além do mais, tolas ao ponto da fatalidade.[108]

A marginalização geográfica da população sunita refletia as novas realidades políticas do Iraque após Saddam. Excluídos do poder político desde os dias de Mansur, os xiitas iraquianos estavam pela primeira vez firmes no assento do motorista. Seu domínio político foi destacado nas eleições nacionais de 2005 e 2010, que viram a minoria sunita relegada a uma posição altamente desconfortável – e em alguns casos, completamente inaceitável – nas laterais, à qual não estavam acostumados.

Depois do sofrimento da Guerra Irã-Iraque nos anos 1980, o cataclismo da Primeira Guerra do Golfo e o levante abafado que se seguiu, depois de uma década das sanções mais duras já impostas pela ONU, e depois de quase 24 anos de desgoverno de Saddam, os iraquianos desejavam algo melhor. Tendo-lhes sido prometida a liberdade, eles escorregaram, em vez disso, para um caos tão violento que muitos admitiam abertamente que as coisas eram melhores com Saddam.

As estatísticas revelam uma pontinha da tragédia que se abateu sobre Bagdá. Desde o início da guerra, em abril de 2003, até a retirada das forças americanas no fim de 2011, houve 10.189 incidentes nos quais pelo menos um civil iraquiano foi morto na província de Bagdá, com um total de 56.771 mortos. Durante o mesmo período houve chocantes 332 ataques suicidas na capital, incluindo 67 que mataram vinte ou mais pessoas. No Iraque inteiro o número total de civis que tiveram mortes violentas superou os 114 mil, enquanto o número total de mortes violentas incluindo combatentes foi estimado em 162 mil.[109] Um estudo mais recente, publicado em 2013, chegou ao número bem mais alto de 500 mil mortes de iraquianos por causas relacionadas à guerra entre 2003 e 2011.[110] Havia poucos sinais do fim da carnificina quando esse livro foi para a gráfica. O ano de 2013 foi o mais mortal desde 2008, com estimados 8.955 mortos em explosões de violência, uma média mensal de 746, ou 25 por dia.[111]

"Voltei com uma visão idealista e idealizada de como a vida podia e devia ser", diz Samir Sumaidaie, que voltou a Bagdá do exílio e da oposição em 2003 e ocupou uma série de posições políticas sêniores, que culminaram com sua nomeação a embaixador em Washington, em 2006. "Logo me desiludi desse idealismo e nos últimos anos me tornei muito mais pessimista e incerto sobre o futuro."[112]

A cidade que outrora exercera uma força gravitacional irresistível, atraindo as maiores mentes do mundo todo, agora estava expulsando seu próprio povo: judeus, cristãos, sunitas, xiitas, todos repelidos pelas marés de violência explodindo em Bagdá e no resto do país. Os iraquianos se espalharam desordenados pelo globo, da Jordânia, Síria e Egito aos Estados Unidos, Reino Unido e Austrália. Em 2007, a ONU alertou que até 5 milhões de refugiados iraquianos tinham sido deslocados pela guerra.

*

A história de Bagdá, desde sua fundação pelo califa Mansur em 762, foi incansavelmente tempestuosa. A história da Cidade da Paz, antigo cume nobre da civilização mundial, foi escrita com sangue. Os bagdalis demonstraram ter talento incrível para criar beleza e cultura e, tragicamente, a mesma habilidade para destruí-las. Mas uma das cidades mais violentas do mundo é também uma das mais resilientes. Bagdá viu invasores estrangeiros irem e virem durante os últimos 1.300 anos, dos bizantinos do século VIII aos norte-americanos do século XXI. Sobreviveu aos furiosos massacres dos mongóis de Hulagu em 1258 e dos tártaros de Tamerlão em 1401, quando o Tigre corria vermelho de sangue e negro de tinta dos tesouros literários da saqueada Casa da Sabedoria. Superou a humilhação de cair sob o controle de chefes turcomanos sem importância, aguentou a conquista otomana do sultão Suleiman, o Magnífico, em 1534, o ataque iraniano de Xá Abbas em 1623 e quatro séculos de esnobes paxás otomanos. "A velha cidade arrogante de Haroun al Rothschild" passou pela invasão britânica de 1917 e emergiu de duas guerras mundiais sangrando, mas sem baixar a cabeça. Sitiada pela tirania baathista, a ditadura de Saddam, uma guerra destruidora contra o Irã e a pulverizadora Primeira Guerra do Golfo, Bagdá ainda foi capaz de suportar um selvagem regime de sanções da ONU, só para receber a fúria total da Guerra do Iraque em 2003. Em vez de trazer a desejada paz e calmaria depois de décadas de sofrimento inimaginável, o conflito acordou os mais antigos demônios de Bagdá e as rixas de facções explodiram em toda a cidade e a nação. Mais uma vez a Cidade da Paz estava em guerra e o sangue corria nas ruas.

Ainda assim, a despeito de toda destruição, os bagdalis não desistiram de sua cidade. Com uma prodigiosa história de protagonismo intelectual, cultural e islâmico, ela continua a ser um símbolo de dignidade, orgulho e, sobretudo, resistência. "É uma cidade diferente de qualquer uma de suas pares", diz Manaf, um diplomata aposentado obcecado pela história de Bagdá. "É de se perguntar se o bom califa Mansur, se tivesse a mais ínfima ideia do futuro sangrento à frente da cidade, teria construído a sede circular de seu poder aqui. O pêndulo entre caos e prosperidade pelo qual Bagdá oscila tem sido duradouro e assustador, mas com certeza devemos ter esperança. Que a Cidade da Paz faça juz a seu nome antes que nós mesmos partamos para a paz eterna".

Apêndice

O APARATO DE SEGURANÇA

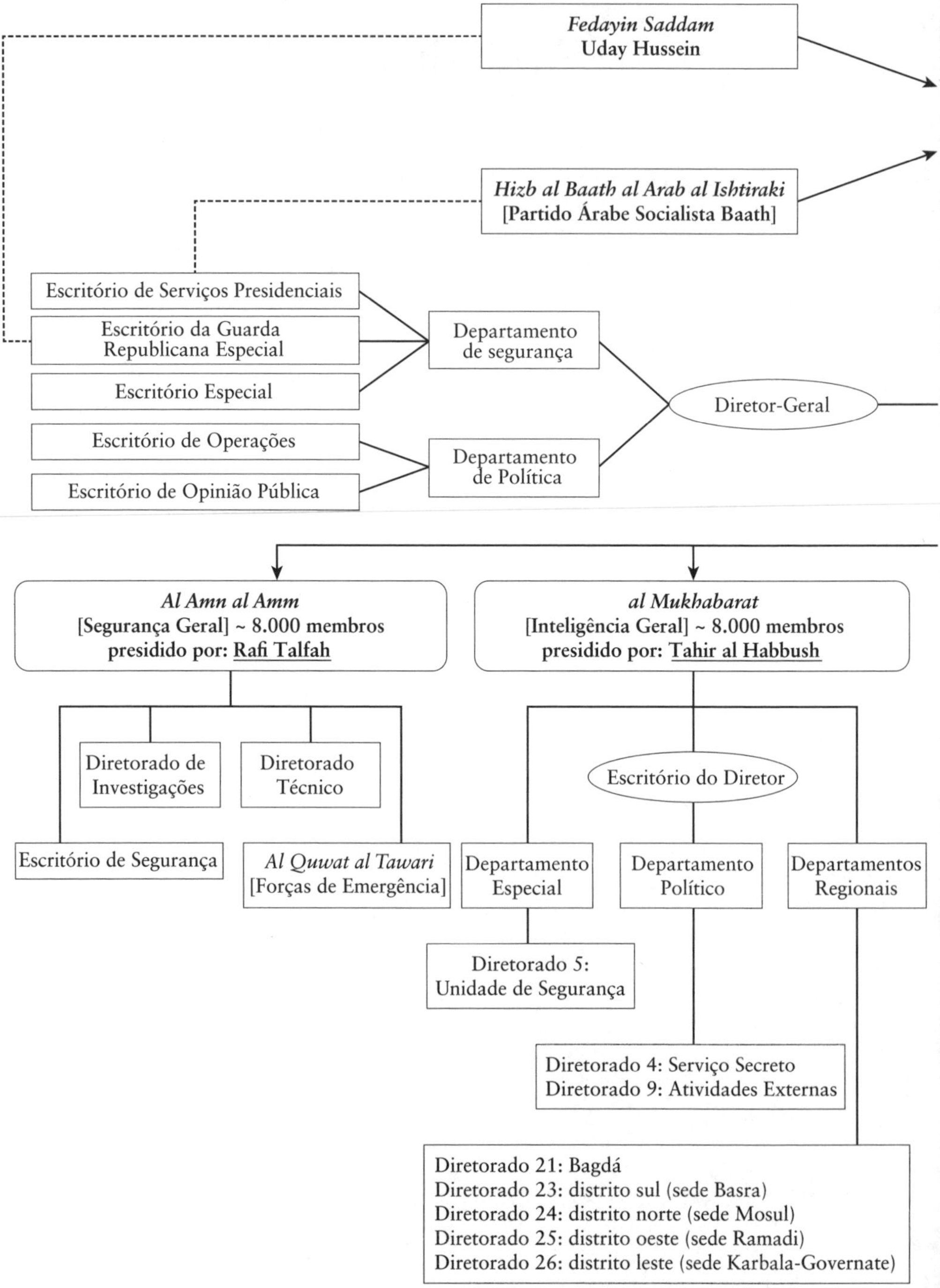

IRAQUIANO DE SADDAM HUSSEIN

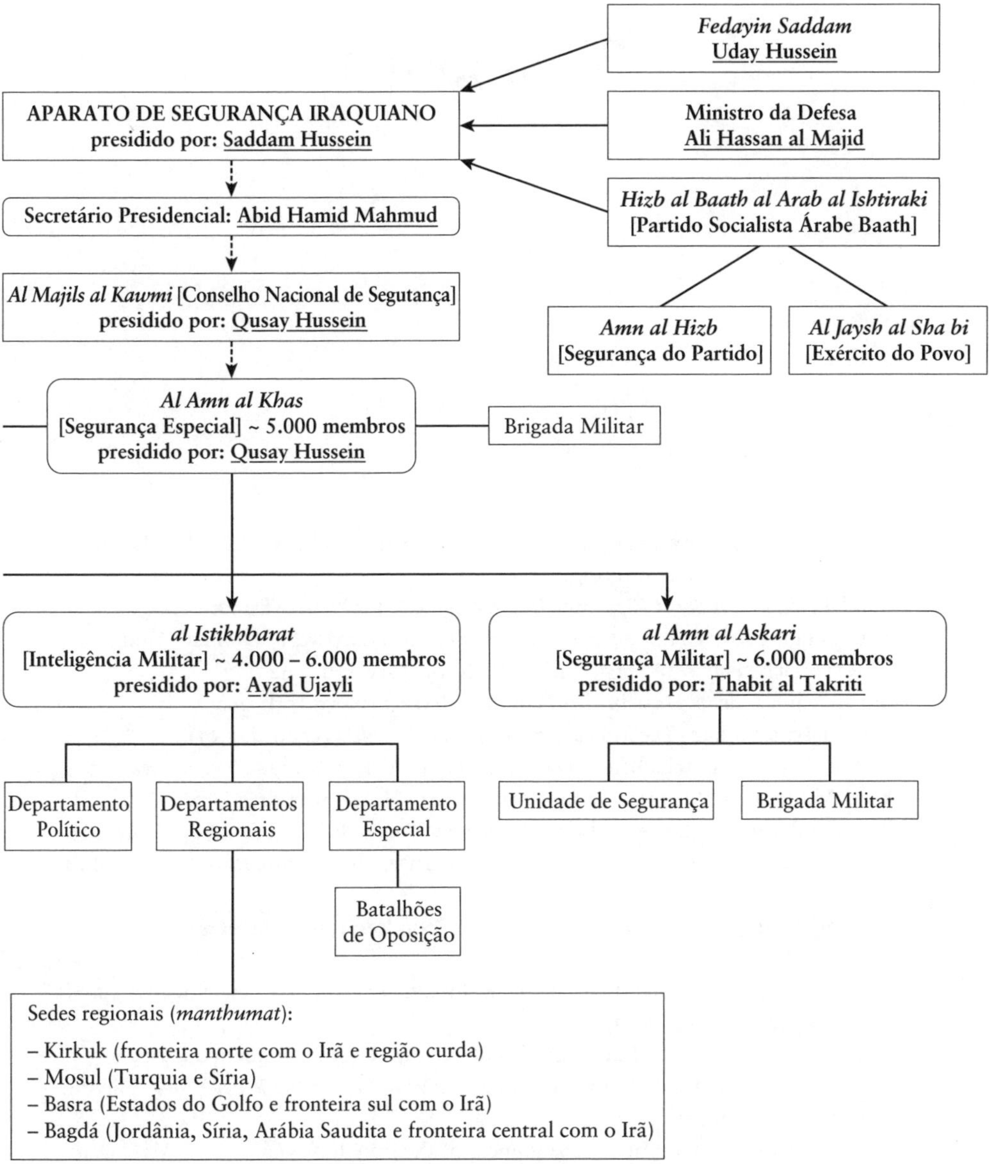

Bibliografia

Abbott, Nabia, *Two Queens of Baghdad: Mother and Wife of Harun al Rashid* (Londres, 1986; reimpressão de um original de 1946).

Abdullah, Thabit, *A Short History of Iraq: From 636 to the Present* (Londres, 2003).

Aboul-Enein, Youssef H., *Iraq in Turmoil: Historical Perspectives of Dr Ali al Wardi, from the Ottoman Empire to King Feisal* (Annapolis, Maryland, 2012).

Aburish, Said, *Saddam Hussein: The Politics of Revenge* (Nova York, 2000).

Adler, Marcus Nathan, *The Itinerary of Benjamin of Tudela* (Oxford, 1907).

Ágoston, Gábor e Masters, Bruce, *Encyclopedia of the Ottoman Empire* (Nova York, 2009).

Ahsan, Muhammad Manazir, *Social Life under the Abbasids* (Londres, 1979).

Allaf, Abdul Kareem al, *Baghdad al Qadeemah min Sanat 1869 hatta Sanat 1917* (*Old Baghdad from the Year 1869 until the Year 1917*) (Beirute, 1999; reimpresão de original de 1960).

Ali, Sayed Amir, *A Short History of the Saracens* (Londres, 1955; reimpressão de original de 1899).

______, *The Spirit of Islam: A History of the Evolution and Ideals of Islam with a Life of the Prophet* (Londres, 1922).

Allawi, Ali A., *The Crisis of Islamic Civilization* (New Haven, Connecticut, 2009).

______, *The Occupation of Iraq: Winning the War, Losing the Peace* (New Haven, Connecticut, 2007).

Alnasrawi, Abbas, "Economic Consequences of the Iraq–Iran War", *Third World Quarterly*, 8, 3 (julho de 1986), pp. 869–95.

______, "Iraq: Economic Consequences of the 1991 Gulf War and Future Outlook", *Third World Quarterly*, 13, 2 (1992), pp. 335–52.

Amitai-Preiss, Reuven, *Mongols and Mamluks: The Mamluk–Ilkhanid War 1260–1281* (Cambridge, 1995).

Anderson, Jon Lee, *The Fall of Baghdad* (Londres, 2005; reimpressão de original de 2004).

Antonius, George, *The Arab Awakening: The Story of the Arab National Movement* (Londres, 1938).

The Arabian Nights: Tales of 1,001 Nights, traduzido para o inglês por Malcolm Lyons, 3 vols. (Londres, 2008).

Arabshah, Ibn, *Timur the Great Amir* (Londres, 1936; reimpressão de original de 1935).

Arberry, A. J., *Arabic Poetry* (Cambridge, 1965).

Armstrong, Karen, *A History of God. From Abraham to the Present: The 4,000-Year Quest for God* (Londres, 1999; reimpressão de original de 1993).

Arnett, Peter, *Live from the Battlefield: From Vietnam to Baghdad* (Londres, 1994).

Ashtiany, Julia, et al. (eds.), *Cambridge History of Arabic Literature, vol. II: Abbasid Belles-Lettres* (Cambridge, 1990).

Athir, Ibn al, *The Chronicle of Ibn al Athir for the Crusading Period from Al Kamil fi al Tarikh (The Complete History)*, traduzido para o inglês por D. S. Richards (Aldershot, 2006–8).

_______, *Part I: The Years 491–541 / 1097–1146 – The Coming of the Franks and the Muslim Response.*

_______, *Part II: The Years 541–589 / 1146–1193– The Age of Nur al Din and Saladin.*

_______, *Part III: The Years 589–629 / 1193–1231– The Ayyubids after Saladin and the Mongol Menace.*

Atiyah, Ghassan, *Iraq, 1908–1921: A Socio-Political Study* (Beirute, 1973).

Atwood, Christopher P., *Encyclopedia of Mongolia and the Mongol Empire* (Nova York, 2004).

Audisio, Gabriel, *Harun al Rashid: Caliph of Baghdad* (Nova York, 1931).

Axworthy, Michael, *The Sword of Persia: Nader Shah, from Tribal Warrior to Conquering Tyrant* (Londres, 2009).

Azzawi, Abbas al, *Tarikh al Iraq bayn al Ihtilayn (History of Iraq between Two Occupations)*, 8 vols. (Bagdá, 1935–56).

Baig, Sulaiman Faiq, *The History of Baghdad*, traduzido para o inglês por Mousa Kadhim Nawras (Bagdá, 1962).

Barbaro, Josafa e Contarini, Ambrosio, *Travels to Tana and Persia* (Londres, 1873).

Barker, A. J. *The Neglected War: Mesopotamia 1914–1918* (Londres, 1967).

Barthold, W., *Turkestan down to the Mongol Invasion* (Oxford, 1928).

Batatu, Hanna, *The Egyptian, Syrian and Iraqi Revolutions: Some Observations on Their Underlying Causes and Social Character* (Georgetown, 1983).

_______, *The Old Social Classes and the Revolutionary Movements of Iraq: A Study of Iraq's Old Landed and Commercial Classes and of Its Communists, Baathists and Free Officers* (Princeton, Nova Jersey, 1978).

Battuta, Ibn, *The Travels of Ibn Battutah*, vols. I–IV, traduzido para o inglês por H. A. R. Gibb (Cambridge, 1971).

Bayat, Fadhil, *Baghdad: min Khilal Wathaik al Arsheef al Othmani (Baghdad in the Light of Ottoman Archive Documents)* (Istambul, 2008).

Beckford, William, *Vathek* (Oxford, 2008; reimpressão de original de 1786).
Bell, Gertrude, *Amurath to Amurath* (Londres, 1911).
_______, *The Desert and the Sown* (Nova York, 2001; reimpressão de original de 1907).
_______, *Diaries* and *Letters*, disponível no Arquivo Gertrude Bell da Universidade de Newcastle: http://www.gerty.ncl.ac.uk.
_______, *Review of the Civil Administration of Mesopotamia* (Londres, 1920).
Benjamin, Marina, *Last Days in Babylon: The Story of the Jews of Baghdad* (Londres, 2007).
Bennison, Amira, *The Great Caliphs: The Golden Age of the Abbasid Empire* (Londres, 2009).
Ben-Porat, Mordechai, *To Baghdad and Back: The Miraculous 2,000-Year Homecoming of the Iraqi Jews* (Jerusalém, 1998).
Bevan, Edwyn Robert, *The Land of The Two Rivers* (Londres, 1917).
Black, Edwin, *Banking on Baghdad: Inside Iraq's 7,000-Year History of War, Profit and Conflict* (Hoboken, Nova Jersey, 2004).
Blankinship, Khalid Yahya, "The Tribal Factor in the Abbasid Revolution: The Betrayal of the Imam Ibrahim B. Muhammad", *Journal of the American Oriental Society*, 108, 4 (outubro–dezembro, 1988), pp. 589–603.
Bleaney, C. H., and Roper, G. J., *Iraq: A Bibliographical Guide* (Leiden, 2004).
Bogdanos, Matthew, "The Casualties of War: The Truth about the Iraqi Museum", *American Journal of Archaeology*, 109, 3 (julho 2005), pp. 477–526.
Boyle, John Andrew, "The Death of the Last Abbasid Caliph", *Journal of Semitic Studies*, 6, 2 (1961), pp 145–61.
_______, (ed.), *The Cambridge History of Iran, vol. V: The Saljuq and Mongol Periods* (Cambridge, 1968).
Bracciolini, Poggio, *The Travels of Nicolò de' Conti, in the East in the Early Part of the Fifteenth Century* (Londres, 1857).
Bremer, Paul, *My Year in Iraq: The Struggle to Build a Future of Hope* (Nova York, 2006).
Bretschneider, Emil, *Medieval Researches from Eastern Asiatic Sources* (Londres, 1888).
Browne, Edward G., *Arabian Medicine* (Cambridge, 1921).
_______, *A Literary History of Persia*, 4 vols. (Cambridge, 1902–24).
Buckingham, James Silk, *Travels in Mesopotamia, including a Journey from Aleppo to Bagdad, by the Route of Beer, Orfah, Diarbekr, Mardin, & Mousul; with Researches on the Ruins of Nineveh, Babylon, and Other Ancient Cities*, 2 vols. (Londres, 1827).
Burgoyne, Elizabeth, *Gertrude Bell: From Her Personal Papers*, vol. II: *1914–1926* (Londres, 1961).
Butlin, Robin, "Changing Visions: The RGS in the 19th Century", em Royal Geographical Society, *To the Ends of the Earth* (Londres, 2005).
Byron, Robert, *The Road to Oxiana* (Londres, 2004; reimpressão de original de 1937).
Callwell, Charles, *The Life of Sir Stanley Maude* (Londres, 1920). *The Cambridge History of Iran* (Cambridge, 1968–91).
Candler, Edmund, *The Long Road to Baghdad*, 2 vols. (Londres, 1919).
Caractacus, *Revolution in Iraq: An Essay in Comparative Public Opinion* (Londres, 1959).
Çelebi, Evliya, *Seyahatnamesi (Book of Travels)*, 10 vols. (Istambul, 1999–2007).

Çetinsaya, Gökhan, *Ottoman Administration of Iraq 1890–1908* (Abingdon, 2006).

Ceylan, Ebubekir, "Carrot or Stick?: Ottoman Tribal Policy in Baghdad 1831–1876", *International Journal of Contemporary Iraqi Studies*, 3, 2 (novembro de 2009), pp. 169–86.

______, *The Ottoman Origins of Modern Iraq: Political Reform, Modernization and Development in the Nineteenth-Century Middle East* (Londres, 2011).

Chalabi, Tamara, *Late for Tea at the Deer Palace: The Lost Dreams of My Iraqi Family* (Londres, 2010).

Chambers, James, *The Devil's Horsemen: The Mongol Invasion of Europe* (Londres, 2001).

Chandrasekaran, Rajiv, *Imperial Life in the Emerald City: Inside Baghdad's Green Zone* (Londres, 2007).

Chesney, Francis Rawdon, *The Expedition for the Survey of the Rivers Euphrates and Tigris, Carried on by Order of the British Government, in the Years 1835,1836 and 1837*, 4 vols. (Londres, 1850).

Christie, Agatha, *They Came to Baghdad* (Londres, 2003; reimpressão de original de 1951).

Chubin, Shahram e Tripp, Charles, *Iran and Iraq at War* (Londres, 1988).

Clarke, George S., *The Baghdad Railway*, memorando preparado pela Direção do Primeiro-Ministro, 26 de janeiro de 1905 (Londres, 1905).

Clot, André, *Harun al Rashid and the World of the Thousand and One Nights*, traduzido do francês para o inglês por John Howe (Londres, 2005).

______, *Suleiman the Magnificent*, traduzido do francês para o inglês por Matthew J. Reisz (Londres, 2005).

Cohen, Morris, "Superstition among the Jews in Baghdad", extraído em *The Scribe: Journal of Babylonian Jewry*, 46 (janeiro de 1991), pp. 3–5.

Coke, Richard, *Baghdad: The City of Peace* (Londres, 1927).

Cooperson, Michael, "Baghdad in Rhetoric and Narrative", *Muqarnas*, 13 (1996), pp. 99–113.

Cordesman, Anthony e Wagner, Abraham R., *Lessons of Modern War, vol. II: The Iran–Iraq War* (Boulder, Colorado, 1990).

Coughlin, Con, *Saddam: King of Terror* (Nova York, 2002).

______, *Saddam: The Secret Life* (Londres, 2007).

Creswell, K. A. C., *Early Muslim Architecture*, 2 vols. (Oxford, 1932, 1940).

Damluji, Sadiq, *Midhat Pasha* (Bagdá, 1953).

Daniel, Elton L., "Arabs, Persians, and the Advent of the Abbasids Reconsidered", *Journal of the American Oriental Society*, 117, 3 (julho–setembro de 1997), pp 542–8.

Dankoff, Robert e Kim, Sooyong (eds. e trad.), *An Ottoman Traveller: Selections from the Book of Travels of Evliya Çelebi* (Londres, 2010).

Dann, Uriel, *Iraq under Qassem: A Political History 1958–1963* (Nova York, 1969).

Darke, Hubert (trad.), *The Book of Government or Rules for Kings: The Siyasat-nama or Siyar al Muluk of Nizam al Mulk* (Londres, 1960).

Darwish, Adel e Alexander, Gregory, *Unholy Babylon: The Secret History of Saddam's War* (Nova York, 1991).

Dawisha, Adeed, *Iraq: A Political History from Independence to Occupation* (Princeton, Nova Jersey, 2009).

De Gaury, Gerald, *Three Kings in Baghdad: The Tragedy of Iraq's Monarchy* (Londres, 2008; reimpressão de original de 1961).

DeNovo, John A., *American Interests and Policies in the Middle East 1900–1939*, (Minneapolis, Minnesota, 1963).

Din, Rashid al, *The Successors of Genghis Khan*, traduzido por John Andrew Boyle (Nova York, 1971).

_______, *Jami al Tawarikh (Compendium of Histories)*, tradução para o francês por Etienne Quatremère, *Histoire des Mongols de la Perse* (Paris, 1836).

Ditmars, Hadani, *Dancing in the No-Fly Zone: A Woman's Journey through Iraq* (Northampton, Massachusetts, 2006).

Dodge, Toby, "The British Mandate in Iraq, 1914–1932" (http://www.gale.cengage.com/pdf/whitepapers/gdc/TheBritishMandate.pdf).

_______, *Inventing Iraq: The Failure of Nation Building and a History Denied* (Londres, 2003).

D'Ohsson, Constantin, *Histoire des Mongols* (Amsterdã, 1834–5).

Drury, William Edward, *Camp Follower: A Padre's Recollections of Nile, Somme and Tigris during the First World War* (Dublin, 1968).

Dupuy, R. Ernest e Dupuy, Trevo N. *The Collins Encyclopedia of Military History* (Londres, 1993).

Duri, A. A., "Baghdad", in *Encylopaedia of Islam* (segunda edição), vol. I (Londres, 1971), p. 903.

Earle, E. M., *Turkey, the Great Powers, and the Baghdad Railway: A Study in Imperialism* (Nova York, 1923).

Effendi, Evliya, *Narrative of Travels in Europe, Asia and Africa in the Seventeenth Century*, traduzido para o inglês por Joseph von Hammer-Purgstall, 2 vols. (Londres, 1834–50).

Egan, Eleanor Franklin, *The War in the Cradle of the World* (Londres, 1918).

Ellis, Tristram J., *On a Raft and through the Desert* (Londres, 1881).

Ellis, William S., "The New Face of Baghdad", *National Geographic*, 167, 1 (janeiro de 1985).

Emberling, Geoff e Hanson, Katharyn (eds.), "Catastrophe! The Looting and Destruction of Iraq's Past", artigo do Museu do Instituto Oriental da Universidade de Chicago (primavera de 2008).

Emin, Joseph, *Life and Adventures of Joseph Emin* (Calcutá, 1918).

Erskine, Beatrice, *King Faisal of Iraq: An Authorized and Authentic Study* (Londres, 1933).

Farmer, H. G., *A History of Arabian Music to the XIIIth Century* (Londres, 1929).

Faroqhi, Suraiya, *Approaching Ottoman History: An Introduction to the Sources* (Cambridge, 1999).

Farouk-Sluglett, Marion e Sluglett, Peter, "Review of *The Old Social Classes and the Revolutionary Movements of Iraq: A Study of Iraq's Old Landed and Commercial Classes and of Its Communists, Baathists and Free Officers*", *Arab Studies Quarterly*, 3 (1981), pp. 98–106.

Fathi, Saul Silas, *Full Circle: Escape from Baghdad and the Return* (Filadélfia, 2005).

Fattah, Hala, *The Politics of Regional Trade in Iraq, Arabia and the Gulf 1745–1900* (Albany, 1997).

Fawzi, Farouk Omar, *Abbasid Caliphate*, in Arabic, 2 vols. (Amã, 2003).

Ferguson, Niall, *Colossus: The Price of America's Empire* (Nova York, 2004).

Fernea, Robert A. e Louis, William Roger (eds.), *The Iraqi Revolution of 1958: The Old Social Classes Revisited* (Londres 1991).

Finkel, Caroline, *Osman's Dream: The Story of the Ottoman Empire 1300–1923* (Londres, 2005).

Foster, Benjamin R. e Polinger Foster, Karen, *Civilizations of Ancient Iraq* (Princeton, Nova Jersey, 2009).

Fraser, J. Baillie, *Travels in Koordistan, Mesopotamia, etc.*, 2 vols. (Londres, 1840).

Fromkin, David, *A Peace to End All Peace: The Fall of the Ottoman Empire and the Creation of the Modern Middle East* (Londres, 1989).

Gabriel, Albert, "Les Étapes d'une campagne dans les deux Irak d'après un manuscrit turc du XVIe siècle", *Syria*, 9, (1928), pp. 328–49.

Gallman, Waldemar, *Iraq under General Nuri: My Recollections of Nuri al Said 1954–1958* (Baltimore, Maryland, 1964).

Ghanimah, Yusuf Rizk-Allah, *Nuzhat al Mushtak fi Tarikh Yahud al Iraq* (*A Nostalgic Trip into the History of the Jews of Iraq*), traduzido do árabe para o inglês por Reading A. Dallal (Oxford, 1998).

Gibbon, Edward, *Decline and Fall of the Roman Empire* (Londres, 1937; reimpressão de original de 1776).

Glassé, Cyril, *The New Encyclopedia of Islam* (Londres, 2002; reimpressão de original de 1989).

Grant, Christina Phelps, *The Syrian Desert: Caravans, Travel and Exploration* (Londres, 1937).

Grousset, René, The *Empire of the Steppes* (Nova Brunswick, Nova Jersey, 1970; tradução de original de 1938).

Groves, A. N., *Journal of a Residence in Bagdad during the Years 1830 and 1831* (Londres, 1832).

Gruendler, Beatrice, *Medieval Arabic Praise Poetry* (Londres, 2003).

Haim, Sylvia, "Aspects of Jewish Life in Baghdad under the Monarchy", *Middle Eastern Studies*, 12, 2 (1976), pp 188–208.

Hakluyt, Richard, *Hakluyt's Collection of the Early Voyages, Travels, and Discoveries of the English Nation* (Londres, 1810; também a edição de 1903–5).

Haldane, Aylmer, *The Insurrection in Mesopotamia 1920* (Londres, 1922).

Hammer-Purgstall, Joseph von, *Histoire de l'Empire ottoman*, traduzido do alemão para o francês por J. J. Hellert (Paris, 1835–43).

Hammond, Josephine, *Battle in Iraq: Letters and Diaries of the First World War* (Londres, 2009).

Hamza, Khidhir, *Saddam's Bombmaker: The Terrifying Inside Story of the Iraqi Nuclear and Biological Weapons Agenda* (Nova York, 2000).
Hanne, Eric J., *Putting the Caliph in His Place: Power, Authority, and the Late Abbasid Caliphate* (Madison, Nova Jersey, 2007).
Hanway, Jonas, *An Historical Account of the British Trade over the Caspian Sea: with a Journal of Travels from London through Russia into Persia; and back again through Russia, Germany and Holland. To which are Added, the Revolutions of Persia during the Present Century, with the Particular History of the Great Usurper Nadir Kouli*, 4 vols. (Londres, 1753).
Harper, R. F., *Assyrian and Babylonian Literature* (Nova York, 1901).
Harris, John, *Navigantium atque Itinerantium Biblioteca; or, A Complete Collection of Voyages and Travels*, 2 vols. (Londres, 1705).
Hasan, M. S., "Growth and Structure of Iraq's Population 1867–1947", *Bulletin of the Oxford University Institute of Economics and Statistics*, 20, 4 (1958) pp. 339–52.
Hasluck, F. W., *Christianity and Islam under the Sultans*, ed. Margaret Hasluck, 2 vols. (Oxford, 1929).
Hathaway, Jane, and Barbir, Karl, *The Arab Lands under Ottoman Rule 1516–1800* (Harlow, 2008).
Hawting, G. R., *The First Dynasty of Islam: The Umayyad Caliphate AD 661–750* (Londres, 1986).
Haydar, Jamal, *Baghdad: Malamih Madina fi Dhakirat al Sitinat* (*Baghdad: Memories of a City in the 1960s*) (Casablanca, 2002).
Heródoto, *The Histories* (Londres, 2003).
Herrin, Judith, *Byzantium: The Surprising Life of a Medieval Empire* (Londres, 2007).
Heude, William, *A Voyage up the Persian Gulf, and a Journey Overland from India to England, in 1817* (Londres, 1819).
Hillenbrand, Carole, *The Crusades: Islamic Perspectives* (Edimburgo, 1999).
Hiro, Dilip, *The Longest War: The Iran–Iraq Military Conflict* (Londres, 1991; reimpressão de original de 1989).
Hitti, Philip, *History of the Arabs* (Londres, 1937).
Holt, Peter M., *Egypt and the Fertile Crescent 1516–1922* (Londres, 1966).
Horne, Charles F. (ed.), *Source Records of the Great War*, vol. V (National Alumni, Estados Unidos, 1923).
Hourani, Albert, *A History of the Arab Peoples* (Londres, 2005).
_______, Khoury, Philip S. e Wilson, Mary C. (eds.), *The Modern Middle East: A Reader* (Berkeley e Los Angeles, Califórnia, 1993).
_______ e Stern, S. M. (eds.), *The Islamic City* (Oxford, 1970).
Howell, Georgina, *Daughter of the Desert: The Remarkable Life of Gertrude Bell* (Londres, 2006).
Howorth, Henry H., *History of the Mongols, from the Ninth to the Nineteenth Century*, 4 vols. em 5 (Londres, 1876–1927).
Huart, Clément, *Histoire de Bagdad dans les temps modernes* (Paris, 1901).
Hume-Griffith, M. E., *Behind the Veil in Persia and Turkish Arabia* (Londres, 1909).

Hurewitz, Jacob Coleman, *Diplomacy in the Near and Middle East: A Documentary Record 1535–1914*, 2 vols. (Princeton, Nova Jersey, 1956).

Hussain, Ishtiaq, *The Tanzimat: Secular Reforms in the Ottoman Empire* (http://faith-matters.org/images/stories/fm-publications/the-tanzimat-final-web.pdf).

Imber, Colin, *The Ottoman Empire 1300–1650: The Structure of Power* (Nova York, 2002).

______, "The Persecution of the Ottoman Shi'ites according to the Mühimme Defterleri 1565–1585", *Islam*, 56, 2 (1979) pp. 245–73.

Ionides, Michael George, *The Regime of the Rivers Euphrates and Tigris* (Londres, 1937).

Iraq Administration Reports 1914–1932 (Slough, 1992).

Irwin, Robert, *The Arabian Nights: A Companion* (Londres, 2004).

______, *The Middle East in the Middle Ages: The Early Mamluk Sultanate 1250–1382* (Londres, 1986).

Isfahani, Abu al Faraj al, *Kitab al Aghani*, 25 vols. (Beirute, 2000).

Ives, Edward, *A Voyage from England to India, in the Year 1754 . . . Also a Journey from Persia to England by an Unusual Route* (Londres, 1773).

Jabra, Jabra Ibrahim, *Hunters in a Narrow Street* (Londres, 1960).

Jamali, Mohammed Fadhel, "*Iraq under General Nuri*: A Review of Waldemar Gallman's Book", *Middle East Forum*, 11, 7 (1964), pp. 13–24.

Jastrow, Morris, *The War and the Bagdad Railway: The Story of Asia Minor and Its Relation to the Present Conflict* (Filadélfia, 1918).

Jawad, Mustafa, *Baghdad al Qadeema wal Haditha* (*Baghdad: Ancient and Modern*) (Bagdá, 1969).

______ e Susa, Ahmad, *Dalil Kharita Baghdad al Mufassal* (*A Detailed Guide to Baghdad's Map*) (Bagdá, 1958).

Jayyusi, Salma (ed.), *The City in the Islamic World* (Leiden, 2008).

Johnston, Norman, "The Urban World of the Matraki Manuscript", *Journal of Near Eastern Studies*, 30, 3 (julho de 1971) pp. 159–76.

Jones, James Felix, "Memoir on the Province of Baghdad", em *Memoirs by Commander J. F. Jones* (edição de 1998; reimpressão de original de Bombaim, 1857).

Jones Brgdges, Harford, *An Account of the Transactions of His Majesty's Mission to the Court of Persia, in the Years 1807–11, to which is Appended a Brief History of the Wahauby*, 2 vols. (Londres, 1834).

Juvaini, 'Ala-ad-Din 'Ata-Malik, *The History of the World-Conqueror*, traduzido para o inglês a partir do texto de Mirza Muhammad Qazvini por John Andrew Boyle, 2 vols. (Manchester, 1958).

Karsh, Efraim, and Rautsi, Inari, *Saddam Hussein: A Political Biography* (Londres, 1991).

Kathir, Ibn, *Al Bidaya wal Nihaya* (*The Beginning and the End*), *vol. XIII: The Events of the Year 656 AH (1258 AD)* (biblioteca digital Al Mostafa: www.al-mostafa.com).

Kedourie, Elie, *England and the Middle East: The Destruction of the Ottoman Empire 1914–1921* (Londres, 1987; reimpressão de original de 1956).

Kennedy, Hugh, *The Armies of the Caliphs: Military and Society in the Early Islamic State* (Londres, 2001).

______, *The Early Abbasid Caliphate: A Political History* (Londres, 1981).

______, *When Baghdad Ruled the Muslim World: The Rise and Fall of Islam's Greatest Dynasty* (Cambridge, Massachusetts, 2005; edição americana de *The Court of the Caliphs*, Londres, 2005).

Kennedy, Philip, *Abu Nuwas: A Genius of Poetry* (Oxford, 2005).

Keppel, George, *Personal Narrative of a Journey from India to England*, 2 vols. (Londres, 1827).

Kerküklü, Rasul al, *Dawhat al Wuzara* (*The Lofty Tree of Ministers*), traduzido do turco por Musa Kadhim Nawras (Beirute, [s.d.]).

Khadduri, Majid, *Republican Iraq: A Study of Iraqi Politics since the Revolution of 1958* (Londres, 1969).

Khaldun, Ibn, *An Arab Philosophy of History: Selections from the Prolegomena of Ibn Khaldun of Tunis*, traduzido para o inglês por Charles Issawi (Princeton, Nova Jersey, 1987; reimpressão de original de 1950).

______, *The Mukaddimah: An Introduction to History*, traduzido do árabe para o inglês por Franz Rosenthal; resumido e editado por N. J. Dawood (Londres, 1978).

______, *Tarikh ibn Khaldun* (Beirute, 2011).

Khalil, Samir al, *The Monument: Art, Vulgarity and Responsibility in Iraq* (Londres, 1991; pseudônimo de Kanan Makiya).

Khalili, Jim al, *Pathfinders: The Golden Age of Arabic Science* (Londres, 2010).

Khallikan, Ibn, *Ibn Khallikan's Biographical Dictionary*, traduzido para o inglês por Baron MacGuckin de Slane, 4 vols. (Beirute, 1970; reimpressão de original de 1842–71).

Khoury, Dina, "Merchants and Trade in Early Modern Iraq", *New Perspectives on Turkey*, 5–6 (outono de 1991), pp. 70–82.

Kilpatrick, Hilary, *Making the Great Book of Songs: Compilation and the Author's Craft in Abu al Faraj al-Isfahani's 'Kitab al Aghani'* (Londres, 2002).

Kimball, Lorenzo Kent, *The Changing Pattern of Political Power in Iraq 1958 to 1972* (Nova York, 1972).

The Koran, traduzido para o inglês por N. J. Dawood (Londres, 2000).

Kudret, Cevdet, *Fuzuli* (Istambul, 2003).

Langley, Kathleen M., *The Industrialization of Iraq* (Cambridge, Massachusetts, 1962; reimpressão do original de 1961).

Lassner, Jacob, *The Topography of Baghdad in the Early Middle Ages* (Detroit, 1970).

Lawrence, T. E., "A Report on Mesopotamia", *Sunday Times*, 22 de agosto de 1920. Também disponível no World War Document Archive em: http://wwi.lib.byu.edu/index.php/A_Report_on_Mesopotamia_by_T.E._Lawrence.

______, *Seven Pillars of Wisdom* (Londres, 1935).

______, "Twenty-Seven Articles", *Arab Bulletin*, 20 de agosto de 1917.

Lees, William Nassau, *Jami: A Biographical Sketch* (Calcutá, 1859).

Le Strange, Guy, *Baghdad during the Abbasid Caliphate* (Oxford, 1900).

______, "A Greek Embassy to Baghdad in 917 AD", *Journal of the Royal Asiatic Society* (janeiro de 1897), pp. 33–45.

______, *Lands of the Eastern Caliphate: Mesopotamia and Central Asia from the Moslem Conquest to the Time of Timur* (Cambridge, 1905).

_______, "The Story of the Death of the Last Abbasid Caliph", *Journal of the Royal Asiatic Society* (abril de 1900), pp. 293–300.

Lewis, Bernard, *The Assassins: A Radical Sect in Islam* (Londres, 2010; reimpressão de original de 1967).

_______, "The Ottoman Archives as a Source for the History of the Arab Lands", *Journal of the Royal Asiatic Society*, 3/4 (outubro de 1951), pp.139–55.

_______, *Race and Slavery in the Middle East: An Historical Enquiry* (Oxford 1992; reimpressão de original de 1990).

Long, P. W., *Other Ranks of Kut* (Londres, 1938).

Longrigg, Stephen Hemsley, *Four Centuries of Modern Iraq* (Oxford, 1925).

_______, *Iraq 1900–1950: A Political, Social and Economic History* (Oxford, 1953).

Low, Charles Rathbone, *History of the Indian Navy 1613–1863*, 2 vols. (Londres, 1877).

Lyons, Jonathan, *The House of Wisdom: How the Arabs Transformed Western Civilization* (Londres 2010; reimpressão de original de 2009).

Maalouf, Amin, *The Crusades through Arab Eyes* (Londres, 2006; reimpressão de original de 1984).

MacCulloch, Diarmaid, *A History of Christianity: The First Three Thousand Years* (Nova York, 2010; reimpressão de original de 2009).

McMeekin, Sean, *The Berlin–Baghdad Express: The Ottoman Empire and Germany's Bid for World Power 1898–1918* (Londres, 2010).

Main, Ernest, *In and Around Baghdad* (Bagdá, [s.d., anos 1920]).

Makiya, Kanan, *Republic of Fear: The Politics of Modern Iraq* (Londres, 1998; reimpressão de original de 1989).

Makkiya, Muhammad, *Baghdad* (Londres, 2005).

Makrizi, Al, *Book of Contention and Strife Concerning the Relations between the Banu Umayya and the Banu Hashim*, traduzido para o inglês por Clifford Edmund Bosworth (Manchester, 1983).

Man, John, *Kublai Khan, The Mongol King Who Remade China* (Londres, 2006).

Mantran, Robert, "Bagdad à l'époque ottoman", *Arabica*, 9, 3 (1962), pp.311–24.

_______, *Histoire de l'Empire ottoman* (Paris, 1989).

Marcus, Abraham, *The Middle East on the Eve of Modernity: Aleppo in the Eighteenth Century* (Nova York, 1989).

Marozzi, Justin, *The Man Who Invented History: Travels with Herodotus* (Londres, 2008).

_______, *Tamerlane: Sword of Islam, Conqueror of the World* (Londres, 2004).

Marr, Phebe, *The Modern History of Iraq* (Boulder, Colorado, 2012; reimpressão de original de 1985).

Marzolph, Ulrich e Leeuwen, Richard van (eds.), *The Arabian Nights Encyclopedia*, 2 vols. (Santa Bárbara, Califórnia, 2004).

Masudi, *The Meadows of Gold: The Abbasids*, traduzido e editado por Paul Lunde e Caroline Stone (Londres, 1989).

Matraki, Nasuh al, *Beyan-ıMenazil-i Sefer-ul Irakeyn (Description of the Stages of Sultan Suleyman's Campaign in the Two Iraqs)*, MMS 6964, University Library, Istambul.

Maxwell, Donald, *A Dweller in Mesopotamia, being the Adventures of an Artist in the Garden of Eden* (Londres, 1921).

Maxwell, Gavin, *A Reed Shaken by the Wind* (Londres, 1957).

Meyer, Karl e Brysac, Shareen, *Kingmakers: The Invention of the Modern Middle East* (Nova York, 2008).

Milstein, Rachel, *Miniature Painting in Ottoman Baghdad* (Costa Mesa, Califórnia, 1990).

Milton-Edwards, Beverley e Hinchcliffe, Peter, *Jordan: A Hashemite Legacy* (Oxford, 2009; reimpressão de original de 2001).

Milwright, Marcus, *An Introduction to Islamic Archaeology* (Edimburgo, 2010).

Mishra, Jita, *The NPT and the Developing Countries* (Nova Déli, 2008).

Moberly, Brigadeiro-general F. J., *History of the Great War Based on Official Documents by Direction of the Historical Section of the Committee of Imperial Defence. The Campaign in Mesopotamia 1914–1918*, 4 vols. (Londres, 1923–7).

Morgan, David, *Medieval Persia 1040–1797* (Londres, 1988).

_______, *The Mongols* (Oxford, 1986).

Mottahedeh, Roy, "The Abbasid Caliphate in Iran", em *The Cambridge History of Iran, vol. IV: The Period from the Arab Invasion to the Saljuqs* (Cambridge, 1975), pp. 57–89.

Muir, William, *The Caliphate: Its Rise, Decline and Fall* (Londres, 1891).

Mukaddasi, *The Best Divisions for Knowledge of the Regions*, tradução de *Ahsan al Takasim fi Ma'rifat al Akalim* por Basil Anthony Collins (Reading, 1994).

Munro, John M. and Love, Martin, "The Nairn Way", *Saudi Aramco World*, julho–agosto 1981 (http://www.saudiaramcoworld.com/issue/198104/the.nairn.way.htm).

Murphey, Rhoads, *Ottoman Warfare 1500–1700* (Londres, 1999).

_______, "Suleyman's Eastern Policy", em Halil Inalcik e Cemal Kafadar (eds.), *Suleyman the Second and His Time* (Istambul, 1993), pp. 229–48.

Murray, Hugh, *Historical Account of Discoveries and Travels in Asia, from the Earliest Ages to the Present Time*, 3 vols. (Edimburgo, 1820).

Musil, Alois, *The Middle Euphrates: A Topographical Itinerary* (Nova York, 1927).

Nakash, Yitzhak, *The Shi'is of Iraq* (Princeton, Nova Jersey, 1994).

New Cambridge History of Islam, 6 vols. (Cambridge, 2010).

Nicholson, Reynold Alleyne, *A Literary History of the Arabs* (Londres, 1914; reimpressão de original de 1907).

Nicolle, David, *The Mongol Warlords: Genghis Khan, Kublai Khan, Hülegü, Tamerlane* (Poole, 1990).

Niebuhr, Carsten, *Voyage en Arabie et en autres pays circonvoisins* (Amsterdã, 1776–80).

Nieuwenhuis, Tom, *Politics and Society in Early Modern Iraq: Mamluk Pashas, Tribal Shaykhs and Local Rule Between 1802 and 1831* (Haia, 1981).

Nissen, Hans e Heine, Peter, *From Mesopotamia to Iraq: A Concise History* (Chicago, 2009).

Nunn, Wilfred, *Tigris Gunboats: A Narrative of the Royal Navy's Co-operation with the Military Forces in Mesopotamia from the Beginning of the War to the Capture of Baghdad 1914–1917* (Londres, 1932).

O'Leary, De Lacy, *Arabic Thought and Its Place in History* (Londres, 1922).

_______, *How Greek Science Passed to the Arabs* (Londres, 1948).

Oman, C. W. C., *The Art of War in the Middle Ages AD 378–1515* (Ítaca, Nova York, 1953; reimpressão do original de 1885).

Omari, Sua'ad Hadi al, *Baghdad fi al Qarn al Tasi Ashar Kama Wasafaha al Rahhala al Ajanib (Baghdad as Described by the Foreign Visitors)* (Beirute, 2002; reimpressão de 1954).

Ough, John, "The Nairn Transport Company: Damascus to Baghdad" (http://ough-zone.blogspot.com/2009/08/nairn-transport-company-damascus-to.html).

Owen, Roger, *The Middle East in the World Economy 1800–1914* (Londres, 1981).

Parry, Ken (ed.), *The Blackwell Companion to Eastern Christianity* (Oxford, 2010; reimpressão de original de 2007).

Pax, Salam, *The Baghdad Blog* (Londres, 2003).

Pellat, Charles, *The Life and Works of Jahiz* (Londres, 1969).

Peters, Rudolph, *Jihad in Classical and Modern Islam* (Princeton, Nova Jersey, 2005).

Polo, Marco, *The Travels of Marco Polo* (Nova York, 1993).

Poole, Robert, "Looting Iraq", revista *Smithsonian* (fevereiro de 2008).

Post, Jerrold, "Saddam Hussein of Iraq: A Political Psychology Profile", *International Society of Political Psychology*, 12, 2 (junho de 1991), pp. 279–89.

Prawdin, Michael, *The Mongol Empire: Its Rise and Legacy* (Londres, 2005; reimpressão de original de 1937).

Prévite-Orton, C. W., *Shorter Cambridge Medieval History*, 2 vols. (Cambridge, 1952).

Purchas, Samuel, *Purchas His Pilgrimes* (Londres, 1905 [1625]).

Quataert, Donald, *The Ottoman Empire 1700–1922* (Cambridge, 2000).

Rachewiltz, Igor de, *The Secret History of the Mongols* (Leiden, 2004).

Radi, Nuha al, *Baghdad Diaries 1991–2002* (Londres, 2003; reimpressão de original de 1998).

Rauwolff, Leonhard, *A Collection of Curious Travels and Voyages. In Two Tomes. The First Containing Dr L. Rauwolff's Itinerary into the Eastern Countries, as Syria, Palestine, &c* (Londres, 1693).

Rawlinson, Henry, *Notes on the Early History of Babylonia* (Londres, 1854).

Rayess, Fuad, "On a Bus to Baghdad", *Saudi Aramco World*, setembro–outubro de 1966 (http://www.saudiaramcoworld.com/issue/196605/on.a.bus.to.baghdad.htm).

Raymond, André, *Arab Cities in the Ottoman Period* (Aldershot, 2002).

_______, *The Great Arab Cities in the Sixteenth to Eighteenth Centuries* (Nova York, 1984).

Reïs, Sīdi Ali, *The Travels and Adventures of the Turkish Admiral Sīdi Ali Reïs in India, Afghanistan, Central Asia, and Persia, during the Years 1553–1556* (Londres, 1899).

Rejwan, Nissim e Beinin, Joel, *The Last Jews in Baghdad: Remembering a Lost Homeland* (Austin, Texas, 2004).

Rich, Claudius, *Narrative of a Residence in Koordistan, and on the Site of Ancient Nineveh; with a Journal of a Voyage down the Tigris to Bagdad and an Account of a Visit to Shirauz and Persepolis* (Londres, 1836).

Richard, Jean, *Le Comté de Tripoli sous la dynastie toulousaine (1102–1187)* (Paris, 1945).

Ricks, Thomas E., *Fiasco: The American Military Adventure in Iraq* (Londres, 2006).

Roberts, Paul, *The Demonic Comedy: The Baghdad of Saddam Hussein* (Edimburgo, 1999; reimpressão de original de 1997).

Robertson, William, *Soldiers and Statesmen 1914–1918*, vol. II (Londres, 1926).

Robinson, Chase, *Islamic Historiography: Themes in Islamic History* (Cambridge, 2003).

Robinson, Francis, *The Mughal Emperors and the Islamic Dynasties of India, Iran and Central Asia* (Londres, 2007).

Roemer, H. R., "Timur in Iran", in *The Cambridge History of Iran, vol. VI: The Timurid and Safavid Periods* (Cambridge, 1986).

Rogan, Eugene, *The Arabs: A History* (Londres, 2009).

Rogers J. M. e Ward, R. M., *Suleyman the Magnificent* (Londres, 1988).

Roosevelt, Kermit, *War in the Garden of Eden* (Nova York, 1919).

Rouayheb, Khaled El, "Opening the Gate of Verification: The Forgotten Arab–Islamic Florescence of the Seventeenth Century", *International Journal of Middle East Studies*, 38 (2006), pp. 263–81.

Rouleau, Eric, "America's Unyielding Policy Toward Iraq", *Foreign Affairs*, 74, 1 (janeiro / fevereiro 1995), pp. 59–72.

Runciman, Steven, *A History of the Crusades*, 3 vols. (Londres, 1951–4).

Sada, Georges, with Nelson, Jim Black, *Saddam's Secrets: How an Iraqi General Defied and Survived Saddam Hussein* (Brentwood, Tennessee, 2006).

Sandes, EWC, *In Kut and Captivity with the Sixth Indian Division* (Londres, 1919).

Sarre, Friedrich von, and Herzfeld, Ernst, *Archäologische Reise im Euphrat-und Tigris-Gebiet* (Berlim, 1911).

Sasson, Jean, *Mayada: Daughter of Iraq. One Woman's Survival in Saddam Hussein's Torture Jail* (Londres, 2003).

Sassoon, David Solomon, *A History of the Jews in Baghdad* ([s.l.], 2006; reimpressão de original de 1949).

Saunders, John Joseph, *The History of the Mongol Conquests* (Londres, 1971).

_______, *Muslims and Mongols* (Christchurch, Nova Zelândia, 1977).

Savory, Roger, *Studies on the History of Safavid Iran* (Londres, 1987).

_______ e Karamustafa, Ahmet, "Esmail I Safawi", em *Encyclopædia Iranica*, http://www.iranicaonline.org/articles/esmail-i-safawi.

Sawdayee, Max, *All Waiting to Be Hanged* (e-book, http://maxsawdayee.com/Sawdayee/Home.html).

Serjeant, Robert Bertram, *Islamic Textiles* (Beirute, 1972).

Shaban, M. A., *The Abbasid Revolution* (Cambridge, 1979).

Shaikhli, Mohammed Rauf Taha al, *Marahil al Hayat fi Baghdad Khilal al Fatra al Mudhlimah* (*Stages of Life in Baghdad during the Dark Period*) (Basra, 1972; reimpressão de original de 1956).

Shamash, Violette, *Memories of Eden: A Journey through Jewish Baghdad* (Londres, 2008).

Sherley, Anthony, *Sir Anthony Sherley and His Persian Adventure* (Londres, 1933).

Sicker, Martin, *The Islamic World in Ascendancy: From the Arab Conquests to the Siege of Vienna* (Westport, Connecticut, 2000).

Simon, Reeva Spector, "The Education of an Iraqi Ottoman Army Officer", em Rashid Khalidi et. pl. (eds.), *The Origins of Arab Nationalism* (Nova York, 1991).

______, *Iraq Between the Two World Wars: The Militarist Origins of Tyranny* (Nova York, 2004).

Siry, Joseph, "Wright's Baghdad Opera House and Gammage Auditorium: In Search of Regional Modernity", *Art Bulletin*, 87, 2 (junho de 2005), pp. 265–311.

Sluglett, Peter, *Britain in Iraq 1914–1932* (Londres, 1976).

______ e Farouk-Sluglett, Marion, *Iraq since 1958: From Revolution to Dictatorship* (Londres, 2001; reimpressão de original de 1987).

Spuler, Bertold, *History of the Mongols Based on Eastern and Western Accounts of the Thirteenth and Fourteenth Centuries* (Londres, 1972).

______, *The Muslim World, vol. I: The Age of the Caliphs* (Leiden, 1960).

Stafford, Robert, *Scientist of Empire: Sir Roderick Murchison, Scientific Exploration and Victorian Imperialism* (Cambridge, 1989).

Stark, Freya, *Baghdad Sketches* (Londres, 1938).

______, *Dust in the Lion's Paw: Autobiography 1939–1946* (Londres, 1961).

______, *Riding to the Tigris* (Londres, 1959).

Steavenson, Wendell, *The Weight of a Mustard Seed* (Londres, 2009).

Strika, V. e Khalil, J., *The Islamic Architecture of Baghdad* (Nápoles, 1987).

Styan, David, *France and Iraq: Oil, Arms and French Policy Making in the Middle East* (Londres, 2006).

Suleyman, Hikmat S., *The Story of Oil in Iraq* (Londres, 1957).

Tabari, *The History of Al Tabari*, 40 vols. (Albany, 1984–2007).

Taeschner, Franz, "The Itinerary of the First Persian Campaign of Sultan Suleyman 1534–1536, according to Nasuh al Matraki", *Imago Mundi*, 13 (1956), pp. 53–5.

Tanukhi, *Kitab Nishwar al Muhadara wa Akhbar al Mudhakara* (*Table Talk of a Mesopotamian Judge*), e-book, http://www.al-mostafa.com, traduzido de forma particular para o inglês por Manaf al Damluji.

Tavernier, Jean-Baptiste, *The Six Voyages of John Baptista Tavernier, Baron of Aubonne, through Turky, into Persia and the East-Indies, for the Space of Forty Years. Giving an Account of the Present State of Those Countries, viz. of the Religion, Government, Customs, and Commerce of Every Country; and the Figures, Weight, and Value of the Money Currant all over Asia. To which is Added, a New Description of the Seraglio* (Londres, 1677).

Teixeira, Pedro, *The Travels of Pedro Teixeira; with His 'Kings of Harmuz' and Extracts from His 'Kings of Persia'*, traduzido e comentado por W. F. Sinclair (Londres, 1902; reimpressão de original de 1711).

Teófanes, *The Chronicle of Theophanes*, traduzido por Harry Turtledove (Filadélfia, 1982).

Thévenot, Jean de, *The Travels of Monsieur de Thévenot into the Levant*, traduzido por A. Lovell (Londres, 1687).

The Thousand Nights and One Night, traduzido por Powys Mathers, 4 vols. (Londres, 2005; Londres, 1996; reimpressões de original de 1949).

Tikriti, Abd al Rahman al, *Al Amthal al Baghdadiyya al Muqarana* (*Comparative Proverbs of Baghdad*), 4 vols. (Bagdá, 1969).

Townshend, Charles, *When God Made Hell: The British Invasion of Mesopotamia and the Creation of Iraq 1914–1921* (Londres, 2010).

The Travels of Ibn Jubayr, being the Chronicle of a Mediaeval Spanish Moor Concerning His Journey to the Egypt of Saladin, the Holy Cities of Arabia, Baghdad the City of the Caliphs, the Latin Kingdom of Jerusalem, and the Norman Kingdom of Sicily, traduzido para o inglês e editado por Ronald J. C. Broadhurst (Londres, 1952).

Tripp, Charles, *A History of Iraq* (Cambridge, 2010; reimpressão de original de 2000).

Ullman, Harlan, and Wade, James, "Shock and Awe: Achieving Rapid Dominance", National Defense University paper (outubro de 1996).

Valle, Pietro della, *The Pilgrim: The Travels of Pietro della Valle*, traduzido para o inglês por George Bull (Londres, 1990).

Visser, Reidar, "Centralism and Unitary State Logic in Iraq from Midhat Pasha to Jawad al-Maliki: A Continuous Trend?" (http://www.historiae.org/maliki.asp).

Voltaire, *Letters on England* (Londres, 1980).

Wardi, Dr Ali al, *Lamahat Ijtimaeeyah min Tarikh al Iraq al Hadith* (*Social Aspects of Modern Iraqi History*), traduzido em particular para o inglês por Manaf al Damluji (Bagdá, 1969).

______, *Understanding Iraq: Society, Culture and Personality*, traduzido para o inglês por Fuad Baali (Lewiston, Nova York, 2008).

Warraq, Ibn Sayyar al, *Annals of the Caliphs' Kitchens: Ibn Sayyar al Warraq's Tenth-Century Baghdadi Cookbook*, traduzido para o inglês por Nawal Nasrallah (Leiden, 2007).

Warren, John, and Fethi, Ihsan, *Traditional Houses in Baghdad* (Horsham, 1982).

Webb, Frederick Charles, *Up the Tigris to Baghdad* (Londres, 1870).

Wellesley, Arthur Valerian, "The Household Cavalry in Iraq and Syria 1941", diário particular de campanha.

Wellsted, James Raymond, *Travels to the City of the Caliphs*, 2 vols. (Londres, 1840).

Werr, Lamia al Gailani, "Iraq: Destruction to Landmarks in the Cities", em *Culture in Development* (1 de dezembro de 2010), disponível em: http://www.cultureindevelopment.nl/News/Dossier_Heritage_Iraq/632/Iraq:_destruction_to_landmarks_in_the_cities.

White, Andrew, *The Vicar of Baghdad: Fighting for Peace in the Middle East* (Oxford, 2009).

Wiet, Gaston, *Baghdad: Metropolis of the Abbasid Caliphate* (Norman, Oklahoma, 1971).

Willcocks, William, *The Restoration of the Ancient Irrigation Works on the Tigris* (Cairo, 1903).

Wilson, Arnold Talbot, *Mesopotamia 1917–1920: A Clash of Loyalties* (Londres, 1931).

Winstone, H. V. F., *Gertrude Bell* (Londres, 2004; reimpressão de original de 1978).

Woods, John E., *The Aqquyunlu: Clan, Confederation, Empire* (Salt Lake City, 1999).

Yahia, Latif, *The Devil's Double: The True Story of the Man Forced to be the Double of Saddam Hussein's Eldest Son* (Londres, 2003).

Yapp, M. E., "The Establishment of the East India Company Residency at Baghdad", *Bulletin of the School of Oriental and African Studies*, 30 (1967), pp. 323–36.

Yazdi, Sharaf al Din Ali, *The History of Timur-Bec, Known by the Name of Tamerlain the Great, Emperor of the Moguls and Tartars*, traduzido para o inglês por John Darby, 2 vols. (Londres, 1723).

Yehuda, Zvi, "Iraqi Jewry and Cultural Change in the Educational Activity of the Alliance Israélite Universelle", em Harvey Goldberg (ed.), *Sephardi and Middle Eastern Jewries: History and Culture in the Modern Era* (Bloomington, Indiana, 1996).

Yergin, Daniel, *The Prize: The Epic Quest for Oil, Money and Power* (Nova York, 2008; reimpressão de original de 1991).

Yule, Henry, *Cathay and the Way Thither* (Londres, 1913–16).

Zahawie, Wissam al, "The Cultural Scene in Baghdad and Its Socio-Political Backdrop on the Eve of the Revolution of 1958: A Memoir", artigo não publicado.

Notas

A informação bibliográfica completa de cada nota pode ser consultada na seção Bibliografia.

PREFÁCIO

1. Philip Hitti, *History of the Arabs*, p. 283.
2. Cyril Glassé, *The New Encyclopedia of Islam*, pp. 11-12.
3. Hugh Kennedy, *When Baghdad Ruled the Muslim World*, p. 8.
4. Teófanes, *The Chronicle of Theophanes*, p. 114.
5. Tabari, *The History of Al Tabari. Vol. XXVII: The Abbasid Revolution*, pp. 154-7. Citado em Albert Hourani, *A History of the Arab Peoples*, p. 32.
6. Ver Roy Mottahedeh, 'The Abbasid Caliphate in Iran' in *The Cambridge History of Iran. Vol. IV: The Period from the Arab Invasion to the Saljuqs*, p. 57.
7. Al Makrizi, *Book of Contention and Strife Concerning the Relations between the Banu Umayya and the Banu Hashim*, p. 92.

1 O CALIFA E SUA CAPITAL: MANSUR E A FUNDAÇÃO DE BAGDÁ (750-775)

1. Mukaddasi, *The Best Divisions for Knowledge of the Regions*, p. 108
2. R. F. Harper, *Assyrian and Babylonian Literature*, pp. 12-13.
3. Richard Coke, *Baghdad: The City of Peace*, p. 22.
4. Citado em Gaston Wiet, *Baghdad: Metropolis of the Abbasid Caliphate*, pp. 10-11.
5. Mukaddasi, pp. 108-9.
6. Guy Le Strange, *Baghdad during the Abbasid Caliphate*, pp. 10-11.

7. *The Koran*, traduzido por N. J. Dawood, Suras 10:25-6, p. 149.
8. Tabari, *The History of Al Tabari. Vol. I: The Reign of Abu Jafar al Mansur 754-775*, p. 144.
9. Coke, p. 24.
10. Diarmaid MacCulloch, *A History of Christianity: The First Three Thousand Years*, p. 3.
11. Chase Robinson, *Islamic Historiography: Themes in Islamic History*, p. 36.
12. Masudi, *The Meadows of Gold*, p. 33.
13. Ibid., p. 33.
14. Ver Hugh Kennedy, *When Baghdad Ruled the Muslim World*, p. 135.
15. Ver Jonathan Lyons, *The House of Wisdom: How the Arabs Transformed Western Civilisation*, p. 55.
16. Tabari, vol. I, p. 145.
17. Ver 'The Topography of Baghdad according to the Khatib al Baghdadi' in Jacob Lassner, *The Topography of Baghdad in the Early Middle Ages*, p. 46.
18. Le Strange, *Baghdad during the Abbasid Caliphate*, p. 23.
19. Ibid., p. 20.
20. Tabari, vol. I, p. 179.
21. Ibid., pp. 180-81.
22. Ibid, p. 181.
23. Citado em Le Strange, *Baghdad during the Abbasid Caliphate*, p. 31.
24. Ibid., p. 36.
25. Ibid., p. 27.
26. Ibn Battuta, *The Travels of Ibn Battutah*, vol. II, p. 328.
27. Lassner, p. 49.
28. Tabari, vol. I, p. 180.
29. Ibid., pp. 183-4.
30. Citado em El Ali, 'The Foundation of Baghdad', em Albert Hourani e S. M. Stern (eds.), *The Islamic City*, p. 94.
31. Lassner, p. 56.
32. Tabari, Vol. I, p. 180.
33. Charles Pellat, *The Life and Works of Jahiz*, p. 259.
34. Le Strange, *Baghdad during the Abbasid Caliphate*, p. 78.
35. Ibid., pp. 64-5.
36. Tabari, vol. I, p. 215.
37. MacCulloch, p. 264.
38. Lassner, p. 55.

2 HARUN AL RASHID E *AS MIL E UMA NOITES* EM BAGDÁ (775-809)

1. "IRAQ: Intellectuals Hail Reopening of Baghdad's Mutanabbi Street", *Los Angeles Times*, 26 de dezembro de 2008. Em: <http://latimesblogs.latimes.com/babylon beyond/2008/12/the-windows-on.html>.

2. Violette Shamash, *Memories of Eden: A Journey through Jewish Baghdad*, p. 144.
3. Ibn Khallikan, *Ibn Khallikan's Biographical Dictionary*, vol. I, p. 205.
4. Masudi, *The Meadows of Gold*, p. 51.
5. Ibid., p. 53.
6. Ibid., p. 65.
7. Citado em Hugh Kennedy, *When Baghdad Ruled the Muslim World*, p. 66.
8. Tabari, *The History of Al Tabari*, vol. XXX, *The Abbasid Caliphate in Equilibrium: The Caliphates of Musa al Hadi and Harun al Rashid* AD *785-809/*AH 169-193, p. 256.
9. André Clot, *Harun al Rashid and the World of the Thousand and One Nights*, p. 218.
10. Ver *The Thousand Nights and One Night*, trad. Powys Mathers, vol. I, p. 224.
11. Para um breve resumo sobre Dar Zubayda, ver Marcus Milwright, *An Introduction to Islamic Archaeology*, pp. 162-164.
12. Para histórias sobre Arib, ver Abu al Faraj al Isfahani, *Kitab al Aghani* (*The Songs*), vol. XXII, pp. 348-359. Ver também Ibn Kathir, *Al Bidaya wal Nihaya* (*The Beginning and the End*), vol. XIV, p. 630 (2003).
13. Citado em Hugh Kennedy, *When Baghdad Ruled the Muslim World*, pp. 177-8.
14. Ibid., pp. 174-175.
15. *The Arabian Nights: Tales of 1,001 Nights*, trad. Malcolm Lyons, vol. III, p. 190.
16. Ibid., pp. 190-191.
17. Ibid., vol. I, p. 123.
18. Ibid., vol. II, p. xi.
19. Carta de Gertrude Bell a seu pai, 3 de janeiro de 1921.
20. Para "The Porter and the Three Ladies" ["O carregador e as três damas"], ver *The Arabian Nights: Tales of 1,001 Nights*, trad. Malcolm Lyons, vol. I, pp. 50-66.
21. Ibid., vol. II, p. 187.
22. Ibid., pp. 177-181.
23. Ibid., p. 204.
24. Tabari, vol. XXX, pp. 310-11.
25. Citado em Hugh Kennedy, *When Baghdad Ruled the Muslim World*, pp. 71-2.
26. Tabari, vol. XXX, p. 215.
27. Masudi, p. 116.
28. Masudi, p. 123.
29. Ibid., p. 124.
30. *The Thousand Nights and One Night*, trad. Powys Mathers, vol. IV, p. 510.
31. Citado em Clot, *Harun al Rashid and the World of the Thousand and One Nights*, p. 87.
32. Tabari, vol. XXX, p. 298.

3 "A NASCENTE DE ERUDITOS", CENTRO DO MUNDO (809-891)

1. Citado em Ameer Ali, *Spirit of Islam*, pp. 368-9.
2. Hugh Kennedy, *When Baghdad Ruled the Muslim World*, p. 132.

3. Karen Armstrong, *A History of God*, p. 203.
4. Richard Coke, *Baghdad: City of Peace*, pp. 48-9.
5. Amira Bennison, *The Great Caliphs*, p. 166.
6. Mukaddasi, *The Best Divisions for Knowledge of the Regions*, p. 104.
7. Citado em Jonathan Lyons, *The House of Wisdom: How the Arabs Transformed Western Civilisation*, p. 62.
8. Tabari, *The History of Al Tabari, vol. XXX: The Abbasid Caliphate in Equilibrium: The Caliphates of Musa al Hadi and Harun al Rashid* AD 785-809/AH 169-193, p. 182.
9. Tabari, *The History of Al Tabari, vol. XXXI: The War between Brothers: The Caliphate of Muhammad al Amin* AD 809-813/AH 193-198, pp. 145-6.
10. Ibid., p. 147.
11. Masudi, *The Meadows of Gold*, p. 169.
12. Jim Al-Khalili, *Pathfinders: The Golden Age of Arabic Science*, p. 78. Sobre a Casa da Sabedoria, ver pp. 67-78.
13. Ibid., p. 81.
14. Citado em Gaston Wiet, *Baghdad: Metropolis of the Abbasid Caliphate*, p. 67.
15. Hugh Kennedy, *When Baghdad Ruled the Muslim World*, p. 117.
16. Para uma discussão muito divertida sobre a vida poética de Abu Nuwas, ver "Dangling Locks and Babel Eyes: A Profile of Abu Nuwas", em Philip Kennedy, *Abu Nuwas: A Genius of Poetry*, pp. 1-19.
17. Ibid., p. 11. Os versos seguintes de Abu Nuwas são tirados de Kennedy.
18. Masudi, pp. 43-5.
19. Ibn Khallikan, *Ibn Khallikan's Biographical Dictionary*, vol. I, p. 208.
20. Citado em André Clot, *Harun al Rashid and the World of the Thousand and One Nights*, pp. 132-3.
21. Masudi, p. 99.
22. A. J. Arberry, *Arabic Poetry*, pp. 42-4.
23. Tabari, citado em Hugh Kennedy, *When Baghdad Ruled the Muslim World*, p. 120.
24. Ibid.
25. Citado em Wiet, p. 76.
26. Hugh Kennedy, *When Baghdad Ruled the Muslim World*, pp. 124-5.
27. Ver o retrato de uma escrava por Jahiz's em Charles Pellat, *The Life and Works of Jahiz*, pp. 265-7.
28. Masudi, pp. 91-3.
29. Al Isfahani, *Kitab al Aghani*, citado em Hugh Kennedy, *When Baghdad Ruled the Muslim World*, p. 180.
30. Wiet, pp. 76-7.
31. Ver Julia Ashtiany et al. (eds.), *Cambridge History of Arabic Literature. Vol. II: Abbasid Belles-Lettres*, p. 81.
32. Pellat, p. 218.
33. Masudi, p. 249.
34. Citado em Lyons p. 73.
35. Para um breve resumo das conquistas de Khwarizmi, ver Lyons, pp. 70-74.

36. Para uma descrição detalhada do experimento, ver Ibn Khallikan, vol. III, pp. 315-17.
37. Al-Khalili, p. 89.
38. Ibid., p. 74.
39. Ibid., p. 75.
40. Ver Hugh Kennedy, *When Baghdad Ruled the Muslim World*, p. 255.
41. Al-Khalili, p. 148.
42. Citado em Al-Khalili, p. 149.
43. Ibid., p. 134.
44. Citado em Bennison, p. 90.
45. Hugh Kennedy, *When Baghdad Ruled the Muslim World*, p. 214.
46. Tabari, *The History of Al Tabali, vol. XXXV: The Crisis of the Abbasid Caliphate: The Caliphates of al Musta'in and al Mu'tazz* AD *862-869/*AH *248-255*, pp. 49-50.
47. Ibid., p. 61.
48. Tabari, citado em Hugh Kennedy, *When Baghdad Ruled the Muslim World*, p. 285.

4 OS ÚLTIMOS ABÁSSIDA: ADEUS AOS PRADOS DE OURO (892-1258)

1. Citado em Jacob Lassner, *The Topography of Baghdad in the Early Middle Ages*, pp. 88-9.
2. Amira Bennison, *The Great Caliphs*, p. 42.
3. Hugh Kennedy, *When Baghdad Ruled the Muslim World*, p. 295.
4. Masudi, *The Meadows of gold*, p. 24.
5. Hugh Kennedy, p. 251.
6. Masudi, p. 96.
7. Tanukhi, *Kitab Nishwar al Muhadara wa Akbar al Mudhakara Kitab* (*Table Talk of a Mesopotamian Judge*), traduzido particularmente por Manual al Damluji.
8. Charles Pillat, *The Life and Works of Jahiz*, p. 150.
9. Masudi, p. 352.
10. Ibn Akil, *Kitab al Funun*, citado em *Al Ahram Weekly*, 'Baghdad Supplement', 17-23 abril de 2003.
11. Jacob Lassner, *The Tophograpy of Baghdad in the Early Middle Ages*, p. 53.
12. Le Strange, *Baghdad during the Abbasid Caliphate*, p. 233.
13. Richard Coke, *Baghdad: City of Peace*, p. 109.
14. Ibn Miskawayh, *The Experiences of the Nations*, traduzido por David Margoliouth (1921), citado em Coke, p. 112.
15. Le Strange, *Baghdad during the Abbasid Caliphate*, p. 319.
16. Mukaddasi, *The Best Divisions for Knowledge of the Regions*, p. 109.
17. Ver Jacob Lassner, *The Topography of Baghdad in the Early Middle Ages*, pp. 108-9.
18. Ibn Sayyar al Warrak, *Annals of the Caliph's Kitchens: Ibn Sayyar al Warrak's Tenth-Century Baghdadi Cookbook*, traduzido por Nawal Nasrallah, pp. 474-5.
19. Ibid., p. 482.

20. Ibid., p. 35.
21. Ibid., p. 517.
22. Ibid., p. 308.
23. Ibid., p. 309.
24. Ibid., p. 250.
25. Ibid., p. 251.
26. Masudi, pp. 191-2.
27. Ibn Sayyar al Warraq, p. 125.
28. Ibid., p. 31.
29. Ibid., p. 113.
30. Masudi, p. 95.
31. Citado em Wiet, pp. 78-9.
32. Ibn Sayyar al Warraq, p. 502.
33. Ibid., p. 503.
34. Ibid., p. 506.
35. Ibid., pp. 508-17.
36. Ibid., p. 518.
37. Masudi, pp. 405-7.
38. Para um breve resumo dos acontecimentos de 1055, ver Eric J. Hanne, *Putting the Caliph in His Place: Power, Authority, and the Late Abbasid Caliphate*, pp. 90-91.
39. Bennison, p. 44.
40. Hanne, p. 143.
41. *Encyclopaedia of Islam*, segunda edição, vol. I, pp. 69-70.
42. Amin Maalouf, *The Crusades through Arab Eyes*, p. xiii.
43. Ibn al Athir, *The Chronicle of Ibn al Athir for the Crusading Period from Al Kamil Fi al Tarikh. Part I: The Years 491-541 / 1097-1146 - The Coming of the Franks and the Muslim Response*, traduzido por D. S. Richards, p. 22.
44. Maalouf, p. xvi.
45. Manaf al Damluji, "The Urban Masses of Baghdad", artigo não publicado.
46. Le Strange, *Baghdad during the Abbasid Caliphate*, p. 329.
47. Ver Judith Herrin, *Byzantium: The Surprising Life of a Medieval Empire*, pp. 144-145.
48. Para a descrição de Benjamin sobre Bagdá, ver *The Itinerary of Benjamin of Tudela*, pp. 35-42.
49. Ibn Khallikan registra como Ibn Hanbal foi "surrado e preso" por se recursar a declarar que o Alcorão fora criado. Ver *Ibn Khallikan's Biographical Dictionary*, traduzido por Baron MacGuckin de Slane, vol. I, p. 44.
50. Coke, p. 105.
51. Ibn al Athir, *Al Kamil fil Tarikh*, vol. II, p. 257.
52. Ibid., p. 258.
53. Para um relato sobre sua visita a Bagdá, ver *The Travels of Ibn Jubayr*, traduzido e editado por Ronald J. C. Broadhurst, pp. 226-32.
54. 'Iraqi Campus Is Under Gang's Sway', *New York Times*, 19 out. 2009.
55. Le Strange, *Baghdad during the Abbasid Caliphate*, p. 335.

56. Coke, p. 123.
57. Masudi, p. 239.

5 "ESSA PEREGRINAÇÃO DESTRUTIVA": AS TEMPESTADES MONGOL E TÁRTARA (1258-1401)

1. Rashid al Din, *The Successors of Genghis Khan*, pp. 222-3.
2. Ibid., p. 223.
3. Henry Howorth, *History of the Mongols, vol. III: The Mongols of Persia*, p. 123.
4. William Muir, *The Caliphate: Its Rise, Decline and Fall*, p. 584.
5. John Joseph Saunders, *The History of the Mongol Conquests*, p. 110.
6. Ver Farouk Omar Fawzi, *Abbasid Caliphate, vol. II: The Abbasid Caliphate – Decline and Fall*, pp. 248-60.
7. Para uma discussão sobre a força do exército de Hulagu, ver Reuven Amitai-Preiss, *Mongols and Mamluks: The Mamluk-Ilkhanid War 1260-1281*, p. 15.
8. Ver David Morgan, *The Mongols*, pp. 145-66.
9. Rashid al Din, *Jami al Tawarikh* (*Compendium of Histories*), pp. 238-9.
10. Ver Bertold Spuler, *History of the Mongols: Based on Eastern and Western Accounts of the Thirteenth and Fourteenth Centuries*, p. 115.
11. Ibid., p. 116.
12. Din, *Jami al Tawarikh*, p. 297.
13. Ver Ibn Kathir, *Al Bidaya wal Nihaya* (*The Beginning and the End*), *vol. XIII: The Events of the Year 656 AH (1258 AD)*, pp. 235-7.
14. Para uma discussão sobre as vítimas, ver Morgan, p. 133. Essa correspondência dá margem a uma visão comumente defendida por historiadores árabes de que havia um pacto secreto entre Hulagu e alguns monarcas europeus para atacar Bagdá, fortalecendo a força dos Cruzados do Ocidente. Tal política, de acordo com esse ponto de vista, era incentivada pela esposa cristã de Hulagu, que foi devidamente recompensada com a construção de uma magnífica igreja no centro do complexo califal de palácios e mesquitas.
15. Spuler, *History of the Mongols* pp. 120-21.
16. Kathir, p. 235.
17. Citado em Saunders, pp. 111-12.
18. Din, *Jami al Tawarikh*, p. 301.
19. Howorth, p. 126.
20. Citado em Justin Marozzi, *Tamerlane: Sword of Islam, Conqueror of the World*, p. 13.
21. Kathir, pp. 236-7.
22. Edward G. Browne, *A Literary History of Persia, vol. II: From Firdawsi to Sadi*, p. 29.
23. Marco Polo, *The Travels of Marco Polo*, pp. 551-2.
24. Poema inteiro disponível em inglês em: <http://www.hwlongfellow.org/poems_poem.php?pid=2052>.

25. Para uma excelente discussão sobre o fim de Mustasim, ver Guy Le Strange, "The Story of the Death of the Last Abbasid Caliph", *Journal of the Royal Asiatic Society* (abril de 1900), pp. 293-300 e John Andrew Boyle, "The Death of the Last Abbasid Caliph: A Contemporary Muslim Account", *Journal of Semitic Studies*, 6, 2 (1961), pp. 145-61.
26. Howorth, p. 130.
27. Richard Coke, *Baghdad: City of Peace*, p. 152.
28. Stephen Hemsley Longrigg, *Four Centuries of Modern Iraq*, p. 12.
29. Ver Din, *Jami al Tawarikh*, pp. 307-9; Howorth, p. 130.
30. Ibid., pp. 287-8.
31. A primeira frase, "Não há deus senão Deus, e Maomé é seu Profeta", é o credo de todos os muçulmanos. Al Makrizi, *Kelavun*, vol. II, pp. 185-6. Citado em Coke, p. 159.
32. Edward Browne, *A Literary History of Persia, vol. III: A History of Persian Literature under Tatar Dominion*, citado em Coke, p. 161.
33. Ibn Battuta, *The Travels of Ibn Battutah*, vol. II, pp. 322-5
34. Ibid., pp. 329-30.
35. Ibid., p. 329.
36. Ibid., p. 332.
37. Ibid.
38. Ibid., pp. 340-41.
39. Sharaf al Din Ali Yazdi, *The History of Timur-Bec, Known by the Name of Tamerlain the Great, Emperor of the Moguls and Tartars*, vol. II, p. 213.
40. Ibn Arabshah, *Timur the Great Amir*, p. 158. Para um relato vívido sobre o saque da cidade pelas forças de Tamerlão, ver pp. pp. 157-9.
41. Ibid., p. 165.
42. Yazdi, vol. II, p. 214.
43. Ibid., pp. 222-4.
44. Ibid., vol. I, pp. 433-4.
45. H. R. Roemer, "Timur in Iran", em *The Cambridge History of Iran, vol. VI: The Timurid and Safavid Periods*, p. 65.
46. Yazdi, vol. II, p. 214.
47. Ibid.
48. Arabshah, p. 167.
49. Ibid., p. 168. Segundo o panegirista Yazdi, cada soldado foi obrigado a trazer uma cabeça a Tamerlão.
50. Yazdi, vol. II, p. 216.
51. Ibid.
52. Arabshah, p. 168.
53. Yazdi., p. 217.
54. Arabshah diz que o cádi Tajuddin Ahmad Namani, governador hanafita de Bagdá, lhe contou que o exército de Tamerlão construiu cerca de 120 torres de crânios (Arabshah, p. 168).
55. Ibid., p. 168.

6 OVELHA NEGRA, OVELHA BRANCA (1401-1534)

1. Ver Hugh Kennedy, *When Baghdad Ruled the Muslim World*, p. 296.
2. Ibn Arabshah, *Timur the Great Amir*, p. 169.
3. Ver R. Quiring-Zacher, "Aq Qoyunlu", em *Encyclopædia Iranica*. Disponível em: <http://www.iranicaonline.org/articles/aq-qoyunlu-confederation>.
4. Citado em Richard Coke, *Baghdad: City of Peace*, p. 178.
5. Ibid., p. 179.
6. Ibid.
7. Edward G. Browne, *A Literary History of Persia, vol. III: A History of Persian Literature under Tatar Dominion 1265-1502*, p. 285.
8. Ibid., p. 285.
9. Coke, p. 183.
10. Citado em André Clot, *Suleiman the Magnificent*, p. 92.
11. Ver Poggio Bracciolini, *Travels of Nicolò de' Conti, in the East in the Early Part of the Fifteenth Century*, p. 5.
12. "The Travels of the Magnificent M. Ambrosio Contarini", em Josafa Barbaro e Ambrosio Contarini, *Travels to Tana and Persia*, pp. 132-3.
13. William Nassau Lees, *Jami: A Biographical Sketch*, pp. 14-15.
14. Stephen Hemsley Longrigg, *Four Centuries of Modern Iraq*, p. 16.
15. "The Travels of a Merchant in Persia", em Barbaro and Contarini, p. 191.
16. Para detalhes sobre as campanhas de Ismail, ver Roger Savory, *Studies on the History of Safavid Iran*, pp. 71-80.
17. Ver Roger Savory e Ahmet Karamustafa, "Esmail I Safawi". em *Encyclopædia Iranica*. Disponível em: <http://www.iranicaonline.org/articles/esmail-i-safawi>.
18. Abbas al Azzawi, *Tarikh al Iraq bayn al Ihtilayn (History of Iraq between Two Occupations)*, vol. III, pp. 336-43.
19. A. A. Duri, "Baghdad", em *Encylopaedia of Islam* (segunda edição), vol. I, p. 903.
20. "The Travels in Persia by Caterino Zeno", em Barbaro and Contarini, p. 65.
21. Ibid.
22. Clot, *Suleiman the Magnificent*, p. 30.
23. Giovanni Maria Angiolello, "A Short Narrative of the Life and Acts of the King Ussun Cassano", em Barbaro and Contarini, p. 111.
24. Ver Caroline Finkel, *Osman's Dream: The Story of the Ottoman Empire 1300-1923*, p. 126.
25. Ver Rhoads Murphey, "Suleyman's Eastern Policy", em Halil Inalcik e Cemal Kafadar (eds.), *Suleyman the Second and His Time*, p. 244.

7 SOBRE TURCOS E VIAJANTES (1534-1639)

1. Citado em Sīdi Ali Reïs, *The Travels and Adventures of the Turkish Admiral Sīdi Ali Reïs in India, Afghanistan, Central Asia, and Persia, during the Years 1553-1556*, p. 82.

2. Leonhard Rauwolff, *A Collection of Curious Travels and Voyages. In Two Tomes. The First Containing Dr L. Rauwolff's Itinerary into the Eastern Countries, as Syria, Palestine, &c.*, p. 179.
3. Ibid., p. 180.
4. Ibid., pp. 181-2.
5. Ibid.
6. Ibid., pp. 183-4.
7. Ibid., p. 187.
8. Ibid., pp. 190-91.
9. Para ler mais sobre a viagem de Federici, ver Richard Hakluyt, *Hakluyt's Collection of the Early Voyages, Travels, and Discoveries of the English Nation* (1903-5), vol. V, pp. 365ff. Sobre a de Balbi, ver Samuel Purchas, *Purchas His Pilgrimes* (1905), vol. X, p. 145.
10. Richard Coke, *Baghdad: City of Peace*, p. 194.
11. William Shakespeare, *Macbeth*, Ato I, Cena 3 (tradução de Carlos Alberto Nunes. Rio de Janeiro: Ediouro, 1998.):

> PRIMEIRA BRUXA – Cheio o regaço tinha de castanhas a mulher de um marujo, e mastigava, mascava, mastigava. "Cede-me uma", lhe disse. "Vai-te embora, bruxa!" grita-me a gorda comedora de babugem. Em caminho de Alepo está o marido, como chefe do "Tigre".
> Mas como rato cotó
> numa peneira vou só
> E roque, roque, roque!

12. Sobre os anos iniciais da representação comercial britânica em Bagdá, ver M. E. Yapp, "The Establishment of the East India Company Residency at Baghdad", *Bulletin of the School of Oriental and African Studies*, 30 (1967), pp. 323-36.
13. "The Voyage of M. Iohn Eldred to Trypolis in Syria by Sea, and from thence by Land and River to Babylon and Balsara. 1583", Richard Hakluyt, *Hakluyt's Collection of the Early Voyages, Travels, and Discoveries of the English Nation* (1810), vol. II, p. 404.
14. Ibid., p. 372.
15. Ibid., p. 406.
16. Cevdet Kudret, *Fuzuli*, p. 189.
17. Para uma excelente introdução à arte em Bagdá na época, ver Rachel Milstein, *Miniature Painting in Ottoman Baghdad*.
18. Ibid., p. 4.
19. Ver Colin Imber, "The Persecution of the Ottoman Shi'ites according to the Mühimme Defterleri 1565-1585", *Islam*, 56 (1979).
20. Anthony Sherley, *Sir Anthony Sherley and His Persian Adventure*, p. 193.
21. Ibid., p. 192.
22. John Cartwright, "Observations of Master John Cartwright", em Purchas, vol. VIII, p. 520.

23. Pedro Teixeira, *The Travels of Pedro Teixeira*, p. 62.
24. Ibid., p. 66.
25. Pietro della Valle, *The Pilgrim: The Travels of Pietro della Valle*, pp. 101-2.
26. Ibid., pp. 102-3.
27. Ibid., p. 105.
28. Ibid., p. 117.
29. Stephen Hemsley Longrigg, *Four Centuries of Modern Iraq*, p. 52.
30. Robert Mantran, "Bagdad à l'époque ottoman", *Arabica* (1962), pp. 313-14.
31. Jean de Thévenot, *The Travels of Monsieur de Thévenot into the Levant*, "Part II", pp. 62-3.
32. Ibid., Part I, pp. 287ff.
33. Para um relato do cerco, ver a história contemporânea escrita por Ziyaeddin Ibrahim Nuri, *Fethname-i Bagdad*, resumida em Rhoads Murphey, *Ottoman Warfare 1500-1700*, pp. 115-22.
34. Thévenot, Part I, p. 288.
35. Ibid., p. 289.
36. Ibid.
37. Ibid.
38. Ibid., p. 290.
39. Ibid.
40. Ibid., pp. 290-91.

8 PRAGAS, PAXÁS E MAMELUCOS (1639-1831)

1. Citado em Bernard Lewis, *Race and Slavery in the Middle East*, p. 65.
2. Clément Huart, *Histoire de Bagdad dans les temps modernes*, p. 85.
3. Para sua descrição de Bagdá, ver Jean-Baptiste Tavernier, *The Six Voyages of John Baptista Tavernier*, Livro II, Capítulo 7, pp. 85-6.
4. Ver Hugh Murray, *Historical Account of Discoveries and Travels in Asia*, vol. I, pp. 384-400.
5. Para sua descrição de Bagdá, ver Jean de Thévenot, *The Travels of Monsieur de Thévenot into the Levant*, Part II, pp. 62-3.
6. Dr. Ali al Wardi, *Lamahat Ijtimaeeyah min Tarikh al Iraq al Hadith* (*Social Aspects of Modern Iraqi History*), vol. I, p. 150.
7. Para uma discussão sobre a homossexualidade na Bagdá dos mamelucos, ver ibid.,pp. 152-3.
8. Citado em Youssef H. Aboul-Enein, *Iraq in Turmoil: Historical Perspectives of Dr Ali al Wardi, from the Ottoman Empire to King Feisal*, p. 17.
9. Wardi, *Lamahat Ijtimaeeyah min Tarikh al Iraq al Hadith*, vol. I, p. 97.
10. Ver Hala Fattah, *The Politics of Regional Trade in Iraq, Arabia and the Gulf 1745-1900*, pp. 35-74.
11. Citado em ibid., p. 216.

12. "É considerado uma desgraça para um nobre ou um soldado montar um cavalo castrado ou uma égua", escreveu o viajante inglês Dr. Edward Ives. Ver *A Voyage from England to India, in the Year 1754 . . . Also a Journey from Persia to England by an Unusual Route*, p. 273n.
13. William Heude, *A Voyage up the Persian Gulf, and a Journey Overland from India to England, in 1817*, pp. 145-6.
14. Ibid., p. 146.
15. Para um vibrante estudo sobre Nadir Xá, ver Michael Axworthy, *The Sword of Persia.*
16. Joseph Emin, *Life and Adventures of Joseph Emin*, p. 5.
17. Wardi, *Lamahat Ijtimaeeyah min Tarikh al Iraq al Hadith,* vol. I, pp. 112-13.
18. Emin, p. 7.
19. Joseph von Hammer-Purgstall, *Histoire de l'Empire Ottoman*, p. 521.
20. A estimativa de 100.000 é mencionada em Aboul-Enein, p. 21. Ver também Rasul al Kerküklü, *Dawhat al Wuzara (The Lofty Tree of Ministers)*, pp. 30-31.
21. Jonas Hanway, *An Historical Account of the British Trade over the Caspian Sea . . . To which are Added the Revolutions of Persia during the Present Century, with the Particular History of the Great Usurper Nadir Kouli*, vol. II, p. 91.
22. Heude, p. 148.
23. Ives, p. 282.
24. Stephen Hemsley Longrigg, *Four Centuries of Modern Iraq*, p. 169.
25. Ives, p. 284.
26. Heude, p. 149.
27. Ives, pp. 278-9.
28. Ver Tom Nieuwenhuis, *Politics and Society in Early Modern Iraq: Mamluk Pashas, Tribal Shaykhs and Local Rule Between 1802 and 1831*, p. 23.
29. Kerküklü, p. 159.
30. Carsten Niebuhr, *Voyage en Arabie et en d'autres pays circonvoisins*, p. 239.
31. Ives, p. 273
32. Ibid., p. 281.
33. Ver relato de Dr. Lamia al Gailani Werr do Instituto Britânico para o Estudo do Iraque: "Iraq: Destruction to Landmarks in the Cities". Disponível em: <http://www.cultureindevelopment.nl/News/Dossier_Heritage_Iraq/632/Iraq:_destruction_to_landmarks_in_the_cities>.
34. André Raymond, *Arab Cities in the Ottoman Period.*, p. 36, pp. 114-15.
35. Niebuhr, p. 250.
36. Ibid., p. 264.
37. Ibid., p. 240.
38. Ives, pp. 286-7.
39. Nieuwenhuis, p. 23.
40. Peter M. Holt, *Egypt and the Fertile Crescent 1516-1922*, p. 148.
41. Harford Jones Brydges, *An Account of the Transactions of His Majesty's Mission to the Court of Persia, in the Years 1807-11, to which is Appended a Brief History of the Wahauby*, vol. II, p. 190.

42. Longrigg, *Four Centuries of Modern Iraq*, p. 234.
43. Heude, pp. 169-70.
44. Para a descrição completa de Bagdá, ver James Silk Buckingham, *Travels in Mesopotamia*, vol. II, pp. 176-216.
45. Voltaire, *Letters on England*, pp. 53-4.
46. Jacob Coleman Hurewitz, *Diplomacy in the Near and Middle East*, vol. I, p. 90.
47. George Keppel, *Personal Narrative of a Journey from India to England*, vol. I, pp. 221-2.
48. Caroline Finkel, *Osman's Dream: The Story of the Ottoman Empire 1300-1923*, p. 435.
49. Longrigg, *Four Centuries of Modern Iraq*, p. 265.
50. Ibid., pp. 265-6. Ver também os vívidos relatos de testemunhas oculares em A. N. Groves, *Journal of a Residence in Bagdad during the Years 1830 and 1831* e James Raymond Wellsted, *Travels to the City of the Caliphs*, vol. I, pp. 280-91.
51. Wellsted, vol. I, pp. 282-3.
52. Ibid., p. 285.
53. Ibid., pp. 289-90.
54. Ibid., p. 290.
55. Hanna Batatu estima a população de Bagdá em 80 mil à época, dos quais calcula que 53 mil tenham perdido as vidas para a peste, a enchente, o cerco e a fome de 1831. Ver Albert Hourani, Philip S. Khoury e Mary C. Wilson (eds.), *The Modern Middle East: A Reader*, p. 505; também *The Scribe*, 36 (setembro de 1989), p. 4, em <http://www.dangoor.com/TheScribe36.pdf>, que estima que 100 mil tenham morrido, numa população de 150 mil; Groves calcula as perdas em mais de dois terços de uma população não quantificada, p. 236.

9 COLISÃO DE IMPÉRIOS (1831-1917)

1. A tradução do texto da *jihad* otomana de 1914 para o inglês está em Rudolph Peters, *Jihad in Classical and Modern Islam*, pp. 56-7.
2. Ibn Battuta, *The Travels of Ibn Battutah*, vol. II, p. 334.
3. "Baghdad's 'Great Wall of Adhamiya'", *New York Times*, 20 de abril de 2007. Disponível em: <http://thelede.blogs.nytimes.com/2007/04/20/baghdads-great-wall-of-adhamiya>.
4. Dr. Ali al Wardi, *Lamahat Ijtimaeeyah min Tarikh al Iraq al Hadith* (*Social Aspects of Modern Iraqi History*), vol. II, p. 82.
5. Para uma pesquisa sobre essas reformas, ver o artigo de 2011 de Ishtiaq Hussain, *The Tanzimat: Secular Reforms in the Ottoman Empire*, pp. 5-11. Disponível em: <http://faith-matters.org/images/stories/fm-publications/the-tanzimat-final-web.pdf>.
6. J. Baillie Fraser, *Travels in Koordistan, Mesopotamia, etc.*, vol. I, p. 211.
7. Stephen Hemsley Longrigg, *Four Centuries of Modern Iraq*, pp. 281-2.
8. Robin Butlin, "Changing Visions: The RGS in the 19th Century", em Royal Geographical Society, *To the Ends of the Earth*, p. 17.

9. Robert Stafford, *Scientist of Empire: Sir Roderick Murchison, Scientific Exploration and Victorian Imperialism*, p. 95.
10. Abdul Kareem al Allaf, *Baghdad al Qadeemah min Sanat 1869 hatta Sanat 1917* (*Old Baghdad from the Year 1869 until the Year 1917*), pp. 10-18; ver também Longrigg, *Four Centuries of Modern Iraq*, p. 294.
11. BOA.DH.ID 52/8. Ver Fadhil Bayat, *Baghdad: min Khilal Wathaik al Arsheef al Othmani* (*Baghdad in the Light of Ottoman Archive Documents*), p. 71.
12. M. E. Hume-Griffith, *Behind the Veil in Persia and Turkish Arabia*, p. viii.
13. Charles Rathbone Low, *History of the Indian Navy*, vol. II, p. 409.
14. Ver James Felix Jones, "Memoir on the Province of Baghdad", em *Memoirs by Commander J. F. Jones* (1998 edition), p. 309.
15. Para descrições vívidas sobre as viagens nesse serviço em 1947 e 1966, respectivamente, ver John Ough, "The Nairn Transport Company: Damascus to Baghdad", disponível em: <http://ough-zone.blogspot.com/2009/08/nairn-transport-company-damascus-to.html>, e Fuad Rayess, "On a Bus to Baghdad", *Saudi Aramco World*, setembro-outubro de 1966, disponível em: <http://www.saudiaramcoworld.com/issue/196605/on.a.bus.to.baghdad.htm>. Ver também John M. Munro e Martin Love, "The Nairn Way", *Saudi Aramco World*, julho-agosto de 1981. Disponível em: <http:// www.saudiaramcoworld.com/issue/198104/the.nairn.way.htm>.
16. Citado em Richard Coke, *Baghdad: City of Peace*, pp. 272-3.
17. Para um interessante estudo sobre esse *Drang nach Osten* terrivelmente caro, ver Sean McMeekin, *The Berlin-Baghdad Express*, p. 34.
18. Ibid., p. 239.
19. George S. Clarke, *The Baghdad Railway*.
20. Morris Jastrow, *The War and the Bagdad Railway*, p. 120.
21. Ver McMeekin, pp. 123-52.
22. BOA.A.MKT.MHM.2/4-84. Bayat, p. 50.
23. *Wardi, Lamahat Ijtimaeeyah min Tarikh al Iraq al Hadith,* vol. II, pp. 113-16.
24. Abbas al Azzawi, *Tarikh al Iraq bayn al Ihtilayn* (*History of Iraq between Two Occupations*), vol. VII, pp. 98-9.
25. Ibid., p. 156.
26. BOA.A.MKT.MHM.702/78. Bayat, p. 54.
27. Para uma avaliação sobre seu paxalato, ver Sulaiman Faiq Baig, *The History of Baghdad*, pp. 166-7.
28. Sua'ad Hadi al Omari, *Baghdad fi al Qarn al Tasi Ashar Kama Wasafaha al Rahhala al Ajanib* (*Baghdad as Described by the Foreign Visitors*), p. 105.
29. Wardi, *Lamahat Ijtimaeeyah min Tarikh al Iraq al Hadith,* vol. II, pp. 211-14; Azzawi, pp. 121-5.
30. Wardi, *Lamahat Ijtimaeeyah min Tarikh al Iraq al Hadith,* vol. II, pp. 219-21.
31. Ibid., p. 239.
32. Allaf, pp. 21-3.
33. Longrigg, *Four Centuries of Modern Iraq*, p. 316.

34. Ver Mohammed Rauf Taha al Shaikhli, *Marahil al Hayat fi Baghdad Khilal al Fatra al Mudhlimah (Stages of Life in Baghdad during the Dark Period)*.
35. Coke, p. 274.
36. Sadiq Damluji, *Midhat Pasha*, p. 36.
37. Wardi, *Lamahat Ijtimaeeyah min Tarikh al Iraq al Hadith*, vol. II, pp. 248-51.
38. Marina Benjamin, *Last Days in Babylon*, p. 17.
39. Damluji, pp. 45-6.
40. Wardi, *Lamahat Ijtimaeeyah min Tarikh al Iraq al Hadith*, vol. II, pp. 260-62.
41. Ibid., pp. 263-4.
42. Yusuf Rizk-Allah Ghanimah, *Nuzhat al Mushtak fi Tarikh Yahud al Iraq (A Nostalgic Trip into the History of the Jews of Iraq)*, p. 137.
43. David Solomon Sassoon, *A History of the Jews in Baghdad*, p. 165.
44. Jones, p. 339.
45. Benjamin, pp. 36-7.
46. Zvi Yehuda, "Iraqi Jewry and Cultural Change in the Educational Activity of the Alliance Israélite Universelle", em Harvey Goldberg (ed.), *Sephardi and Middle Eastern Jewries*, p. 137.
47. Citado em ibid., p. 142.
48. Morris Cohen, "Superstition among the Jews in Baghdad", extraído de *The Scribe*, 46 (janeiro de 1991), pp. 3-5. Disponível em: <http://www.dangoor.com/TheScribe46.pdf>.
49. Os números vêm do *Salnameh*, pesquisa anual da administração otomana publicada em cada *vilayet*. Ver Shaikhli.
50. Sylvia Haim, "Aspects of Jewish Life in Baghdad under the Monarchy", *Middle Eastern Studies*, 12, 2 (1976), p. 1.
51. Ver *Arab Bulletin*, 66 (21 de outubro de 1917).
52. Ver Mitchell Bard, "The Jews of Iraq", *Jewish Virtual Library*. Disponível em: <http://www.jewishvirtuallibrary.org/jsource/anti-semitism/iraqijews.html>.
53. Citado em Benjamin, p. 18.
54. Para um relato completo sobre esse incidente, ver a seleção de relatórios da época em *The Scribe*, 36 (setembro de 1989), pp. 4-7. Disponível em: <http://www.dangoor.com/TheScribe36.pdf>.
55. Benjamin, p. 27.
56. FO 371/1002/4234, Constantinopla 31 de janeiro de 1910. Citado em Ghassan Atiyah, *Iraq, 1908-1921*, p. 43.
57. Reeva S. Simon, "The Education of an Iraqi Ottoman Army Officer", em Rashid Khalidi et al. (eds.), *The Origins of Arab Nationalism*, p. 155.
58. Gertrude Bell, *Letters*, 18 March 1911. Ver o Arquivo Gertrude Bell da Newcastle University Library, que contém uma coleção online da volumosa correspondência de Bell. Disponível em: <http://www.gerty.ncl.ac.uk>.
59. Manaf al Damluji, "Sarah's Saga: The Story of a Popular Armenian-Iraqi Lady", artigo não publicado. Ver também Wardi, *Lamahat Ijtimaeeyah min Tarikh al Iraq al Hadith*, vol. III, pp. 181-4.

60. McMeekin, p. 123.
61. E. M. Earle, *Turkey, the Great Powers, and the Baghdad Railway*, pp. 14-15.
62. Ver Hikmat S. Suleyman, *The Story of Oil in Iraq*, p. 29.
63. Ver Daniel Yergin, T*he Prize: The Epic Quest for Oil, Money and Power*, p. 157.
64. Charles Townshend, *When God Made Hell: The British Invasion of Mesopotamia and the Creation of Iraq 1914-1921*, p. xxiv.
65. Brigadeiro-general F. J. Moberly, *The Campaign in Mesopotamia 1914-1918*, vol. I, p. 134.
66. Ver Atiyah, p. 134.
67. Tamara Chalabi, *Late for Tea at the Deer Palace: The Lost Dreams of My Iraqi Family*, p. 29.
68. Alois Musil, *The Middle Euphrates*, pp. 128-9.
69. Atiyah, p. 149.
70. Edmund Candler, *The Long Road to Baghdad*, vol. I, p. 3.
71. Chalabi, p. 32.
72. Citado em Townshend, p. 232.
73. P. W. Long, *Other Ranks of Kut*, p. 25.
74. Ibid., pp. 26-7.
75. E. W. C. Sandes, *In Kut and Captivity with the Sixth Indian Division*, p. 284.
76. Long., p. 288.
77. Livro de memórias de Ernest Walker, citado em Townshend, p. 313.
78. Long., p. 34.
79. Josephine Hammond, *Battle in Iraq*, p. 162.
80. Nas palavras do relatório parlamentar que se seguiu, "é certo que essa jornada pelo deserto recai sobre os responsáveis, pois é um crime do tipo que podemos chamar histórico, tão longa e terrível foi a tortura destinada aos milhares de homens impotentes (...) enviar homens numa tal jornada e em tais condições foi condenar metade deles à morte certa". Ver See Moberly, vol. II, p. 464.
81. Atiyah, p. 150.
82. William Robertson, *Soldiers and Statesmen 1914-1918*, vol. II, pp. 75-6.
83. Eleanor Franklin Egan, *The War in the Cradle of the World*, p. 252.
84. Coke, p. 292.
85. Candler, vol. II, pp. 98-9.
86. A. J. Barker, *The Neglected War: Mesopotamia 1914-1918*, p. 367.

10 UMA MONARQUIA MUITO BRITÂNICA: TRÊS REIS EM BAGDÁ (1917-1958)

1. Citado em Arnold Talbot Wilson, *Mesopotamia 1917-1920: A Clash of Loyalties*, p. 338.
2. Brigadeiro-general F. J. Moberly, *The Campaign in Mesopotamia 1914-1918*, vol. III, p. 248.
3. Edmund Candler, *The Long Road to Baghdad*, pp. 97, 104

4. Moberly, vol. III, p. 249.
5. Eleanor Egan, *The War in the Cradle of the World*, p. 248.
6. Moberly, p. 255.
7. Edmund Candler, 16 March 1917, *Manchester Guardian*, reproduzido em Charles F. Horne (ed.), *Source Records of the Great War*, vol. V.
8. Egan, pp. 253-4.
9. Citado em Charles Townshend, *When God Made Hell: The British Invasion of Mesopotamia and the Creation of Iraq 1914-1921*, p. 267.
10. *The War Illustrated*, 24 de março de 1917, p. 131.
11. Ver Stephen Hemsley Longrigg, *Iraq 1900-1950*, p. 93. "Não causou grande impressão."
12. Hansard, HC Debate, 21 March 1917, vol. 91, cols. 1.902-4.
13. *Iraq Administration Reports*, vol. I (1914-1918), pp. 520-21.
14. Georgina Howell, *Daughter of the Desert: The Remarkable Life of Gertrude Bell*, p. 60.
15. Karl Meyer and Shareen Brysac, *Kingmakers: The Invention of the Modern Middle East*, p. 158.
16. Gertrude Bell, *Letters*, 5 de dezembro de 1918.
17. Ibid., 10 de março de 1917.
18. Ibid., 20 de abril de 1917.
19. Charles Callwell, *The Life of Sir Stanley Maude*, p. 286.
20. Ibid., p. 311.
21. Hansard, HC Debates, 4 March 1918, vol. 103, cols. 1.747-53.
22. Bell, *Letters*, 22 November 1917.
23. Visita do autor em 25 de abril de 2009. Em agosto de 2013 a Comissão de Túmulos de Guerra da Comunidade Britânica disse estar trabalhando de perto com a Embaixada Britânica em Bagdá e outros parceiros da Comunidade Britânica para "desenvolver uma capacidade de manutenção maior, por meio de potenciais parceiros de trabalho". O progresso em anos recentes incluiu a construção de 500 novas lápides no Cemitério de Guerra do Portão Norte de Bagdá.
24. Bell, *Letters*, 14 June 1920.
25. Ver Beverley Milton-Edwards e Peter Hinchcliffe, *Jordan: A Hashemite Legacy*, p. 17.
26. Longrigg, *Iraq 1900-1950*, p. 115.
27. Ver Elie Kedourie, *England and the Middle East: The Destruction of the Ottoman Empire 1914-1921*, p. 177.
28. Wilson, p. 336.
29. Gertrude Bell, *Review of the Civil Administration of Mesopotamia*, p. 128.
30. George Antonius, *The Arab Awakening*, p. 313.
31. Ghassan Atiyah, *Iraq, 1908-1921*, p. 311.
32. Wilson, p. 257.
33. Bell, *Letters*, 14 June 1920.
34. Aylmer Haldane, *The Insurrection in Mesopotamia 1920*, p. 64.
35. Charles Tripp, *A History of Iraq*, p. 42.

36. Citado em Kedourie, p. 195.
37. *Iraq Administration Reports*, vol. VI (1920-24), pp. 423-30.
38. Gerald de Gaury, *Three Kings in Baghdad*, p. 29.
39. Traduzido de forma particular por Manaf al Damluji, em 31 de janeiro de 2013.
40. Para um relato de primeira mão sobre a coroação, ver Bell, *Letters*, 28 August 1921.
41. *Iraq Administration Reports*, vol. V (1920), pp. 155-6.
42. Tamara Chalabi, *Late for Tea at the Deer Palace*, p. 110.
43. Bell, *Letters*, 27 August 1922.
44. Longrigg, *Iraq 1900-1950*, p. 175.
45. Bell, *Letters*, 27 August 1922.
46. Ibid., 6 April 1926.
47. Citado em H. V. F. Winstone, *Gertrude Bell*, p. 412.
48. Ver, por exemplo, Chalabi, pp. 142-4, 166-7. Ver também o blog de música clássica Iraqi Makam: <http://iraqimaqam.blogspot.com>.
49. Donald Maxwell, *A Dweller in Mesopotamia: Being the Adventures of an Official Artist in the Garden of Eden*, pp. 91-2.
50. Ibid., pp. 71.
51. Robert Byron, *The Road to Oxiana*, p. 42.
52. Freya Stark, *Baghdad Sketches*, p. 30.
53. Ibid., pp. 40-41.
54. Ibid., pp. 70-71.
55. Ibid., p. 55.
56. Richard Coke, *Baghdad: The City of Peace*, pp. 316-17.
57. Entrevista do autor, 13 de dezembro de 2011.
58. T. E. Lawrence, *Seven Pillars of Wisdom*, pp. 542, 519.
59. Bell, *Letters*, 24 February 1921.
60. Tripp, p. 69.
61. De Gaury, p. 60.
62. Ali al Wardi, *Understanding Iraq*, p. 66.
63. Hanna Batatu, *The Old Social Classes and the Revolutionary Movements of Iraq*, p. 78.
64. Beatrice Erskine, *King Faisal of Iraq*, pp. 229-30.
65. Para um resumo conciso sobre o período do Mandato Britânico, ver o artigo de Dr. Toby Dodge, "The British Mandate in Iraq, 1914-1932". Disponível em: <http://www.gale.cengage.com/pdf/whitepapers/gdc/TheBritishMandate.pdf>.
66. Batatu, *The Old Social Classes and the Revolutionary Movements of Iraq*, p. 25.
67. Longrigg, *Iraq 1900-1950*, p. 235.
68. Kanan Makiya, *Republic of Fear: The Politics of Modern Iraq*, p. 170.
69. Chalabi, p. 183.
70. Para detalhes sobre a influência e as atividades do grande mufti no Iraque, ver Reeva Spector Simon, *Iraq Between the Two World Wars: The Militarist Origins of Tyranny*, pp. 129-31.
71. Longrigg, *Iraq 1900-1950*, p. 276.
72. Marina Benjamin, *Last Days in Babylon*, p. 136.

73. Entrevista do autor, 12 de julho de 2012. Esse relato também é baseado em "The Household Cavalry in Iraq and Syria 1941", diário particular de campanha do Duque de Wellington.
74. Sarah Ehrlich, "Farhud Memories: Baghdad's 1941 Slaughter of the Jews", BBC. Disponível em: <http://www.bbc.co.uk/news/world-middle-east-13610702>.
75. Freya Stark, *Dust in the Lion's Paw*, p. 114.
76. Benjamin, pp. 140-41.
77. Ehrlich.
78. Benjamin, pp. 178-81.
79. Entrevista do autor, 18 de junho de 2012.
80. Batatu, *The Old Social Classes and the Revolutionary Movements of Iraq*, pp. 555-7.
81. Ver Joseph Siry, "Wright's Baghdad Opera House and Gammage Auditorium: In Search of Regional Modernity", *Art Bulletin*, 87, 2 (junho de 2005), pp. 265-311.
82. Ver Wissam al Zahawie, "The Cultural Scene in Baghdad and Its Socio-Political Backdrop on the Eve of the Revolution of 1958: A Memoir", artigo não publicado.
83. Albert Hourani, *A History of the Arab Peoples*, p. 387.
84. Ibid.
85. Ver Mohammed Fadhel Jamali, "*Iraq under General Nuri*: A Review of Waldemar Gallman's Book", *Middle East Forum*, 11, 7 (1964), pp. 13-24.
86. Ver de Gaury, pp. 179-81.
87. Para um relato sobre o golpe de 14 de julho, ver ibid., pp. 192-200.
88. Chalabi, p. 263.
89. Ver Batatu, *The Old Social Classes and the Revolutionary Movements of Iraq*, p. 802.
90. Citado em ibid., p. 801.
91. "The Pasha", *TIME Magazine*, 17 de junho de 1957.
92. "Iraq: After the Bloodbath", *TIME Magazine*, 4 de agosto de 1958.
93. Waldemar Gallman, *Iraq under General Nuri*, p. 230.

11 GOLPES, COMUNISTAS E BAATHISTAS: A MÃE DE TODO DERRAMAMENTO DE SANGUE (1958-)

1. Citado em Hanna Batatu, *The Old Social Classes and the Revolutionary Movements of Iraq*, p. 836.
2. Ver Waldemar Gallman, *Iraq under General Nuri*, pp. 207-8.
3. Adel Darwish e Gregory Alexander, *Unholy Babylon*, p. 21.
4. Citado em de Gaury, p. 206.
5. Telegrama do embaixador Jernegan, 11 de outubro de 1959. Disponível em: <http://www.icdc.com/~paulwolf/iraq/Qasim%20relates%20attempt%20details%20Oct%2011%201959.htm>.
6. Batatu, *The Old Social Classes and the Revolutionary Movements of Iraq*, p. 816.
7. Kanan Makiya, *Republic of Fear*, pp. 61, 105.
8. Uriel Dann, *Iraq under Qassem*, p. 368.

9. Batatu, *The Old Social Classes and the Revolutionary Movements of Iraq*, p. 977.
10. Ibid., p. 978.
11. O corpo de Kassem foi descoberto em 2005. Ver "Iraqis Recall Golden Age", *ICR* (Institute for War and Peace Reporting), 75, 21 de fevereiro de 2005. Disponível em: <http://iwpr.net/report-news/iraqis-recall-golden-age>.
12. Max Sawdayee, *All Waiting to Be Hanged*, parte III, e-book, sem número de página.
13. Ibid.
14. Uma série de filmes aterrorizantes sobre o golpe pode ser vista no YouTube, começando por: <http://www.youtube.com/watch?v=JYmUzK1LVow&feature=relmfu>.
15. Para mais detalhes sobre a limpeza, ver Con Coughlin, *Saddam: The Secret Life*, pp. 155-62; Efraim Karsh e Inari Rautsi, *Saddam Hussein: A Political Biography*, pp. 113-17; *Panorama: The Mind of Saddam*, 11 de fevereiro de 1991.
16. Entrevista do autor, 18 de janeiro de 2012. Ver também "Oil Sites in Iran and Iraq Bombed as Baghdad Troops Cross Border", *New York Times*, 24 de setembro de 1980.
17. Makiya, p. 17. O panfleto foi publicado pela Dar al Hurriya (Casa da Liberdade), editor do governo, em 1981.
18. Anthony Cordesman e Abraham Wagner, em *Lessons of Modern War, vol. II: The Iran-Iraq War*, estimam que o Iraque tenha perdido entre 140 mil e 350 mil pessoas, com 400 mil a 700 mil feridos e 70 mil capturados. Estima-se que o Irã tenha perdido entre 450 mil e 730 mil, com 600 mil a 1,2 milhão de feridos e 45 mil capturados.
19. "Oil Sites in Iran and Iraq Bombed as Baghdad Troops Cross Border", *New York Times*, 24 de setembro de 1980.
20. David Styan, *France and Iraq: Oil, Arms and French Policy Making in the Middle East*, p. 135.
21. Ver Coughlin, *Saddam: The Secret Life* p. 187.
22. Ibid., p. 190.
23. "The War is Hailed in Iraq: Little Impact in the Capital in Spite of Air Raids - Baghdad Appears Nonchalant", *New York Times*, 30 de setembro de 1980.
24. Samir al Khalil [Kanan Makiya], *The Monument: Art, Vulgarity and Responsibility in Iraq*, p. 20.
25. Ver "Baghdad: Breaking Tides in Process", *Architecture*, 58 (Tóquio, maio de 1985).
26. Khalil, p. 25.
27. Ibid., p. 74.
28. Ibid., p. 115.
29. "The Megalomaniac Pitted against the Zealot", *Guardian*, 24 de setembro de 1980.
30. Jean Sasson, *Mayada: Daughter of Iraq*, p. 104.
31. Dujail voltou para assombrar Saddam em 2006. Ver "Judging Dujail", relatório da Human Rights Watch, 20 de novembro de 2006, p. 2. Disponível em: <http://www.hrw.org/reports/2006/11/19/judging-dujail-0>.
32. Peter Sluglett e Marion Farouk-Sluglett, *Iraq since 1958*, p. 265.

33. Sasson, p. 121.
34. Ver Abbas Alnasrawi, "Economic Consequences of the Iraq-Iran War", *Third World Quarterly*, 8, 3 (julho de 1986), pp. 874-6.
35. Sasson, p. 134.
36. Dilip Hiro, *The Longest War*, p. 108.
37. "Iran Missile Hits Baghdad Homes", *Guardian*, 13 de setembro de 1986.
38. Niall Ferguson, *Colossus: The Price of America's Empire*, p. 118.
39. "Deadly Consequences of Weapons Sales as Iran Fires Missiles into Baghdad", *Guardian*, 27 de novembro de 1986.
40. "Iraq Vows to Take Revenge as School Hit by Missile", *Guardian*, 14 de outubro de 1987.
41. "Missile Hits Baghdad as Arab Leaders Open Summit", *Guardian*, 9 de novembro de 1987.
42. Ver Shahram Chubin e Charles Tripp, *Iran and Iraq at War*, p. 61.
43. Entrevista do autor, 18 de março de 2012.
44. Latif Yahia, *The Devil's Double*, p. 3.
45. "Baghdad Celebrates with Gunfire and Fireworks", *Guardian*, 10 de Agosto de 1988.
46. Khalil, p. 2. Em fevereiro de 2007, menos de dois meses após a execução de Saddam Hussein, o governo iraquiano começou a demolir o Arco da Vitória. Protestos difundidos forçaram uma reconsideração e o subsequente abandono da demolição e em 2011 o controverso monumento foi restaurado.
47. Ibid., p. 51.
48. "Hussein Charged with Genocide in 50,000 Deaths", *New York Times*, 5 de abril de 2006. Disponível em: <http://www.nytimes.com/2006/04/05/world/middleeast/05iraq.html?_r=0>.
49. Para uma curta biografia do grande aiatolá Mohammed Bakir al Hakim, ver o site do SCIRI: <http://www.sciri.btinternet.co.uk/English/About_Us/Sayed/sayed.html> e o mais recente site do renomeado Conselho Supremo Islâmico do Iraque: <http://isci-iraq.com/home/isci/biographies/49-a-biography-of-isci-co-founder-and-its-prominent-leader-late-ayatollah-sayyed-Mohammed-baqir-al-hakim>. O clérigo xiita foi assassinado num ataque de carro-bomba em frente ao templo Imã Ali em Najaf imediatamente após as preces de sexta-feira de 29 de agosto de 2003.
50. Paul Roberts, *The Demonic Comedy: The Baghdad of Saddam Hussein*, p. 20.
51. Yahia, pp. 67-75.
52. Ver Abbas Alnasrawi, "Iraq: Economic Consequences of the 1991 Gulf War and Future Outlook", *Third World Quarterly*, 13, 2 (1992), pp. 336-42.
53. Yahia, p. 241.
54. Entrevista do autor, 17 de março de 2012.
55. Nuha al Radi, *Baghdad Diaries 1991-2002*, p. 27.
56. Ver Eric Rouleau, "America's Unyielding Policy Toward Iraq", *Foreign Affairs*, 74, 1 (janeiro-fevereiro de 1995), pp. 59-72.
57. Alnasrawi, "Iraq: Economic Consequences of the 1991 Gulf War and Future Outlook", pp. 347-8.

58. "Report to the Secretary-General on Humanitarian Needs in Kuwait and Iraq in the Immediate Post-Crisis Environment by a Mission to the Area Led by Mr Martti Ahtisaari, Under-Secretary-General for Administration and Management", 20 de março de 1991, p. 5.
59. Jita Mishra, *The NPT and the Developing Countries*, p. 156.
60. Yahia, pp. 276-9. O palácio fez parte de vários bunkers de comando e controle durante a Guerra Irã-Iraque.
61. Para um relato sobre a rebelião, ver "Endless Torment: The 1991 Uprising in Iraq and Its Aftermath", relatório da Human Rights Watch, 1 de junho de 1992. Disponível em: <http://www.hrw.org/reports/1992/Iraq926.htm>.
62. Alnasrawi, "Iraq: Economic Consequences of the 1991 Gulf War and Future Outlook", p. 347.
63. "Saddam Hussein's Palaces", *Daily Telegraph*, 16 de julho de 2009. Disponível em: <http://www.telegraph.co.uk/news/worldnews/middleeast/iraq/5824615/Saddam-Husseinspalaces.html>.
64. Khalil, pp. 77, 74.
65. Roberts, p. 214.
66. Ibid., p. 102.
67. Wendell Steavenson, *The Weight of a Mustard Seed*, p. 144.
68. Sasson, p. 107.
69. Ver Office of the Iraq Programme Oil-for-Food. Disponível em: <http://www.un.org/depts/oip/food-facts.html>.
70. Hadani Ditmars, *Dancing in the No-Fly Zone*, p. 11.
71. "Iraqis' Suffering Widens as UN Sanctions Drag On", *New York Times*, 14 de dezembro de 1997.
72. "UN Says Sanctions Have Killed Some 500,000 Iraqi Children", relatório da Reuters, 21 de julho de 2000. Disponível em: <http://www.commondreams.org/headlines/072100-03.htm>.
73. Ver "The Wake of War", *Guardian*, 18 de maio de 1996.
74. Radi, p. 78.
75. "Artists Make Best of It in Oppressive Iraq', *San Francisco Chronicle*, 13 de março de 2002. Disponível em: <http://www.sfgate.com/cgi-bin/article.cgi?f=/c/a/2002/03/13/MN152757.DTL&ao=all>.
76. "Threats and Responses: Support for Hussein - A Show of Loyalty (Just Say Yes) In Iraq Vote for the One and Only", *New York Times*, 16 de outubro de 2002. Disponível em: <http://www.nytimes.com/2002/10/16/world/threats-responses-support--for-hussein-show-loyalty-just-say-yes-iraq-vote-for. html?pagewanted=all&src=pm>; "Saddam 'Wins 100% of vote'", BBC News, 16 de outubro de 2002. Disponível em: <http://news.bbc.co.uk/1/hi/2331951.stm>.
77. Stefan Simanowitz, "The Human Shield Movement", *Z Magazine* online, 16, 11 (novembro de 2003). Disponível em: <http://web.archive.org/web/20041107095821/http://zmagsite.zmag.org/Nov2003/simanowitz1103.html>.
78. Jon Lee Anderson, *The Fall of Baghdad*, p. 73.

79. Ibid., p. 92.
80. Ver o artigo de Harlan Ullman e James Wade, "Shock and Awe: Achieving Rapid Dominance". Disponível em: <http://www.dodccrp.org/files/Ullman_Shock.pdf>.
81. "A Baghdad Blogger", *New Yorker*, 31 de março de 2003. Disponível em: <http://www.newyorker.com/archive/2003/03/31/030331ta_talk_zalewski>.
82. Salam Pax, *The Baghdad Blog*, p. 130.
83. Ibid., p. 162.
84. Para uma seleção desses panfletos, ver: <http://salampax.wordpress.com/2009/03/24/blog-flashback-us-war-propaganda>.
85. Ver: <http://www.welovetheiraqiinformationminister.com/>.
86. "Toppling Saddam's Statue is the Final Triumph for These Oppressed People", *Daily Mirror*, 10 de abril de 2003. Disponível em: <http://www.thefreelibrary.com/GULF+WAR+2%3A+ANTON+ANTONOWICZ+WATCHES+THE+FALL+OF+BAGHDAD%3A+Toppling...-a099844046>.
87. "Looting Breaks Out as Baghdad Falls", *Sydney Morning Herald*, 10 de abril de 2003. Disponível em: <http://www.smh.com.au/articles/2003/04/10/1049567757398.html>.
88. Salam Pax, p. 148.
89. Ver o artigo do Museu do Instituto Oriental da Universidade de Chicago, escrito por Geoff Emberling e Katharyn Hanson (eds.), "Catastrophe! The Looting and Destruction of Iraq's Past" (primavera de 2008). Disponível em: <http://oi.uchicago.edu/pdf/oimp28.pdf>.
90. "Rumsfeld on Looting in Iraq: 'Stuff happens'", CNN, 12 de abril 2003. Disponível em: <http://edition.cnn.com/2003/US/04/11/sprj.irq.pentagon/>.
91. "The Ransacking of the Baghdad Museum Is a Disgrace", History News Network, 14 de abril de 2003. Disponível em: <http://hnn.us/articles/1386.html>.
92. "Experts' Pleas to Pentagon Didn't Save Museum", *New York Times*, 16 de abril de 2003. Disponível em: <http://www.nytimes.com/2003/04/16/world/a-nation-at-war-the-looting-experts-pleas-to-pentagon-didn-t-save-museum.html?pagewanted= all&src=pm>.
93. O Coronel Matthew Bogdanos, oficial reservista norte-americano, liderou a investigação americana sobre a pilhagem do Museu do Iraque. Ver seu artigo "The Casualties of War: The Truth about the Iraqi Museum", *American Journal of Archaeology*, 109, 3 (julho de 2005). Ver também Robert M. Poole, "Looting Iraq", revista *Smithsonian* (fevereiro de 2008). Disponível em: <http://www.smithsonianmag.com/arts-culture/monument-sidebar.html#ixzz1u59x087U>.
94. Entrevista do autor, 14 de dezembro de 2004.
95. Ver a Iraq Coalition Casualty Count (http://icasualties.org/); também <http://www.globalsecurity.org/military/ops/iraq_casualties.htm>.
96. T. E. Lawrence, "Twenty-Seven Articles", *Arab Bulletin*, 20 de agosto de 1917.
97. Para um retrato da Autoridade Provisória da Coalizão de Bremer, ver Rajiv Chandrasekaran, *Imperial Life in the Emerald City*, pp. 216, 140.
98. Ibid., pp. 183, 141.

99. Ver "Annals of National Security: Torture at Abu Ghraib", *New Yorker*, 10 de maio de 2004. Disponível em: <http://www.newyorker.com/archive/2004/05/10/040510fa_fact?currentPage=all>. Ver também "New Details of Prison Abuse Emerge", *Washington Post*, 21 de maio de 2004. Disponível em: <http://www.washingtonpost.com/wp-dyn/articlesA43783-2004May20.htm>.
100. Ver "The Minister of Civil War: Bayan Jabr, Paul Bremer and the Rise of the Iraqi Death Squads", *Harper's Magazine*, agosto de 2006.
101. Entrevista do autor, 26 de junho de 2013.
102. Ver "Iraqi Deaths from Violence 2003-2011", Iraq Body Count. Disponível em: <http://www.iraqbodycount.org/analysis/numbers/2011>.
103. "The Ghost in the Baghdad Museum", *New York Times*, 2 de abril de 2006. Disponível em: <http://www.nytimes.com/2006/04/02/arts/design/02cohe.html? pagewanted=all>.
104. <http://thegroundtruth.blogspot.co.uk/2009/11/columbia-university-charts-sectarian.html>.
105. "In Grief and Defiance, Baghdad's Christians Return to Scene of Attack", *New York Times*, 7 de novembro de 2010. Disponível em: <http://www.nytimes.com/2010/11/08/world/middleeast/08baghdad.html>.
106. "After Baghdad Church Attack, Christians Shocked but Say 'We Still Have a Mission Here'", *Christian Science Monitor*, 1 de novembro de 2010. Disponível em: <http://www.csmonitor.com/World/Middle-East/2010/1101/After-Baghdad-church-attack-Christians-shocked-but-say-we-still-have-a-mission-here>.
107. Entrevista do autor, 15 de dezembro de 2013.
108. Entrevista do autor com Cordia Ezekiel, filha de Max Sawdayee, 24 de fevereiro de 2012. Ver também "Baghdad Jews have become a Fearful Few", *New York Times*, 1 de junho de 2008. Disponível em: <http://www.nytimes.com/2008/06/01/world/middleeast/01babylon.html?pagewanted=all>.
109. Ver "Iraqi Deaths from Violence 2003-2011", Iraq Body Count. Disponível em: <http://www.iraqbodycount.org/analysis/numbers/2011/>.
110. Ver o relatório de Amy Hagopian e equipe, "Mortality in Iraq Associated with the 2003-2011 War and Occupation: Findings from a National Cluster Sample Survey by the University Collaborative Iraq Mortality Study"
(15 de outubro de 2013). Disponível em: <http://www.plosmedicineorg/article/info%3Adol%2F10.1371%2Fjournal.pmed.1001533>.
111. Ver "Iraq 2013: A Year of Carnage". Disponível em: <http://Irag2013.rt.com>.
112. Entrevista do autor, 17 de março de 2012.

Índice remissivo